V&R

Das Alte Testament Deutsch
Apokryphen

Neues Göttinger Bibelwerk

In Verbindung mit Hans Hübner, Ingo Kottsieper,
Reinhard G. Kratz, Hermann Lichtenberger, Karl Löning,
Manfred Oeming, Georg Sauer, Odil Hannes Steck
und Erich Zenger

herausgegeben von Otto Kaiser und Lothar Perlitt

Band 1

Jesus Sirach/Ben Sira

2000

Vandenhoeck & Ruprecht
in Göttingen

Jesus Sirach / Ben Sira

Übersetzt und erklärt
von
Georg Sauer

2000
Vandenhoeck & Ruprecht
in Göttingen

Die Deutsche Bibliothek – *CIP-Einheitsaufnahme*

Apokryphen. –
Göttingen: Vandenhoeck und Ruprecht
(Das Alte Testament deutsch; ...)
Bd. 1. Jesus Sirach / Ben Sira
übers. und erkl. von Georg Sauer – 2000
ISBN 3-525-51401-8

© 2000 Vandenhoeck & Ruprecht, Göttingen.
http://www.vandenhoeck-ruprecht.de
Printed in Germany. – Das Werk einschließlich aller seiner Teile
ist urheberrechtlich geschützt. Jede Verwertung außerhalb
der engen Grenzen des Urheberrechtsgesetzes ist ohne
Zustimmung des Verlages unzulässig und strafbar.
Das gilt insbesondere für Vervielfältigungen, Übersetzungen,
Mikroverfilmungen und die Einspeicherung und Verarbeitung
in elektronischen Systemen.
Satz: Schriftsatzstudio Grohs, Landolfshausen
Druck und Bindearbeit: Hubert & Co., Göttingen

Inhalt

Literatur		7
Einleitung		17
Die Vorrede		36
Kapitel 1:	Das Wesen der Weisheit	42
Kapitel 2:	Im Zwiespalt zwischen Welt und Gott: die Versuchung	54
Kapitel 3–23:	Lehren an die Einzelperson in Bezug auf das Individuum, die Familie und die Öffentlichkeit	61
Kapitel 24:	Rede der Weisheit über sich selbst	177
Kapitel 25,1–42,14:	Lehren für das Verhalten, vornehmlich als Glied des Volkes und in der Geschichte	187
Kapitel 42,15–50,26:	Die Werke Gottes in Schöpfung und Geschichte	291
Kapitel 50,27–51,30:	Unterschrift und Rede des Weisheitslehrers über sich selbst	343

Literatur
(in Auswahl)

1. Textausgaben und Hilfsmittel

Adler, E.N., Some Missing Chapters of Ben Sira, JQR 12, 1899/1900, 466–480; wieder abgedruckt in: ders., About Hebrew Manuscripts, New York 1905, 2. Aufl. 1970, 1–16; Arnim, J. v., Stoicorum veterum fragmenta collegit Ioannes ab Arnim, 1–4, 2. Aufl., 1921–1923; Neudruck Stuttgart 1964; Baillet, M./Milik, J.T. und de Vaux,R., Les „Petites Grottes" de Qumran, DJD III, Oxford 1962, 75–77, Pl. 15; Beentjes, P.C., The Book of Ben Sira in Hebrew, A Text Edition of all extant Hebrew Manuscripts and a Synopsis of all Parallel Hebrew Ben Sira Texts, VT.S 68, 1997; Book of Ben Sira, the; Text, Concordance and an Analysis of the Vocabulary, The Historical Dictionary of the Hebrew Language, Jerusalem 1973; Ceriani, A.M., Monumenta sacra et profana, Mediolani 1874, VII: Translatio syra pescitto Veteris Testamenti, 1878; Cowley, A.E. and Neubauer, A., The Original Hebrew of a Portion of Ecclesiasticus (XXXIX.15 to XLIX.11), Together with the Early Versions and an English Translation, Followed by the Quotations from Ben Sira in Rabbinical Literature, Oxford 1897; Di Lella, A.A., The recently identified Leaves of Sirach in Hebrew, Bib. 45, 1964, 153–167 und Tab. I-VI; ders., The Newly Discovererd Sixth Manuscript of Ben Sira from the Cairo Geniza, Bib. 69, 1988, 226–238; Gaster, M., A New Fragment of Ben Sira, JQR 12, 1899/1900, 688–702; Lagarde, P.A.de, Libri Veteris Testamenti apocryphi syriace, Lipsiae et Londinii 1861; Lévi, I., Fragments de deux nouveaux manuscrits hébreux de l'Ecclesiastique, REJ 40, 1899/1900, 1–30 und 255–257; Marcus, J., A Fifth MS. of Ben Sira, JQR 21, 1930/31, 223–240; Wiederabdruck in: ders., The Newly Discovered Original Hebrew of Ben Sira [Ecclesiasticus XXXII, 16–XXXIV,1], A Fifth MS. of Ben Sira, Philadelphia 1931; Margoliouth, G., The Original Hebrew of Ecclesiasticus XXXI.12–31, and XXXVI.22–XXXXVII.26, JQR 12, 1899/1900, 1–33; Nelson, M.D., The Syriac Version of the Wisdom of Ben Sira compared to the Greek and Hebrew Materials, SBLDS 107, Atlanta 1988; Novum Testamentum Graece, Nestle-Aland (Hgg.), 27. revidierte Aufl., 2. Druck, Stuttgart 1994; Sanders, J.A., The Psalms Scroll of Qumrân Cave 11 (11QPs^a), DJD IV, Oxford 1965, Col. XXI, 11–17 und XXII,1, S. 42 (Text); S. 79–85 (Erklärungen), pl. XIIIf.; Schechter, S., A Fragment of the Original Text of Ecclesiasticus, Exp., 5th series, Vol. IV 1896, 1–15; ders., A Further Fragment of Ben Sira, JQR 12, 1899/1900, 456–465; Schechter, S. and Taylor, C., The Wisdom of Ben Sira, Portions of the Book Ecclesiasticus from Hebrew Manuscripts in the Cairo Genizah Collection, Presented to the University of Cambridge by the Editors, Cambridge 1899, Reprint: Amsterdam 1979; Scheiber, A., A Leaf of the Fourth Manuscript of the Ben Sira from the Geniza, Magyar Könyvszemle 98, 1982, 179–185 und 8 Tafeln; Schirmann, J., A New Leaf from the Hebrew „Ecclesiasticus" (Ben Sira), Tarb. 27, 1957/58, 440–443 und IIf.; ders., Some Additional Leaves from Ecclesiasticus in Hebrew, Tarb. 29, 1959/60, 125–134 und IIf.; Septuaginta, Vetus Testamentum Graecum, Auctoritate Societatis Litterarum Gottingensis XII,1, Ziegler, J.(ed.), Sapientia Salomonis, Göttingen 1962; XII,2, ders.(ed.), Sapientia Iesu Filii Sirach, Göttingen 1965; XII,1 und 2, 2., durchgesehene Aufl., Auctoritate Academiae Scientiarum Gottingensis 1980; Vattioni, F., Ecclesiastico, Testo ebraico con apparato critico e versioni greca, latina e siriaca, Pubblicazioni del Seminario di Semitistica a cura di G. Garbini, Testi 1, Napoli 1968; Vetus Latina, Die Reste der altlateinischen Bibel, Bd. 11/2 Sirach (Ecclesiasticus); hrsg. von W. Thiele, 1.Lfg.: Einleitung, Freiburg 1987; 2.Lfg.: Einleitung(Schluß), Freiburg 1988; 3.Lfg.: Prolog und Sir 1,1–3,31, Freiburg 1989; 4.Lfg.:

Sir 3,31–7,30, Freiburg 1992; 5.Lfg.: Sir 7,30–11,35, Freiburg 1993; 6.Lfg.: Sir 11,35–16, 21, Freiburg 1996; 7.Lfg.: Sir 16,21–19,28, Freiburg 1998; Vogt, E., Novum Folium Hebr. Sir 15,1–16,7 MS B, Bib. 40, 1959, 1060–1062; ders., Novi Textus Hebraici Libri Sira, Bib. 41, 1960, 184–190; Wahl, C.A., Clavis librorum VT apocryphorum philologica, Indicem verborum in libris pseudepigraphis usurpatorum adiecit J.B. Bauer, Graz 1972; Wahl, O., Der Sirach-Text der Sacra Parallela, fzb 16, Würzburg 1974; Yadin, Y., The Ben Sira Scroll from Masada, With Introduction, Emendations and Commentary (Sir 39,27–43,30), ErIs 8, 1965, 1–45 und Jerusalem 1965.

2. Übersetzungen und Kommentare

Box, G.H./Oesterley, W.O.E., The Book of Sirach, in: Charles, R.H. (ed.), The Apokrypha and Pseudepigrapha of the Old Testament in English, I, Oxford 1913, repr. 1963, 268–517; Blumenthal, E., Die Erzählung des Sinuhe, TUAT III, 1990ff., 884–911; Brunner, H., Altägyptische Weisheit, Lehren für das Leben, Nachdruck Darmstadt 1988; Conrad, D., Inschrift im Siloa-Tunnel, TUAT II, 1986ff., 555f.; Eberharter, A., Das Buch Jesus Sirach oder Ecclesiasticus übersetzt und erklärt, in: Die Heilige Schrift VI,5, Bonn 1925; Hamp, V., Das Buch Sirach oder Ecclesiasticus, EB 4, Würzburg 1959, 569–717; Hartom, E.S., בן-סירא, Tel Aviv 1969³; Lamparter, H., Die Apokryphen, I: Das Buch Jesus Sirach, BAT 25/I, Stuttgart 1972; Linde, J.W., Glaubens- und Sittenlehre Jesu des Sohns Sirach, Neu übersetzt und mit erläuternden Anmerkungen, 2., völlig umgearbeitete Aufl., Leipzig 1795; MacKenzie, R.A.F., S.J., Sirach. OTMes 19, Wilmington 1983; Moers, G., Die Reiseerzählung des Wenamon, TUAT III, 1990ff., 912–921; Peters, N., Der jüngst wiederaufgefundene hebräische Text des Buches Ecclesiasticus untersucht, herausgegeben, übersetzt und mit kritischen Noten versehen, Freiburg i.B. 1902, 2. Aufl. 1905; ders., Das Buch Jesus Sirach oder Ecclesiasticus übersetzt und erklärt, EHAT 25, Münster 1913; Renz, J., Die althebräischen Inschriften, Teil I, Handbuch der althebräischen Epigraphik I, Darmstadt 1995; Rickenbacher, O., Nachträge zum „griechisch-syrisch-hebräischen Index zur Weisheit des Jesus Sirach von Rudolf Smend", Werthenstein 1970; Römer, W.H.Ph., „Weisheitstexte" und Texte mit Bezug auf den Schulbetrieb in sumerischer Sprache, TUAT III/1, Gütersloh 1990, 17–109; Sauer, G., Jesus Sirach <Ben Sira>, JSHRZ III,5, Gütersloh 1981; Schilling, O., Das Buch Jesus Sirach, HBK VII/2, Freiburg 1956; Schmökel, H., Das Gilgameschepos übersetzt und hrsg., Stuttgart u.a., 5. Aufl., 1980; Segal, M.H., ספר בן סירא השלם, Jerusalem 1977³. [Engl. Titel: The Complete Book of Ben Sira.]; Skehan, P.W. and Di Lella, A.A., The Wisdom of Ben Sira, A New Translation with Notes by P.W. Skehan, Introduction and Commentary by A.A. DiLella, AncB 39, New York 1987; Smend, R. (Hg.), Die Weisheit des Jesus Sirach, hebräisch und deutsch, Mit einem hebräischen Glossar, Berlin 1906; ders., Die Weisheit des Jesus Sirach erklärt, Berlin 1906; ders., Griechisch-Syrisch-Hebräischer Index zur Weisheit des Jesus Sirach, Berlin 1907; Thissen, H.J., Die Lehre des P. Insinger, TUAT III, Gütersloh 1990ff., 280–319; Vaccari, A., L'Ecclesiastico. La Sacra Bibbia tradotta dei testi originali con note a cura del Pontificio Istituto Biblico di Roma, Vol. V, Florenz 1949, 177–289; Van den Born, A., Wijsheid von Jesus Sirach (Ecclesiasticus) uit de grondtekst vertaald en uitgelegd, BOT 8,5, Roermond 1968; Vawter, F.B., The Book of Sirach, Part I and II, with a Commentary, New York 1962; Weber, T.H., Sirach, JBC 1, 1968, 541–555; ders., Eclesiástico (Sirac), Comentario Biblico San Jeronimo 2, Madrid 1971, 525–561.

3. Monographien

Beentjes, P.C., Jesus Sirach en Tenach, Een onderzoek naar en een classificatie van parallellen, met bijzondere aandacht voor hun functie in Sirach 45:6–26. Nieuwegein 1981; ders. (Hg.), The Book of Ben Sira in Modern Research, Proceedings of the First International Ben Sira Conference 28–31 July 1996 Soesterberg, Netherlands, BZAW 255, 1997;

Bengtson, H., Griechische Geschichte von den Anfängen bis in die römische Kaiserzeit, HAW III,4, München, 3. Aufl. 1965; Bohlen, R., Die Ehrung der Eltern bei Ben Sira, Studien zur Motivation und Interpretation eines familienethischen Grundwertes in frühhellenistischer Zeit, TThSt 51, Trier 1991; Bringmann, K., Hellenistische Reform und Religionsverfolgung in Judäa, Eine Untersuchung zur jüdisch-hellenistischen Geschichte (175–163 v.Chr.), AAWG.PH III,132, Göttingen 1983; Brockmeyer, N., Antike Sklaverei, EdF 116, Darmstadt 1979; Calduch-Benages, N., En el Crisol de la Prueba, Estudio Exegético de Sir 2,1–18, Asociación Bíblica Espanola 32, Estella 1997; Collins, J.J., Jewish Wisdom in the Hellenistic Age, Louisville 1997; Dahood, M., Psalms III, AnchB 17,2, 1970, 6. Druck 1981; Desecar, A., La sabiduría y la necedad en Sirac 21–22, Presenza 3, Rom 1970; Di Lella, A.A., A Text-critical and Historical Study of the Hebrew Manuscripts of Sirah, Diss.Ann Arbor 1962; ders., The Hebrew Text of Sirach, A Textcritical and Historical Study, Den Haag 1966; Donner, H., Geschichte des Volkes Israel und seiner Nachbarn in Grundzügen, 2 Bde., 2. Aufl., Grundrisse zum Alten Testament, ATD, Ergänzungsreihe 4/1 und 2, Göttingen 1995; Eberharter, A., Der Kanon des Alten Testamentes zur Zeit des Ben Sira, Auf Grund der Beziehungen des Sirachbuches zu den Schriften des Alten Testaments dargestellt, ATA III,3, Münster 1911; Erman-Ranke, Ägypten und ägyptisches Leben, 2. Aufl., 1923; Fang Che-Yong, M., De discrepantiis inter textum graecum et hebraicum libri Ecclesiastici seu Ben Sira. Quarum origo, sensus necnon momentum theologicum investigantur, Diss. Romae Pont. Inst. Biblici, 1963, Masch.; Teildruck: ders., Quaestiones theologicae selectae libri Sira ex comparatione textus graeci et hebraici ortae, Romae 1963; Fichtner, J., Die altorientalische Weisheit in ihrer israelitisch-jüdischen Ausprägung, BZAW 62, 1933; Finley, M.I., Die Sklaverei in der Antike, München 1981; Hadot, J., Penchant mauvais et volonté libre dans la Sagesse de Ben Sira (L'Ecclésiastique), Brüssel 1970; Harkam, G., Die alttestamentliche Rede vom „Glauben", eine traditions- und redaktionsgeschichtliche Untersuchung der theologischen Verwendung von „hae'aemin", Diss.Wien, evang.-theol. Fakultät, 1992, Masch.; Haspecker, J. SJ, Gottesfurcht bei Jesus Sirach, Ihre religiöse Struktur und ihre literarische und doktrinäre Bedeutung, AnBib 30, 1967; Hengel, M., Judentum und Hellenismus, Studien zu ihrer Begegnung unter besonderer Berücksichtigung Palästinas bis zur Mitte des 2. Jh. v.Chr., WUNT 10, Tübingen 1969, 1973^2; Hildesheim, R., Bis daß ein Prophet aufstand wie Feuer, Untersuchungen zum Prophetenverständnis des Ben Sira, TThSt 58, 1996; Höbl, G., Geschichte des Ptolemäerreiches, Darmstadt 1995; Kahle, P.E., The Cairo Genizah, 2. Aufl., Oxford 1959; Kaiser, O., Grundriß der Einleitung in die kanonischen und deuterokanonischen Schriften des Alten Testaments, Bd. 3: Die poetischen und weisheitlichen Werke, Gütersloh 1994; Kieweler, H.V., Ben Sira zwischen Judentum und Hellenismus, Eine kritische Auseinandersetzung mit Th. Middendorp, BEAT 30, 1992; König, E., Die Originalität des neulich entdeckten hebräischen Sirachtextes, 1899; Kornemann, E., Weltgeschichte des Mittelmeerraumes, hrsg. von H. Bengtson. München 1967; Lee, T.R., Studies in the Form of Sirach 44–50, SBLDS 75, 1986; Lévi, I., Art. Sirach, The Wisdom of Jesus, the Son of, JE 11, 1905, 390; Löhr, M., Bildung aus dem Glauben, Beiträge zum Verständnis der Lehrreden des Buches Jesus Sirach, Diss. theol. Bonn 1975; Löw, I., Aramäische Pflanzennamen, Leipzig 1881, Neudruck 1970; Maertens, Dom Th., L'Éloge des Pères, Ecclésiastique XLIV-L, CLV(B) 5, 1956; Marböck, J., Weisheit im Wandel, Untersuchungen zur Weisheitstheologie bei Ben Sira, BBB 37, 1971; Neuauflage BZAW 272, 1999; ders., Gottes Weisheit unter uns, Zur Theologie des Buches Sirach, hrsg. v. I. Fischer, HerdBS 6, 1995; Margoliouth, D.S., The Origin of the „Original Hebrew" of Ecclesiasticus, 1899; Michel, D., Qohelet, EdF 258, Darmstadt 1988; Middendorp, Th., Die Stellung Jesu ben Siras zwischen Judentum und Hellenismus, Leiden 1973; Minissale, A., La Versione Greca del Siracide, Confronto con il Testo ebraico alla luce dell'attività Midrascica e del metodo Targumico, AnBib 133, 1995; Öhler, M., Elia im Neuen Testament, Untersuchungen zur Bedeutung des alttestamentlichen Propheten im frühen Christentum, BZNW 88, 1997; Otto, E., Theologische Ethik des Alten Testaments, ThW 3,2, 1994; Parpola, S., State Archives of Assyria X, 1993; Penar, T., Northwest Semitic Philology and the Hebrew Fragments of Ben Sira,

BibOr 28,1975; Pfeifer, G., Ursprung und Wesen der Hypostasenvorstellungen im Judentum, AzTh I/31, 1967; Rad, G. von, Der Heilige Krieg im Alten Israel, AThANT 20, 1951; ders., Weisheit in Israel, Neukirchen 1970; Reiner, E., Astral Magic in Babylonia, TAPhS 85/4, 1995; Reiterer, F.V., „Urtext" und Übersetzungen, Sprachstudie über Sir 44,16–45,26 als Beitrag zur Siraforschung, MUS.ATSAT 12, 1980; ders.(Hg.), Ein Gott, Eine Offenbarung, Festschrift für Notker Füglister OSB zum 60. Geburtstag, Würzburg 1991; ders. (Hg.), Freundschaft bei Ben Sira, Beiträge des Symposions zu Ben Sira, Salzburg 1995, BZAW 244, 1996; ders. (Hg.), Bibliographie zu Ben Sira, BZAW 266, 1998; Rickenbacher, O., Weisheitsperikopen bei Ben Sira, OBO 1, 1974; Rostovtzeff, M., The Social and Economic History of the Hellenistic World, Oxford 1941; dt.: Gesellschafts- und Wirtschaftsgeschichte der hellenistischen Welt, 3 Bde., Darmstadt 1955, Nachdr. 1984; Sonderausgabe: Die hellenistische Welt, Gesellschaft und Wirtschaft, 3 Bde., Stuttgart 1955f.; Roth, W.M.W., Numerical Sayings in the Old Testament, A Form-critical Study, VT.S 13, 1965; Rüger, H.P., Text und Textform im hebräischen Sirach, Untersuchungen zur Textgeschichte und Textkritik der hebräischen Sirachfragmente aus der Kairoer Geniza, BZAW 112, 1970; Sanders, J.T., Ben Sira and Demotic Wisdom, Chico/CA 1983; Sauer, G., Die Sprüche Agurs, Untersuchungen zur Herkunft, Verbreitung und Bedeutung einer biblischen Stilform unter besonderer Berücksichtigung von Proverbia c.30, BWANT 84, 1963; Schrader, L., Leiden und Gerechtigkeit, Studien zu Theologie und Textgeschichte des Sirachbuches, BET 27, 1994; Spieckermann, H., Heilsgegenwart, Eine Theolgie der Psalmen, FRLANT 148, 1989; Stadelmann, H., Ben Sira als Schriftgelehrter, Eine Untersuchung zum Berufsbild des vor-makkabäischen Sofer unter Berücksichtigung seines Verhältnisses zu Priester-, Propheten- und Weisheitslehrertum, WUNT 2/6, 1980; Stern, E., Material Culture of the Land of the Bible in the Persian Period 538–332 B.C., Warminster and Jerusalem 1973, Nachdr. 1982; Strotmann, A., „Mein Vater bist Du!" (Sir 51,10), Zur Bedeutung der Vaterschaft Gottes in kanonischen und nicht-kanonischen frühjüdischen Schriften, FTS 39, 1991; Tov, E., Der Text der Hebräischen Bibel, Handbuch der Textkritik, übersetzt aus dem Englischen von H.-J. Fabry auf der Grundlage der Ausgabe von 1992, Stuttgart u.a. 1997; Van der Horst, P.W., Hellenism – Judaism – Christianity: Essays on their Interaction, Kampen 1994; Veltri, G., Eine Tora für den König Talmai, Untersuchungen zum Übersetzungsverständnis in der jüdisch-hellenistischen und rabbinischen Literatur, TSAJ 41, 1994; Wehrle, J., Sprichwort und Weisheit, Studien zur Syntax und Semantik der tob...min-Sprüche im Buch der Sprichwörter, MUS.ATSAT 38, 1993; Weiß, H.F., Untersuchungen zur Kosmologie des hellenistischen und palästinischen Judentums, TU 97, 1966; Wischmeyer, O., Die Kultur des Buches Jesus Sirach, BZNW 77, 1995; Wright, B., No Small Difference: Sirach's Relationship to its Hebrew Parent Text, SCSt 26, 1989; Würthwein, E., Der Text des Alten Testaments, 4. Aufl., Stuttgart 1973; Ziegler, J., Sylloge, Gesammelte Aufsätze zur Septuaginta, in: MSU X, 1971.

4. Aufsätze

Alonso Schökel, L., The Vision of Man in Sirach 16,24–17,14, in: Gammie, J.G. and others(ed.), Israelite Wisdom, Theological and Literary Essays in Honor of S. Terrien, Missoula 1978, 235–245; Auvray, P., Notes sur le prologue de l'Ecclésiastique, in: Mélanges bibliques rédigés en l'honneur de André Robert, = Travaux de l'Institut Cath. de Paris 4, Paris 1957, 281–287; Bauckmann, E.G., Die Proverbien und die Sprüche des Jesus Sirach, ZAW 72, 1960, 33–63; Bauer, J.B., Sir 15,14 et Gen 1,1, VD 41, 1963, 243f.; Baumgarten, J.M., Some Notes on the Ben Sira Scroll from Masada, JQR 58, 1967/68, 323–327; Beentjes, P.C., Sirach 22:27–23:6 in zijn context, Bijdr. 39, 1978, 144–151; ders., Jesus Sirach 7:1–17, Kanttekeningen bij de structuur en de tekst een verwaarloosde passage, Bijdr. 41, 1980, 251–259; ders., Jesus Sirach 38:1–15, Problemen rondom een symbool, Bijdr. 41, 1980, 260–265; ders., Recent Publications on the Wisdom of Jesus Ben Sira (Ecclesiasticus), Bijdr. 43, 1982, 188–198; ders., De getallenspreuk en zijn reikwijdte, Een pleidooi voor de literaire eenheid van Jesus Sirach 26,28–27,10, Bijdr. 43, 1982, 383–389; ders., „De stammen von Israel herstellen", Het portret van Elia bij Jesus Sirach, ACEBT 5, 1984, 147–155; ders., „The Countries Marvelled at You", King Solomon in Ben Sira 47:12–22, Bijdr. 45, 1984, 6–14; ders., The „Praise of the Famous" and its Prologue, Some Observations on Ben Sira 44:1–15 and the Question on Enoch in 44:16, Bijdr. 45, 1984, 374–383; ders., Some Misplaced Words in the Hebrew Manuscript C. of the Book of Ben Sira, Bib. 67, 1986, 397–401; ders., The Reliability of Text-Editions in Ben Sira 41,14–16, A Case Study in Repercussions on Structure and Interpretation, Bijdr. 49, 1988, 188–194; ders., Hermeneutics in the Book of Ben Sira, Some Observations on the Hebrew Ms. C, EstB 46, 1988, 45–59; ders., Profetie bij Jezus Sirach, in: Becking, B. (ed.), Door het oog van de profeten, Exegetische studies aangeboden aan prof. dr. C. van Leeuwen, Utrecht 1989, 23–30; ders., „Full Wisdom is Fear of the Lord", Ben Sira 19, 20–20,31: Context, Composition and Concept, EstB 47, 1989, 27–45; ders., Hezekiah and Isaiah, A study on Ben Sira XLVIII:15–25, in: Woude, A.S. van der (Hg.), New avenues in the study of the Old Testament, A collection of Old Testament studies, published on the occasion of the fiftieth anniversary of the Oudtestamentisch Werkgezelschap and the retirement of M.J. Mulder, OTS XXV, 1989, 77–88; ders., „How can a jug be friends with a kettle?". A note on the Structure of Ben Sira chapter 13, BZ 36, 1992, 87–93; ders., The Meaning of Wisdom in Ben Sira, in: Perdue, L.G. and others (Hg.), In Search of Wisdom, Essays in Memory of J.G. Gammie, Louisville 1993, 133–148; ders., „Ein Mensch ohne Freund ist wie eine linke Hand ohne die Rechte", Prolegomena zur Kommentierung der Freundschaftsperikope Sir 6,5–17, in: Reiterer, F.V. (Hg.), Freundschaft bei Ben Sira, Beiträge des Symposions zu Ben Sira, Salzburg 1995, BZAW 244, 1996, 1–18; ders., Reading the Hebrew Ben Sira Manuscripts Synoptically, A New Hypothesis, in: ders., The Book of Ben Sira in Modern Research, BZAW 255, 1997, 95–111; ders., „Sei den Waisen wie ein Vater und den Witwen wie ein Gatte", Ein kleiner Kommentar zu Ben Sira 4,1–10, in: Egger-Wenzel, R. und Krammer, I. (Hgg.), Der Einzelne und seine Gemeinschaft bei Ben Sira, BZAW 270, 1998, 51–64; Bickell, G., Ein alphabetisches Lied Jesus Sirach's, ZKTh 6, 1882, 319–333; ders., Der hebräische Sirachtext eine Rückübersetzung, WZKM 13, 1899, 251–256; Calduch-Benages, N., El Servicio Cultual en el Sirácida: Estudio del Vocabulario, EstB 57, 1999, 147–162; Caquot, A., Le Siracide a-t-il parlé d'une „espèce" humaine?, RHPhR 62, 1982, 225–230; Carmignac, J., Les rapports entre l'Ecclésiastique et Qumrân, RdQ 3, 1961/62, 209–218; Collins, J.J., The Root of Immortality, Death in the Context of Jewish Wisdom, HThR 71, 1978, 177–192; Conzelmann, H., Die Mutter der Weisheit, in: Dinkler, E. (Hg.), Zeit und Geschichte, Dankesgabe an R.Bultmann, Tübingen 1964, 225–234; Couroyer, B., Un égyptianisme dans Ben Sira IV,11, RB 82, 1975, 206–217; De Boer, P.A.H., Sirach XLIV 12a, VT.S 16, 1967, 25–29; De Bruyne, D., Le prologue, le titre et la finale de l'Ecclésiastique, ZAW 47, 1929, 257–263; De Fraine, J., Het Loflied op de menselijke waardigheid in Eccli 17,1–14, Bijdr. 11, 1950, 10–23; Delcor, M., Le texte hébreu du Cantique de Siracide LI,13 et ss et les anciennes versions, Textus 6, 1968, 27–47; Desecar, A., La necedad en Sirac 23,12–15, SBFLA 20, 1970, 264–272; ders., „Sapiente" e „stolto" in Ecclesiastico 27,11–13, BeO 16, 1974, 193–198; Di Lella, A.A., Qumran and the Geniza Fragments of Sirach, CBQ 24, 1962, 245–267; ders., Authenticity of the Geniza Fragments of Sirach, Bib. 44, 1963, 171–200; ders., Conservative and Progressive Theology: Sirach and Wisdom, CBQ 28, 1966, 139–154; ders., Art.: Sirach, Book of, in: NCE 13. New York + London 1967, 257f.; ders., The Poetry of Ben Sira, ErIs XVI, 1982, 26*–33*; ders., Sirach 10:19–11:6: Textual Criticism, Poetic Analysis, and Exegesis, in: Meyers, C.L. and O'-Connor, M. (Hgg.), The Word of the Lord shall go forth, Essays in Honor of David Noel Freedman in Celebration of His Sixtieth Birthday, Winona Lake 1983, 157–164; ders., Sirach 51:1–12: Poetic Structure and Analysis of Ben Sira's Psalm, CBQ 48, 1986, 395–407; Donner, H., Gesichtspunkte zur Auflösung des klassischen Kanonsbegriffes bei Johann Salomo Semler, in: Rößler, D. u.a. (Hgg.), Fides et Communicatio, Festschrift für Martin Doerne zum 70. Geburtstag, Göttingen 1970, 56–68; Driver, G.R., Hebrew Notes on the „Wisdom of Jesus ben Sirach", JBL 53, 1934, 273–290; ders., Ecclesiasticus: A New Fragment of the Hebrew Text, ET 49, 1937/38, 37–39; Duesberg, H., Il est le Tout, BVC 54, 1963, 29–32; ders., La dignité de l'homme, Siracide 16,24–17,14, BVC 82, 1968, 15–21; Egger-Wenzel, R., „Denn harte Knechtschaft und Schande ist es, wenn eine Frau ihren Mann ernährt" (Sir 25,22), in: dies. und Krammer, I. (Hgg.), Der Einzelne und seine Gemeinschaft bei Ben Sira, BZAW 270, 1998, 23–49; Fang Che-Yong, M., Sir 7,36 (Vulg 7,40) iuxta hebraicam veritatem, VD 40, 1962, 18–26; ders., Ben Sira de novissimis hominis, VD 41, 1963, 21–38; ders., Usus nominis divini in Sirach, VD 42, 1964, 153–168; Forschner, M., Art. Stoa, Stoizimus, in: HWP, Bd. 10, 1998, 176–184; Fournier-Bidoz, A., L'arbre et la demeure: Siracide XXIV 10–17, VT 34, 1984, 1–10; Fraenkel, S., Zu Ben Sira, ZAW 21, 1901, 191f.; Fuchs,H., Art. Sirach, Jüdisches Lexikon, IV/2, Berlin 1930, 446–450; Gallus, T., A muliere initium peccati et per illam omnes morimur (Sir 25,24), VD 23, 1943, 272–277; Geiger, A., Warum gehört das Buch Sirach zu den Apokryphen?, ZDMG 12, 1858, 536–542; German, H., Jesus ben Siras Dankgebet und die Hodajoth, ThZ 19, 1963, 81–87; Gilbert, M., L'éloge de la sagesse (Siracide 24), RTL 5, 1974, 326–348; Ginzberg, L., Randglossen zum hebräischen Ben Sira, in: Bezold, C. (Hg.), Orientalische Studien, Theodor Nöldeke zum 70.Geburtstag (2.3.06) gewidmet, 2. Band, Giessen 1906, 609–625; Grabbe, L.L., Hellenistic Judaism, in: Neusner, J. (ed.), Judaism in the Late Antiquity, Vol. 2: Historical Syntheses, HdO 17,2, Leiden 1995, 53–83; Habermann, A.M., עיונים בספר בן סירא, in: Grintz, J.M. and Liver, J.(Hgg.), Studies in the Bible, Sepher M.H. Segal, Jerusalem 1964, 296–299; Hahn, F., Einige notwendige Bemerkungen zu zwei Texteditionen, VF 36, 1991, 64–67; Halévy, M.A., Un aphorisme „médical" de Ben-Sira et son importance médico-historique, RHMH 17, 1964, 99–104; Hamp, V., Zukunft und Jenseits im Buche Sirach, in: Junker, H. und Botterweck, J.(Hgg.), Alttestamentliche Studien Friedrich Nötscher zum 60. Geburtstag gewidmet, BBB 1, 1950, 86–97; Hart, J.H.A., The Prologue to Ecclesiasticus, JQR 19, 1907, 284–297, und 21, 1909, 233–235; Hayward, R., The New Jerusalem in the Wisdom of Jesus Ben Sira, SJOT 6, 1992, 123–138; Helck, W., Art. Sklaven, LÄ, 5. Bd., 1984, 982–987; Hengel, M., Rec.: T. Middendorp, Die Stellung Jesu Ben Siras zwischen Judentum und Hellenismus, JSJ 5, 1974, 83–87; Herzog-Hauser, G., Art. Trauerkleidung, PRE 2.R., 12.Hbd., 1937, 2225–2231; Höffken, P., Warum schwieg Jesus Sirach über Esra?, ZAW 87, 1975, 184–202; Jacob, E., L'histoire d'Israel vue par Ben Sira, in: Mélanges Bibliques, rédigés en l'honneur de André Robert, = Travaux de l'Institut Catholique de Paris, 4, Paris 1957, 288–294; ders., Wisdom and Religion in Sirach, in: Gammie, J.G. and others(ed.), Israelite Wisdom, Theological and Literary Essays in Honor of S. Terrien, Missoula 1978, 247–260; Kaddari, M.Z., The Syntax of כי in the Language of Ben Sira, in: Muraoka, T. and Elwolde, J.F. (Hgg.), The Hebrew of the Dead Sea Scrolls and Ben Sira, Proceedings of a Symposion held at Leiden University 11–14 December 1995, StTDJ 26, 1997, 87–91; Kaiser, O., Die Begründung der Sittlichkeit im Buche Jesus Sirach, ZThK 55, 1958, 51–63; ders., Judentum und Hellenismus, VF 27, 1982, 68–88; ders., Anknüpfung und Widerspruch, Die Antwort der jüdischen Weisheit auf die Herausforderung durch den Hellenismus, in: Mehlhausen, J. (Hg.), Pluralismus und Identität, VWGTh 8, Gütersloh 1995, 54–69; ders., Was ein Freund nicht tun darf, Eine Auslegung von Sir 27,16–21, in: Reiterer, F.V. (Hg.), Freundschaft bei Ben Sira, Beiträge des Symposions zu Ben Sira, Salzburg 1995, BZAW 244, 1996, 107–122; ders., Der Tod als Schicksal und Aufgabe bei Ben Sira, in: FARG 29, 1997, 75–89; ders., Der Mensch als Geschöpf Gottes, Aspekte der Anthropologie Ben Siras, in: Egger-Wenzel, R. und Krammer, I.(Hgg.), Der Einzelne und seine Gemeinschaft bei Ben Sira, BZAW 270, 1998, 1–22; ders., Die Rezeption der stoischen Providenz bei Ben Sira, JNSL 24, 1998, 41–54; ders., Carpe diem und Memento mori bei Ben Sira, in: Dietrich, M. und Loretz, O. (Hgg.), Festschrift für W.H.Ph. Römer, AOAT, 1998; Kieweler, H.V., Abraham und der Preis der Väter bei Ben Sira, in: Kreuzer, S. (Hg.), Schaut Abraham an, euren Vater! Festschrift für G. Sauer zum 60.Geburtstag, AuG 37, Heft 7+8, 1986, 70–72; ders., Freundschaft und böse Nachrede, Exegetische Anmerkungen zu Sir 19,6–19, in: Reiterer, F.V. (Hg.), Freundschaft bei Ben Sira, Beiträge des Symposions zu Ben Sira, Salzburg 1995, BZAW 244, 1996, 61–85; ders., Benehmen bei Tisch, in: Egger-Wenzel, R.

und Krammer, I. (Hgg.), Der Einzelne und seine Gemeinschaft bei Ben Sira, BZAW 270, 1998, 191–215; Knierim, R.P., Zum alttestamentlichen Verständnis von Strafe, in: Loader, J.A. und Kieweler, H.V. (Hgg.), Vielseitigkeit des Alten Testaments, Festschrift für G. Sauer, Frankfurt/M. 1999, 103–120; Koole, J.L., Die Bibel des Ben-Sira, OTS 14, 1965, 374–396; Krammer,I., Scham im Zusammenhang mit Freundschaft, in: Reiterer, F.V. (Hg.), Freundschaft bei Ben Sira, Beiträge des Symposions zu Ben Sira, Salzburg 1995, BZAW 244, 1996, 171–201; dies., „Wer andern eine Grube gräbt, fällt selbst hinein", Ben Sira als Tradent eines bekannten Sprichworts, in: Egger-Wenzel, R. und dies. (Hgg.), Der Einzelne und seine Gemeinschaft bei Ben Sira, BZAW 270, 1998, 239–260; Krinetzki, G., Die Freundschaftsperikope Sir 6,5–17 in traditionsgeschichtlicher Sicht, BZ 23, 1979, 212–233; Kuhn, G., Beiträge zur Erklärung des Buches Jesus Sira, ZAW 47, 1929, 289–296 und ZAW 48, 1930, 100–121; Lehmann, M.R, Ben Sira and the Qumran Literature, RdQ 3, 1961, 103–116; ders., „Yom Kippur" in Qumran, RdQ 3, 1961, 117–124; ders., 11Q Ps^a and Ben Sira, RdQ 11, 1982–84, 239–251; Lévi, I., Notes sur les Ch.VII. 29–XII.1 de Ben Sira, Edités par M. Elkan N. Adler, JQR 13, 1901, 1–17 und 331f.; Luciani, F., La funzione profetica di Enoch (Sir 44,16b secondo la versione greca), RivBib 30, 1982, 215–224; Lührmann, D., „Aber auch dem Arzt gib Raum" (Sir 38,1–15), in: WuD 15, 1979, 55–78; Marböck, J., Sirachliteratur seit 1966, Ein Überblick, ThRv 71, 1975, 177–184; ders., Gesetz und Weisheit, Zum Verständnis des Gesetzes bei Jesus Ben Sira, BZ (NF) 20, 1976, 1–21; Wiederabdruck in: ders., Gottes Weisheit unter uns, HerdBS 6, 1995, 52–72; ders., Das Gebet um die Rettung Zions Sir 36,1–22 (G: 33,13a; 36,16b-22) im Zusammenhang der Geschichtsschau Ben Siras, in: Bauer, J.B. und Marböck, J. (Hgg.), Memoria Jerusalem, Freundesgabe F. Sauer, Graz 1977, 93–115; Wiederabdruck in: ders., Gottes Weisheit unter uns, HerdBS 6, 1995, 149–166; ders., Sir 38,24–39,11: Der schriftgelehrte Weise, Ein Beitrag zu Gestalt und Werk Ben Siras, in: Gilbert, M. (Hg.), La Sagesse de l´Ancient Testament, BEThL LI 1979, 293–316, Neudruck 1990, 293–316 und 421–423; und in: ders., Gottes Weisheit unter uns, HerdBS 6, 1995, 25–51; ders., Henoch – Adam – der Thronwagen, Zu frühjüdischen pseudepigraphischen Traditionen bei Ben Sira, BZ 25, 1981, 103–111; Wiederabdruck in: ders., Gottes Weisheit unter uns, HerdBS 6, 1995, 133–143; ders., Davids Erbe in gewandelter Zeit (Sir 47,1–11), ThPQ 130, 1982, 43–49; Wiederabdruck in: ders., Gottes Weisheit unter uns, HerdBS 6, 1995, 124–132; ders., Sir 15,9f., Ansätze zu einer Theologie des Gotteslobes bei Jesus Sirach, in: Seybold, I. (Hg.), Meqor hajjim, Festschrift für G. Molin, Graz 1983, 267–276; Wiederabdruck in: ders., Gottes Weisheit unter uns, HerdBS 6, 1995, 167–175; ders., Gottes Weisheit unter uns, Sir 24 als Beitrag zur biblischen Theologie, in: Professorenkollegium der Philosophisch-Theologischen Hochschule der Diözese St. Pölten (Hg.), Verbum caro factum est, Festschrift für A. Stöger, St. Pölten 1984, 55–65; Wiederabdruck in: ders., Gottes Weisheit unter uns, HerdBS 6, 1995, 73–87; ders., Macht und Mächtige im Buch Jesus Sirach, Ein Beitrag zur politischen Ethik in der Weisheitsliteratur des Alten Testaments, in: Kimmenich, O.Klose, A.Neuhold, L. (Hgg.), Mit Realismus und Leidenschaft, Festschrift V. Zsifkovits, Graz 1993, 364–371; Wiederabdruck in: ders., Gottes Weisheit unter uns, HerdBS 6, 1995, 185–194; ders., Die „Geschichte Israels" als „Bundesgeschichte" nach dem Sirachbuch, in: Zenger, E. (Hg.), Der Neue Bund im Alten, Studien zur Bundestheologie der beiden Testamente, QD 146, Freiburg i.B. 1993, 177–197; Wiederabdruck in: ders., Gottes Weisheit unter uns, HerdBS 6, 1995, 103–123; ders., Sündenvergebung bei Jesus Sirach, Eine Notiz zur Theologie und Frömmigkeit der deuterokanonischen Schriften, in: Fischer, G. SJ und Oesch, J.M. (Hgg.), Für Univ.-Prof. Dr. Arnold Gamper SJ zum 70.Geburtstag, ZKTh 116, 1994, Heft 4, 480–486; Wiederabdruck in: ders., Gottes Weisheit unter uns, HerdBS 6, 1995, 176–184; ders., Gefährdung und Bewährung, Kontexte zur Freundschaftsperikope Sir 22,19–26, in: Reiterer, F.V. (Hg.), Freundschaft bei Ben Sira, Beiträge des Symposions zu Ben Sira, Salzburg 1995, BZAW 244, 1996, 87–106; Martin, J.D., Ben Sira's Hymn to the Fathers, A Messianic Perspective, OTS 24, 1986, 107–123; Miller, N.F., The Aspalathus Caper, BASOR 297, 1995, 55–60; Morawe, G., Vergleich des Aufbaus der Danklieder und hymnischen Bekenntnislieder (1QH) von Qumran mit dem Aufbau der Psalmen im Alten Testament und im Spätjudentum, RdQ 4, 1963/64, 323–356; Morenz, S., Eine weitere Spur der Weisheit Amenopes in der Bibel, ZÄS 84, 1959, 79f.; Muraoka, T., Sir. 51,13–30, An Erotic Hymn to Wisdom?, JSJ 10, 1979, 166–178; Murphy, R.E., The Personification of Wisdom, in: Day, J. and others (Hgg.), Wisdom in Ancient Israel, Essays in Honour of J.A. Emerton, Cambridge and others 1995, Paperback 1998, 222–233; ders., Sin, Repentance, and Forgiveness in Sirach, in: Egger-Wenzel, R. und Krammer, I. (Hgg.), Der Einzelne und seine Gemeinschaft bei Ben Sira, BZAW 270, 1998, 261–270; Ó'Fearghail, F., Sir 50,5–21, Yom Kippur or the Daily Whole-Offering?, Bib. 59, 1978, 301–316; Pautrel, R., Ben Sira et le Stoicisme, RSR 51, 1963, 535–549; Pax, E.W., Dialog und Selbstgespräch bei Sirach 27,3–10, SBFLA 20, 1970, 247–263; Penar, T., Job 19,19 in the Light of Ben Sira 6,11, Bib. 48, 1967, 293–295; ders., Three Philological Notes on the Hebrew Fragments of Ben Sira, Bib. 57, 1976, 112f.; Peri, I., Steinhaufen im Wadi (zu Sirach 21,8), ZAW 102, 1990, 420f.; Peterca, V., Das Porträt Salomos bei Ben Sirach (47,12–22), Ein Beitrag zu der Midraschexegese, in: Augustin, M. und Schunck, K.-D. (Hgg.), „Wünschet Jerusalem Frieden", BEAT 13, 1988, 457–463; Regling, K., Art. Geld, PRE 13.Hbd., 1910, 970–984; ders., Art. Münzwesen, PRE, Neubearb., 31.Hbd., 1933, 457–491; Reif, St.C., The Discovery of the Cambridge Genizah Fragments of Ben Sira, Scholars and Texts, in: Beentjes, P.C. (Hg.), The Book of Ben Sira in Modern Research, BZAW 255, 1997, 1–22; Reiterer, F.V., Deutung und Wertung des Todes durch Ben Sira, in: Zmijewski, J. (Hg.), Die alttestamentliche Botschaft als Wegweisung, Festschrift für Heinz Reinelt, Stuttgart 1990, 203–236; ders., Die Stellung Ben Siras zur „Arbeit", in: ders. (Hg.), Ein Gott, Eine Offenbarung, Festschrift für Notker Füglister OSB zum 60. Geburtstag, Würzburg 1991, 257–289; ders., Gelungene Freundschaft als tragende Säule einer Gesellschaft, Exegetische Untersuchung von Sir 25,1–11, in: ders. (Hg.), Freundschaft bei Ben Sira, Beiträge des Symposions zu Ben Sira, Salzburg 1995, BZAW 244, 133–169; ders., Text und Buch Ben Sira in Tradition und Forschung, Eine Einführung, in: ders. (Hg.), Bibliographie zu Ben Sira, BZAW 266, 1998, 1–42; Rinaldi, G., Onus meum leve, Osservazioni su Ecclesiastico 51,26 (Vg 34) e Matteo 11,25–30, BeO 9, 1967, 13–23; Rivkin, E., Ben Sira and the Nonexistence of the Synagogue, A Study in Historical Method, in: Silver, D.J. (Hg.), In the Time of Harvest, Essays in Honour of A.H. Silver on the Occasion of his 70th Birthday, New York 1963, 320–354; Roth, C., Ecclesiasticus in the Synagogue Service, JBL 71, 1952, 171–178; Roth, W.M.W., The numerical sequence x/x+1 in the Old Testament, VT 12, 1962, 300–311; ders., On the Gnomic-Discursive Wisdom of Jesus Ben Sirach, Semeia 17, 1980, 59–79; Rüger, H.P., Zum Text von Sir 40,10 und Ex 10,21, ZAW 82, 1970, 103–109; Sanders, J.T., A Hellenistic Egyptian Parallel to Ben Sira, JBL 97, 1978, 257f.; Sauer, G., Die Abraham-Gestalt im „Lob der Väter", Auswahl und Intention, WJTh 1, 1996, 387–412; ders., Freundschaft nach Ben Sira 37,1–6, in: Reiterer, F.V. (Hg.), Freundschaft bei Ben Sira, Beiträge des Symposions zu Ben Sira, Salzburg 1995, BZAW 244, 1996, 123–131; ders., Der Ratgeber (Sir 37,7–15). Textgeschichte als Auslegungsgeschichte und Bedeutungswandel, in: Egger-Wenzel, R. und Krammer, I. (Hgg.), Der Einzelne und seine Gemeinschaft bei Ben Sira, BZAW 270, 1998, 73–85; ders., Gedanken über den thematischen Aufbau des Buches Ben Sira, in: Calduch-Benages, N. and Vermeylen, J. (Hgg.), Treasures of Wisdom, Studies in Ben Sira and the Book of Wisdom, Festschrift M. Gilbert, Leuven 1999, 51–61; ders., Der traditionsgeschichtliche Hintergrund von Ben Sira 42,15–43,33, in: Delkurt, H. u.a. (Hgg.), Verbindungslinien, Zusammenhänge alttestamentlicher Überlieferung, Festschrift W.H. Schmidt, Neukirchen 2000; Sauermann, O., „Auch des Hiob gedachte er!", Bemerkungen zu Sir 49,9, in: Kath.-theol. Fakultät d. Universität Wien (Hg.), „Dienst an der Lehre", Studien zur heutigen Philosophie und Theologie, Festschrift für Franz Kardinal König, WBTh 10, 1965, 119–126; Schrader, L., Unzuverlässige Freundschaft und verläßliche Feindschaft, Überlegungen zu Sir 12,8–12, in: Reiterer, F.V. (Hg.), Freundschaft bei Ben Sira, Beiträge des Symposions zu Ben Sira, Salzburg 1995, BZAW 244, 1996, 19–59; Schüngel-Straumann, H., „Von einer Frau nahm die Sünde ihren Anfang, ihretwegen müssen wir alle sterben" (Sir 25,24), Zur Wirkungs- und Rezeptionsgeschichte der ersten drei Kapitel der Genesis in biblischer Zeit, BiKi 53, 1998, 11–20; Sheppard, G.T., Wisdom and Torah, The Interpretation of Deuteronomy underlying Sirach 24:23, in: Tuttle, G.A. (ed.), Biblical and Near Eastern Studies, Essays in Honor of William Sanford LaSor, Grand Rapids 1978, 166–176; Skehan, P.W., Tower of Death or Deadly Snare? (Sir 26,22), CBQ 16, 1954, 154; ders., They Shall not be Found in Parables (Sir 38,33), CBQ 23, 1961, 40; ders., Didache 1,6 and Sirach 12,1. Bib. 44, 1963, 533–536; ders., Rez.: Y. Yadin, The Ben Sira Scroll from Masada, Jerusalem 1965, in: JBL 85, 1966, 260.262; ders., Art.: Sirach – Tobit, in: NCE 2, 1967, 417; ders., Sir 40,11–17, CBQ 30, 1968, 570–572; ders., Staves, and Nailes, and Scribals Slips (Ben Sira 44,2–5), BASOR 200, 1970, 66–71; ders., The Acrostic Poem in Sirach 51:13–30, HThR 64, 1971, 387–400; ders., Sirach 30:12 and related Texts; CBQ 36, 1974, 535–542; ders., Structures in Poems on Wisdom: Proverbs 8 and Sirach 24; CBQ 41, 1979, 365–379; Snaith, J.G., Ecclesiasticus: A Tract for the Times, in: Day, J. and others (Hgg.), Wisdom in Ancient Israel, Essays in Honour of J.A. Emerton, Cambridge a.o. 1995, Paperback 1998, 170–181; Staudinger, F., Art.: Vater, in: BThW, Graz 1994, 546–549; Stemberger, G., Jabne und der Kanon, JBTh 3, 1988, 163–174; wieder abgedruckt in: ders., Studien zum rabbinischen Judentum, Stuttgarter Biblische Aufsatzbände 10, Stuttgart 1990, 375–389; Stöger, A., Der Arzt nach Jesus Sirach (38,1–15), in: ArztChr 11, 1965, 3–11; Stummer, F., „Via peccantium complanata lapidibus" (Eccli 21,11), in: Fischer, B. und Fiala, V. (Hgg.), Colligere Fragmenta, Festschrift für Alban Dold, Beuron 1952, 40–44; Thielmann, Ph., Die lateinische Übersetzung des Buches Sirach, in: Archiv für lateinische Lexikographie und Grammatik 8, 1893, 511–561; Vaccari, A.P., Oratio Iesu, filii Sirach (Eccl. 51,1–17), VD 2, 1922, 71f.; ders., Eccli. 24,20s de Beata Virgine, VD 3, 1923, 136–140; ders., Quasi plantatio rosae in Iericho (Eccl. 24,18), VD 3, 1923, 289–294; ders., Ecclesiastici hebraice fragmentum nuper detectum, VD 11, 1931, 172–178; ders., Ecclesiastico 37,10.11: critica ed esegesi, EE 34, 1960, 705–713; Vargha, Th. OFM, De Psalmo Hebraico Ecclesiastici c.51, Anton. 10, 1935, 3–10; Vattioni, F., Nuovi fogli ebraici dell'Ecclesiastico, RivBib 8, 1960, 169–179; ders., Proverbi 3,8 ed Ecclesiastico 30,14–16, MTh 15, 1963, 73–76; ders., Genesi 1,1 ed Ecclesi. 15,14, Aug. 4, 1964, 105–108; ders., Girolamo e l'Ecclesiastico, VetChr 4, 1967, 131–149; Wieder, A.A., Ben Sira and the Praises of Wine, JQR 61, 1970/71, 155–166; Williams, D.S., The Date of Ecclesiasticus, VT 44, 1994, 563–566; Winter, M.M., The Origins of Ben Sira in Syriac, VT 27, 1977, 237–253 und 494–507; Zappella, M., L'immagine di Israele in Sir 33 (36), 1–19 secondo il MS. Ebraico B e la tradizione Manoscritta greca. Analisi letteraria e lessicale, RivBib 42, 1994, 409–446; Ziegler, J., Zum Wortschatz des griechischen Sirach, in: Hempel, J. und Rost, L. (Hgg.), Von Ugarit nach Qumran, Beiträge zur alttestamenlichen und altorientalischen Forschung, Otto Eißfeldt zum 1. September 1957 dargebracht, BZAW 77, 1958, 274–287; ders., Hat Lukian den griechischen Sirach rezensiert?, Bib. 40, 1959, 210–229; ders., Die hexaplarische Bearbeitung des griechischen Sirach, BZ (NF) 4, 1960, 174–185; ders., Ursprüngliche Lesarten im griechischen Sirach, Studi e Testi 231, 1964 (= Mélanges Eugène Tisserant I), 461–487; ders., Zwei Beiträge zu Sirach, BZ (NF) 8, 1964, 277–284.

Nachtrag:
Muraoka, T. and Elwolde, J.F. (Hgg.), Sirach, Scrolls, and Sages, Proceedings of a Second International Symposium on the Hebrew of the Dead Sea Scrolls, Ben Sira, and the Mishnah, held at Leiden University, 15–17 December 1997, StTDJ 33, 1999, konnte nicht mehr berücksichtigt werden.

5. Abkürzungen

Die Abkürzungen für Zeitschriften, Reihen und Sammelwerke richten sich nach Schwertner, S.M., Theologische Realenzyklopädie, Abkürzungsverzeichnis, 2., überarbeitete und erweiterte Aufl., Berlin und New York 1994.

In diesem Verzeichnis nicht aufgeführte, aber hier gebrauchte Abkürzungen:
AuG = Amt und Gemeinde, Wien
HerdBS = Herders Biblische Studien
VWGTh = Veröffentlichungen der Wissenschaftlichen Gesellschaft für Theologie
WJTh = Wiener Jahrbuch für Theologie

Die Abkürzungen bei der Behandlung des hebräischen Textes folgen den bei den hebräischen Texteditionen gebrauchten Grundsätzen:
H = Hebräischer Text
H^A = Hebräisches Ben Sira-Manuskript A
H^{Amarg} = Randlesart des hebräischen Manuskriptes A
(gilt auch für die folgenden Manuskripte)
H^B = Hebräisches Ben Sira-Manuskript B
H^C = Hebräisches Ben Sira-Manuskript C
H^D = Hebräisches Ben Sira-Manuskript D
H^E = Hebräisches Ben Sira-Manuskript E
H^F = Hebräisches Ben Sira-Manuskript F
H^M = Hebräisches Ben Sira-Manuskript von Masada
H^Q = Hebräische Ben Sira-Manuskripte von Qumran

Die Abkürzungen bei der Behandlung des griechischen Textes folgen den von J. Ziegler an folgenden Stellen aufgelisteten Grundsätzen:
Septuaginta, Sapientia Salomonis, S. 8–11; Sapientia Iesu Filii Sirach, S. 7–11. Die wichtigsten hierbei sind:
A = Codex Alexandrinus
B = Codex Vaticanus
C = Codex Ephraemi Syri rescriptus
G = Griechischer Text, Septuaginta
H = Hebräischer Text
L = Lukianische Rezension, Hauptgruppe
L' = *L + l*
l = Lukianische Rezension, Untergruppe
La = Vetus Latina (auch VL), auch Vulgata
LXX = Septuaginta
Maj = Majuskel
Min = Minuskel
Min 336^{mg} = Randlesart der Minuskel 336 (als Beispiel)
O = Origeneische Rezension
S = Syrische Übersetzung, Peschitta
S = Codex Sinaiticus
Sc = Codex Sinaiticus, corrector
S* = Codex Sinaiticus, ursprünglicher Text
Sa = Sahidische Übersetzung
Syh = Syrohexaplarische Rezension
V = Vulgata
V = Codex Venetus

Einleitung

Name des Buches: Das hier zu behandelnde Buch war in seiner griechischen Sprachform in der griechisch sprechenden Welt der hellenistisch-römischen Zeit weit verbreitet. Es trug in der jüdischen vorchristlichen Gemeinde und in der christlichen Gemeinde der folgenden Jahrhunderte die als Hinweis auf den Verfasser zu verstehende Überschrift „Weisheit des Jesus des Sohnes des Sirach". Daraus wurde der *Name des Buches* „Jesus Sirach" (JesSir) abgeleitet. Da bis 1896 der hebräische Urtext als verloren gelten mußte[1], wurde diese Bezeichnung allein verwendet. Der seither möglich gewordene Rückgriff auf die hebräische Vorlage brachte die Rückführung auf die hebräische Namensform „Ben Sira" (BenSir) mit sich, die heute allgemein bevorzugt wird.

Kanonizität: Das Buch BenSir war am Ende des 1. Jh. n.Chr. von den jüdischen Gelehrten nicht in die Reihe der verbindlichen Schriften[2] aufgenommen worden, während es in den neu entstehenden (juden-)christlichen Gemeinden viel gelesen und zitiert wurde[3]. Diese Entscheidung fiel in längeren Beratungen, die unter dem Namen „Synode von Jamnia" in die Kanonsgeschichte eingegangen sind[4]. Die Gründe, die zu dieser Urteilsfindung geführt haben, sind heute nicht mehr eindeutig feststellbar. Möglicherweise spielte die Tatsache eine Rolle, daß das Buch BenSir zu den Weisheitsschriften des AT zu zählen ist, die innerhalb der alttestamentlichen Schriften eine sekundäre Rolle spielen und zu dem dritten Teil des Kanons, den כתובים (= „Schriften") gezählt werden. Es kommt hinzu, daß dieses Buch erst sehr spät entstanden ist und deshalb nicht die Dignität besaß wie andere Weisheitsbücher, die im AT neben den geschichtlichen und prophetischen Büchern stehen und zudem noch unter einem bekannten Autorennamen tradiert wurden, nämlich dem des Salomo: die Sprüche des Salomo, der Prediger Salomo und das Hohelied, das ebenfalls Salomo zugeschrieben wurde. Weisheitliche Texte sind darüber hinaus in vielen weiteren geschichtlichen und prophetischen Büchern des AT enthalten und wurden dadurch ohne Schwierigkeiten in den Kanon eingereiht, so z.B. die Josefsgeschichte im Buche Gen und Abschnitte im Buch des Propheten

---

[1] Ausführungen zur Textgeschichte erfolgen S. 22ff.
[2] Den Begriff „Kanon" kennt das rabbinische Judentum nicht.
[3] Nestle-Aland (Hg.), Novum Testamentum Graece, 27. revidierte Aufl., 2. Druck, Stuttgart 1994, führt im Register der loci citati vel allegati (770–806) 96 Stellen aus JesSir auf, auf die an 111 Stellen des ntl. Kanons Bezug genommen wird, 802f. Wegen der besonders häufigen Bezugnahmen kann angenommen werden, daß der Verfasser des Jakobusbriefes JesSir gekannt hat.
[4] Zum Problem der Existenz der „Synode von Jamnia" vgl. G. Stemberger, Jabne und der Kanon, in: JBTh 3 (1988) 163–174; wieder abgedruckt in: Ders., Studien zum rabbinischen Judentum, Stuttgart 1990, 375–389, SBAB 10. Es sei ein „langer Prozeß" (389) gewesen, der zu einer Abgrenzung geführt habe.

Jes und im Buch des Propheten Jer und in dem Buch der Zwölf Propheten. Gleiches trifft für das Buch der Psalmen zu, in dem sich ausgesprochen weisheitliche Gedanken finden, z.B. Ps 1; 37; 49 und 112.

Ein weiterer Grund für die Nichtaufnahme von BenSir in den Kanon der hebräischen Bibel könnte darin gesucht werden, daß dieses Buch durch seine Übersetzung in die griechische Sprache und auf Grund seines Inhalts eine ungeahnt weite Verbreitung im säkularen Bereich der aufgeklärten hellenistischen Umwelt erfahren hatte und deshalb nicht mehr als zu den heiligen Schriften der jüdischen Gemeinde gehörig empfunden wurde. Rabbi Aqiba, Martyrium 132 n.Chr. im Gefolge des jüdischen Aufstands gegen die Römer, zählt BenSir zu den ספרים החצונים, also zu den „außerhalb stehenden Büchern", und stellt fest, daß die Leser dieser Bücher keinen Anteil haben an der zukünftigen Welt[5]. Ferner sagt der Tosefta-Traktat Jadajim (ca. 250 n.Chr.), daß die Bücher Ben Sira und alle anderen, die nach der prophetischen Periode geschrieben wurden, die Hände nicht verunreinigen, d.h. nicht zu den heiligen Schriften gehören[6]. Gleichwohl wurde es weiterhin in der jüdischen gelehrten Tradition gelesen und wurde – wenn auch ohne „kanonische" Dignität – wie andere außerhalb des Kanons stehende jüdische Schriften in den folgenden Jahrhunderten behandelt und zitiert[7]. Die christliche Gemeinde übernahm die heiligen Schriften der jüdischen Gemeinde in der griechischen Sprachform, also mit JesSir. Sie machte sich die späteren Entscheidungen der „Synode von Jamnia" nicht zu eigen. Daraus resultiert die weite Verbreitung von JesSir in der nun einsetzenden christlichen Tradition[8].

Neben diesen gewichtigen Argumenten wurden weitere Gründe für die Nichtaufnahme des Buches in den Kanon als Hypothesen vorgeschlagen. So vermutet A. Geiger, daß die Ablehnung der Auferstehungslehre und die Betonung der Wichtigkeit des priesterlichen Handelns unter der sadokitischen Leitung

---

[5] In Mischna Sanhedrin X,1, (Stemberger, a.a.O., 386); vgl. I. Lévi, Art. Sirach, The Wisdom of Jesus, the Son of, JE 11 (1905) 390.

[6] II,13, ed. Zuckermandel, 683, nach G.H. Box/W.O.E. Oesterley, The Book of Sirach, in: R.H. Charles (Hg.), The Apocrypha and Pseudepigrapha of the Old Testament in English, I, Oxford 1913, repr.1963, 268–517: 271, Anm. 3. „Die Bücher Ben Siras und alle Bücher, die von da an und später geschrieben wurden, verunreinigen die Hände nicht", zitiert bei Stemberger, a.a.O., 381. Tos.Yad. II,14 definiert, daß „alles, was die Priesterhebe untauglich macht, die Hände verunreinigt, so auch die heiligen Schriften", Stemberger, a.a.O., 380.

[7] Eine Zusammenstellung bieten A.E. Cowley und A. Neubauer, The Original Hebrew of a Portion of Ecclesiasticus (XXXIX.15 to XLIX.11), Oxford 1897, X und XIX-XXX, s. auch R. Smend, Die Weisheit des Jesus Sirach erklärt, Berlin 1906, XLVI-LVI und Lévi, 1905, 390. Ferner M. H. Segal, ספר בן סירא השלם, 3. Aufl., Jerusalem 1972, 37–46. Es werden 82 Zitate in rabbinisch-jüdischen Schriften gezählt. Im Talmud wird Ben Sira in Hagigah 13a, Niddah 16b und Berakot 11b mit seiner Überschrift ספר בן סירא (= „Buch des Ben Sira") zitiert. Saadja Gaon (882–942 n.Chr.), Sepher hagaluj, ed. Harkavy, 1891, 151, 1.11f. und 178, 1.18, kennt es unter dem Namen ספר מוסר (= „Buch der Lehre"); vgl. Box/Oesterley, 1963, 271; C. Roth, JBL 71 (1952) 171–178.

[8] Nähere Angaben dazu bei F.Vattioni, Ecclesiastico. Testo ebraico con apparato critico e versioni greca, latina e siriaca, Napoli 1968. Pubblicazioni del Seminario di Semitistica. Testi I, XXX-XL.

Gründe für die Ablehnung durch spätere pharisäische Kreise gewesen seien[9]. L. Schrader macht allein die zeitliche Grenze für die Nichtaufnahme in den Kanon verantwortlich und geht nicht wie A. Geiger auf inhaltliche Gründe ein: nach Meinung der Pharisäer am Ende des 1. Jh. n.Chr. können nur die Schriften kanonisches Ansehen genießen, deren in der Tradition genannte Verfasser vor Esra gelebt haben[10]. Da nun der Name Ben Sira in den Heiligen Schriften vor Esra nicht aufscheint, kann das Buch auch nicht zum Kanon gehören. So habe gerade die Nennung der echten Autorschaft die Aufnahme in den Kanon verhindert[11].

Als sich die Reformatoren durch ihren vom Geist des Humanismus bestimmten Rückgriff auf die hebräischen Quellen und damit auf die hebräische Bibel allein stützten, mußte BenSir außer Acht bleiben, da er in dieser nicht enthalten war. Er wurde unter die *Apokryphen* eingereiht. Anders hatten die orthodoxen Kirchen und die röm.-kath. Kirche entschieden. Unter weiterer Verwendung der griechischen Sprachform der Bibel, der *Septuaginta* (= LXX, mit dem Siglum **G** bezeichnet), und der daraus erwachsenen Übersetzungen, insbesondere ins Lateinische, zählen sie JesSir zu den kanonischen, bzw. zu den *deuterokanonischen* (zweitrangig kanonischen)[12] Schriften. Die westlichen lateinischen Kirchen schufen sich durch die Übersetzungsarbeit des Hieronymus (ca. 340–420 n.Chr.) eine Heilige Schrift, die zwar durch die Benutzung der hebräischen Sprachform als Grundlage der Übersetzung, soweit dies möglich war und vom Übersetzer befolgt wurde, dem hebräischen Kanon verpflichtet war, im Umfang jedoch der griechischen Tradition der LXX folgte, die *Vulgata* (= Vulg, mit dem Siglum **V** bezeichnet). JesSir hat Hieronymus dabei sehr kritisch beurteilt[13].

Verfasser: BenSir enthält wie das kanonische Buch der Sprüche Salomos eine ausgedehnte Sammlung von Einzelsprüchen. Während Prov aus verschiedenen Teilsammlungen, die aus verschiedenen Zeiten stammen, zu einem 31 Kapitel umfassenden Buch zusammengefügt wurde, faßt BenSir die reiche Lebenserfahrung und Lebensweisheit *einer* bestimmten Epoche zusammen. Im Unter-

---

[9] A. Geiger, Warum gehört das Buch Sirach zu den Apokryphen? ZDMG 12 (1858) 536–542. Geiger kann durch Vergleich des hebr. Textes mit der griech. und syr. Übersetzung an den Stellen, die diese Themen behandeln, den Prozeß der immer stärker werdenden Ablehnung deutlich machen.

[10] H. Donner, Gesichtspunkte zur Auflösung des klassischen Kanonsbegriffes bei J.S. Semler, FS M. Doerne, 1970, 56–68: 59–61.

[11] L. Schrader, Leiden und Gerechtigkeit. Studien zu Theologie und Textgeschichte des Sirachbuches, Frankfurt a. M. 1994, BET 27, 15.

[12] Das Konzil von Trient stellt diese den kanonischen Schriften gleich, Denzinger 84; 784.

[13] Immerhin fügt er an: „Hebraicum reperi", Praefatio in libros Salomonis, MPL 28, Sp.1305–1308: 1307. Er äußert danach Zweifel an der Kanonizität, indem er sagt: „Sicut ergo Iudith et Tobi et Macchabeorum libros legit quidem Ecclesia, sed inter canonicas scripturas non recipit, sic et haec duo volumina legat ad aedificationem plebis, non ad auctoritatem ecclesiasticorum dogmatum confirmandam" (1308). Zur Übersetzungsarbeit des Hieronymus vgl. Schrader, 1994, 13f.

schied zu anderen Weisheitsbüchern kann nämlich bei dieser Sammlung der *historische Ort* genau definiert werden. Ihn zu kennen, erleichtert das Verständnis der hier zusammengefaßten Lehraussagen. Die israelitisch-jüdische Frömmigkeitsgeschichte kann daher für einen exakt zu bestimmenden Zeitpunkt erkannt werden.

Es verdient hierbei folgende Tatsache eine besondere Betonung: Der Verfasser und Sammler der in diesem Buch anzutreffenden Weisheitstexte bekennt sich selbst zu seinem literarischen Werk und offenbart auch seinen *Namen* als *Autor*. Dies ist ein vollkommen neuer Wesenszug der Schriften dieser Zeit. In modern wirkender Art und Weise liegt das Hauptaugenmerk nicht mehr auf der Anonymität einer gelehrten Gruppe, die sich dann eines Namens bedient, um Autorität zu beanspruchen. Vielmehr tritt ein Mensch mit seinem eigenen Namen in das Licht der literarischen Öffentlichkeit.

In JesSir 50,29 ist in der griechischen Übersetzung zu lesen: „Lehre zur Weisheit und zur Erkenntnis hat in dieses Buch geschrieben Jesus, der Sohn Eleasars, des Sohnes Sirachs, aus Jerusalem, und hat aus seinem Herzen Weisheit strömen lassen". Von dieser Selbstaussage rührt die Überschrift und damit der Name des Buches in der Form „Jesus Sirach" her. Dabei geht der erste Bestandteil des Namens, nämlich „Jesus", auf den hebräischen Namen ישוע zurück, während der zweite Bestandteil des Namens, „Sirach", auf das hebräische סירא zurückzuführen ist, wie dies auch in der hebräischen Vorlage lautet: „Erziehung, Einsicht und Spruchdichtung der (verschiedenen) Lebenslagen von Simon, dem Sohn des Jeschua, dem Sohn des Eleasar, dem Sohn des Sira[14], die hervorströmten aus der Erforschung seines Herzens, und die er hervorströmen ließ in Einsicht" (BenSir 50,27). Daß in der hebräischen Fassung zudem noch der Name „Simon" auftaucht, der auch in BenSir 51,30 genannt wird, gibt der Forschung bis heute Rätsel auf und hat zu sehr unterschiedlichen Lösungsvorschlägen geführt. R. Smend versucht eine Lösung dadurch zu finden, daß er den Namen „Simon" als einen unverständigen Zusatz versteht[15]. Nach einer anderen Meinung hingegen sei der Name fälschlich durch einen Abschreibfehler aus c. 50,1–24, wo der Hohepriester Simon erwähnt wird, übernommen worden[16]. Es würden hierbei die Namen Jesus, Eleasar und Sira als die die Generationenfolge anzeigenden verbleiben. Eine ganz andere Erklärung bietet F.V. Reiterer[17]. Für ihn sind die drei Namen Jesus, Simon und Sira die die Generationenfolge bestimmenden. Der Name des bekannten Gesetzeslehrers Eleasar sei hingegen später eingefügt worden,

---

[14] Daß die griech. Namensform „Sirach" lautet (und nicht „Sira"), ist in der Absicht begründet, das Wort als einen indeklinablen Eigennamen zu bezeichnen. H. Fuchs, Art. Sirach, Jüdisches Lexikon, IV/2, Berlin 1930, 446–450, gibt die Meinung von Perles wieder, wonach das „ch" aus einer versehentlichen Doppelschreibung des ersten Buchstabens des folgenden ersten hebr. Wortes כל zu erklären sei: 447.

[15] Smend, 1906, XV.

[16] Schrader, 1994, 96–110, 96. So schon Box/Oesterley, 1963, 292.

[17] F.V. Reiterer (Hg.), Bibliographie zu Ben Sira, Berlin/New York 1998, BZAW 266, 1–10.

da er einen gewaltigen Lehrerfolg in seiner Zeit hatte[18]. Auch Vattioni behält den Namen Simon bei, da ihn die Kirchenschriftsteller kennen und brauchen[19]. Eine unbezweifelbare Lösung dieses Problems wird sich nicht finden lassen[20].

In den Kirchen der lateinisch sprechenden Welt muß schon im 3. Jh. n.Chr. der Name „Ecclesiasticus" aufgekommen sein[21]. Rufinus (um 345–410 n.Chr.) sieht darin eine Anspielung auf den „kirchlichen" Charakter der Schrift[22]. Näher liegt die Vermutung, daß mit diesem Namen die Ähnlichkeit mit Qoh (= „Ecclesiastes", der Prediger Salomo) bezeichnet werden sollte[23], da man JesSir als Weisheitsbuch sehr früh schon zusammen mit Sap an die Seite der Schriften, die unter dem Namen Salomos bekannt waren (Prov, Cant, Qoh), stellte[24]. In der syr. Übersetzung der Londoner Polyglotte taucht die Namensform „Jesus, Sohn des Simon Asira" (אסירא), d.h. „der Gefangene" auf. Es dürfte sich um eine willkürliche Namensumdeutung handeln[25]. Für den wissenschaftlichen Sprachgebrauch der neueren Zeit hat sich auch der Name „der Siracide" (= der aus dem Geschlecht des Sirach Stammende) eingebürgert. Wenn auch der wahre Name des Verfassers zweifelhaft wird bleiben müssen, so ist doch daran nicht zu rütteln, daß hier ein Werk eines einzelnen Menschen vorliegt, der sich mit seinem Namen zu seiner Einsicht bekennt. Diese Tatsache läßt auch erkennen, daß die hellenistische Welt, in der Ben Sira lebt[26], ihre Spuren hinterlassen hat. Neben manchen, weiter unten bei der Kommentierung einzelner Aussagen zu erwähnender Einflüsse aus dem Geist des Hellenismus, kann auch an dieser Stelle darauf hingewiesen werden, daß die Nennung des Namens des Verfassers am Ende eines Buches den Gepflogenheiten der griechisch-hellenistischen Welt entspricht. Zusammen mit der Nennung seines Namens gibt er gleichzeitig an, welches seine Absicht war, dieses Buch zu schreiben. Er sagt, BenSir 50,28f.: „Wohl dem Manne, der über sie [scil.: die vorher ausgesprochenen Lehren] nachsinnt; und wer sie sich zu Herzen nimmt, wird weise werden. Denn die Furcht des Herrn bedeutet Leben."

---

[18] A.a.O., 10.
[19] Vattioni, 1968, XIIIf.
[20] So schon G. Sauer, Jesus Sirach (Ben Sira), JSHRZ 1981, 483, hier auch weitere Literatur.
[21] Früheste Bezeugung bei Cyprian (ca. 200–258 n.Chr.), Testim. III,1; CSEL III,1, S. 110, Z. 8, zitiert er z.B. Sir 14,11f. mit: „Item in Ecclesiastico", ähnlich häufiger.
[22] Rufinus, Commentarius in symbolum apostolorum 38; MPL 21, 374: „quo vocabulo non auctor libelli, sed Scripturae qualitas cognominata est."
[23] D. De Bruyne, ZAW 47 (1929) 262.
[24] Praefatio Hieronymi in libros Salomonis juxta LXX interpretes, MPL 29, Sp.425–427f. trennt er scharf zwischen Prov, Qoh und Canticum auf der einen Seite und Sap mit Sir auf der anderen.
[25] So nach Fuchs, 1930, 447.
[26] Ausführungen zur genaueren Datierung und zur Geschichte dieser Zeit erfolgen S. 29ff. und bei der Erklärung zum Prolog.

Daß es sich bei Ben Sira um eine biographisch genau zu erfassende Einzelperson handelt, geht zudem aus einer weiteren Besonderheit hervor, die ausschließlich dieses biblische Buch aufzuweisen hat: Ben Sira hat einen *Enkel*. Leider ist sein Name nicht bekannt, da er sich ganz in den Dienst seines Großvaters stellt und sich dazu bekennt. Er gibt in der in bester griechischer Diktion verfassten Vorrede zu der reichen Spruchsammlung seines Großvaters detaillierte Auskunft über sein literarisches Vorhaben. Ihm verdanken wir eine griechische Übersetzung des hebräisch konzipierten Buches. Damit tritt das Buch aus dem engeren Kreis der jüdischen Welt in Jerusalem hinaus in die weite Welt der griechisch sprechenden hellenistischen Kultur und kann dadurch in ungebrochener Tradition Jahrtausende überstehen. Dieser Vorrede sind wichtige Daten in historischer Hinsicht zu entnehmen. Aus ihnen wird deutlich, daß das Werk um 190 v.Chr. entstanden ist und ca. 130 v.Chr. vom Enkel übersetzt wurde[27]. Das geistes- und religionsgeschichtliche Umfeld dieses Literaturwerkes kann daher sehr genau erfaßt werden.

Textformen – hebräischer Text: Von dem 2. Jh. v.Chr. an stehen folglich *zwei Textformen* für die schriftliche Überlieferung zur Verfügung, die hebräische des BenSir und die griechische des JesSir. Die Prorität liegt nach dem Gesagten bei dem *hebräischen Text*, der dem Enkel als Vorlage für seine Übersetzung diente. Dieser ist in seiner ursprünglichen Form nicht mehr festzustellen. Sehr früh schon scheinen sich mindestens zwei hebräische Traditionen gebildet zu haben, die jedoch heute nur durch Vergleich der hebräischen Handschriften mit den alten Übersetzungen zu verifizieren sind. Tatsache ist, daß der hebräische Text sehr bald zugunsten der griechischen Übersetzung zurückgedrängt wurde, ein Prozeß, der durch die erwähnte Festlegung des hebräischen Kanons durch die „Synode von Jamnia" noch verstärkt wurde, da BenSir nicht in die Reihe der kanonischen Schriften aufgenommen wurde.

Älteste hebräische Textzeugen liegen aus den Funden von Qumran[28] und von Masada[29] vor. So wenig umfangreich sie auch im Einzelnen sein mögen[30], so sind sie doch von unschätzbarem Wert für die Textgeschichte. Sie zeigen einmal das Vorhandensein der hebräischen Fassung von BenSir für das 1. Jh. n.Chr.[31] und für das 1. oder gar 2. Jh. v.Chr.[32]. Zum anderen ermöglichen sie einen Vergleich mit der zu dieser Zeit schon weit verbreiteten griechischen Übersetzung, die allerdings erst aus späteren Handschriften bezeugt ist. Da-

---

[27] Die Angaben des Prologs können in dieser Hinsicht als ein einmaliger Glücksfall in der Geschichte der isr. Literatur gelten.
[28] In Grotte 2 und 11.
[29] In einer Kasematte der östlichen Festungsmauer.
[30] Näheres dazu S. 24–26 in der Auflistung der hebr. Handschriften.
[31] Die Verteidiger, die im Jahre 72 n.Chr. dem Ansturm der römischen Truppen erlagen, hatten diese Texte in ihr Refugium auf Masada mitgenommen.
[32] Die Gemeinde von Qumran hatte sich im 1. Jh. v.Chr. von Jerusalem gelöst und pflegte äußerst intensiv die Tradierung der heiligen Schriften der jüd. Gemeinde, aus der sie kam. Diesen fügte sie ihre eigenen Schriften in ebenso intensiver Tradierung der Texte hinzu.

nach fehlen direkte Zeugen des hebräischen Textes. Luther arbeitet bald nach dem Druck des NT in deutscher Sprache (Sept. 1522) wegen seiner Beliebtheit an einer Übersetzung des Buches JesSir aus der LXX und der Vulg und gibt noch vor der Gesamtausgabe der Deutschen Bibel das Buch 1532/33 als Separatdruck heraus[33].

Seit 1896 ist BenSir im Umfang von ca. 68% des Gesamttextes wieder in der hebräischen Sprachform bekannt. Diesen Glücksfall verdankt die ungebrochene Beliebtheit des Buches dem Umstand, daß die in der Genizah der Karäer-Synagoge in Kairo[34] ruhenden vielerlei Handschriften nicht, wie es eigentlich der Brauch in der synagogalen Tradition ist, in einem kultischen Ritual bestattet wurden, nachdem sie durch Beschädigungen, Gebrauchsspuren o.ä. nicht mehr für den Vortrag im Kult benutzt werden durften. In einer separaten Kammer, der Genizah, ruhend, waren sie offensichtlich vergessen worden. 1896 kamen sie bei einem Umbau durch Zufall zum Vorschein[35]. In der überreichen Sammlung befanden sich auch die erwähnten Manuskripte zu BenSir. Sie bieten fast ausschließlich nur den Konsonantentext ohne Vokalzeichen. Nur einige Passagen sind punktiert. Ob es sich bei den Funden um den originalen hebräischen Text oder um Rückübersetzungen aus dem Syrischen oder Persischen handelt, war anfangs Gegenstand von Kontroversen[36]. Nach der Auswertung der Funde von Masada kann die Authentizität allerdings nicht mehr bestritten werden[37]. Nach weiteren Funden aus der gleichen Quelle in den folgenden Jahrzehnten und nach Entdeckung kleinerer Bruchstücke in den Handschriften von Qumran stellt sich der hebräische Überlieferungsbestand wie folgt dar[38]:

---

[33] Wittenberg bei Hans Lufft, 1532/33, siehe WADB, Bd. 12, 1961, XXXII.

[34] Dazu vgl. P.E. Kahle, The Cairo Genizah, 2. Aufl., Oxford 1959, 8–13.

[35] Nähere Ausführungen über den Hergang der Entdeckung und Edierung der Handschriften bei St.C. Reif, The Discovery of the Cambridge Genizah Fragments of Ben Sira: Scholars and Texts, in: P.C. Beentjes (Hg.), The Book of Ben Sira in Modern Research. Proceedings of the First International Ben Sira Conference 28–31 July 1996 Soesterberg, Netherlands, Berlin/New York 1997, BZAW 255, 1–22.

[36] So vor allem G. Bickell, Der hebräische Sirachtext eine Rückübersetzung, WZKM 13 (1899) 251–256, und D.S. Margoliouth, The Origin of the „Original Hebrew" of Ecclesiasticus, 1899, aber auch I. Lévi an verschiedenen Orten. Neuerdings wieder vermutet für einige Versteile A.A. DiLella, The Hebrew Text of Sirach. A Textcritical and Historical Study, Den Haag 1966, 27–30, und P.W. Skehan / A.A. DiLella, The Wisdom of Ben Sira, New York 1987, Anchor Bible 39, 54, eine Rückübersetzung aus dem Syr. J. Ziegler, Zwei Beiträge zu Sirach, BZ N.F. 8 (1964) 277–284 sieht in 4,11(12) und in 11,2 und 13,22 eine Rückübersetzung aus dem Griechischen. Mit H.P. Rüger, Text und Textform im hebräischen Sirach. Untersuchungen zur Textgeschichte und Textkritik der hebr. Sirachfragmente aus der Kairoer Geniza, Berlin 1970, BZAW 112, 1ff., ist dies jedoch zu verneinen. Textvarianten sind nach Rüger allein aus den verschiedenen hebr. Texttraditionen zu erklären.

[37] Siehe u.a. E. König, Die Originalität des neulich entdeckten hebräischen Sirachtextes, 1899, und Y. Yadin, The Ben Sira Scroll from Masada, Jerusalem 1965, S. 7f.

[38] Für die Veröffentlichungen bis 1902 siehe auch N. Peters, Der jüngst wiederaufgefundene hebräische Text des Buches Ecclesiasticus untersucht, herausgegeben, übersetzt und mit kritischen Noten versehen Freiburg i.B. 1902, 2. Aufl. 1905, 7*.

H^A : 2 Blätter: A1 recto: 3,6b–4,10b, verso: 4,10c–5,10a (Signatur: T.-S. 12.863); A2 recto: 5,10b–6,30, verso: 6,31–7,29a (Signatur: T.-S. 12.864); ferner nach einer Lücke, die exakt durch die folgende Edition ausgefüllt wird, 2 Blätter: A5 recto: 11,32d (= G 34d)-13,6b, verso: 13,7–14,11b (Signatur: T.-S. 12.864); A6 recto: 14,11b–15,19a, verso: 15,19b–16, 24a (= G 26a) (Signatur: T.-S. 12.863); in Besitz der Bibliothek der Universität Cambridge/England; editio princeps: S. Schechter und C. Taylor, The Wisdom of Ben-Sira. Portions of the Book of Ecclesiasticus from Hebrew Manuscripts in the Cairo Genizah Collection. Presented to the University of Cambridge by the Editors, Cambridge 1899, Reprint: Amsterdam 1979.

2 Blätter: A3 recto: 7,29b–9,2a, verso: 9,2b–10,12a; A4 recto: 10,12a–11,11a, verso: 11,11b–12,1 (Signatur: ENA 2536); in Besitz von E.N. Adler, London; editio princeps: E.N. Adler, Some Missing Chapters of Ben Sira, JQR 12 (1899/1900) 466–480. Wieder abgedruckt in: Ders., About Hebrew Manuscripts, New York, 2. Aufl. 1970, S. 1–16.

Versumstellungen und differierende Verseinteilungen sind im Vergleich mit anderen hebräischen Textausgaben und mit der LXX (G) zu beachten. Innerhalb der genannten Abschnitte finden sich noch folgende Verse: 2,18d hinter 6,17; 23,16f. hinter 12,14; 27,5f. hinter 6,22.

Der Text dieser Handschrift wurde ohne stichische Gliederung fortlaufend geschrieben.

H^B : 10,19–31 und 7,21ab nach 10,25b; 11,1f.: recto; 11,3–10: verso (Signatur: T.-S. 12.871); in Besitz der Bibliothek der Universität Cambridge/England; editio princeps: J. Schirmann, Some Additional Leaves from Ecclesiasticus in Hebrew, Tarbiz 29 (1959/60) 125–134: 125–131 und IIf.

15,1–16: recto; 15,17–20; 16,1–7: verso (Signatur: T.-S. NS 38a.1); in Besitz der Bibliothek der Universität Cambridge/England; editio princeps: J. Schirmann, A New Leaf from the Hebrew „Ecclesiasticus" (Ben Sira), Tarbiz 27 (1957/58) 440–443 und IIf.

Die folgenden vier Veröffentlichungen bieten mit Ausnahme einer Lücke von insgesamt drei Blättern den zusammenhängenden Text von 30,11–51,30 in 19 Blättern:

Blatt 1 recto: 30,11–24b; verso: 30,24c–31,11 (Signatur: T.-S. 16.312); Blatt 3 recto: 32,1–13; verso: 32,14–33,3 (Signatur: T.-S. 16.313); es folgt eine Lücke von zwei Blättern; Blatt 4 recto: 35,9 (nach anderer Zählung:V.11 oder V.8)-35,20 (nach anderer Zählung V.26); verso: 36,1–21 (nach anderer Zählung: V.23 oder V.18) (Signatur: T.-S. 16.313); Blatt 6 recto: 37,27–38,12; verso: 38,13–27 (Signatur: T.-S. 16.312); es folgt eine Lücke von einem Blatt; Blatt 17 recto: 49,12b–50,10; verso: 50,11–22 (Signatur: T.-S. 16.314); Blatt 18 recto: 50,22–51,5; verso: 51,6–12 (Signatur: T.-S. 16.315); Blatt 19 recto: 51,12–20; verso: 51,21–30 (Signatur: T.-S. 16.315); in Besitz der Bibliothek der Universität Cambridge/England; editio princeps: S. Schechter und C. Taylor, a.a.O.

Blatt 2 recto: 31,12–21; verso: 31,22–31; Blatt 5 recto: 36,22 (nach anderer Zählung V.24 oder V.19)-37,9; verso: 37,11–26; in Besitz des British Museum, London; editio princeps: G. Margoliouth, The Original Hebrew of Ecclesiasticus XXXI.12–31, and XXXVI.22–XXXVII.26; JQR 12 (1899/1900) 1–33.

Blatt 7 recto: 39,15c–28; verso: 39,29–40,8 (Schechter sieht noch Spuren von V.8) mit Lücken (Signatur: Or.1102); in Besitz von Mrs. Lewis und Mrs. Gibson, Cambridge/England; editio princeps: S. Schechter, A Fragment of the Original Text of Ecclesiasticus, Expositor (London), 5th series, Vol. IV 1896, S. 1–15.

Wiederveröffentlichung von Blatt 7 und direkte Fortsetzung mit den Blättern 8–16: 39,15c–49,11; Blatt 8 recto: 40,9–26b; verso: 40,26c–41,9a; Blatt 9 recto: 41,9b–22; verso: 42,1–11d; Blatt 10 recto: 42,11e–23; verso: 42,24–43,17b; Blatt 11 recto: 43,17c–33; verso: 44,1–16; Blatt 12 recto: 44,17–45,4; verso: 45,4–13; Blatt 13 recto: 45,14–23a; verso: 45,23b–46,6d; Blatt 14 recto: 46,6e-18; verso: 46,19–47,10; Blatt 15 recto: 47,11–23b; verso: 47,23c–48,12b; Blatt 16 recto: 48,12c–22b; verso: 48,24–49,11; in Besitz der Bodleian Library, Oxford/England; editio princeps: A. Cowley und A. Neubauer, The Original Hebrew of a Portion of Ecclesiasticus (XXXIX 15–XLIX 11), Oxford 1897.

Diese Handschrift wurde stichisch gegliedert überliefert.

H^C[39] : Diese Handschrift bietet keinen fortlaufenden Text gemäß der bekannten Vers- und Kapitelfolge, sondern ausgewählte Verse in freier Folge, ein Florilegium. Der Text ist in Kurzzeilen geschrieben, aber nicht stichisch gegliedert.

Blatt 1 recto: 3,14–18.21.22a; verso: 3,22b;41,16; 4,21; 20,22f.; 4,22f.; Blatt 6 recto: 26,2b–3.13.15–17; 36,22a; verso: 36,22b–26 (G V.27–31) (Signatur: T.-S. 12.867); in Besitz der Bibliothek der Universität Cambridge/England; editio princeps: J. Schirmann, Some Additional Leaves from Ecclesiasticus in Hebrew, Tarbiz 29 (1959/1960) 125–134: 131–134.

Blatt 2 recto: 4,23b.30f.; 5,4–7a; verso: 5,7b.9–13; 36,19 (bei Schechter V.16, G V.24); Blatt 5 recto: 25,8.13.17–20a; verso: 25,20b–24; 26,1–2 (Signatur: T.-S. 12.727); in Besitz der Bibliothek der Universität Cambridge/England; editio princeps: S. Schechter, A Further Fragment of Ben Sira, JQR 12 (1899/1900) 456–465.

Blatt 3 recto: 6,18f.28.35; 7,1.2.4.6a; verso: 7,6b.17.20f.23–25; 8,7a; in Besitz der Bibliothek der israelitischen Gemeinde, Paris; editio princeps: I. Lévi, Fragments de deux nouveaux manuscrits hébreux de l'Ecclésiastique, REJ 40 (1899/1900) 1–30: 25–30 und 255–257.

Blatt 4 recto: 18,31–33; 19,1f.; 20,5–6; verso: 20,7; 37,19.22.24.26; 20,13.30 (ein Wort); in Besitz von M. Gaster, London; editio princeps: M. Gaster, A New Fragment of Ben Sira, JQR 12 (1899/1900) 688–702.

Ergänzender Fund zu Blatt 5 (siehe oben):
Blatt 5 recto/verso: 25,8.20f., (Signatur: T.-S. AS 213.4); in Besitz der Bibliothek der Universität Cambridge/England; editio princeps: A. Scheiber, A Leaf of the Fourth Manuscript of the Ben Sira from the Geniza, Magyar Könyvszemle 98 (1982) 179–185 und 8 Tafeln. Yeivin hatte schon 1974 darauf hingewiesen[40].

H^D[41] : 1 Blatt: recto: 36,24 (G V.29)-37,12a; verso: 37,12a–38,1a; in Besitz der Bibliothek der israelitischen Gemeinde, Paris; editio princeps: I. Lévi, Fragments de deux nouveaux manuscrits hébreux de l'Ecclésiastique, REJ 40 (1899/1900) 1–30: 1–25.

Der Text ist fortlaufend geschrieben.

H^E : 1 Blatt: recto: 32,16–21; 33,1; 32,23; 33,2.4.5–14b; verso: 33,14b–32; 34,1; damit fast der ganze Bestand von 32,16 (G 35,16)–34,1 (G 31,1) mit Umstellungen und Lücken gegenüber H^B und G (Signatur: ENA 3597); in Besitz der Sammlung Adler des Jewish Theological Seminary of America; editio princeps: J. Marcus, A Fifth MS. of Ben Sira, JQR 21 (1930/31) 223–240; wiederveröffentlicht in J. Marcus, The Newly Discovered Original Hebrew of Ben Sira [Ecclesiasticus XXXII,16–XXXIV,1]. A Fifth MS. of Ben Sira, Philadelphia 1931.

Der Text ist in Stichen gegliedert.

H^F : 1 Blatt: recto: 31,24–32,7 (G 34,24–35,7); verso: 32,12–33,8 (G 35,12–36,8) (Signatur: T.-S. AS 213.17); in Besitz der Bibliothek der Universität Cambridge/England; editio princeps: A. Scheiber, A Leaf of the Fourth Manuscript of the Ben Sira from the Geniza, Magyar Könyvszemle 98 (1982) 179–185 und 8 Tafeln, als zu H^D gehörend angesehen. Als neues sechstes Manuskript der Genizah erkannt durch A.A. DiLella in P.W. Skehan-A.A. DiLella, The Wisdom of Ben Sira, AB 39, 1987, S. 52, und in The Newly Discovered Sixth Manuscript of Ben Sira from the Cairo Geniza, Bib 69 (1988) 226–238.

Der Text ist in Stichen gegliedert.

H^Q : 6,14f. (oder 1,19f.); 6,20–22.26–31; editio princeps: M. Baillet, J.T. Milik und R. de Vaux, Les „Petites Grottes" de Qumran, DJD III, Oxford 1962, S. 75–77; pl. XV (= 2Q 18).

---

[39] So mit Smend, Peters, Vattioni u.a. Bei Lévi mit dem Siglum D bezeichnet.
[40] Darauf macht u.a. P.C. Beentjes, The Book of Ben Sira in Hebrew, SVT 68, Leiden 1997, 18, Anm. 42, aufmerksam.
[41] So mit Smend, Peters, Vattioni u.a. Bei Lévi mit dem Siglum C bezeichnet.

51,13–20.30b; editio princeps: J.A. Sanders, The Psalms Scroll of Qumrân Cave 11 (11QPs^a), DJD IV, Oxford 1965, Col.XXI,11–17 und XXII,1, S. 42 (Text); S. 79–85, (Erklärungen), pl. XIIIf.

H^M : 39,27–43,30; 44,1–17 (mit Lücken); 7 Kolumnen: Kol. 1: 39,27–32; 40,10; Kol. 2: 40, 11–19.26–30; 41,1; Kol. 3: 41,2–21b; Kol. 4: 41,21c–42,14; Kol. 5: 42,15–43,8b; Kol. 6: 43,8c – 30[42]; Kol. 7: 44,1–15.17c; editio princeps: Y. Yadin, The Ben Sira Scroll from Masada, with Introduction, Emendations and Commentary, ErIs 8 (1965) 1–45 und Jerusalem 1965[43].

Textformen – griechischer Text: Nach dem hebräischen Urtext kommt der *griechischen Übersetzung*[44] höchste Bedeutung zu. Dem Enkel des Ben Sira ist nach seinem Selbstzeugnis die erste Übersetzung zuzuschreiben. Nach ihm hat es weitere griechische Fassungen des Ben Sira Textes gegeben, wie aus der Vielzahl der Textvarianten hervorgeht. „Unter allen Büchern der Septuaginta gibt Sirach (Ecclesiasticus) dem Textkritiker die meisten und schwierigsten Rätsel auf." So urteilt J. Ziegler gegen Ende seiner editorischen Arbeit am griechischen Text des Buches im Jahre 1964[45], das im gleichen Jahre im Rahmen des Göttinger Septuaginta-Unternehmens erscheint[46]. Alle Majuskel-Handschriften enthalten JesSir, nämlich Codex Alexandrinus (A, 5. Jh.), Vaticanus (B, 4. Jh.), Ephraemi Syri rescriptus (C, 5. Jh.), Sinaiticus (S, 4. Jh.) und Venetus (V, 8. Jh.). Daneben existiert eine Vielzahl von Minuskeln, von denen der in der Vatikanischen Bibliothek ruhenden Minuskel 248 und der Münchner Minuskel 493 besondere Bedeutung zukommt. Eine Originalfassung ist nicht in dem Sinne feststellbar, daß sie durch eine der Handschriften repräsentiert würde. Am Nächsten kommen ihr die Majuskeln B und S. Die auf diese Weise vermutete älteste Fassung, die auf der Übersetzungsarbeit des Enkels fußen könnte, wird mit GrI bezeichnet. Daneben sind Veränderungen, Ergänzungen und Kürzungen zu beobachten, die als spätere Bearbeitungen (GrII) zu verstehen sind. Sie finden sich in den Kirchenväterzitaten, in der origeneischen (*O*) und lukanischen (*L*) Rezensionsarbeit und in den Minuskeln[47]. Sie sind offensichtlich unter Rückgriff auf einen anderen hebräischen Text als dem, auf dem GrI erstellt wurde, zustande gekommen[48]. Die griechi-

---

[42] Die Verse 29a-30b werden bei Beentjes, 1997, 120, nicht aufgeführt, wohl aber bei Reiterer, 1998, 33.

[43] Genauere Angaben aller in den hebr. Handschriften bezeugten Einzelverse bis hin zum Aufweis von Versteilen und Umstellungen finden sich bei Reiterer, 1998, 26–38. Zu berichtigen wären in den Aufstellungen kleinere Versehen.

[44] Zur Übersetzung des AT ins Griechische vgl. die Angaben von E. Würthwein, Der Text des Alten Testaments, 4. Aufl., Stuttgart 1973, 54f.; E. Tov, Der Text der Hebräischen Bibel. Handbuch der Textkritik, übersetzt aus dem Englischen von H.-J. Fabry auf der Grundlage der Ausgabe von 1992, Stuttgart u.a. 1997, 112–116.

[45] J. Ziegler, Ursprüngliche Lesarten im griechischen Sirach, in: Mélanges Eugène Tisserant I = Studi e Testi 231 (1964) 461–487: 461.

[46] Sapientia Iesu Filii Sirach edidit J. Ziegler, Göttingen 1964, 2. durchgesehene Aufl. 1980; Septuaginta. Vetus Testamentum Graecum, Auctoritate Academiae Scientiarum Gottingensis editum, vol.XII,2.

[47] Siehe Smend, 1906, XCI-XCVIII, D. DeBruyne, ZAW 47 (1919) 257 und Ziegler, 1980, 53–80.

[48] Näheres bei Ziegler, 1980, 73–75.

sche Tradition ist für den ganzen Umfang von JesSir greifbar, hat allerdings gegenüber dem hebräischen Text eine für die Kapitel- und Verszählung verhängnisvolle Vertauschung von Manuskriptblättern vorgenommen: zwischen 30,26 und 30,27 wurde aus bis heute unerklärbaren Gründen eine größere Texteinheit, nämlich 33,16b–36,13a, eingeschoben.

Textformen – syrischer Text: Eine Übersetzung in die syrische Sprache ist in den ersten nachchristl. Jahrhunderten im Raume der östlichen Kirchen erfolgt (**S** = Peschitta)[49], wobei die Abhängigkeit von **H** größer zu sein scheint als von **G**[50]. Neben dieser Übersetzung sind Fragmente einer syro-palästinischen Übersetzung (Syp) greifbar, ferner eine, die durch die Arbeit des Origenes an der Hexapla (Syh) erkannt werden kann, die syrohexaplarische. Textausgaben liegen vor von P. de Lagarde[51] und Ceriani[52].

Textformen – lateinischer Text: Kirchenväterzitate lassen erkennen, daß schon vor dem 4. Jh. n.Chr. eine *lateinische* Übersetzung **La** (Vetus Latina) des AT existiert haben muß, wenn auch nur in Teilen[53]. Jedenfalls war das Buch in der lateinischen Fassung weit verbreitet und muß Hieronymus bereits vorgelegen haben, da er sich einer Neuübersetzung nicht zuwenden mußte[54]. Sie hat einen gegenüber **G** und **H** umfangreicheren Text. Die Übersetzung ist oft sehr frei und zeigt viele Zusätze. Die Kapitel- und Verszählung entspricht aufs Ganze gesehen **H**, nicht **G**. Ph. Thielmann hat feststellen können, daß zwei Übersetzer bei JesSir selbst am Werk waren. Der ältere, vermutlich in Afrika in der ersten Hälfte des 3. Jh. lebend, übersetzte die Kapitel 1–43 und 51; der jüngere, vermutlich in Europa tätig, das Lob der Väter, Kapitel 44–50. Ein dritter Übersetzer übertrug den Prolog ins Lateinische[55]. Die Grundlage dieser lateinischen Übersetzung des Buches dürfte aufgrund vieler Beobachtungen ein griechischer Text, nicht der hebräische gewesen sein. Es spricht vieles dafür, daß es der nach einem hebräischen Text korrigierte GrII-Text ge-

---

[49] M.M. Winter, The Origins of Ben Sira in Syriac, VT 27 (1977) 237–253 (Part I) und 494–507 (Part II), hat wahrscheinlich gemacht, daß **S** nachnizänische Einflüsse bei der Übersetzung der Aussagen über die Erschaffung der Weisheit aufgenommen hat. Die Ergebnisse des Konzils von Ephesus 431 n.Chr. sind in der Übersetzung hingegen nicht erkennbar.

[50] Siehe Smend, 1906, CXXXVI. Y.Yadin, 1965, 6, kann darauf aufmerksam machen, daß **S** in vielen Fällen von **G** unabhängig ist. Siehe auch Ziegler, 1980, 31 und 57–63.

[51] P.A. de Lagarde, Libri Veteris Testamenti apocryphi syriace, Lipsiae Londinii 1861.

[52] A.M. Ceriani, Monumenta sacra et profana, Mediolani 1874, VII: Translatio syra pescitto Veteris Testamenti, 1878.

[53] Die erreichbaren lat. Texte vor und neben Hieronymus werden von der Erzabtei Beuron ediert: Vetus Latina. Die Reste der altlateinischen Bibel nach Petrus Sabatier neu gesammelt und in Verbindung mit der Heidelberger Akademie der Wissenschaften herausgegeben von der Erzabtei Beuron, Bd. 11/2 Sirach (Ecclesiasticus), hrsg. v. W. Thiele, Freiburg 1987ff., bisher Lieferungen 1–7: Einleitung, Prolog, Sir 1,1–19,28.

[54] Praefatio in libros Salomonis, MPL 28, Sp. 1307.

[55] Ph. Thielmann, Die lateinische Übersetzung des Buches Sirach, in: Archiv für lateinische Lexikographie und Grammatik 8 (1893) 511–561. Weitere Ausführungen zu diesem Problem bei Ziegler, 1980, 14.

wesen ist[56]. Daß der lateinische Text in der Reihenfolge der Kapitel **H** folgt und nicht **G**, könnte auf eine Nähe zum hebräischen Urtext hinweisen. Eine Ausgabe des lateinischen Textes, Vulgata (= die volkstümliche, scil. Bibel) genannt, liegt vor in: Biblia sacra iuxta latinam Vulgatam versionem[57], Siglum: **V**[58].

Textformen - weitere Übersetzungen: Für die weiteren Übersetzungen in die koptischen Sprachen, in die äthiopische, armenische und arabische Sprache kann auf Ziegler verwiesen werden[59].

Literarische Formen: Nach seinem Selbstzeugnis will das Buch Lehre bieten, die Weisheit vermittelt und zur rechten Lebensführung in vielen Lebenslagen verhilft (BenSir 50,27f.). Damit ist der Inhalt zutreffend bestimmt[60]. Die hierbei gebrauchten literarischen Formen sind die gleichen wie sie in den kanonischen Büchern anzutreffen sind. Durch Jahrhunderte hindurch hat die Literatur des Alten Orients die gleichen Formen bewahrt[61]. Die Grundform der Aussage ist der Maschal, der aus zwei Halbzeilen besteht, wobei zumeist das alte Gesetz des Parallelismus membrorum wiederzufinden ist. Formal zusammen gehörende Reihen mehrerer Halbverse sind selten und können meist nur am geprägten Inhalt als enger verbunden erkannt werden (z.B. Sir 3,9f.). Anders verhält es sich bei den Zahlensprüchen, die ganz deutlich den Willen zu einer größeren literarischen Zusammenfassung formaler, aber auch inhaltlicher Art erkennen lassen[62]. Einen Sonderfall bildet das alphabetische Akrostichon in Sir 51,13–29, das in gewollt hochpoetischer Sprache die Weisheit im Bilde der ersehnten, erwarteten und empfangenen Braut und Frau preist.

Mit dieser Verbindung der literarischen Form des BenSir zur alttestamentlichen Weisheit ist gleichzeitig auch die Zusammengehörigkeit mit der altorientalischen Weisheit gegeben. Ben Sira steht ebenso wie die kanonische Weisheitsliteratur in der Tradition der mesopotamischen und ägyptischen Weisheitslehre, und zwar sowohl hinsichtlich der literarischen Formen als auch des Inhalts. Dabei dürfte z.B. die Form des Zahlenspruchs aus dem mesopotamischen Raum stammen[63], während andere Elemente, vor allem inhaltliche, aus dem

---

[56] So z.B. Peters, 1902, 41*, und De Bruyne, ZAW 47 (1929) 258.

[57] Band XII. Sapientia Salomonis und Liber Hiesu filii Sirach, Romae 1964; JesSir auf den Seiten 105–375.

[58] Von Ziegler, 1980, gelegentlich als La oder LaV zitiert.

[59] Ziegler, 1980, 29–37.

[60] S. O. Kaiser, Die Begründung der Sittlichkeit im Buche Jesus Sirach, ZThK 55 (1958) 51–63.

[61] Zur näheren Erläuterung kann daher auf die Einleitungswerke zu den atl. Schriften verwiesen werden: O. Eißfeldt, Einleitung in das Alte Testament, 3. Aufl., Tübingen 1964, 75–117; G. Fohrer, Einleitung in das Alte Testament, 10. Aufl., Heidelberg 1965, 331–346; R. Smend, Die Entstehung des Alten Testaments, 4. Aufl., Stuttgart u.a. 1989, 209–215; O. Kaiser, Grundriß der Einleitung in die kanonischen und deuterokanonischen Schriften des Alten Testaments, Bd.3, Die poetischen und weisheitlichen Werke, Gütersloh 1994, 61f. und 97–105.

[62] Z.B. Sir 26 und Sir 28 u.a.

[63] G. Sauer, Die Sprüche Agurs, Stuttgart 1963, BWANT 84; W.M.W. Roth, Numerical Sayings in the Old Testament. A form-critical Study, Leiden 1965, SVT 13.

ägyptischen Denken übernommen sind, etwa das Bild des Töpfers (Sir 33, 13)[64]. Die Weisheitslehren des Duauf und des Cheti und der Pap. Insinger[65] stehen hiebei Ben Sira besonders nahe[66].

Bedeutung: Das 2. Jh. v.Chr., in dem Ben Sira und sein Enkel lebten, war erfüllt von der immer stärker werdenden Ausbreitung des *hellenistischen Gedankenguts*. Eine gewaltige Zeit des Umbruchs war gekommen. Der gesamte Mittelmeerraum war von dieser Geistesströmung erfaßt worden. Auch die jüdischen Gemeinden in Jerusalem und in der Diaspora konnten sich dem Einfluß nicht entziehen[67]. Dafür ist das Buch BenSir in seiner hebräischen und JesSir in der folgenden griechischen Sprachform ein Zeugnis, das mit all seinen Einzelzügen eine nicht zu überschätzende Quelle darstellt. Für die Diaspora spielte hierbei die neu gegründete Stadt Alexandrien eine besondere Rolle. Schon vorher war in Ägypten seit der Zerstörung Jerusalems durch Nebukadnezar in Jahre 586 v.Chr. eine immer stärker werdende jüdische Bevölkerung ansässig geworden. Hinweise darauf finden sich schon in den Berichten aus dem Leben Jeremias in Jer 44. Bis zum ersten Nilkatarakt im Süden sind im 5. Jh. v.Chr. jüdische Gemeinden nachweisbar. Sie unterhielten auf der Nilinsel Elephantine in ihrer Mitte einen Tempel, dessen Priester mit der Heimatgemeinde in Verbindung traten. Die jüdische Diaspora hatte sich in diesen Jahrzehnten immer mehr von den alten Traditionen getrennt, ja trennen müssen. Als nun unter der Herrschaft der Diadochen nach Alexanders Tod im Jahre 323 v.Chr. eine immer stärker werdende Entfremdung von den alten hebräischen Glaubensformen einsetzte, fühlte sich ein Mann, nämlich Ben Sira, verpflichtet, die ihm bekannten Traditionen seiner Väter zu sammeln und der Nachwelt zu erhalten. Dies geschah am Anfang des 2. Jh. v.Chr. Der Enkel schreibt in der Vorrede, daß er im Jahre 132 v.Chr. von Jerusalem nach Alexandrien gekommen sei. Hier hat er die Schrift seines Großvaters in ausgezeichneter Weise und in bester griechischer Sprache der neuen nun hellenistisch denkenden und griechisch sprechenden Umwelt vermittelt. In dieser

---

[64] S. Morenz, Eine weitere Spur der Weisheit Amenopes in der Bibel, ZÄS 84 (1959) 79f.

[65] H.J. Thissen (Hg.), TUAT III, Gütersloh 1990ff., 280–319.

[66] H. Brunner, Altägyptische Weisheit. Lehren für das Leben. Nachdruck Darmstadt 1988, 302–349; J.T. Sanders, Ben Sira and Demotic Wisdom, Chico/CA 1983, 61–63.

[67] M. Hengel, Judentum und Hellenismus. Studien zu ihrer Begegnung unter besonderer Berücksichtigung Palästinas bis zur Mitte des 2. Jhdt. v.Chr., 2. Aufl., Tübingen 1973, WUNT 10. H. Donner, Geschichte des Volkes Israel und seiner Nachbarn in Grundzügen, 2 Teile, 2. Aufl., Göttingen 1995, in: W. Beyerlin (Hg.), Grundrisse zum Alten Testament, Das Alte Testament Deutsch, Ergänzungsreihe 4,1 und 2, 482, weist auf die Hellenisierung Jerusalems für diese Zeit hin. L.L. Grabbe, Hellenistic Judaism, in: J. Neusner (Hg.), Judaism in the Late Antiquity, Vol. 2: Historical Syntheses, HdO 17,2, Leiden 1995, 53–83; J.G. Snaith, Ecclesiasticus: A Tract for the Times, in: J. Day a.o. (Hg.), Wisdom in Ancient Israel. Essays in Honour of J.A. Emerton, Cambridge a.o. 1995, Paperback 1998, 170–181; O. Kaiser, Anknüpfung und Widerspruch. Die Antwort der jüdischen Weisheit auf die Herausforderung durch den Hellenismus, in: J. Mehlhausen (Hg.), Pluralismus und Identität, Gütersloh 1995, 54–69 (Sir: 56–62), VWGTh 8; J.J. Collins, Jewish Wisdom in the Hellenistic Age, Philadelphia 1997.

Stadt waren vorher schon, um die Mitte des 3. Jh. v.Chr., andere hebräische Schriften in die griechische Sprache übersetzt worden, nämlich die unter dem Namen Septuaginta (LXX, **G**) bekannt gewordene Form des Alten Testaments. Daß aber neben diesen in den Kanon des Alten Testaments aufgenommenen Schriften andere jüdische Schriften in der hellenistischen Umwelt bekannt waren, gelesen und neu formuliert wurden, macht die reiche hellenistische Literatur deutlich.

Die Arbeit des Ben Sira geschah in einem großen Gegenzug wider die überhandnehmende griechisch-hellenistische Bildung, der gegenüber die alten Werte jüdischer Tradition behauptet werden sollten. Hat doch in diesem Jahrhundert auch die Abwehrbewegung, die unter dem Namen der Makkabäer und der damit verbundenen auch kriegerischen Auseinandersetzungen bekannt ist, stattgehabt. Der Enkel Ben Siras hat all diese Entwicklungen aus nächster Nähe, zum Teil am eigenen Leibe miterlebt. Davon berichtet er in seiner dem Werk vorangestellten Vorrede. Um so mehr fühlte er sich nun aufgerufen, diese Schriften seiner nun griechisch sprechenden Umwelt zu erhalten.

In BenSir ist zwar noch nichts zu hören von den inneren und äußeren Wirren zur Zeit des Antiochus IV. und daher auch nichts von der makkabäischen Erhebung oder gar der hasmonäischen Restauration. Der Antagonismus zwischen Hellenismus und Judentum bestimmt aber die Grundhaltung des Verfassers. Seine Aussagen können nur auf diesem Hintergrund voll verständlich gemacht und gewürdigt werden. Damit wird BenSir zu einer wichtigen Urkunde dieser Zeit der Auseinandersetzung.

Es wird festzuhalten sein, daß BenSir in den wesentlichen Punkten seines Denkens ganz und mit Betonung im *Judentum* steht. Es ist dies, wie noch zu zeigen sein wird, ein besonders geprägtes Judentum; aber zweifellos hat BenSir verschiedene Schwerpunkte seiner Anschauung klar und unmißverständlich zum Ausdruck gebracht, die sein genuines Denken sichtbar werden lassen. Es wurzelt ganz im Jahrhunderte alten Traditionsstrom seiner Väter. Dagegen fallen die Einflüsse hellenistischen Denkens weniger ins Gewicht. Als solche werden Anklänge an griechische Literatur und Bildung[68] und an die griechische Philosophie, besonders die Stoa[69], geltend gemacht. Wenn auch solche Verbindungen gegeben sind, so läßt sich doch nicht übersehen, daß sie sich in engen Grenzen halten. Hinweise darauf werden bei der Behandlung der diesbezüglichen Aussagen gegeben werden. Wichtig bei der Behandlung dieser Thematik ist die Frage, ob Ben Sira diese Gedanken bewußt aufnimmt, um sie seiner Zeit zu vermitteln, oder ob er sie deshalb zitiert, um sie zu kritisieren.

---

[68] S. Th. Middendorp, Die Stellung Jesu Ben Siras zwischen Judentum und Hellenismus, Leiden 1973, 7–34.

[69] S. z.B. R. Pautrel, Ben Sira et le Stoicisme, RSR 51 (1963) 535–549; M. Hengel, Judentum und Hellenismus. Studien zu ihrer Begegnung unter besonderer Berücksichtigung Palästinas bis zur Mitte des 2. Jh. v.Chr., Tübingen 1969, 2. Aufl. 1973, WUNT 10, 266ff., und J. Marböck, Weisheit im Wandel, Bonn 1971, BBB 37, 134–152, Neuauflage 1999, 170–173, BZAW 272; O. Kaiser, Die Rezeption der stoischen Providenz bei Ben Sira, JNSL 24 (1998) 41–54.

Ben Sira als einen vom hellenistischen Geist durchdrungenen Verfasser zu zeichnen, geht an der Aussage der Texte vorbei[70]. Die Antwort wird je nach Inhalt und Intention verschieden ausfallen[71]. Gerade die genauere Betrachtung einiger Einzelzüge, wie etwa die Stellung zum Arzt (Sir 38,1–15), zeigen, daß Ben Sira bei allen neuen Gedanken dennoch im Zentrum seines Gottesglaubens verbleibt. Mit Betonung greift er auf alttestamentliche Aussagen zurück, wenn er in diesem Zusammenhang Ex 15 zitiert und hierin den Mittel- und Höhepunkt der Gedanken den Arzt betreffend sieht.

Im Zentrum der *Gedanken Ben Siras* steht ohne Zweifel die als Gnadengabe und Geschenk empfundene *Offenbarung Gottes* an sein Volk. Wenn auch hinsichtlich der Weisheit und ihrer Einzelzüge Formulierungen gebraucht werden können, die an hellenistischen Vorstellungen, ja an die im Hellenismus bekannten Isis-Aretalogien erinnern[72], so ist deutlich, daß dies alles nur dazu dient, das um so größer empfundene Geschenk der Mitteilung an Israel, an Jerusalem und den Tempel zu preisen (Sir 24). Die Weisheit ist nur hier zu finden und strömt nur von hier wieder hinaus in die Völkerwelt, auch in die hellenistische! Diese Weisheit bleibt nun nicht unverbindlich und allgemein gültig ohne konkrete Bezeugung, sondern ist, da an den Tempel gebunden, mit dem Gesetz gleichzusetzen, das ebenso von Gott kommt und an das Volk und den Zion geheftet ist[73] (Sir 24 u.ö.).

Nur so ist es auch verständlich, daß Ben Sira eine solche bisher nie zu Gehör gebrachte Ineinssetzung von *Weisheit*, *Tempel* und schließlich auch *Tempelkult*[74] und *Priestertum* sadokidischer Herkunft vollziehen kann. So weit gespannt seine Weisheitslehren auch sein mögen, die von allgemeinsten Anweisungen über gutes Benehmen bei Hofe, vor Gericht und im Elternhause bis zu Ratschlägen im Geschäfts- und Handelsleben reichen können, so wichtig sind ihm aber auch die typisch israelitischen Phänomene wie Gottesfurcht[75], Erfüllung der Kultgebote und Herrlichkeit und Wichtigkeit des Kultgeschehens. Es dürfte bezeichnend sein, daß auf dem Höhe- und Schlußpunkt seiner Ausführungen der Lobpreis des Hohenpriesters Simon steht.

---

[70] M. Hengel, Rezension zu Middendorp in JStJ 5 (1974) 83–87. Ferner M. Löhr, Bildung aus dem Glauben. Beiträge zum Verständnis der Lehrreden des Buches Jesus Sirach, Diss. Bonn 1975; grundlegend H.-V. Kieweler, Ben Sira zwischen Judentum und Hellenismus. Eine kritische Auseinandersetzung mit Th. Middendorp, Frankfurt a.M. u.a. 1992, Beiträge zur Erforschung des AT und des Antiken Judentums 30.
[71] So mit Recht vorsichtig urteilend Schrader, 1994, 116–123.
[72] H. Conzelmann, Die Mutter der Weisheit, in: E. Dinkler (Hg.), Zeit und Geschichte. Dankesgabe an R. Bultmann, Tübingen 1964, 225–234.
[73] Zu dieser Identifizierung s. E.G. Bauckmann, Die Proverbien und die Sprüche des Jesus Sirach, ZAW 72 (1960) 33–63 und J. Marböck, Gesetz und Weisheit, BZ(NF) 20 (1976) 1–21.
[74] N. Calduch-Benages, El Servicio Cultual en el Sirácida: Estudio del Vocabulario, EstBíb 57 (1999) 147–162, hat aufgrund von Untersuchungen zum Kultvokabular auf den liturgischen Charakter der Weisheit bei Ben Sira aufmerksam gemacht.
[75] J. Haspecker, Gottesfurcht bei Jesus Sirach, Rom 1967, AnBib 30.

Damit bestreitet er auch gleichzeitig die Berechtigung der anderen jüdischen Geistesrichtungen seiner Zeit, insbesondere die der Chasidim, der späteren Pharisäer. Daß Ben Sira diese Geisteshaltung ablehnt, findet auch darin seinen Ausdruck, daß unbegreiflicherweise Esra in seinem geschichtlichen Rückblick keinen Platz hat[76]. Auf die gleiche Geisteshaltung dürfte es zurückzuführen sein, daß neben dem Tempel kein religiöser oder kultischer Versammlungsort Erwähnung findet. Eine Synagoge scheint es zu seiner Zeit nicht zu geben[77]. Es kann daher nicht verwunderlich sein, daß BenSir in der jüdischen Gemeinschaft von Qumran eine Heimat hatte und gelesen wurde[78].

Die genuine und überragende geistige Leistung Ben Siras ist damit aber noch nicht erschöpft. Die Weisheit, die Gott in Israel wohnen läßt, führt nicht nur zum *Gesetz*, sondern auch zur *Schöpfung* und damit zum Lobpreis des Wirkens Gottes in der Schöpfung (Sir 42,15–43,33). Mit der Schöpfung aber beginnt die *Geschichte* des Volkes[79]. So kann sinnvollerweise nach dem Lobpreis der Schöpfung der שבח אבות עולם (= „Lob der Väter der Vorzeit") einsetzen, durch den der Nachweis erbracht wird, daß der Gott, der die Weisheit gibt, auch der Herr der Geschichte ist, die er durch die von ihm gesandten Männer gestaltet und lenkt. Bei der Behandlung dieses Themas steht Ben Sira ganz und gar in der alttestamentlichen Tradition; denn ohne Kenntnis der bis zu diesem Zeitpunkt bekannten Schriften, wie auch immer deren Gestalt im einzelnen ausgesehen haben mag[80], sind die Kapitel Sir 42,15–49,16 nicht verständlich. Der Pentateuch, Jos, Ri, 1 und 2 Sam, 1 und 2 Kön, Jes, Jer, Ez und das 12-Prophetenbuch bilden den deutlichen Hintergrund seiner Ausführungen. Wie souverän er dabei mit diesen „Quellen" umgehen kann, zeigen die letzten Verse in dem geschichtlichen Rückblick (Sir 49,14–16), ehe der Lobpreis Simons beginnt. Hier lenkt er zu Henoch zurück, der einst am Anfang stand (Sir 44,16), und stellt ihm, dem leiblich in den Himmel Aufgenommenen, den sterblichen Joseph gegenüber, dessen Leichnam einst von Ägypten nach Palästina auf der Wanderung durch die Wüste mitgenommen worden war. Danach nennt er aber drei Männer, deren er vorher noch nicht Erwähnung getan hatte: Sem, Seth und Enosch. Alle drei waren von besonderer Bedeutung: Sem, der Stammvater des Volkes nach der Flut (Gen 10,21ff.); Seth, der Ersatz für den durch Frevel erschlagenen Abel (Gen 4,25; 5,3), und Enosch, in dessen

---

[76] S.P. Höffken, Warum schwieg Jesus Sirach über Esra? ZAW 87 (1975) 184–202.

[77] S.E. Rivkin, Ben Sira and the Nonexistence of the Synagogue, in: D.J. Silver (Hg.), In the Time of Harvest, Essays in Honour of A.H. Silver on the Occasion of his 70th Birthday, New York 1963, 320–354: 344–348.

[78] S.M.R. Lehmann, Ben Sira and the Qumran Literature, RQ 3 (1961) 103–116, und J. Carmignac, Les rapports entre l'Ecclésiastique et Qumran, RQ 3 (1961) 209–218. H. German, Jesus ben Siras Dankgebet und die Hodajoth, ThZ 19 (1963) 81–87, vermutet, Ben Sira sei als Glied der Gemeinde von Qumran als „Lehrer der Gerechtigkeit" gesehen worden.

[79] S.E. Jacob, L'histoire d'Israel vue par Ben Sira, in: Mélanges bibliques rédigés en honneur de A. Robert, 1957, 288–294.

[80] S.A. Eberharter, Der Kanon des Alten Testaments zur Zeit des Ben Sira, Münster 1911, Atl.Abh. III,3, 6–54, und J.L. Koole, Die Bibel des Ben Sira, OTS 14 (1965) 374–396.

Tagen die Anrufung Gottes unter dem Namen „Jahwe" begann (Gen 4, 26). Sich so in die Geschichte und Uranfänge zurücktastend, steht mit besonderer Betonung über allen Adam (Sir 49,16b). Damit ist der Kreis geschlossen, der wieder zur Schöpfung zurückführt.

Wesentlich wirkungsvoller als in das Gedankengut des hebräischen BenSir hat indessen hellenistischer Geist in die *griechische Textform* von JesSir eindringen können. Mit der Übersetzung ins Griechische werden nicht nur ursprüngliche Bilder verdrängt und Begriffe ersetzt. Es werden auch, oft kaum merklich, neue Anschauungen und Gedanken eingetragen. So dürfte die Ausage von Sir 3,9 in ihrer ursprünglichen Fassung: „Der Segen eines Vaters legt den Wurzelgrund, und der Fluch einer Mutter reißt die Pflanze aus" noch ganz vom agrarwirtschaftlichen Hintergrund Palästinas getragen sein. Erinnerungen an ähnliche Formulierungen etwa bei Jesaja (Jes 5,1–7) und Jeremia (Jer 1,10) werden lebendig. Diese Aussage wird in der griechischen Übersetzung ganz ins Milieu einer verfeinerten Stadtkultur versetzt: „Denn der Segen des Vaters gründet die Häuser der Kinder, aber der Fluch der Mutter reißt die Grundfesten aus." So verändert in Sir 24,27 auch die griechische Übersetzung das Bild vom Nil, der in seiner reichen Wasserfülle verglichen wird mit dem Reichtum an Bildung, die Gott austeilt, durch ihre (fehlerhafte) Lesung כיאור (= „wie der Nil") in die Aussage, daß die Bildung „wie Licht" (כאור) aufstrahlen werde. Folgenschwerer dürften Übersetzungsabweichungen sein, wo in die alten hebräischen Vorstellungen neue Gedanken eingetragen werden, wofür man die bedeutsame Stelle Sir 43,27 z.B. heranziehen könnte. Gegen Ende des Lobpreises der Schöpfung heißt es: וקץ דבר הוא הכל: „und das Ende der Rede sei: Er ist alles". Die griechische Übersetzung formuliert hier ganz im Stile eines neuen Denkens: „Das All ist er" (τὸ πᾶν ἐστιν αὐτός).

Übersetzungsprobleme: Die Tatsache, daß sich das Buch des Ben Sira seit der erfolgten Übersetzung ins Griechische durch den Enkel sowohl in der hebräischen wie auch in der griechischen Sprachform weit verbreitete und mit mannigfachen Veränderungen tradiert wurde, bringt nun besondere Probleme der *Übersetzung* mit sich. Die der Kommentierung zugrunde liegende Übersetzung folgt im hebräischen Text in der Kapitel- und Verszählung der Ausgabe von Vattioni[81]. Unter den hebräischen Handschriften kann H^M das größte Vertrauen entgegen gebracht werden. Diese Handschrift wird bei der Übersetzung für die darin enthaltenen Teile bevorzugt. Sie scheint einen Primärtext (H1) zu bieten, wie L. Schrader nachzuweisen versucht hat[82]. Alle anderen Handschriften zeigen Spuren späterer Bearbeitungen. Im Übrigen stützt sich die Übersetzung und Erklärung des Buches als wichtigstes Zeugnis auf die hebräischen Handschriften aus der Geniza von Kairo, die in der Hauptsache in das ausgehende 10. und ins 11. Jh. n.Chr. gesetzt werden müssen. Hier steht, auch schon des Umfangs wegen, H^B an erster Stelle. Allerdings zeigt bereits diese Handschrift Spuren von Überarbeitungen, wie die

---

[81] Vattioni, 1968, unter Berücksichtigung der Ausgabe von Beentjes, 1997.
[82] Schrader, 1994, 18–39.

Marginalbemerkungen am Rande (H^{Bmarg}) und wie ein Vergleich mit H^D, wo dieser möglich ist, aufweisen. Im Übrigen werden alle hebräischen Handschriften zur Erstellung eines verständlichen Textes herangezogen. Es wurde versucht, dem besseren Text zu folgen. Es wurde also nicht *eine* hebräische Handschrift grundsätzlich bevorzugt. Daß die bis heute vorliegenden hebräischen Handschriften allerdings nicht den originalen Urtext bieten können, kann aus einem Vergleich mit den griechischen Handschriften leicht erkannt werden. Diese spielen daher bei der Textkritik zudem eine herausragende Rolle. Oft kann der griechische Text die ursprünglich gemeinte Aussage Ben Siras erhellen. Die aus dem Hebräischen gebotene Übersetzung wird daher häufig auch auf den späteren griechischen Text Bezug nehmen müssen. Da, wo die hebräische Textform (noch) nicht gefunden wurde, wird auf die griechische Sprachform zurück gegriffen, die aus den genannten Gründen durch die Jahrtausende hindurch bekannt gewesen ist. Auch hier wurden Verbesserungen vorgenommen, sei es durch Vergleich der bezeugten griechischen Handschriften, sei es nach einem vermuteten (noch nicht vorhandenen) hebräischen Text, sei es nach **S**. Die Entscheidung, den nicht vollständig bezeugten hebräischen Text durch Heranziehen der griechischen Übersetzung zu ergänzen, diesen also als Lückenbüßer zu benutzen, ist aus methodischen und inhaltlichen Gründen nicht unproblematisch[83]. Dessen ist sich der Bearbeiter durchaus schmerzlich bewußt. Wenn man sich aber nicht nur auf die vollständige griechische Sprachform stützen möchte, wie dies frühere Kommentatoren taten (oder tun mußten, da der hebräische Text noch unbekannt war), bliebe nur der Weg offen, zwei voneinander getrennte Kommentierungen vorzulegen: eine, die den ganzen griechischen Text als Grundlage nimmt, und eine zweite, die nur die hebräische Originalform soweit bekannt berücksichtigt. Die vor **V** erstellten und greifbaren lateinischen Übersetzungen (**La**) verdienen höchste Beachtung, da sie z.T. älter sind als die ältesten griechischen Handschriften. Die vom Kirchenvater Hieronymus am Ende des 4. Jh., bzw. zu Beginn des 5. Jh. n.Chr. jedoch vorgelegte Übernahme, bzw. Übersetzung ins Lateinische (Vulgata, Vulg., **V**) weicht in den bezeugten Vulgata-Fassungen allerdings so weit von dem hebräischen Urtext ab, daß sie nur wenig zur Erklärung der ursprünglichen Aussage beitragen kann. Anders verhält es sich mit der syr. Übersetzung, die zu Textverbesserungen herangezogen werden muß.

Literarischer Aufbau des Buches: Der Inhalt weisheitlicher Gedanken bringt es mit sich, daß kein eindeutiger Gedankenfortschritt in der Abfolge der Kapitel festzustellen ist. Es lassen sich nur einige Höhepunkte und Gedankenabschnitte größerer Zusammenhänge feststellen. Das Lob der Weisheit als von Gott gegeben steht wie in Prov 1 betont am Anfang (Sir 1). Hier wird auf die grundlegende Bedeutung der Weisheit für die gesamte Welt von Anfang der Schöpfung an hingewiesen. Es wird von der Weisheit in der 3. Person gespro-

---

[83] Siehe zu diesem Problem F. Hahn, Einige notwendige Bemerkungen zu zwei Texteditionen, VF 36, 1991, 64–67.

chen. Eine Konkretisierung erfährt diese Aussage in Sir 24, in dem die Bedeutung der Weisheit für Juda und Jerusalem hervorgehoben wird. Hier tritt die Weisheit in autobiographischer Redeweise in der 1. Person in Erscheinung. Diese Aussagen werden zusammengefaßt und auf einen Punkt hin dargestellt: In Sir 51 wird von der Weisheitssuche, der sich Ben Sira hingegeben hatte, gesprochen. Nun redet der Weisheitslehrer in der 1. Person. So steht wie ein tragendes Gerüst die Aussage über die Weisheit am Anfang, in der Mitte und am Ende des Buches. Die dazwischenliegenden Kapitel Sir 2-23 enthalten fast ausschließlich Lehren, die das Leben des einzelnen in Familie und Ehe betreffen, während in den Kapiteln Sir 25-50 das Verhalten im öffentlichen Leben, in der verschiedenartig gestalteten Gemeinde und im religiös-kultischen Bereich im Mittelpunkt steht. Hier wiederum steht ein einzigartiger Rückblick auf die Geschichte des Volkes als eine thematisch zusammengehörende Aussage und als krönender Abschluß betont am Ende: In Sir 42,15-50,26 wird die gesamte Geschichte von der Schöpfung bis auf die Tage Ben Siras hin dargestellt. Am Ende steht das kultische Geschehen am Tempel in Jerusalem, in dem der Hohepriester Simon seinen Dienst tut. Diese Sicht ermöglicht das Buch in seiner heute vorliegenden Form[84]. Daß diese Endgestalt eine lange Geschichte literarischen Werdens hinter sich hat, ist vielfach festgestellt worden. Endgültige Resultate stehen noch aus, sind nur mit Vorbehalt zu erwarten. Folgende Beobachtungen lassen ein literarisches Wachsen und Werden wahrscheinlich erscheinen: Die verschiedenen hebräischen Manuskripte zeigen in der *Textgeschichte* Veränderungen an. H^M und H^Q geben eine ältere (und bessere) Textform als H$^{B[85]}$ wieder. H^A dürfte den Vorzug vor H^C verdienen[86]. Ferner läßt G deutlich werden, daß es zwei Stufen des griechischen Textes gegeben haben dürfte (G I und G II), die beide nach ihren jeweiligen hebräischen Vorlagen (H I und H II) fragen lassen und damit auch danach, welche Fassung dem Enkel bei seiner Übersetzungsarbeit vorgelegen haben dürfte. Des weiteren dürfte es erwiesen sein, daß es *Doppelüberlieferungen* im Buche gibt, die ihrerseits auf ein Zusammenwachsen kleinerer Sammlungen mit je eigenem Inhalt zu einem größeren Werk schließen lassen, wobei der Bestand der kleineren Sammlungen nicht verändert wurde. Schließlich ist nach *Einfügungen* und *Zusätzen* zu fragen, wobei besonders auf die Teile in Kap. 51 hinzuweisen ist[87].

Zum Druck: Die aus dem hebräischen Urtext übersetzten Abschnitte, ca. 68% des ganzen Buches, sind in normalen Lettern gesetzt, während die aus dem griechischen Text übersetzten Abschnitte, die (noch) nicht hebräisch bekannt sind, kursiv gedruckt sind.

---

[84] G. Sauer, Gedanken über den thematischen Aufbau des Buches Ben Sira, in: Treasures of Wisdom, FS M. Gilbert, Leuven 1999.
[85] Vgl. Schrader, 1994, 18-39 und 75-82.
[86] Ders., 39-57.
[87] Vgl. zuletzt Schrader, 1994, 59-68: für 51,1-12; für den Hymnus zwischen V.12 und 13 und für 51,13-30.

Die Vorrede

Vorrede[1]

(1) Viele und große (Überlieferungen) sind uns durch das Gesetz und durch die Propheten (2) und durch die anderen, die ihnen nachfolgten, gegeben worden. (3) Es ziemt sich, darüber Israel wegen der darin enthaltenen Lehre und Weisheit zu loben. (4) Da nun nicht nur die allein, die (diese Schriften) lesen können[2], *Verständnis erhalten sollen, (5) sondern auch die, die gerne lernen wollen, in die Lage versetzt werden sollen, auch denen, die sich außerhalb befinden, in der Lehre hilfreich zu sein (6) durch Worte und Schriften, (7) nahm sich mein Großvater Jesus, der sich gar sehr selbst (8) um die Erkenntnis des Gesetzes (9) und der Propheten (10) und der anderen Bücher der Väter (11) bemüht hatte, vor, (12) auch selbst das niederzuschreiben, was sich mit Erziehung und Weisheit beschäftigt. (13) Auf diese Weise könnten die, die nach Bildung streben und darin verbleiben, (14) um so eher einen Fortschritt machen (in dem Bemühen), nach dem Gesetz ihr Leben zu führen.*

(15)[3] *Laßt euch nun ermahnen, (16) mit guter Gesinnung und Aufmerksamkeit (17) die (folgende) Lektüre voranzutreiben (18) und Nachsicht dort zu üben, (19) wo es den Anschein haben könnte, (20) daß wir bei der Übersetzung in gewissen Fällen nicht den genauen Sinn getroffen haben, obwohl wir uns fleißig darum mühten. (21) Denn es ist ein Unterschied, das in einer anderen Sprache zu verstehen, (22) was ursprünglich hebräisch gesagt und danach übersetzt wurde. (23) Dies gilt nicht nur für dieses nun vorliegende Werk, (24) sondern auch für das Gesetz und die Propheten*[4] *(25) und die übrigen Schriften. (26) Diese alle weisen einen nicht geringen Unterschied zu der Sprache auf, in der sie verfaßt wurden.*

---

[1] Steht in allen Majuskeln und in der Mehrzahl der Minuskeln; fehlt in der Minuskel 248 und einigen anderen und in Aeth und in Arm. Minuskel 248 bietet dafür einen Text, der nach Ziegler, 1980, 66, „aus der dem Athanasius fälschlich zugeschriebenen Synopsis Scripturae Sacrae ([M]PG 28, 283–438)" stammt. Übersetzung bei N. Peters, Das Buch Jesus Sirach oder Ecclesiasticus übersetzt und erklärt, Münster 1913, 5, EH 25. Auch hier schon die Herleitung aus der pseudoathanasianischen Synopsis Scripturae Sacrae. Peters vermutet, daß der Text dieser Vorrede (MPG 28, 377) auch vom Vf. der Synopsis „herrühren wird".

[2] So mit P. Auvray, Notes sur le Prologue de l'Ecclésiastique, in: Mélanges bibliques rédigés en l'honneur de A. Robert, Paris 1957, 281–287: 284 u.a.

[3] Eine Umstellung der Zeilen 15–26 an das Ende der Vorrede nimmt J.H.A. Hart, The Prologue to Ecclesiasticus, JQR 19 (1907) 284–297, und ders., 1909, 233–235, aus logischen Gründen vor. Der Vorschlag ist nicht überzeugend.

[4] Der ursprüngliche griech. Text lautet: αἱ προφητεῖαι = „Prophezeiungen". Im Sinne der vorangehenden und nachfolgenden Aufzählung sind auch hier nach dem Gesetz die Propheten und nicht die Prophezeiungen zu nennen.

(27) Nun war ich im 38. Jahre des Königs Euergetes (28) nach Ägypten gekommen. Während ich dort lebte, (29) fand ich ein Bemühen[5] um eine nicht gering zu achtende Bildung vor. (30) Daher fühlte ich mich um so mehr aufgefordert, auch selbst einen gewissen Eifer und Fleiß darauf zu verwenden, dieses (vorliegende) Buch[6] zu übersetzen. (31)[7] Mit viel Mühe und Verständnis ging ich daran (32) im Ablauf der vergangenen Zeit. (33) Ich vollendete das Buch und gab es heraus (34) auch für die, die an anderen Orten wohnen und lernen wollen, (35) ihren Lebenswandel nach eigenem Vorsatz (36) im Sinne des Gesetzes zu führen.

Inhaltliche Gliederung

Z.1–14: Die große Bedeutung der alttestamentlichen Weisheitsüberlieferungen.
Z.15–26: Die Schwierigkeiten der Übersetzung in eine andere Sprache.
Z.27–36: Biographische Notiz über das Vorhaben des Enkels des Ben Sira.
Zu dem Versuch, den dritten Teil vor den zweiten zu stellen, um eine bessere, vermeintlich logische Abfolge zu erhalten, vgl. die Bemerkungen zum Text.

Auslegung

Z.1–14: Zu Beginn des 2. vorchristlichen Jh. blickte die jüdische Gemeinde auf eine jahrhundertelange Geschichte zurück. Diese Geschichte war angefüllt von vielerlei Taten und Erlebnissen, hohen und erniedrigenden. Diese Tatsache erkennt nicht nur die heutige Betrachtung der Geschichte Israels in reicher Fülle, sondern war auch der jüdischen Gemeinde jener Zeit voll gegenwärtig und präsent. Der Rückblick in die Geschichte war von jeher dem israelitisch-jüdische Denken zu eigen. So war zur Zeit Ben Siras gerade eben auch ein weiteres großes Geschichtswerk zu einem Abschluß gekommen. Es ist dies das Werk, das in der alttestamentlichen Literatur die „Chronik" genannt wird. In Wahrheit gehören mehrere Einzelwerke zu diesem Geschichtsbuch, nämlich außer den uns bekannten beiden Büchern der Chronik auch die danach folgenden Bücher Esra und Nehemia.

Aus dieser Geschichte war eine reiche Fülle von Schriften der jüdischen Gemeinde des 2. Jh. v.Chr. bekannt. Dazu gehört vor allen Dingen die Tora in ihren fünf Teilen. Die 5 Bücher Mose bildeten den Mittelpunkt der Literatur, aber nicht nur der Literatur als solcher, sondern der durch diese verschiedenen Überlieferungen zusammengefaßten gesetzlichen Texte. Die Würde und Bedeutsamkeit dieser Literatursammlung ist begründet durch das ihr zu-

---

[5] ἀφόμοιον, ein nicht leicht wiederzugebendes griech. Wort. Manche Exegeten sehen in dem Hinweis eine Erwähnung der bereits vorliegenden griech. Übersetzung der Septuaginta, andere übersetzen mit „Bemühen", so z.B. Auvray, 1957, 286f.

[6] Eine Unterscheidung zu treffen zwischen τήνδε τὴν βίβλον (30) und τὸ βιβλίον (33), wie es J.H.A. Hart, 1907, 296, tut, ist nicht angezeigt.

[7] Gewichtige Handschriften (B, S, V und 6 Minuskeln) fügen nach πολλὴν in Z. 31 γάρ = „nämlich" ein; es kann mit J.H.A. Hart, 1907, 292, und Ziegler, 1980, z.St., ohne inhaltliche Einbuße weggelassen werden.

geschriebene hohe Alter, das bis auf die Zeit des Mose zurückgeführt wird. Das sogenannte „Gesetz" war um diese Zeit zu einem Abschluß gekommen. Diese 5 Bücher Mose trugen in der jüdischen Tradition ihre je eigenen Namen, angefangen von dem Werk, das über die Schöpfung berichtet, hebr. בראשית = „Am Anfang", über das Buch, das von dem Auszug aus Ägypten erzählt, hebr. אלה שמות = „dies sind die Namen", ferner das gesetzliche Buch, hebr. ויקרא = „und er sprach", das Buch, das über die Zählung des Volkes und den weiteren Wüstenzug Auskunft gibt, hebr. במדבר = „in der Wüste", und schließlich das fünfte Buch Mose, das noch einmal die gesetzlichen Texte aus dem Munde des Mose vorträgt, hebr. אלה הדברים = „dies sind die Worte". Diese reiche Stofffülle wird im Prolog des Enkels mehrfach angesprochen, so in Z.1, 8 und 24.

Neben dem Gesetz erwähnt Z.1 die Propheten. Sie werden durchweg im Zusammenhang mit dem eben genannten Gesetz aufgeführt und haben um 200 v.Chr. ebenso eine abgeschlossene literarische Form gefunden. Es sind damit die uns bekannten prophetischen Bücher gemeint, die für die hebräische Tradition mit dem Buche Josua beginnen, ferner das Buch der Richter, die Samuel- und Königebücher enthalten, schließlich auch die uns bekannten Prophetenbücher Jesaja, Jeremia und Ezechiel. Daß auch die Sammlung der 12 Propheten eine abgeschlossene Einheit um diese Zeit bildete, macht die Erwähnung in 49,10 deutlich. Diese reiche Literatur war der Zeit Ben Siras bekannt und bildet, wie sich aus den folgenden Ausführungen Ben Siras entnehmen läßt, den ausgesprochenen und unausgesprochenen Hintergrund der Aussagen dieses Mannes.

Ferner weiß der Enkel noch von einer dritten literarischen Einheit zu berichten, wenn er von „die anderen, die ihnen nachfolgten" spricht (Z.2). Damit sind die in der jüdischen Tradition, כתובים (= „Schriften") genannten Bücher gemeint. Dazu gehören vor allen Dingen Hiob, die Psalmen und die Sprüche, aber auch die Megillen (Ruth, Hoheslied, Prediger, Esther und Klagelieder). So stellt sich für die Zeit Ben Siras die reiche hebräische Literatur in der bis heute gültigen Dreiteilung dar: תורה = griech. νόμος „Gesetz"; נביאים = griech. προφῆται „Propheten" und Schriften. Dieses Erbe nimmt der Enkel auf, wenn er daran seine weiteren Ausführungen knüpft.

Wie die folgenden Darlegungen zeigen, war die Fülle dieser Literatur nicht nur in Juda-Jerusalem bekannt, sondern auch in der Umwelt, besonders im Bewußtsein der Gebildeten der vom hellenistischen Denken geformten und von diesem Geist erfüllten Zeit. Diese Schriften wurden als Literaturwerke verstanden, die für die jeweilige Zeit durchaus ihre Geltung hatten. Sie vermitteln in jeder Lage Lehre und Weisheit. Wer diese hört und befolgt, kommt darüber zum Lob über die Tradition, die in diesem Volke aufrechterhalten wird. Der Enkel fühlt sich nun aufgerufen, das große Werk seines Großvaters auch seiner Zeit zu vermitteln. Da aber in jener Periode die hebräische Sprache immer mehr in ihrer Ausbreitung zurückging, mußten Mittel und Wege gefunden werden, dieses reiche Schrifttum und den damit verbundenen Inhalt der hellenistischen Zeit zu verdolmetschen. Dem dienten die im 3. und 2. Jh.

entstandenen Übersetzungen aus dem Hebräischen in das Griechische. Eine epochemachende Leistung dürfte im Verlaufe des 3. Jh. v.Chr. die Übersetzung der hebräischen Schriften des Alten Testament in das Griechische gewesen sein. Wie auch immer die näheren Umstände zu beurteilen sind, Tatsache ist, daß durch diese geistesgeschichtlich großartige Tat das reiche Erbe der jüdischen Tradition nicht unterging, sondern eine offene Tür weit in die Welt hinaus fand. In diesem Strome der Zeit steht nun auch das Unternehmen des Enkels des Ben Sira, der sich berufen fühlt, das reiche Erbe seines Großvaters seiner griechischen Umwelt mitzuteilen. Da Gesetz, Propheten und die anderen Schriften zu jener Zeit bereits bekannt waren, beschäftigte er sich mit den Traditionen, die diesen Weg noch nicht gefunden hatten (Z.12). Sein Bemühen war, damit noch reicheren Anteil der hellenistischen Umwelt an den Gütern der jüdischen Tradition zu vermitteln. Aber nicht nur die Vermittlung der Inhalte der Tradition ist angestrebt, sondern auch die damit verbundene Möglichkeit, auf diese Aussagen zu hören und das Leben danach zu führen. Es hat damals also gewiß schon Menschen gegeben, die der jüdischen Gemeinde nahetreten wollten (Proselyten), um dadurch ihre Verbundenheit mit der jüdischen Tradition zu beweisen. Das Leben nach dem Gesetz zu führen (Z.14), bedeutet so viel wie: der jüdischen Tradition Recht geben gegenüber der Vielfalt der hellenistischen geistesgeschichtlichen Erscheinungen.

Z.15–26: Der Enkel kommt auf seine eigene Übersetzungsarbeit zu sprechen. Er will nicht in die reiche Geschichte der jüdischen Literatur zurückgreifen, sondern Neues seinen Lesern nahebringen. Es ist zwar sein Bemühen, die Übersetzung so gut wie möglich zu gestalten. Wenn ihm dies aber nicht gelingen sollte, will er im vorhinein um Verständnis und Nachsicht zu bitten. Diese Bitte an den Leser ist ein überzeugender Weg, auch auf die eigene Leistung hinzuweisen. Genau betrachtet wäre es keinem der griechisch sprechenden Leser möglich gewesen zu vergleichen, ob die hebräische Form der griechischen Übersetzung entspricht oder nicht. Z.20: „Daß wir bei der Übersetzung in gewissen Fällen nicht den genauen Sinn getroffen haben", diese Feststellung zu verifizieren, dazu wäre keiner der griechisch sprechenden Leser der damaligen Zeit, für den diese Übersetzung gedacht war, imstande gewesen. Diese Wendung zeigt nur, wie genau der Enkel mit den Schwierigkeiten der Übersetzung vertraut gewesen ist. Im übrigen ist festzustellen, daß das von ihm gebrauchte Griechisch eine hervorragende Sprachform hat und den besten literarischen Zeugnissen der griechischen Tradition an die Seite gestellt werden kann. Man darf annehmen, daß der Enkel die oben erwähnte Übersetzung des hebräischen AT in das Griechische, die ca. 100 Jahre früher im Entstehen war, kannte. Die Schwierigkeiten dieser Übersetzung sind bekannt und lassen sich heute noch nachempfinden. Dies ist ein Zeichen dafür, daß der Enkel auf der Höhe der Bildung seiner Zeit stand, indem er ebenso gut wie die hebräische Diktion auch die griechische Sprache beherrschte und sie zur Vermittlung seiner Gedanken benutzen konnte.

Z.27–36: Nun erst spricht der Enkel von den historischen Gegebenheiten. Die Reihe der ptolemäischen Herrscher, die nach Alexanders d.Gr. Tod (323 v.Chr.) in Ägypten in ununterbrochener Folge bis zur Unterwerfung durch Rom bis ins 1. Jh. v.Chr.regierten, ist bestens bekannt. Diese Herrscher führen ihre Abkunft auf einen Mann namens Lagos, einen Feldherrn Alexanders des Großen zurück und werden daher die Lagiden genannt im Unterschied zu den Seleukiden, die von Syrien (Antiochien) aus die nördlichen Teile Palästina-Syriens beherrschten. Der erste in der Reihe dieses Herrscherhauses trug den Namen Seleukos. Seleukiden und Ptolemäer lagen in einem ständigen Streit miteinander. Bei dem hier (Z.27) erwähnten König Euergetes („der Wohltäter"), in dessen 38. Regierungsjahr der Enkel nach seinen eigenen Angaben nach Ägypten gekommen sei, kann es sich nur um Ptolemäus VIII. handeln; denn nur er regierte mehr als 38 Jahre, zunächst neben seinem Bruder Ptolemäus VI. Philometor (181–145 v.Chr.) ab 170 v.Chr. als in manchen Reichsteilen allein anerkannter Herrscher bis zum Jahre 164 v.Chr. und 145–116 v.Chr. Zwischen 164 und 145 v.Chr. kam noch einmal sein Vorgänger und Mitregent Ptolemäus VI. Philometor allein an die Macht; ferner mußte er sich in den Jahren 145/144 v.Chr. die Regentschaft mit seinem Bruder Ptolemäus VII. Neos Philopator teilen. Ein früherer Herrscher, Ptolemäus III. (246–221 v.Chr.), hatte sich auch den Titel Euergetes beigelegt. Für die Datierung der Ankunft des Enkels muß er aber ausscheiden, da er nur 25 Jahre regierte[8]. So kann allein bei Ptolemäus VIII. Euergetes II., auch Physkon genannt, eine Regierungszeit zustande kommen, die über die von Ben Siras Enkel genannten 38 Jahre hinausgeht. Die Berechnung ergibt, daß er im Jahre 132 v.Chr. nach Ägypten gekommen sein muß. Er wird nun nicht in dem gleichen Jahre, in dem er nach Ägypten gelangte, die Übersetzung des Buches seines Großvaters samt Vorrede geschrieben und veröffentlicht haben; denn er selbst spricht davon, daß er eine Zeit lang in diesem Gebiet lebte (Z.28). So geht man nun nicht fehl in der Annahme, daß der Enkel in den Jahren zwischen 132 und 117 v.Chr. diese seine Erfahrungen sammelte und die Übersetzung der hebräischen Schrift in das Griechische vorantrieb[9]. Den Ausführungen in Z.29 kann zudem entnommen werden, daß der Enkel auch eine reiche einheimische literarische Tradition, die der Bildung dienen sollte, vorfand. Ihr ein neues, aus der jüdischen Geschichte stammendes Werk an die Seite zu stellen, war ihm offensichtlich ein besonderes Anliegen (Z.30). Die gleiche Intention, die den Großvater beseelte, erfüllt nun auch den Enkel: das Leben nach dem Gesetz zu führen. Diese Ergebnisse können durch das innere Zeugnis be-

---

[8] Angaben vor allem nach H. Bengtson, Griechische Geschichte von den Anfängen bis in die römische Kaiserzeit, München 3.Aufl. 1965, passim und 552f. (Königsverzeichnisse), HAW III,4. O. Kaiser, Grundriß der Einleitung in die kanonischen und deuterokanonischen Schriften des Alten Testaments, Bd. 3: Die poetischen und weisheitlichen Werke, Gütersloh 1994, 100f. G. Höbl, Geschichte des Ptolemäerreiches, Darmstadt 1995.

[9] Einer kleinen grammatikalischen Notiz könnte entnommen werden, daß das Werk samt Vorrede erst nach dem Tode des Ptolemäus VIII. veröffentlicht wurde. Es wird nämlich für die Bezeichnung des 38. Jahres in bezug auf den König Euergetes die griech. Präposition „ἐπί" benutzt, die häufig nur dann angewendet wird, wenn man sich auf die Regierungszeit eines bereits verstorbenen Königs bezieht.

stätigt werden, das aus den Angaben in Kap. 50 gewonnen werden kann. Der hier erwähnte Hohepriester Simon kann nur Simon II., Sohn des Hohenpriesters Jochanan (griech. Onias) sein, den Josephus als im Anfang des 2. Jh. v.Chr. wirkend nennt (Ant. XII, 224)[10]. Ben Sira hatte zu seinen Lebzeiten diesen vor Augen, also um ca. 190 v.Chr. 2 Generationen, ca. 60 Jahre später, kommt der Enkel nach Ägypten, im Jahre 132 v.Chr.

---

[10] Unter Abwägung vieler Gesichtspunkte kommt auch Smend, 1906, XV-XVII, zu dieser Entscheidung.

Kapitel 1

Das Wesen der Weisheit

1,1–10: Die Weisheit ist von Anfang an bei Gott und wird durch ihn der gesamten Schöpfung mitgeteilt

1 *Alle Weisheit ist bei dem Herrn,*
 und mit ihm ist sie in[1] Ewigkeit.
2 *Den Sand der Meere und die Tropfen des Regens*
 und die Tage der Ewigkeit, wer wird sie zählen können[2]?
3 *Die Höhe des Himmels und die Weite der Erde*
 und die Tiefe des Meeres[3], wer wird sie ermessen können?
4 *Vor allen anderen Dingen wurde erschaffen die Weisheit,*
 und verständiges Erkennen währt von Ewigkeit her.
5 *(Die Quelle der Weisheit und das Wort Gottes in der Höhe*
 und ihre Wege, das sind die ewigen Gebote.)[4]
6 *Die Wurzel der Weisheit, wem wurde sie geoffenbart?*
 Und ihr Allwissen, wer kennt es?
7 *(Verständnis für Weisheit, wem wurde es geoffenbart?*
 Und ihre vielgestaltigen Wege, wer versteht sie?)
8 *Einer ist (weise,)[5] gar sehr zu fürchten,*
 er sitzt auf seinem Königsthron: der Herr[6];
9 *er hat sie erschaffen*
 und sah und zählte sie,
 und er goß sie aus über alle seine Werke.

---

[1] Es ist nicht angezeigt, das griech. „in Ewigkeit" mit S zu ändern in „von Ewigkeit", gegen Smend, 1906, 6, und Marböck, 1971, 19, u.a. O. Rickenbacher, Weisheitsperikopen bei Ben Sira, Freiburg/Schweiz und Göttingen 1973, OBO 1, 7, weist darauf hin, daß das syr. „min" auch „in" Ewigkeit bedeuten könne. V sucht eindeutig einen Ausgleich, indem sie übersetzt: fuit semper et est ante aevum.

[2] V liest das Perf.: investigavit.

[3] Die griech. Überlieferung ist sehr uneinheitlich: viele Handschriften fügen „und die Weisheit" hinzu; der Zusatz ist mit S und anderen griech. Handschriften auszulassen, Ziegler, 1980, z.St.

[4] V.5 ist nur in einem Teil der griech. Handschriften enthalten und fehlt in S ganz, ist also als sekundär zu betrachten. Das gleiche gilt für V.7.

[5] Mit Rickenbacher, 1973, 9f., auszulassen; fehlt in S und in V. Im Buche Sir wird die Prädikation „weise" an 24 Stellen stets nur auf Menschen bezogen, nie auf Gott.

[6] Der Vokativ ist von V.9 heraufzuziehen.

10 *Bei allem Fleisch ist sie zu finden, so wie er sie ihm gab,*
und spendete sie reichlich denen, die ihn fürchten[7].
(Die Liebe des Herrn macht angesehen in Bezug auf Weisheit,
denen er sich zeigt, teilt er sie aus in seiner Erscheinung.)[8]

Mit einem gewaltigen Satz des Bekenntnisses beginnt Ben Sira sein Werk. Im Mittelpunkt allen Denkens steht die Erkenntnis Gottes, von dem her alle Weisheit kommt, weil sie alle Zeiten und Räume umgreifend nur bei ihm auf Dauer zu finden ist[9]. Mit diesem dithyrambischen Lobpreis wird dem Leser von allem Anfang an gesagt, worum es Ben Sira in seinem Werke geht. Er möchte nicht wie der Autor des ersten Kapitels der Genesis von dem Handeln Gottes in der Geschichte berichten. Er möchte auch nicht wie so viele Propheten von dem Handeln Gottes in ihrer eigenen Lebensgeschichte berichten. Er möchte auch nicht wie so viele Beter in den Psalmen von seinen Erfahrungen von der Gegenwart Gottes in seinem individuellem Leben berichten. Alle diese Möglichkeiten theologischer Aussage treten bei ihm zurück. Er hat sie gekannt, wie spätere Texte eindeutig beweisen. Es geht ihm um mehr. Er möchte die alles durchwaltende Weisheit nachzeichnend ein Bekenntnis aussprechen. Ohne diese Weisheit, die allein bei Gott ist, läßt sich der Ablauf von Zeit und Welt nicht verstehen.

Diese Ausgangssituation läßt sich bei Ben Sira nicht in Frage stellen. Das ist das Wesen eines Bekenntnisses, daß dessen Inhalt sich nicht durch eine stringente Beweisführung verifizieren läßt. Der Inhalt eines solchen Satzes kann nur in der persönlichen Lebensführung erfahren und übernommen werden und hat keinerlei Bedeutung für den Nachvollzug im Leben eines anderen Menschen. Auch ein moderner Leser wird zunächst einmal gut daran tun, diese Aussage für sich stehen zu lassen und zur Kenntnis zu nehmen. Ob er in dieses Bekenntnis einzustimmen vermag, wird eine weitere Stufe des Eindringens in das Verständnis dieses Textes zu bewahrheiten – oder zu verwerfen haben.

Diese einleitenden Worte geben im Kern die gesamte Weltschau und Weltdeutung Ben Siras wieder, wie er sie dann in den folgenden Kapiteln vorträgt. Als Glied seines Volkes weiß sich Ben Sira von dieser Weisheit getragen, die er am Ende seines Buches in Kap. 51 noch einmal in bekenntnismäßigen Sätzen preist, nun aber so, daß er selbst (in der 1. Person Singular) als einzelner von dieser Weisheit getroffen wird und sie zu suchen und nach ihr zu fragen sich zeitlebens aufmacht.

---

[7] G hat ἀγαπῶσιν = „die ihn lieben"; besser ist mit S und einigen G-Minuskeln zu lesen; φοβούμενοις.

[8] Die beiden letzten Halbzeilen sind nur in O, in einigen Minuskeln und in **La** bezeugt.

[9] A.A. DiLella, The Meaning of Wisdom in Ben Sira, in: L.G. Perdue a.o. (Hg.), In Search of Wisdom. Essays in Memory of John G. Gammie, Louisville 1993, 133–148, unterscheidet von der in Kap.1 behandelten praktischen Weisheit eine in Kap. 24 angesprochene theoretische.

Ben Sira hat damit das weisheitliche Erkennen ganz der profanen Umwelt entnommen, aus der es einst gekommen war. Die Wertung der Weisheit wurde immer mehr von Elementen bestimmt, die auf die Gottesbeziehung des weise Handelnden Wert legen. Ein Jahrhunderte langer Prozeß ist mit Ben Sira, besonders 24,1ff., zum Abschluß gekommen[10].

2 Die Geschichte beginnt für Ben Sira wie für den Jahwisten (Gen 2,4a) und für den priesterlichen Schriftsteller (Gen 1) bei der Schöpfung. Die reichhaltige Vielgestalt der staunenswerten Schöpfung ist ein Zeichen der unermeßlichen Weisheit Gottes. Dabei sind die auch sonst bekannten Bilder von der Unzählbarkeit des Sandes am Meer und der Tropfen des Regens willkommene und ohne nähere Erklärung sofort verständliche Aussagen. Das Gegensatzpaar Trockenheit - Fruchtbarkeit steht im Hintergrund und weist auf den kulturgeschichtlichen Horizont des Verfassers hin. Er kennt als seßhaft gewordener Bewohner eines Kulturlandes die Unfruchtbarkeit der breiten Ufer des Meeres mit ihrem Sand und dem Einströmen des unfruchtbaren Salzwassers ebenso wie die Leben und Fruchtbarkeit spendende Kraft des Regens, dem das Kulturland Existenz und Fortgang der Entwicklung verdankt. Dieses unmittelbar verständliche Bild wird mit der Vorschau auf die Dauer der Ewigkeit mit ihren unzählbaren Tagen angewendet. Der Unermeßlichkeit der täglichen menschlichen Erfahrung entspricht auch die Weite und Dauer der göttlichen Existenz und Wirksamkeit.

3 Differenzierter als in anderen Texten des AT wird hier geographische, ja astronomische Kenntnis vorausgesetzt bei der Aussage über den Himmel, der sich in unermeßlicher Höhe über die Erde wölbt, und im Hinblick auf die unerforschbare Ausdehnung der Erde. Die hellenistische Zeit hatte bedeutende Fortschritte in der Erforschung der geographischen und astronomischen Gegebenheiten der Erde gemacht. Der Kreislauf der Sonne, die Kugelgestalt der Erde und die schier nicht enden wollende Ausdehnung des bewohnten Erdkreises waren in das allgemeine Bewußtsein bereits eingedrungen. Es ist hier noch die Anschauung von den drei Stockwerken zu erkennen: Oben der Himmel (oder die Feste, Gen 1), in der Mitte die von den Menschen bewohnte Erde und darunter die Tiefe des Meeres. All dies ist das Werk des Schöpfergottes, wie er für Israel spätestens seit der Exilszeit durch die Verkündigung Deuterojesajas als der Weltengott bekanntgeworden war, der sich in besonderer Weise seines Volkes annimmt.

4 Aber vorrangig vor all diesen Erscheinungen im Kosmos ist auf die von Gott her geschenkte alles durchwaltende Weisheit aufmerksam zu machen. Vor der geschaffenen Welt ist die Weisheit zu bekennen, die gerade deshalb, weil sie vor der Welt schon da war, auch diese Welt durchdringt, in ihr erkennbar ist und sie deutet.

---

[10] J. Fichtner, Die altorientalische Weisheit in ihrer israelitisch-jüdischen Ausprägung, Gießen 1933, BZAW 62; G. v. Rad, Weisheit in Israel, Neukirchen 1970, bes.: Die Weisheit des Jesus Sirach, 309–336.

Auf all diese Aussagen kommt Ben Sira noch einmal zurück, wenn er von 42,15 an das besondere Wirken Gottes in der Geschichte seines Volkes behandelt. Hier wird dann ganz konkret das Handeln Gottes an seinem Volk und für sein Volk geschildert. Diese erschaffene Welt jedoch bildet den Rahmen, in dem sich die Geschichte Israels abspielt. Auf diesen Rahmen verzichten hieße, die Geschichte des Volkes Gottes in einem nicht näher deutbaren Raum sich vollziehen zu lassen. Die Schöpfung hat ihre Bedeutung im Hinblick auf die in dieser erschaffenen Welt sich ereignende Geschichte des Volkes, wie umgedreht die Geschichte des Volkes ohne den Bezug auf die von Gott geschaffene Schöpfung undenkbar wäre. Eines bedingt das andere und kann nicht losgelöst betrachtet werden.

Mit diesen Worten wendet sich Ben Sira auch gegen das Denken seiner Zeit, das vom griechisch-hellenistischen Geist durchdrungen ist. Von Weisheit und Erkenntnis zu reden, war in jener Epoche der Geistesgeschichte unter dem Einfluß so bekannter griechisch-hellenistischer Philosophenschulen wie der Stoa das alltägliche Brot der geistig interessierten Menschen geworden. Hier galt die Weisheit als ein Gegenstand, nach dem zu suchen und zu fragen ist unter Hinweis auf Lehrer, Denker und große Männer, deren Aussprüche man sammelte und interpretierte. Die Suche nach Weisheit war Lebensinhalt jener Zeit. Demgegenüber betont Ben Sira die Ausschließlichkeit der Weisheit, die ohne menschliches Zutun und ohne menschliches Streben von Gott her gegeben wird. Die Unerforschlichkeit der Weisheit und damit die Unverfügbarkeit wird hier betont vorangestellt. Damit setzt er gute alttestamentliche Traditionen fort, wie sie zu finden sind etwa in Spr 8,22–31 und in Hiob 28,1–27. An all diesen Stellen wird noch ohne konkretes Gegenüber zu der griechisch beeinflußten Weisheitssuche auf die Priorität der göttlichen Gabe der Weisheit hingewiesen. Später nimmt Paulus im Römerbrief, Röm 11,33, diesen Gedanken auf und wendet ihn im Besonderen auf die Geschichte des Volkes Gottes an, das als das Volk Gottes des ersten und des zweiten Bundes zu beschreiben ist und das in einem beständigen Miteinander und Nebeneinander lebt bis hin zu der Zeit, da Gott diese Verschiedenartigkeiten aufheben wird.

Dieses nur schwach bezeugte Wort von der Weisheit, die sich in den Geboten findet, führt einen Gedanken ein, der zwar nicht ohne Hintergrund bei Ben Sira ist, an dieser Stelle aber den Gedankengang unterbricht und eine zu schnelle Konkretisierung bietet, daher als späterer Zusatz zu werten, GII. Von den Geboten, in denen die Weisheit zu finden ist, spricht Ben Sira in Sir 24. Hier aber, wie auch die Fortsetzung zeigt, bleibt er bei der systematisierenden Grundlegung der Ausführung über das Wesen der Weisheit in ihrer weltweiten Bedeutung. 5

So kann Ben Sira in einer rhetorischen Frage den Gedanken nach dem Ursprung der Weisheit aufwerfen. Wo kann diese Weisheit, die sich in der ganzen Schöpfung zeigt und sie durchdringt, ihren Ursprung haben? Die Antwort ist durch die Art der Fragestellung vorgegeben: Nirgendwo beim Menschen oder in der Welt. Die von Gott erschaffene Welt, auch die in dieser Welt lebenden 6

Menschen haben keinen Anteil an dem Ursprung und dem Zustandekommen der Weisheit. Sie sind selbst in dieses Geschehen hineingestellte Geschöpfe. Gott allein kommt die Priorität zu.

7 Auch dieser Vers wiederholt nur das bereits in V.6 Gesagte. Der Geschenkcharakter der Weisheit wird dadurch noch einmal betont.

8 Die Worte des Bekenntnisses werden wieder aufgenommen. Die Antwort auf die in V.6 gestellte rhetorische Frage wird hier in einer Weise gegeben, die mehr ist als eine bloße Antwort. Es fällt auf, daß in diesem Zusammenhang von der Weisheit Gottes gesprochen wird: „Einer ist weise". Das griechische Wort, das hier zu finden ist (σοφός), fehlt in den anderen Übersetzungen. Es ist auch festzustellen, daß dieses Wort bei Ben Sira weitere 24 mal begegnet, nie aber auf Gott bezogen wird. Dies alles spricht dafür, daß dieser Vers ein Bekenntnis zu dem ist, der zu fürchten sei. Damit ist also wie gesagt die rhetorische Frage nicht in direkter Weise beantwortet: „Einer ist weise", sondern auf eine ganz bestimmt Art und Weise weiter und höher geführt, wenn gesagt wird: „Einer ist zu fürchten gar sehr", nämlich der, der als Herrscher auf seinem Thron sitzt. Er ist der Herr, der hier nicht als König bezeichnet wird, obwohl sich mit dem Begriff „Herr", der auf dem Thron sitzt, auch die Vorstellung vom Königtum Gottes verbindet.

9
10 Dieser in seinen Schöpfungswerken erkennbare Gott hat die Weisheit über alle seine Werke verbreitet, zu denen auch der Mensch gehört. Er ist, wie in den anderen Schöpfungsberichten des AT, Höhe- und Endpunkt der Schöpfung. So ist für ihn auch am Ende die Weisheit reichlich vorhanden, da er sich als Glied der Schöpfung inmitten dieser von Gott erschaffenen Welt befindet. Da dieser Mensch in dem großen Zusammenhang der unermeßlichen Schöpfung steht, ist für ihn die Haltung des Staunens, ja des Fürchtens die richtige. Mit diesen Worten ist Ben Sira in folgerichtiger Weise bei dem Punkt angekommen, den weiterzuführen ihm am Herzen liegt: die Weisheit Gottes im Leben des Menschen. In einer faszinierenden Abfolge der Gedanken spannt sich der Bogen von der Weite göttlichen Handelns in die Sphäre menschlichen Lebens. In wenigen Worten ist es Ben Sira gelungen, diese allumfassende Weite mit der Existenz des in dieser Weite lebenden Einzelwesens Mensch zu verbinden.

1,11–20: Des Menschen Größe besteht in der Anerkennung des die Weisheit schenkenden allmächtigen Gottes

11 *Die Furcht des Herrn ist Ehre und Ruhm*
   und Hoheit[11] *und Kranz der Freude.*
12 *Die Furcht des Herrn wird erquicken das Herz,*
   und sie wird Frohsinn und Freude und lange Tage gewähren[12].

---

[11] So besser mit S. G hat εὐφροσύνη = „Frohsinn".
[12] Zu V.12 haben O und einige Minuskeln den Zusatz: „Die Furcht des Herrn ist eine Gabe vom Herrn; denn er hat sie an die Wege der Liebe gestellt."

13 *Dem, der den Herrn fürchtet, wird es wohlergehen am Ende der Tage,*
   und am Tage der Vollendung wird er gepriesen werden.
14 *Der Anfang der Weisheit ist es, den Herrn zu fürchten,*
   und bei den Frommen wurde sie zusammen mit ihnen
      im Mutterleib erschaffen.
15 *Bei den Menschen hat sie einen ewigen Wohnort sich geschaffen,*
   und bei ihren Nachkommen wird sie beständig sein.
16 *Die Fülle der Weisheit ist es, den Herrn zu fürchten,*
   und sie macht sie trunken von ihren Früchten.
17 *Ihr ganzes Haus wird sie anfüllen mit begehrenswerten Gütern*
   und die Vorratskammern mit ihren Gewächsen.
18 *Die Krone*[13] *der Weisheit ist die Furcht des Herrn,*
   sie läßt Frieden und gute Gesundheit aufblühen.
   (Beide sind Geschenke Gottes zum Frieden,
   Ruhm breitet sich aus für die, die ihn lieben.)[14]
19 *Einsicht und Erkenntnis des Vernünftigen goß er aus wie Regen*[15]*,*
   und den Ruhm derer, die sich daran halten, erhöhte er[16]*.*
20 *Die Wurzel der Weisheit besteht darin, den Herrn zu fürchten,*
   und ihre Blätter bedeuten langes Leben.

Nach den Aussagen über die Größe, die Macht und die Weisheit Gottes geht 11
Ben Sira auf die Auswirkungen ein, die sich daraus für das Leben der Menschen ergeben. So wie die ganze Schöpfung auf Gott allein zurückzuführen ist und von ihm allein Leben und Berechtigung erhält, so auch der Mensch. Diese Relation zu erkennen, sich in ihr zu bewähren und sie zu respektieren, ist die dem Menschen zukommende Haltung vor Gott. Diese Erkenntnis ist das, was in der alttestamentlichen Glaubensvorstellung und so auch in den Aussagen der Sprüche des AT als Furcht Gottes bezeichnet wird. Darin unterscheidet sich die alttestamentliche Glaubensaussage grundlegend von allen anderen Versuchen, das Verhältnis Gott – Mensch von der Seite des Menschen her zu begründen und zu definieren. „Der Mensch, dessen Herz Gott sucht, erfährt, daß Gott nötig zu haben nichts ist, dessen er sich schämen müßte. Es ist kein Mangel, sondern Freude und Vollkommenheit und befreit von vielen unnötigen Bedürfnissen. Es ist am traurigsten, wenn ein Mensch durchs Leben geht,

---

[13] G. Kuhn, Beiträge zur Erklärung des Buches Jesus Sira, ZAW 47 (1929), 289–296 und 48 (1930) 100–121: 289, erwägt, statt „Krone, Kranz" besser „Sproß" zu lesen. Er vermutet eine Verwechslung von hebr. נצר = „Sproß" mit hebr. נזר = „Kranz".
[14] Die beiden letzen Halbverse sind nur in O und wenigen Minuskeln bezeugt; dies trifft besonders für die vorletzte Zeile zu.
[15] O, die Minuskel 248 und einige andere Minuskeln, sowie spätere Zeugen lassen 19a als Dublette zu 9b aus.
[16] Zu V.19 ist ein hebr. Fragment bekannt geworden durch die Funde von Qumran (2Q18). Es könnte allerdings auch zu 6,13f. gehören könnte, da nur wenige Buchstaben lesbar sind, die nicht eindeutig eingeordnet werden können; siehe Baillet, Milik et deVaux, „Petites Grottes", DJD 3, 1962, 76. Rickenbacher, 1973, 5, bevorzugt hier S.

ohne zu entdecken, daß er Gott nötig hat. Denn: Gottes bedürfen ist des Menschen höchste Vollkommenheit"[17]. In dem Zurkenntnisnehmen der Objekthaftigkeit des Menschen zu leben, aber auch gleichzeitig die Beauftragung anzunehmen, in der Subjekthaftigkeit des menschlichen Lebens auf diese göttliche Anrede einzugehen, besteht die Grundaussage alttestamentlicher Theologie und Anthropologie. Wenn im AT von Ehre, Ruhm und Hoheit gesprochen wird, dann ist damit in der Mehrzahl der Fälle das Wesen Gottes und seine Erscheinung definiert. Hier aber wird dies alles auf das Leben des Menschen und auf seine Stellung zu seiner Welt und Umwelt angewendet. Daraus erwächst für den alttestamentlichen Frommen die Freude, in dieser Welt als Geschöpf Gottes handelnd tätig zu sein.

12   Es entspricht dabei ganz dem alttestamentlichen Denken, wenn diese Erfahrung nicht als ein einmaliges oder gar geheimnisvolles Geschehen gesehen und interpretiert wird. Die Haltung des Menschen vor Gott bewirkt ein Erleben, das in die Zukunft wirkt. Mit dem Herzen, das durch das Erkennen Gottes in seiner Größe erquickt wird, ist nicht das gemütvolle Empfinden menschlichen Erlebens angesprochen, sondern das nüchterne Erkennen der Gegebenheiten des Tages und der Zeit. Das hinter diesem griechischen Wort (καρδία) stehende hebräische Wort לב[18] bezeichnet, wie aus den späteren Erwähnungen, die aus der Übersetzung des hebräischen Textes hervorgehen werden, deutlich wird, das menschliche Erkennen und Urteilen. Dieses setzt ihn in den Stand, sich und seine Lage nüchtern einzuschätzen und für die Zukunft zu planen. Daher ist es nur verständlich, daß mit dieser Haltung sofort auch die lange währenden Tage des Lebens des Menschen angesprochen werden. In dieser Erfahrung kann der Mensch mit Frohsinn und Freude in die Zukunft blicken, in der er der andauernden Fürsorge Gottes gewiß sein kann. Dabei schließt Ben Sira an Gedanken an, die auch in Ps 23,6; Dtn 4,40; Dtn 6,2 und Spr 4,10 geäußert wurden.

13   Dies führt dann dazu, daß der Mensch auch das Ende seines Lebens nicht zu fürchten braucht. Er wird sich einer immerwährenden Erfüllung seiner Tage erfreuen dürfen. Auch nach seinem Tode noch wird er in guter Erinnerung bei seinen Zeitgenossen bleiben und daher gepriesen werden können. Hier ist nicht an ein eschatologisches Geschehen oder gar an einen Tag des Gerichtes zu denken. Spätere Ausführungen in den Sprüchen Ben Siras lassen es deutlich werden, daß er allein an das Ende menschlichen und irdischen Lebens denkt und von daher die Lebensführung des Weisen beurteilt.

14   Der Weg, in Weisheit zu wandeln, hat einen Anfang und ein Ziel. Daher ist es nicht verwunderlich, wenn Ben Sira wie viele andere Weisheitslehrer häufig von diesen beiden Punkten spricht. Siehe dazu Spr 1,7 und Ps 111,10. Wenn einmal ein Anfang gesetzt ist, dann geht es auf diesem Weg auch weiter, un-

---

[17] S. Kierkegaard, Erbauliche Reden 1844/45, Düsseldorf 1964, 8.11.12.
[18] F. Stolz, Art. לב, THAT I, 1971, 861–867: „Zu den *geistigen* Funktionen des *leb* gehört zunächst die Erkenntnis", 862.

aufhaltsam in die Zukunft hinein. Diese Erwartung wird unmißverständlich und überzeugend klar gemacht durch den Hinweis auf das Wachsen des Menschen im Mutterleib. Jeder Mensch macht diesen unaufhaltsamen, von ihm selbst unabhängigen Entwicklungsprozeß durch. So auch der Fromme, dem dieser Beginn seines Lebensweges in der Furcht des Herrn von Anfang an im Mutterleib „in die Wiege" gelegt wurde. Damit wird nicht nur die schon früher zum Ausdruck gebrachte und immer wieder betonte Aussage wiederholt, daß die Weisheit als ein unverfügbares Geschenk angesehen wird. Vielmehr kommt in diesem Bild und in dieser Erwartung auch der Gedanke zum Ausdruck, daß das Leben unter der Weisheit einen unaufhörlichen Fortgang nimmt und dabei einem beständigen Wachstum entgegengeht.

In der Gemeinschaft der so bezeichneten Menschen hat damit die Weisheit ihre Wohnung gefunden. Durch die Generationen hindurch bleibt sie in dieser Umgebung bestehen. Es klingt hier schon der Gedanke an, daß Gott mit seinem Wesen und seiner Weisheit inmitten der Menschen sich niederläßt und einen Ruheplatz sucht. Daraus ist nicht nur die Vorstellung abzuleiten, wie sie in der jüdischen Frömmigkeitsgeschichte gefunden wird, daß Gottes Wesen als *die Wohnung* schlechthin (hebr. שכינה) unter den Menschen als Gegenwart erlebt wird, so besonders in der jüdischen Mystik des Mittelalters, sondern auch die in Joh 1 ausgesprochene Aussage, daß sich Gottes Wort, als Weisheit verstanden, inmitten der Menschheit niederläßt, zeltet, wie es hier heißt, und daher in einem unmittelbaren Gegenüber erlebt wird. 15

Wenn hier noch von einer allgemeinen und auf alle Menschen bezogenen Gegenwart Gottes innerhalb der menschlichen Gemeinschaft gesprochen wird, so nimmt Ben Sira später in Sir 24 darauf Bezug, daß diese Weisheit nach langem Suchen einen ganz besonderen Ruheplatz findet. Dort wird von vielen Völkern gesprochen, in denen die Weisheit hätte Ruhe finden wollen, ohne aber ihr Ziel zu erreichen. Lediglich an einem Ort, nämlich in Jerusalem und hier wiederum im besonderen im Tempel, findet die Weisheit den Platz, an dem sie sich nun für die Dauer niederläßt. Bei dieser Aussage ist jedoch Ben Sira noch nicht angekommen. Hier ist er im Rahmen der Bezugnahme auf die Erschaffung der Welt und der in ihr wirkenden Weisheit Gottes bei der Allgemeingültigkeit der Weisheit. Sie ist schöpfungsmäßig bedingt und daher für alle gedacht und allen zugänglich.

Der, der die Weisheit annimmt und in ihr lebt, wird mit reichen Gütern beschenkt werden. Auch hier zeigt sich wieder, daß die Erkenntnis der Weisheit kein geistreiches Erkennen oder Nachdenken allein ist, sondern in der Gegenwart des Lebens ihre Bestätigung erfährt. In plerophorer Erwartung und beinahe bacchantisch zu nennender Fülle sind die Gaben der Weisheit als Grundlage für ein Leben in Frohsinn und Freude gesehen. Trinken und Essen, beides wird im Übermaß dem geschenkt, der die Weisheit in sein Leben einbezieht. Er wird trunken, wie man von Wein trunken wird, und er kann sich sättigen, wie man von reichen Erntegaben sich anfüllen kann. Das reiche Leben eines seßhaft gewordenen Menschen steht hier im Hintergrund, das an den Gaben der Natur volles Genüge haben kann. 16f.

18   Alle diese Aussagen weisen auf den eigentlichen Mittelpunkt hin: Der Höhepunkt des Lebens unter der Weisheit besteht im Frieden. Das auch hier hinter dem griechischen Wort Frieden (εἰρήνη) zu suchende hebräische Wort שלום gibt den ganzen Reichtum menschlicher Lebenserwartung wieder. Nicht nur Teilaspekte wie Abwesenheit von Kampf und Krieg (griech.) oder durch Verträge gesicherte Existenz (lat. pax) sind hier gemeint, sondern die ganze Existenz des Menschen in dem Zustand des Heil-seins. Zweifellos kann die Fülle dieser Aussage nur auf dem Hintergrund der alttestamentlichen Lebens- und Glaubenswelt gesehen werden. Der erwartete Schalom (= Frieden) kann aufblühen, wenn der Mensch die Weisheit Gottes erkennt, sie in sein Leben hineinnimmt und die Zukunft durch sie gestaltet.

19   Ben Sira lenkt auf den Beginn seiner Ausführung zurück, indem er von der freimütig und reichlich von Gott ausgeteilten Weisheit spricht, die wie ein Regen allen zur Verfügung steht. Daß der Regen Wachstum und Gedeihen gibt, ist die alltägliche Erfahrung des Bewohners des Kulturlandes. Diese Erfahrung zu negieren, hieße, uneinsichtig, ohne Erkenntnis und ohne Vernunft zu handeln. Sie jedoch anzuerkennen, bedeutet Hoheit und Würde des Menschen.

20   Mit dem Regen beginnt das Wachstum. Wie aus der Wurzel einer Pflanze Triebe, Stamm, Äste und Blätter hervorgehen, so auch aus der Weisheit, die das menschliche Leben von Anfang an erfüllt.

Das Bekenntnis zu Gott dem Schöpfer beinhaltet unmißverständlich die Bestimmung des Menschen als Ziel der göttlichen Weisheit, deren der Mensch bedarf und die ihn fähig macht, in diesem Leben und in dieser Schöpfung nach dem Willen Gottes zu leben. Grundlage aller weiteren Ausführungen ist dieses Bekenntnis zu dem in seiner Weisheit handelnden Schöpfergott. Wenn hier noch Ausführungen über das Handeln Gottes im Sinne seines Eingehens in die Geschichte des Volkes als der Erwählende, Helfende, Rettende und in die Zukunft Weisende fehlen, so ist dies nicht zu verwundern; Ben Sira spricht mehr im Sinne einer systematisierenden Betrachtung und Darlegung der menschlichen Welt und Lebenserkenntnis als in erzählender Form. Er hat darin zweifellos von seiner griechisch-hellenistischen Umwelt gelernt und möchte auf diese Art und Weise den geistigen Strömungen seiner Zeit entgegentreten.

1,21–30: Diese Haltung bewirkt Überwindung der Sünde in der Befolgung der Gebote Gottes

21 *Die Furcht des Herrn läßt Sünden schwinden,*
   und wer in ihr verharrt, der wendet einen jeden Zorn ab[19].
22 *Nicht wird der gerecht dastehen, der ungerechten Zorn hegt,*
   denn die Wut seines Zornes wird ihn zu Fall bringen.

---

[19] S hat für V.21–27 zwölf V. V.21 haben nur O und einige Minuskeln. Er fügt sich aber in den Zusammenhang als nötiger Gedankenfortschritt ein; siehe Ziegler, 1980, z.St. Ähnlich auch Haspecker, 1967, 54–56, und Rickenbacher, 1973, 5, mit verschiedenen Begründungen.

23 *So lange, bis er zu dem ihm bestimmten Zeitpunkt gelangt,*
   wird an sich halten der Geduldige,
   und am Ende wird ihm Frohsinn alles erstatten.
24 *So lange, bis er den rechten Zeitpunkt erreicht,*
   wird er seine Wort verbergen,
   und die Lippen vieler Menschen werden seine Klugheit verbreiten.
25 *In den Schätzen der Weisheit gibt es verständnisvolle Sprüche*[20],
   ein Greuel aber ist die Gottseligkeit für den Sünder.
26 *Wenn du Weisheit begehrst, so beachte die Gesetze*[21],
   und der Herr wird sie dir reichlich kundtun.
27 *Weisheit und Bildung nämlich liegen in der Furcht des Herrn,*
   und sein Wohlgefallen bewirken Treue und Demut.
28 *Sei nicht ein Heuchler*[22], *wenn du den Herrn fürchtest,*
   und komme nicht zu ihm mit einem zweifelnden Herzen.
29 *Sei kein Heuchler im Urteil*[23] *der Menschen*
   und halte deine Lippen zurück.
30 *Überhebe dich nicht selbst, damit du nicht fallest*
   und dadurch über dich selbst Schande bringen würdest,
   und es wird der Herr selbst kundtun das in dir Verborgene,
   und in der Mitte der Gemeinde wird er dich fallen lassen,
   weil du zwar herantratest[24] *in der Furcht des Herrn,*
   aber dein Herz war voll von List.

Konnte es bisher so scheinen, als habe Ben Sira ein Weltbild, das durch keinerlei Beschwernisse getrübt wird, so wird in der folgenden Ausführung ganz deutlich, wie sehr er von den Schwierigkeiten weiß, die sich diesem Gedanken von der Weisheit, die die Welt durchdringt, entgegensetzen. Es ist eben der Mensch selbst, dem sich Gott in seiner die Weisheit schenkenden Fülle zuwendet, der dieses Geschenk mißachtet und in sein Gegenteil verkehren kann. Die Gefahr, daß sich der Mensch von dieser Offenbarung der Weisheit Gottes abwendet, sieht Ben Sira deutlich vor sich. Er bezieht sich hierbei zweifellos auf die ihm vorgegebene Tradition, die in den Schöpfungsberichten der Genesis enthalten ist. Die Furcht Gottes übergehend hatten sich einst Adam und Eva

---

[20] Griech. Singular παραβολή. Jedoch in S, O und vielen anderen Minuskeln Plural παραβολαί. S. auch M.H. Segal, 1972, 10.
[21] Haspecker, 1967, 315, und Rickenbacher, 1973, 5, fassen den griech. Plural ἐντολάς als eigene Form von G auf und verstehen ihn singularisch, vgl. 6,37. Zum Inhalt vgl. Mt 19,17.
[22] G: „wende dich nicht ungehorsam ab". Kuhn, 1929, 289, verbessert mit S. Der Parallelismus membrorum unterstützt diese Änderung; so auch Haspecker, 1967, 211. S fügt noch den Vokativ „mein Sohn" hinzu.
[23] G: „in den Mündern" dürfte dem hebr. לפני oder בפני = „vor" oder „im Anblick von" entsprechen.
[24] Mit S und V ist das im griech. Wortlaut stehende οὐ = „nicht" auszulassen. Es liegt ein durch die griech. Diktion verursachtes Mißverständnis vor. So schon Smend, 1906, 17f., und nach ihm andere.

von ihr abgewendet und waren ihre eigenen Wege der Selbstbestimmung gegangen. Die recht verstandene Furcht Gottes, die wie oben ausgeführt in der Anerkennung der Schöpfervollmacht Gottes liegt, läßt diese Einstellung überwinden. Wer in ihr verbleibt, kann den Zorn Gottes, der den Menschen trifft in seiner Abkehr von Gott, abwenden. Die Störung in dem Verhältnis des Menschen zu Gott besteht darin, daß der Mensch seiner eigenen Weisheit, das ist seiner eigenen Entscheidung folgt. Er ist dann nicht mehr eingedenk der Gaben, die Gott in seiner Weisheit der Welt und den Menschen zu Teil hat werden lassen (V.1–10). Er ist auch nicht mehr der Tatsache eingedenk, dieses Geschenk anzunehmen und in seinem Leben zu verwirklichen (V.11–20).

22   Ben Sira macht Ernst mit dem Gedanken, daß der Mensch mit seiner Entscheidung den Zorn Gottes selbst heraufgeführt hat. Sein Fall, das heißt sein Ungehorsam dem Gebot Gottes gegenüber, hat ihn selbst zu Fall gebracht und damit aus der durch die Weisheit geordneten Schöpfung hinausgestoßen.

23   Demgegenüber wird der, der Geduld beweist und nicht zu eigenmächtigen Taten schreitet, in der Einheit mit Gott verbleiben können und daraus Frohsinn erhalten. Das Bild dessen, der dieser Versuchung entgeht, ist ganz und gar von den Gedanken der weisheitlichen Lebensführung gekennzeichnet.

24   Er trägt seine Erfahrung in sich und hält sie zurück. Er wartet auf den Moment, da er diese seine Meinung in Klugheit vortragen kann.

25   Er birgt in sich einen Schatz der Erfahrung, der von der Weisheit erfüllt ist und der fruchtbar gemacht werden kann durch die Äußerung seiner Gedanken in Sprüchen, die das Leben begleiten und Ratschläge erteilen können. Darin unterscheidet sich der Weise von denen, die ohne Bedachtnahme auf die geoffenbarte Weisheit denken und in ihrer Handlung von Gott abweichen. Für die Sünder ist die Haltung des Weisen unverständlich, ja verabscheuungswürdig[25].

26   Für die Lebensführung des Weisen gibt es eine Regel. Hier konkretisiert sich das weisheitliche Denken in klaren Worten, Formulierungen und Geboten. Die große Nähe, die Ben Sira immer wieder sieht zwischen der Weisheit und der konkreten Lebensgestaltung, wird zum ersten Male deutlich zum Ausdruck gebracht. Es ist das Wort Gottes, das sich auch im Gebot kundtut, und dem zu folgen, Weisheit ist. So wie der, der die Weisheit erkennt und tut, reichlich belohnt wird, so wird auch der, der die Gebote aufnimmt, durch sie geleitet und in vielen Lebenslagen unterwiesen (vgl. Mt 19,17).

27   Der Weise, der in der Furcht des Herrn steht, empfängt Bildung und wird in Treue und Demut darin Bestand haben. Als ein Beispiel für diese Haltung wird später in Sir 45,4 Mose mit diesen Worten geschildert. Er, der das Gesetz empfängt, tut dies in der Haltung des Weisen vor Gott: „Wegen seiner Treue und wegen seiner Demut erwählte er ihn vor allem Fleisch."

28–30   Ben Sira ist kein Schwarz-Weißmaler. Für ihn besteht die Welt nicht auf der einen Seite aus denen, die das Geschenk der Weisheit anerkennen und

---

[25] Middendorp, 1973, 13, erinnert bei dem Ausdruck „Schätze der Weisheit" an Xenophon, Memorabilia IV/2.9.

darin leben, und auf der anderen Seite aus denen, die sich von ihr abwenden. Er weiß zu gut, daß der Mensch in seinen Entscheidungen durchaus zwiespältig sein kann. So kommt er hier am Ende dieser Gedankenreihe auf die Heuchler zu sprechen, die auf der einen Seite ihre eigenen Wege gehen wollen und an der Richtigkeit der Weisheit Gottes zweifeln, auf der anderen Seite aber doch den Anschein erwecken möchten, die Weisheit und damit die Furcht Gottes zu kennen und anzuerkennen. Die Möglichkeit der beiden Wege wird hier klar vor Augen gestellt. Es wäre zu einfach, wenn die Aussagen Ben Siras über die Bedeutung und Größe der Weisheit unwidersprochen vom Menschen angenommen und befolgt werden würden. Ben Sira hätte das Wesentlichste nicht gesagt, wenn er nicht auch die Problematik der Entscheidung des Menschen für oder gegen die Weisheit kennen würde. Er hätte seine Ausführungen mit diesen Worten beenden können. Da dies aber im Leben ganz anders sich verhält, muß er diese seine von ihm erkannte Weisheit in den folgenden Aussagen in großer Breite darstellen. Das „in dir Verborgene" ist das, „was dir verborgen ist". So vielfältig das Leben ist, in dem diese Entscheidung zwischen Weisheit und Furcht Gottes auf der einen Seite und menschlicher Eigenentscheidung auf der anderen Seite, erfahren wird, so vielfältig sind auch die weiteren Aussagen, zu denen Ben Sira in den folgenden Kapiteln kommt. Es ist darum nur folgerichtig, wenn er in Sir 2 das Problem der Versuchung behandelt, der ein jeder Mensch ausgesetzt ist, der von der Unterschiedlichkeit der Weisheit Gottes von der der Welt weiß und von ihr betroffen ist.

Kapitel 2

Im Zwiespalt zwischen Welt und Gott: die Versuchung

2,1–6: Geduld in der Anfechtung[1]

1 *Mein Kind, wenn du dich aufmachst, den Herrn zu fürchten[2],*
  bereite dich auf Versuchung vor.
2 *Wappne dein Herz und stärke dich*
  und ereifere dich nicht im Zeitpunkt der Prüfung[3].
3 *Verbinde dich mit ihm und falle nicht ab,*
  damit du erhöht werdest an deinem Ende.
4 *Alles, was dir zufällt, nimm an,*
  und wenn dich dein Geschick abwärts führt, so erweise Geduld.
5 *Denn im Feuer wird Gold geprüft*
  und Menschen, die (von Gott) angenommen sind,
    im Schmelzofen der Erniedrigung.
  In Krankheiten und in Armut erweise dich als ein Mensch,
    der auf ihn vertraut[4].
6 *Glaube an ihn, so wird er sich deiner annehmen;*
  und hoffe auf ihn, so wird er deine Wege gerade richten[5].

1 Nach den grundlegenden und systematischen Ausführungen in Kap. 1 folgt nun die direkte Anrede des Weisheitslehrers an seine Schüler. In der Tradition des Schulhauses und damit des Lehrer – Schüler-Verhältnisses beginnt die Rede mit dem Vokativ „mein Kind". Das ursprünglich hinter dieser Anrede stehende hebräische Wort dürfte, wie aus späteren Vorkommen deutlich wird, בני = „beni" = „mein Sohn" gewesen sein. Vgl. dazu Sir 3,12.17; 4,1; 6,32 u.ö. Auch in der alttestamentlichen Spruchliteratur wird diese Anrede häufig gebraucht: Spr 2,1; 3,1 u.ö. Ben Sira sieht nun sein Gegenüber in den geschilderten Zwiespalt hineingestellt und macht ihn aufmerksam, daß der Weg der Weisheit kein leichter Weg ist. Er wird von Anfechtungen und Versuchungen begleitet.

---

[1] Die Minuskel 248 bietet hier eine erste Zwischenüberschrift: „Über die Geduld".

[2] G liest: „dienen". Mit S ist aber die Aussage „fürchten" vorzuziehen, so mit vielen, z.B. Haspecker, 1967, 48 und 56f. Anders Schrader, 1994, 181f., der die V.1–18 behandelt, 180–202.

[3] V.2 fehlt in S, ist aber der Sache nach im Sondergut von S in Kap. 1 enthalten.

[4] Der letzte Halbvers nur bei O und wenigen Handschriften bezeugt.

[5] Die gebotene Übersetzung bevorzugt S. G bietet eine Umstellung der Aussagen: „richte deine Wege gerade und hoffe auf ihn."

Damit ist eine ernüchternde Aussage gemacht, die von Anfang an vor zu großer Euphorie bewahren soll. Die Schüler sollen sofort auf die Möglichkeit aufmerksam gemacht werden, daß der Weg der Weisheit ein anderer ist als der Weg der Welt. Zwei Wege werden vor die Augen der Hörenden hingestellt, wie dies auch später (V.6) zum Ausdruck gebracht wird. Auch die neutestamentliche Lehrrede kennt diesen Hinweis, so Jak 1,2–4, ein Text, der in vielen Dingen an Aussagen aus dem Buche Ben Sira erinnert. Ben Sira beweist mit dieser Einleitung noch einmal seine reiche Erfahrung und seine Kenntnis der Wege dieser Welt. Nicht durch wohlklingende Worte und glückbringende Verheißungen will er sich Gehör für seine Lehre verschaffen. Vielmehr liegt ihm am Herzen, die Wahrheit des Erlebens in dieser Welt von Anfang an deutlich werden zu lassen.

Kein Schwärmertum ist für diesen Weg geeignet. Der, der diesen Weg gehen will, hat eine harte Entscheidung vor sich. So wie ein Krieger, der in den Kampf zieht, seine Rüstung und seine Schutzwehr prüft und verstärkt, so ist auch der, der die Weisheit als Lebensprinzip annimmt, auszurüsten mit Waffen der Abwehr. Er hat sein Herz zu stärken. Dieser Hinweis auf die Stärkung des Herzens klingt an den griechischen Text bei Hiob 2,9 an. Es ist daher zu fragen, ob nicht Ben Sira bei diesen Ausführung auch an das Geschick des Hiob gedacht hat, der in besonderer Weise der Mann der Versuchung für die alttestamentliche Geschichte gewesen ist. In gleicher Weise erinnert Ben Sira später in 44,19–21 an die Versuchung Abrahams. Beide Gestalten, Hiob und Abraham bestehen die Versuchung, indem sie sich in Geduld auf die Zusagen Gottes verlassen und nicht zum Zeitpunkt der Prüfung im Übereifer unrechte Gedanken pflegen und voreilige Schritte tun. Im NT wird dieser Gedanke in Hebr 11,27 wieder aufgenommen. 2

Das einzige, was in dieser Lage zu tun ist, ist die Treue zur Verheißung, die Gott gegeben hat. Ihm nahe zu bleiben, ist der Weg, die Versuchung zu bestehen. Nur so kann am Ende die Überwindung der Versuchung erlebt werden. 3

Der Mensch ist nicht Herr über sein Geschick und die Entwicklung der Wege, die Gott mit ihm geht. Daher mahnt Ben Sira, diesen Weg getrost in Angriff zu nehmen und das anzunehmen, was ihm beschieden ist, auch wenn es ein Weg ist, der in die Niederungen des Lebens hinabführt. Auch hier ist die Haltung des Frommen die Geduld. Von dieser wird in den Texten des AT an zahlreichen Stellen gesprochen, so vor allem in den gleichgearteten Aussagen in Spr 3, 11f.; 17,3; 27,21. Auch in den Psalmen (40,18; 46,2; 66,10) und in den prophetischen Texten (Jes 48,10; Sach 13,9; Mal 3,3) erfolgt eine ähnlich Mahnung. 4

Wie so häufig in den Aussagen des AT schreitet Ben Sira zu einem Vergleich, durch den die Haltung des Menschen aus einem Geschehen in seiner Umwelt verdeutlicht wird. Hier ist die Behandlung des Metalls, das durch Feuer geläutert wird, das Vergleichsobjekt, vgl. Jes 1,21–26; 48,10; Spr 17,3 und im NT 1 Petr 1,7. Das also geläuterte Metall tritt nach der Behandlung nur um so reiner und klarer in Erscheinung. So auch der Fromme, der von Gott angenommen ist und durch diesen Läuterungsprozeß nur noch näher zu ihm kommt. 5

6   So kann die abschließende Mahnung die Zusammenfassung bieten: Der, der da glaubt und hofft, wird Bestand haben und von Gott angenommen werden. Dabei ist an dieser Stelle bei Ben Sira sicher nicht an die endzeitliche Annahme zum Leben oder gar zum Ewigem Leben zu denken. Vielmehr stehen Bilder im Hintergrund, wie sie auch aus Ps 1 von dem Gehen auf dem rechten Wege oder aus Spr 6,3 bekannt sind. Das weisheitliche Denken richtet sich auf die Bewältigung und erfolgreiche Überwindung der in diesem Leben vor die Füße gelegten Schwierigkeiten. In ihnen sich zu bewähren, ist Aufgabe und Ziel der weisheitlichen Lebensführung.

2,7–9: Mahnungen zur Gottesfurcht

7 Ihr, die ihr den Herrn fürchtet, harrt auf sein Erbarmen,
neigt euch nicht weg, damit ihr nicht fallt.
8 Ihr, die ihr den Herrn fürchtet, glaubt an ihn,
so wird euer Lohn nicht dahinfallen.
9 Ihr, die ihr den Herrn fürchtet, hofft auf Gutes,
auf ewiges Wohlbefinden und auf Erbarmen;
denn eine ewige Gabe in Freuden ist die von ihm kommende Gabe[6].

7–9 Es gehört zur weisheitlichen Lehrrede, daß feste literarische Formen verwendet werden. Hier ist zum ersten Male eine eindeutig dreigliedrige Lehraussage anzutreffen, wie sie bei Ben Sira später noch häufiger zu finden ist (vgl. V.12–14). Die V.7–9 beginnen je mit den gleichen Worten, denen verschiedenartige Aussagen folgen. Die aus Sir 1 immer wieder ausgesprochene Mahnung zur Gottesfurcht wird hier in der Aussage eines Satzes auf die angewendet, die in dieser Haltung stehen: „Ihr, die ihr den Herrn fürchtet." Es ist bei dieser Formulierung nicht an die Personen zu denken, die als die „Gottesfürchtigen", aus dem Heidentum kommend der jüdischen Gemeinde sich zugesellt haben, um Glauben und Lebensregeln der jüdischen Gemeinde zu übernehmen. Im Zuge der Ausführungen von Sir 1 ist hier an die gedacht, die die weisheitliche Rede, von der Ben Sira in Sir 1 sprach, annehmen wollen. Ihnen wird nun je eine Ermahnung mitgeteilt. Sie betreffen zentrale Verhaltensweisen der alttestamentlichen Frömmigkeit: Vertrauen auf Gottes Erbarmen, Glauben und Hoffnung. Hierbei gründet sich das Vertrauen auf Gottes Erbarmen auf die in der Geschichte gemachte Zusage und auf Gottes Verheißung. Daran festzuhalten, ist geboten, um nicht abzufallen. Der Glaube ist die Bewährung und das Sichklammern an diese zugesagten Zeichen des Erbarmens. Dieses Sichfesthalten bewirkt Lohn, das heißt Erfüllung, so wie sie einst Abraham in Gen 15,6 zuteil geworden ist[7]. Die Hoffnung richtet sich auf die Zukunft, in der

---

[6] Der letzte Halbvers nur bei O und wenigen Minuskeln.
[7] Zur Diskussion über „Glaube" und „Lohn" vgl. G. Harkam, Die alttestamentliche Rede vom „Glauben". Eine traditions- und redaktionsgeschichtliche Untersuchung der theologischen Verwendung von „hae'aemin", Diss. Wien, evang.-theol. Fakultät, 1992 (Masch).

Gutes für den Frommen zu erwarten ist, das zugesagte Heil. So ist in dieser dreigliedrigen Form die Geschichtserfahrung des alttestamentlichen Frommen in Kürze zusammengefaßt: Der Blick in die Geschichte zurück läßt an die gegebenen Verheißungen erinnern; diese geben Halt und Stütze in der Gegenwart und lassen für die Zukunft hoffen.

2,10–11: Blick in die Geschichte

10 *Blickt auf frühere Geschlechter und seht:*
   Wer wurde zu Schanden, der auf den Herrn vertraute?
   Oder wer wurde verlassen, der in seiner Furcht verblieb?
   Oder wen übersah er, der ihn angerufen hatte?
11 *Denn voll Erbarmen und Mitleid ist der Herr.*
   Er vergibt Sünden und rettet in der Zeit der Trübsal.

Ben Siras Glaube ist ein eminent geschichtsbezogener Glaube. Eine tausendjährige Geschichte steht der jüdischen Gemeinde zu Gebote, die immer wieder deutlich werden läßt, wie stark der Eingriff Gottes in die Geschichte Israels zum Heil gewesen ist. Darauf hat man sich immer wieder bezogen, davon hat man immer wieder gelebt. Das besondere Datum der Errettung Israels aus der ägypt. Not ist hier nicht direkt angesprochen, wie dies bei vielen früheren Erwähnungen im alttestamentlichen Bereich geschieht. Ben Sira argumentiert auf einer anderen Basis. Er abstrahiert die Einzelereignisse und kommt daher zu allgemein gültigen Erfahrungssätzen. In ähnlicher Weise ist dies zu beobachten bei den Aussagen der Psalmen, so z.B. bei den Volksklageliedern Ps 44 und Ps 74, aber auch in den individuellen Klageliedern, etwa Ps 22,5. Zudem ist hinzuweisen auf die von weisheitlichen Traditionen geprägten Psalmen, bei denen ähnlich wie bei Ben Sira dieses Moment des Rückblicks und der daraus zu ziehenden Lehren eine eminent wichtige Argumentation vorbereitet, vgl. Ps 37,25 und Ps 49. Die hier nacheinander aufgeführten rhetorischen Fragen 10f. nehmen wie bei dieser Art der Fragestellung üblich die Antwort schon vorweg. Der Grund ist hier wie auch sonst, daß auf den sich erbarmenden Gott hingewiesen wird, wofür in der reichen alttestamentlichen Geschichte immer wieder Beispiele beigebracht werden. Besonders aufschlußreich dürfte der Hinweis auf Ex 34,6 sein, wo von der Gnade Gottes, die als unverfügbar angesehen wird, gesprochen wird. Besonders in den Psalmen wird von der gnädigen Zuwendung Gottes zu seinem Volk und zu den Betern gesprochen: Ps 86, 5.15; 103,8; 130,3f.; 145,8. Der Hinweis auf die Vergebung der Sünden verbindet auch diese Passage mit den Psalmenbetern[8].

---

[8] Auf die immer wieder deutlich ausgesprochene Hoffnung der Beter, daß die Barmherzigkeit Gottes stärker sei als sein Zorn, hat H. Spieckermann, Heilsgegenwart. Eine Theologie der Psalmen, Göttingen 1989, FRLANT 148, hingewiesen, z.B. Ps 78 (S.143), Ps 30 (S.262).

2,12–14: Wehe den Zweiflern

12 *Wehe den furchtsamen Herzen und den schlaffen Händen*
und dem Sünder, der gleichzeitig zwei Wege gehen will.
13 *Wehe dem schlaffen Herzen, das da nicht glaubt,*
denn es wird nicht beschützt werden.
14 *Wehe euch, die ihr Geduld verloren habt!*
Was werdet ihr tun, wenn der Herr (euch) heimsuchen wird?

Wiederum wird die lehrhafte Form der Dreizahl gewählt, die in einem charakteristischen Gegensatz zu der Dreizahl der V.7–9 steht. Nun wird der Blick in negativer Weise auf die geworfen, die den Mahnungen nicht folgen können. Alle Aussagen werden mit dem aus den prophetischen Worten gut bekannten Weheruf eingeleitet, vgl. Am 5,7.18; 6,1 und Jes 5,8ff.

12 Der erste Weheruf gilt denen, die der Meinung erliegen, sie könnten die Haltung der Weisheit dieser Welt mit der Haltung, die Weisheit von Gott her befolgen zu wollen, verbinden. Sich nicht entscheiden zu können, darin liegt die schlaffe Lebensführung der Herzen und Hände, die Ben Sira verurteilt. Er kommt damit zu den Aussagen vom Ende von Sir 1 zurück. In dieser Zweiseitigkeit offenbart sich die dem Menschen gegebene Möglichkeit, sich von der Offenbarung der Weisheit Gottes abwenden zu können, um eigene Wege zu gehen. Das Bild von den zwei Wegen, das hier wiederum anklingt, ist für das biblische Denken Ausdruck der menschlichen Situation. Diese steht in der Mitte zwischen dem göttlichen Anspruch und dem menschlichen Wollen. In unmißverständlicher Weise hat dies Ps 1 zum Ausdruck gebracht. Diese Aussage kann in direkter Weise mit der positiven Aufforderung in V.7 in Verbindung gebracht werden, wo die angesprochen wurden, die in der Furcht Gottes stehen und sich auf seine Verheißungen und damit auf sein Erbarmen verlassen. Vgl. den Kampf des Elia gegen Baal mit der Aussage von dem Hinken auf beiden Seiten, 1 Kön 18,21 und die Aussage in der Bergpredigt, Mt 7,13.

13 War in Vers 8 von dem Glauben gesprochen, der Bestand hat und zur Annahme bei Gott führt, so ist in Vers 13 von denen gesprochen, die den Glauben verloren haben und daher keinen Schutz finden. So wie die Erfahrung in der Vergangenheit, die die Verheißungen Gottes hat deutlich werden lassen, mißachtet wird, so wird auch für die Gegenwart das Vertrauen erschlaffen.

14 Daher fällt in Parallele zu der Aussage von V.9 auch die Hoffnung dahin. Es mangelt an Geduld. Es gibt auch keine Aussicht auf ein Heil, das Gott in seiner Heimsuchung bringen wird. Eine solche Hoffnung kennen aber die Glieder des Volkes aus der Vergangenheit. „Heimsuchen" bezeichnet das Kommen Gottes, zum Heil, wie auch zur Strafe. Daran will Ben Sira erinnern[9].

---

[9] Das griech. ἐπισκέπτειν entspricht dem (nicht handschriftlich bezeugten) hebr. פקד; vgl. W. Schottroff, Art. פקד, THAT II, 1976, 466–484; Andrè, Art. פקד, TWAT VI, 1989, 708–723.

Gott sucht Sara (Gen 21,1) und Hanna (1 Sam 2,21) in der Not ihrer Unfruchtbarkeit heim. Die Beter hoffen, daß sie Gott heimsuche (Ps 80,15) und viele andere Beispiele mehr. Andererseits sucht Gott die Schuld der Väter heim bis ins dritte und vierte Glied (Ex 20,5), eine Vorstellung, die besonders in der prophetischen Gerichtsrede beheimatet ist (Jes 24,21; 27,21; Am 3,14b u.a.). In diesem Sinne hat dies Tun die Bedeutung von „ahnden, aufdecken". Ein breites Spektrum von Aussagen ist hier festzustellen.

2,15–18: Treue zu Gott

15 *Die, die den Herrn fürchten, werden nicht ungehorsam seinen*
Worten gegenüber sein,
und die, die ihn lieben, werden seine Wege bewahren.
16 *Die, den Herrn fürchten, werden sein Wohlgefallen suchen,*
und die, die ihn lieben, werden mit seinem Gesetz erfüllt werden.
17 *Die, die den Herrn fürchten, werden ihre Herzen bereiten,*
und vor ihm werden sie sich selbst demütigen:
18 *„Laßt uns in die Hände des Herrn fallen*[10]
und nicht in die Hände von Menschen;
denn so wie seine Größe
so ist auch sein Erbarmen."
Und wie sein Name so auch sein Tun[11].

Die Weiterführung in den Gedanken des Ben Sira an dieser Stelle besteht darin, daß die Aussage von der Furcht Gottes verbunden wird mit der Aussage über die Liebe zu ihm. Dies kann deutlich machen, daß die Furcht Gottes nicht eine ängstliche Haltung einem unbegreiflichen Geschick gegenüber ist, sondern, wie oben ausgeführt, die Anerkennung des zwar allmächtigen Gottes, der sich aber in seiner Fülle der Welt und den Menschen zuwendet und darin seine Liebe erweist[12]. Diese Erfahrung wird vom Menschen durch seine Liebe zu ihm beantwortet. Deutlich und bleibend zum Ausdruck gebracht in dem täglichen Gebet „Höre, Israel!", Dt 6,5 und Mt 22,37. Diese Liebe bewirkt auch das Sichhalten an das Wort Gottes, das in den Geboten die Konkretisierung erfährt. Dieser Gott bleibt der der Schöpfung und den Menschen nahe Gott. Daher ist es besser, sich diesem Gott anzuvertrauen, als

---

[10] O, Arm leiten die Rede ein mit λέγοντες = „indem sie sagen". La hat: „dicentes si paenitentiam non egerimus".
[11] Nur in S, steht in H^A in 6,17.
[12] E. Jenni, Art. אהב, THAT I, 1971, 60–73, der von der primären Erfahrung der Liebe im menschlichen Bereich ausgeht, danach die Liebe zu Gott und die Liebe Gottes zu den Menschen einordnet. Ferner Art. אהב, TWAT I, 1973, 105–128: Bergmann (105–107) in der ägypt. Welt, Haldar (107f.) in der sum.-akk. Religionsgeschichte und G. Wallis (108–128) im AT.

Menschen gegenüber hörig zu werden. Von Gott alles Geschick anzunehmen, das gute und das böse, ist besser als auf Menschenhilfe und auf Menschengunst zu vertrauen. Die Unbegreiflichkeit des Geschickes wird nicht dadurch gelöst, dieses Geschick selbst in die Hand nehmen und wenden zu wollen. Vielmehr wird die Wendung von Gott erwartet, so wie auch die Schickung selbst von Gott angenommen wird. Bei dieser Aussage knüpft Ben Sira an bekannte Beispiele aus der alttestamentlichen Geschichte an, so im Besonderen an 2 Sam 24,14, aber auch an Ps 31,8 und Ps 78,61. Zur Form ist auch hier zu bemerken, daß die in diesem Kapitel schon zweimal begegnete Dreizahl der Ausführungen zu beobachten ist. Die V.15–17 entsprechen daher ganz den Aussagen in V.7–9. Auch hier ist das geschichtliche Denken eindeutig zu bemerken: Der Blick in die Vergangenheit läßt die Erinnerung wach werden an die gegebenen Worte (V.15), die in der Gegenwart (V.16) dazu führen, das Leben unter dem Wohlgefallen Gottes zu führen und die (V.17) auf die Zukunft hinweisen, in der Gott sich zeigen wird.

Die Aussagen dieses Kapitels berühren in besonderer Weise das große Thema, das sich zu allen Zeiten immer wieder neu stellt: Wie kann sich der Mensch zwischen dem guten Wollen und dem bösen Tun bewähren. Die weisheitliche Rede Ben Siras löst dieses Problem nicht und will es auch nicht auf eine neue Art angehen. Es geht nicht um die Rechtfertigung Gottes dem fragenden menschlichen Geist gegenüber. Vielmehr soll auf dem Wege der weisheitlichen Rede dem Hörenden nahegebracht werden, daß der Mensch in die Entscheidung zwischen dem Tun, das das Stehen in der Weisheit Gottes ermöglicht, und dem anderen, das der eigenen Weisheit folgt, hineingestellt ist. Diese Wahl liegt nun vor dem Hörenden. Ben Sira hält viele Erfahrungen bereit, diese Grundentscheidung mit eigenem Gehalt und eigener Stellungnahme zu erfüllen. In diesen Aussagen nur ein Anzeichen für den beginnenden Verfall des Priestertums zu sehen, auf den der Verfasser dieser Worte aufmerksam machen möchte[13], verkürzt die Intention entscheidend. Aufbau und Gedankenfortschritt in Kap. 2 zeigen, daß hier eine gewollte Konzeption vorliegt[14], die nicht als ein späterer Einschub verstanden werden kann.

---

[13] So Schrader, 1994, 180–202.
[14] N. Calduch-Benages, En el crisol de la prueba. Estudio exegético de Sir 2,1–18, Estella/Navarra 1997, Asociación Bíblica Espanola 32.

Kapitel 3–23

Lehren an die Einzelperson in Bezug auf das Individuum, die Familie und die Öffentlichkeit

KAPITEL 3

3,1–16: Ehre Vater und Mutter!

1 *Das Gebot[1] des Vaters hört, ihr Kinder,*
   und so handelt auch, damit ihr gerettet werdet.
2 *Denn der Herr hat einem Vater durch seine Kinder*
      Ehre zuteil werden lassen,
   und das Recht der Mutter hat er durch die Söhne gestärkt.
3 *Der, der den Vater ehrt, wird Sünden sühnen,*
4 *und wie der, der sich Schätze sammelt, ist der, der die Mutter ehrt.*
5 *Der, der den Vater ehrt, wird sich an Kindern erfreuen,*
   und an dem Tage, an dem er betet, wird er erhöht werden[2].
6 *Der, der den Vater ehrt, wird viele Tage sehen,*
   und der, der auf den Herrn hört, der ehrt seine Mutter[3].
7 *Der, der den Herrn fürchtet, ehrt den Vater[4],*
   Und wie Herren wird er dienen seinen Eltern[5].
8 *Mein Kind, in Wort und in Tat ehre deinen Vater,*
   Damit auf dich alle Segnungen kommen[6].
9 *Der Segen des Vaters gründet die Wurzel,*
   und der Fluch der Mutter reißt die Pflanze aus[7].
10 *Sehne dich nicht nach Ehre aufgrund der Schmach deines Vaters,*
   denn er wird dir auf diesem Wege nicht zur Ehre gereichen.

---

[1] Die Übersetzung folgt dem von Ziegler, 1980, 22, und z.St., 136, unter Hinweis auf S gemachten Vorschlag, am Anfang das Wort ἐλεγμόν = „Gebot" statt κρίσιν = „Urteil" zu lesen.

[2] B wiederholt hier noch einmal V.4.

[3] Die Übersetzung folgt HA; G liest: „erquickt seine Mutter".

[4] V.7a nur in O, einigen Minuskeln und in La; von vielen als echt und ursprünglich angesehen, zuletzt von Haspecker, 1967, 58–60.

[5] V.7b fehlt in HA und in zwei Minuskeln, ist aber als echt anzusehen.

[6] G liest Singular εὐλογία.

[7] G weicht hier in charakteristischer Weise vom hebr. Vorstellungskreis ab und liest: „Denn der Segen des Vaters gründet die Häuser der Kinder, aber der Fluch der Mutter reißt die Grundfesten aus." Vgl. dazu das in der Einleitung zur Übersetzung ins Griech. Gesagte.

11 Die Ehre eines Mannes erwächst aus der Ehre seines Vaters,
und viel sündigt der, der seiner Mutter flucht.
12 Mein Kind, klammere dich fest an die Ehre deines Vaters
und verlasse ihn nicht alle Tage deines Lebens.
13 Selbst wenn ihm Wissen mangeln sollte, erlaß es ihm[8],
laß ihn nicht in Schanden kommen alle Tage seines Lebens hindurch.
14 Wohlverhalten[9] gegen den Vater wird nicht vergehen,
wie ein Sündopfer wird es eingepflanzt bleiben[10].
15 Am Tage der Not wird zu deinen Gunsten daran gedacht werden,
wie die Wärme das Eis, so läßt es deine Schuld dahinschwinden.
16 Gewiß[11], hochmütig ist der, der seinen Vater verachtet,
und es läßt in Zorn entbrennen seinen Schöpfer,
der seiner Mutter flucht[12].

1 Nach den grundlegenden Ausführungen Ben Siras in Sir 1 und Sir 2 folgt nun die lange Reihe der konkreten Einzelanweisungen. In weiser Einsicht beginnt er da, wo zuerst dem Menschen auf seinem Erdenweg Erziehung und Leitung begegnet: im Elternhaus[13]. Hier wächst die nachfolgende Generation heran. Hier wird also der Grund gelegt für jede weitere Entwicklung im Leben des Menschen. Es ist das natürliche, daß im Elternhaus mehrere Kinder heranwachsen, Mädchen und Buben. Daher wird hier mit Recht in der Anrede die Mehrzahl gebraucht: „Ihr Kinder". Daß der Vater hier als der Redende auftritt, stellt zwar eine Vereinfachung dar, ist aber durchaus auch im Sinne der die Erziehung begleitenden Mutter zu verstehen; denn sofort in V.2 wird auch die Mutter in ihrer Bedeutung für die Erziehung der Kinder erwähnt. Aus dieser ursprünglichen Gegebenheit erwächst dann auch die Unterweisung im Lehrhaus, wobei der Lehrer als ein Vater gesehen und als solcher bezeichnet wird. Die Schüler treten an die Stelle der Kinder und können auch mit diesem

---

[8] So mit T. Penar, Northwest Semitic Philology and the Hebrew Fragments of Ben Sira, Rom 1975, Biblica et Orientalia 28, 5f. u.a.

[9] Hebr. צדקה hat hier wie in der ganzen zeitgenössischen Literatur häufig die Bedeutung von „Mildtätigkeit, Gabe, Almosen", vgl. 3,30; 7,10; 12,3; 16,14; 40,17.24 u.ö.

[10] Die Übersetzung „eingepflanzt bleiben" kann durch Hinweis auf H^Amarg (תנטע) begründet werden. H^A liest תנתע; die Annahme einer Verwechslung der Buchstaben ת und ט liegt näher (Rüger, 1970, 27f.) als eine Konjektur zu תנתן = „wird sie gegeben", die Ginzberg, 1906, 610f. vorschlägt. Schrader, 1994, 40, vermutet einen Hörfehler.

[11] H^A liest כי, während H^C nur כ liest; es ist daher gerechtfertigt, mit Penar, 1975, 6f., ein emphatisches כ zu vermuten. Näheres über den Gebrauch von כי bei Ben Sira: M.Z. Kaddari, The Syntax of כי in the Language of Ben Sira, in: T. Muraoka und J.F. Elwolde (Hg.), The Hebrew of the Dead Sea Scrolls and Ben Sira. Proceedings of a Symposion held at Leiden University 11–14 December 1995, Leiden 1997, Studies in the Texts of the Desert of Judah 26, 87–91.

[12] H^C bietet folgenden Text: „Es beschimpft der seinen Vater, der ihn verläßt, und Gott wird zürnen dem, der seine Mutter verstößt." Schrader, 1994, 41f., hält diese Version für älter.

[13] Grundlegend ist die Monographie von R. Bohlen, Die Ehrung der Eltern bei Ben Sira. Studien zur Motivation und Interpretation eines familienethischen Grundwertes in frühhellenistischer Zeit, Trier 1991, TThSt 51.

Vokativ angeredet werden. Elternhaus und Schule gehen hier ineinander über. Die Erziehung geschieht nicht deshalb, den Kindern im Interesse der Eltern Zwang anzutun, sondern hat von Anfang an das Wohl der Kinder selbst im Auge. Erziehung geschieht zum Heil, ja zur Rettung der Kinder. Die selbstlose und selbstentsagende Seite der Erziehung wird hier angesprochen. Erziehung ist wichtig für die Zukunft der Kinder, nicht für den Eigennutz der Eltern.

An der Aussage von V.2 kann neuerlich abgelesen werden, wie stark Ben Sira im Denken seines Glaubens verwurzelt ist: Die Formulierung dieses Satzes erinnert in direkter Weise an das Gebot im Dekalog: „Du sollst deinen Vater und deine Mutter ehren", Ex 20,12 und Dtn 5,16. Sowohl im 4. Gebot wie auch hier wird das Verhältnis der Eltern zu ihren Kindern und das der Kinder zu ihren Eltern unter dem Gesichtspunkt der Wertschätzung (hebr. כבוד = „Würde") gesehen. Die deutsche Übersetzung „ehre!" verlagert das Gewicht zu sehr in die Sphäre äußeren Ansehens und äußerer Pracht. Dies ist aber sicher nicht gemeint, wird nur durch das griechische Wort, das hier gebraucht wird (δόξα) nahegelegt. Es ist auch zu beachten, daß an dieser Stelle nicht von der Liebe gesprochen wird. Dieses Thema wird wohl später noch aufgegriffen, ist aber hier noch nicht angerührt, weil es um die gegenseitige Haltung der Generationen zueinander geht. Dieses Aufeinanderangewiesensein wird nämlich in einem Zusammenhang mit dem göttlichen Herrn gesehen, der diese Relationen durch seine Schöpfertat gesetzt hat.

In den nun folgenden Aussagen wird stets das Gegenüber von Vater und Mutter angesprochen. Beide prägen den Zusammenhalt in der Familie. Das Verhältnis zu beiden begründet das Wohlergehen und das Gedeihen dieser kleinsten Einheit sozialen Zusammenlebens, nämlich der Familie. Daß es hierbei nicht ohne Schwierigkeiten abgeht, wird aus der Erwähnung in V.3 deutlich, wo als wichtiger die Ehrung des Vaters angesehen wird als die im Leben immer wieder begegnenden Handlungen, die Unfrieden und Zwietracht säen könnten. Wer aber das Gebot der Elternehrung befolgt, wird damit über diese Schwierigkeiten hinweg und hinausgehoben. Ja, auch die Zukunft wird schon ins Auge gefaßt, wenn davon gesprochen wird, daß die so in sich gegründete Familie auch der beste Garant dafür ist, daß die Generationen sich weiterhin entwickeln können (V.5). Auch das Leben der Frömmigkeit ist mit dem Funktionieren der Familie verbunden: Hier wird gebetet, und da, wo gebetet wird, wird auch auf Erhörung gehofft. So kann getrost in die Zukunft geblickt werden (V.6), in der dann auch die Segnungen der Eltern (V.8) auf die Kinder übergehen können. Das AT weiß sehr viel über dieses Tun der Eltern für ihre Kinder zu berichten, besonders dann, wenn es um die Erfahrung des Todes einer abtretenden Generation geht. Jakob segnet seine Kinder (Gen 49,26); Mose segnet die Stämme (Dtn 33). Unter diesem Segen kann dann die nachfolgende Generation ihren Weg antreten, weil sie weiß, daß ein guter Grund gelegt ist. Dieser Hoffnung gibt V.9 Ausdruck, in dem von dem Wachsen der Pflanze gesprochen wird, die durch den Segen des Vaters einen guten Wurzelgrund erhält. Wo aber dieser Segen fehlt und dafür der Fluch einsetzen muß, gibt es keine Zukunft und kein Wachsen. Die Pflanze wird ausgerissen.

Die Formulierung von V.9 folgt dem ursprünglichen hebräischen Text. Hier wußte man noch um das Leben der Familie im landwirtschaftlichen Bereich. Die Dinge des täglichen Lebens waren erfüllt und begleitet von den Erfahrungen des Landlebens, des Bauern, der in dem Wachsen und Gedeihen der Natur immer wieder die Grundlage seines Lebens sieht. Der zwei Generationen später übersetzende Enkel Ben Siras lebt nicht mehr in diesen Kulturbereichen. Er ist ein Kind der Stadt geworden, besonders nach seiner Ankunft in Alexandrien, die zu einer großen hellenistischen Siedlung sich entwickelt hatte. Er deutet daher dieses Bild um, um es seiner städtischen Umwelt verständlich zu machen. So kommt er zu folgender Übersetzung: „denn der Segen des Vaters gründet die Häuser der Kinder, aber der Fluch der Mutter reißt die Grundfesten aus."

In der Beschreibung dieses engsten und kleinsten Kreises menschlichen Miteinanderlebens sieht Ben Sira den Ausgangspunkt für alle weiteren Entwicklungen nicht nur im Leben des Kindes, sondern auch im Leben der gesamten sozialen Gruppe. Wenn hier ein guter Grund gelegt wird, dann ist die beste Voraussetzung dafür gegeben, daß auch der weitere Kreis, der die Familie umgibt, und auch die weitere Entwicklung, der die nachfolgenden Generationen entgegengehen, gut geordnet sein werden.

10–12   Die den Eltern Ehre entgegenbringenden Kinder wachsen heran und sehnen sich selbst nach Ehre. Dieses Bemühen ist durchaus folgerichtig und gut. Es darf aber nicht auf Kosten der Eltern gehen. Diese Mahnung hat zu allen Zeiten ihre Berechtigung, in der hellenistischen Zeit und in der Kultur der Stadt, in der die jüdische Diaspora nun lebt, sicher in besonderer Weise. Hier konnte es nicht ausbleiben, daß die Kinder aus dem Umkreis und aus dem kulturellen Niveau der Eltern herauswuchsen und eigene Wege gingen. Diese Wege führten sie auch in höhere soziale Schichten. So ist die Mahnung an dieser Stelle, wo die Erweiterung der Familie zur Sprache kommt, sicher wohl begründet und auch nötig. Die junge Generation tut gut daran, die im Elternhaus empfangene Bildung und Lehre zu bewahren und nicht gering zu schätzen. Die Möglichkeiten einer sich entwickelnden und verfeinernden Kultur waren verlockend. Hierbei aber die Herkunft zu verleugnen, wäre Sünde. Das Verhältnis der Generationen zueinander wird auch bei Sophokles in seiner Antigone 703f. ähnlich geschildert: „Was denn ist für Kinder besser als die Zierde eines blühenden, in gutem Rufe stehenden Vaters?"

13–16   Das Gefüge der Familien wird unter Berücksichtigung der je zukommenden Haltung gesehen. Das Wort „Wohlverhalten" (V.14) drückt dabei die Einstellung aus, die der eine Partner einem anderem in einer kleinen Gruppe entgegenzubringen hat. Generationenkonflikte, wie sie immer wieder zu beobachten sind, werden hier schon angesprochen. Die Kinder verlassen nicht nur das soziale Gefüge ihres Elternhauses, sondern lernen auch neue und vermeintlich bessere Verhaltensweisen kennen. Auch hier ist die Kultur der hellenistischen Epoche der Hintergrund für diese Aussage. Bildung und kulturelles, ja auch künstlerisches Handeln war in der Stadt Alexandrien bekannt und begehrt. Diese Verlockungen konnten dazu führen, den völkisch-religiösen Grund, auf dem man aufgewachsen war, zu verlassen. Ben Sira läßt mit diesen Worten ein Uranliegen seiner Lehre deutlich werden. Er wehrt sich gegen die Überfremdung durch eine andersartige, der jüdischen Religion feindlichen Kultur. Ihr gegenüber faßt er die Traditionen seiner Welt zusammen, um sie gegen die Neuerungen zu verteidigen. Er kann eine Abkehr von diesen alten Überlieferungen nur als Hochmut bezeichnen. Dieser aber läßt den Zorn des Schöpfers entbrennen. Die Grundlage des Glaubens wäre damit verlassen. In folgerichtiger Fortführung seiner Gedanken geht nun Ben Sira über zu dem neuen Thema:

3,17–29: Demut und Bescheidenheit haben Bestand

17 Mein Kind, in deinem Reichtum wandle in Demut[14],
 so wirst du geliebt werden mehr als der, der Geschenke gibt[15].
18 Halte dich geringer als alle großen Erscheinungen der Welt[16],
 so wirst du Erbarmen finden vor Gott[17].
19 Denn groß ist das Erbarmen Gottes,
 und den Demütigen tut er kund seinen Rat[18].
20 *Denn groß ist die Gewalt des Herrn,*
 und von den Demütigen wird er verherrlicht.
21 Das, was zu wunderbar ist für dich, suche nicht,
 und das, was vor dir verborgen ist, forsche nicht aus.
22 Über das, was dir zuteil geworden ist, besinne dich,
 aber mühe dich nicht um Dinge, die verborgen sind.
23 Über das, was über dein Verstehen hinausgeht, sei nicht verbittert!
 Denn es ist mehr als das, was du verstehen kannst, dir gezeigt.
24 Wahrlich, zahlreich sind die Ideen der Menschen,
 und schlechte Gedanken lassen irren.
25 Wo ein Augapfel fehlt, mangelt es an Licht,
 und wo es an Wissen fehlt, mangelt es an Weisheit[19].
26 Ein verhärtetes Herz wird an seinem Ende zuschanden werden,
 der, der Gutes liebt, wird durch es geleitet werden[20].

---

[14] Die Übersetzung folgt H^A und S. H^C liest: „Mein Kind, all deine Werke vollbringe in Demut", so auch G.

[15] So nach H^A; H^C weicht davon ab, indem er liest: „ und mehr als ein Mann, der Geschenke gibt, wirst du geliebt werden", was Schrader, 1994, 42, als älter ansieht.

[16] So nach H^A; H^C stellt noch einmal den Vokativ „mein Kind" an den Beginn der Halbzeile. Dies ist als vertikale Dittographie von V.17 zu tilgen, Rüger, 1970, 30f. H^C fährt fort: „Wenn du groß bist, so demütige dich."

[17] H^C liest: „und in den Augen Gottes wirst du Gnade finden."

[18] V.19 ist in G nur in O und einigen Minuskeln erhalten und lautet dort: „Viele sind hoch und berühmt, aber den Demütigen offenbart er seine Geheimnisse."

[19] V.25 ist in G nur in O und wenigen Minuskeln (teilweise) erhalten.

[20] G liest die bekannte Formulierung: „und der, der Gefahr liebt, wird in ihr umkommen."

27 Ein verhärtetes Herz wird viele Schmerzen leiden müssen[21],
und der, der Gewalt übt, fügt Schuld auf Schuld.
28 Eile nicht, um einen Schlag zu heilen, der einen Spötter trifft,
denn für ihn gibt es keine Hilfe.
Von einer schlechten Pflanzung kommt sein Wuchs.
29 Ein weises Herz hat Einsicht in die Sprüche der Weisen,
und ein auf Weisheit hörendes Ohr erfreut.

17 Durch die neuerliche Anrede wird ein neuer Zusammenhang eingeleitet. War eben davon gesprochen worden, daß die Kinder dem Elternhaus in vielerlei Hinsicht entwachsen können, so wird nun dieser Lebensweg, der in die Ferne auch geistiger Art führen kann, zum Thema der folgenden Aussagen gemacht. Nach Ben Siras Anschauung sind Hochmut und Eigenständigkeit und Streben nach Selbstbehauptung der eigentliche Abfall von der Weisheit, die Gott der Schöpfung und damit auch dem Menschen gegeben hat. Dieser Gedanke gibt die Grundlage ab für die folgenden Warnungen, in denen immer wieder der Unterschied betont wird, der in der Gefahr begründet ist, durch Mißachtung der göttlichen Gabe neue und andere Wege gehen zu wollen. Auch wenn Reichtum einem Menschen beschieden ist, dann solle er diesen Reichtum in Demut verwalten. Die Gefahr besteht, daß Reichtum dazu benutzt wird, um Geschenke zu geben, die dazu dienen sollen, sich beliebt zu machen. Zweifellos war in der damaligen Zeit auch schon die Möglichkeit bekannt, sich durch Geschenke Gefälligkeiten zu erkaufen, ja auch Bestechung damit auszuüben. Diese Entwicklung war nicht auszuschließen, wird aber von der Grundhaltung Ben Siras her als verwerflich bezeichnet. Im AT nimmt die Diskussion um die Bestechung einen breiten Raum ein. In gesetzlichen Partien wird sie ausdrücklich verboten (Ex 23,8; Dt 16,19; 27,25); im kultischen Ritual wird sie als verwerflich bezeichnet (Ps 15,5); in vielen Berichten als schändliches Tun angeprangert (1 Sam 8,3; Ez 16,33; 22,12; Spr 17,23). Sir 35,12 führt ausdrücklich aus, daß Gott durch ungerechte Opfer nicht zu bestechen ist[22].

18–20 Demut gebührt dem Menschen in all seinen Handlungen und seinen Taten, auch wenn er höhere Ämter einnehmen sollte. Auch dem Berühmten ziemt Demut. Ihm gilt in dieser Haltung das Erbarmen Gottes.

21–24 In der hellenistischen Zeit und Welt war es auch gegeben, andere Gedanken als die des Glaubens der Väter kennenzulernen und nach ihnen zu streben. Der ganze geistige Horizont einer aufstrebenden hellenistischen Weltstadt muß hinter den Aussagen dieser Verse gesehen werden. Moderne Bildung schloß auch sportliche Wettkämpfe ein. Vor all diesen vielfältigen Neuerungen warnt er die Kinder, die seinem Hause entwachsen sind. So wie der Mensch sich mit den Dingen zu bescheiden habe, die ihm Gott gibt, so auch mit der ihm übereigneten Erkenntnis, die ihn in den Wegen Gottes leitet. Etwas, was darüber hinaus geht, was verborgen ist, ist der menschlichen Erkenntnis ent-

---

[21] Übersetzung mit Penar, 1975, 9.
[22] K.-M. Beyse, Art. שחד, TWAT VII, 1993, 1208–1210.

zogen und sollte nicht mit Macht erstrebt werden. Denn das, was den Menschen zukommt zu wissen und zu verstehen, und das, was nötig ist, in dieser Welt zu bestehen, ist ihm bekannt. Das, was darüber hinaus geht, kann nur in die Irre führen.

Diese theoretisch gehaltenen Aussagen werden nun durch Bilder veranschaulicht. Der, der diese Lehren nicht annehmen und befolgen will, gleicht einem, der keinen Augapfel hat, also blind ist; der, der sich nicht an diese Erfahrungen hält, gleicht dem, dem es an Weisheit mangelt. Er hat ein „schweres", also unbelehrbares und verhärtetes Herz. Er wird zuschanden werden. Der, der sich aber an diese Lehren hält, wird durch das Leben geleitet werden. Der, der sich auf einem schlechten Pfad befindet und mit Spott die alten Traditionen verläßt (V.28), geht durch eigene Schuld seinem unabwendbaren Geschick entgegen. Der aber, der diese Weisungen befolgt, erlebt Freude.

3,30f.: Die zwei Wege

30 Loderndes Feuer kann Wasser zum Erlöschen bringen,
so bedeckt auch Wohlverhalten die Sünde.
31 Wer Gutes tut, wird auf seinem Wege auch Gutem begegnen,
und zu der Zeit, da er wankt, wird er eine Stütze finden.

Ben Sira faßt die Lehren dieses Kapitels noch einmal in der Gegenüberstellung der beiden Wege zusammen. Wie so häufig veranschaulicht er das, was ihm am Herzen liegt, durch ein sprechendes Bild: Feuer und Wasser vertragen sich nicht. Das lodernde Feuer kann durch Wasser zum Erlöschen gebracht werden. So ist es auch mit dem, der sich einer anderen Tradition zugewendet und damit die eigenen Überlieferungen der Familie verlassen hat. Mag er auch noch so brennend und begeistert den neuen Wegen gefolgt sein, so kann er diese seine Abkehr überwinden durch sein Wohlverhalten. Auch hier ist jene Haltung angesprochen, die der eine Partner dem anderen in einem sozialen Gefüge entgegenzubringen hat. Das hebräische Wort hierfür ist צדקה[23], ein Wort, das eine reiche Bedeutungsbreite hat und auch im Sinne von „Gerechtigkeit" übersetzt werden kann. In diesem Zusammenhang geht es aber um das Leben in einer Gruppe, die nur dann existieren und vorankommen kann, wenn ein jedes Glied das ihm Zukommende tut und die ihm übertragenen Aufgaben und Verhaltensweisen wahrnimmt. Wie gefährlich aber das neue Denken für die Familie der alten jüdischen Traditionen war, kann durch dieses Bild erschreckend deutlich gemacht werden. So steht am Ende die neuerliche Mahnung, Gutes zu tun, weil dadurch auch Gutes wieder erreicht werden

---

[23] K. Koch, Art. צדק/צדקה, THAT II 1976, 507–530, unter der Überschrift „gemeinschaftstreu/heilvoll sein"; H. Ringgren und B. Johnson, Art. צדק, TWAT VI 1989, 898–903, unter dem Gesichtspunkt des heilsamen Eingreifens Gottes und des „legitimen Anspruch[s]" der Vertragspartner. Sir wird nicht behandelt.

kann. Die Möglichkeit des Wankens und Fallens wird hier in realistischer Weise gesehen und zur Sprache gebracht. Diese Gefahr kann aber durch das Eingebundensein in die Familie gebannt werden. Zu beachten ist noch die chiastische Stellung der Aussagen in V.30: in Versteil a) steht die Schilderung der Gefahr voran (Feuer), der die Angabe über die Hilfe folgt (Wasser); in b) jedoch wird zuerst von dem Positiven gesprochen (Wohlverhalten), worauf das Negative genannt wird.

Kapitel 4

4,1–10: Leiste Beistand allen, die der Hilfe bedürfen

1 Mein Kind, spotte nicht über das Leben eines Elenden[24]
   und laß nicht dahinschmachten den Elenden und Betrübten.
2 Den[25], der ein ärmliches Leben führt, enttäusche nicht[26],
   verbirg dich nicht vor dem, der geschlagen ist[27].
3 Das Empfinden des Elenden sollst du nicht betrüben[28],
   verweigere nicht eine Gabe dem, der dich darum bittet.
4 Auch wirst du nicht verachten die Bitten eines Armen,
   wende dich nicht ab von dem, der arm ist,
5 *von dem, der dich bittet, wende dein Auge nicht ab,*
   so wirst du ihm keinen Raum geben, dich zu verfluchen.
6 Wenn der Verbitterte in dem Schmerz seines Lebens schreit,
   wird auf die Stimme seines Rufens der hören, der ihn gemacht hat[29].
7 Mache dich beliebt in der Gemeinde
   und vor dem Vorsteher der Stadt[30] neige dein Haupt.

---

[24] G liest: „Den Lebensunterhalt des Armen nimm nicht weg!"
[25] HA bietet als erstes Wort nach V.1 רוח. Die Bedeutung ist unklar und könnte mit Ginzberg, 1906, 611f., als Ausdruck für „Zwischenraum, Pause" erklärt werden, um das zweimalige נפש voneinander zu trennen und um anzuzeigen, daß beide Wörter ihre Berechtigung haben: das erste gehört zu V.1, das zweite zu V.2. HA ist fortlaufend geschrieben, nicht in Stichen!
[26] So mit Ginzberg, 1906, 612.
[27] G liest: „einen Mann in seiner Ratlosigkeit."
[28] HA bietet danach folgenden Halbvers: „und den inneren Gefühlen eines Elenden bereite keine Schmerzen." Dieser Zusatz ist nach Rüger, 1970, 12 eine Dublette zur vorausgehenden Aussage und stellt die jüngere Form der Überlieferung von HA dar.
[29] So mit Ginzberg, 1906, 612, u.a.: hebr. צור von der Wurzel יצר; gegen Penar, 1975, 12, u.a., die hebr. צור von der Bedeutung „Fels" ableiten.
[30] Hebr. עיר= „Stadt" mit S zu lesen. Andere, aber graphisch im angegebenen Sinne zu verbessernde Lesart: עדר: „Versammlung". G hat kein Äquivalent.

8 Leihe dem Elenden dein Ohr
und erwidere seinen Gruß in Demut.
9 Hilf dem Bedrückten vor seinem Bedrücker,
nicht sollst du dich schrecken[31],
wenn der Redliche vor Gericht gezogen wird.
10 Sei wie ein Vater den Waisen
und erweise dich wie ein Gatte den Witwen,
so wird Gott dich als Sohn annehmen
und er wird dir gnädig sein und dich aus der Grube erretten.

In Sir 3 war deutlich geworden, daß es auch innerhalb der Familie soziale Gegensätze und bildungsmäßige Unterschiede geben kann. Dieser Gedanke wird nun weiter ausgeführt und in den Umkreis des Lebens der Familie hinein verfolgt. Die in der weisheitlichen Tradition lebende jüdische Familie der hellenistischen Zeit war offenbar häufig konfrontiert mit der Tatsache, daß die sozialen Unterschiede und die differenzierten Gegebenheiten des täglichen Lebens vor der Haustüre beginnen. So wendet sich Ben Sira nun dem Umgang mit den Menschen außerhalb der Familie zu. Auch hier gilt die Grundregel, daß dem Hilfebedürftigen Hilfe zu leisten sei.

Das aus dem Haus hinaustretende Glied der Familie gewahrt sofort, daß es 1 außerhalb viel Elend und Armut gibt. Ben Sira ermahnt daher wiederum mit der Anrede „mein Kind", von dieser Beobachtung nicht überrascht zu sein und mit der Reaktion des Spottes zu antworten. Dem, der aus dem geregelten Milieu einer Familie kommt, mag es so scheinen, als ob der Arme und Elende für sein Geschick selber die Verantwortung trüge. Dieser Meinung tritt Ben Sira entschieden entgegen und fordert zur Hilfeleistung auf.

So ist es geboten, dieser Beobachtung handelnd zu begegnen und sich der 2 Anforderung, die diese Situation an den Menschen stellt, nicht zu entziehen. Die unmittelbare Gegenwärtigkeit des Glaubenden, der sich aufgerufen fühlt, in seiner Umwelt zu handeln, wird hier unter Beweis gestellt. Damit weist Ben Sira auf das fundamentale Anliegen der alttestamentlichen Handlungsethik hin: Hilfe für die Armen. Die Beter der Psalmen erwarten als die Armen diese Hilfe von Gott. Die Propheten fordern sie von den Reichen in Befolgung des göttlichen Gebots und verurteilen dessen Mißachtung.

Diese Haltung führt zur aktiven Hilfeleistung, indem dem Armen eine 3f. Gabe zuteil wird. Diese Aufforderung stellt eine hohe Verantwortlichkeit dar, die dem übertragen ist, der zur Hilfeleistung fähig ist. Augen vor der Not verschließen, hieße, den von Gott gegebenen Auftrag zu negieren.

Wer diese Aufforderung zur sozialen Tat mißachtet, der zieht Tadel auf sich. 5f. Der Arme und Elende ist enttäuscht und äußert seinen Unmut in Flüchen. Seine Worte bleiben nicht unerhört; denn Gott wird auf ihn achthaben. Auch

---

[31] Hebr. קוץ רוח in dieser Bedeutung zuletzt Penar, 1975, 13f.

wenn der, der die Gabe verweigert, diese Unmutsäußerungen nicht vernimmt, wird Gott doch auf sie eingehen.

7–9   Über die unmittelbare Begegnung mit einem Elenden hinaus, ist der Weise aufgefordert, diese Not auch in der Öffentlichkeit zu vertreten. Hier ist darüber nachzusinnen, dieser Not zu begegnen. So wird der, der sich für die Armen einsetzt, in der Gemeinde beliebt sein und auch vor dem Vorsteher der Stadt seine Meinung vertreten können. Die Bitten und Klagen der Elenden sollen zur Sprache gebracht werden, auch wenn es denen, die ihren Nutzen davon haben, nicht recht sein sollte. Selbst die gerichtliche Öffentlichkeit sollte diese Tatsache wahrnehmen und bedenken.

10   So wird der Weise wie ein Mensch erscheinen, der selbst den Waisen den Vater und den Witwen den Gatten ersetzen könnte. Diese Haltung entspräche dann ganz dem Verhältnis des Weisen zu Gott, der sich als Sohn dieses himmlischen Vaters angenommen wissen darf.

Zu dem Bild von der Stellvertretung für Vater und Gatte kann hingewiesen werden auf den ugaritischen Text 127,49f. und auf den inschriftlichen Text KAI 14: 3,13. In der altorientalischen Welt sahen es die Könige als ihre besondere Aufgabe an, für Witwen und Waisen zu sorgen[32]. Diese Haltung ist im AT zur Pflicht für alle gemacht: Jer 49,11; Ps 68,6; 109,9; Hiob 24,3 und Sir 35,14.

Diese Anweisungen innerhalb der Lehre Ben Siras entsprechen ganz den aus prophetischen Texten bekannten Aufforderungen zur sozialen Tat. Am deutlichsten sind die Worte in den Prophetenbüchern des Amos und des Jesaja: „Suchet das Gute und nicht das Böse, auf daß ihr leben könnt" (Am 5,14); „Lernet Gutes tun, trachtet nach Recht, helft den Unterdrückten, schaffet den Waisen Recht, führet der Witwen Sache!" (Jes 1,17). Beide Überlieferungen nehmen ihre Begründungen aus ihrem Verständnis des Verhältnisses Gottes zu seinem Volk. Der Gott Israels war es, der die Armen und Elenden in all ihren verschiedenen Lagen in die Befreiung führte und ihnen Hilfe leistete. Diese Zuwendung beginnt in dem Geschehen des Auszugs aus Ägypten, führt über die dem Volk gegebenen Sozialgesetze und endet bei den Bitten der Psalmenbeter, die gerade deshalb, weil sie um diesen erbarmenden Gott wissen, ihre Klagen vortragen können.

---

[32] Darauf hat aufmerksam gemacht P.C. Beentjes, „Sei den Waisen wie ein Vater und den Witwen wie ein Gatte". Ein kleiner Kommentar zu Ben Sira 4,1–10, in: R. Egger-Wenzel und I. Krammer (Hg.), Der Einzelne und seine Gemeinschaft bei Ben Sira, Berlin/New York 1998, BZAW 270, 51–64.

4,11–19: Weisheit hilft zu einem erfüllten Leben

11 Die Weisheit[33] lehrt[34] ihre Kinder,
und sie bezeugt[35] sich all denen, die Einsicht durch sie haben wollen.
12 Die, die sie lieben, lieben das Leben,
und die, die sie suchen, erlangen Wohlgefallen vom Herrn.
13 Die, die sie ergreifen, finden Ehre vom Herrn[36],
und sie werden ruhen im Segen des Herrn.
14 Die, die am Heiligtum dienen, dienen ihr,
und die, die sie lieben, liebt der Herr[37].
15 „Der, der auf mich hört, wird wahrhaftig richten,
und der, der mich vernimmt, wird in meinen Gemächern lagern"[38].
16 *Wenn einer auf sie vertraut, wird er sie erben,
und im Besitzrecht werden auch bleiben die, die nach ihm kommen.*
„Denn wenn ich mich fremd verhalte, wandle ich mit ihm,
17 zu Beginn prüfe ich[39] ihn mit Versuchungen
bis zu der Zeit, da sein Herz angefüllt sein wird von mir.
18 Ich werde ihn wiederum glücklich sein lassen
und ihm meine Geheimnisse offenbaren.
19 Wenn er sich abwendet, verstoße ich ihn[40],
und ich liefere[41] ihn den Verderbern aus."

Sehr häufig schiebt Ben Sira zwischen seine Anweisungen und Lehren Abschnitte ein, die noch einmal die besondere Gabe der Weisheit zum Inhalt

---

[33] Die in HA anzutreffende Pluralform „Weisheiten" ist singularisch zu verstehen und auch so konstruiert. Schrader, 1994, 147f., erwägt die Annahme eines „Hoheitsplural (etwa in der Bedeutung von „die hohe Weisheit")", 148; zu den V.11–19, ebd. 147–163.
[34] G bietet hier: „erhöht". J. Ziegler, Zwei Beiträge zu Sirach, BZ (NF) 8, 1964, 277–280 hat eine Erklärung für die Divergenz versucht. Schrader, 1994, 148, vermutet einen „innergriechischen Fehler".
[35] Zur Parallelaussage „lehren/bezeugen" vgl. B. Couroyer, RB 82, 1975, 206–217.
[36] M. Fang Che-Yong, Quaestiones, 1963, 10, = VD 42 1964, 154, meint, „Herr" sei mit G im Versteil a zu tilgen, da es in b auch vorkomme. Besser ist es, G als sekundäre Glättung zu verstehen.
[37] HA bietet einen unverständlichen Text: ואלהו במא ויהא, s. E.S. Hartom, בן סירא, Tel Aviv 1963, 3. Aufl. 1969, 23. Die Übersetzung folgt G; so auch Rickenbacher, 1973, 35, und Middendorp, 1973, 122. Einsichtig ist auch der Vorschlag von A.M. Habermann, עיונים בספר בן סירא, in: Studies in the Bible. Sepher M.H. Segal, Jerusalem 1964, 296–299: 297, den hebr. Text folgendermaßen zu lesen: ואל הוא במאויה = „und Gott ist es, der bei denen ist, die sie begehren."
[38] HA liest am Ende von V.15 noch: מבית = „vom (im?) Hause"; vermutlich eine erklärende Glosse zu בחדרי. Der Erklärungsversuch von Penar, 1975, 15f., das mem als mem encliticum zu בחדרי verstehen zu wollen, befriedigt nicht.
[39] Verbesserung des hebr. Textes, der die dritte Person zu lesen scheint.
[40] Hebr. נטח zu verbessern in שטנ, s. zusammenfassend Rüger, 1970, 12f.
[41] Übersetzung ist fraglich. Zusätzlich weist der hebr. Text eine Dublette auf: „Wenn er sich abwendet, verwerfe ich ihn von mir weg und verschließe ihn unter die Gebundenen."

11–16 haben⁴². In diesem Abschnitt geht es im besonderen darum, daß Ben Sira nicht selbst diese Lehren vorträgt und damit eine menschliche Autorität aufrichtet. Gott selbst ist es, der in der Weisheit seine Kinder lehrt. Die Autorität der eben ausgesprochenen und eben den Gliedern der Familie mitgeteilten Lebensregeln liegt nicht bei dem irdischen Vater, sondern liegt bei der von Gott mitgeteilten Weisheit. Ihr kommen deshalb gleiche Gedanken und Gefühle zu, wie sie Gott gegenüber geäußert werden: Liebe, Wohlgefallen, Ehre und Segen. Ja, es klingt hier bereits auch die Bezugnahme auf einen konkreten Ort an, an dem nicht nur Gott selbst, sondern auch seine Weisheit ruht: der Tempel. An ihm dienen die Priester, die damit auch als Hüter der Weisheit gelten (V.14).

17–19 Wie schwer es ist, diese Weisheit einzusehen, machen die Aussagen in V.17–19 deutlich. Weisheit, als Geschenk verstanden, ist unverfügbar und für den, der sie unter allen Umständen erreichen möchte, unerreichbar. So kann es den Anschein haben, als ob die Weisheit selbst sich verschließt. Diese Haltung der Unsicherheit der Weisheit gegenüber, die sich nicht sofort dem Menschen mitteilt und ihn „prüft", wird hier begründet. Um so größer ist dann die Freude über die gefundene Weisheit, die den, dem sie sich kundgetan hat, glücklich sein läßt. Wenn er sich aber enttäuscht abwenden sollte, wird auch die Weisheit sich von ihm abwenden.

4,20–31: Handle im rechten Augenblick

20 Mein Kind, beachte den günstigen Zeitpunkt⁴³
   und hüte dich vor Übel,
 damit du dich nicht selbst vor dir schämen müßtest.
21 Denn es gibt eine Schmach, die Sünde nach sich zieht,
   es gibt eine andere Schande, die Ehre und Gnade verleiht⁴⁴.
22 Richte dein Augenmerk nicht allein auf dich selbst⁴⁵,
   damit du nicht über dein eigenes Straucheln zu Fall kommst⁴⁶.

---

⁴² Schrader, 1994, 147–163, bezieht die Aussagen auf ein Leiden als Prüfung, wie 2,1–14 und weiter unten 6,18–31, ebd. 164–177

⁴³ HA bietet: עת המון = „Zeit des Gesprächs"(?); besser ist mit G zu lesen: καιρόν = „fester Zeitpunkt", was einem hebr. זמן entsprechen könnte; vgl. Qoh 3,1; so auch Middendorp, 1973, 14.

⁴⁴ So mit HA; HC weicht davon leicht ab, indem er die Nomina am Ende des Verses umstellt: חן/כבוד, worin Schrader, 1994, 44, wegen der Angleichung an den atl. Wortlaut in Ps 84,12 den sekundären Text sieht.

⁴⁵ HA: פניך על; HC: ל פנים.

⁴⁶ HA: ואל תבשל למבשוליך; HC: ואל תבוש למכשול לך. Die Übersetzung folgt im ganzen Vers HA als dem vermutlich älteren Text, vgl. Schrader, 1994, 44.

23 Halte zur rechten Zeit ein Wort nicht zurück[47],
verbirg nicht deine Weisheit[48].
24 Denn an der Rede wird Weisheit erkannt,
und Einsicht an der Antwort, die die Zunge gibt.
25 Verweigere dich nicht vor Gott,
sondern demütige dich vor ihm.
26 Schäme dich nicht, von deiner Sünde abzulassen,
Stelle dich nicht (schützend) vor die allgemeine Strömung.
27 Gib dich nicht selbst preis einem Toren,
und verweigere dich nicht vor denen, die da herrschen[49].
28 Bis zum Tode streite für das Wohlverhalten,
so wird auch der Herr für dich kämpfen[50].
29 Gebärde dich nicht prahlerisch mit deiner Zunge,
aber schlaff und matt mit deinen Taten.
30 Verhalte dich nicht wie ein Hund[51] in deinem Hause,
aber verändert und voller Furcht bei deinem Werk.
31 Laß deine Hand nicht offenstehen für das Nehmen,
aber geschlossen sein[52] beim Austeilen von Geschenken.

Der neue Gedanke wird wiederum durch die Anrede „mein Kind" eingeführt. 20
Die folgenden Ausführungen können als eine Fortsetzung von V.1–10 verstanden werden. Der Schüler, der in der Lehre des Weisen steht und das Haus verläßt, sieht sich vor viele Probleme und Entscheidungen gestellt. Ben Sira sagt nun, daß bei diesen Entscheidungen ein sofortiges Handeln nötig ist. Es kommt darauf an, den rechten Zeitpunkt zu nützen und nicht verstreichen zu lassen. Eine ungenutzt gelassene Situation könnte sich zum Übel auswirken und bewirken, daß man sich schämen müsse. Eine Situation ungenutzt verstreichen zu lassen, bringt viele Gedanken hervor, die zum Ärger Anlaß geben. Daraus erwächst die hier angesprochene Scham.

---

[47] So nach H^C: בעיתו; H^A bietet: בעולם; dieses Wort hat verschiedene Erklärungen erfahren, z.B. Ginzberg, 1906, 630: ein Wort für die weltlichen, praktischen Dinge des Lebens, im Unterschied zu der Weisheit im religiösen Bereich. Rüger, 1970, 33f., nimmt Verschreibung an, Schrader, 1994, 44f., sieht in der Verwendung des Wortes עולם ein Zeichen für Priorität gegenüber dem sekundären עיתו.
[48] Der Versteil b ist in G nur schwach bezeugt: O, L', in einigen Minuskeln, ferner in La und Arm.
[49] G bietet folgenden Text: „Nimm nicht Rücksicht auf das Ansehen eines Mächtigen". Die beiden folgenden Halbverse lesen: „Setze dich nicht zu dem, der unrecht richtet, denn so, wie es ihm gefällt, wirst du mit ihm richten (müssen)." Sie sind ausgelassen, da sie G nicht kennt. Zudem findet sich die Aussage in ähnlicher Form in 8,14.
[50] Auch die folgenden beiden Halbverse sind ausgelassen, da sie in G fehlen und aus 5,14 kommen: „Rede nicht doppeldeutig und verleumde nicht mit deiner Zunge."
[51] So H^A; H^C bietet: אריה = „Löwe". DiLella, 1966, 23f., sucht eine Erklärung auf textkritischem Wege für die differierende Lesart. Rüger, 1970, 34, hält H^C für älter, was Penar, 1975, 18, bestreitet.
[52] H^A: קפץ und H^C: קפד sind synonym; so G.R. Driver, JBL 53, 1934, 274.

21	Das Nichtwahrnehmen der einmaligen Situation kann dazu führen, in Sünde zu geraten; das heißt, sich den Anforderungen des Lebens zu entziehen und dadurch schuldig zu werden. Wer aber erfahren hat, daß der rechte Augenblick auch zu einem rechten Handeln und Tun führt, kann daraus Ehre und Gnade ableiten. Vgl. Sir 20,22f. und 41,16–42,8.
22	Diese persönliche Erfahrung soll aber nicht auf den Menschen, der nach ihr handelt, beschränkt bleiben. Sie kann sich auswirken und soll sich weiterhin ausdehnen und ausbreiten auf die, mit denen der Weise zusammenlebt. Der, der die Weisheit und damit das rechte Handeln für sich behält, gerät in Schuld den anderen gegenüber und kann dadurch zu Fall kommen.
23–25	Den rechten Zeitpunkt begreifen soll man nicht nur im Handeln, sondern auch im Reden. Hier ist es oft schwieriger, den Anlaß zu verstehen und die rechte Situation zu begreifen, in der eine Rede oder eine Antwort vonnöten ist. Über diese Möglichkeiten des rechten Zeitpunktes sinnt Ben Sira noch häufig nach. Hier wird nur in aller Kürze darauf hingewiesen, daß ein Wort, zur rechten Zeit gesprochen, als ein weises Wort verstanden werden kann. So wie das rechtzeitige soziale Handeln vor Gott zu verantworten ist, so auch die rechtzeitig geäußerte Rede. Dies alles geschieht in Verantwortung vor Gott.
26	Die Wahl des rechten Zeitpunktes bezieht sich aber auch auf das eigene Handeln. Hier ist es oft geboten, sich von seiner Umgebung abzuheben und auf die Verfehlungen aufmerksam zu machen. Sich selber von diesen Verfehlungen zu trennen, ist geboten.
27f.	In all diesen Handlungen und Reden erweist sich der Weise als ein selbständig Denkender und verantwortlich Handelnder, der sich als ein waches Glied der Gemeinschaft verstehen darf und zum Wohle dieser Gemeinschaft handelt. Er entzieht sich nicht den Anforderungen des Tages, sondern lebt als ein selbständiges Glied innerhalb dieser Gemeinde.
29–31	Hier wird noch einmal auf die Wichtigkeit hingewiesen, den rechten Zeitpunkt auch mit der rechten Tat zu verknüpfen. Es genüge nicht, nur in Gedanken die Schwierigkeiten des Lebens und der Umwelt wahrzunehmen und davon zu sprechen. Es ist vielmehr aus dieser Erkenntnis auch die Tat abzuleiten. Das Bild vom Hund in seinem Hause (V.30) gibt davon ein gutes Beispiel. Es genügt nicht, im Hause selbst als der Starke und Selbstsichere zu erscheinen. Häufig fühlt sich der Hund im eigenen Hause als der vom Haus beschützte, außerhalb des Hauses aber als ängstlich. So soll es mit dem, der aus dem Hause tretend in die Öffentlichkeit hineingeht und sie handelnd wahrnimmt, nicht sein. Nehmen und Geben müssen in einem ausgewogenen Verhältnis zueinander stehen.

Kapitel 5

5,1–8: Leben in Verantwortung

1 Stütze dich nicht auf dein Vermögen
 und sprich nicht: „Es steht in meiner Macht."
2 Stütze dich nicht auf deine Kraft,
 deinen eigenen Wünschen zu folgen.
 Folge nicht deinen eigenen Gedanken und dem, was vor Augen ist,
 zu wandeln in bösen Begierden[53].
3 Sprich nicht: „Wer wird Erfolg haben?"
 Denn der Herr sucht die, die verfolgt werden[54].
4 Sprich nicht: „Ich habe gesündigt,
 und was wird mir widerfahren? Nichts!"[55],
 denn Gott ist sehr langmütig[56].
5 Hoffe nicht auf Vergebung,
 wenn du Sünde auf Sünde häufst[57].
6 Sprich nicht: „Voll Erbarmen ist der Herr,
 und alle Schuld wird er vergeben."
 Wahrlich Erbarmen, aber auch Zorn ist bei ihm,
 und auf[58] den Frevlern ruht[59] sein Grimm.
7 Zögere nicht, zu ihm umzukehren,
 und schiebe die Umkehr nicht von Tag zu Tag hinaus.
 Denn plötzlich bricht hervor sein Grimm,
 und am Tage der Vergeltung wirst du ein Ende haben.
8 Vertraue nicht auf unrechte Güter,
 denn sie werden dir am Tage des Grimms nichts nützen.

Ben Sira fährt fort mit seinen Mahnungen, die das tägliche Leben außerhalb des häuslichen Kreises zum Thema haben. Hier wie in den vorangehenden Versen leitet er seine Worte stets mit dem verneinenden „nicht" ein. Daraus kann im hebräischen Urtext der warnende Ton des Weisheitslehrers sofort er-

---

[53] Die beiden letzten Halbverse fehlen in A und weiteren griech. Handschriften. V.2 und 3a fehlen in S*.
[54] So mit H^A; G hat folgenden Text: „Denn der Herr, der da vergilt, wird auch dir vergelten."
[55] So mit H^A; in H^C fehlt das letzte Wort: מאומה = „nichts".
[56] H^A bietet noch folgenden Zusatz: „Nicht sollst du sprechen: 'Barmherzig ist der Herr, und all meine Sündenschuld wird er wegwischen'."
[57] So mit H^A und H^C; Saadja, Sepher Hagaluj, 176, zitiert den Vers mit einigen Erweiterungen.
[58] Lies mit H^C: על; H^A hat: אל.
[59] Lies mit H^A: ינוח; H^C hat: יניח.

kannt werden. Aber weder im griechischen. noch im deutschen Text kann diese Eigentümlichkeit nachvollzogen werden.

Neu an diesem Abschnitt ist, daß Ben Sira die Argumente seiner Hörer aufnimmt und beantwortet. Es kommt die Form des Dialogs zustande, eines Dialogs, der den Lehrer mit den Meinungen der Schüler (Kinder) eng verbindet. Die gegebenen Anweisungen stellen keinen Monolog dar, dem nicht widersprochen werden könnte. Ben Sira beweist damit nicht nur die Kenntnis der Situation, in der er sich im lebendigen Gespräch mit seinen Schülern befindet, sondern auch die Lebensnähe, die er ernst nimmt und auf die er eingeht.

1f. Ben Sira kennt das Lebensgefühl seiner Zeit, das darauf ausgerichtet war, die Möglichkeiten der Entfaltung wahrzunehmen. Ein jeder, der handelnd in seiner Umgebung steht, kann dieses Tun auch zu seinem eigenen Vorteil verwenden. Ben Sira nimmt diese Haltung auf, indem er die Meinung der erfolgreichen Hörer zitiert, die durchaus in ihrem Tun zu einem Ziel gekommen sind: „Es steht in meiner Macht". Hier wird die Möglichkeit offenbar, sich von den häuslichen Traditionen zu lösen und eigene Wege zu gehen. Diese Wege zeigten auch Erfolge und waren daher sehr begehrt. Dabei waren auch die eigenen Wünsche und Begierden Inhalt des Lebens geworden.

3 Dieser Haltung stellt Ben Sira das göttliche Urteil entgegen und ruft damit zur Verantwortung vor Gott auf. Leben in der Gemeinschaft ist Leben in Verantwortung. Diese Verantwortung ist sowohl Gott gegenüber wie auch dem Nächsten gegenüber zu üben. Denn die Freiheit des einzelnen schränkt die Freiheit des anderen ein. So kann es dazu kommen, daß durch den Erfolgreichen der andere, der zur Gemeinschaft gehört, benachteiligt, ja verfolgt wird. Diese Seite der in Freiheit geübten Handlungsweise wird mit scharfem Blick von Ben Sira erkannt und in die Relation zur Verantwortung vor Gott gebracht.

4 Der, der sich durch seine Handlung schuldig an seiner Umwelt gemacht hat, steht unter dem Urteil Gottes. Dieses ist aber nicht sofort und unmittelbar zu verspüren. Ben Sira weiß darum, daß Gottes Handeln ein langmütiges Handeln ist. Weite Strecken des Lebens hindurch erfährt der vermeintlich Erfolgreiche keine Korrektur. Ben Sira weist aber darauf hin, daß dieses Handeln jederzeit unter dem Urteil Gottes steht, wie dies auch in anderen Aussagen des AT zum Ausdruck gebracht wird unter dem Hinweis darauf, daß Gottes Tun nicht den menschlichen Maßstäben entspricht.

5f. So ist es auch nicht richtig, auf die Vergebung Gottes in jeder Situation zu hoffen. Es war wie stets auch damals der Gedanke lebendig, daß man getrost Sünde auf Sünde häufen könne, weil Gottes Reaktion verzieht. Noch mehr: man hoffte auf die Vergebung Gottes, die ja doch alles wieder in die rechten Wege lenken werde. Vor dieser Haltung warnt Ben Sira. Gottes Gnade ist keine billige Gnade. Gott ist auch der zürnende Gott, der zu seiner Zeit diesen seinen Zorn über dem Menschen sichtbar werden lassen kann (vgl. Röm 6,1).

7f. Daher erfolgt die Ermahnung, mit der Umkehr nicht zu zögern. Diese Verantwortung, die einem jeden in seinem Handeln zukommt, soll sofort zu einer

Änderung des Sinnes führen. Niemand weiß, wann ihn die Vergeltung Gottes erreichen wird. Der Blick auf diese dem einzelnen in seinem Tun zuteil werdende Antwort = Bestrafung sollte stets vor Augen stehen. Daher ist es nicht angezeigt, unrechte Güter zu sammeln und auf sie zu vertrauen. Dem Erfolgreichen, der in seinem Leben dies alles für sich und damit gegen andere hat erreichen können, wird dies nichts nützen, wenn er zur Verantwortung gezogen wird.

5,9–6,3: Bleibe nicht bei Halbheiten stehen

9 Reihe dich nicht ein unter die, die gegen jeden Wind worfeln,
und wandle nicht auf einem jeden Pfad.
So tut es der doppelzüngige Sünder[60].
10 Stütze dich auf deine eigene Erkenntnis[61]
und bleibe bei deinem (zugesagten) Wort[62].
11 Sei schnell im Hören[63],
aber bedächtig bei der Antwort.
12 Wenn es dir gegeben ist, dann antworte deinem Nächsten,
wenn du dazu aber nicht im Stande bist,
dann lege deine Hand auf deinen Mund.
13 Ehre und Schande, beides kommt durch das Reden,
und die Zunge eines Menschen kann ihn zu Fall bringen[64].
14 Rede nicht doppeldeutig
und verleumde nicht mit deiner Zunge.
Denn einem Dieb wird Schande zuteil,
Schmach ist das Übel für den, der doppelzüngig redet.
15 In kleinen und in großen Dingen handle nicht verderbt,
und anstatt zu lieben hasse nicht[65].
16 Schlechten Ruf und Schande erbt die Schmach[66],
so ist ein Übeltäter der, der doppelzüngig redet.

---

60 Dieser Halbvers fehlt in H, steht aber in G, außer in einer Minuskel und in Sa.
61 So mit H^A: דעתך und mit G: ἐν συνέσει σου; H^C: דברך, aus dem folgenden Halbvers eingedrungen.
62 H^C hat den Plural.
63 So H^A; H^C: „Sei verläßlich in guter Kunde und antworte mit einer verläßlichen Antwort." Gegen Schrader, 1994, 48, als die später ausgeweitete Form angesehen.
64 Mit H^A: מפלתו; so auch G: πτῶσις αὐτῷ; H^C: מפליטו = „läßt ihn sich retten"?
65 Zitiert (?) in Abot 4,6: אל תהי בז לכל אדם = „verachte keinen Menschen".
66 Da G hier schon Kap. 6 beginnen läßt, verschieben sich die folgenden Zahlen.

78 Lehren an die Einzelperson

Kapitel 6

6,1 Falle nicht in die Gewalt deiner Begierde,
   sie wird abweiden[67] deine Kraft, die bei dir ist.
 2 Deine Blätter wird sie fressen
   und deine Früchte wird sie verderben[68],
   und sie wird dich zu einem Baum, der dahinwelkt, machen.
 3 Denn eine starke Begierde richtet die zugrunde, die sie ergreift,
   und die Freude am Haß wird sie erreichen.

Wiederum beweist Ben Sira seine Lebensnähe, indem er die Möglichkeit des Mittelweges zur Sprache bringt. Der Mensch steht immer in der Gefahr, das eine tun, aber das andere nicht lassen zu wollen.

9   Das Bild vom Worfeln soll anzeigen, daß es Menschen gibt, die einen jeden Vorteil wahrnehmen wollen, dabei aber unwahr erscheinen. Das Worfeln geschah in alter Zeit nach der Ernte in der Weise, daß das auf der Tenne ausgebreitete Getreide mit dem Dreschschlitten, der über diese Getreidehaufen hinwegfuhr, ausgedroschen wurde. Hierbei wurden Körner und Spreu voneinander getrennt und lagen nun miteinander vermischt zum Worfeln bereit. Nun war es wichtig, den rechten Wind abzuwarten, um mit der Worfschaufel dieses so gedroschene Erntegut ca. einen Meter in die Höhe zu werfen. Der Wind, der dann in dieses in die Höhe geworfene Gut fuhr, trug die Spreu davon, während die Körner rasch wieder zu Boden fielen. Es war nun wichtig, den rechten Zeitpunkt des Tages zu benutzen. Dies geschah zumeist in der beginnenden Nachmittagszeit. Hier kam auf der Höhe des Gebirges Juda der Wind vom Meer her und brachte willkommene Kühlung, aber eben auch die Möglichkeit mit sich, das Getreide zu worfeln. Wenn nun aber der Wind zu stark wehte oder infolge klimatischer Schwankungen rasch in der Richtung wechselte, war es unmöglich, den gewünschten Erfolg des Worfelns zu erreichen. Hier war jahrelange Kenntnis des natürlichen Vorganges erforderlich, um Erfolg zu haben. Der, der aber zu raschem Erfolg unter In-Kauf-Nahme von Voreiligkeit und Unbedachtsamkeit kommen wollte, benutzte jeden Wind, um zu seinem Ziel zu kommen. Dieses Bild zeigt ein Handeln an, das sich auf jeden Vorteil ausrichtet, dabei aber im Grunde das eigentliche Ziel verfehlt. Ohne Bild gesprochen blickt hier Ben Sira auf die zwiespältige Haltung des modernen Menschen seiner Zeit.

10–14 Diese doppelzüngige Haltung zeigt sich in der Rede. Hier ist es besonders wichtig, den rechten Zeitpunkt und die rechte Gelegenheit zu kennen, um mit seinen Worten Gutes anzurichten, nicht aber zu verletzen. So wie es besser

---

[67] H^A ist von ותעבה = „macht fett, übermütig"(?) zu konjizieren mit vielen Auslegern in: ותבער. Segal, 1972, 35, erinnert an Dt 32,15.
[68] Hebr. wörtlich: תשרש = „entwurzeln".

ist, zu gewissen Zeiten nicht zu worfeln, so ist es auch besser, zu gewissen Gelegenheiten nicht zu reden. Das Bild, das Ben Sira (V.12) gebraucht, wonach beim Schweigen die Hand auf den Mund gelegt wird, ist dem AT geläufig. Besonders eindrücklich wird es zitiert in dem Verhalten Hiobs Gott gegenüber, der am Ende seiner Reden und seiner Anklagen von der Größe Gottes überzeugt ist und nun schweigt, indem er seine Hand auf den Mund legt (Hiob 40,4). Von diesem Bild wird auch gesprochen in Hiob 21,5; 29,9 und Spr 30,32.

Nach den Möglichkeiten, beim Reden Halbheiten zu beweisen, spricht nun Ben Sira vom Handeln. Die Tatsache, daß er zunächst das Reden als Beispiel nimmt und danach erst auf das Handeln eingeht, zeigt, wie sehr er von der Möglichkeit überzeugt ist, durch das Wort mehr Unheil anzurichten als durch die Tat. Darin zeigt er sich als ein Gelehrter des Wortes in einem eminenten Sinne. Im Handeln nun ist es wichtig in allen Dingen, in den großen und in den kleinen, sich so zu verhalten, daß auch hier die eindeutige Entscheidung des in der Verantwortung stehenden Menschen deutlich wird. Der in seinem Umkreis stehende, von der Weisheit geführte Mensch solle Liebe üben und nicht hassen. Nur der, der sich zwiespältig zeigt, verwechselt das eine mit dem anderen, besonders dann wenn es um seinen eigenen Vorteil geht (V.2). Begierde führt zu Eigensinn und zu Haß gegen den Nächsten. Liebe aber läßt den anderen Menschen zu seinem Recht kommen und hilft, ihn anzuerkennen. Der, der nur an sich selbst denkt, wird letztlich von seinem Eigennutz erreicht und gestraft werden. Zum Bild in V.3 vgl. Ps 1 und zu V.3a vgl. Spr 15,4 und 16,21.

15–6,3

6,4–16: Das aufrechte Handeln läßt Freunde gewinnen [69]

4 Eine angenehme Rede läßt Liebe wachsen,
   und liebliche Lippen entbieten den Gruß.
5 Die Menschen deines Vertrauens mögen zahlreich sein,
   aber der Partner deiner Beratung sei einer unter Tausend [70].
6 Wenn du einen Freund erhalten willst,
     erwirb ihn unter einer Prüfung [71],
   eile nicht, ihm zu vertrauen.

---

[69] G. Krinetzki, Die Freundschaftsperikope Sir 6,5–17 in traditionsgeschichtlicher Sicht, BZ 23 (1979) 212–233; P.C. Beentjes, „Ein Mensch ohne Freund ist wie eine linke Hand ohne die Rechte". Prolegomena zur Kommentierung der Freundschaftsperikope Sir 6,5–17, in: F.V. Reiterer (Hg.), Freundschaft bei Ben Sira, Beiträge des Symposions zu Ben Sira Salzburg 1995, Berlin/New York 1996, BZAW 244, 1–18.

[70] Zitiert bei Saadja, Sepher, 178, mit folgendem Wortlaut: „Viele mögen sein Menschen deines Vertrauens, offenbare deinen Entschluß einem unter Tausend"; vgl. auch Talm.Bab. Jebamot 63b und Sanhedrin 100b.

[71] Zur konditionalen Übersetzung vgl. Penar, 1975, 19.

7 Denn es gibt einen Freund in der Zeit, da es gutgeht,
er besteht aber nicht am Tage der Not[72].
8 Es gibt einen Freund, der sich zum Feind wendet,
und den Rechtsstreit, der dich beschämt, deckt er auf.
9 Es gibt einen Freund, der der Genosse bei Tische ist,
er läßt sich aber nicht finden am Tage des Übels.
10 Wenn es dir gutgeht, ist er dir nahe,
wenn es dir aber schlecht geht, trennt er sich von dir.
11 Wenn dich Böses trifft, wendet er sich ab von dir[73],
und vor deinem Angesicht verbirgt er sich.
12 Von denen, die dich hassen, trenne dich,
aber auch vor denen, die dich lieben, hüte dich.
13 Ein getreuer Freund ist ein starker Schutz[74],
und der, der ihn gefunden hat, hat einen Schatz gefunden.
14 Für einen getreuen Freund gibt es keinen Kaufpreis,
und es gibt kein Gegengewicht für seinen Wert[75].
15 Ein Unterpfand des Lebens ist ein getreuer Freund,
der, der Gott fürchtet, wird es erlangen[76].
16 *Wer den Herrn fürchtet, richtet seine Freundschaft darauf ein*[77],
wahrlich, wie ein Mensch selber sich verhält,
so ist auch sein Freund[78].

Der Umgang in der Öffentlichkeit, der in der aufblühenden städtischen Kultur der hellenistischen Zeit sehr gepflegt wurde, war das Thema der vergangenen Ausführungen. Diese neue Erfahrung des Lebensgefühls bedenkt Ben Sira weiter, wenn er nun auf das Phänomen der Freundschaft eingeht. Hiervon war in den älteren Schriften des AT nicht gesprochen worden, da die kulturgeschichtliche Situation von ganz anderen Inhalten geprägt war. Nur ein einziges Mal wird im Alten Testament von der Freundschaft zweier Männer berichtet: Jonathan und David sind einander in Freundschaft, die sich auch in der Gefahr bewährt, zugetan (1 Sam 18,1–4 und 20,1–23). Diese Episode ist auch immer wieder bei der Behandlung des Themas „Freundschaft" durch Ben Sira

---

[72] V.6f. auch bei Saadja, Sepher, 178, mit gleichem Wortlaut.

[73] Zu dieser Übersetzung vgl. T. Penar, Job 19,19 in the Light of Ben Sira 6,11, Bibl 48 (1967) 293–295; Ders., 1975, 19f.

[74] So ist HA (אוהב) unter Hinweis auf G (σκέπη) und S zu verstehen: lies „אהל" = „Zelt, Schutz".

[75] Aus Qumran (2Q18) sind Bruchstücke zu V.13f. bekannt, die aber keine Veränderung des Textes bieten, siehe M. Baillet, 1962, 75–77,Pl.15.

[76] Das Suffix im Plural bezieht sich auf den vorangegangenen Plural חיים = „Leben"; Penar, 1975, 20.

[77] Dieser Halbvers ist in HA ausgefallen, ist aber in G als richtige inhaltliche Parallelaussage erhalten.

[78] HA bietet einen Zusatz, der den in 2,18d gebotenen und dort an der richtigen Stelle stehenden Text noch einmal wiedergibt: „Und wie sein Name, so auch sein Tun."

im Hintergrund zu sehen und kann zur Erhellung seiner Gedanken beitragen[79].

Anders verhielt es sich in der antiken Welt. Hier spielte das freie Miteinander-Umgehen der jungen Menschen eine große Rolle, sowohl in der zwischengeschlechtlichen wie auch in der gleichgeschlechtlichen Beziehung beider Geschlechter.

Der aufrechte Umgang in der Öffentlichkeit, von dem in den vorhergehenden Versen gesprochen worden war, erfordert eindeutige und verbindende Rede. Daraus kann im gegenseitigen Umgang Freundlichkeit und Liebe erwachsen. Dies ist die Grundlage für ein engeres Zusammenleben und für einen freundschaftlichen Umgang von Personen, die nicht durch die familiären Bande im Elternhaus, sondern durch das Verkehren im öffentlichen Leben miteinander verbunden sind.

Die vielfältigen Kontakte in der Öffentlichkeit lassen viele Personen zu Gesprächspartnern werden. Die städtische Kultur ermöglichte diese erfreulichen Umgangsformen. Es ist aber die Gefahr dabei zu sehen, daß diese Gesprächspartner in einer sehr oberflächlichen Weise die Kontakte miteinander pflegen. Deshalb ergeht durch Ben Sira die Warnung, nicht vorschnell allen denen zu trauen, mit denen man da und dort täglichen Umgang pflegen kann. Der, der ein engerer Vertrauter werden soll, kann erst nach einer längeren Zeit der Prüfung erkannt werden. Es gibt deren nur wenige, die diese Bevorzugung und dieses Vertrauen verdienen.

In der langen Zeit des Umgangs mit verschiedenen Partnern im öffentlichen Leben kann man nämlich immer wieder die Beobachtung machen, daß vermeintliche Freunde sich abkehren und zu einem Feind werden. Hierbei spielt im besonderen das Wohlergehen oder die Not dessen eine Rolle, der diese Kontakte sucht. Wenn die Lebenserwartung einen erfreulichen Fortgang nimmt, dann scharen sich viele Freunde um den, der diese Kontakte aufnehmen möchte. Sobald es aber Schwierigkeiten gibt, persönliche Not oder gar ein Rechtsstreit eine Belastung des öffentlichen Lebens mit sich bringt, wenden sich die vermeintlichen Freunde ab, auch wenn sie vorher bei Tische saßen und das gemeinsame Mahl mit einem Manne teilten. Die Erwähnung des gemeinsamen Speisens bei Tische ist hierbei von besonderer Wichtigkeit. Einmal wird darauf hingewiesen, daß das gesellschaftliche Leben jener Zeit zweifellos auch bei gemeinsamen Gastmählern erlebt wurde. Davon spricht Ben Sira in späteren Kapiteln noch sehr viel. Es war wichtig für die damalige kulturelle Entwicklung, diese Form des öffentlichen Lebens miteinander zu pflegen. Auch dies ist typisch für die hellenistische Zeit, in der auch viele antike Werke in diesem Sinne entstanden sind und von den Möglichkeiten des Miteinander-Essens und Speisens bei Tische sprechen. Andererseits ist aber die Erwähnung des Tisches deshalb von Wichtigkeit, weil auch in der oben

---

[79] F.V. Reiterer (Hg.), Freundschaft bei Ben Sira, Beiträge des Symposions zu Ben Sira Salzburg 1995, Berlin/New York 1996, BZAW 244.

erwähnten besonderen Beziehung Davids zu Jonathan diese Tischgemeinschaft immer wieder eine große Rolle spielt. Der zu Tische geladene David genießt an der Tafel des Saul Schutz und Hilfe, solange er sich zu dieser Form der Gemeinsamkeit entschließt. Es kam aber eine Zeit, in der es für David gefährlich war, diese Tischgemeinschaft mit Jonathans Vater Saul weiter zu pflegen. Daraus ist ersichtlich, daß der, der mit anderen Personen am gleichen Tisch speist, einen besonderen Schutz genießt. Wer sich aber aus dieser Mahlgemeinschaft ausschließt, geht auch des Schutzes verlustig und wird, wie bei David, der Gefahr der Verfolgung ja gar der Tötung ausgesetzt. Dieser so gewichtige Hintergrund ist zweifellos bei all diesen Gedanken, die Ben Sira vorträgt, mit zu sehen. So ist es nicht verwunderlich, daß die folgenden Verse davon mehr berichten:

12–16   Unter dem gesagten Aspekt ist die harte Gegenüberstellung, zu der Ben Sira nun kommt, nicht verwunderlich. Es geht um Leben und Tod, wenn von dem Miteinander der Menschen in der Öffentlichkeit gesprochen wird. Sollte es deutlich geworden sein, daß der Gesprächspartner, der ursprünglich auch als Freund sich gezeigt hatte, zu denen gehört, die einen anderen hassen, dann bleibt keine andere Möglichkeit als die, sich radikal von ihm zu trennen. Diese Befürchtung, einen solchen trennenden Schnitt durchführen zu müssen, bleibt in jedem Falle in dem Verkehr in der Öffentlichkeit erhalten. Es kann auch geschehen, daß der, der sich in vermeintlicher Liebe einem anderen zugewendet hat, zu denen gehören wird, die ihre Liebe in Haß verkehren. Nur wer von einem treuen Freund weiß, genießt Schutz. Daß hierbei Leben und Tod auf dem Spiele stehen können, macht V.15 deutlich. Hier wird der getreue Freund als ein Unterpfand des Lebens bezeichnet. Das hier gebrauchte hebräische Wort צרור חיים ist eigentlich mit „Bündel des Lebens" zu übersetzen. Dieser Ausdruck gibt die Hoffnung wieder, bei dem Erleiden des Todes in ein Bündel eingeschlossen zu sein, das bei Gott wohl aufgehoben ist, vgl. 1 Sam 25,29. Die griechische Übersetzung spricht hier vom „Heilmittel zum Leben" = φάρμακον ζωῆς. In der Gefahr höchster Not bringt dieses Bild das Gefühl der Sicherheit und des Schutzes zum Ausdruck. Von daher ist es verständlich, daß diese Formulierung auch heute noch im jüdischen Bereich da gebraucht wird, wo die Erfahrung des Todes gemacht wird: Auf jedem Grabstein findet sich dieser Hinweis darauf, daß man hofft, in das Bündel der Lebendigen eingebunden zu sein und dadurch geschützt ist.

Ben Sira geht mit seinen Ausführungen weit über die aus der klassischen Antike bekannten Erwähnungen der freundschaftlichen Beziehungen hinaus. Er bindet diese Erfahrung des öffentlichen Lebens sofort in sein Gottesverständnis ein. Daraus folgt, daß die Erfahrung der Freundschaft von Gott vermittelt und begleitet wird, es folgt aber auch daraus, daß die Erfahrung der Freundschaft unter der Kritik Gottes steht und daran zu messen ist, daß der wahre Freund nur der sein kann, der in der gleichen Bindung an Gott steht wie der, der die Freundschaft sucht. Gott wird damit zum Garanten dieses Verhältnisses von Menschen zueinander. Darin wiederum zeigt sich das gleiche Verständnis, wie es aus der alttestamentlichen Szene zwischen David und Jonathan auch bekannt ist. Auch hier steht Ben Sira ganz unter dem Eindruck der ihm bekannten Geschichte seines Volkes, die er nun für neue Verhältnisse in der hellenistischen Stadtkultur anzuwenden weiß.

6,17[80]–37: Die Mühen bei der Suche nach Weisheit führen zu einem guten Ende

18 *Mein Kind, von deiner Jugend an nimm Zucht an*
   und bis ins Alter wirst du Weisheit erlangen[81].
19 Wie der, der da pflügt, und wie der, der da erntet[82], nähere dich ihr,
   hoffe auf die Fülle ihres Ertrages.
   Wahrlich, in ihrem Dienst muß du dich ein wenig bemühen[83],
   am anderen Tag wirst du ihre Frucht genießen können.
20 Eine gewundene Straße ist sie für den Toren,
   nicht wird sie der begreifen, der Mangel an Einsicht hat[84].
21 Wie ein schwerer Stein wird sie auf ihm ruhen,
   er wird nicht zögern, sie von sich zu werfen.
22 Wahrlich, Zucht ist, was ihr Name sagt,
   nicht für viele (ist sie) angenehm.
23 *Höre, mein Sohn, und nimm meine Lehre an,*
   verachte meinen Rat nicht.
24 *Zwänge deine Füße in ihre Fesseln*
   und in ihr Joch deinen Hals.
25 Neige deine Schultern und trage sie
   und verabscheue nicht ihre Ratschläge.
26 *Mit deiner ganzen Begierde nähere dich ihr*
   und mit deiner ganzen Kraft beachte ihre Wege.
27 Frage und forsche, suche und finde,
   und wenn du sie ergriffen hast, laß sie nicht los.
28 Denn du wirst endlich Ruhe finden,
   und sie wird sich dir zur Freude verwandeln[85],
29 und ihr Netz wird dir eine starke Festung sein,
   und ihre Stricke werden dich kostbar kleiden.

---

[80] Die Zählung eines V.17 muß für den hebr. Text ausgelassen werden wegen der Verschiebung am Ende von Kap. 5.
[81] H^C bietet nur die beiden letzten Wörter: תשיג חכמה. Zu den V.18–31 vgl. Schrader, 1994, 164–177.
[82] Zu den Bildern vgl. Penar, 1975, 20, mit Hinweis auf Paralleltexte außerhalb des AT.
[83] H^A und H^C bietet: „im Dienst dienen", beide Male von der Wurzel עבד. G und S hingegen wechseln im Ausdruck. Der hebr. Text ist nicht zu ändern, da diese sprachliche Formulierung im Hebr. möglich ist.
[84] Die V.20–31 sind bruchstückhaft aus den Funden von Qumran bekannt: 2Q18; s. Baillet u.a., 1962.
[85] Lies mit H^C das Femininum תהפך ; H^A: נהפך = „wird verwandelt", oder reflexiv?

30 Ein Schmuck[86] von Gold ist ihr Joch,
und ihre Bande sind ein prächtiger Schmuck.
31 Als ein Gewand der Ehre wirst du sie anziehen,
und als eine Krone der Herrlichkeit wird sie dich schmücken.
32 Wenn du Gefallen daran hast, mein Kind, wirst du weise sein,
und wenn du aufmerkst, wirst du klug werden.
33 Wenn du kommst, um zu hören[87],
so öffne dein Ohr; du wirst unterwiesen werden.
34 *In der Schar der Alten reihe dich ein
und ihrer Weisheit schließe dich an*[88].
35 Eine jede Unterweisung zu hören, habe Gefallen,
und kein einsichtsvoller Spruch möge dir entgehen.
36 Blicke auf den, der Einsicht hat, und höre ihn dir an,
und dein Fuß betrete seine Schwelle[89].
37 Richte deinen Sinn auf die Furcht des Höchsten[90]
und seine Gebote bedenke[91] immerdar.
So wird er dich Einsicht haben lassen,
und in den Dingen, die du begehrst, wird er dich weise sein lassen.

Von neuem spricht Ben Sira in längeren und bilderreichen Ausführungen von dem Wert, dem Suchen und dem Ziel der Weisheit. So wie das Leben in der Öffentlichkeit nicht frei ist von einander sich widersprechenden Erfahrungen, so ist auch der Weg bei der Suche nach der Wahrheit nicht frei von Schwierigkeiten. So wie der Umgang in der Öffentlichkeit und mit den Freunden nicht frei ist von Enttäuschungen und Mühen, so ist auch der Weg und die Suche zum Ziele der Weisheit nicht frei von widerstrebenden Erfahrungen. Die folgenden Bilder zeigen deutlich, wie stark der Weg auf den Bahnen der Weisheitssuche von Schwierigkeiten und Mühen belastet ist.

18f. Das erste Bild, das Ben Sira für die Suche nach der Weisheit heranzieht, stammt aus der ländlichen Umgebung. Hier war er noch zu Hause (siehe Sir 3,9), und von dieser Erfahrung her ist sein Weltbild geprägt, wie überhaupt die alttestamentliche Gedankenwelt in vielen Bereichen hiervon bestimmt ist.

---

[86] So mit G: κόσμος. HA עלי kann nicht befriedigend erklärt und übersetzt werden, vgl. Schrader, 1994, 171, der עדי = „Schmuck" als ursprünglichen Konsonantenbestand annimmt.

[87] HA: אם תובא, so mit Rüger, 1970, 99 zu übersetzen; ob dieser Halbvers durch eine Erweiterung zu ergänzen wäre, scheint fraglich.

[88] Dieser Vers ist in den hebr. Manuskripten nicht enhalten. Marböck, 1971, 115 vermutet, daß der Ausfall dieses Verses durch ein Versehen des Abschreibers zu erklären sei. Da V.33 mit dem gleichen Wort endet wie V.35 beginnt, hat er den dazwischen stehenden Vers übersehen.

[89] HA: בסיפי = „meine Türschwelle" ist zu ändern in: בסיפו; Verwechslung von jod und waw.

[90] So mit Haspecker, 1967, 60–64, wo in längeren Ausführungen das Problem der Zueinanderordnung der Substantive יראת und עליון erörtert wird.

[91] Vor והגה ist das waw zu streichen.

Die freizügige hellenistsiche städtische Kultur war der hebräisch-jüdischen Erfahrung neu und noch fremd. Pflügen und Ernten waren mühsame Arbeiten. Sie ließen aber in Geduld den Ertrag erwarten. Das Leben eines Bauern ist durch diese Erfahrung jahraus jahrein geprägt. Am Ende dieser Mühen steht das fröhliche Genießen der Früchte des Feldes und der Bäume. So erfährt es der Suchende auch auf dem Wege der Weisheit.

Das folgende Bild zieht das Wandern auf einer steinigen Straße als Vergleich für die Suche nach der Weisheit heran. Dem Wanderer legen sich immer wieder Unebenheiten und Steine in den Weg. Davon weiß auch Jes 40,4 zu berichten, wenn es um das Kommen Gottes zu seinem Volk geht, dessen Straße zum Einzug geebnet werden soll. Schwere Steine sind zu beseitigen, um einen geraden Weg zu erhalten. So geht es auch bei der Suche nach der Weisheit. Der Tor scheut diese Mühen. 20f.

Diese Bilder machen deutlich, daß Weisheit in Zucht nimmt. Sie läßt den Menschen nicht den von ihm gewählten und gewünschten Weg laufen. Vielmehr ist sie ein Korrektiv für die Wünsche und Vorstellungen dessen, der unter der Leitung Gottes zu stehen sich entschlossen hat. Dieser für das alttestamentliche Denken so eindeutige und bleibend wiedergegebene Sachverhalt findet seine Fortführung und Ergänzung in der neutestamentlichen Tradition. Auch hier wird die Lehre und die Weisung durch das Wort Gottes als ein dem menschlichen Denken entgegenstehender Weg angezeigt. Mt 11,29f. zeigt die gleiche Situation: Der Lehrer, der in seine Nachfolge ruft und zur Befolgung seiner Worte auffordert, weiß um diese Schwierigkeiten. Dennoch wird hier davon gesprochen, daß diese Zucht und das Joch (vgl. V.30) leicht empfunden werden, weil das Wandeln unter diesen Weisungen in der Nachfolge geschieht, also beispielhaft vorgelebt wird und daher nachzuahmen möglich ist. 22

Die Schwierigkeit der Befolgung der Weisheitsrede wird noch verstärkt durch den Hinweis auf die Fußfesseln und das Joch am Hals. Beide Gegenstände waren Mittel, einen Übeltäter zu bestrafen und in die Zucht zu nehmen. Die Fesseln an den Füßen bewirken, daß der also Bestrafte sich nur in einem ganz begrenzten Umkreis bewegen und deshalb nicht fliehen kann. Das Joch verkleinert noch einmal die freie Beweglichkeit des so Bestraften. Nicht nur aus der öffentlichen Gerichtsbarkeit, sondern auch aus der Geschichte des Alten Orients sind diese Maßnahmen bestens bekannt. Ben Sira scheut sich nicht, diese harten Worte für sein Werben um das Suchen nach Weisheit zu gebrauchen. Er will damit zeigen, wie schwer der Weg der Weisheitsuche ist. Auch hier wird deutlich, daß er nicht als ein leichtfertiger und verführerischer Weisheitsprophet auftreten möchte, sondern Warnungen vorträgt, den Weg der Weisheit nicht leichtfertig beurteilen zu wollen. 23–25

Es bedarf der ganzen inneren Bereitschaft und des Einsatzes, der Weisheit näher zu kommen. So wie den Menschen verschiedene Begierden erfüllen und so wie den Menschen Kraft zur Entscheidung und Arbeit eigen sind, so hat er dies bei dem Weg nach der Weisheitsuche anzuwenden. An diesem Punkte angekommen, lösen sich allerdings alle früheren Beschwernisse und Mühen auf und machen einer befreiten Empfindung Platz: Das Gesuchte ergriffen zu 26f.

haben, ist höchster Lohn. Davon nicht zu lassen, ist nun Aufgabe und Inhalt des weiteren Lebens.

28–32   Wiederum wird in vielen Bildern das Glück des Findens der Weisheit eindrücklich und überzeugend beschrieben. Ruhe, Freude, Schutz, kostbare Kleider und Schmuck, all dies ist dem, der gefunden hat, zu eigen. Es ist eine Haltung erreicht, die das Vergangene vergessen und das Kommende in Freude erwarten läßt. So wie der, der in einem harten Wettkampf gesiegt hat, die Krone des Sieges auf das Haupt gesetzt bekommt (V.31), so fühlt sich der, der die Weisheit gefunden hat. Diese Bilder von dem Finden der Weisheit veranschaulichen den ganzen Reichtum altorientalischer Metaphorik. Tägliches Leben und geistiges Erkennen liegen ineinander und erklären die Bewußtseinsinhalte (andere Aussagen z.B. im NT bei Jak 1,12).

33–37   Wer einmal diese Stufe erreicht hat, gehört zu denen, die an den Weisungen und Sprüchen der Alten Gefallen finden. Der, der gefunden hat, gehört zu der Schar der Alten, denen von jeher die Funktion der Erteilung von Ratschlägen zugefallen war. Sie geben ihren reichen Erfahrungsschatz weiter und können dadurch anderen ihren Weg durch die Gefährdungen der Welt hindurch erleichtern. Daß man aber dadurch nicht vor jedem Unglück und vor jeder Gefahr geschützt ist, weiß Ben Sira zu gut. So steht am Schluß die Mahnung, in der Furcht vor Gott zu beharren, wie dies in Kap. 1 zum Ausdruck gekommen war. Auf diesem Weg sollen die Gebote, das heißt das Wort Gottes, den Weisen weiterhin begleiten, so wird er den rechten Weg durch die Welt finden können. Er gleicht darin dem Frommen, der in Ps 1 am Anfang gepriesen wird: „Wohl dem, der nicht wandelt im Rat der Gottlosen, noch tritt auf den Weg der Sünder noch sitzt, wo die Spötter sitzen, sondern hat Lust am Gesetz des Herrn und sinnt über seinem Gesetz Tag und Nacht!"

Kapitel 7

7,1–17: Sei klug und bedacht im Leben

1 Tue nichts Böses[92],
   so wird dich nichts Böses treffen.
2 Halte dich fern von der Schuld,
   so wird sie sich abwenden von dir.

---

[92] Der hebr. Text enthält zusätzlich das Wort לך = „für dich" (Dativus ethicus); in der Übersetzung ist dies nicht zu berücksichtigen.

3 Säe nicht in die Furchen der Ungerechtigkeit[93],
   damit du sie nicht siebenfach ernten mußt.
4 Erbitte nicht von Gott ein Herrscheramt
   und so auch vom König[94] keinen Ehrenplatz.
5 Halte dich nicht gerecht vor einem König[95],
   und vor[96] einem König halte dich nicht für klug.
6 Strebe nicht danach, ein Herrscher[97] zu sein,
   wenn dir nicht Macht zur Verfügung steht,
      Übermut zum Schweigen zu bringen,
   damit du dich nicht vor Vornehmen zu fürchten brauchst,
   und ein Fehler auf deine Rechtschaffenheit gegeben würde.
7 Laß dich nicht schuldig sprechen bei der Versammlung im Tor[98],
   und laß dich nicht zu Fall bringen in der Gemeinde.
8 Verhärte dich nicht, eine Sünde ein zweites Mal zu begehen,
   denn (schon) bei einer wirst du nicht unschuldig bleiben.
9 *Nicht sollst du sagen: „Auf die Fülle meiner Gaben wird er schauen,*
   und wenn ich dem Höchsten etwas darbringe, wird er es annehmen."
10 Halte dich nicht zurück im Gebet,
   und im Wohlverhalten sollst du nicht zögern.
11 Verachte nicht den Menschen, der verbittert ist,
   denke daran, daß es einen gibt, der erhöhen und erniedrigen kann.
12 Ersinne nicht Gewalt gegen einen Bruder,
   auch nicht gegen einen Freund und Gefährten zumal.
13 Habe keinen Gefallen daran, wegen einer Lüge erneut zu lügen[99],
   denn das, was sie erwarten kann, ist nicht angenehm.
14 Gib keinen Ratschlag in der Versammlung der Fürsten
   und wiederhole nicht die Worte beim Gebet.
15 Eile nicht beim Werk der Arbeit,
   ein Tun ist es, das von[100] Gott zugeteilt wurde.
16 Achte dich nicht für etwas Besonderes unter den Männern des Volkes,
   denke an den Zorn, der nicht verzieht.

---

[93] HA: אל תדע חדושי על אח (?) = „wisse nichts Neues über einen Bruder" (?), unverständlich. G hat: μὴ σπεῖρε ἐπ' αὔλακας ἀδικίας. Einen Rekonstruktionsversuch des hebr. Textes unternimmt Ginzberg, 1906, 616.

[94] HA und G. HC: כמלך = „wie ein König".

[95] So mit HA; G und S bieten „Herr". Daß das zweimalige „König" nicht ungewöhnlich ist, weist Penar, 1975, 22, nach.

[96] HA: ופני = „und im Angesicht" ist im Sinne der Präposition לפני = „vor" zu verstehen, s. Penar, ebd.

[97] So mit HA gegen HC, wo dieses Wort fehlt, und gegen G, welche κριτής = „Richter" liest; vgl. Rüger, 1970, 43f.

[98] Hier ist mit Hamp, z. St. eine Dittographie der Buchstaben אל/לא anzunehmen.

[99] Die Übersetzung folgt Ginzberg, 1906, 626, gegen G: „Habe nicht die Absicht, mit einer jeden Lüge zu lügen", und gegen andere Übersetzungen.

[100] HA: באל, lies mit Ginzberg, 1906, 616: מאל.

17 Gar tief beuge den Hochmut;
   denn das, was den Menschen erwartet, ist Gewürm [101].
   (Eile nicht zu sagen: „Oh, Riß!"
   Stelle es Gott anheim und habe Gefallen an seinem Weg.) [102]

Die Verse 1–22 werden durch eine einheitliche äußere Form zusammengehalten. Wie schon in früheren Abschnitten beobachtet werden konnte, ist diese auch hier ein eindeutiges Zeichen für die literarische Gattung der Weisheitsliteratur. In früheren Texten wurde z.B. die Dreizahl als charakteristisch erkannt (siehe Sir 2). Hier in Kap. 7 werden alle Angaben, die Ben Sira für die verschiedenen Bereiche des menschlichen Lebens wiedergibt, mit dem gleichen Wort: „nicht" eingeleitet. Dadurch kommt, wie früher schon ausgeführt, der mahnende Charakter besonders deutlich zum Ausdruck. Dies führt zu einer imponierenden Gestalt des ganzen Abschnittes. Dabei muß auf die Situation des Lehrers, der seinen Schülern gegenüber eine pädagogisch geschickte Art der Darstellung sucht, hingewiesen werden. Auf diese Art und Weise konnte ein größerer Zusammenhang, der viele verschiedene Inhalte bietet, vorgetragen und aufgesagt werden. Man darf wohl auch daran denken, daß die hier aneinander gereihten Mahnungen im Chor rezitiert wurden. In den Übersetzungen, auch im deutschen Text, ist diese Gleichförmigkeit nicht wiederzugeben, da der syntaktische Aufbau der Sätze in den semitischen Sprachen anderen Regeln unterliegt als in unserer Sprache [103].

Das Hauptthema dieser längeren Ausführungen ist darin zu sehen, daß der, der zur Weisheit durchgedrungen ist, diese nun in den vielfältigen Bezügen des Lebens zu bewähren hat. Als oberster Grundsatz kann hierbei angegeben werden: Sei klug und bedacht im Leben.

1–3 Klugheit zeigt der Weise, indem er sich von Schuld freihält. Das bedeutet, daß er das Böse, das er kennt, nicht tun, sondern lassen solle. Wieder greift Ben Sira zu einem Bild aus dem bäuerlichen Leben. So wie der, der da sät, weiß, wie die Saat aufgeht und was er ernten kann, so ist es mit dem, der Böses sät und danach Böses ernten muß. So wie jede Saat in vielfältiger Art Frucht bringt, so auch die Saat des Bösen. Die siebenfache Zahl ist dabei ein häufig gebrauchter Ausdruck für die vielfältige Vermehrung der Sünde, siehe Gen 4 im Lied des Lamech. In diesen Sätzen kommt auch die an vielen Stellen anzutreffende Grundregel der Weisheitsliteratur zum Ausdruck, wonach eine einmal gesetzte Tat eine entsprechende Folge nach sich zieht. In vielen Bereichen der Weisheitsliteratur wird von diesem Tun-Ergehens-Zusammenhang gesprochen, vgl. Spr 10,1–7.

---

[101] G liest hier unter Veränderung des Sinnes der Aussage: „Denn die Strafe des Gottlosen ist Feuer und Wurm."
[102] Fehlt in G. Späterer Zusatz in H[A]?
[103] P.C. Beentjes, Jesus Sirach 7:1-17. Kanttekeningen bij de structuur en de tekst, een verwaarloosde passage, in: Bijdr 41 (1980) 251–259.

Böses tun und dadurch schuldig werden ist eine Gefahr, die besonders auf 4–6
den zukommt, der Macht hat. Die Zusammenhänge von Macht und Mißbrauch der Macht werden hier in einer sehr eindrücklichen Weise vorgeführt. Aus der Geschichte des Volkes waren Ben Sira genug Beispiele bekannt, die von Gewalt der Herrschenden berichten. Die ganze Reihe der Könige, im Südreich Juda ebenso wie Nordreich Israel zeugt von diesen Erfahrungen. Es war die Aufgabe der Propheten, auf diese Mißstände durch die Ansage des Gerichts aufmerksam zu machen. Der Weise hat nun nach Ben Sira andere Pflichten, sein Leben in der Gemeinschaft zu bewähren. Er hat es nicht nötig, nach äußerer Macht zu streben; denn dazu gehört auch die Vollmacht, Untaten zu strafen.

Wer sich so in kluger Weise verhält und nicht nach Macht strebt, die nur in 7f.
Schuld führen kann, wird bei der Versammlung im Tor als unschuldig angesehen werden können. Wer einmal in Versuchung und damit in Schuld geraten ist, soll sich dadurch warnen lassen, nicht ein zweites Mal diesen Schritt zu tun.

Die griechische Übersetzung fügt hier einen neuen Gedanken hinzu: Man 9
könnte der Anschauung erliegen, die Schuld durch Opfer am Tempel zu tilgen. Der, der schuldig geworden ist, nimmt sich vor, sich durch Opfer zu reinigen. Aber davor ist zu warnen, vgl. die späteren Ausführungen über die innere Beteiligung beim Darbringen der Opfer (24,21–31).

So ist das Beten die rechte Haltung im Verkehr mit Gott; hier erweist sich 10
die innere Beteiligung in klarerer Weise und gibt dem Verhalten in Anerkennung Gottes den rechten Ausdruck.

Unter der Devise des klugen und bedachten Handelns im Leben wird der 11–16
Weise in den verschiedensten Lagen des alltäglichen Ablaufes seines Umganges mit der Umwelt den rechten Weg finden: Ausübung von Macht gegen andere, Lüge, falscher Ratschlag in der Ratsversammlung, all dies soll und kann der Weise meiden. Dies wirkt sich auch im Gebet aus, bei dem nicht viele Worte zu machen sind, vgl. dazu Mt 6,7.

Wer so handelt, beweist, daß er nicht hochmütig ist. Auch hier ist der Hoch- 17
mut das Grundübel, dem der Mensch anheim fallen kann. Der Weise aber wird sich dem enthalten können. Er weiß ja auch, daß das Handeln des Menschen in diesem Leben ein vergängliches ist. Unter dem Gedanken an das Ende des Lebens erhält das menschliche Streben nach hohen Dingen eine besondere Beleuchtung. Darauf weist Ben Sira mit allem Nachdruck hin. Dem dient auch die Aussage (V.17): „O, Riß!" Das Ende des menschlichen Lebens ist nicht eine unerwartete oder unverhoffte Unterbrechung menschlichen Strebens, sondern ist einem jeden Menschen von Anfang an auf seinem Weg mitgegeben und kann daher nicht als etwas Unerwartetes und vorher nicht Bekanntes angesehen werden. Wer dieses Ende Gott anheim stellt und auf seinem Wege mit Gott rechnet, wird der Gefahr des Hochmuts entgehen.

Der Enkel Ben Siras hat an dieser Stelle in besonderer Weise die neuen, aus der hellenistischen Umwelt kommenden Gedanken einfließen lassen. Er kennt offenbar die griechische Übersetzung des Jesajabuches, Jes 66,24. In Anlehnung an diesen Wortlaut übersetzt er hier: „Denn die Strafe des Gottlosen ist

Feuer und Wurm". Damit beweist er, daß er hier nicht nur an das Ende des menschlichen Lebens denkt, sondern an das letzte Gericht, vgl. auch Jdt 16,17 und 2 Makk 9,9.

7,18–28: Bleibe bei dem, was dein ist

18 Vertausche nicht einen Freund um einen Kaufpreis,
auch einen Bruder nicht,
  der gegen Gold von Ophir ausgewogen[104] werden könnte.
19 Verachte nicht eine kluge Frau,
  besser ist Anmut als Edelsteine.
20 Behandle nicht schlecht[105] einen Sklaven[106], der treu arbeitet,
  auch den Tagelöhner[107] nicht, der sich ganz hingibt.
21 Einen verständigen Sklaven liebe[108] wie dich selbst,
  enthalte ihm nicht die Freilassung vor.
22 Nach dem Vieh, das dir gehört, sieh mit eigenen Augen,
  und wenn es treu ist, belasse es bei dir.
23 Wenn dir Söhne zu eigen sind, so erziehe sie
  und führe ihnen Frauen[109] in ihrer Jugend zu.
24 Wenn du Töchter[110] dein eigen nennst, so behüte ihren Leib,
  sei nicht zu stolz ihretwegen.
25 Führe eine Tochter zur Ehe und beende damit ein Werk,
  einem verständigen Manne[111] sei sie Gefährtin[112].
26 Wenn du eine Frau dein eigen nennst, verabscheue sie nicht,
  und auf eine Nebenbuhlerin[113] setze kein Vertrauen.
27 *Von ganzem Herzen ehre deinen Vater*
  und deiner Mutter Schmerzen vergiß nicht.
28 *Denke daran, daß du durch sie beide wurdest,*
  und wie könntest du ihnen vergelten, was sie dir gaben?[114]

---

[104] H^A: תלוי = „aufgehängt"; die Übersetzung folgt Ginzberg, 1906, 617; das Bild stammt aus der Praxis des Wiegens mit einer Handwage.
[105] H^A: תדע; besser mit H^C: תרע; ebenso S; vgl. Rüger, 1970, 45.
[106] H^A: באמת = „an einer Magd"; fehlt in H^C; lies mit S: עבד; vgl. Rüger, ebd.
[107] Mit Rüger, ebd., kann dieses Wort in der vorliegenden Schreibweise beibehalten werden; H^A: שוכר und H^C: שכיר würden demnach zwei mögliche Ausspracheformen des gleichen Wortes wiedergeben.
[108] H^C: אהוב scheint den älteren Text wiederzugeben, Rüger, 1970, 45f.; H^A bietet den gleichen Inhalt mit חבב.
[109] So mit H^A; in H^C fehlt נשים und ist zu ergänzen; Ausfall wegen Homoioteleton.
[110] So mit H^A und G; H^C: בנים = „Söhne"; vertikale Dittographie; vgl. Rüger, 1970, 47.
[111] H^A: נבון גבר; besser mit H^C: נבון [..]נ.
[112] H^A: חברה = „Gefährtin"; H^C: זברה = „Geschenk" (?)
[113] H^A: שנואה; diese Bedeutung mit Ginzberg, 1906, 617, entsprechend der tannaitischen Tradition; ähnlich auch Kuhn, 1929, 292.
[114] V.27 und 28 fehlen in H^A; Hamp, z.St., vermutet Homoioarkton.

Die äußere Form der Mahnung, die durch „nicht" eingeleitet wird, ist auch hier noch beibehalten. Der Inhalt der Mahnungen geht nun zu dem Thema über, das Alte und Bewährte und Vertraute nicht zu verlassen zugunsten eines vermeintlichen besseren Erfolges.

Der gewohnte Umkreis der Familie wird hier vorgeführt: Freund, Bruder, Frau, Sklave und Vieh. In lockerer Folge werden hier die dem Menschen in einer bäuerlichen Umgebung nahen Bezugspunkte und Bezugspersonen angegeben. Diese festgefügte Ordnung ist nicht zu verlassen. Eine Erneuerung oder gar ein Wechsel kann nur zum Schaden ausschlagen. Die hier aufgeführte Familie und die damit verbundenen Bezüge entsprechen ganz dem auch sonst bekannten Lebenskreis alttestamentlicher Überlieferung, so besonders der Aufzählung im Dekalog Dtn 5,14. Sie alle bilden einen in sich geschlossenen Rahmen, der auch etwa bezüglich der Sabbatruhe in gleicher Weise Anrecht auf Beachtung und Fürsorge hat. Ophir (V.18) ist das ersehnte Land, aus dem besonders reines und gutes Gold bezogen wurde, vgl. 1 Kön 9,28; Gen 10,29; Jes 13,12; Hi 28,16 und Ps 45,10. Es ist im Süden des Roten Meeres am Südwesteck der arabischen Halbinsel zu suchen[115]. Die dabei angesprochene Art, Gold zu wägen, zeigt, daß der Kaufpreis noch ohne die Währung von Geld und Geldeswert gezahlt wurde, sondern mit der Handwaage abgemessen wurde. Eine kluge und klar handelnde Frau ist besser als eine reiche (V.19). Ein verläßlicher Sklave oder Tagelöhner ist wie ein persönlicher Freund zu halten (V.20f.). Ihm kann auch die Freilassung zuteil werden, vgl. Ex 21,2 und Dtn 15,12. Für das Verhältnis zur Umwelt ist zu beachten, daß auch das Vieh ganz in den persönlichen Lebenskreis der Menschen mit einbezogen ist. Da das Vieh bei der täglichen Arbeit des Bauern unentbehrlich ist, wird ihm auch die ihm zukommende Behandlung zuteil werden.

Wie in Sir 3,1–16 wird in diesem Zusammenhang noch einmal auf das Verhältnis der Eltern zu ihren Kindern hingewiesen. Dieses Mal aber geschehen die Anweisungen unter dem Gesichtspunkt des Verhaltens der Eltern zu ihren Kindern. Auch sie haben eine Verpflichtung, ihre Söhne und Töchter in gegenseitiger Achtung zu behandeln und ihnen das zukommen zu lassen, was ihnen gebührt. Daß auch die Eltern Pflichten gegenüber den Kindern haben, ist das Neue, das hier zur Sprache kommt. Die Erziehung der Kinder geschieht nicht, um eigenen Nutzen oder Vorteil daraus zu ziehen. Die Kinder sind auf ihr eigenes und selbständiges Leben vorzubereiten. Söhne sind dazu anzuhalten, bald in ihrer Jugend eigene Familien zu gründen. Töchter sind im Hause zu behüten entsprechend der Sitte, daß das junge Mädchen als Jungfrau in die Ehe geführt wird, um sicher zu sein, daß sie nicht bereits bei Eintritt in die Ehe schwanger sei. Zudem kann eine oder mehrere Töchter die Familie zu einer stolzen Haltung führen, da für sie ein entsprechender Brautpreis zu erwarten war. Aber dies soll nicht der Beweggrund der Eltern sein, ihre Töchter

---

[115] L. Rost, Art. Ophir, BHH II, 1964, 1353, mit dem Hinweis auf die inschriftliche Erwähnung auf dem Ostrakon aus der isr. Königszeit vom Tell Qasile: „Gold von Ophir".

zu schätzen. Auch diese sollen bald zu einer eigenen Existenz kommen, indem sie zur Ehe mit einem verständigen Manne geführt werden. Aus all dem wird deutlich, daß die Eltern ihr Werk der Erziehung erst dann als vollendet ansehen können, wenn die Kinder dem Elternhaus entwachsen sind und eine eigene Existenz gegründet haben. Auch hier bewährt sich die schon in Kap. 3 zu beobachtende Tatsache, daß die Erziehung nicht dem Elternhaus, sondern den Kindern dient. Weitere Ausführungen zum Thema „Erziehung" sind in 30,1–13 zu finden.

26 Die neue verfeinerte städtische und hellenistische Kultur bot mehr Anreiz, neben der Ehefrau auch auf andere Frauen zu schauen. Ehescheidung hat es in der alttestamentlichen Welt gegeben. Die gesetzlichen Texte gaben diesem Handeln Raum. Zur Zeit Ben Siras aber scheint diese Möglichkeit an Bedeutung gewonnen zu haben. Er warnt davor, die eigene Frau zu verlassen und einer Nebenbuhlerin mehr Vertrauen zu schenken.

27f. Der hebräische Text kennt diese Aussagen nicht. Sie sind nur aus der griechischen Tradition bekannt und möglicherweise durch einen Abschreibfehler im heute bekannten hebräischen Text ausgelassen worden. Jedenfalls bringen sie einen zusätzlichen, aber zusammenfassenden Gedanken in diese Abfolge der Mahnungen hinein. So wie vorher von den vielen Möglichkeiten des familiären Zusammenlebens gesprochen worden war, so ist dies nun noch einmal Gegenstand der Ausführungen in dem Sinne, daß diese sozialen Gegebenheiten nur dadurch in die Erfahrung des Lebens kamen, daß Vater und Mutter unter Verzicht und Schmerzen Kinder und damit eine neue Generation ins Dasein brachten. Dadurch entsteht ein äußerst enger Zusammenhang zwischen den verschiedenen Partnern einer Kleingruppe, wie es die Familie ist. Dieser Tatsache eingedenk zu sein, ist Aufgabe des Schülers und der Kinder.

7,29–31: Gib von deinem Reichtum den Priestern

29 Von deinem ganzen Herzen fürchte[116] Gott
und seine Priester halte heilig.
30 Mit all deiner Kraft liebe den, der dich gemacht hat,
und die, die ihm dienen, verlasse nicht.
31 Ehre Gott und verehre den Priester
und gib ihnen ihren Anteil, wie dir befohlen wurde:
Speise von Stieren und Abgaben von Schenkeln,
Gemeinschaftsopfer und heilige Gaben.

Wie die gesamte Haltung des Weisen auf seiner rechten Gottesbeziehung ruht, so auch auf der Beziehung zum Tempel, der für Ben Sira der Mittelpunkt für die Gottesbeziehung ist. Diese Mitte des Argumentierens Ben Siras ist aus seinen

---

[116] Zu der Aussage über die Gottesfurcht (hier: פחד) vgl. Haspecker, 1967, 301–312.

Mahnungen nicht wegzudenken. Gerade hier beweist Ben Sira seine Verbundenheit mit dem Glauben der Väter. Den Tempeldienst aufzugeben, hieße, die religiösen Bindungen mit dem eigenen Volk verlassen. Damit würde aber das Leben den äußeren Einflüssen aus der hellenistischen Zeit Tür und Tor geöffnet. Für Ben Sira ist gerade der Tempel der Ort, diesen Gefahren zu begegnen. Seit der Wiedereinweihung des Tempels in Jerusalem (515 v.Chr.) nach der Katastrophe des Exils war der Tempel und der darin vollzogene Kult immer mehr zum Mittelpunkt des religiösen Lebens in Israel geworden. Der Enkel behält diese Aussage auch in der griechischen Übersetzung in Alexandrien bei. Es ist anzunehmen, daß die in Alexandrien wohnenden Juden von Zeit zu Zeit auch den Tempel in Jerusalem aufsuchten, um dort Opfer darzubringen und die Nähe Gottes zu erleben. Dazu möchte Ben Sira ermuntern. Daher ruft er zur Anerkennung dieser Institution auf. Daß daneben das schriftgelehrte Studium an den überlieferten Texten (Tora) immer mehr an Bedeutung gewann, spielt für Ben Sira bezeichnenderweise eine geringere Rolle. Es offenbart sich darin ein innerjüdischer Gegensatz, bei dem Ben Sira seine besondere Stellung einnahm. Diese brachte ihn schließlich in eine Position, die dazu führte, sein Buch aus der Reihe der Heiligen Schriften zu verdrängen.

Wer Gott fürchtet, ehrt auch den Priester, der den Dienst am Heiligtum 29 vollzieht.

Wer den anerkennt, der ihn erschaffen hat, der wird auch dem dienen, der am 30 Tempel die Gegenwart Gottes erkennen läßt durch die heiligen Handlungen.

Daraus folgen ganz konkrete und eindeutige Anweisungen, wie sich der, der 31 den Tempel besucht, um die Nähe Gott zu erleben, zu verhalten hat. Dazu gehören: den Priester mit Lebensunterhalt zu versorgen (Lev 5,14–26; Num 18,8–19; Dtn 12,6f.), Speis- und Schlachtopfer (Dtn 33,19; Lev 2,3; 16,17; Ps 51,21) darzubringen und Abgaben zu entrichten, vgl. Ex 29,27; Lev 7,32; Dtn 18,3; Lev 27,36ff. und Num 18,21.

7,32–36: Gib von deinem Reichtum auch anderen

32 Auch dem Armen reiche dein Vermögen dar,
   damit dir vollkommener Segen zuteil werde.
33 Gib ein Geschenk einem jeden, der da lebt,
   und auch vor dem Toten halte eine Gemeinschaftsgabe nicht zurück.
34 Wende dich nicht ab von denen, die da weinen,
   und mit den Trauernden trauere.
35 Laß dein Herz nicht den Freund vergessen[117],
   denn von ihm wirst du geliebt.

---

[117] H^A: תשא: mit Hartom, 1969, 34, und Segal, 1972, 50, abzuleiten von נשה = „vergessen". Der Text ist zu belassen, gegen Lévi, JQR 13 (1901) 3, u.a.

36 In all deinen Taten bedenke das Ende,
und in Zukunft wirst du nicht ins Verderben geraten.

Das verantwortlich lebende Glied der jüdischen Gemeinde, das den Mahnungen des Lehrers folgt und darin sich als weise erweist, dient seiner Umgebung nicht nur mit Ratschlägen und bedachter Beteiligung am öffentlichen Leben, sondern auch mit Abgaben und Geschenken. Nicht nur die Priester, die nach der Meinung Ben Siras an erster Stelle zu bedenken sind, sind Empfänger der Abgaben und Geschenke, sondern auch viele andere Personen, die in dem Umkreis des Weisen leben.

32–35 Zu diesem Umkreis gehören die Armen, die Bedürftigen, die, die durch den Tod aus der Gemeinschaft ausgeschieden sind, die Trauernden und die Freunde. In dieser Aufzählung der vielen, die der Gaben bedürfen, kann ein Hinweis auf die von dem frommen Israeliten geforderten Werke der Barmherzigkeit gesehen werden: Arme (Dtn 14,29; 26,12f.) versorgen in der Erwartung, daß dies dem Geber selbst zum Segen gereicht (V.32), gehört dazu ebenso wie Tote (Sir 44,13; Tob 1,20f.; 14,2)zu ihrer letzten Ruhestätte zu bringen (V.33). Eine Gemeinschaft lebt auch da, wo es um die Fürsorge für die Verstorbenen geht. Jeder Tote läßt trauernde Hinterbliebene (Hiob 30,25; Röm 12,15) zurück. Ihnen gilt die Zuwendung der Gemeinde (V.34). Schließlich ist der freundschaftliche Umgang mit dem Nächsten (s. Sir 6) nicht zu vergessen.

36 Wie in Vers 17 erinnert Ben Sira bei all diesen Mahnungen an das Ende des Lebens. Von da her kann erst das ganze Handeln des Menschen richtig beurteilt werden. Unter dem Ausblick des zu erwartenden Todes bekommen die einzelnen Handlungen und Wege des Menschen eine ganz eigene Optik. Vom Ende des Lebens eines Menschen her kann rückblickend sein Leben gesehen, gedeutet und beurteilt werden. Diese Maxime ist für den Menschen aller Zeiten von Bedeutung gewesen, so auch in der klassischen Antike. Hierfür gibt es aus der griechischen und später aus der lateinischen Literatur viele Hinweise und Aussagen[118]. Daß hierbei zunächst und einfach nur an das Ende des Lebens ohne Hinblick auf ein Weiterleben nach dem Tode[119] oder gar auf ein Gericht zu denken ist, geht aus diesen Aussagen hervor. Auch Ben Sira steht noch in der Glaubenswelt seines Volkes: Das Ende des Lebens eines Menschen kann dann als Erfüllung seines Lebensweges gesehen werden, wenn er in Zufriedenheit, Ruhe und Ausgeglichenheit seine Tage beendet. Im Buch Genesis wird häufig für diesen Abschluß des menschlichen Lebens die Formulierung gebraucht: „alt und lebenssatt", Abraham, Gen 25,8 u.a. Hier wird unüber-

---

[118] Herodot I,32,7; 86,3; Sophokles, Oedipus Tyrannus 1528–1530; vgl. O. Kaiser, VF 27 (1982) 82f. = Ders., BZAW 161, 1985, 149f.
[119] So auch Hamp, z.St., und M. Fang Che-Yong, VD 40 (1962) 18–26. Anders M. Dahood, Psalms III, 101–150, Garden City/NY 1970, 6. Druck 1981, Anchor Bible 17,2,XLI-LII: XLVIII, und Penar, 1975, 24.

hörbar deutlich, daß das Leben in dieser Welt der eigentliche Raum ist, in dem die menschliche Existenz im Gegenüber zu Gott sich vollzieht. Hier erfährt man die Nähe Gottes, aber auch seinen Auftrag. Hier ist darum der Ort, an dem der Fromme sich zu bewähren hat. Dem dient auch all das, was Ben Sira in seinen Sprüchen und Mahnungen an seine Schüler und Nachfolger weitergibt. Bewährung im Leben in Verantwortung vor Gott, das ist das eigentliche Ziel der Ausführungen Ben Siras.

KAPITEL 8

8,1–19 Des Weisen Wandel in der Welt sei zurückhaltend und klug

1 Streite nicht mit einem mächtigen Manne,
   warum willst du dich unter seine Macht begeben?[120]
2 Habe nichts im Sinn gegen einen Mann,
   dem Vermögen zu Gebote steht[121],
   damit er nicht einen Preis gegen dich aussetze
   und du zu Grunde gehst.
   Denn viele werden durch Gold übermütig gemacht,
   und Reichtum läßt das Herz der Vornehmen abirren.
3 Streite nicht mit einem Schwätzer,
   lege nicht noch mehr Holz auf das Feuer.
4 Habe keinen Umgang mit einem törichten Menschen,
   damit er die Vornehmen[122] nicht verachte.
5 Schmähe nicht einen Menschen, der sich von Sünde abwendet,
   denke daran, daß wir alle Schuldner sind.
6 Beschäme nicht einen alten Menschen,
   denn auch wir werden zu denen gezählt, die alt werden.
7 Freue dich nicht über einen Toten,
   denke daran, daß wir alle (dort) versammelt werden.
8 Verwirf nicht die Reden der Weisen,
   ihren Rätselsprüchen wende dich vielmehr zu.
   Denn dadurch wirst du Lehre erlangen,
   um vor Fürsten hintreten zu können.

---

[120] Die folgenden zwei Halbverse wiederholen und erklären die Aussage. Sie lauten: „Streite nicht mit einem, der härter ist als du; warum willst du in seine Macht fallen?" Nach Rüger, 1970, 14, sind die Versteile a) und d) die älteren. Ihnen folgt G.

[121] Zu hebr. חרש = „etwas im Sinn haben" vgl. Penar, 1975, 25; hier auch der Vorschlag, hebr. לא von der ugaritischen Wurzel l'y = „stark sein" abzuleiten. Besser ist es, der Randlesart des Qere zu folgen: לו = „ihm".

[122] HA: לנדיבים; so auch S. G liest πρόγονοι = „Vorfahren". Segal, 1972, 53, korrigiert von da her hebr. zu למולידים.

9 Verachte nicht die Erzählungen der Alten,
die sie selbst von ihren Vätern gehört haben.
Denn durch sie erhältst du Einsicht[123],
um im rechten Augenblick eine Antwort geben zu können.
10 Du sollst den Frevler nicht bis zur Glut reizen[124],
damit du nicht brennest wie die Flamme seines Feuers.
11 Ziehe dich nicht vom Spötter zurück,
damit du ihn nicht ruhen lässest wie einen,
der gegen dich im Hinterhalt liegt.
12 Leihe nicht einem Menschen, der mächtiger ist als du,
aber wenn du bereits geliehen hast, betrachte es als verloren.
13 Leiste keine Bürgschaft für einen, der dir überlegen ist,
aber wenn du bereits Bürgschaft geleistet hast,
dann versuche, sie zu erfüllen.
14 Führe keinen Rechtsstreit mit einem Richter,
denn nach seinem Gutdünken wird er richten.
15 Mit einem Übermütigen wandle nicht,
damit du es dir nicht schwer machst mit deiner Untat,
denn er wird nach seiner eigenen Richtung seinen Wandel führen,
aber du wirst durch seine Torheit Schaden nehmen.
16 Mit einem Jähzornigen sollst du nicht hart verfahren,
fahre mit ihm nicht auf gleichem Wege;
denn leicht ist in seinen Augen Blutschuld,
und wenn es keinen Helfer gibt, wird er dich verderben.
17 Mit einem Toren pflege keinen Umgang,
denn deinen Rat wird er nicht für sich behalten können.
18 Vor einem Fremden tue nichts, was geheim bleiben soll,
denn du weißt nicht, was am Ende daraus wird.
19 Keinem Menschen tue kund deine Gedanken
und stoße nicht weg von dir Gutes.

In den Versen 1–14 entspricht die äußere Form ganz dem Charakter der Weisheitslehre, die durch Mahnungen erziehen will. Alle Aussagen beginnen mit dem mahnenden Wort: „nicht" (= אל). Auch hier läßt sich diese Form in der deutschen Übersetzung nicht nachahmen. Auch andere formale Eigentümlichkeiten können beobachtet werden, z.B. Alliteration, Wortspiele und festgeprägte Rede im syntaktischen Aufbau.

Die Vielfalt des Lebens bewirkt eine Vielfalt der Aussagen. In bunter Folge, ohne daß eine systematische Ordnung erkennbar wäre, folgen die Ratschläge aufeinander.

---

[123] Zur Bedeutung von hebr. לקח = „Lehre annehmen" vgl. Rüger, 1970, 99.
[124] Schwer verständlicher hebr. Text. Die Übersetzung folgt dem Vorschlag vieler Ausleger, indem das vorhandene Wort נחלת = „Erbe" in נחלת = „Glut" geändert wird.

Aus diesen Aussagen wird ersichtlich, daß Ben Sira wohl um die Möglich- 1f.
keiten eines freieren Lebenswandels der jüdischen Bevölkerung seiner Zeit weiß,
er selbst aber und die von ihm Angeredeten gehören nicht zu der Führungs-
schicht der Stadt und des Landes. Ben Sira lebte wie alle seine Zeitgenossen
unter einer fremden Vorherrschaft, der der Ptolemäer, später der Seleukiden.
Diesen Herren gegenüber sich klug zu verhalten, ist das Anliegen der Lehren
Ben Siras. Hier könnte an den deutschen Spruch gedacht werden: „Gehe nie
zu deinem Fürst, wenn du nicht gerufen wirst!"

Ben Sira kommt auf den Umgang mit unberechenbaren Menschen zu spre- 3f.
chen. Schwätzer und Toren werden nicht von der Klugheit ihres Wesens geleitet, sondern sind wie das Feuer unberechenbar. Im Umgang mit ihnen kann
es leicht dazu kommen, sie in ihren Schwächen zu verletzen. Dies würde nur
zu einem Anwachsen der Schwierigkeiten führen.

Klugheit zeigt sich auch darin, nicht in Selbstüberschätzung und Selbst- 5
überhebung einem Schuldner, der reuig geworden ist, hochmütig gegenüber-
zutreten. Der Weise steht in Gefahr, selbstgerecht zu werden. Davor wird mit
Recht gewarnt.

Der, der sich der Blüte seines Lebens und seiner vollen Kraft erfreut, möge 6f.
daran denken, daß es auch Menschen gibt, die physisch schwach sind und leiden. Menschen werden alt, gebrechlich und wunderlich, ja sie gehen dem
Tode entgegen. Darüber sich zu freuen oder gar hochmütig sich zu erweisen,
entspricht nicht weisheitlicher Denkart. Der Weise soll, wie früher schon ausgeführt, an sein eigenes Ende denken.

Der Gedanke an die Alten und an die, die dem Tode entgegengehen, führt 8f.
Ben Sira dazu, noch einmal die reiche Lebenserfahrung der Alten zu erwähnen, von der man nur lernen kann. Sich diesen Erfahrungen zu öffnen, ist
klug. Ein reicher Erfahrungsschatz, durch die Generationen hindurch vererbt,
hilft, das eigene Leben zu bestehen.

Wie in 3f. kommt Ben Sira hier noch einmal auf die unberechenbaren Men- 10f.
schen im Umgang zu sprechen. Von Frevlern und Spöttern solle man sich getrennt halten. Zu leicht gerät man in ihre Netze und Abhängigkeit.

Es entspricht der wirtschaftlichen Situation der Zeit Ben Siras, daß der Um- 12f.
gang mit Geld, seit der Zeit der Perser bekannt, immer wichtiger wird. In den
Texten des AT ist hierüber noch keine Nachricht enthalten. Der Handel der
vergangenen Zeiten geschah durch Tausch der Ware oder durch Abwägen
von Silber, Gold und anderen Wertobjekten. In der griechisch-hellenistischen
Zeit kommt das Geldwesen für den ganzen Vorderen Orient zu großer Blüte.
Beweis dafür sind die zahlreichen aus dieser Zeit stammenden Münzen, die
über den ganzen Vorderen Orient sich nachweisen lassen. Besonders schöne
Silberprägungen stammen aus der Zeit Alexanders des Großen selbst. Ben Sira
erwähnt die beiden Möglichkeiten der Geldaufnahme: das Ausleihen von Geld
und die Bürgschaft für einen anderen Menschen. Ein Geldgeschäft zu einem
guten Ende führen zu können, war immer schwierig. Der dafür nötige Einfluß und die dafür geforderte Vollstreckungsgewalt müßte stets vorhanden
sein, um diese Geschäfte zu einem guten Ende zu führen. Dies wird aber da

sofort in Frage gestellt, wo der andere, mit dem man ein Geldgeschäft eingegangen ist, mächtiger ist als der Geldgeber. In diesen Fällen kann man in große Schwierigkeiten geraten.

14 Ähnlich verhält es sich bei der Durchführung von Rechtssachen. Der in juristischen Dingen Kundige, der Richter, wird immer dem, der in diesen Bereichen nicht erfahren ist, überlegen sein. Darum ist es gut, einem Richter gegenüber nicht als Besserwisser aufzutreten, um ein vermeintliches Recht durchsetzen zu wollen. Ein Richter wird immer das letzte Wort haben.

15–17 Wieder geht es um den Umgang mit unberechenbaren Menschen. Übermütige, Jähzornige und Toren sollten nicht zu dem Kreis derer gehören, mit denen man Umgang pflegt. Im Gespräch mit ihnen wird die eigene Lebenshaltung, die von Klugheit und Weisheit bestimmt ist, zunichte; denn diese Menschen haben keinen Einblick in die den Weisen erfüllende Vorstellungswelt.

18f. Zurückhaltung im Wort und dezenter Umgang ist Fremden gegenüber geboten. Ein einmal gesprochenes Wort und eine einmal gesetzte Tat, beide wirken weiter und gehen ihren Weg durch die Welt, ohne daß man diesen aufhalten oder kontrollieren kann. Daher ist es wichtig, genau zu bedenken, wem man seine Worte und Handlungen offenbart.

KAPITEL 9

9,1–9: Mann und Frau

1 Zeige keine Eifersucht bei der Frau, die bei dir ruht,
  damit sie nichts Böses gegen dich erlerne.
2 Du sollst dich nicht einer Frau verkaufen[125],
  sie könnte dir auf dem Rücken[126] herumtanzen.
3 Nähere dich nicht einer fremden Frau,
  damit du nicht in ihre Netze fallest.
  Mit einer Dirne führe keine Gespräche,
  damit du nicht durch ihre Schmeichelworte[127] gefangen werdest.

---

[125] HA: תקנא; mit Ginzberg, 1906, 618, u.a. von קנה = „kaufen" abzuleiten; hier Ni. „sich verkaufen".

[126] HA: במותיך; zur Übersetzung mit „Rücken" vgl. Penar, 1975, 27f. Das Bild der Herrschaft käme auch zum Ausdruck unter der Bedeutung במה = „Höhe", vgl. Dt 33,29; Hab 3,19.

[127] Durch Umstellung der Buchstaben בלקותיה zu בקלותיה kann das Wort „Schmeichelworte" gewonnen werden, so mit Hamp, z.St., auch Rüger, 1970, 16.

4 Mit Saitenspielerinnen verbringe nicht deine Zeit[128],
   damit sie dich nicht durch ihre Sirenenklänge[129] entflammen.
5 Richte dein Denken nicht auf eine Jungfrau,
   damit du dich nicht durch sie in Strafe verstrickst.
6 Gib dich nicht einer Dirne hin,
   damit du dein Erbe nicht verspielst[130].
7 Dadurch würdest du dich als einen Toren erweisen,
     durch das, was deine Augen sehen,
   weil du hinter ihrem Hause zu Grunde gehst[131].
8 Verhülle das Auge vor einer anmutigen Frau,
   blicke nicht auf eine Schönheit, die dir nicht gehört,
   wegen einer Frau sind viele zu Grunde gegangen,
   so daß ihre Liebhaber sie im Feuer verbrennt.
9 Zusammen mit einer Ehefrau sollst du nicht speisen,
   und mit ihr[132] zusammen sollst du auch nicht trinken,
   damit du dich nicht ihr mit deinem Gedanken zuneigest
   und durch die Erregung des Blutes ins Verderben gerietest.

Dieser Abschnitt ist wiederum durch die gleichmäßige äußere Form charakterisiert. Immer wieder steht an der ersten Stelle אל: „nicht". Die Abfolge der Mahnungen ist aber so variiert, daß nicht von einer möglicherweise vorliegenden älteren Sammlung gesprochen werden kann.

Das Thema des Verhältnisses von Mann und Frau ist in früheren Abschnitten, z.B. 7,18–28, schon behandelt worden. Es wird auch in späteren Ausführungen Ben Siras immer wieder aufgegriffen. An der Häufigkeit der Behandlung und auch an der Verschiedenartigkeit des Zuganges zu diesem Thema wird deutlich, daß in der Zeit Ben Siras ein großer Wandel im Verhältnis zu Geschlechter zueinander aufgetreten ist. Das alte patriarchale Denken hatte ein Ende gefunden. So wie die Bewegungsmöglichkeiten der Jugend um ein Vielfaches größer geworden sind, so auch das Verhalten der Geschlechter zueinander, besonders aber auch für die Frau die Möglichkeit, sich freier und außerhalb der geordneten Familien- und Sippenverbände zu bewegen. Man merkt es den Aussagen Ben Siras an, daß er hierbei in besonderem Maße verunsichert und bewegt wurde. Die städtischen Verhältnisse der hellenistischen Zeit haben ganz andere Formen des Umgangs mit sich gebracht, als dies Ben Sira aus seiner jüdischen Tradition bekannt gewesen ist.

---

[128] HA: תדמוך. Die Bedeutung des Verbs דמך ist unklar. Segal, 1972, 56, und Hartom, 1969, 37, leiten es vom Aram. „liegen" ab.

[129] HA: בפיפיתם; nach G.R. Driver, JBL 53 (1934) 274f.: „Küsse".

[130] Hebr. סבב = „aushändigen", in Parallele zu נתן im Versteil a); vgl. dazu V. Sasson, The Meaning of whsbt in the Arad Inscription, ZAW 94 (1982) 105–111: 109f.

[131] HA ist schwer verständlich. G bietet: „Blicke nicht umher in den Gassen der Stadt und auf ihren einsamen Plätzen schweife nicht umher."

[132] HA hat עמו = „mit ihm"; besser: עמה = „mit ihr".

1   Bezeichnend für die vielfältigen Möglichkeiten des Umgangs der Geschlechter miteinander ist es, daß Ben Sira nur einen einzigen Vers in diesem Zusammenhang dazu verwendet, das Verhältnis zur eigenen Ehefrau zu behandeln. Alle anderen Aussagen beziehen sich auf die vielfältigen Möglichkeiten des Kontaktes mit Frauen der städtischen Kultur. Und auch für das Verhalten zur eigenen Ehefrau steht der Gedanke der Gefährdung dieses Verhältnisses im Vordergrund. Das Vertrauensverhältnis könnte getrübt werden durch Eifersucht. Wenn der Ehemann seiner Frau gegenüber Zeichen der Eifersucht erkennbar werden ließe, könnte auch seine eigene Frau umgekehrt auf den Gedanken kommen, daß sie zu Eifersucht Anlaß habe. Diese gegenseitigen Äußerungen des Mißtrauens könnten das eheliche Vertrauensverhältnis nur stören.

2   Mit der Aussage über die Hörigkeit eines Mannes gegenüber einer Frau, der er verfallen ist, beginnen die vielfältigen Aussagen Ben Siras über das Verhältnis der beiden Geschlechter zueinander. Alle die folgenden Beispiele, die der Mann der damaligen Zeit in seiner Erfahrung hat kennenlernen können, zeigen die Sorge Ben Siras, daß das alte Sozialgefüge auseinderbrechen könne. Sie zeigen aber auch, wie neu dieses Problem für die Zeit Ben Siras gewesen sein muß; denn alle diese Aussagen sind von einer gewissen Unsicherheit überschattet. Ben Sira kann sich aus dieser Unsicherheit nur dadurch lösen, daß er auf die strengen Sittengesetze zurückgreift und damit die Frau in ihre durch das patriarchale Denken aufgerichtete Schranken verweist. Es muß allerdings auch beachtet werden, daß dieses Denken erwachsen war aus den Erfahrungen der durch die religiösen Entwicklungen geprägten Kultur. Sowohl die Fruchtbarkeitsreligion der kanaanäisch-syrischen Welt wie auch die mit dieser zusammenhängenden Religion des hellenistischen Raumes hatten das Element der Fruchtbarkeit und damit der geschlechtlichen Überbetonung in den Mittelpunkt nicht nur der religiösen Traditionen, sondern auch der sozial-ethischen Entscheidungen gestellt. Diesem Denken gegenüber hatte die prophetische Tradition Israels, die an die alten von der Wüstentradition her kommenden religiösen und ethischen Werte anknüpfte, immer wieder Stellung bezogen. Diese Diskrepanz ist auch noch aus den Aussagen Ben Siras herauszulesen.

3f.   Die Kontakte mit fremden Frauen außerhalb des eigenen Hauses der in sich geschlossenen Familie sind vielfältiger Art: Eine fremde Frau könnte versucht sein, einen Mann, dessen Frau im Hause zu verbleiben hat, für sich zu gewinnen. Dies gilt für die Dirne ebenso wie für die an den Vergnügungsstätten angesiedelten Spielerinnen und Sängerinnen. Das hellenistische Lebensgefühl brachte all diese Möglichkeiten der Unterhaltung mit sich. Lyrik und Musik hatten eine reiche Entwicklung hinter sich und waren für die jüdische Tradition ungewohnt und neu und darum besonders verführerisch.

5   Auch das Schönheitsideal war für jüdisches Denken ungewohnt und übte nun seine Versuchung aus. Hierbei ist auch an die Bedeutung der Hochschätzung der Erotik zu denken, die die hellenistische Welt erfüllte. Einer Frau, gar einer Jungfrau ansichtig werden, könnte das Verlangen erwecken, sie ihrer

erotischen Anziehungskraft wegen zu besitzen. Dadurch aber würde sich der so handelnde Mann in Strafe verstricken.

Daß der Umgang mit Dirnen aufwendig und teuer ist, hat Ben Sira in der städtischen Kultur schon erfahren müssen. Sehr leicht erweist man sich hierbei als ein Tor, der sich durch die vordergründigen Freuden verführen, aber durch den großen Aufwand zugrunde führen läßt. 6f.

Die Möglichkeiten der freieren Lebensart, die gleichzeitig als sehr angenehm und erfreulich geschildert werden, sind auch aus diesen Aussagen zu erkennen. Das Leben spielte sich, vor allem wohl für den Mann, auch außerhalb der eigenen Familie und Sippe ab. Hierbei kam es zu zahlreichen Begegnungen auch bei gemeinsamen Essen, bei Gastmählern. Die Freude, hierbei auch mit anderen Personen, ja auch mit anderen Frauen zusammenzutreffen, ist sehr groß. Dadurch könnte aber die Versuchung gespeist und vergrößert werden, die fremde Frau zu besitzen. 8f.

Für Ben Sira nehmen all diese Gedanken ungemein konkrete Form an in dem Umkreis seines Lebens und Erfahrens. Freilich waren die Versuchungen, von denen er spricht, zu allen Zeiten im Raume des Vorderen Orients lebendig. Von Dirnen spricht schon das Gilgamesch-Epos; von ihren Versuchungen weiß das AT zu allen Zeiten zu berichten. Juda und Tamar (Gen 38), Simson (Ri 16,1) und die Spruchliteratur (Prov 5) weisen darauf hin.

9,10–18: Der Weise in der Öffentlichkeit

10 Verwirf nicht einen alten Freund,
   denn eine neuer[133] ist nicht ...
   junger Wein - neuer Freund,
   aber einen alten trinkst du danach gern[134].
11 Hege keinen Eifer gegen einen Frevler,
   denn du weißt nicht, was ihm sein Tag bringen wird.
12 Eifere[135] nicht gegen den Hochmut dessen, der Glück hat,
   denke daran, daß er zur Zeit seines Todes nicht unschuldig sein wird.
13 Trenne dich nicht von einem Manne, der töten kann,
   so wirst du die Schrecken des Todes nicht fürchten müssen.
   Aber wenn du dich ihm näherst, begehe keine Sünde,
   damit er dir nicht dein Leben nehme.
   Wisse, daß du inmitten von Fallen dich bewegst
   und auf Fangnetzen einhergehst.

---

[133] HA weist Lücken auf; E.N. Adler, Some Missing Chapters of Ben Sira, JQR 12 (1900) 466–480, wieder abgedruckt in: About Hebrew Manuscripts, London 1905, 1–16, z.St., ergänzt: ידע [ע] רכך = „is not comparable to him". Andere Versuche: יד[בי]ק[נו], Segal, 1972, 59; Hartom, 1969, 38 ähnlich: „wird ihm nicht gleichkommen".

[134] Ergänze mit Adler, 1905: תש[תינו].

[135] HA hat eine Lücke im Text; diese kann nach Analogie von V.11 ausgefüllt werden.

14 Soweit es in deiner Kraft steht, antworte deinem Nächsten
und mit Weisen halte Gespräche.
15 Mit verständigen Menschen unterrede dich,
und all dein Reden geschehe mitten unter ihnen.
16 Menschen, die Gemeinschaft halten, mögen deine Gastgeber sein,
und in der Furcht Gottes bestehe dein Ruhm.
17 Unter die, die mit ihren Händen geschickt sind,
werde gerechnet der Künstler[136],
und der Herrscher gelte in meinem[137] Volke als weise.
18 Geschwätz ist furchtbar bei einem zungenfertigen Menschen,
und das Wort, das aus seinem Munde kommt, wird man hassen.

Unvermittelt geht Ben Sira zu einer Reihe von ganz verschiedenartigen Mahnungen über. Rasch wechseln die Situationen und auch die Bilder, deren er sich bedient. Die Aussagen sind eindeutig und unmittelbar verständlich.

10 Der junge Wein ist in seinem Entstehungsprozeß in den verschiedenen Stadien zwar erfreulich zu trinken, da er prickelnd und belebend wirkt. So wirken auch die Initiativen und Aktivitäten eines Menschen, der neu in den Gesichtskreis eines Mannes tritt. Der Eindruck des Neuen und Belebenden erlischt aber rasch und läßt, wie beim Wein, oft einen schalen Nachgeschmack zurück. Deshalb greift man gern wieder zu einer Flasche alten, abgelagerten Weines. Wohl dem, der dann auch noch von alters her bekannte Freunde zum Umgang haben kann.

11f. Die über längere Zeit hinweg geführte Betrachtung des Lebens läßt zu der Erkenntnis kommen, daß die, die einen raschen Erfolg in dieser Welt haben, häufig genug am Ende des Lebens keinen Bestand haben. Diese Aussage findet sich in der alttestamentlichen, aber auch in außerbiblischer Spruchliteratur immer wieder. Das Ende der Wege ist zu bedenken, nicht der Glanz des augenblicklichen Erfolges. Solche Erfahrungen drücken z.B. auch die Beter der Pss 37 und 73 aus.

13 Umgang mit Höhergestellten und Machthabern ist immer mit Vorsicht zu üben. Auch hieran ist die besondere Situation des Lebens und der Zeit Ben Siras zu erkennen. Macht zu töten, lag bei den fremden Herrschern, bei den jeweils regierenden Diadochen. Gegen diese sich aufzulehnen, hieße, in die gefährliche Nähe der Schrecken des Todes zu kommen. Die jüdische Geschichte des 2. Jh. v.Chr. weiß davon sehr viel zu berichten. Wie gefährlich die damalige Zeit für die bekennende jüdische Gemeinde war, zeigen die vielfältigen Verfolgungen, die über die Frommen in der ersten Hälfte des 2. Jh. v.Chr. hereingebrochen waren. Josephus weiß davon zu berichten, wie sich Schüler von

---

[136] Der hebr. Text gibt zu mehreren Deutungen Anlaß. Der Sinn des Verses ist nur mit Verbesserungen herzustellen. Statt יהשך = „festhalten", lies יחשב (Nifal) = „gerechnet werden" und statt יושר = „Recht tun", lies besser יוצר = „Künstler".

[137] H^A: עמי könnte auch gelesen werden: עמו = „in seinem Volke".

Schriftgelehrten durch die Auslegung der Gebote dadurch aufgefordert fühlten, die die Macht der fremden Herrscher symbolisierenden Feldzeichen vom Tempel zu entfernen. Sie wurden für ihre bekennende Tat dem Tod überantwortet.

Der Weise wirkt nicht durch größere Handlungen und gewaltige Taten, sondern durch sein Wort. Dieses Wort in Gesprächen zu pflegen, ist Aufgabe dessen, der die jüdischen Traditionen aufnimmt und weitergeben möchte. Die Aussagen dieser Verse weisen darauf hin, wie man sich in der jüdischen Gemeinde zu gemeinsamen Gesprächen und Auslegungen der Schrift zusammenfand. Hier wurde die Tradition bewahrt und gepflegt.   14f.

In einer Gemeinschaft, die von Gesprächen und Austausch geprägt ist, kann man sich aufhalten und steht nicht in Gefahr, die Furcht Gottes verleugnen zu müssen. Hier können die verschiedenen Fähigkeiten frei und reich entfaltet werden. Hier kann auch erkannt werden, wessen Rede als gut und verläßlich anzusehen ist und wessen Rede als Geschwätz und unnötig zu bezeichnen wäre.   16–18

KAPITEL 10

10,1–18: Irdische Macht kommt den Regierenden von Gott zu

1 Der Richter[138] eines Volkes erzieht[139] sein Volk,
   und die Herrschaft eines Verständigen hat seine Ordnung.
2 Wie der Richter eines Volkes, so sind auch seine Beamten,
   und wie das Oberhaupt einer Stadt, so auch seine Bewohner[140].
3 Ein willkürlicher[141] König richtet die Stadt zu Grunde,
   aber eine bewohnbare Stadt entsteht durch die Klugheit ihrer Fürsten.
4 In der Hand Gottes ruht die Herrschaft über den Erdkreis,
   und den rechten Mann wird er zur rechten Zeit über ihn setzen.
5 In der Hand Gottes ruht die Herrschaft eines jeden Verantwortlichen,
   und vor dem, der Gesetze gibt, steht sein herrlicher Anspruch.
6 Vergelte nicht mit irgendeinem Frevel das Böse deinem Nächsten,
   nicht sollst du wandeln auf dem Wege des Hochmuts.

---

[138] HA: שופט; G bietet: κριτής σοφός = „ein weiser Richter".

[139] HA: יוסר könnte als יסד = „gründet, macht fest, festigt" gelesen werden. Die Lesung ist nicht eindeutig.

[140] Durch Homoioarkton (Hamp, z.St.) ist in HA eine andere Reihenfolge entstanden, nämlich: V.1.3.2.5.4.

[141] HA: פרוע; Middendorp, 1973, 151, vermutet in diesem Wort eine Anspielung auf den ägyptischen Königstitel Pharao, worunter dann ein ptolemäischer Herrscher zu verstehen wäre.

7 Verhaßt ist bei dem Herrn und bei den Menschen Stolz,
  auch bei[142] beiden der Schmerz der Unterdrückung.
8 Herrschaft wandert von einem Volk zu einem anderen,
  verursacht durch Gewalttat des Übermuts[143].
9 Warum gebärdet sich stolz Staub und Asche,
  während schon Zeit seines Lebens sein Körper dahinfault?
10 Ein Anfall von Krankheit bringt in Zorn einen Arzt,
  der, der heute König ist, wird morgen dahinfallen.
11 Im Tode wird ein Mensch Verwesung erben
  und Würmer, Geschmeiß und Maden.
12 Der Beginn des Stolzes eines Menschen ist Prahlsucht,
  und von dem, der ihn geschaffen hat,
     wendet er sich aus ganzer Überlegung ab.
13 Denn eine Ansammlung von Stolz ist die Sünde,
  und ihre Quelle läßt Trug hervorbringen,
  darum füllt er sein Herz mit Bösem,
  und Gott bringt einen Schlag über ihn,
  und er schlägt ihn bis zur Vernichtung.
14 Den Thron der Stolzen stürzt Gott um,
  und er läßt die Elenden an ihrer Stelle dort wohnen.
15 *Wurzeln von Völkern reißt heraus der Herr
  und pflanzt Demütige an ihrer Stelle* [144].
16 Die Spur von Völkern[145] verwischt Gott,
  und ihre Wurzel schlägt er ab bis auf den Grund.
17 Er fegt sie aus dem Lande und reißt sie aus
  und läßt im Lande ihr Gedächtnis eine Ende nehmen.
18 Es ist nicht angenehm für einen Menschen, übermütig zu sein,
  so auch nicht starker Zorn für ein Menschenkind.

Diese längere Darlegung Ben Siras greift einen Gedanken auf, der schon früher angesprochen worden war: Es geht um das Verhältnis des Volkes zu seinen Regenten. Diese Thematik war in der vorexilischen Zeit insofern von anderer Bedeutung, als es um die Herrscher und Könige ging, die zum eigenen Volk gehörten. Das Volk in seiner Gesamtheit stand anderen Völkern mit je ihren eigenen Herrschaftsformen gegenüber. Nun aber wurde die Thematik in neuer Weise brennend, da das palästinensisch-jüdische Land von fremden Eroberern beherrscht wurde, die ihre eigenen Unterbeamten, Statthalter und

---

[142] Zu hebr. ל und מן in parallelen Halbversen siehe T. Penar, Three Philological Notes on the Hebrew Fragments of Ben Sira, Bibl 57 (1976) 112f.

[143] O und einige Minuskeln fügen noch an: „und Geldgier". Außerdem hat die Syh, L', einige Minuskeln und La noch folgenden Zusatz: „Denn es gibt nichts Gesetzloseres als den Geldgierigen; denn dieser macht auch (seine Seele) sich selbst verwerflich."

[144] Nur in G; Dublette aus 16a und 14b.

[145] HA: גוים; besser in den Zusammenhang würde sich fügen, wenn גאים = „Stolze" gelesen werden dürfte, so z.B. Segal, 1972, 61, u.a.

Könige einsetzten. In diese Situation hinein spricht Ben Sira von dem rechten Verhalten der Regierenden und von ihrem Lebens- und Machtgefühl.

Ein gutes Regiment hat auch gute Auswirkungen auf das Leben des Volkes. So wie der Regierende sich verhält, so werden auch die Untergebenen handeln und in der Gewißheit, daß das Rechte geschieht, leben. Diese Worte können nur gesprochen sein nach einer längeren Zeit der Erfahrungen in diesen Bereichen: Viele Herrscher waren gekommen und gegangen und hatten aus einem reichen Land ein armes gemacht. Klugheit aber läßt das Land gedeihen und die Wirtschaft florieren. Vgl. Spr 29,12. V.3 steht dabei in einem bewußten antithetischen Abstand zu V.1f. 1–3

So kann Ben Sira nur darauf hoffen, daß Gott selbst es ist, der dem Volke den Mann zum Oberhaupt setzt, der zum Guten regiert. Daran ist zu erkennen, daß das Volk keinerlei Mitspracherecht hat bei der Ernennung und Einsetzung der Regierenden. Dieses Denken beherrscht die alttestamentliche Literatur dieser Zeit bis hin in die Aussage des NT bei Paulus im Röm 13,1ff. 4f.

Wer die Tatsache vergessen sollte, daß die irdische Macht den Regierenden von Gott übertragen wurde und nicht aus ihrer eigenen Machtvollkommenheit stammt, wird hochmütig und stolz werden. Dieser Gedanke, der Ben Sira so sehr am Herzen liegt, schiebt sich zwischen die Ausführungen in den V.1–5 und 15–18. Schon in früheren Aussagen war die Grundmeinung Ben Siras deutlich geworden, daß die eigentliche Sünde des Menschen in seinem Stolz und Hochmut läge, die ihm den Gedanken vermitteln könnten, er sei Herr seiner eigenen Entscheidungen gegen Gottes Ordnung. Darin steht er ganz in dem Zusammenhang mit anderen alttestamentlichen Aussagen, so aus den geschichtlichen Berichten, etwa in Gen 11,1–9 (Turmbau zu Babel), in den prophetischen Gerichtsworten, etwa in Jes 2,12–22 und Ez 28,1–19, und schließlich auch in der apokalyptischen Literatur in Dan 4. Der Stolz der Regierenden kann sehr rasch einmal ein Ende nehmen. Auch Völker kommen und vergehen. Es ist möglich, hinter den Aussagen von V.8 tatsächliche historische Ereignisse zu sehen: Nach dem Tode Alexanders des Großen geriet Jerusalem unter den Machteinfluß der Ptolemäer. Zuletzt herrschte hier Ptolemäus V. Epiphanes (203–180 v.Chr.). Die Seleukiden hatten den Ptolemäern dieses Gebiet immer streitig gemacht. Schließlich gelang es Antiochus III. in der Schlacht bei Banjas im Jahre 198 v.Chr., Jerusalem und das Land ringsum seinem Herrschaftsbereich hinzuzuschlagen. In der Tat war die Herrschaft über Jerusalem von einem Volk zum nächsten gewandert. Daraus resultiert die Erfahrung, daß aller menschlicher Stolz bald einmal ein Ende haben kann. Schon während des Lebens geht der menschliche Körper dem Tode und damit dem Vergehensprozeß entgegen. Die antiken Traditionen wissen von vielen Herrschern zu berichten, daß ihr Körper bereits zu Lebzeiten zu faulen begonnen habe und die Würmer darin nisteten, vgl. die Ansage über Antiochus IV. in 2 Makk 9,9–12 (V.9). Auch ein Arzt, von dem in Sir 38 noch mehr zu hören sein wird, kann einem König in seiner Todeskrankheit nicht helfen (V.10). So wird der Weg des stolzen Menschen vom Hochmut zur Verwesung in starken 6–14

Worten und eindrücklichen Bildern geschildert (V.11f.). Die Zusammenfassung dieses dazwischengeschobenen Gedankens bringen die V.13f. Damit kehrt Ben Sira zu vielen aus den religiösen Überlieferungen bekannten Gedanken zurück, vgl. 1 Sam 2,8; ein Nachklang davon in Lk 1,52.

15–18 In diesen Worten wird der Anschluß an die V.1–5 gewonnen. So wie die verliehene Herrschaft den Regierenden von Gott her zukommt, so auch das Leben der Völker. Ben Sira blickt offensichtlich auf eine lange geschichtliche Erfahrung zurück, die es ihm ermöglicht, dieses unerforschliche Gesetz der Weltgeschichte zu bedenken. Er wußte aus den Erfahrungen seiner Zeit, daß viele Völker gekommen, aber auch wieder gegangen waren: die Neubabylonier, die Perser, die Griechen und nun die sich einander befehdenden Diadochen. Das Vergängliche im Leben eines Menschen und im Leben eines Volkes ist ihm in den zurückliegenden Jahrzehnten eindrücklich deutlich geworden. Er sieht darin ein Zeichen des Gerichts über den Hochmut des Menschen. Die jüdische Gemeinde mußte ihren Weg durch diese wechselvollen Zeiten in Zurückhaltung und Stille gehen. Dies alles läßt Ben Sira von Neuem nach dem beständigen Anteil im Leben eines Menschen fragen. Er kommt daher wiederum auf sein großes Thema von der Furcht Gottes zu sprechen:

10,19–31: Weisheit verleiht bleibenden Stolz

19 Ein geachtetes Geschlecht, welches ist das? Ja, das Menschengeschlecht.
   Ein geachtetes Geschlecht ist das, das den Herrn fürchtet.
   Ein verachtetes Geschlecht, welches ist das?
   Ja, das Menschengeschlecht[146].
   Ein verachtetes Geschlecht ist das, das das Gebot übertritt.
20 Unter Brüdern wird ihr Oberhaupt geehrt,
   und der, der Gott fürchtet, wird noch mehr geehrt[147] als er.
21 *Der Anfang der Annahme durch Gott ist die Furcht des Herrn.*
   Der Anfang der Verwerfung aber von Gott ist Verstockung
   und Übermut[148].
22 Gast und Fremder[149], Ausländer und Armer,
   ihre Ehre besteht darin, daß sie Gott fürchten.
23 Es gibt keine Erlaubnis dafür, einen Armen,
   der verständig ist, zu verachten,

---

[146] Der Text wurde erstellt aus H^A und H^B unter Benützung von S; siehe Rüger, 1970, 54–56 und Lévi, Notes, JQR 13 (1901) 12.
[147] H^B: נכבד; fehlt in H^A als dem vermutlich älteren Text, vgl. Rüger, 1970, 56. Anders E. Vogt, Novi Textus Hebraici Libri Sira, Bibl 41 (1960) 184–190: 187.
[148] Nur in Syh und in *L* und in zwei Minuskeln.
[149] Mit H^A; H^B ohne Kopula.

so gibt es auch keine Erlaubnis dafür,
   einen gewalttätigen[150] Menschen zu ehren.
24 Fürst[151], Herrscher und Richter[152] werden geehrt,
   keiner aber ist größer als der, der den Herrn fürchtet[153].
25 Wenn ein Diener verständig ist, werden Freie ihm dienen,
   und ein Weiser wird darüber nicht klagen[154].
26 Halte dich nicht selbst für weise,
   deine Arbeit nach deinem Weg zu verrichten[155],
   und nicht sollst du dich für ehrbar halten zum Zeitpunkt,
   da du bedürftig bist.
27 Besser ist dran der, der arbeitet und Überfluß an Gütern hat,
   als der, der ehrbar sein möchte und Mangel hat, Geschenke zu geben.
28 Mein Kind, in Bescheidenheit achte dich selbst
   und gib[156] dir das Ansehen, in dem du auftrittst.
29 Wer[157] wird den, der sich selbst als schlecht achtet,
   rechtfertigen wollen?
   Und wer wird den, der sich selbst verachtet, ehren wollen?
30 Es gibt Arme, die ihrer Klugheit wegen geehrt werden,
   so gibt es auch Reiche, die ihres Reichtums wegen geehrt werden[158].
31 Wenn einer geehrt wird in seiner Armut,
   um wieviel mehr in seinem Reichtum?
   und wer verachtet ist in seinem Reichtum,
   um wieviel mehr in seiner Armut?[159]

Nachdem Ben Sira in den V.1–18 die Gefahren geschildert hat, die dem drohen, der Macht hat und regiert, wendet er sich nun dem Thema zu, wie diese Ge-

---

[150] H^A und H^B ergänzen einander. Am Ende des Verses bietet H^A das unverständliche ר[ ]ם; H^B besser: חמס = „Gewalttat".
[151] H^A hat am Anfang eine Lücke; sie kann durch H^B gefüllt werden: שר = „Fürst".
[152] So H^A; H^B hat die umgekehrte Reihenfolge.
[153] Die Lücke in H^B kann durch H^A gefüllt werden.
[154] H^A und H^B weichen besonders stark voneinander ab; sie ergänzen einander zu vorliegender Übersetzung, vgl. Vogt, 1960, 185.
[155] Mit Rüger, 1970, 60, ist besser H^Bmarg zu folgen: „דרכך" = „nach deinem Weg", statt H^A und H^B: „חפצך" = „nach deinem Gefallen".
[156] H^A: ויתן = „und er soll geben"; besser mit H^B: ותן und G: δός.
[157] Das bei H^B am Anfang stehende בני = „mein Sohn" ist mit H^A zu streichen: vertikale Dittographie.
[158] So H^A; H^B kann danach ergänzt werden.
[159] Statt H^B: בעיניו = „in seinen Augen" lies mit G πτωχεία = „Armut", also hebr.: בעוניו = „in seiner Armut"; so auch S. Wiederherstellung des ganzen Textes durch Kombination von H^A und H^B. Außerdem bietet der hebr. Text zwei weitere Halbzeilen, die aber eine spätere Doppelüberlieferung mit gleichem Inhalt und nur wenig veränderten Wörtern wiedergeben, er lautet: „Der, der geehrt wird in seiner Armut, wird in seinem Reichtum um so mehr geehrt werden; und der, der in seinem Reichtum verachtet wird, wird in seiner Armut um so mehr verachtet werden." Diesen Text hat Rüger, 1970, 63, als eindeutig später erwiesen. DiLella, 1966, 115–119, vermutet dagegen an dieser Stelle eine Rückübersetzung von S nach H.

fahren vermieden werden können. Diesen Gefahren begegnet der Mensch, der das Gebot nicht übertritt (V.19). Das Gebot nicht übertreten heißt so viel wie in der Furcht Gottes leben (V.20). Ein Oberhaupt, das so lebt, wird nicht verachtet werden, sondern geehrt werden. Dieses Thema der Gottesfurcht wird nun in den verschiedensten Bereichen des öffentlichen Lebens durchgespielt. Da geht es einmal um das Verhältnis zum Gast, der Gastrecht genießt, und zum Fremden, der bei dauerndem Aufenthalt sich niedergelassen hat. Daneben hat auch der Ausländer Anspruch auf Fürsorge. Diesen allen ist in gegenseitiger Respektierung zu begegnen. So kann auch der Arme auf die Anerkennung hoffen; denn auch er gehört zu der gleichen Gruppe von Menschen, die Gott fürchten (V.22). So kann ein gutes Miteinander der Gemeinschaft zustande kommen; denn jeder ist in dem Bereich tätig, in dem er sich eingerichtet hat und wohl fühlt (V.26). Auf diese Art und Weise kommt einem jeden Glied der Gemeinschaft, die sich an die Furcht Gottes gebunden weiß, seine je eigene Aufgabe zu. Diese Aufgabe macht ihn unersetzbar und gibt ihm daher das Ansehen, das ihm zukommt. So, wie man den Nächsten nur in dem Maß lieben kann, wie man sich selbst angenommen hat, so steht man mit seiner Verrichtung der Aufgaben ebenso in der Gemeinschaft in gegenseitiger Anerkennung. Ein positives Verständnis vom Wert der Arbeit spricht sich darin aus[160]. Den, der sich selbst verachtet, wird auch die Gemeinschaft nicht annehmen wollen (V.29). Nicht das äußere Erscheinungsbild entscheidet über Ansehen oder Mißachtung, nicht Reichtum oder Armut sind entscheidend für die Geltung in der Gemeinschaft. Vielmehr geht es um die Selbstachtung, die ein Mensch in seiner Stellung im Gefüge der Gruppe sich selbst beimißt, die ihn wert erscheinen läßt im Zusammenleben mit seinen Nächsten.

KAPITEL 11

11,1–6: Bilder und Vergleiche zum bleibenden Wert der Weisheit

1 Die Weisheit eines Armen erhebt ihm sein Haupt,
  und inmitten von Vornehmen läßt sie ihn sitzen.
2 Lobe nicht einen Menschen um seiner schönen Gestalt willen,
  aber verabscheue auch nicht einen Menschen wegen seines häßlichen
     Aussehens[161].

---

[160] Diesen Gedanken führt weiter aus F.V. Reiterer, Die Stellung Ben Siras zur „Arbeit", in: F.V. Reiterer (Hg.), Ein Gott, eine Offenbarung, Festschrift für Notker Füglister OSB zum 60. Geburtstag, Würzburg 1991, 257–289.

[161] Zum Versuch von J. Ziegler, Zwei Beiträge zu Sirach, BZ (NF) 8 (1964) 277–284 = Sylloge, 661–668, hier die Möglichkeit einer Rückübersetzung aus dem Griech. zu postulieren, vgl. Rüger, 1970, 1f.

3 Klein[162] unter den Flugtieren ist die Biene,
   aber das Beste des Ertrags ist ihre Frucht.
4 Über die Kleidung dessen, der zum Staube fährt, überhebe dich nicht,
   nicht sollst du verhöhnen den, der bittere Tage erlebt,
   denn wunderbar sind die Werke des Herrn,
   und verborgen vor den Menschen ist sein Tun[163].
5 Viele, die erniedrigt wurden, saßen auf einem Königsthron,
   aber die, an die man nicht dachte[164],
      legten einen (vornehmen) Kopfbund an.
6 Viele, die geachtet waren, wurden sehr verachtet,
   und auch die, die geehrt worden waren,
      wurden der Gewalt ausgeliefert[165].

In den vorangegangenen Versen wies Ben Sira darauf hin, daß der Mächtige ohne Weisheit keine Bedeutung hat und in seinem Tun bald ins Nichts zurückfallen kann. Dem gegenüber wird nun hier (V.1) der Arme gepriesen, der sein Haupt erheben kann, weil er Weisheit sein eigen nennt. Auf diese Weise kann er auch inmitten der Vornehmen sitzen. Äußerer Eindruck ist nicht entscheidend, vielmehr die Reinheit des Tuns (V.2). Das hellenistische Denken hatte die ästhetische Schönheit dieser Welt und der Erscheinungen in dieser Welt besonders gelobt und als erstrebenswert gepriesen. Dem gegenüber weist Ben Sira auf das Wertvolle des Tuns hin. Dafür ist ihm die Biene (V.3) bester Beweis. Sie scheint klein und unbedeutend zu sein, bringt aber die schönste Frucht, den Honig hervor, vgl. dazu Spr 30,24–31. So soll man auch nicht die Trauerriten (V.4) gering achten. Der, der bittere Tage erlebt und trauert, ist nur ein Hinweis auf das unbegreifliche Tun Gottes. Dieser kann erniedrigen und erhöhen - eine Erfahrung, die in den biblischen Texten immer wieder zum Ausdruck gebracht wird.

---

[162] H^A: אליל = „klein, nichtig"; Hartom, 1969, 43, und Segal, 1972, 67, wollen mit „göttlich, geachtet wie ein Gott" wiedergeben. H^B bietet diesen Vers zweimal und wählt einmal קטנה = „klein" statt אליל. Diese Fassung ist nach Rüger, 1970, 64f. die ältere.

[163] H^A hat vier Halbverse; diese liegen der Übersetzung zugrunde. H^B hat sechs Halbverse: „Über das Gewand (?) der Kleider überhebe dich nicht und nicht sollst du verhöhnen den, der bittere Tage sieht. Über die Kleidung dessen, der gebunden ist, spotte nicht und nicht sollst du verhöhnen den, der bittere Tage sieht. [Eine Halbzeile nicht lesbar.] Und verborgen vor dem Menschen ist sein Tun." Rüger, 1970, 65f. sieht darin die ältere Formulierung. Vogt, 1960, 186, stellt die Lesarten von H^A, H^B und G zu einem Vers mit sechs Halbzeilen zusammen.

[164] H^A und H^B: ובל על לב = wörtlich „und nicht im Sinn". Diese Breviloquenz ist vermutlich wie oben übersetzt wiederzugeben. Es wird auch Haplographie vermutet, vgl. Rüger, 1970, 67; Lévi, JQR 13 (1901) 12; Fraenkel, ZAW 21 (1901) 191.

[165] Übersetzung nach H^A unter Auslassung eines Passus („und sie wurden miteinander gedemütigt") als über den Parallelismus membrorum hinausgehend. H^B bietet einen längeren und mit vielen Lücken versehenen Text, vgl. Lévi, JQR 13 (1901) 12.

11,7–13: Urteile und handle nicht vorschnell

7 Ehe du eine Sache nicht erforscht hast, sollst du nicht tadeln[166],
  frage zuvor und dann strafe[167].
8 Mein Kind[168], antworte nicht, bevor du nicht (alles) gehört hast,
  denn mitten in einer Rede sollst du nicht sprechen.
9 Ohne daß du gekränkt worden wärest, erzürne dich nicht[169],
  am Streit der Frevler sollst du nicht mittun.
10 (Wenn du fliehst, wirst du dich nicht halten können,
  und nicht wirst du ihn retten können, wenn du davonläufst.)[170]
  Mein Kind, warum vermehrst du deine Geschäfte,
  der, der sich darum müht, sie viel sein zu lassen,
    wird nicht schuldlos bleiben.
  Mein Kind, wenn du nicht läufst, wirst du nicht ankommen,
  und wenn du nicht suchst, wirst du nicht finden.
11 Da ist einer voll Mühsal und er strebt und er läuft,
  aber so geschieht es, daß er sich verspätet.
12 Da ist ein anderer, der Mangel hat
    und dem Untergang nahe ist bei seinem Lauf,
  und er hat Mangel an allem und Überfluß an Krankheit,
  aber das Auge der Herrn blickt auf ihn zum Guten,
  und er befreit ihn vom Staub des Moders.
13 Er erhebt sein Haupt und erhöht ihn,
  und über ihn werden viele staunen.

Der Weise beweist seine Weisheit auch darin, daß er nicht vorschnell handelt und urteilt. Dies gilt in allen Lebensbereichen, besonders in dem des Richtens. Darin tut sich das vorsichtige Urteil kund, indem man sich um die Dinge des Lebens bemüht und nicht unbesehen hinnimmt. Auch dem, der leidet, gilt die Fürsorge Gottes in seinem Elend. So wie Ben Sira früher von der Suche nach der Weisheit, die viele Schwierigkeiten zu überwinden hat, gesprochen hat, so nun hier. Wer zum Ziele kommen möchte, hat einen langen Weg vor sich und muß sich im Vertrauen auf Gott üben.

---

[166] Hebr. סלף eigentlich „verdrehen, verkehren (das Gesicht)", s. Gesenius-Buhl, s.v., und Fraenkel, ZAW 21 (1901) 192. Konjekturen z.B. bei Ginzberg, 1906, 620: rabb. פסל = „etwas für unbrauchbar erklären, tadeln".

[167] Hebr. תזף, unklar. Smend, 1906, 103: aram. und neuhebr.: „schelten, tadeln"; Peters, 1913, 95: neuhebr. נזף Hi. (nur hier) = „tadeln".

[168] Mit H^A; fehlt in H^B. Zur Frage der Ursprünglichkeit vgl. Rüger, 1970, 68f. und Penar, 1975, 35.

[169] So nach dem verbesserten hebr. Text: תתחר, vgl. Rüger, 1970, 69; H^A bietet: תאחר = „zögere nicht"; H^B: תתור = „kundschafte nicht aus".

[170] Unverständlicher Zusatz in H^B.

11,14–26: *Erfolg und Wohlergehen können nur unter dem Segen Gottes geschehen*

14 Gut und Böse, Leben und Tod,
Armut und Reichtum, vom Herrn kommt es.
Weisheit und Einsicht und Verstehen des Wortes,
vom Herrn kommt es.
Sünde, aber auch redliche Wege,
vom Herrn kommt es.
Kinderlosigkeit und Finsternis sind für die Sünder aufgespart
und für die Übeltäter, denn Böses ist bei ihnen[171].

15 Die Güter [des Herrn sind bei] den Gerechten,
auf ewig bestehen sie[172],
und sein Wohlgefallen gibt auf immer guten Fortgang.

16 Da gibt es den, der sich bereichert, indem er sich abmüht,
[und darin besteht] sein Lohn.

17 Zu einer gewissen Zeit [spricht er]: „Ich habe Ruhe gefunden
und nun esse ich von meinen Gütern."
Aber er kennt nicht den Zeitpunkt, wann er zum Ende kommt,
und er hinterläßt alles denen, die nach ihm kommen, und stirbt.

18 Mein Kind, bl[eibe] bei dem, was dir befohlen ist,
und [sinne] darüber nach
und bei deinem Werk lebe dem A[lter] zu.

19 [Wundere] dich nicht über die [Übeltäter].
[Vertraue] auf den Herrn und hoffe auf sein Licht.
Denn leicht ist es in den Augen des Herrn,
im Augenblick und plötzlich [reich zu machen den Armen].

20 Der Segen Gottes ist das dem Gerechten zugeteilte Los,
und zur bestimmten Zeit wird aufsprossen seine[173] Hoffnung.

21 Sprich nicht:[174] „Wahrlich,
ich habe nach meinem Gutdünken gehandelt,
und was ist mir jetzt geblieben?"

22 Sprich nicht: „Ich habe genug,
was kann mir [jetzt noch Übles][175] geschehen?"

23 Die Schönheit eines Tages läßt vergessen das Übel,

---

[171] Die letzten sechs Halbverse sind in **G** als V.15 und 16 gezählt und nur von **O** und von wenigen Minuskeln bezeugt.

[172] Ergänzungen hier und in den folgenden V. mit **G**.

[173] Nach Vattioni, 1968, z.St.,: תקותי = „meine Hoffnung". Beentjes, 1997, z.St.: תקותו = „seine Hoffnung". Es war schon früher eine Verschreibung von י und ו vermutet worden. Penar, 1975, 37, hatte auf ein aus dem Phönizischen kommendes Suffix „j" der 3.Sg.masc. hingewiesen.

[174] **H**A hat hier eine Lücke, die mit Lévi, II, 1901, 79, und Ders., JQR 13 (1901) 14, durch מה לי = „Was ist mir?" ausgefüllt werden könnte, mit **G**: τίς ἐστίν μου.

[175] Ergänzung mit **G**: ἀπὸ τοῦ νῦν.

25[176] aber auch die Mühsal eines Tages
  läßt vergessen seine (vergangene) Schönheit.
 Und das Ende des Menschen wird über ihn kommen.
 Böse Zeit läßt Wohlergehen vergessen,
 und das Ende eines Menschen wird man ihm kundtun.
26 Ehe du nicht einen Menschen erforscht hast,
  preise ihn nicht glücklich,
 denn erst an seinem Ende
  kann man einen Menschen glücklich schätzen.
 Vor seinem Tode preise keinen Mann glücklich,
 erst an seinem Ende wird erkannt ein Mann[177].

In V.7–13 sprach Ben Sira von den Anstrengungen, die zu unternehmen sind, um zu einem rechten Urteil zu kommen. In den nun folgenden Aussagen gibt er den geheimen Kern an, der erkannt werden muß, um ans Ziel zu gelangen: Es ist der Segen von Gott. Alle Dinge dieses Lebens (V.14) können und müssen auf Gott zurückgeführt werden. In vielen Gegenüberstellungen führt Ben Sira diesen Gedanken weiter aus. Die Aussagen sind in sich verständlich und zeigen, daß das ganze Leben des Menschen mit seinen zahlreichen Einzelerscheinungen unter dieses Urteil zu stellen ist. Alle Höhen und Tiefen eines Lebens werden als von Gott kommend erfahren. Damit wird mit einfachen Worten jede Frage nach einem „Warum?" in beängstigend glatter Weise beantwortet. Ob der Weise diese Aussage in allen Fragen, die er sich selbst stellt und die an ihn von anderen herangetragen werden, wird durchhalten können? Welche Bedeutung der Segen Gottes hat, mußte besonders der reiche Kornbauer erfahren (V.17), ein Bild, das in Lk 12,16–21 wieder aufgenommen wird. So kommt Ben Sira von Neuem zu dem Ergebnis, daß das Leben eines Menschen erst dann als geglückt angesehen werden kann, wenn es zu seinem Ziel gekommen ist. Hierbei denkt er nicht an eine jenseitige Bestrafung oder Belohnung, sondern an den Tod als das Ende dieses irdischen Lebens.

11,27–32: Halte Böses von deinem Hause fern

27 Nicht jeden beliebigen Menschen laß in das Haus eintreten,
 wie zahlreich sind die Wunden, die ein Verleumder hinzufügt.
 Wie ein Korb, gefüllt mit Vögeln,
 so sind ihre Häuser gefüllt mit Trug,
28 wie ein Vogel, der gefangen ist in einem Korb, ist das Herz des Stolzen,
 wie ein Wolf lauert er auf Raub,

---

[176] Die Auslassung in der Zählung der Verse ermöglicht die Angleichung an die Zählung im griech. Text, da in den Versen 14ff. der hebr. und der griech. Text aufgrund von Dubletten verschiedene Wege gehen. Hier wird in der Übersetzung und Erklärung der hebr. Text bevorzugt; vgl. Lévi, JQR 13 (1901) 14.

[177] Auch hier liegt eine Dublette vor, vgl. Lévi, JQR 13 (1901) 15.

wie zahlreich sind die Sünden des Schädlings,
wie ein Hund ist er, er kommt und alles im Hause ist Gewalttat[178],
so ist auch der Gewalttäter, der da kommt,
und er läßt Streit entstehen über all das Gute,
es lauert der Verleumder wie ein Bär im Hause des Spötters,
und wie ein Kundschafter blickt er auf ihre Blöße.
29 Gutes zum Bösen wendet ein Verleumder,
und bei denen, die Gefallen an dir haben,
   läßt er Verschwörung entstehen.
30 Aus einem Funken wird eine große Glut,
der nichtsnutzige Mensch lauert auf Blut.
31 Halte dich fern[179] vom Bösen auf, denn Böses bringt es hervor,
warum willst du einen Makel auf ständig davontragen?
32 Hange nicht einem Übeltäter an, daß er deinen Weg verkehre.
Er wendet dich ab von denen, die mit dir im Bunde stehen.
Laß einen Fremden bei dir wohnen,
   so wird er deine Wege dir entfremden,
er wird bewirken, daß du fremd bist inmitten derer,
   die dir vertraut sind.

Gastrecht zu gewähren, war zur Zeit des AT, wie im Orient überhaupt, oberstes Gebot. Nur auf diese Weise war es möglich, unter den Bedingungen der dortigen Lebensweise zu überleben. Nun, in der städtischen Kultur, gab es diesen Grundsatz durchaus auch noch. Er wurde aber mißbraucht. Davor warnt Ben Sira. Einen Fremden in sein eigenes Haus aufzunehmen, bedeutete oft genug, Unruhe hereinkommen zu lassen. Das eigene Haus gleicht dann einem Tiergarten, in dem jeder gegen jeden sich stellt (V.28). Das veränderte soziale Gefüge bringt auch eine Veränderung der Umgangsformen mit sich. Diese Gefahren realistisch einzuschätzen und ihnen zu begegnen, ist Aufgabe des Weisen.

---

[178] HA: ככלב הוא באוכל בית; vgl. Hartom, 1969, und Segal, 1972, je z.St.; A.M. Habermann, 1964, 298, verdeutlicht den Sinn der Aussage durch die Lesung: ככלב הוא בא יכל בית = „wie ein Hund ist er, der da kommt und verzehrt (alles im) Hause". Dublette vermutet Lévi, JQR 13 (1901) 332.

[179] HA: גור; übersetzt mit HAL 177b.

KAPITEL 12

12,1–7: Tue Gutes!

1 Wenn du Gutes tust, so wisse[180], wem du Gutes tust,
  denn daraus wird Hoffnung für dein Handeln erwachsen.
2 Erweise dem, der in der Gemeinschaft steht, Gutes,
    und du wirst Vergeltung erfahren,
  wenn du dies auch nicht von ihm erfährst, so doch vom Herrn.
3 Es erwächst nicht Gutes daraus,
    dem Übeltäter Ruhe zu verschaffen[181],
  und auch Gemeinschaftssinn hat er nicht bewiesen.
4[182] Zweifach Böses wird dich erreichen zur Zeit deiner Not,
  bei all dem, was du ihm Gutes getan hast.
5 Waffen zum Kampf sollst du ihm nicht geben,
  warum sollte er mit ihnen gegen dich vorgehen?
6 Denn auch Gott haßt die Bösen,
  und den Übeltätern vergilt er.
7 Gib dem Guten und halte zurück vor dem Bösen,
  speise[183] den Demütigen, aber gib nicht dem Stolzen!

Es entspricht dem weisheitlichen Denken, daß das Verhalten, das man übt, eine entsprechende Gegenbewegung erwarten läßt. Schon in früheren Texten war davon gesprochen, daß die Erfahrungsweisheit oft von dem Gedanken beseelt ist, daß es dem Guten gut und dem Bösen bös ergehen müsse. Man sieht die Welt in einem Tun-Ergehens-Zusammenhang. Gelegentlich wird auch von einer Tat gesprochen, die eine Tat-Folge nach sich zieht.

Es ist das besondere der alttestamentlichen Erfahrungsweisheit, daß diese Zusammenhänge zwar bekannt sind, aber differenziert vorgetragen und auch in Frage gestellt werden können. Die Allgemeingültigkeit wird nicht mehr in dem strengen Sinne behauptet, wie dies vielleicht ursprünglich vorhanden war. In diesen Zusammenhang gehören auch die Ausführungen in unserem Abschnitt.

1 Es ist nicht gut, wahllos Gutes zu tun. Auch solche Handlungen wollen wohl überlegt sein. Auch das Tun des Guten hat seine Grenzen. Man könnte

---

[180] Mit G: γνῶθι verbessert: statt תריע lies תדע. Die Lesung ist zweifelhaft: Adler, 1905, 7: תדיע; Lévi, JQR 13 (1901) 17; Hartom, 1969, und Segal, 1972, je z.St.,: תריע. Nähere Behandlung des Textes und seines Verhältnisses zu Did 1,6 bei P.W. Skehan, Bibl 44 (1963) 533–536.
[181] HA liest: למנוח; besser: Hi.: למניח = „Ruhe verschaffen", so schon Ginzberg, 1906, 620.
[182] G hat bei V.4–6 eine andere Reihenfolge.
[183] Der sehr unsichere Text kann nur versuchsweise übersetzt werden, indem das Wort mit Penar, 1975, 39 von der Wurzel יקר abgeleitet wird.

ja der Meinung sein, daß man um so mehr Gutes empfängt je mehr man Gutes tut. Dieses Denken liefe auf eine reine Nützlichkeitsethik hinaus. Davor warnt aber Ben Sira. Es ist gut zu überlegen, wem Gutes zu erweisen ist.

Hier ist zuerst der zu erwähnen, der in der eigenen Gemeinschaft steht. Es wäre leicht, gute Gesinnung dem Fernstehenden zu erweisen; häufig ist es schwerer, dem Nächsten, der in unmittelbarer Umgebung sich befindet, Gutes zu tun. Dieser Hinweis wird später von Paulus in Gal 6 aufgenommen. Ben Sira weiß schon davon, daß die erwartete Vergeltung des Guten mit Gutem nicht immer sofort eintritt und auch nicht immer von dem zu erwarten ist, dem man Gutes erweist. Gutes wird auch von Gott selbst zu erwarten sein in einer nicht genau zu definierenden Weise. 2

Es ist nicht gut, dem Gutes zu erweisen, der als Übeltäter bekannt ist und der außerhalb der Lebensgemeinschaft steht. Auch an diesem Beispiel ist zu sehen, daß das Tun des Guten nicht wahllos geschehen möge. Es gibt Fälle, in denen man durch das Tun des Guten gerade das Gegenteil bewirken kann. 3

Denn es wäre möglich, daß der, dem man Gutes tut, Böses im Sinn hat und aus den Gaben, die ihm zuteil werden, nur feindliche, neidische und Aufruhr stiftende Folgerungen zieht. Nicht immer kann man mit guten Gaben, die einem Bösen zuteil werden, erwarten, daß diesem feurige Kohlen auf das Haupt versammelt werden, wie dies Spr 25,21f. angibt. 4–7

12,8–18: *Vorsicht vor dem Feind!* [184]

8 Man kann einen Freund nicht erkennen, wenn es gut geht,
   aber ein Feind wird in der Not nicht verborgen bleiben.
9 Wenn es gut geht, wird auch der Feind zum Freund,
   aber in der Not wird auch der Freund zum Übeltäter.
10 Vertraue niemals einem Feind,
   denn wie Erz, das da rostet, ist seine Schlechtigkeit.
11 Auch wenn er auf dich hört und gebückt einhergeht,
   nimm dich in Acht und fürchte dich vor ihm,
   sei nicht[185] ein Mensch, ein Geheimnis zu verraten,
   so wird er nichts finden, dich zu verderben,
   und sei bedacht auf das Ende der Eifersucht.
12 Laß ihn nicht neben dir stehen,
   warum soll er dich umstoßen und sich an deine Stelle setzen?
   Laß ihn nicht sitzen zu deiner Rechten,
   warum soll er deinen Wohnplatz einnehmen dürfen?
   Und schließlich erreiche dich die Wahrheit meiner Rede,
   und in meine Klage würdest du einstimmen.

---

[184] L. Schrader, Unzuverlässige Freundschaft und verläßliche Feindschaft. Überlegungen zu Sir 12,8–12, in: F.V. Reiterer (Hg.), Freundschaft bei Ben Sira, Beiträge des Symposions zu Ben Sira Salzburg 1995, Berlin/New York 1996, BZAW 244, 19–59.
[185] Das hebr. לו = „ihn" ist zu verbessern in לא = „nicht".

13 Wer wird Mitleid haben mit einem Schlangenbeschwörer,
   der gebissen wurde,
   und mit dem, der sich einem reißenden Tiere nähert?
14 So geht es mit dem, der sich dem verheerenden Feuer[186] zugesellt
   und der sich verstrickt in seine Sünden.
   Nicht entkommt er, bis in ihm ein Feuer brennt.
15 So geht es auch mit dem, der zu dir kommt und sich dir nicht offenbart,
   denn wenn du fällst, wird er nicht mit dir fallen wollen,
   um dich zu retten.
   Zu dem Zeitpunkt, da du stehst, wird er nicht in Erscheinung treten,
   aber wenn du wankst[187], wird er dir nicht helfen[188].
16 Mit seinen Reden wird der Feind zögern,
   aber in seinem Herzen sinnt er bereits darauf, daß du tief fällst.
   Auch wenn der Feind in seinen Augen Tränen hat,
   wird er nicht satt an Blut, wenn die Zeit dafür gekommen ist.
17 Wenn dir Böses begegnet, wird er sich da einstellen,
   wie ein Mann, der dich stützen möchte, trachtet er nach deiner Ferse.
18 Er schüttelt mit seinem Kopf und winkt mit seiner Hand,
   und mit der Fülle seines Zaubers verändert er sein Angesicht.

In der Zeit Ben Siras konnte es zu vielen Kontakten kommen, die außerhalb des familiären Kreises, aber im näheren Umkreis der persönlichen und privaten Lebenssphäre sich ereigneten. Von dem Umgang mit Menschen, die als Freunde bezeichnet werden können, spricht Ben Sira sehr häufig. Hier faßt er einmal seine reichhaltigen Erfahrungen mit Menschen zusammen, die sich dem eigenen Leben als feindlich gegenüber gestellt haben.

8f. In antithetischer Aussage knüpft Ben Sira an frühere Ausführungen über den Freund an (6,8–13 und später 37,1–7): Ein wahrer Freund wird nicht dann erkannt, wenn es gut geht. Diese Aussage war bereits nach vielen Seiten hin entfaltet worden. Hier aber wird nun im Gegenüber der andere Fall zum Thema gemacht, indem der Feind sich in der Not deutlich zu erkennen gibt. Zwar wird auch der Freund sich als Feind zeigen, aber um so deutlicher ist nun der Feind in dieser Lage zu erkennen (V.9).

10–14 In eindrücklichen Bildern zeigt Ben Sira, wie viele ungute Seiten der Umgang mit einem Menschen haben kann, der sich als Feind geoffenbart hat. Das wichtigste Metall der damaligen Zeit war das Eisen. Hier ist aber noch das Kupfer oder die Legierung Bronze angesprochen, weil diese Geräte im engeren Bereich des Lebens, auch für Schmuckstücke gebraucht werden konnten. An ihnen war die Vergänglichkeit besonders deutlich abzulesen; denn die Erscheinung des Rostens = Oxydierens ist an diesem Metall unmittelbar zu er-

---

[186] HA: אשת זדון; Übersetzung mit Ginzberg, 1906, 621.
[187] HA: נמוט; besser mit G: ἐκκλίνῃς = hebr. תמוט.
[188] Wörtlich: „wird er dich nicht versorgen".

kennen. Die ganze Schönheit dieses Metalles ist dahin, wenn sich die Oxydationsschicht ansetzt. So offenbart auch der Feind rasch und abstoßend seine wahre Haltung. Es kann sein (V.11), daß er äußerlich sich wohl verhält, ja sogar devot und einschmeichelnd, aber gerade dies zeigt ihn in seinem wahren Verhalten. Er kann ein Geheimnis, das man ihm anvertrauen würde, nicht für sich bewahren. Er ist ständig darauf bedacht, das, was er weiß, zum Bösen anzuwenden. Der Feind (V.12) ist es auch nicht wert, am Ehrenplatz zur Rechten zu sitzen, oder gar im Rechtsstreit auf der rechten Seite als Verteidiger zu stehen. Es brächte ihn nur in die Lage, sein Gegenüber ganz zu vertreiben. So sind diese Menschen zu meiden. Wer dies nicht tut, der wird nicht auf Mitleid hoffen können. In den öffentlichen Spielen wurden Schlangenbeschwörer gezeigt und solche Menschen, die mit Todesverachtung und Todesmut mit reißenden Tieren umgehen. Wenn diese Menschen, die sich selbst in Gefahr begeben, Schaden nehmen, wird man mit ihnen kein Mitleid haben; denn sie haben ja ihr Tun selbst inauguriert und gewählt. Auch dieser Hinweis ist aus der neuen Kultur der hellenistischen Umwelt zu verstehen. Es gab damals öffentliche Spiele zur Unterhaltung und zur Befriedigung aggressiver Gefühle. Schlangen und reißende Tiere waren der Umwelt des 3. und 2. Jh. v.Chr. in Palästina-Syrien durchaus noch in der freien Natur in reicher Zahl bekannt. Darauf weisen auch Bemerkungen aus dem AT hin, so in Ps 58,5f., wo davon gesprochen wird, daß der Böse seine Ohren schließt vor den beschwörenden Worten; in Jer 8,17 lassen sich die zur Bestrafung ausgesandten Schlangen nicht beschwören, weil sie die Ohren schließen, und schließlich auch Koh 10, 11. Dies alles bringt den, der sich mit einem Feind beschäftigt, in die Nähe des verheerenden Feuers, das man aus Selbstschutz meidet. Wie das Feuer versengt und vernichtet, so kann auch der Umgang mit einem Bösen in Schuld und Sünde führen (V.14).

Die Heimtücke des Feindes besteht darin, daß seine bösen Absichten nicht immer sofort auch erkennbar sind. Seine wahre Natur bleibt oft längere Zeit verborgen. Es kommt aber ein Zeitpunkt, an dem offenbar wird, welches sein wahres Verhalten ist. Gerade dann, wenn man der Hilfe eines anderen besonders bedürftig bist, wird sich der Feind von einem abwenden. Die Bilder, die in V.17 und 18 gebraucht werden, zeigen wiederum das Wissen und die Kenntnis der reichen alttestamentlichen Literatur. Wie die Schlange in Gen 3 wird der Feind im rechten Augenblick nach der Ferse trachten, um sein Gift zur Vernichtung zu spritzen. Das heißt: Heimtückisch und ohne erkennbaren Angriff wird seine feindliche Gesinnung kund getan. Er schüttelt mit dem Kopf (V.18), um seine Verachtung deutlich werden zu lassen, vgl. dazu Ps 22, 8;109,25; Klgl 2,15 und Mt 27,39. Auch mit der Handbewegung macht er deutlich, daß er sich von dem Geschick dessen, der in Not geraten ist, trennt. Er äußert dadurch sein Befremden und auch seine hämische Stellungnahme, vgl. Ez 25,6 und Nah 3,19. Nun erst wird sein wahres Wesen offenbar. Auch an seinem Gesicht ist nun abzulesen, welches seine wahre Haltung ist. Eine Veränderung und Verstellung ist nicht mehr nötig. Der andere ist unterlegen, so daß keine Worte mehr nötig sind.

KAPITEL 13

13,1–14: So wie du dich verhältst, so wird dir auch zuteil

1 Wer Pech angreift, an dessen Hand wird es kleben,
und der, der sich einem Spötter zugesellt,
   wird von ihm seine Wege lernen.
2 Was schwerer ist, als du tragen kannst, warum hebst du es auf?
Und mit dem, der reicher ist als du,
   warum verbündest du dich mit ihm?
Warum verbündet sich ein Tonkrug mit einem eisernen Kessel?
Wenn der eine an den anderen anstößt, wird er zerbrechen,
also, warum gesellt sich der Reiche zu dem Armen?[189]
3 Ein Reicher achtet sich zwar gering, aber verherrlicht sich dadurch,
aber wenn dem Armen Unrecht angetan wird,
   muß er um Erbarmung flehen.
4 Wenn du ihm zu Nutzen sein kannst, läßt er dich für sich arbeiten,
wenn du aber zusammenbrichst, so legt er noch Lasten[190] auf dich.
5 Wenn dir ein Vermögen zu eigen ist[191], redet er gute Worte mit dir,
aber er läßt dich arm werden und es tut ihm nicht leid.
6 Hat er Nutzen von dir, so hilft er dir,
und er lächelt dir zu, so daß du Vertrauen zu ihm gewinnst.
Er redet mit dir lieblich und sagt: „Was brauchst du?"
7 Solange es zu seinem Nutzen ist, verspottet er dich,
zweimal, ja dreimal schreckt er dich.
Wenn er deiner in dieser Weise ansichtig wird,
   wird er an dir vorübergehen,
und mit seinem Kopf wird er dir zunicken.
8[192] Hüte dich, dich zu sehr zu offenbaren,
stelle dich nicht denen gleich, die Mangel an Einsicht haben.
9 Ist ein angesehener Mann nahe, so halte dich fern,
er wird dich dann nämlich auffordern, näher zu treten.
10 Aber dränge dich nicht auf, damit du nicht abgewiesen werdest,
aber halte dich wiederum nicht fern,
damit du nicht vergessen werdest[193].
11 Nimm dir nicht die Freiheit heraus,
   freimütig mit ihm zu verkehren,

---

[189] Dieser Halbvers fehlt in G.
[190] HA: יחמל; übersetzt mit Ginzberg, 1906, 621.
[191] HA: שלך; lies als לך שׁ = „etwas, was dir gehört".
[192] Auf die Verwandtschft der V.8–13 mit dem Papyrus Insinger, Kol.10f., weist J.T. Sanders, A Hellenistic Egyptian Parallel to Ben Sira, JBL 97 (1978) 257-258, hin.
[193] HA: תשׂנא = „hassen"; durch Konsonantenumstellung ist der ursprüngliche Text wieder herzustellen: תנשׁא = „vergessen", so auch G: ἐπιλησθῇς.

habe kein Vertrauen in die Fülle seiner Rede.
Denn durch die Vielzahl seiner Rede wird er dich versuchen[194],
und während er dir zulächelt, möchte er dich erforschen.
12 Ein hartes Regiment übt er aus und hat kein Erbarmen,
gegen das Leben vieler zettelt er eine Verschwörung an.
13 Hüte dich und sei vorsichtig,
gehe nicht zusammen mit gewalttätigen Menschen.
14 *Wenn du dies hörst im Schlaf, so erwache!*
In deinem ganzen Leben liebe den Herrn
und rufe ihn an zu deiner Rettung![195]

Die Gedanken Ben Siras kreisen weiterhin um das Leben dessen, der den häuslichen Kreis verlassen hat und nun in einer größeren Umgebung des alltäglichen Lebens steht. Hier zeigt sich, daß es ganz verschiedenartige Möglichkeiten der Verbindung zu den Menschen des täglichen Umgangs gibt. Eines ist allerdings immer in gleicher Weise gegeben: So, wie man in den Wald hineinruft, so hallt es wider. Das bedeutet ohne Bild gesprochen, daß der von weisheitlichen Grundsätzen Geleitete ständig sein Reden und Handeln kontrolliert, um daraus Schlüsse ziehen zu können für sein weiteres Verhalten; denn er muß immer wieder feststellen, daß die vielfältigen Kontakte auch vielfältige Reaktionen auslösen. Hierbei ist auch immer wieder die wichtige Erfahrung zu machen, daß die Antwort, die aus der Umgebung kommt, dem Tun gleicht, mit dem man in der Umgebung sich zu Wort gemeldet hat.

1 Dieser Erfahrung gibt das bekannte Wort Ausdruck, das von dem Pech spricht, an das man geraten kann. Man kann die Berührung mit ihm nicht einfach abschütteln. So kann man auch die Kontakte, die man mit einem Spötter gehabt hat, nicht einfach ungeschehen machen. Wie hier, so wird auch in den folgenden Aussagen und Bildern immer wieder ein ungleiches Verhältnis thematisiert. Gerade aus dieser Differenziertheit der Umgangsformen erwachsen Schwierigkeiten, aber auch Erfahrungen. Das Sprichwort vom Pech hat auch Shakespeare in seinem Lustspiel „Viel Lärm um Nichts" im 3. Akt, 3. Szene aufgenommen.

2 Im Umgang mit anderen Menschen soll man sehr vorsichtig sein in der Wahl des Partners. Wenn sich von Anfang an schon abschätzen läßt, daß der Umgang von ungleichmäßigen Grundsätzen geleitet ist, tut man besser daran, ihn zu meiden. Wenn man erkennt, daß die eigenen Kräfte schwächer sind als die des anderen, ist es besser, die Kontakte nicht aufzunehmen. Ben Sira spricht in dieser Weise immer wieder von dem Gegensatz zwischen reich und arm. Hierbei geht es ganz sicher auch um die sozialen Gegensätze, die es zu

---

[194] H^A bietet das Substantiv: נסיון; besser mit G verbal: πειράσει = hebr. ינסיך; so Smend, 1906, 125; Segal, 1972, 85; Rüger, 1970, 99f.

[195] Nur in O, L' und wenigen Minuskeln erhalten. Dieser Vers hat keine inhaltliche Beziehung zum vorangehenden und zum nachfolgenden hebr. Text.

erkennen und zu respektieren gilt. Hinter diesen sozialen Gegensätzen verbirgt sich aber auch gleichzeitig eine religiöse Differenziertheit. Die Armen sind der Tradition verhaftet und haben die neuen Möglichkeiten der hellenistischen Kultur und Bildung (noch) nicht erkannt und wahrgenommen. Die Reichen aber haben ihr Leben voll den neuen Möglichkeiten angepaßt und dadurch berufliche Erfolge erzielt. Sie sind dadurch in höhere Sozialschichten aufgerückt und können sich nun ihres Reichtums freuen. Mit diesen Menschen sich zusammenzutun, ist unklug. Das Bild von den beiden Gefäßen symbolisiert gleichzeitig auch die verschiedenen Kulturstufen. Der Tonkrug ist der aus Lehm gefertigte Behälter, der seit Jahrtausenden die Kultur des seßhaften Lebens begleitete, während der eiserne Kessel anzeigt, daß die entwickeltere Kulturstufe die Möglichkeit des Schmelzens von Kupfer, ja von Eisen kennengelernt hat und dadurch haltbarere Gefäße herstellen kann. Es ist einsichtig, daß der eiserne Kessel größere Macht und Gewalt hat als der Tonkrug. Der Reiche übervorteilt den Armen, da er die besseren Lebensressourcen hat[196].

3–7 Ben Sira kennt viele Möglichkeiten des unbefriedigenden Umganges des Reichen mit dem Armen und umgekehrt. Ja, er weiß sogar darum, daß der Reiche durch seine Verbindung, die er mit dem Armen sucht, selber dadurch nur noch höher in der Achtung der anderen und in seinem eigenen Selbstwertgefühl steigen kann. Wenn es ernst wird und der Arme in Not gerät, kann es dazu kommen, daß der Reiche sich von ihm distanziert und mit dem Kopf nickt (V.7). Dieser Gestus war schon in 12,19 angesprochen worden. Er bedeutet Verwunderung, Hohn und Spott, vgl. Jer 18,16; Ps 22,8; 44,15; Hiob 16,4 und Mt 27,39.

8–13 Ben Sira weiß um die Schwierigkeiten, im Umgang mit anderen Menschen das rechte Mittelmaß zu finden. Ist man zu rasch und zu aufdringlich, wird man abgewiesen. Ist man aber zu zurückhaltend und vorsichtig, so ist man bald allein. So ist das Leben ein ständiger Prozeß, der wachen Sinnes zu verfolgen ist. Der, der sein Leben in Bedachtsamkeit und in Verantwortung führt, wird durch die Erfahrungen hindurch sein Leben in ständiger Bewegung halten und klug und einsichtig werden.

14 Dieses Wort, nur griechisch erhalten, könnte ein Aufruf sein für die, die diese Zusammenhänge bisher zu wenig bedacht haben, aber nun zu einem Handeln in Wachsamkeit aufgerufen werden.

13,15–24: Gleich und gleich gesellt sich gern

15[197] Ein jeder liebt seine eigene Art,
ein jeder den, der ihm gleicht.

---

[196] Das Wort von den beiden Gefäßen nimmt P.C. Beentjes als Titelaussage für seine Untersuchung: „How can a jug be friends with a kettle?" A Note on the Structure of Ben Sira Chapter 13, BZ 36 (1992) 87–93.
[197] Die Zählung folgt der griech. Überlieferung, da V.14 eingeschoben wurde.

16 Gleiches sucht ein jeder neben sich,
    und zu gleicher Art gesellt sich ein jeder.
17 Gesellt sich etwa ein Wolf zu einem Lamm?
    So verhält es sich auch mit einem Übeltäter in bezug auf einen Gerechten.
18 Und so auch mit einem Reichen in bezug auf einen Mann,
    dem (Gut) versagt blieb[198].
    Gibt es etwa[199] Frieden zwischen einer Hyäne[200] und einem Hund?
    So gibt es auch keinen Frieden zwischen einem Reichen
        und einem Armen.
19 Der Fraß eines Löwen besteht in den Wildeseln der Steppe,
    so sind auch die Armen der Weideplatz für die Reichen.
20 Dem Stolzen ist der Demütige ein Greuel,
    so ist auch dem Reichen der Arme ein Greuel.
21 Wenn ein Reicher wankt, so wird ihm Stütze[201]
        durch den Freund zuteil,
    wenn aber ein Armer wankt,
        so wird er von Freund zu Freund weggestoßen[202].
22 Wenn ein Reicher redet, dann stützen ihn viele,
    und seine Worte werden für schön erklärt,
        auch wenn sie abscheulich sind.
    Wenn ein Armer wankt, so ruft man[203]: „Unfall, Unfall!"
    Auch wenn er verständig redet,
    so gibt es für ihn doch keinen Platz[204].
23 Wenn ein Reicher redet, so schweigen alle,
    und seine Klugheit lassen sie bis an die Wolken reichen,
    wenn aber ein Armer redet, so sprechen sie: „Wer ist der?"
    Und wenn er strauchelt, so geben sie ihm noch einen Stoß.
24 Gut ist Reichtum, wenn keine Schuld damit verbunden ist,
    aber böse ist Armut, wenn Übermut damit verbunden ist.

Nachdem Ben Sira viel über die verschiedenen Möglichkeiten im Verhalten der Menschen gesagt hat, zieht er den Schluß daraus, Umgang mit gleichen zu suchen und zu pflegen. Diese Worte können als Resultat der Erfahrung einer

---

[198] Nur in H^A, nicht in G.
[199] H^A: מאיש ist entweder zu lesen als מא/ה יש = „was ist?" oder besser als מאין = „nicht gibt es".
[200] Die Übersetzung des Wortes „Hyäne" ist nicht gesichert, wird aber allgemein angenommen; Jer 12,9 ist ein gefangener Vogel damit gemeint, vgl. Plin., Hist.Nat. 8,30
[201] H^A: בסמך = „beim Stützen"; besser zu lesen als: נסמך (nifal) = „wird er gestützt", s. den zweiten Halbvers.
[202] Hier liegt ein Wortspiel zwischen „Freund" und „böse" vor: רע = „Freund" und רע = „böse".
[203] H^A: ושא; besser: ישא von נשא = „die Stimme erheben".
[204] Die Aussage des Halbverses ist so zu verstehen, daß der Arme in seinen Äußerungen nicht ernst genommen wird.

langen Lebensführung angesehen werden. Wenn man so viele Verschiedenartigkeiten in der Welt erlebt, gesehen und erlitten hat, kommt man auf die einfachen Umgangsformen zwischen Gleichgestellten zurück.

15f.   Die Suche nach Wesensgleichen im zwischenmenschlichen Umgang ist in der antiken Literatur weit verbreitet. So kann ebenso auf Plato (Symposion St.195 b 5) wie auf Homer (Ilias XXII,262–266 und Odyssee XVII,217) verwiesen werden. Ben Sira wird eher an die eigenen alttestamentlichen Aussagen gedacht haben, wenn er davon spricht, daß ein jeder Gleiches neben sich sucht. Hier ist sofort an die Erinnerung von Gen 2,18 und 24 zu denken. Adam, der nach dem 2. Schöpfungsbericht zuerst erschaffene Mensch, sucht etwas, das ihm entspricht[205]. Die ihm zugeführten Tiere können diese Erwartung nicht erfüllen. Erst die ihm zugeführte Frau begrüßt er mit den bekannten Worten: „Diese endlich ist Bein von meinem Bein und Fleisch von meinem Fleisch."

17   So ist auch aus dem Tierreich bekannt, daß die Tiere Freundschaft und Feindschaft kennen. Wolf und Lamm gesellen sich erst in der als paradiesisch erwarteten Endzeit wieder zusammen (Jes 11,6). Darauf weist auch Mt 10,16 hin.

18f.   Von der Ungleichheit im Tierreich, das dem antiken Menschen täglich vor Augen geführt wurde, sprechen die folgenden Verse. Der Mächtigere unterwirft sich den Schwächeren. Dieser ist das Opfer des Stärkeren. So sieht Ben Sira auch das Verhältnis zwischen reich und arm, wenn man die erkennbaren und gesteckten Grenzen nicht respektiert.

20–23 In diesem Wechselspiel der Kräfte hat der Arme immer das Nachsehen. Unter Kenntnis der Verschiedenartigkeiten im sozialen Gefüge weist Ben Sira immer wieder auf das bedachtsame Element im Führen des Lebens hin. Auch diese Anweisungen wollen auf dem Hintergrund seiner von ihm erworbenen Weisheit verstanden werden. Wer diese Gegebenheiten des Lebens kennt, wird sie beachten und dadurch ein ihm gemäßes Leben führen können. Ben Sira ist darin der Realist, der diese Gegebenheiten hinnimmt und durch gedankliche und in der Handlung bewiesene Beachtung zu meistern versucht. Erst eine spätere Beurteilung, sei es im theologischen, sei es im sozial-politischen Sinne, läßt diese Erfahrungen zum Problem werden, das auf diese oder jene Weise zu lösen sei.

24   Eine abschließende Sentenz faßt das Gesagte in einem Gegensatzpaar zusammen.

13,25+26: Das Angesicht offenbart das Wesen eines Menschen

25 Das Sinnen eines Menschen verändert sein Angesicht,
   sei es zum Guten, sei es zum Bösen.

---

[205] A. Caquot, Le Siracide a-t-il parlé d'une „espèce" humaine?, RHPhR 62 (1982) 225–230.

26 Ein Zeichen für gute Gesinnung ist ein leuchtendes Angesicht,
   aber grübelnde Sorgen bewirken mühselige Gedanken.

Im normalen Alltag wird immer wieder neu offenbar, welches die Lebensmaximen der Menschen sind. Diese sind ablesbar an ihren Handlungen, aber auch am Gesichtsausdruck. Gerade bei Menschen, die man beinahe täglich sieht, kann man diese Veränderungen und diese Ausdrucksmöglichkeiten beobachten und erkennen. Dies geschieht aber nicht, um daraus ein Werturteil abzuleiten, sondern allein deshalb, um daraus Folgerungen für das rechte Verhalten zu ziehen. Wenn sich das Gesicht eines Menschen zum Guten wendet, dann ist dieses ein Zeichen für eine gute Gesprächs- und Handlungsbasis. Wenn es sich aber zum Bösen wendet, dann sind daraus entgegengesetzte Konsequenzen zu ziehen. Unter diesem Gesichtspunkt ist für Ben Sira all das Erfahrungswissen nicht eine Last, die zu erarbeiten und zu beobachten tägliches Gebot ist, sondern eher eine Aufgabe, auf diese Art die Welt und die Umgebung zu erkennen und durch Handlungen zu erfüllen.

Das große Beispiel aus der biblischen Tradition, an das Ben Sira möglicherweise denkt, ist die veränderte Situation vor Gott im Leben der beiden Zwillingsbrüder Kain und Abel. Die Situation des leuchtenden Angesichts beider, das bei der Darbringung der Opfer angenommen werden kann, verändert sich sofort, als Kain die Ungleichmäßigkeit der Annahme dieses Opfers wahrnimmt. Hier verändert sich seine Gesinnung und damit auch sein Gesicht: „Da verfielen seine Züge" (Gen 4,5), und aus dieser Veränderung kommen dann seine bösen Gedanken, die darauf abzielen, den nicht mehr geliebten Bruder und Nebenbuhler zu beseitigen.

KAPITEL 14

14,1–10: Lieben ... wie dich selbst

1 Wohl dem Manne, dem sein Mund keinen Schmerz bereitet
  und über den sein Herz nicht Trauer[206] bringt[207].
2 Wohl dem Manne, der in seinem Leben keinen Mangel hat
  und dessen Hoffnung nicht zur Ruhe kommt.
3 Für kleinmütiges Denken ist Reichtum nicht angenehm,
  und für einen Mann mit bösem Blick bietet Gold nichts Erfreuliches.
4 Der, der für sich selbst etwas zurückhält, sammelt für einen anderen,
  an seinen Gütern wird sich ein Fremder erfreuen.
5 Wer schlecht für sich selbst sorgt, wem kann er Gutes tun?
  Er wird nicht auf sein Glück treffen.

---

[206] So mit Rüger, 1970, 98.
[207] H^A bietet: אבה = „will", besser unter Umstellung der Konsonanten: הבא Hi. = „bringt".

6 Wer schlecht von sich selbst denkt, keinen Schlechteren gibt es als ihn,
auf ihn fällt zurück seine Bösartigkeit.
7 *Und wenn er Gutes tut, tut er es versehentlich,
am Ende wird seine Schlechtigkeit doch offenbar werden.*
8 *Schlecht ist der, der mit dem Auge neidisch blickt,
der das Angesicht abwendet und die Verlangenden übersieht.*
9 Im Auge dessen, der vergleicht[208],
ist der ihm zugewiesene Teil zu klein,
und der, der den Besitzanteil seines Nächsten nimmt,
richtet seinen eigenen Anteil zugrunde.
10 Ein böser Blick ist der, der sich nur auf die Speise richtet,
Unruhe herrscht an seinem Tische,
ein freundlicher Blick aber läßt die Speise reichlich werden,
von seinem Blick her wird auch das Trockene Wasser fließen lassen
auf dem Tisch.

Ben Sira kommt in diesem Abschnitt auf das Selbstwertgefühl des Menschen zu sprechen. Weder nach der einen noch nach der anderen Seite hin hat er sich in seiner Haltung zu verlieren. Weder in Selbstaufgabe und Minderwertigkeitsgefühlen noch in Überheblichkeit oder Rechthaberei liegt die für den Weisen richtige Lebensanschauung. Dem Nachweis dieser Haltung dienen die folgenden Ausführungen und Bilder.

1 Es kann geschehen, daß das Reden in der Öffentlichkeit im nachhinein zu Selbstvorwürfen und inneren Schmerzen führt. Es wird der glücklich gepriesen im Sinne der auch sonst in der biblischen Tradition bekannten Lobpreisungen, der hier durch Erfahrungen hindurch die rechte Mitte zu finden weiß. Leicht ist es, im Herzen Trauer zu empfinden über den erlebten Umgang mit seiner Umwelt. Diese Erfahrung kann der Weise benutzen, daraus zu lernen und sein Leben danach zu richten.

2 Diese gedankliche Seite des rechten Lebensweges wird durch das Wort von der glücklichen Lebensführung des Mannes ergänzt. Weder im großen Reichtum noch im Mangel findet der Mensch zur Ruhe. Auch hier ist der Mittelweg die richtige Haltung, die dem Herzen Ruhe verleiht.

3 Einem nicht in sich ruhenden Charakter kann auch Reichtum Unruhe bereiten, aus der Selbstvorwürfe kommen können. Irdischer Reichtum kann auch in die Irre führen und vom Ziel des Weges abbringen.

4 Geld ist dazu da, verwertet zu werden, und zwar für sich selbst und für die anderen. Wer dies nicht rechtzeitig tut, wird keinen Nutzen aus all den Gütern ziehen können. Er muß dies alles einem Fremden überlassen.

5f. Wer skrupulös lebt und in ständigen Selbstvorwürfen sich bewegt, wird nicht die Freiheit aufbringen können, auch einem anderen Gutes zu tun. Seine eigenen Sorgen fallen auf ihn zurück und verunmöglichen ein Leben in gegen-

---

[208] HA liest: בושל = „strauchelnd"; besser: מושל = „vergleicht", mit Kuhn, 1929, 295.

seitigem Geben und Nehmen. Wer so denkt und handelt, wird in seiner Umgebung keine Freunde finden und keinen Erfolg haben.

Die griechische Tradition hat diesen Gedanken noch weiter ausgeführt und zum Ausdruck gebracht, daß der, der so handelt, zu verurteilen ist, weil er nicht in bewußter Entscheidung seine Taten plant und ausführt. Höchstens versehentlich kann er einmal das Richtige treffen, ein Tun, das im Grunde aber doch die Schlechtigkeit des also Gezeichneten beweist.

Der immer Unzufriedene und mit sich selbst im Streit Lebende wird auf diese Weise immer auf den anderen blicken und sich selbst bemitleiden. Die Unzufriedenheit überträgt sich auch auf seine Umgebung. Er verbreitet ungute Gefühle beim gemeinsamen Essen am Tische. Das gemeinsame Mahl ist für Ben Sira immer wieder neu der Ort, an dem das gegenseitige Verstehen und miteinander Leben in Ausgeglichenheit, ja Freundschaft sich beweist. Es gibt Gelegenheiten, bei denen eine solche Mahlgemeinschaft erfreulich und gut verläuft. Dann sind die, die zu Tische geladen sind, in einem inneren Austausch begriffen, der eine fröhliche und gute Lebensführung zu erkennen gibt. Die griechische Tradition hat diesem Gedanken noch eine besondere Wendung gegeben, indem auf den bereichernden Einfluß hingewiesen wird, den ein fröhlicher Mensch um sich verbreiten kann, wenn er die Gemeinsamkeiten des Mahles durch seine Haltung zum Guten beeinflußt. Auf diese Weise kann selbst das einfachste Mahl zu einem erfreulichen Beisammensein werden. Wasser als Bild für das belebende Element ist reichlich vorhanden und erfreut das Leben.

In diesem Abschnitt beweist Ben Sira von Neuem seine Kenntnis des Lebens: An erster Stelle wird die Haltung des Menschen in seinem Reden geoffenbart (V.1), daraus folgt aber das rechte Handeln, durch das die Wahrheit des Redens unter Beweis gestellt wird.

14,11–19: Tue Gutes, solange es Tag ist

11 Mein Kind, wenn du einen Besitz hast, so diene es zu deinem Nutzen,
und wenn du einen Besitz hast, so diene es dir zum Guten,
nach dem Vermögen deiner Kraft sättige dich.
12 Sei dessen eingedenk, daß es im Totenreich keine Wonne gibt,
denn läßt nicht der Tod auf sich warten,
das Gesetz des Totenreiches ist dir nicht kundgetan.
13 Ehe du stirbst, tue Gutes dem Freund,
und das, was dir zu Gebote steht, gib ihm.
14 Versage dir nicht die Schönheit eines Tages,
und an dem, was dir zugeteilt ist an Freude[209], geh nicht vorüber,
aber begehre nicht das begehrenswerte Gut des Nächsten[210].

---

[209] HA bietet: ובהלקח אח = „und beim Nehmenlassen den Bruders"; besser: ובחלק תאוה = „zugeteilt an Freude". Schrader, 1994, 266, schlägt vor: ובחלק חמד = „und an einem begehrenswerten Teil", mit Segal, 1972, 91.

[210] Dieser Halbvers fehlt in G. Er könnte als Dublette angesehen werden. Anders Penar 1975, 44.

15 Wirst du nicht einem anderen dein Vermögen hinterlassen?
   Und das, was du dir erworben hast, denen, die das Los werfen?
16 Gib dem Bruder und gib[211] und verwöhne dich selbst,
   denn es ist nicht mehr möglich, in der Unterwelt Wonne zu suchen.
   Eine jede Tat, die schön ist, sie zu tun,
   die führe aus vor Gott.
17 Alles Fleisch verwelkt wie ein Gewand,
   ein ewiges Gesetz ist es, daß es ganz sicher vergehen wird.
18 Wie das Hervorsprießen des Blattwerks an einem grünen Baum,
   das eine verwelkt, und das andere kommt hervor.
   So ist es auch mit den Generationen von Fleisch und Blut,
   das eine vergeht und das andere wächst nach.
19 Alle seine Werke faulen gewiß dahin,
   und das Werk seiner Hände zieht er hinter sich her (in den Tod).

Der also auf sich und seine Entscheidung gestellte Mensch hat nach Ben Sira die Aufgabe, wachen Auges und lebendigen Sinnes in der Verantwortung vor Gott sein Leben nach den Regeln der Weisheit zu führen. Dabei ist von Wichtigkeit, daß für den Frommen der Zeit des Ben Sira dieses Leben sich vor dem Tod als lebenswertes und verantwortetes Leben erweisen muß. Ein Leben nach dem Tode hat es für Ben Sira noch nicht gegeben. So sind im Angesicht dieser Tatsache alle Handlungen des Menschen zu unternehmen und als wertvoll oder vergeblich zu interpretieren.

11   Ben Sira wendet sich zuerst der Verwendung der irdischen Gaben und des irdischen Besitzes zu. Mit diesen von Gott gegebenen Gütern ist sorgsam und voll Verantwortung umzugehen. Diese Haltung klingt ganz an die der neutestamentlichen Verkündigung an, in der es auch darum geht, die dem Menschen gegebenen Gaben jeglicher Art nutzbringend zu verwenden. Der Fromme
12   kann und soll von den Gütern dieser Welt Gebrauch machen; denn im Totenreich gibt es nicht mehr die Möglichkeit, sich dieser Güter zu erfreuen. Die Stunde des Todes ist unbekannt. Daraus wird an anderen Stellen des AT die Folgerung gezogen, gerade um so mehr vor dem Tod das Leben zu genießen, z.B. Jes 28,15; Weis 1,16 und im Koh 2,24; 7,14. Diese Haltung liegt Ben Sira fern. Er ruft statt dessen dazu auf, das überantwortete Gut für die Gemeinschaft, in der der Mensch steht, zu verwenden.
13   Nicht im Haben liegt die Maxime des Lebens des Weisen, sondern im Weitergeben. Der, der sich selber Gutes tut, darf und soll dies dem Freund auch weitergeben. Der Mensch, auch der nach Weisheit strebende, ist keine Einzelperson, die losgelöst von ihrer Umgebung diese Haltung einnehmen und praktizieren könnte. Jeder Mensch steht in einem Sozialgefüge drin, das er mit seinen Handlungen und Entscheidungen auszufüllen und zu bestimmen hat.

---

[211] Fehlt in G; Dittographie?

Dem Lebensgefühl des alttestamentlichen Frommen entspricht es, die Gunst der Stunde und die Schönheit des Tages voll zu realisieren. Gedanken an eine andere Welt, die die gegenwärtige an Schönheit noch überbieten könnte, sind ihm fremd. Daraus erwächst aber nicht ein ungehemmter Hedonismus; im Gegenteil: Aus den Erfahrungen des Alltags ensteht die Verpflichtung, diese Haltung auch der Umwelt mitzuteilen. Die Schönheit dieser Welt soll nicht dazu verleiten, noch mehr Güter anzusammeln, um noch mehr Schönheit zu erleben. Das Gegenteil ist richtig. Das Erleben der Schönheit dieser Welt führt dazu, von dieser Schönheit auch anderen auszuteilen.

Wer dieses sein Gut nicht in diesem Sinne anwendet, vergibt sich die Möglichkeit, ein Leben in Verantwortung in der Gemeinschaft zu führen. Ein Vermögen, das nach dem Tode hinterlassen wird, ist ein leeres Vermögen. Es findet keine sinnvolle Verwendung. Es wird verlost. Vgl. dazu Ps 22,19.

Diese barocke Fülle lebt nun auch von dem Gedanken des Endes. Bei allem Wechsel des Auf und Ab des menschlichen Lebens ist eines ganz gewiß: das Vergehen. Das Erleben der Natur macht dies unmißverständlich deutlich. Daher wird von Ben Sira auch darauf hingewiesen. Ein jeder im Frühjahr neu zum Grünen und Blühen kommende Baum wird am Ende des Sommers wieder verwelken. Aber ebenso sicher ist es, daß dieser Baum im kommenden Jahr wieder neue grüne Blätter hervorbringt. Dieses eherne Gesetz der Natur gilt auch für das Leben der Menschen in ihren Generationen. Auch Fleisch und Blut vergehen, um neuen Wesen Platz zu machen. Das eine sprießt, das andere vergeht. So weiß es die Welt des AT ebenso wie die Antike. Es kann hier auf Homer, Ilias VI 145–150 verwiesen werden, ebenso wie auf das späte Carpe diem des Horaz, Oden I,11[212].

14,20–27: Allein die Weisheit bereitet eine sichere Wohnung

20 Wohl dem Menschen, der über die Weisheit nachsinnt
   und auf Einsicht achtet,
21 der richtet auf ihre Wege seine Gedanken,
   und über ihre Einsicht besinnt er sich[213],
22 um sich aufzumachen hinter ihr her im Forschen,
   und all ihre Zugänge belauert er.
23 Er blickt durch ihre Fenster hinein,
   und an ihren Türen horcht er.

---

[212] Ausführliche Behandlung bei Schrader, 1994, 264–285; zu Horaz: 278–285; O. Kaiser, Carpe diem und Memento mori bei Ben Sira, in: M. Dietrich/O. Loretz (Hg.), FS W.H.Ph. Römer, AOAT, 1998.

[213] So H^A: יתבנן und G: ἐννοηθήσεται, gegen S und die meisten neueren Ausleger, vgl. Penar, 1975, 44f.

24 Er schlägt sein Lager auf rings um ihr Haus
und bringt ein seinen Zeltpflock[214] in ihre Wand.
25 Er spannt auf sein Zelt an ihrer Seite
und wohnt als ein guter Nachbar.
26 Er baut sein Nest in ihrem Blattwerk,
und in ihren Zweigen ruht er.
27 Er birgt sich in ihrem Schatten vor der Hitze,
und in ihren Kammern wohnt er.

Diesem ehernen Gesetz des Vergehens kann Ben Sira nur eines entgegensetzen: die Suche nach Weisheit und den Wert der Weisheit. Von ihr spricht er nun in eindringlichen Worten und mit überzeugenden Bildern. Was früher schon immer wieder festzustellen war, gilt auch hier. Nach einer längeren Ausführung über die Verhaltensweisen des Frommen, der in der Furcht Gottes Weisheit sucht, wird in eigenen Ausführungen auf die überragende Größe und überzeugende Fülle dieser Weisheit hingewiesen.

20 Mit einer Seligpreisung (s.o. V.1f.) beginnt Ben Sira seine Ausführungen zum Lobe der von ihm verkündeten Weisheit. Der, der darüber nachsinnt, hat bei allem Wechsel und bei allem Vergehen einen festen Bestand. Er hat Einsicht und versteht daher die oft unbegreiflichen Wege, die Natur und Menschen in dieser Welt zu gehen haben. Diese Suche nach der Weisheit ist ein lebenslanges Programm. Ihr folgt der Mensch und sie sucht er. Dabei erscheint die Weisheit wie eine materiell greifbare Größe, ja wie eine Person, die auf Erden wandelt und auf Erden ihre Wohnung hat.

21f. Der Suchende weiß um ihre Gegenwart und versucht, sie auf seinem Wege zu erreichen. Es ist, wie wenn er im Dunkeln hinter ihr her schritte, um sie einzuholen und einzufangen. Er lauscht und hofft, sie an irgendeiner Stelle zu finden und zu besitzen.

23–25 Er weiß, daß sie sich an irgendeiner Stelle ein Haus gebaut und sich niedergelassen hat, so schleicht der Suchende um dieses Haus, sucht Fenster und Türen, um Eintritt zu erhalten. Da diese aber verschlossen zu sein scheinen, bleibt er vor dem Hause und schlägt dort sein Zelt auf, um dieser Weisheit möglichst nahe zu sein. Der Zeltpflock seines Zeltes wird gehalten in der Wand des Hauses, hinter der die Weisheit wohnt. Einen engeren Zusammenhang kann man sich nicht denken. Die direkte Ausstrahlung der in dem Hause wohnenden Weisheit geht auf den vor dem Haus Zeltenden über. Die gute Nachbarschaft gibt das beruhigende Gefühl, als erster und als Nächstgelegener der Weisheit ansichtig zu werden, falls sie aus dem Hause träte.

26 Die Weisheit ist wie ein großer Baum, in dessen Äste die Vögel nisten. Der die Weisheit Suchende läßt sich dort nieder und weiß, daß die Zweige, in deren Vergabelungen er sein Nest gebaut hat, sichern Halt und Schutz bieten. Dieses

---

[214] H^A: יתריו = „seine Seile"; lies besser mit G: πάσσαλον = hebr.: יתדו = „seinen Zeltpflock".

Bild erinnert an die Aussagen von Ps 1, wo der Beter, der über das Gesetz nachsinnt Tag und Nacht, mit einem Baum verglichen wird, der fest im Boden ruht und aus dem Wasser der vorbeifließenden Bäche seine Kraft zieht. Hier ist die Weisheit selbst der Baum, der dem Suchenden Schutz bietet.

Vor der Hitze des Tages spendet der Baum seinen Schatten, vgl. Ps 91; 121. Hier läßt man sich gern nieder, weil man in Ruhe lagern kann, vgl. Ps 23.

In dem ständigen Auf und Ab der verschiedenen Möglichkeiten, die das Leben bietet, hat der, der die Weisheit sucht, Ruhe gefunden.

27

KAPITEL 15

15,1–10: Die Weisheit als Mutter und Braut

1 Wahrlich, wer den Herrn fürchtet, handelt so,
   und der, der sich an das Gesetz hält, wird sie erlangen.
2 Sie begegnet ihm wie eine Mutter,
   und wie eine Braut nimmt sie ihn auf.
3 Sie speist ihn mit dem Brot der Einsicht,
   und mit dem Wasser des Verstehens tränkt sie ihn.
4 Er stützt sich auf sie und wird dadurch nicht wanken.
   Auf sie vertraut er und wird dadurch nicht zuschanden.
5 Sie erhöht ihn über seine Freunde,
   und inmitten der Gemeinde tut sie auf seinen Mund.
6 Frohsinn und Freude findet er,
   und beständiges Ansehen läßt sie ihm zukommen.
7 Nichtsnutzige Menschen werden sie nicht erreichen,
   und übermütige Menschen werden sie nicht erblicken.
8 Fern ist sie den Spöttern,
   und lügnerische Menschen sind ihrer nicht eingedenk.
9 Im Munde eines Bösen ist ein Loblied nicht angenehm,
   denn von Gott ist ihm dies nicht zuteil geworden.
10 Durch den Mund[215] eines Weisen aber
    kann ein Loblied gesprochen werden,
    und der, der Sprüche vorträgt, lehre sie.

Diese Aussagen Ben Siras setzen das Thema der vorangegangenen Verse fort: Der, der die Weisheit sucht, handelt in der Furcht Gottes und beachtet die ihm gegebenen Gesetze. Hier schon zeigt sich die Verbindung zwischen Weis-

1f.

---

[215] HA: בפה = „durch ihren Mund" macht die weitere Konstruktion des Satzes unmöglich, da חכם Subjekt werden müßte, ein Maskulinum, das zum folgenden Verb im Femininum nicht paßt. Daher besser mit HB: בפי = „durch den Mund (eines Weisen)".

heit und Gesetz, die später in Sir 24 noch einmal in aller Deutlichkeit vorgeführt wird. Der nach Sir 14,20–27 suchende Fromme kommt zu einem Ziel. Seine Suche endet da, wo er die Weisheit als Mutter und Braut und damit als Person findet. Die Mutter gibt ihm Geborgenheit und Schutz (vgl. 14,20–27), die Braut spornt ihn zu immer neuem Suchen an und hält die Erregung, die den Frommen beseelt, stets wach.

3   Das, was der Mensch zum Leben braucht, bietet ihm die Weisheit: Brot und Wasser. Das Brot der Einsicht und das Wasser des Verstehens sind genug, um das Leben zu bestehen. Diese Grundnahrungsmittel geben den innersten Halt. Ohne sie wäre ein Leben und damit auch das Leben in Weisheit nicht möglich.

4   So auf den Weg gebracht, kann der Fromme getrost voranschreiten, ohne Gefahr zu laufen, nicht bestehen zu können. Er wird nicht zuschanden.

5f. Mehr noch. Er erlebt auf diesem Wege Freude und Erfüllung. Inmitten der Gemeinde kann er seine Überzeugung kundtun und als anerkanntes Glied der Gemeinde in Erscheinung treten.

7–9 Um dieses große Geschenk deutlich werden zulassen, weist Ben Sira auch auf die gegenteilige Einstellung hin. Die Menschen, die sich um diesen Weg der Weisheitssuche, die durch eine ständige Bewegung voller Sehnsucht wachgehalten wird, nicht leiten lassen, gehen an diesem Ziel vorbei. Sie sind nichtsnutzig, übermütig und lügnerisch. Sie verstehen die Begeisterung und Freude nicht, die einen Menschen erfüllen kann, der die Weisheit sucht und findet.

10 Das Finden der Weisheit ist nicht seliger Besitz und führt nicht in die Abgeschiedenheit, sondern läßt mitten in der Gemeinde ein Loblied anstimmen. So ist auch hier die Geschichtsbezogenheit des alttestamentlichen Frommen unmißverständlich zum Ausdruck gebracht. Nicht in mystischer Versenkung führt der, der die Weisheit gefunden hat, sein Leben. Vielmehr ist er dazu aufgerufen, andere auf diese Erkenntnis durch die Lehre, die er vorträgt, hinzuweisen. Das Geschenk, das er durch das Finden der Weisheit erhalten hat, verpflichtet zur Weitergabe,vgl. Sir 51,13–21 und Spr 7,4[216].

15,11–20: Der Mensch kann sich auch gegen die Weisheit entscheiden

11 Sprich nicht: „Von Gott kommt meine Sünde";
   denn das, was er haßt, hat er nicht erschaffen[217].
   Sage nicht: „Was habe ich getan,
   denn das, was er haßt, habe ich nicht getan"[218].

---

[216] J. Marböck, Sir 15,9f. – Ansätze zu einer Theologie des Gotteslobes bei Jesus Sirach, in: I. Seybold (Hg.), Meqor Hajjim, FS G. Molin, Graz 1983, 267–276 = Ders., Gottes Weisheit unter uns, Freiburg 1995, HBS 6, 167–175.
[217] So nach H^A; H^B bietet einen leicht veränderten Text: „Alles, was er haßt, hat er dir gesagt."
[218] Erweiterung durch H^B. Mit Rüger, 1970, 75f., ist am Schluß besser zu lesen: „erschafft er nicht". Nach DiLella, 1966, eine Dittographie.

12 Damit du nicht sagen kannst:
„Er ist es gewesen, der mich zu Fall gebracht hat",
denn er hat kein Verlangen nach gewalttätigen Menschen.
13 Böses und Greuel haßt der Herr[219],
nicht läßt er es auf die treffen, die ihn fürchten.
14 Am Anfang, als Gott den Menschen erschuf,
gab er ihn hin an die Macht seiner Begierde.
Und gab ihn hin an die Macht seines Wollens[220].
15 Wenn es dir gefällt, so bewahre das Gebot,
und Einsicht[221] ist es, nach seinem Wohlgefallen zu handeln.
Wenn du auf ihn vertraust, wirst du auch am Leben erhalten werden[222].
16 Vor dir liegt ausgebreitet Feuer und Wasser[223],
strecke deine Hand aus, wonach du Verlangen hast.
17 Vor einem Menschen liegen Leben oder Tod,
das, woran er Gefallen hat, wird ihm gegeben werden[224].
18 (Wahrlich, weit und groß ist die Weisheit des Herrn,
ein Gott der Stärke ist er, und er blickt auf alles.)[225]
Wahrlich, reich ist die Weisheit des Herrn,
stark ist er an Macht, und er blickt auf alles.
19 Die Augen Gottes sehen auf seine Werke,
er erkennt alles, was ein Mensch tut.
20 Er hat den Menschen nicht geboten zu sündigen,
und den Lügnern hat er nicht Stärke verliehen.
Er erbarmt sich nicht über die, die Nichtiges tun,
und auch nicht über den, der einen geheimen Rat offenbart[226].

Die konkrete Gegenwartsbezogenheit Ben Siras zeigt sich auch darin, daß er nicht in einem Zustand seliger Gefühle von der Weisheit redet. Jeder, der um das Wesen der Weisheit weiß, weiß auch darum, daß diese ein leicht verlierbares und auch ein leicht zu verachtendes Gut darstellt. Es gibt Menschen, die sich von diesem Weg bewußt abwenden und ihre eigenen Ziele verfolgen. Dieser Zweiseitigkeit menschlichen Denkens und Handelns wendet sich Ben Sira nun zu.

---

[219] Nach H^A; H^B liest: „Gott".
[220] Übersetzung nach H^A. Versteil b und c sind Dubletten. H^B hat nur Versteil a und den Beginn von b. Vgl. DiLella, 1966, 119–125; Rüger, 1970, 77f.; J.B. Bauer, Sir 15,14 et Gen 1,1, VD 41 (1963) 243f. und J. Hadot, Penchant mauvais et volonté libre dans la Sagesse de Ben Sira (L'Ecclésiastique), Brüssel 1970.
[221] So H^A und H^Bmarg: תבונה; H^B hat dagegen: אמונה = „Treue"; G: πίστιν.
[222] Diese Halbzeile fehlt in G und S; vielleicht Zusatz nach Hab 2,4.
[223] In dieser Reihenfolge bei H^A und G; H^B vertauscht die Reihenfolge der Begriffe.
[224] Übersetzung nach H^A und H^Bmarg; H^B liest Aktivum: יתן לו = „wird er ihm geben"; dies nach Rüger, 1970, 79, die jüngere Fassung.
[225] Dublette in H^B.
[226] Der Vers ist überladen und zeigt damit an, wie mit dem angesprochenen Problem gerungen wurde; vgl. DiLella, 1966, 129–134, und Rüger, 1970, 81.

11–13 Es ist dem Menschen verwehrt, die Unmöglichkeit des Erkennens der Weisheit auf Gott abzuschieben. Der Mensch ist nicht entschuldbar in seiner Entscheidung und in seinem Handeln gegen den Weg der Weisheit. Gott hat die Sünde und damit den Hochmut des Menschen, der sich von Gott abwendet, nicht erschaffen. Hochmut und Eigenmächtigkeit des Menschen kommen nicht von Gott. Er kann nicht als der Verursacher der Sünde angesehen werden. Mit dem Aufweis dieser beiden Wege ist damit die Frage nach der Verantwortlichkeit des Menschen gestellt. In tiefgreifender Weise geht Ben Sira dieses Problem an und versucht zu erklären, warum damals wie heute das Rätsel der menschlichen Existenz hin und her schwankt zwischen diesen beiden Extremen. Ben Sira kommt damit auf die anthropologischen Grundaussagen der schöpfungsmäßigen Bedingtheit des Menschen zu sprechen. Er versucht, eine Antwort zu geben, die sich in den Bereichen der Wahrheitsfindung und der Weisheitssuche bewegt. Die Entscheidungsfreiheit des Menschen wird betont. Er kann sich für die eine oder für die andere Möglichkeit entscheiden.

14 Hierbei greift Ben Sira auf die ihm bekannte Erzählung von der Erschaffung des Menschen in Gen 2 zurück. Der Weg in die Zukunft und damit in die eigene Entscheidung ist von Gott dem Menschen eröffnet worden. Dieser benutzt den Weg in seinem Sinne, der ihn in Schuld gegenüber Gott fallen läßt.

15 Ben Sira steht hierbei, ebenso wie die deuteronomisch-deuteronomistische Theologie, auf dem Standpunkt, daß es dem Menschen möglich ist, das Gebot Gottes zu erkennen und zu bewahren. Davon spricht z.B. Dtn 30,15–20, auch Jer 21,8. Leben und Tod ist dem Menschen vor die Füße gelegt, Dtn 11,26. Die dritte Zeile von V.15 fußt auf Hab 2,4.

16 Feuer und Wasser, ursprünglich beides Lebenselemente, die einen guten und förderlichen Aspekt haben, aber auch einen bedrohlichen, werden als Beispiel genommen, wie der Mensch sich entscheiden kann. Für Ben Sira ist das Wasser das lebensspendende Element, während das Feuer das Element des Verzehrens und damit des Todes ist.

17 Mit deutlichen, beinahe existentialistisch klingenden Worten wird der Mensch vor die Grundfrage seines Lebens gestellt: Leben oder Tod. In der Entscheidung aber erweist es sich, daß der Mensch handelnd lebt und dadurch sich eine Zukunft eröffnet oder diese Zukunft selbst abschneidet.

18f. Über dem allen aber steht unangefochten und unbestritten die Weisheit Gottes, die sich als die stärkere erweist. Dieses Bekenntnis zu dem Unerforschlichen, aber das Gute bietenden Gott ist das höchste was Ben Sira in seiner Haltung vor Gott zum Ausdruck bringen kann. Darin nimmt er das auf, was in 1,1f. schon am Anfang seiner Ausführungen stand: Er ist der, der die Weisheit in Vollkommenheit bei sich hat. Darum ist er auch der, der alles, was auf Erden lebt, nicht nur erschafft, sondern auch kennt.

20 Wie um noch einmal alle Mißverständnisse auszuräumen, betont Ben Sira wiederum, daß das Gebot Gottes zum Leben führt und nicht zum Tode. Gott hat dem Menschen nicht geboten zu sündigen und dadurch in Lüge, Sünde und Tod zu verfallen. Seine Weisheit ist es, der Welt zum Leben zu verhelfen. Aber die, die diese Weisheit negieren und sich von ihr abwenden, verfallen

damit dem Nichtigen, das heißt: dem nicht von Gott gewollten Tod. In dem schon häufiger herangezogenen Jakobusbrief im NT, der am Anfang ähnliche Gedanken behandelt, wird ebenso die Frage nach der Herkunft der Weisheit und die Möglichkeit, diese Weisheit zu negieren, erörtert. Vgl. Jak 1,13f.

KAPITEL 16

16,1–21: Der Hochmut des Menschen zieht das Gericht Gottes herbei

1 Du sollst nicht begehren die Schönheit nichtsnutziger Knaben,
   und du sollst dich nicht freuen über frevelnde Kinder!
2 Auch wenn sie zahlreich werden, sollst du dich nicht freuen über sie,
   denn[227] sie kennen nicht die Furcht des Herrn.
3 Vertraue nicht auf ihr Leben,
   und hoffe nicht auf ihr Ende[228].
   Denn ihnen wird kein guter Ausgang zuteil werden;
   wahrlich, besser ist einer,
      der im Wohlgefallen handelt als tausend sonst,
   und besser ist der Tod des Kinderlosen
   als die Nachkommenschaft des Hochmütigen,
   und besser als der, dem viele Kinder zu eigen sind.
   Untat ist das Ende des Hochmütigen[229].
4 Von einem[230], der den Herrn fürchtet, wird bewohnt eine Stadt,
   aber von dem Geschlecht der Aufrührerischen wird sie öde[231].
5 Viele Dinge wie diese hat mein Auge gesehen,
   und noch Gewaltigeres als dies[232] hat mein Ohr gehört.
6 Gegen die Versammlung der Übeltäter lodert Feuer auf,
   und gegen das aufrührerische Volk entbrennt Zorn[233].
7 Er vergab nicht den Helden der Vorzeit,
   die sich vor Zeiten auflehnten in ihrer Stärke.

---

[227] So mit H^B: כי; H^A hat אם = „wenn".

[228] H^B: בחיליהם = „auf ihre Kraft".

[229] H^A und H^B weichen im Wortlaut der vorliegenden Dubletten in Einzelheiten voneinander ab. DiLella, 1966, 134–142, sieht an diesem Text seine These von einer Rückübersetzung aus dem Syrischen bestätigt; dagegen Rüger, 1970, 82–84, mit dem Versuch, den ursprünglich älteren und den davon abgeleiteten Text wieder herzustellen.

[230] Das folgende: ערירי ist zu streichen: vertikale Dittographie aus V.3.

[231] H^B hat eine Dublette dazu mit einem kleine Lücken aufweisenden Text.

[232] H^A: באלה = „wie dieses"; besser H^B: באלה mit komparativischer Übersetzung. So auch Rüger, 1970, 85. G hat: ἰσχυρότερα.

[233] H^A hat den vollständigeren Text; H^B hat Lücken und weicht in Einzelheiten von H^A ab, z.B. H^A: אש; H^B: להבה. Rüger, 1970, 85f., vermutet in H^B den älteren Text; Penar, 1975, 46, verneint dies. Hier auch die Begründung für die Übersetzung von ב mit „gegen".

8 Nicht erbarmte er sich der Mitbürger Lots,
   die sich in ihrem Stolz übermütig gebärdeten.
9 Nicht verschonte er ein Volk, das dem Bann verfallen war,
   das dahingerafft wurde in seiner Schuld.
10 So geschah es mit 600 000 Mann zu Fuß,
   die getötet wurden in dem Übermut ihres Sinnens.
11 Ja wahrlich, danach wird auch der, der halsstarrig ist, behandelt,
   es wäre verwunderlich[234], wenn er straflos bliebe.
   Wahrlich, Erbarmen und Zorn sind bei ihm,
   er vergibt und verzeiht,
      aber über die Übeltäter läßt er ausgießen[235] seinen Grimm.
12 So wie er reich ist an Erbarmen, so auch an Züchtigung,
   einen jeden richtet er nach seinen Taten.
13 Ein Frevler kann sich mit seinem Raub nicht retten,
   aber das Begehren eines Gerechten
      läßt er auf immer[236] nicht zur Ruhe kommen.
14 Einem jeden, der Gemeinschaftstreue übt, wird sein Lohn zuteil werden,
   und ein jeder Mensch geht aus vor ihm entsprechend seinem Tun.
   Der Herr verhärtete das Herz des Pharao, so daß er ihn nicht erkannte,
   obwohl seine Werke geoffenbart waren unter dem Himmel.
   Sein Erbarmen erblickt seine ganze Schöpfung,
   sein Licht und sein Lob hat er den Menschen zugeteilt[237].
15 Du sollst nicht sagen: „Vor Gott bin ich verborgen,
   und wer gedenkt meiner in der Höhe?"
   „In einem gewichtigen Volk, wer kennt mich da?
   Und was bin ich in der Menge der Geister aller Menschen?"
16 Siehe, der Himmel und aller Himmel Himmel
   und die Urflut und die Erde stehen bei seinem Herabsteigen auf sie da,
   bei seiner Heimsuchung und bei seinem Erschüttern (die Erde).
17 Ja, die Enden der Berge und die Grundfesten des Erdkreises,
   sie erbeben, wenn er auf sie niederblickt.
18 „Ja, auf mich richtet er nicht seinen Sinn,
   und wer nimmt meine Wege wahr?
19 Wenn ich sündige, wird mich kein Auge sehen,
   oder wenn ich lüge ganz im Geheimen, wer wird es merken?
20 Was bewirkt ein rechtschaffenes Werk, wer wird davon berichten?
   Und was ist es um die Hoffnung? Ja, ich warte auf das Recht"[238].

---

[234] Zu dieser Übersetzung, auch in Talmud und Midrasch, vgl. Ginzberg, 1906, 622.
[235] HA: יניה; mit Ginzberg, 1906, 623: יניח.
[236] HA: לעולם, fehlt in G.
[237] Wortlaut nach HA und S; in G sind die Versteile c - f nur in L' und in Arm als V.15f. erhalten. Hebr. חלק hat hier wie in 31,13.27; 33,13; 38,1; 39,25 auch die Bedeutung „erschaffen"; s. Rüger, ZAW 82 (1970) 107f.
[238] HA: כי אצוק חוק; Ginzberg, 1906, 623:"das jeder Erklärung spottet"; er schlägt folgende Lesung vor: אקוה חוק, wonach übersetzt wurde.

21 Die, die wenig Einsicht haben, denken so,
und der, der viel mißversteht, meint dies.

Im vorangehenden Abschnitt war von Ben Sira die Möglichkeit vorgeführt worden, einen Weg abseits von der Weisheit in Eigenverantwortung und Hochmut gehen zu können. Diese Wahl der Wege hat der Mensch selbst zu verantworten. Dieser Gedanke wird nun fortgeführt und auf die kommende Generation hin ausgedehnt. Ist es im eigenen Bereich schon unverantwortlich, den Weg der Weisheit zurückzuweisen, um einen eigenen Weg zu gehen, so ist es noch einmal abzulehnen und zu verurteilen, auch in der folgenden Generation eine ähnliche Entwicklung beobachten zu wollen.

Kinder zu haben, war für die antike Kultur in jedem Falle ein begehrenswerter Besitz. Je größer die Zahl der Kinder, desto sicherer das Leben in der Gegenwart, desto besser versorgt ist aber auch der Mensch im Alter. Hier warnt Ben Sira eindeutig davor, nur auf die Zahl der Kinder zu blicken. Es scheint zwar ein schöner Eindruck zu sein, viele Kinder sein eigen zu nennen, aber nicht die Zahl soll Inhalt der Schönheit sein, sondern das Verhalten der Kinder. Wenn die Kinder nicht in der Furcht zu Gott erzogen werden und sich darin bewähren, so wäre es besser, wenn sie gar nicht geboren worden wären. Der, der in der Furcht Gottes kinderlos stirbt, ist glücklicher zu preisen als der, der in seinem Hochmut und Eigensinn eine große Nachkommenschaft hat. So, wie der Hochmütige selbst zu einem (unerfreulichen) Ende kommt, so auch die Nachkommenschaft des Hochmütigen. 1–3

Ben Sira beweist damit einmal mehr, daß es im Leben eines Volkes nicht auf äußere Macht und große Erfolge ankommt, sondern vielmehr auf die innere Haltung und die geistigen Qualitäten. Diese Kräfte tragen viel mehr für ein gedeihliches Leben bei als alle äußeren Erfolge. So kann er auch argumentieren, daß es von einem einzelnen abhängig sein kann, daß eine Stadt bewohnbar erscheint. Das geistige Klima einer Gemeinschaft wird häufig genug von einem einzigen Gedanken erfüllt und bestimmt. Andererseits gilt aber auch das Gegenteil. Eine ganze Stadt wird verderbt und verödet, wenn sie von Menschen mit aufrührerischen Gedanken erfüllt ist. 4

Nach diesen einleitenden grundsätzlichen Überlegungen kommt Ben Sira zur Beweisführung. Diese ist durch Hinweise aus der Geschichte des Volkes möglich. Ein reiches Potential steht Ben Sira zur Verfügung, um diese Aussage mannigfach zu belegen. Hier wiederum zeigt sich das reiche geschichtliche Denken und Wissen Ben Siras, das an den alttestamentlichen Schriften, die zu seiner Zeit schon bekannt und tradiert worden waren, sich gebildet hat. Ben Sira greift in den reichen Schatz der Tradition hinein und zitiert in lockerer Folge keineswegs immer chronologisch, die vielen Begebenheiten, die diese seine Aussage belegen. Es entsteht damit eine Geschichte des Unheils, die eindrücklich das Geschehen in dieser Welt vorführt. Dieser Geschichte des Unheils wird später eine Geschichte des Heils gegenübergestellt werden. 5

6   Ben Sira beginnt hier nicht bei Ereignissen aus der Zeit der Erschaffung der Welt, sondern bei Beispielen aus der Geschichte des Volkes. Die hier erwähnten Ereignisse geschahen zur Zeit der Wüstenwanderung, als das Volk in Undankbarkeit und Verzagtheit gegen die Führung durch Mose auf dem beschwerlichen Weg durch die Wüste, der schließlich in das zugesagte Land führe sollte, revoltierte, Num 11,1; 16,25–35. Hier wird besonders deutlich, worum es Ben Sira immer wieder geht: Das Volk versuchte, einen eigenen Weg zu gehen und in Selbstbestimmung und Selbstbehauptung sich durchzusetzen. Es vergaß dabei, daß es unter der Rettungstat Gottes eine Verheißung bekommen hatte, der es nun in Geduld entgegenzugehen habe. Das Volk wollte sich auf die eigenen Kräfte besinnen und das Geschick in die eigene Hand nehmen. Dies aber führte in die Ablehnung der göttlichen Zusagen und wurde daher als Sünde offenbar.

7   So, wie sich Eigenmächtigkeit und Hochmut zu Beginn der Urgeschichte, Gen 2f., zeigen, so auch in dem Handeln der Göttersöhne, die sich in ihrer Selbstsicherheit Menschentöchter nahmen und daraus ein eigenmächtiges Geschlecht zeugten. Diese hochmythologische Notiz dient in den Berichten des 1. Buches Mose als Aufweis dafür, daß sich die Geschichte der Menschheit gegen Gott entwickelt und daher die Sintflut kommen müsse.

8   In chronologischer Folge, aber nicht lückenlos (die Erzählung vom Turmbau zu Babel fehlt) kommt Ben Sira auf die Ereignisse von Sodom und Gomorra zu sprechen. Deren Bewohner verhielten sich übermütig und belästigten den zu den berufenen Gliedern der Sippe Abrahams gehörenden Lot und seine Familie, Gen 18,16–19,29, vgl. auch Jes 1,9.

9   Nach einem Sprung durch die Geschichte erwähnt Ben Sira die Völker Kanaans, die, wie das AT berichtet, dem einwandernden Volk Platz machen mußten: Ex 23,33; 33,2 und Dtn 7,1f. und gemäß der gesamten folgenden Berichte über die Landnahme im Buche Josua.

10   Aber nicht nur die fremden Völker mußten diese geschichtlichen Eingriffe Gottes an ihrer Existenz erfahren, auch das eigene Volk wurde unter das Gericht gestellt. Ben Sira weist noch einmal darauf hin, daß das Volk in seiner Gesamtheit in der Generation des Auszuges nicht bis zum zugesagten Lande kommen durfte, da es in der Wüste sich gegen Gott gewandt hatte, vgl. Sir 46,8 und Ex 12,37; Num 11,21; 14,21–23; Dtn 2,14; Ps 95,11.

11–14b Ben Sira blickt in einer Zwischenbilanz auf die vergangenen Ereignisse, die er zur Beweisführung herangezogen hatte, zurück und betont noch einmal die Zweiseitigkeit des göttlichen Handelns: Der, der sich gegen Gott wendet, bleibt nicht straflos (siehe Ps 14,1 = Ps 53,2). Aber der, der sich in Gemeinschaftstreue zu Gott hält, wird auch die Zuwendung und das Erbarmen Gottes erfahren.

14c–f Noch einmal wird ein Blick in die Geschichte zurückgeworfen, in die Geschichte des Volkes Gottes, das bei seinem Auszug diese geschichtslenkende Macht Gottes in besonderer Weise erfahren hat. Der ägyptische Pharao wollte in wankelmütiger Gesinnung die Stämme Israels nicht ausziehen lassen, vgl. Ex 5,2; 7,3. Sein Tun wird in den Berichten als Ergebnis der Verstockung durch Gott erklärt. Dadurch wird zum Ausdruck gebracht, daß der Gott Israels auch der Gott ist, der den fremden ägyptischen Herrscher in seinem Denken und Entscheiden bestimmen kann, also auch über die Grenzen seines Volkes hinaus Macht hat. Es wird aber dadurch auch begründet, warum ein so hartes Gericht an den Heeren Pharaos erfolgen konnte.

Ben Siras Meinung ist, es wäre dem Menschen eigentlich möglich, den Willen Gottes, der sich auf das Gute richtet, zu erkennen. Daß dies Pharao nicht konnte, ist ein Zeichen seiner Verstockung. Diese aber wiederum ist von Gott auferlegt, um die Verfügungsgewalt dieses Gottes auch über den fremden Herrscher zu zeigen.

So wie bei früheren Aussagen schon gilt auch hier: Der Mensch ist für sein Tun verantwortlich. Er kann sich nicht vor der Macht Gottes verstecken, die ihn zur Rechenschaft zieht. Jeder einzelne ist in seinen Entscheidungen von Gott gefordert und wird von Gott erkannt und beurteilt.

Denn so hoch auch Gott im Himmel wohnt und so groß auch der irdische Machtbereich dieses Gottes ist, so neigt er sich doch aus dieser Höhe herab und kommt zur Erde, um sich dem Menschen kundzutun und zu offenbaren. Die Anzeichen seiner Theophanie, die Ben Sira hier aufführt, werden im AT häufig erwähnt. Immer geht es hierbei um die großartige Erscheinung des übermächtigen Gottes, der diese seine Welt mit seiner Offenbarung erfüllt, vgl. Ri 5,1ff.; Ex 19 und die Theophanieschilderungen in den Psalmen, z.B. Ps 18. Daher kann niemand sagen, er sei vor dem Angesicht Gottes verborgen. Niemand kann die Ausrede gebrauchen, das Auge Gottes könne ihn nicht sehen. Die Werke des Menschen können nicht im Geheimen geschehen.

Ben Sira weiß, daß diese Aussagen auf Unverständnis stoßen können. Aber das Wissen und die Herzen der Frommen werden darauf eingehen und dies bedenken.

16,22–30: Gottes Schöpfungswerk im Kosmos

22 Höret auf mich und nehmet meine Lehre an,
und auf meine Worte richtet euer Denken.
23 Ich will hervorsprudeln lassen mit Maß meinen Geist,
und in Demut will ich mein Wissen kundtun.
24 Als Gott seine Werke am Anfang schuf,
da wies er ihnen bezüglich ihres Daseins ihre Teile zu[239].
27 *Er ordnete für immer seine Werke,*
und setzte ihre Bereiche auf Generationen hinaus fest.
Weder hungern sie noch ermüden sie,
und sie lassen nicht ab von ihren Werken.
28 *Keiner betrübt seinen Nächsten,*
und in Ewigkeit sind sie nicht ungehorsam seinem Wort.

---

[239] In 24b bricht H^A ab. Das Folgende ist nur in G erhalten; daher differiert die Zählung.

> 29 Und danach blickte der Herr auf die Erde
> und füllte sie an mit seinen Gütern.
> 30 Mit allerlei lebendigen Wesen bedeckte er ihre Oberfläche,
> und zu ihr hin ist ihre Wiederkehr.

Ben Sira hat bisher viele Beispiele für das Gott wohlgefällige, aber auch für das Gott nicht wohlgefällige Leben angeführt. Die ganze Fülle der verschiedenen Lebenswege eines Menschen liegt ausgebreitet vor den Augen und Ohren der Hörer. Es kommt dabei die Frage auf, wie dies alles in dieser so differenzierten Entwicklung zu sehen, zu beurteilen und zu interpretieren sei. Ben Sira weicht dieser grundsätzlichen Frage nach den inneren Triebkräften im Leben dieser Welt nicht aus. Daher kommt er nun in den folgenden Abschnitten auf die gedanklichen und damit schöpfungsmäßigen Vorbestimmtheiten der Welt und des Wesens des Menschen zu sprechen. Das Thema der Schöpfung hat Ben Sira immer wieder bewegt. Hier behandelt er dieses Thema im Hinblick auf die rätselhafte Natur des Menschen, der sich in der einen oder anderen Weise für oder gegen Gott entscheiden kann. Ben Sira fragt danach, wie es kommen kann, daß der Mensch als Geschöpf Gottes einen Weg gehen kann, der sich von Gott entfernt. In späteren Texten (Sir 39 und 42,15f.) greift er auf die Schöpfung im Sinne des Auftaktes für die Geschichte des Volkes und der Welt zurück.

22f.   In feierlicher Weise eröffnet Ben Sira diese seine Worte. Man merkt es ihnen an, daß er nun zu einem besonderen Thema Stellung nehmen möchte, das sich ihm in den vergangenen Ausführungen aufgedrängt hat. Diese Aussagen bedürfen besonderer Konzentration und Aufmerksamkeit. In Demut tut er das kund, was ihm gegeben wurde.

24f.   Ben Sira übergeht an dieser Stelle vollkommen die Aussagen von Gen 1,2 und 2,4b–6. Hier wurde von der Unordnung, ja von der Unfruchtbarkeit der Welt am Beginn des Schöpfungswerkes gesprochen. Dieses Thema erwähnt Ben Sira nicht mehr. Für ihn beginnt die Welt als ein Kosmos[240]. Gottes Werke haben von Anfang an ihre Ordnung (= griech. κόσμος). Auch hier wird deutlich, wie sehr er in seiner Zeit und in den geistigen Auseinandersetzungen seiner Umgebung denkt und argumentiert. Das Kosmosdenken der griechischen Antike darf hier als Hintergrund gesehen werden. Für Ben Sira kann der alttestamentliche Schöpfergott in gleicher Weise nun auch als der Urheber des Kosmos gesehen werden, wie die griechische Antike vom Kosmos spricht. Von Anfang an und für alle weiteren Generationen ist dieses Schöpfungswerk von Gott her vorausbestimmt und geordnet. Eine lange geschichtliche Entwicklung liegt vor ihnen. Dieser Prozeß wird nicht getrübt durch äußere Begleitumstände. Alles läuft nach dem göttlichen Willen und Wort ab.

28–30 Diese von Gott geordnete Schöpfung ist erfüllt von seinem Wort, aber auch von seinen Gaben und Gütern. Ben Sira denkt hierbei an die Aufzählung der

---

[240] L. Alonso Schökel, The Vision of Man in Sirach 16,24–17,14, in: Festschrift S. Terrien, Missoula 1978, 235–245.

die Schöpfung erfüllenden Naturerscheinungen und Tierwelt (Gen 1). Die reiche Vielfalt, die aus den biblischen Schöpfungsberichten bekannt ist (neben Gen 1 und 2 auch Hiob 38f. und Ps 104), erfüllt die Erde, ohne daß der Mensch zunächst noch an dieser Schöpfung teil hätte. Der Lebensbereich des Menschen ist hier abgesteckt in seiner Mannigfaltigkeit. Auf den Menschen kommt Ben Sira erst in dem folgenden Abschnitt zu sprechen. Auch darin zeigt er sich als in den Gedanken des AT (Gen 1) stehend, aber auch als bekannt mit der griechischen antiken Vorstellung von der selbständigen Bedeutung der Natur, die ihre Geschichte auch ohne die Einwirkung menschlicher Kräfte hat. Daß diese Welt der Arten zu der Erde zurückkehrt, aus der sie gekommen ist (V.30b), ist der Aussage von Ps 104,29 entnommen. Ben Sira bekennt sich zu den alten Überlieferungen, die ihm mehr wert sind als alle Kenntnis seiner hellenistisch beeinflußten Umwelt, der er die Gedankenwelt des AT gegenüber stellen und in ihrem Wert betonen möchte.

KAPITEL 17

17,1–14: Gottes Schöpfungswerk im Menschen

1 *Der Herr erschuf aus Erde einen Menschen,*
 und er läßt ihn wiederum zu ihr zurückkehren.
2 *Eine gewisse Zahl von Tagen*
  und einen bestimmten Zeitpunkt gab er ihnen,
 und er gab ihnen Macht über das, was auf ihr ist.
3 *Entsprechend seiner Macht gab er ihnen Stärke,*
 und nach seinem Bilde schuf er sie.
4 *Er legte die Furcht vor ihm auf alles Fleisch,*
 um zu herrschen über Tiere und Vögel.
5 *Sie nahmen den Gebrauch der fünf Kräfte des Herrn in Empfang,*
 als sechste teilte er ihnen Einsicht zu und gab sie ihnen
 und als siebente das Wort als Erklärung für seine Kräfte[241].
6 *Er bildete*[242] *Zunge und Augen,*
 Ohren und Einsicht gab er ihnen zur Erkenntnis.

---

[241] Die schwache Bezeugung dieses Verses (nur in *L*) weist auf einen späteren Einschub (mit stoischem Einfluß?) hin; J. De Fraine, Het Loflied op de menselijke waardigheid in Eccli 17,1–14, Bijdr 11 (1950) 10–23:hier 13; Segal, 1972, 105; Zum Inhalt vgl. Test XII, Naphthali II,8.
[242] So zu lesen unter Änderung des griech. Textes nach der vermuteten hebr. Vorlage: griech.: διαβούλιον = hebr. Wurzel יצר; als Verbum konstruiert = „er bildete". Diese Übersetzung des allein vorhandenen griech. Textes macht sich die Möglichkeit einer Rückübersetzung ins Hebr. zu Nutze.

7 Mit Verstand der Erkenntnis erfüllte er sie.
  Sowohl Gutes wie Böses zeigte er ihnen.
8 Er gab die Furcht vor ihm in ihre Herzen,
  ihnen zu zeigen die Größe seiner Werke,
  und er setzte für immer fest, Ruhm zu sagen wegen seiner Wunder[243],
9 damit sie erforschten die großen Werke seiner Wunder
10 und den heiligen Namen preisen sollten.
11 Er legte ihnen Erkenntnis vor,
  und das Gesetz des Lebens ließ er sie erben,
  um zu erkennen, daß sie als Sterbliche jetzt leben[244].
12 Einen ewigen Bund hat er mit ihnen aufgerichtet,
  und seine Urteilssprüche zeigte er ihnen.
13 Die Größe seines[245] Ruhms sahen ihre Augen,
  und die Herrlichkeit seiner Stimme hörte ihr Ohr.
14 Und er sprach zu ihnen: „Haltet euch fern von einem jeden Unrecht!"
  Und er gebot ihnen, wie ein jeder
  mit seinem Nächsten zu verkehren habe.

Die Intention Ben Siras ist es, das besondere der Schöpfung des Menschen in diesem Zusammenhang herauszustellen. Ausgangspunkt für diese Fragestellung war das unerklärliche Verhalten des Menschen auf seinem Wege durch die Beanspruchungen seiner Zeit und Welt. So kommt er nun zu Ausführungen, die schöpfungsgemäße Bedingtheit der menschlichen Natur näher zu erklären, nachdem er vorher Gottes Schöpfungswerk in der Natur behandelt hatte, die er als Kosmos, als Ordnung dargestellt hatte[246].

1   Nach allem, was bisher über die Argumentationsweise Ben Siras zu sagen war, verfährt er auch hier zu allererst und vornehmlich im Zuge der Traditionen, die ihm durch die hebräische Bibel vermittelt sind und die er bestens kennt. So stellt er die Erschaffung des Menschen ganz im Sinne des Schöpfungsberichtes in Gen 2 dar[247].

2   Die Tage des Erdenlebens des Menschen sind gezählt. In den Berichten der Genesis werden genaue Daten über die Lebensstadien der Menschen angegeben, besonders in den Genealogien des priesterlichen Schriftstellers, Gen 5. Ferner

---

[243] Dieser Vers enthält viele textkritische Probleme, s. Ziegler, 1980, z.St., die mit Haspecker, 1967, 66–68, behandelt wurden und zu der vorgelegten Form der Übersetzung geführt haben.

[244] Nur in L und in einer Minuskel.

[245] Das Suffix mit S.

[246] Zum Ganzen vgl. J. De Fraine, Het Loflied op de menselijke waardigheid in Eccli 17,1–14, Bijdr 11 (1950) 10–23, und H. Duesberg, La dignité de l'homme. Siracide 16,24–17,14, Bible et vie chrétienne 82 (1968) 15–21.

[247] Vgl. O. Kaiser, Der Mensch als Geschöpf Gottes. Aspekte der Anthropologie Ben Siras, in: R. Egger-Wenzel und I. Krammer (Hg.), Der Einzelne und seine Gemeinschaft bei Ben Sira, Berlin/New York 1998, BZAW 270, 1–22.

wird in den Schöpfungsberichten immer wieder betont, daß der Mensch Macht über die erschaffene Erde hat. Er hat sie zu bebauen und zu bewahren (Gen 2,15), er hat auch Macht über die ganze Schöpfung samt der darin lebenden Tiere (Gen 1,27ff.). Darin folgt Ben Sira ganz der ihm vorgegebenen Tradition.

Auch die Aussage von der Gottebenbildlichkeit des Menschen (Gen 1,26) entnimmt er wörtlich dem Schöpfungsbericht. Für Ben Sira besteht offensichtlich die Gottebenbildlichkeit in der Möglichkeit, so wie Gott Macht über die Schöpfung auszuüben. Der Mensch als Gegenüber Gottes und als sein von ihm gesetzter Partner führt diese Funktionen für Gott auf Erden aus. 3

Dies bewirkt, daß alles, worüber der Mensch herrscht, in Furcht vor ihm steht, so wie auch der Mensch, der von Gott erschaffen ist, in Furcht vor Gott sich vorfindet. 4

Über die genannten Angaben aus der alttestamentlichen Geschichte geht Ben Sira hinaus, wenn er von den fünf Kräften spricht, die dem Menschen von Gott gegeben worden sind. Hier differenziert er die Möglichkeiten des Empfindens und des Denkens der Menschen ganz im Sinne der ihn umgebenden griechisch-hellenistischen Welt- und Menschenkenntnis. Mit den fünf Kräften wird auf die fünf Wahrnehmungssinne des Menschen hingewiesen[248]. Darüber hinaus aber ist dem Menschen noch eine sechste und eine siebente Kraft übereignet. Hierin sind die Ergebnisse der Erkenntnis der zeitgenössischen Philosophie zu sehen, im besonderen der Stoa. Die von Zenon von Kition (um 300 v.Chr.) vertretene Lehre ist nicht durch direkte Zeugnisse, sondern nur aus zweiter Hand bei Plutarch und besonders bei Diogenes Laertius bekannt[249]. Sie beschäftigen sich mit Logik, Physik und Ethik. Ihre Anhänger „waren praktische und nicht theoretische Moralisten"[250]. Nach Plutarch (SVF 3, 68) kann man nur über eine Erkenntnis der Natur und der Einrichtungen der Welt zur Einsicht in gut und schlecht gelangen. μόνον τὸ καλὸν ἀγαθόν[251] = „einzig das sittlich Gute (Tugend und tugendhaftes Handeln) ist wahrhaft gut". Lebensziel ist, ὁμολογουμένως τῇ φύσει ζῆν = „in Übereinstimmung mit der Natur leben"[252]. Dem Menschen ist zudem Einsicht (νοῦς), d.h. nach dem hebräischen Denken Verstand oder Geist gegeben, darüber hinaus als siebente Kraft auch die Möglichkeit der Reflexion (λόγος). Der Mensch kann sich selbst zum Gegenstand seiner Überlegung machen und seine Kräfte zu verstehen versuchen. Die Stoa kennt eine weitere, eine achte Kraft, τὸ σπερματικόν. Diese übergeht Ben Sira. 5

Diese Kräfte, d.h. die Wahrnehmungssinne des Menschen werden im folgenden aufgeführt, allerdings nicht vollzählig. Ben Sira faßt verschiedene Sinne 6f.

---

[248] Vgl. De Fraine, 1950, 13; Segal, 1972, 105.
[249] Quellensammlung durch J. v. Arnim, Stoicorum veterum fragmenta (= SVF) collegit Ioannes ab Arnim, 1–4, 2.Aufl. 1921–1923, Neudruck Stuttgart 1964.
[250] M. Forschner, Art. Stoa, Stoizismus, in: Historisches Wörterbuch der Philosophie, Bd. 10, Basel 1998, 176–184: 181.
[251] Diogenes Laertius, De vitis, dogm. et apophthegm. clar. philos., VII, 101.
[252] Ebd. VII, 87.

zusammen, da es ihm weniger auf die physischen Fähigkeiten des Menschen ankommt als vielmehr auf die geistigen Möglichkeiten der Einsicht. Den Höhepunkt bildet hierbei die Unterscheidung zwischen Gut und Böse. Mit dieser Bemerkung ist er wieder ganz bei dem biblischen Schöpfungsbericht angekommen, wo in Gen 2 gerade darauf besonderer Wert gelegt wird.

8f. Wiederum ganz in dem überkommenen Gedankengut stehend spricht Ben Sira von der Furcht Gottes, die dem Menschen als besondere Gabe von Beginn der Schöpfung an mitgegeben ist. Diese Furcht wird erweckt durch Anblick der Größe Gottes und der Größe seiner Werke. Dies alles führt zum Lobpreis des Schöpfergottes, der in der Schöpfung seine Größe und Verfügungsgewalt bewiesen hat.

10 In dem Lobgesang, der diese Größe Gottes immerwährend preist, faßt Ben Sira all diese verschiedenen Erscheinungen zu einem Höhepunkt zusammen. Als Ziel all des Tuns Gottes und damit als Ziel des Auftrags für den Menschen wird der Lobpreis Gottes gesehen. Von diesem Lobpreis Gottes spricht Ben Sira auch in den späteren Ausführungen über die Schöpfung in Sir 39 und 42,15ff. Schließlich steht am Ende aller Ausführungen Ben Siras in Sir 50 und 51 gerade auch dieser Höhepunkt als Ziel vor aller Augen.

11 Ben Siras theologisches Denken ist aber keineswegs nur auf die Erkenntnis der Natur ausgerichtet. Er betreibt keine natürliche Theologie, die aus dem Schöpfungsakt allein Gottes Sein und Wesen ableiten wollte. Er geht ganz und gar in der Abfolge der Ereignisse einen Schritt weiter. So wie in den alttestamentlichen Schriften der Erwählungsglaube in seiner Bedeutung wichtiger ist als der Glaube an die Schöpfung durch Gott, so überhöht auch hier Ben Sira die Aussagen bezüglich der Schöpfung durch den Hinweis auf das Gesetz, das dem Volke das Leben ermöglicht. Dieses Leben unter dem Gesetz zeigt aber auch gleichzeitig, daß das Tun des Menschen vorläufig und vergänglich ist.

12 Durch diese Mitteilung des göttlichen Wortes an die Menschen ist ein ewiger Bund aufgerichtet. Ben Sira erinnert mit diesen Worten, in denen er Gebot, Gesetz und Bund miteinander verknüpft, an das grundlegende Ereignis, das das Volk zum Volk Gottes am Sinai gemacht hat. Hier wurde dem Volk durch Mose die ganze Fülle des Gesetzes mitgeteilt, wie dies Ex 20 bis Num 10 in der Tora verankert ist.

13 Das Erschreckende der Offenbarung am Sinai kommt in diesen Worten zum Ausdruck. Gott selbst hatte zum Volk gesprochen und war mit seiner Stimme an ihr Ohr gedrungen.

14 In dem Aufruf, sich vom Unrecht fern zu halten, werden viele Einzelzüge, die in den verschiedenen Bestimmungen der fünf Bücher Mose enthalten sind, zusammengefaßt. Im besonderen aber ist hier an das Gebot der Nächstenliebe gedacht, das zwar nicht wörtlich zitiert wird, aber doch unüberhörbar anklingt, wenn von dem Umgang mit dem Nächsten gesprochen wird, Lev 19,18.

Mit dieser Erinnerung an das Gebot der Nächstenliebe kommt Ben Sira zum Abschluß bei der Skizzierung der Erschaffung des Menschen durch Gott. Er hat damit ein imponierendes und gleichzeitig verpflichtendes Bild gezeichnet, in welchem Licht der Mensch in der Schöpfung zu sehen ist.

Hohe und höchste Erwartungen werden an ihn herangetragen bei seiner Stellung innerhalb der Welt. Daß dieses Leben des Menschen aber diesen hohen Erwartungen nicht gerecht werden kann, zeigen die folgenden Aussagen Ben Siras. Auch hierin zeigt sich wieder die ungemeine Lebensnähe Ben Siras, der nicht in fernen Höhen ein beneidenswert schönes Bild des Wesens des Menschen zeichnet, sondern genau und eindeutig von den Möglichkeiten weiß, denen sich der Mensch in Abkehr von Gott und seinem Gebot zuwenden kann.

17,15–20: Des Menschen Abkehr von Gott

15 *Ihre Wege sind vor ihm alle Zeit,*
 sie können nicht verborgen sein vor seinen Augen.
16 *Ihre Wege neigen von Jugend an zum Schlechten,*
 und nicht sind sie in der Lage, ihre Herzen
 aus Stein in Fleisch zu verwandeln[253].
17 *Als er nämlich den Völkern die ganze Erde zuteilte,*
 gab er einem jeden Volke einen Herrscher,
 aber das Eigentumsvolk des Herrn ist Israel.
18 *Ihn, da er der Erstgeborene ist, nahm er in Zucht,*
 und indem er ihm das Licht der Liebe austeilte, verließ er ihn nicht.
19 *Alle ihre Werke sind vor ihm wie die Sonne,*
 und seine Augen sind gerichtet auf ihre Wege.
20 *Ihre Ungerechtigkeiten sind nicht verborgen vor ihm,*
 und all ihre Sünden sind vor dem Herrn.

15 Gottes Nähe begleitet die von ihm geschaffenen und durch sein Wort geleiteten Menschen auf ihrem Weg durch die Zeit. Gott zieht sich nicht zurück von seiner Schöpfung, sondern bleibt ihr nahe. So ist auch das Tun des Menschen vor seinen Augen nicht verborgen.

16 Hatte Ben Sira in den vorangehenden Ausführungen den Weg der göttlichen Offenbarung in die Welt und durch die Welt hindurch von der Schöpfung an bis in die Einzeltaten des Menschen hinein verfolgt, so spricht er nun, wiederum im Sinne der überkommenen Glaubensaussagen, von der Neigung des Menschen, sich von dem göttlichen Weg und Gebot abzuwenden. Die hier gebrauchten Formulierungen sind ganz den früheren Angaben entnommen, so z.B. Gen 6,5; 8,21. Aber auch die Unmöglichkeit, daß der Mensch sein Leben aus eigener Kraft ändern könnte, ist Ben Sira bekannt. Diese Ausführungen und diese ernüchternden Feststellungen entstammen der prophetischen Tradition. Jeremia hatte davon gesprochen, daß der Mensch sein Herz nicht verändern und damit sein Tun nicht bessern könne, da er eben so unfähig dazu sei wie der Mohr seine Hautfarbe nicht in weiß verkehren oder wie der Pardel seine Flecken

---

[253] V.16 und 17a nur in *L'* und Arm. Gleich schwache Bezeugung gilt für V.18.21.22c und 26bc.

nicht aus seinem Fell entfernen könne, Jer 13,23. Aus steinernem Herzen ein fleischernes zu machen, ist dem Menschen ebenso unmöglich. Diese Umwandlung wird nach Jer 31,33 erst für die vollkommene Umwandlung der Natur und des Menschen in der Endzeit erwartet. Daß Gott die Taten seines Volkes in besonderer Weise verfolgt und ahndet, ist wiederum der prophetischen Literatur zu entnehmen, vgl. Am 3,9.

17–20   Der Hintergrund dieser Verse ist der Erwählungsgedanke. Es mag viele Völker geben, die ihre eigenen Herrscher haben. Israel hat aber nur einen Herrscher, nämlich den Schöpfer des Himmels und der Erde selber. Es ist das besondere Eigentum Gottes; daher sucht er an ihm auch die Verfehlungen in besonderer Weise heim. Diese Bezugnahme auf Gott ist in den alttestamentlichen Texten immer wieder als Bevorzugung, aber auch als Verpflichtung und damit als Last verstanden worden, vgl. Sir 36,17; Ri 8,22; Ex 19,5; Dtn 7,6; 14,2; 26,18f. und 32,9.

17,21–32: Gottes Vergeltung und Ruf zur Umkehr

21 *Der Herr ist gerecht, und er kennt das, was er erschaffen hat,*
   weder verläßt er sie noch vergißt er sie und läßt sie allein.
22 *Das Erbarmen eines Mannes ist wie ein Siegelring, den er trägt,*
   und das Wohlverhalten eines Menschen
      bewahrt er auf wie einen Augapfel.
   Seinen Söhnen und Töchtern läßt er Umkehr zuteil werden.
23 *Danach wird er aufstehen und ihnen vergelten,*
   und ihre Vergeltung kehrt zurück auf ihr Haupt.
24 *Es sei denn, sie kehren um, so gibt er die Rückkehr*
   und ermahnt die, die die Geduld verlieren.
25 *Wende dich zum Herrn und laß ab von Sünden,*
   Wende dich mit deiner Bitte an ihn und laß das Ärgernis abnehmen.
26 *Wende dich an den Höchsten, aber wende dich ab von Ungerechtigkeit,*
   denn er selbst wird aus der Finsternis
      in das Licht des Wohlergehens leiten,
   und hasse gar sehr die Greuel.
27 *Den Höchsten, wer wird ihn loben können im Totenreich*
   anstelle derer, die da leben und Lobgesang darbringen?
28 *Beim Toten, der nicht mehr lebt, ist der Lobgesang zu Ende gekommen,*
   nur der, der lebt und gesund ist, lobt den Herrn.
29 *Wie groß ist das Erbarmen des Herrn*
   und die Vergebung, die er denen zuteil werden läßt,
      die sich ihm zuwenden.
30 *Denn es kann keine Vollkommenheit bei den Menschen sein,*
   weil der Mensch nicht unsterblich ist.
31 *Was ist heller als die Sonne? Und auch diese läßt nach;*
   und nach Bösem strebt Fleisch und Blut.

32 *Die Stärke der höchsten Himmel mustert er selbst,*
so auch alle Menschen, die Staub und Asche sind.

Folgerichtig geht nun Ben Sira auf die Behandlung des Themas ein, das aus den 21–26
so geschilderten Verhaltensweisen des Menschen hervorgeht: Da Gott dieses
Volk erwählt (V.21) hat, verläßt er es nicht. Er schreitet vielmehr zur Vergeltung
(V.23), die durch die Sünde heraufbeschworen wird[254]. Mehr noch aber erwartet Gott die Umkehr, die dieses Volk aufgrund der Erkenntnis des wahren
Wesens Gottes, das auf Heil ausgerichtet ist, vollführen kann. Der Siegelring
(V.22) ist Zeichen für die direkte Machtausübung dessen, der diesen Siegelring
(Hag 2,23 und Sir 49,13) trägt. So ist es auch mit dem Erbarmen Gottes, das er
seinem Volke zu teil werden läßt, das er wie einen Augapfel (Dtn 32,10) hütet.
Das Thema der Umkehr (V.24–26) erfüllt weite Bereiche der alttestamentlichen
Prophetie. Es wird besonders da behandelt, wo es um die Frage geht, ob der
Mensch das von Gott gegebene Gebot halten und erfüllen kann oder sich von
ihm abwendet. Besonders die deuteronomisch-deuteronomistische Überlieferung geht auf diese Verhaltensweise ein. Bei den Propheten wären die Ausführungen der bei Hosea und Jeremia aufgezeichneten Sprüche zu erwähnen.
Umkehr und Buße waren in der Zeit des 2. und 1. Jh. v.Chr. das große Thema
geworden, an dem sich die verschiedenen Strömungen und Richtungen innerhalb des Judentums entzündeten. Für die neutestamentliche Verkündigung ist
hier in erster Linie an die Predigt Johannes des Täufers zu erinnern.

Für den Zeitpunkt der Umkehr könnte es ein „zu spät" geben; denn im 27f.
Totenreich ist die Möglichkeit abgeschnitten, sich Gott noch zuzuwenden. Für
die altt. Glaubensaussage war hier eine harte Trennungslinie gezogen, vgl. Jes 38,
18f.; Ps 6,6; 30,10; 88,6.11–13 und 115,17f. Ben Sira bleibt ganz in diesem Denkzusammenhang stehen. Erst Dan 12,1f. zeigt neue Zusammenhänge der Möglichkeit, nach dem Tode durch die Auferstehung in ein neues Leben zu kommen.

Da aber das Erbarmen Gottes keine Grenzen kennt (vgl. Jes 55,7), ruft Ben 29
Sira erneut zur Umkehr auf.

Schon aus der Tatsache, daß der Mensch sterblich ist, ist abzuleiten, daß er 30
nicht vollkommen sein kann, denn sogar die so helle Sonne ist nicht vollkom- 31
men und läßt in der Aussendung ihres Lichtes Wechsel erkennen. So wechselt
auch der Mensch in seinem Streben zwischen Gutem und Bösem.

Über all diesen Entwicklungen am Himmel und auf Erden steht Gott, der 32
seine Werke ständig mit seinem Auge begleitet und vorüberziehen läßt. Zu
diesen Werken der Schöpfung gehört auch der Mensch, dessen Haupteigenschaft vor den Augen Gottes ist, aus Staub und Asche gemacht zu sein und
dahin wieder zurückzukehren. So kehrt Ben Sira zu dem Ausgang seiner Ausführungen in V.1 zurück, wo er in Anknüpfung an den Schöpfungsbericht in
Gen 2 von diesem Beginn des Lebens des Menschen gesprochen hatte.

---

[254] R.P. Knierim, Zum alttestamentlichen Verständnis von Strafe, in: J.A. Loader und
H.-V. Kieweler (Hg.), Vielseitigkeit des Alten Testaments, Festschrift für Georg Sauer,
Frankfurt/M. 1999, 103–120.

KAPITEL 18

18,1–14: Gott ist in seiner Größe und Güte gleich unbegreiflich

1 Der, der ewig lebt, erschuf das All insgesamt.
2 Der Herr allein erweist sich als gerecht,
 und außer ihm gibt es keinen[255].
3 Er umgreift die Welt mit der Spanne seiner Hand,
 und alles gehorcht seinem Willen.
 Denn er ist der König aller Dinge in seiner Kraft,
 er scheidet unter ihnen zwischen heilig und profan.
4 Niemandem hat er zugestanden, seine Werke zu verkünden,
 und wer wird seine großen Taten erforschen können?
5 Die Macht seiner Größe, wer wird sie erzählen können?
 Und wer wird fernerhin sein Erbarmen erforschen können?
6 Es ist nicht möglich, etwas wegzunehmen oder etwas hinzuzufügen,
 so ist es auch nicht möglich, die Wunderwerke des Herrn zu erforschen.
7 Wenn ein Mensch am Ende zu sein glaubte, dann muß er beginnen;
 und wenn er aufhören wollte, dann würde er in Ratlosigkeit kommen.
8 Was ist ein Mensch und was ist sein Werk?
 Worin besteht seine Güte und worin sein Übel?
9 Die Zahl der Tage eines Menschen sind gar viele Jahre, 100;
 unbegreiflich aber ist es für einen jeden,
  daß allen die ewige Ruhe zuteil wird[256].
10 Wie ein Tropfen Wasser vom Meer und wie ein Sandkorn,
 so sind die wenigen Jahre, am Tage der Ewigkeit.
11 Darum handelt der Herr langmütig ihnen gegenüber,
 und er gießt über sie aus sein Erbarmen.
12 Er sah und erkannte ihre Hinwendung, daß sie schlecht sei,
 darum hat er ausgeweitet seine Vergebung.
13 Das Erbarmen eines Menschen richtet sich auf seinen Nächsten,
 das Erbarmen des Herrn aber auf alles Fleisch.
 Er weist zurecht und erzieht und lehrt
 und wendet zurück wie ein Hirt seine Herde.
14 Denen, die Lehre annehmen, erweist er Erbarmen,
 und denen, die sich um seine Rechte bemühen.

1 Die Aufforderung zur Umkehr, die Ben Sira in den vorangegangenen Versen zum Ausdruck gebracht hatte, wird noch einmal aufgegriffen. Die Hinwendung zu Gott ist möglich, weil er als der Schöpfer der Welt in seiner Größe und Macht auch gleichzeitig der ist, der sein Erbarmen der Welt zugewandt

---

[255] V.2b und 3 nur in *L'*.
[256] V.9b nur in *L'*.

hat. Beide Themen waren in den vorangegangenen Kapiteln auch aufeinander bezogen worden. Hier werden sie noch einmal zur Begründung all der vorangehenden Aufforderungen bilderreich und sehr ausführlich vorgeführt. Es ist darin die literarische Meisterschaft Ben Siras zu erkennen, der häufig seine Reden und Deduktionen in Form der Inclusio gestaltet.

Neu ist, daß Ben Sira Gott als den bezeichnet, der das All erschaffen hat. Im alttestamentlichen Glauben wird er als der Schöpfer der konkret erfahrbaren Welt gepriesen. Das griechische Denken weitet diese Vorstellung aus im räumlichen (τὸ πᾶν) und zeitlichen (αἰών) Sinne: Schöpfer des Alls, in Ewigkeit lebend. Das hebräische Denken, das lange Dauer beschreibt, bezieht sich stets auf größere einander folgende Zeiträume (עולם, pl. עולמים)[257]. Indem Ben Sira auf die griechischen Vorstellungen eingeht und sie in sein Denken integriert, kann er um so deutlicher die Größe Gottes vor Augen führen.

Wesentlich aber gehört zu dem in seiner Machtfülle gesehenen Gott die Zuwendung zum Menschen in Gerechtigkeit und Barmherzigkeit. Diese Gegenüberstellung von Größe und Gerechtigkeit durchzieht die folgenden Verse. Wenn Ben Sira sich hier auch auf die Unvergleichlichkeit bezieht: „Außer ihm gibt es keinen", dann zitiert er hierbei Jes 40,12ff. und damit einen Zusammenhang, in dem es in der Zeit des Exils auch um die Verbindung zwischen Schöpfermacht Gottes in unbegreiflicher Größe und Erlösungswillen für sein Volk geht. Ben Sira greift diese Gedanken für seine Zeit erneut auf. Auch in seiner Umgebung kam es darauf an, den mächtigen Gott Israels größer und stärker in seiner Schöpfermacht darzustellen als alle anderen aus der hellenistischen Umwelt bekannten göttlichen Mächte. Ferner kam es darauf an, diesen so geschilderten Gott als den Gott zu sehen, der sein Volk aus den Schwierigkeiten der Gegenwart erlöst. 2

Auch hier klingen Worte aus der deuterojesajanischen Sammlung (Jes 40–55) an. In diesen Aussagen wird Gott häufig als „König" bezeichnet: Jes 41,21; 43, 15; 44,6. 3

Diese göttliche Größe ist so übergreifend und wunderbar, daß kein Mensch sie fassen und vor allen Dingen auch nicht in gebührender Weise verkünden kann. Jeder, der dies versuchen wollte, wird in Ausweglosigkeit und Ratlosigkeit enden, s. Sir 42,17; 43,27–30. 4–7

Daran hat der Mensch in Bescheidenheit seine Niedrigkeit zu erkennen. Angesichts der Übermacht der göttlichen Stärke fragt er, wie in Ps 8, „was ist der Mensch?" Des Menschen Werk ist gering und bescheiden gegenüber dem, was Gott schafft. Aber auch des Menschen Tage sind bescheiden gegenüber dem, was von Gott in seiner Ewigkeit gesagt werden kann. Diese Betrachtung des menschlichen Lebens, das wie ein Tropfen Wasser im Meer oder wie eine Sandkorn am Strand des Meeres aussieht, verbindet Ben Sira auch mit den Aussagen von Ps 90,10. 8–10

---

[257] E. Jenni, Art. עולם, THAT II, 1976, 228–243; H.-D. Preuß, Art. עולם, TWAT V, 1986, 1144–1159; geht in 1156f. auf Sir ein und macht den Bedeutungswandel hin zu „Zeit", „Welt" deutlich.

11–14   Gerade weil der Mensch seine Niedrigkeit und Vorläufigkeit erkennen muß, wendet sich dieser so übermächtig gesehene Gott in seiner Langmut, in seinem Erbarmen und in seiner Vergebung dem Menschen zu. So wie der Mensch sich seinem Nächsten gegenüber erbarmend verhält (V.13), so richtet sich das Erbarmen Gottes auf alles, was er erschaffen hat. Darin beweist er seine Fürsorge (V.13), die er wie ein Hirte seiner Herde zuwendet. Das Bild vom Hirten ist in der altorientalischen Welt weit verbreitet. So bezeichnen sich die babylonischen Könige als die Hirten ihrer Völker, wie auch in Ps 23, Ez 34 und schließlich in Joh 10 dieses Bild für die Fürsorge Gottes seinem Volk gegenüber gebraucht wird. Es klingt darin die Erinnerung nach, daß diese Völker einst in der Existenz der wandernden Gruppen lebten. Sie zogen als Nomaden oder Halbnomaden durch die Regionen, um ihre Weideplätze zu suchen und dort eine gewisse Zeit zu verbleiben. Dieses Geschehen erforderte ungemein viel Wissen und Kraft, wie aus den Erwähnungen der altorientalischen Literatur, aber auch der genannten alttestamentlichen Bezüge hervorgeht. Ohne den Hirten ist die Herde verloren. Er muß, um sein Amt ausführen zu können, über ein großes Potential an Wissen, aber auch an Macht verfügen. Eine Herde, die von einen guten Hirten geführt wird, weiß sich geborgen. Aber eine Herde, die einen schwachen Hirten an der Spitze hat, ist bald verloren. So kommt durch dieses Bild beides zum Ausdruck, was in diesen Abschnitten Ben Sira immer wieder zum Ausdruck bringen wollte: Macht und Stärke des göttlichen Herrn verbindet sich mit Fürsorge und Erbarmen seinem Volk gegenüber.

18,15–29: Vom Umgang mit dem Wort

15 *Mein Kind, in den guten Angelegenheiten gib keinen Anlaß zu Tadel und bei einer jeden Gabe nicht Betrübnis durch Worte.*
16 *Schafft nicht Erquickung bei Ostwind der Tau? So ist es auch besser, ein Wort zu sagen als eine Gabe zu geben.*
17 *Siehe, ist nicht das Wort mehr als eine gute Gabe, und beides steht einem Manne, der wohltätig ist, zur Verfügung.*
18 *Ein Tor schmäht ohne Liebe, und die Gabe eines Neidischen läßt die Augen trüb werden.*
19 *Bevor du reden willst, lerne, und bevor die Krankheit kommt, achte auf die Gesundheit.*
20 *Vor dem Gericht prüfe dich selbst, und in der Stunde der Heimsuchung wirst du Vergebung finden.*
21 *Bevor du schwach wirst, erniedrige dich selbst, und im Zeitpunkt der Sünde erzeige Umkehr[258].*
22 *Laß dich nicht daran hindern, ein Gelübde zur rechten Zeit zu erfüllen, und warte nicht bis zum Tode, es zu erfüllen.*

---

[258] S bietet hier: „Bevor du strauchelst, bete und flehe, und bevor du sündigst, gib Almosen!" Vgl. hierzu Haspecker, 1967, 324f.

23 *Ehe du ein Gelübde ablegst, bereite dich darauf vor,*
  und sei nicht ein Mensch, der den Herrn versucht.
24 *Gedenke des Zorns in den Tagen des Endes*
  und an den Zeitpunkt der Strafe, wenn er sein Angesicht abwendet.
25 *Gedenke des Zeitpunktes des Hungers dann, wenn du die Fülle hast,*
  an Armut und Mangel in den Tagen des Reichtums.
26 *Vom Morgen bis zum Abend kann sich alles vollkommen ändern,*
  und alles geschieht schnell vor dem Herrn.
27 *Ein weiser Mensch hält in allem an sich,*
  und in den Tagen der Sünde enthält er sich des Vergehens.
28 *Ein jeder, der Einsicht hat, erkennt die Weisheit,*
  und dem, der sie findet, gibt sie Anlaß zu Lob.
29 *Die, die verständig sind in ihren Worten, lehren auch selbst Weisheit,*
  und sie enthüllen treffende Sprüche.
  Besser ist es, freudig bei einem Herrn zu sein
  als mit einem toten Herzen einem Toten sich zu verbinden [259].

Nachdem Ben Sira mit der Behandlung dieses so gewichtigen Themas in längeren Ausführungen zu Ende gekommen ist, wendet er sich in den folgenden Abschnitten einfachen Lebensregeln zu. Dabei steht an erster Stelle das Verhalten des Menschen in seinen Äußerungen. So wie der Weisheitslehrer durch seine Worte wirkt und erziehen möchte, so ist dieses Thema nach der Bedeutung, der Kraft und der Verantwortlichkeit der Rede Ben Sira in besonderer Weise wichtig. All die folgenden Aussagen kreisen um dieses Thema des Umgangs mit dem Wort.

Der Vater redet sein Kind, der Lehrer seinen Schüler an. Diese Anrede ist 15–17 immer wieder die Einleitung zu neuen Gedanken und neuen Anweisungen. Die Vorsicht und die zurückhaltende Art des Weisen zeigt sich auch darin, daß er keinen Anlaß zu Tadel gibt und durch seine Worte nicht Betrübnis hervorruft. Worte können größeren Schaden anrichten als Taten. Darauf ist zu achten beim vorsichtigen Umgang mit seinem Nächsten. Gute Worte zu geben ist mehr, als Geschenke zu geben. Das hier gebrauchte Bild vom Tau ist jedem Orientalen des palästinisch-syrischen Bereiches bestens vertraut (V.16). Der Ostwind, in unseren Gegenden als Schirokko bekannt (= der von Osten wehende), heute in der arabischen Welt chamsin genannt (= der 50 Tage wehende Wind), bringt Trockenheit, Dürre und Niedergeschlagenheit mit sich. Um so wichtiger und erquickender ist der allmorgendlich durch die physikalisch-klimatischen Bedingungen entstehende Tau, der sich kurz vor Sonnenaufgang an allen Blättern, Ästen und Steinen nahe am Boden bildet, und zwar in dem Augenblick, in dem die wärmer werdende Luft an den durch die Nacht erkalteten Gegenständen sich niederschlägt und kondensiert.

---

[259] V.29cd bieten nur drei Minuskeln.

18f. So, wie man in den Tagen des Gesundseins auf sich selbst acht hat, um nicht krank zu werden, so soll man beizeiten bedenken, welche Worte man in der Rede gebrauchen möchte, die man vorzutragen im Begriff ist.

20 Dies gilt auch für die Rede vor Gericht. Hier ist im besonderen Vorsicht geboten. Vergleiche dazu Mt 7,5.

21 Eine Heimsuchung kann auch durch Krankheit angezeigt sein. Diese recht zu bedenken, bedeutet, sich seiner Schuldhaftigkeit bewußt zu werden. Krankheit wird als ein Zeichen für Gottferne verstanden, vgl. Ps 32. Der, der sich darin befindet, wird dadurch zur Umkehr gerufen. Es ist die Erfahrung aller Zeiten, daß Krankheit an der Nähe zu Gott, ja auch an seiner Existenz zweifeln läßt, während Gesundheit Anlaß zu Dank und Lob Gottes sein kann. Der Ruf zur Umkehr und zur Besinnung verbindet diese Aussage mit dem vorher in Sir 7 und 18 ausgeführten Gedanken.

22f. Worte können auch dazu gebraucht werden, ein Gelübde abzulegen. Diese legt man ab in Notsituationen (Jephtha im Kriege, Ri 11,30) oder im Gebet. Im AT wird oft darauf Bezug genommen: Dtn 23,22–24; Spr 20,25 und Koh 5,3f.[260]. Ein einmal gesprochenes Gelübde ist auch zu erfüllen. Man darf nicht warten, bis man in eine Lage kommt, es nicht mehr erfüllen zu können, z.B. an der Grenze des Todes. Auch hier ist es also nötig, bevor man redet, sich zu prüfen, ob das Wort, das man im Sinne eines Gelübdes tun möchte, auch erfüllt werden kann.

24–26 So, wie man rechtzeitig daran denken soll, die Worte zu überlegen, die zu sprechen man sich vorgenommen hat, so soll man auch rechtzeitig an die Zukunft denken, die einen ganz anderen Verlauf nehmen kann, als man ihn sich denkt. Gutes Ergehen im Leben kann sich rasch zum Unglück wandeln. Fülle in der Zeit kann sich rasch in Hunger wenden und Reichtum in Armut. Man weiß an dem Morgen des einen Tages nicht, was am Abend sein wird. Darum gilt es, sich darauf vorzubereiten. All dies kann, von Gott geschickt, schnell einem Wandel unterworfen sein.

27–29 Der, der diese Worte zu Herzen nimmt, bereitet sich auf kommende unerwartete Ereignisse vor. Darin erweist sich die rechte Weisheit. Diese Erkenntnis weiterzugeben, ist Anliegen des Weisheitslehrers. In all diesen Überlegungen und Planungen in der Verantwortung vor Gott zu stehen, bedeutet Leben. Wer dies nicht beachtet, liefert sich dem Tode aus.

---

[260] C.A. Keller, Art. נדר, THAT II, 1976, 39–43; O. Kaiser, Art. נדר, TWAT V, 1986, 261–274: ein in „feierlicher Form an die Gottheit gerichtetes Versprechen"(263).

18,30–19,12: Selbstbeherrschung

Selbstbeherrschung[261]

30 *Wandle nicht hinter deinen Begierden
und halte dich fern von deinen bösen Gedanken.*
31 *Wenn du dir selber eine Lust an Begierden als erlaubt einräumst,
dann wirst du dich selbst zum Gespött deiner Feinde*[262] *machen.*
32 *Freue dich nicht über die Versprechungen des Wohlergehens,
denn zweifach empfindet man die Armut.*
33 *Sei nicht ein Fresser oder ein Säufer,
sonst wird dir nichts im Beutel sein.
Denn du wärest damit der Feind deines eigenen Lebens*[263].

KAPITEL 19

1 *Der, der solches tut, wird nicht reich werden*[264],
und der, der Kleines verachtet, richtet sich selbst zugrunde.
2 *Wein und Frauen lassen das Herz leichtfertig werden,
und starke Begierde richtet den, den sie beherrscht, zugrunde*[265].
3 *Moder und Würmer werden ihn besitzen,
denn freche Begierde wird beseitigt werden.*
4 *Der, der rasch Vertrauen schenkt, ist leichtfertig im Herzen,
und der Sünder vergeht sich gegen sich selbst.*
5 *Der, der sich über eine Schlechtigkeit freut, wird verachtet sein,
der aber, der den Freuden entgegenblickt, bekränzt sein Leben.*
6 *Der, der seine Zunge beherrscht, wird unangefochten leben.
Und der, der das Geschwätz haßt, wird verringern das Übel*[266].
7 *Niemals verdopple eine Rede,
so bietest du keine Gelegenheit, gering geachtet zu werden.*

---

[261] Zwischenüberschriften finden sich in G an verschiedenen Stellen, so z.B. außer vor 18,30 auch vor 20,27; 23,7 und 44,1. Diese Überschriften versuchen, inhaltliche Gliederungen vorzunehmen. Die hebr. Grundschrift scheint sie nicht gekannt zu haben. Vgl. dazu die Ausführungen zu 44,1.
[262] Hier setzt ein kurzer Text in H^C ein: שונא = „Feind, Hasser"; danach V.32.33; 19,1.2.
[263] Nur in L', einer Minuskel und La bezeugt; s. Ziegler, 1980, z.St.
[264] H^C ergänzt mit G.
[265] H^C ergänzt mit G, der in b einen anderen Wortlaut bietet: „und wer sich an Dirnen hängt, wird zu kühn". Segal, 1972, 113–115, sieht in H^C 2b die Parallelaussage zu G 3b.
[266] So mit einigen Minuskeln: κακίαν und La: „malitiam". A bietet: καρδία = „im Herzen". Die Bezeugung des griech. Textes im ganzen Kapitel ist sehr unterschiedlich, s. Ziegler, 1980, zu den jeweiligen Versen.

> 8 *Über einen Freund und über einen Feind verbreite keine Geschichten.*
> *Und wenn du nicht in Schuld geraten willst, enthülle nichts.*
> 9 *Denn er hört dich und hütet sich vor dir,*
> *und wenn die Zeit kommt, wird er dich verachten.*
> 10 *Wenn du ein Wort gehört hast, so sterbe es mit dir.*
> *Sei guten Muts, es wird dich nicht zerreißen.*
> 11 *Angesichts einer Rede kann ein Tor Wehen bekommen,*
> *wie angesichts des Kindes die, die gebären soll.*
> 12 *Wie ein Pfeil, hineingeschossen in das Fleisch des Schenkels,*
> *so ist ein Wort im Inneren eines Toren.*

Vielfältige Einzelmahnungen gehen diesem Thema nach. Die ganze Fülle des Lebens innerhalb und außerhalb des eigenen Hauses wird von Ben Sira vorgeführt. Er steht mit dieser Thematik ganz im Zusammenhang seiner bisherigen Mahnungen: Der Weise solle mit Bedachtsamkeit und mit Vorsicht seinen Weg gehen.

30f. An erster Stelle steht die Warnung, sich nicht seinen eigenen Wünschen und Begierden hinzugeben. Aus diesen Worten spricht die von Ben Sira immer wieder angeführte Tatsache, daß der Mensch, der der Weisheit nicht folgen will, sich seinen eigenen Vorstellungen und Wünschen hingibt und dabei in Schuld gerät. Wer seinen Begierden folgt, hat sich nicht mehr selbst in der Hand und wird sich der Lächerlichkeit preisgeben.

32–19,3 Es entspricht der Erfahrung der städtischen Kultur, daß diese Begierden sich zuerst einmal in ungehemmter Sucht äußern, das Leben mit Essen und Trinken zu genießen. Die alttestamentliche prophetische Kritik, die sich mit ähnlichen Ereignissen und Erscheinungen konfrontiert sah, weist auf die gleiche Verhaltensweise der hochmütigen Menschen hin. So tut es Jesaja im 8. Jh. v.Chr. (Jes 5,11f.) für die Stadt Jerusalem und Amos (Am 4,19) für die im Wohlleben befangenen Bewohner der Stadt Samaria. Der ländlichen Kultur der Bauernbevölkerung, ja noch mehr der früheren Kulturstufe des nomadischen Lebens mußte diese Verhaltensweise als Abfall von den ursprünglich gegebenen soziokulturellen Bedingungen erscheinen. Das Denken der ländlichen Bevölkerung in seinem Gegenüber zum städtischen Wohlleben schafft sich hier unmißverständlich Ausdruck. Es ist für einen Menschen, der sich tagaus tagein um die Beschaffung seines Lebensunterhaltes müht, unverständlich, daß es andere gibt, die im Essen und Trinken sorglos in den Tag leben und sich dabei gütlich tun. Neben dem Essen und Trinken spielt, wie dies schon in früheren Aussagen Ben Siras zur Sprache gekommen ist, auch das Verhältnis zu den Frauen eine Rolle. Trinken, große Gelage und dabei das Erlebnis des freieren Lebens, auch im Umgang mit den Frauen, ist für Ben Sira ein Zeichen des Abfalls von der einfachen Lebensart des Volkes. Dies alles ist dem Untergang preisgegeben und kann nur im Tode enden. Die Vergänglichkeit des menschlichen Lebens wird als Strafe für diese ungehemmte Lebensart gesehen. Der Völlerei steht der Prozeß des Verwesens gegenüber.

In solche Kreise zu geraten, ist verlockend. Dieser Lebensart zu rasch Ver- 4f.
trauen zu schenken, ist gefährlich. Der, der dieser Dinge ungewohnt ist, fällt
leicht in Sünde. Vorsicht und Bedachtsamkeit sind auch hier am Platze. Diese
zu üben, bleibt auch wiederum beim Gebrauch des Wortes in der Rede die
Aufgabe des Weisen.

Zu leicht kann man in einer solchen Umgebung nicht nur zu unbeherrsch- 6f.
tem Handeln, sondern auch zu unbeherrschtem Reden verführt werden. Beherrschung der Zunge und Vermeidung von Geschwätz können Schutz dagegen bieten. Wenn man meint, ein gutes Wort gefunden und eine gute Rede
vorgetragen zu haben, soll man sie nicht wiederholen. Damit macht man sich
nur lächerlich[267].

Im Umgang mit diesen leichtlebigen Menschen hat man Kontakt mit freund- 8–12
lich und feindlich gesinnten Personen. Gerade hier kann man in Schuld fallen,
wenn man zu schnell und zu ungeschützt Worte spricht, die das Verhalten der
anderen zum Inhalt haben. Über andere Personen Verhaltensweisen berichten,
die diese in Mißkredit geraten lassen können, ist nicht nur unklug, sondern
führt auch in Schuld. Es ist besser, weniger zu sagen als viel. Es könnte sein,
daß der Gesprächspartner diese Worte aufnimmt und an ungelegener Stelle
weitergibt. Besser ist es, Neuigkeiten für sich zu behalten. Auch wenn es schwer
fällt, soll man sie nicht sofort und ungeschützt weitergeben. Der Weise kann
sein Reden beherrschen und die ihm bekanntgewordenen Ereignisse in seinem Herzen bewahren. Nur der Tor fühlt sich von diesen Neuigkeiten so angefüllt, daß er sie wieder von sich geben muß, um bei anderen dadurch sich
selbst ins rechte Licht zu setzen. Der Vorgang des Heraussprudelns von Worten
und Geschichten wird mit dem Geburtsvorgang verglichen. Der Tor fühlt
sich in diesem seinem Verhalten so stark gedrungen, die in ihm ruhenden Geschichten zur Welt zu bringen, wie es einer Schwangeren ankommt, das Kind
zu gebären. Die Urwüchsigkeit des Naturvorganges ist dabei der Kern des
Vergleiches (V.11). Ein zweites Beispiel bezieht sich auf das Geschehen in
Kampf und Krieg. Der Pfeil, der das Fleisch eines Gegners im Schenkel getroffen hat, ist ein Fremdkörper, der möglichst rasch zu beseitigen ist. So
fühlt sich auch der Tor gedrungen, das Wort, das ihm bekannt geworden war,
wieder von sich herauszunehmen, da er es nicht verarbeiten kann (V.12).

19,13–17: Selbstbeherrschung hilft, in der Umgebung Frieden zu stiften

13 *Weise einem Freund ein Vergehen nach, ob er es wohl getan hat,*
   und wenn er es getan hat, soll er nicht fortfahren damit.
14 *Weise deinem Nächsten eine (böse) Rede nach, ob er sie wohl gesagt hat,*
   und wenn er sie gesagt hat, soll er sie nicht wiederholen.

---

[267] H.V. Kieweler, Freundschaft und böse Nachrede. Exegetische Anmerkungen zu Sir 19,6–19, in: F.V. Reiterer (Hg.), Freundschaft bei Ben Sira, Beiträge des Symposions zu Ben Sira Salzburg 1995, Berlin/New York 1996, BZAW 244, 61–85.

> 15 Weise einem Freund ein Vergehen nach,
> denn häufig geschieht (nur) Verleumdung, und traue nicht jedem Wort.
> 16 Manche Vergehen geschehen, aber nicht mit Überlegung,
> und wer wäre wohl der, der noch nicht mit seiner Zunge gesündigt hätte?
> 17 Weise deinem Nächsten ein Vergehen nach, ehe du drohst,
> und gib Raum dem Gesetz des Höchsten.

Wenn es deutlich geworden sein sollte, daß in der nächsten Umgebung des Frommen durch mangelnde Selbstbeherrschung Unfrieden eingetreten ist, dann kann durch ein besonnenes und selbstbeherrschtes Auftreten auch hier die Wahrheit der Anweisung zur Selbstbeherrschung unter Beweis gestellt werden. Unter vorsichtiger Handhabe des Wortes ist es möglich, herauszufinden, ob der Freund wirklich ein Vergehen sich zu Schulden hat kommen lassen (V.13). Das gleiche gilt für das Verhalten des Nächsten, dem eine böse Rede nachgesagt wird (V.14). Ben Sira hat erlebt, daß all diese Unfrieden stiftenden Vermutungen nur Verleumdung sind. Der von der Weisheit Geleitete wird dann den wahren Sachverhalt herausfinden können; denn er hört nicht nur die ihm zugetragenen Worte, sondern fragt nach den Hintergründen. So kann es geschehen, daß Mißverständnisse ausgeräumt oder bereits angebahnte ungute Verhältnisse beendet werden. Es ist deutlich, daß ein jeder in die gleichen unguten Zusammenhänge verstrickt werden kann. Es gibt keinen, der nicht schon mit seiner Zunge Unfrieden gestiftet hätte oder in Verfehlungen geraten wäre. Diese Schuldverflechtung und Verhaltenssolidarität sollte dazu beitragen, wahre Verfehlungen von zufälligen und ungewollten zu unterscheiden. Ben Sira als der Weisheitslehrer, der viel mit Worten umgeht, artikuliert damit eine Erkenntnis, die in vielen Zusammenhängen zur Sprache kommt, vgl. Sir 14,1; 22,27; 25,8; 28,23–26 und im NT Jak 3,2–8.

19,18–30: Die in der Furcht des Herrn empfangene Weisheit wirkt bis in die kleinsten Dinge des alltäglichen Lebens hinein

> 18 Die Furcht des Herrn ist der Anfang der Einsicht,
> die Weisheit, die von ihm kommt, verleiht Liebe.
> 19 Die Kenntnis der Gebote des Herrn ist eine Erziehung zum Leben.
> Die, die das ihm Wohlgefällige tun,
> werden am Baum der Unsterblichkeit ernten.
> 20 Die ganze Weisheit besteht in der Furcht des Herrn,
> und in der ganzen Weisheit ruht das Tun des Gesetzes
> und die Erkenntnis seiner Allmacht.
> 21 Ein Diener, der da zu seinem Herrn sagt:
> „Das, was wohlgefällt, werde ich nicht tun!"
> Wenn er danach handelt, wird er den, der ihn ernährt, erzürnen.
> 22 Weisheit besteht nicht darin, das Schlechte zu kennen,
> und der Rat der Sünder bringt keine Einsicht.

23 *Es gibt da eine Schlechtigkeit, und diese ist ein Greuel,*
   so ist auch der Tor, der Mangel hat an Weisheit.
24 *Besser ist er dran, dem es an Verstand fehlt, aber gottesfürchtig ist,*
   als der, der Überfluß hat an Klugheit, aber das Gesetz übertritt.
25 *Es gibt da eine Geschäftigkeit, die genau bedacht, aber ungerecht ist,*
   und es gibt da einen, der das Wohlwollen sich verspielt,
   da er seine Rechtschaffenheit vorkehrt,
   und es gibt da einen Weisen, der durch das Urteil gerecht macht.
26 *Es gibt da einen, der durch Trauer gebeugt einhergeht*[268]*,*
   aber sein Inneres ist voll List.
27 *Er neigt sein Angesicht nieder und stellt sich taub,*
   wo er aber nicht bekannt ist, da fällt er über dich her.
28 *Und wenn er gehindert wird zu sündigen aufgrund seiner Schwäche,*
   wird er doch Böses tun, wenn er Gelegenheit dazu findet.
29 *An seinem Aussehen wird ein Mann erkannt,*
   und an dem Ausdruck des Gesichts wird ein Verständiger erkannt.
30 *Die Kleidung eines Mannes und das Lächeln,*
   das die Zähne sichtbar werden läßt,
   und die Schritte eines Menschen zeigen an, was es mit ihm auf sich hat.

In bunter Folge führt Ben Sira die Möglichkeiten vor, in denen sich die Weisheit, in der Furcht Gottes empfangen und in Liebe geübt, bewährt (V.18)[269]. Es erweist sich immer wieder von neuem, daß die Gebote Gottes für das Leben gegeben wurden (V.19f.). Der, der gegen sie handelt, erweist sich als Tor und wird als solcher erkannt werden und scheitern. Es wäre besser, in der Furcht Gottes zu stehen, auch wenn die Lebensklugheit fehlt (V.24), als gottlos zu leben. Viele Gelegenheiten im Leben gibt es, diese Zweiseitigkeit kennenzulernen, zu üben oder aber als nicht gottgemäßes Verhalten zu bezeichnen. Der, der sich so verhält, wird auch in seinem Angesicht diese ungute Haltung deutlich werden lassen müssen. Bei einem im Leben ausgeglichen sich verhaltenden Menschen kann man seine Gedanken und seine Überzeugung schon an seinem äußeren Wesen erkennen (V.30).

Ben Sira versucht mit diesen Worten, die Vielgestaltigkeit des Lebens einzufangen und hierbei den in dieser Lebensfülle sich bewegenden Menschen durch bewußtes Eintreten für das Lebensideal des Weisen darzustellen. Man geht nicht fehl, wenn man in diesen Worten ein Bekenntnis Ben Siras zu seiner Grundüberzeugung erkennt, die er in vielen Ereignissen und widerwärtigen Erlebnissen selbst gemacht hat. Die reiche Erfahrung, die ihm zuteil geworden ist, ist nicht erdacht oder gar erkauft, sondern unter Anstrengungen erfahren.

---

[268] Lies mit vielen Minuskeln: πορευόμενος = „einhergehend", statt: πονηρευόμενος = „Schlechtes tuend".
[269] P.C. Beentjes, „Full Wisdom is Fear of the Lord". Ben Sira 19,20–20,31: Context, Composition and Concept, EstB 47 (1989) 27–45.

KAPITEL 20

20,1–7: Der Weise nutzt die rechte Stunde

1 *Es gibt eine Zurechtweisung, die nicht zur rechten Stunde erfolgt,*
  und es gibt einen, der da schweigt
    und sich dadurch als verständig erweist.
2 *Wieviel schöner ist es zurechtzuweisen, als Unmut zu hegen.*
3 *Und der, der seine Tat eingesteht, wird Schädigung verhindern.*
4 *Wie die Begierde eines Eunuchen, eine Jungfrau zu verführen,*
  so ist der, der mit Gewalt ein Urteil sprechen will[270].
5 *Da gibt es einen, der schweigt und als weise geachtet wird,*
  aber da gibt es einen anderen,
    der wird verachtet wegen der Menge seiner Worte.
6 *Da gibt es einen, der da schweigt, weil er keine Antwort weiß,*
  und da gibt es auch einen anderen, der da schweigt,
    weil er auf den rechten Zeitpunkt blickt.
7 *Ein Weiser schweigt bis zum rechten Zeitpunkt,*
  aber der Tor achtet nicht auf die rechte Zeit.

Ben Sira geht in diesem Zusammenhang von Neuem den Geheimnissen nach, mit dem Wort in der rechten Weise umzugehen. Er weiß, viel zu reden ist ebenso gefährlich wie gar nicht zu reden. Der Umgang mit dem Wort ist stets von einer Zweiseitigkeit belastet: Schweigen kann ebenso zu verwerfen sein wie zuviel reden. Der Weise muß sich davor hüten, in Extreme zu verfallen. Sein Leben und Reden gleicht einer Gratwanderung.

1   An vorderster Stelle steht das Abwägen, wann der rechte Zeitpunkt zum Reden ergriffen werden muß. Die Wahl der Stunde ist entscheidend für die Wirkung des Wortes. Wenn der Weise das Wort, das er zu sagen hat, nicht im rechten Augenblick vorträgt, macht er sich schuldig. Es ist aber auch abzuschätzen, ob nicht ein späterer Zeitpunkt eine günstigere Gelegenheit mit besserer Wirkung bieten wird.

2f.   Jedenfalls soll der Weise nicht mit Groll im Herzen umherlaufen und seinen Unmut mit Gewalt unterdrücken. Er soll zu seiner Erkenntnis stehen und die Zurechtweisung, die er meint aussprechen zu müssen, auch vortragen. Es könnte sein, daß dadurch größere Schäden vermieden werden. Ein Verschweigen würde den Schaden nur verdecken.

4   Dabei ist aber nicht mit Gewalt und Macht der eigene Wille und die eigene Überzeugung durchzusetzen. Das gewählte Bild veranschaulicht auf drastische Weise, wie man mit falschen Mitteln vorgehen kann, dabei aber keinen Erfolg hat oder sogar in Schuld gerät.

---

[270] V.4 ist in umgedrehter Folge in H^B erhalten und mit einem Zusatz versehen: „aber der Herr wird es von seiner Hand suchen".

Ben Sira faßt in diesen Worten noch einmal seine Erkenntnis zusammen 5–7
und kommt dabei auf die Grundüberzeugung der weisheitlichen Lehre zu sprechen: Der, der besonnen vorgeht, wird sich als klug erweisen, während der andere durch unzeitgemäßes Reden seine Torheit offenbart. Diese Thematik wird auch in Sir 1,23f.; 4,20 und früher an anderer Stelle Spr 15,23 zum Ausdruck gebracht. Zu vergleichen wäre zu der Gegenüberstellung Weisheit – Torheit auch Sir 21,25f. und Spr 29,11.

20,8–26: Der Weise und der Tor

8 Der, der viele Worte macht, wird verachtet werden,
und der, der sich selbst Vollmacht anmaßt, wird verachtet werden.
Wie schön ist es, wenn der einer Untat Überführte Buße zeigt,
denn auf diese Weise wird freiwillig die Sünde fliehen[271].

9 Da gibt es einen guten Fortgang,
   der einem Manne zum Schaden gereichen kann,
und da gibt es einen Fund, der schaden kann.

10 Und da gibt es ein Geschenk, das dir keinen Vorteil bringt.
Und da gibt es ein anderes Geschenk,
   für das du Doppeltes erstatten mußt.

11 Da gibt es eine Erniedrigung wegen der Ehre,
aber es gibt auch den,
der aus der Erniedrigung sein Haupt erheben konnte.

12 Da gibt es einen, der vieles billig kaufen konnte,
aber er mußte dies siebenfach erstatten.

13 Der Weise macht sich selbst mit wenigen Worten beliebt[272].
Die Liebenswürdigkeiten der Toren aber werden ausgegossen werden.

14 Das Geschenk eines Toren wird dir nichts nützen,
in gleicher Weise auch das eines Verleumders,
weil er dadurch Zwang auf dich ausüben kann.
Denn anstelle eines Auges hat er viele.

15 Weniges gibt er, aber vieles schmäht er,
und er öffnet seinen Mund wie ein Bote,
heute leiht er aus und morgen fordert er es zurück.
Verhaßt ist ein Mensch dieser Art.

16 Ein Tor spricht: „Kein Freund steht mir zur Seite,
und es gibt auch keinen Dank für meine guten Taten,
die, die mein Brot essen, sind leichtfertig mit ihrer Zunge."

---

[271] Versteil c und d nur in *L*, wenigen Minuskeln und **La**.
[272] Wiederherstellung des hebr. Textes mit Hilfe von **G**. Zur Deutung vgl. G.R. Driver, JBL 53 (1934) 277. Zur Annahme einer Rückübersetzung aus **G** in **H** durch Ziegler s. Rüger, 1970, 1.

17 *Wie oft wird er von vielen verlacht werden?*
   Denn weder hat er das, was er hat,
      geraden Sinnes entgegengenommen,
   noch ist ihm das, was er nicht besitzt, gleichgültig.
18 *Ein Ausrutschen auf dem Boden ist besser als das der Zunge*[273],
   so wird der Fall der Bösen in Kürze kommen.
19 *Ein unangenehmer Mensch und eine unpassende Rede*
   werden im Munde der Ungebildeten ständig gefunden werden können.
20 *Ein Spruch, der aus dem Munde eines Toren kommt,*
      wird verworfen werden,
   denn er spricht ihn nicht zur rechten Zeit aus.
21 *Da gibt es einen, der daran gehindert wird zu sündigen,*
      weil er Mangel hat,
   und wenn er dann zur Ruhe gekommen ist,
      wird er keine Schmerzen haben.
22 *Da gibt es einen, der sich selbst zugrunde richtet aus Scham,*
   und durch Unverstand im Umgang kommt er um.
23 *Da gibt es einen, der wird zuschanden,*
      weil er seinem Nächsten eine Zusage gemacht hat,
   und er erwirbt ihn sich dadurch, ohne daß er es will, zu seinem Feind.
24 *Ein schrecklicher Schandfleck an einem Menschen ist die Lüge,*
   im Munde der Ungebildeten wird sie sich ständig finden lassen.
25 *Ein Dieb ist dem vorzuziehen, dem Lüge nachgewiesen werden kann,*
   beide aber werden das Verderben erben.
26 *Das Verhalten eines lügnerischen Menschen bringt Unehre,*
   und seine Schande ist ihm fest eingepflanzt.

Nach den Überlegungen bezüglich des rechten Zeitpunktes kommt nun Ben Sira auf die Gegensätzlichkeit zu sprechen, die zwischen dem Handeln des Weisen und dem des Toren besteht. Eine Fülle von Beispielen führt er vor, die sämtlich aus dem täglichen Leben gegriffen sind. Ein jeder, der handelnd und denkend sein eigenes Lebensgeschick und das der anderen verfolgt, kann mannigfach diese Erfahrungen machen. Die reiche Bildhaftigkeit, die Ben Sira hier anwendet, entspricht der Vielfalt des Lebens und ist nicht nur dem hebräischen Alltag zu entnehmen, sondern weist auch auf die klassische Gnomen-Literatur hin. Auch hier wird die Verbindung der jüdischen Kultur mit der hellenistischen Welt deutlich. Es war Ben Sira auch bekannt, daß Geschenke gegeben wurden (V.10), die keine Freude bringen, weil sie offenbar als Bestechungsgeschenke angenommen wurden. Die erwähnte Bedeutung der Siebenzahl (V.12) zeigt die Kenntnis Ben Siras in Bezug auf die biblischen Traditionen, nämlich Gen 4,5.24. Im NT wird darauf in Mt 18,21f. Bezug genommen. Daß man mit den Worten „ausrutschen" kann, ist für Ben Sira ein Zeichen des unweisen

---

[273] Diese Aussage ist ihrem Inhalt nach in der Literatur der Antike weit verbreitet, s. Middendorp, 1973, 19f.

Verhaltens (V.18–20). Diese Erfahrung kennt auch Zeno von Kition (bei Diog. Laertius VII,26): „Besser ein Fehltritt auf dem Fußboden als einen mit der Zunge." Besonders geht Ben Sira noch auf das Reden ein, das als Lüge zu qualifizieren ist (V.24–26). Die Sündhaftigkeit des Menschen, der seinen eigenen Vorteil sucht und nicht nach Weisheit strebt, wird nicht nur in der Tat deutlich, sondern auch in dem Reden. Hier wird das Verfängliche und das Bösartige des Redens als Zeichen dieses gottlosen Handelns vorgeführt.

20,27–32: Sprichwörter

Sprichwörter[274]

27 Der, der in Worten[275] weise ist, bringt sich selbst voran,
und ein kluger Mensch wird den Mächtigen gefallen.
28 Der, der sein Land bebaut, wird seinen Erntehaufen hoch aufbauen,
und der, der den Mächtigen gefällt,
wird Ungerechtigkeit sühnen helfen.
29 Geschenke und Gaben lassen erblinden die Augen der Weisen,
und wie ein Maulkorb am Munde wenden sie Tadel ab.
30 Eine Weisheit, die verhüllt bleibt, und ein Schatz,
der nicht in Erscheinung tritt, welcher Nutzen kommt beiden zu?
31 Besser ist es, wenn ein Mensch seine Torheit verbirgt,
als ein Mensch, der seine Weisheit versteckt[276].
32 *Besser ist die unwandelbare Geduld in der Suche nach dem Herrn*
als ein herrenloser Wagenlenker über sein eigenes Leben[277].

Die Überlieferer des griechischen Textes haben selbst empfunden, daß die nun folgenden Aussagen in bunter Folge allgemeine Lebensregeln wiedergeben. Diese haben eine Beziehung zu den vorangehenden Überlegungen bezüglich der Wirkung des Wortes zur rechten Zeit und bezüglich der Wirkung des Wortes im Unterschied zu den Aussagen eines Toren. Es wird in ihnen weiterhin Bezug genommen auf das alltägliche Leben. Dieses kennt bei kluger Anwendung des Wortes einen guten Fortgang (V.27). Es kann dann verglichen werden mit dem Leben des Bauern, der eine reiche Ernte einbringen kann (V.28). Der agrarwirtschaftliche Hintergrund Ben Siras wird hier noch deutlich. Aber schon im folgenden Vers (V.29) spricht die Kultur, die im Sozialgefüge rechtes und unrechtes Handeln und Reden durch Geschenke und Gaben korrigieren möchte, vgl. Dtn 16,19. Der Weise soll sich dieser Bestechungen

---

[274] Die Überschrift wird in der Minuskel 548 erweitert durch: „Sirachs"; in der Minuskel 336mg durch: „des Weisen Sirach".
[275] So mit G, gegen Ziegler, 1980, z.St., der mit S ἐν ὀλίγοις = „in Wenigem" liest.
[276] Die V.30f. begegnen noch einmal, sowohl im griech. wie im hebr. Text in 41,14f.
[277] Nur in der Minuskel 248 erhalten.

enthalten (s.V.10). Der abschließende nur schwach in der griechischen. Tradition bezeugte V.31 möchte die reiche Folge der vorher vorgetragenen Beispiele und Möglichkeiten zusammenfassen und diesen Erfahrungen eine theologische Grundaussage abgewinnen: Der, der sein eigenes Leben ohne Überzeugung und ohne Ziel führt, gleicht einem Wagenlenker, der keine Herrschaft über seine Zugtiere ausüben kann. Dieses Bild war der hellenistischen Welt ohne Frage sehr vertraut. Wer aber zielgerichtet handelt, sucht nach den Geboten, die Gott gegeben hat. Dabei ist allerdings Geduld gefordert; denn dieser Weg kann keine unmittelbaren und schnellen Erfolge hervorbringen.

KAPITEL 21

21,1–10: Der Weg der Sünder

1 *Mein Kind, hast du gesündigt? Fahre nicht fort damit!*
  Und wegen deiner früheren Sünden bete!
2 *Wie vor der Begegnung mit einer Schlange fliehe vor der Sünde,*
  denn wenn du ihr zu nahe kommst, wird sie dich beißen,
  Zähne eines Löwen sind ihre Zähne,
  die wegraffen können das Leben der Menschen.
3 *Wie ein zweischneidiges Schwert ist eine jede Ungerechtigkeit,*
  für ihre Wunde gibt es keine Heilung.
4 *Gewalttätigkeit und Übermut lassen Reichtum vergehen,*
  so wird auch das Haus des Überheblichen ausgerottet werden[278].
5 *Das Gebet aus dem Munde eines Armen dringt bis an seine Ohren,*
  und seine Urteilssprüche treten sehr rasch ein.
6 *Der, der seine Zurechtweisung haßt, bleibt auf dem Weg des Sünders,*
  der aber, der den Herrn fürchtet,
    wendet sich ihm von ganzem Herzen zu.
7 *Bekannt von weitem ist der, der sich mit der Zunge als mächtig gebärdet,*
  der Verständige aber weiß, wann er sich zurückhalten muß.
8 *Der, der sein Haus mit fremdem Gut baut,*
  ist wie einer, der Steine für seinen Grabhügel sammelt[279].

---

[278] G spricht vom Ausrotten des Hauses. Es werden zwei Bilder miteinander vermischt, nämlich das des Hauses mit jenem der Pflanze, vgl. Sir 3,9. Daher verbessern Minuskeln im Sinne der Angleichung in: ἐρημωθήσεται = „wird verwüstet werden".

[279] Die Mehrzahl der griech. Texte bietet: εἰς χῶμα = „für einen Schutthügel"; so auch S und Arm; andere lesen: ἐν χειμῶνι „im Winter". Die gebotene Übersetzung nach L' und wenigen anderen Zeugen. Dieses Bild paßt in den Zusammenhang, s. Hartom, 1969, 76.

9 *Aufgehäuftes Werg ist die Versammlung der Gottlosen,*
   und ihr Ende ist die Feuerflamme.
10 *Der Weg der Sünder ist glatt und ohne Steine,*
   aber an seinem Ende liegt der Abgrund des Totenreiches.

Ben Sira weiß um die Macht der Sünde, von der er in den vorangehenden Versen   1
gesprochen hatte. Er weiß aber auch um die Unerklärbarkeit der Entstehung und
der Wirkung der Sünde. Es gibt niemanden, der ohne Sünde wäre. Da diese Tatsache ohne Umschweife festgestellt und ernstgenommen wird, gibt es nur eine
Möglichkeit, der Sünde zu begegnen: Für die begangenen Sünden um Vergebung
zu bitten und vor den kommenden Sünden sich zu hüten. Bitte um Vergebung
der begangenen Sünden ist für den alttestamentlichen Frommen der einzige Zugang zu Gott. Durch Gebete (1 Kön 8,35; Ps 32,5f.) und durch Handlungen
(Lev 26,40–42 und viele andere Gesetzestexte mehr) wird dieser Weg ermöglicht.

Die unheimliche Macht der Sünde und gleichzeitig ihre vernichtende Wir-   2
kung machen die beiden Bilder von der Schlange und vom Löwen deutlich. Wie
in Gen 3 wird von der Schlange gesprochen, der man nicht zu nahe kommen
darf. Ben Sira spielt mit dieser Bemerkung zwar nicht direkt auf die Erzählung
vom Garten Eden an. Aber da es dort wie hier um den vom Menschen nicht
kontrollierbaren Eingriff einer fremden Macht geht, ist ein Gedankenzusammenhang gegeben. Dort wie hier bewirkt die Nähe der Schlange Versuchung
und Vergehen. Dort wie hier geht es um Leben oder Tod. Den Zähnen eines
Löwen kann man nicht entrinnen.

Die Kriegs- und Waffentechnik war schon soweit fortgeschritten, daß man   3
aus gehärtetem Eisen ein Schwert schmieden konnte, das nach beiden Richtungen hin seine Wirkung entfalten konnte. Keine Bewegung des Schwerts
bleibt ohne Erfolg. Sowohl beim Vorwärtshauen als auch bei dem Zurückholen entfaltet es seine Wirkung. Davon ist aber gleichzeitig auch der betroffen, der dieses Schwert führt. Ist er nicht achtsam, dann wird er sich durch die
zurückholende Bewegung selbst leicht verletzen können. So ist es auch mit
der Ungerechtigkeit, die man begeht. Sie fällt auf den Täter selbst zurück.

Der, der Sünde tut, Gewalttätigkeit und Übermut walten läßt, fügt sich letzt-   4
lich selbst Schaden zu. Sein Reichtum vergeht. Sein Haus wird dem Erdboden
gleichgemacht werden. Mit diesem Bild erinnert Ben Sira an 3,9, wo er von
dem Pflanzen und Ausrotten eines Baumes sprach. Dieses Bild wurde von
dem übersetzenden Enkel in die Gegebenheiten der städtischen Kultur übertragen. Er sprach vom Bau und vom Einreißen eines Hauses. Beide Vorstellungen
gehen an dieser Stelle ineinander über.

Unversehens ist Ben Sira bei einem schon oft verhandelten Thema ange-   5
kommen. Die Reichen werden als die Sünder gesehen, die den Armen, den
Gottesfürchtigen Unrecht antun. Diese aber rufen zu Gott, der ihre Bitten erhören wird. Gott selbst wird eingreifen und das Unrechttun der Reichen beenden, vgl. Ps 49,17ff.; 73,4ff. und Hiob 18,5ff.

So erweist sich der, der Gott fürchtet, als der Fromme gegenüber dem Übel-   6f.
täter.

8–10   Mit unmittelbar sprechenden Bildern zeigt Ben Sira den Weg der Reichen: Sie haben zwar Steine zum Bau eines Hauses. Diese aber stammen aus fremdem und unlauter erworbenem Gut. Damit können sie nicht ihr Haus bauen, sondern nur ihr Grab (V.8). Das Grab eines Menschen war in alter Zeit eine einfache Vertiefung in der Erde, in die der Tote gelegt wurde. Über dem Toten wurden Erde und Steine gehäuft. Die Steine, die eine irdische Behausung aufrichten sollten, dienen also dazu, den Grabhügel zu bilden[280]. Bei der Bearbeitung von Flachs zu Leinen wurde Abfall gewonnen. Dieser Abfall = Werg ist nicht zu verwenden und wurde dem Feuer übergeben. So werden die Gottlosen und ihr Leben eingeschätzt. Am Ende steht das verzehrende Feuer (V.9). Schließlich betrachtet Ben Sira den Lebensweg des Menschen aus seiner Sicht heraus auch im Sinne des Wanderns und der Reise. Auf einem ungeebneten und steinigen Weg kam man schlecht voran. Schon in der persischen Zeit gab es aber wohlgebaute und geebnete Straßen, die in der hellenistischen und gar noch in der römischen Zeit in ihrer Bautechnik vervollkommnet wurden. Auf diesen Wegen konnte man glatt und ohne Hindernisse voranschreiten. So ist der Weg der Sünder[281]. Aber wenn auch der Weg der Frommen nicht einfach und voller Steine sein sollte, so steht doch an seinem Ende das ersehnte Ziel, nämlich das Leben mit Gott. Am Ende des glatten und breiten Weges aber liegt das Ziel des Todes. Vgl. Ps 1,6 und im NT Mt 7,13f. In der noch nicht vorhandenen hebräischen Urschrift ist an dieser Stelle sicher von der Scheol[282] gesprochen worden, in der alle Menschen nach ihrem Tode versammelt werden und von Gott getrennt sind, vgl. Ps 88 u.a.; die griechische Übersetzung liest: ᾅδης (Hades) und läßt dadurch ganz andere Assoziationen deutlich werden. Die lateinische Version spricht von inferi et tenebrae et poena (Unterwelt und Dunkel und Strafe). Die durch die Kultur bedingten Verschiedenartigkeiten der religiösen Vorstellungswelt werden dadurch deutlich signalisiert.

21,11–28: Der Weg der Gerechten

11 *Der, der das Gesetz bewahrt, beherrscht sein Sinnen,*
und Vollendung der Furcht des Herrn bringt Weisheit.
12 *Der, der nicht klug handelt, wird auch nicht erzogen werden können,*
andererseits gibt es aber auch eine Klugheit, die voll von Bitternis ist.

---

[280] I. Peri, Steinhaufen im Wadi (zu Sirach 21,8), ZAW 102 (1990) 420f.
[281] F. Stummer, „Via peccantium complanata lapidibus"(Eccli 21,11), in: Colligere fragmenta, Festschrift Alban Dold, 1952, 40–44.
[282] G. Gerleman, Art. שאול, THAT II, 1976, 837–841; Wächter, Art. שאול, TWAT VII, 1993, 901–910.

13 *Die Erkenntnis des Weisen wird anschwellen wie eine Flut[283],*
   und sein Rat ist wie eine lebendige Quelle[284].
14 *Das Innere eines Toren ist wie eine rissige Zisterne[285],*
   und keinerlei Erkenntnis hält es fest.
15 *Wenn ein Verständiger ein weises Wort hört,*
   lobt er es und fügt ihm noch mehr hinzu.
   Hört es aber ein Leichtfertiger, so mißfällt es ihm
   und er wirft es hinter sich.
16 *Die Erklärung eines Toren ist wie eine Last auf einer Reise,*
   von den Lippen eines Verständigen aber gesprochen,
      wird sie als angenehm empfunden werden.
17 *Der Mund eines Verständigen wird in der Versammlung gesucht,*
   und seine Worte werden im Herzen bedacht werden.
18 *Wie ein zerstörtes Haus, so scheint einem Toren die Weisheit,*
   und die Kenntnis eines Unverständigen
      erweist sich in seinen Worten[286].
19 *Fesseln an den Füßen ist für den Unverständigen die Zucht*
   und wie Handschellen an seiner rechten Hand (kommt sie ihm vor).
20 *Ein Tor erhebt unter Lachen seine Stimme,*
   ein kluger Mann aber lächelt leise still vor sich hin.
21 *Wie ein goldener Schmuck ist dem Verständigen die Zucht*
   und wie eine Spange an seinem rechten Arm.
22 *Der Fuß eines Toren tritt schnell ins Haus hinein,*
   aber der vielerfahrene Mann zeigt Vorsicht bei jeder Begegnung[287].
23 *Der Unverständige neigt sich von der Tür her hinein ins Haus,*
   der gebildete Mann aber verharrt außerhalb.
24 *Ungezogen ist es für einen Menschen, an der Tür zu horchen,*
   der Verständige aber würde sich in Unehre beschwert fühlen.
25 *Die Lippen der Fremden gefallen sich in solchen Ausführungen,*
   die Worte der Verständigen aber
      werden mit der Waage gewogen werden.
26 *Im Munde der Toren liegt ihr Herz,*
   aber im Herzen der Weisen ruht ihre Mund.

---

[283] G: κατακλυσμός; S abmildernd: „Quelle".
[284] G: πηγὴ ζωῆς = „Quelle des Lebens"; damit ist im Unterschied zum Zisternenwasser (vgl. V.14) das Quellwasser gemeint, hebr.: מקור חיים = „Quelle des Lebens", vgl. Ps 36,10. Zum Bild vgl. Jer 2,13.
[285] G liest: ἀγγεῖον = „Krug, Gefäß". Die Übersetzung folgt S unter Hinweis auf Spr 5, 15. Es ist an eine Zisterne zu denken, die das Wasser wegen der aufgetretenen Risse nicht mehr halten kann.
[286] Übersetzung ohne Konjektur nach G. Verbesserungen z.B. bei Rickenbacher, 1973, 104 und 107.
[287] V.22f. sind nur in G vollständig erhalten. Sie sind aber in Bruchstücken auch in Zitaten in der rabbinischen Literatur bekannt, vgl. Vattioni, 1968, 109.

27 *Wenn der Gottlose den Widersacher*[288] *verflucht,*
verflucht er sich selbst.
28 *Der Verleumder belastet sich selbst,*
und in seiner Nachbarschaft ist er verhaßt.

Nach den Ausführungen über die Gefährlichkeit des Weges der Sünder, der nur im Tode enden kann (V.8–10), spricht Ben Sira nun von dem Weg des Gerechten, der auf Erden schon angenommen ist und am Ende seines Lebens zum Ziel gelangen wird[289].

11   Grundlage, Ausgangspunkt und Ziel dieses Weges ist das Gesetz, das in der Furcht des Herrn bewahrt wird und Weisheit bringt. Immer wieder weist Ben Sira auf dieses Zentrum seiner Reden hin, das er in Sir 24 in seiner ganzen Bedeutung im Zusammenhang erörtern wird.

12   Diese angestrebte und von Gott geschenkte Weisheit ist zwar nötig zur Erziehung, bewirkt aber ihre Kraft nicht wie von selbst. Sie kann auch mißbraucht werden und daher die falsche Wirkung haben, nämlich Bitternis hervorrufen. Die Ambivalenz des frommen Verhaltens ist damit zum Ausdruck gebracht.

13f.   Wiederum greift Ben Sira zu einem sprechenden und allgemein bekannten Bild: Die Weisheit ist wie das lebensspendende Wasser. In reicher Fülle erquickt sie Mensch und Natur. Dabei ist das frische aus einer lebendigen Quelle hervorsprudelnde Wasser, wie es sich z.B. in einer Oase findet, die für einen Orientalen so unbedingt notwendige Lebensgrundlage. In der biblischen Tradition wird häufig von diesem „Wasser des Lebens" gesprochen, vgl. Ps 36,10 und Jer 2,13. Der Weise, der die Erkenntnis hat und weitergibt, ist wie diese lebendige Quelle, er tritt damit an die Stelle Gottes selbst, der die Menschen mit diesem Wasser speist, ohne Bild gesprochen: der die Weisheit vermittelt. Diesem Wasser steht das in einer Zisterne gesammelte Regenwasser gegenüber, das zwar für die Menschen des Vorderen Orients eine ungemein wichtige Lebensgrundlage bildet, besonders für die Stadtbewohner. Hier wurden seit ältesten Zeiten riesige Zisternen unter den Häusern und Gebäuden errichtet, in die hinein mit großer Sorgfalt das Regenwasser geleitet wurde. Dieses Wasser ist über Jahre hinweg trinkbar und sauber, wenn erstens genügende Sorgfalt auf die Gewinnung und Aufbewahrung gelegt wird und wenn zweitens die Zisterne durch Auskleiden mit Kalk dicht gemacht wurde. Wenn aber durch äußere Ereignisse eine Zisterne Risse bekommt, dann versickert das Wasser, und die Hoffnung der Bewohner, ihre Versorgung zu finden, schwindet dahin. So ist der Tor. Die Lehre, die ihm vermittelt wird, geht durch ihn hindurch und fließt davon.

15–18   Diese ablehnende Haltung des Toren wird in weiteren Bildern geschildert. Seine Worte sind eine Last (V.16), und von dem aufbauenden und schützenden Charakter der Weisheit hält er nichts (V.18).

---

[288] G: σατανᾶς = hebr.: שטן = „Widersacher".
[289] A. Desecar, La sabiduría y la necedad en Sirac 21–22, Presenza 3, Rom 1970.

Für ihn sind die Regeln der Weisheit eine unannehmbare Einschränkung 19
seiner Freiheit. Er fühlt sich von ihnen gefesselt, wie man einen Verbrecher in
Zucht nimmt, vgl. zu diesem Bild oben V.16

Auch am alltäglichen Leben erkennt man das unkluge Verhalten eines Toren. 20–24
Er lacht an unpassenden Orten und bei unpassenden Gelegenheiten, während
der Weise sich überlegt und bedachtsam verhält (V.20). Diesem dient die Zucht
als Schmuck (V.21). Der Tor aber zeigt seine Unbedachtsamkeit auch im Umgang mit den Nachbarn. Ohne die Gebote der Höflichkeit zu beachten, „fällt
er mit der Tür ins Haus" (V.22). Im Kontakt mit den Menschen ist es geboten,
zurückhaltend zu sein. Auch ist es ein Zeugnis für unhöfliche Verhaltensweise, an der Tür zu horchen; denn dort würde man nur Worte hören, die
den Horchenden selbst beschweren. Vielleicht denkt Ben Sira dabei an den
Bericht aus Gen 19, wo sich Sara, die hinter der Zeltwand lauscht, dadurch
verrät, daß sie über die Reden der drei Boten zu lachen beginnt.

Die Toren, die hier auch als die Fremden (V.25) bezeichnet werden, haben 25–28
Gefallen an diesen unbedachten und schnellen Reden. Damit verurteilen sie
sich aber selbst (V.27f.); denn ihre schnellen Wort fallen nur auf sie zurück.
So sieht es die weisheitliche Lehrtradition. Wenn ein Tor mit seinen Gedanken
schnell durch sein Reden hervortritt, so weiß sich der Weise zu beherrschen,
indem er seine Gedanken und Worte im Herzen bewahrt, bis es an der Zeit ist
(V.26). Diese Worte sind kostbar und können ihres Wertes wegen mit der
Waage gewogen werden (V.25).

Kapitel 22

22,1–26: Torheit und Klugheit im Streit miteinander

1 *Mit einem beschmutzten Stein kann der Faule verglichen werden,
und ein jeder zischt über seine Unehre.*
2 *Mit einem Mistfladen kann verglichen werden der Faule,
und ein jeder, der ihn aufheben wollte,
wird ihn von seiner Hand schütteln.*
3 *Die Schmach eines Vaters liegt in dem Aufziehen
eines ungezogenen Sohnes,
eine solche Tochter aber gereicht ihm zum Schaden.*
4 *Eine kluge Tochter wird ihrem Mann am Besitz Anteil geben,
eine schändliche aber wird zum Kummer (des Vaters) aufwachsen.*
5 *Dem Vater und dem Manne bereitet die freche (Frau) Schande,
und von ihnen beiden wird sie verachtet werden.*
6 *Musik in der Trauer ist kein angemessener Zeitvertreib,
Züchtigungen aber und Erziehung sind zu jeder Zeit weise.*

7 *Kinder, die in einem guten Leben ihren Unterhalt haben,*
  können der eigenen Eltern unedle Abkunft verbergen[290].
8 *Kinder aber, die sich in Verachtung und Ungezogenheit brüsten,*
  können die edle Abkunft ihrer Verwandten beflecken.
9 *Wer einen Toren lehrt, der gleicht dem, der Scherben zusammenleimt,*
  er gleicht dem, der einen Schlafenden aus tiefem Schlafe weckt.
10 *Der, der mit einem Toren spricht, gleicht dem,*
   der mit einem Einschlafenden spricht,
   und am Ende wird dieser sagen: „Was ist?"
11 *Über einen Toten weine, denn es ist ein Licht erloschen,*
   über einen Toten weine, denn Einsicht ist erloschen,
   sanfter weine über einen Toten, weil er zur Ruhe gekommen ist,
   das Leben des Toren aber ist schlechter als der Tod.
12 *Die Trauer um einen Toten währt sieben Tage,*
   die um einen Toren aber
   und um einen Gottlosen währt alle Tage seines Lebens.
13 *Mit einem Unverständigen wechsle nicht viele Worte*
   und zu einem Uneinsichtigen gehe nicht.
   Wegen der nicht wahrnehmbaren Dinge
   wird er dir das alles gering achten[291].
   Hüte dich für ihn, damit du dich nicht beschwerst
   und damit du nicht belastet werdest durch seine Anläufe;
   halte dich fern von ihm, so wirst du Ruhe finden
   und wirst keine Unruhe haben durch seinen Unverstand.
14 *Was ist schwerer als Blei?*
   und welcher Name könnte ihm beigelegt werden als der: Tor?
15 *Sand und Salz und ein Brocken von Eisen*
   sind leichter zu ertragen als ein unverständiger Mensch.
16 *Ein hölzernes Gerüst, zusammengebunden beim Hausbau,*
   wird beim Erdbeben nicht aufgelöst werden können.
   So wird auch ein Herz, das gestärkt ist durch wohlüberlegten Rat,
   im rechten Zeitpunkt nicht verzagen.
17 *Ein Herz, das gefestigt ist in verständiger Einsicht,*
   ist wie ein schöner Putz an der Mauer.
18 *Steinchen*[292], *die auf einer Anhöhe liegen,*
   werden vor einem Winde nicht Bestand haben.
   So wird auch ein furchtsames Herz in törichter Besinnung
   vor allerlei Ängstlichkeit keinen Bestand haben.
19 *Der, der das Auge reibt, wird Tränen herausdrücken,*
   und der, der das Herz reibt, läßt Empfindungen wahrnehmen.

---

[290] V.7f. nur in *L'* und einer Minuskel erhalten.
[291] V.13c nur in *L'* und einer Minuskel.
[292] **G** liest: χάλικες = „Hölzer". Andere gewichtigen Manuskripte (B-S) dagegen: χάρακες.

20 *Der, der einen Stein gegen Vögel wirft, verscheucht sie,*
und der, der einen Freund schmäht, zerstört die Freundschaft.
21 *Wenn du gegen einen Freund das Schwert gezückt hast,*
gib die Hoffnung nicht auf, denn es gibt noch einen Rückweg.
22 *Wenn du gegen einen Freund den Mund aufgetan hast,*
betrübe dich nicht, denn es gibt noch eine Versöhnung,
es sei denn, es handle sich um Schmähung oder
übermütigen Stolz oder Offenbarung von Geheimnissen oder
hinterlistige Beschuldigung
bei diesen Dingen entflieht ein jeder Freund.
23 *Erwirb Vertrauen bei deinem Nächsten während seiner Armut,*
damit du bei seinem Glücke in gleicher Weise erfüllt werdest;
in der Zeit der Trübsal halte bei ihm aus,
damit du in der Zeit, da er erbt, mit ihm zusammen erbst.
Denn niemals zu verachten ist der Bedürftige,
und auch nie zu bewundern ist der Reiche, der keinen Verstand hat[293].
24 *Vor dem Feuer warnt Rauch und Qualm,*
so auch vor dem Blutvergießen Beschimpfungen.
25 *„Auf den Freund achtzugeben, werde ich mich nicht schämen,*
und vor einer Begegnung mit ihm werde ich mich nicht verstecken.
26 *Auch wenn mir von ihm Böses widerfährt,*
wird ein jeder, der dies hört, sich vor ihm in acht nehmen."

Weiterhin ist Ben Sira bei dem Thema Weisheit und Torheit. In allen Lebensbereichen der Familie und der näheren Umgebung erweist sich diese Gegensätzlichkeit.

Trägheit und Faulheit hat es zu allen Zeiten gegeben. Für die Länder in heißen Klimazonen gilt dies wohl in einer besonderen Weise. Daher wird dieses Verhalten in den Schriften des vorderorientalischen Raumes immer wieder thematisiert. So alltäglich der Faule in seinem Nichtstun wahrgenommen werden kann, so alltäglich ist auch der Vergleich, der für dieses Verhalten herangezogen wird: Mist und Spuren der verrichteten Notdurft findet man allenthalben. Man legte einen Stein auf die Spuren dieses Tuns. Diese Steine aber greift man nicht ein zweites Mal an, ohne sich zu verunreinigen. So widerwärtig ist das Erscheinungsbild eines faulen Menschen. 1f.

Nicht nur Faulheit und Torheit sind Zeichen des unklugen Verhaltens. Torheit liegt auch darin, unerzogene Kinder zu haben. Klugheit zeigt sich aber da, wo die Familie in den verschiedenen Generationen zusammenhält und sich gegenseitig stützt. Dies geht soweit, daß es als klug bezeichnet werden kann, wenn die begüterte Tochter eines Hauses ihrem Ehemann an ihrem Erbe An- 3f.

---

[293] V.23ef nur in *L'*. Der Gedanke paßt nicht in den Zusammenhang. Die Aussagen können als Dubletten zu Sir 10,23 angesehen werden.

teil gibt. Unter Torheit aber leidet eine Familie, die nicht in gegenseitiger Achtung miteinander lebt.

5   Wenn eine Frau sich aber nicht einfügen kann in die Familie und Sippe, dann wird Unfriede und Verachtung aufkommen.

6–8   Es gehört zu den Ausnahmesituationen im Leben eines Menschen, bei einem Todesfall Anteilnahme zu bezeugen. Erziehung in Weisheit aber ist eine ständige Lebensaufgabe. Wer diese unter Beweis stellt, kann Mängel, die in der Familie auftreten können, verbergen. Torheit kann durch Beweis einer guten Erziehung beseitigt werden.

9f.   Toren wehren sich aber gegen die Unterweisung. Mit ihnen umzugehen ist so, wie wenn man mit einem Schlafenden reden würde. Dieser hört nicht und ist verwundert beim Aufwachen.

11f.   Über einen solchen Menschen ist die Vollführung der Totenklage und das Weinen angebracht. Über einen Toten weint man zurecht, da dieser endgültig aus dem Leben geschieden ist. Schlimmer ist es, wenn man über einen noch Lebenden weinen muß, da dessen Einsicht erloschen ist, wie wenn ein Mensch gestorben wäre. Der Tor gleicht einem Toten. Ja noch mehr ist über diesen Menschen zu sagen. Denn die Trauer über einen Toten hat eine begrenzte Zeit. Die Trauer über einen uneinsichtigen Menschen und über einen Toren hält an, solange dieser lebt. Die siebentägige Trauer über einen Toten wird Gen 50,10 und 1 Sam 31,13 = 1 Chr 10,12; Hiob 2,13; Jdt 16,24 erwähnt. Daß die Siebenzahl in vielen Bereichen eine besondere Rolle spielt, war oben schon ausgeführt worden (17,5).

13–15   Mit harten Vergleichen wird das Wesen des Toren geschildert. Aus dem täglichen Leben sind viele Momente bekannt, die dieses Leben beschweren und unangenehm machen. Davon solle man sich distanzieren und davor soll man sich hüten. Blei gilt mit recht als besonders schwer (V.14). Es wurde beim Hausbau als Lot gebraucht und verwendet, siehe Am 7,7. Wichtig für das tägliche Leben in der Stadt waren Sand, Salz und Eisen (V.15). Sand mußte man von der Küste holen, um damit zu bauen, vgl. Spr 27,3 und Hiob 6,3. Salz konnte man am Toten Meer gewinnen. Aber auch dieses mußte man auf beschwerlichen Wegen auf die Höhe in die Stadt Jerusalem transportieren. Auch dieses Unternehmen war beschwerlich. Eisen galt als besonders wertvoll, mußte aber ebenso von fern her transportiert werden, vgl. Dtn 28,28 oder Jer 28,13f. All diese Tätigkeiten waren nicht leicht und erforderten viel Kraft. Aber gemessen am Umgang mit einem Toren ist dieses Tun immer noch leichter und angenehmer.

16f.   Diesen unangenehmen Erfahrungen steht das Wohlverhalten gegenüber, das wiederum an alltäglichen Bildern des städtischen Lebens verdeutlicht wird. Zum Bau eines Hauses richtete man zuvor ein in sich gefügtes stabiles hölzernes Gerüst auf, das den inneren Zusammenhalt gab und auch Erdbeben standhalten konnte. So werden auch heute noch Holzschichten zwischen die Steine gelagert, um eine gewisse Nachgiebigkeit beim Erschüttern anläßlich eines Erdbebens zu erreichen. Gleiches gilt von den uns bekannten Fachwerkbauten. Zwischen dieses hölzerne Gerüst wurden dann die Steine gelagert, die besonders an den Eckpunkten und am oberen Kranz eines Mauerwerkes den Zusammenhalt und die Stabilität gewährleisten sollten. So verhält es sich mit der Einsicht, die bei Beratungen nicht übergangen wird. Den Beschluß des Hausbaus bildet der Putz, der die Unebenheiten zwischen Holz, Stein und Lehm verdeckt und damit das Werk in einer ansprechenden Endgestalt deutlich werden läßt. Zum Hausbau vgl. 1 Kön 6,36; 7,12; Ez 13,11f. und Mt 7,25–27. Für den Verputz des Hauses mit Mörtel vgl. Lev 14,41–43; Dtn 27,2 und Ez 13,10–15.

In Antithese zu dem eben Gesagten wird auf die Vergänglichkeit hingewiesen, die in einer unbedachten Verhaltensweise sich offenbart. Niemand wird auf der Höhe eines Berges kleine Steinchen verwenden, um einen Bau aufzurichten. Der Wind, der auf den palästinischen Höhenzügen mit großer Kraft vom Westen her wehen kann, wird die kleinen Steine wegblasen. Mit diesen untauglichen Baumaterialien wird das furchtsame und törichte Herz verglichen, das ohne Überlegung handelt und lebt.

Töricht handelt auch der, der im Umgang mit seinem Nächsten keine Vorsicht walten läßt. Im Verkehr der Menschen untereinander ist Feinfühligkeit die rechte Verhaltensform. Auch hier werden Bilder gebraucht, die einem jeden, der sie liest, aus dem alltäglichen Leben bekannt sind: Das Reiben des Auges bringt dieses zum Tränen. Die Verletzung des Herzens läßt Emotionen hervorbringen. Wer gegen wehrlose Vögel Steine wirft, vergeht sich an ihnen und verscheucht sie. So ist es auch mit einem Menschen, den man als Freund erwerben und sich in dieser Nähe erhalten möchte. Gegen ihn darf man nicht mit harten Worten und kriegerischem Verhalten vorgehen. Wenn man dennoch einen unguten Anlauf genommen hat, ist es unmittelbar an der Zeit, dies wieder gut zu machen. Es ist in jeder Situation geboten, durch bedachtsame Handlungen das Vertrauen des Nächsten, auch des Freundes zu erhalten. Es könnte sein, daß sich das Geschick wendet und der Freund in bessere Lebensumstände oder gar zu einer Erbschaft kommt. Auch dann ist es gut, unter den geänderten Bedingungen, mit dem Freund gute Verbindungen zu halten. Von einer Nützlichkeitsethik hier zu sprechen, würde aber die Intention Ben Siras verkennen. Es geht ihm nicht darum, Reichtümer durch die Verbindung mit dem Nächsten zu erhalten. Vielmehr geht es ihm darum, im Umgang mit dem Nächsten stets die rechte Grundeinstellung der Bedachtsamkeit zu betonen. Unbedachtes Verhalten führt zu Gewalttätigkeiten. Schnelle Rede und vordergründige, mit Gewalt verbundene Handlungen lassen Schwierigkeiten entstehen, so wie Rauch und Qualm Warnzeichen sind für dahinter stehende zerstörerische Ereignisse. Beschimpfungen können Blutvergießen hervorrufen, so wie das Feuer durch Rauch und Qualm angezeigt wird. In all diesen Fällen ist es geboten, vorsichtig zu sein. So beschließt Ben Sira seine Reden durch eine Aussage in der Ich-Form (V. 25f.). Mit diesen Worten spricht er ein Be-

---

[294] J. Marböck, Gefährdung und Bewährung. Kontexte zur Freundschaftsperikope Sir 22,19–26, in: F.V. Reiterer (Hg.), Freundschaft bei Ben Sira, Beiträge des Symposions zu Ben Sira Salzburg 1995, Berlin/New York 1996, BZAW 244, 87–106.

kenntnis aus, das er auf Grund seiner langen Lebenserfahrung erworben hat. Es ist, als ob er diese Sätze seinen Kindern und Schülern auf den Weg mitgeben möchte, um sie dadurch zu ermahnen. Sie sollen diese Worte nachsprechen, vielleicht auch im Chor aufsagen, sich zu eigen machen und danach leben. Mit diesen Worten kommt die lange Reihe der Ermahnungen Ben Siras zu einem gewissen Abschluß.

22,27–23,6: Gebet um Bewahrung vor Torheit

27 Wer wird mir an meinen Mund eine Wache legen
und an meine Lippen ein kunstfertiges Siegel,
damit ich nicht zu Fall komme durch sie
und meine Zunge mich nicht zugrunderichte?

KAPITEL 23

1 Herr, Vater und Gebieter über mein Leben,
liefere mich nicht aus ihrem (bösen) Rat
und laß nicht zu, daß ich unter sie falle;
2 möchte doch jemand über meine Gedanken eine Rute bestellen
und über mein Denken die Zucht der Weisheit,
damit sie meine Uneinsichtigkeiten nicht verschonen
und ihre Sünden nicht erlaubt wären[295].
3 So wie sich auch nicht vermehren sollen meine Uneinsichtigkeiten
und meine Sünden sich nicht vervielfältigen sollen
und ich dadurch hinfiele vor denen, die gegen mich sind,
und sich über mich mein Feind freuen könne.
Wäre denn groß ihre Hoffnung auf sein Erbarmen?[296]
4 Herr, Vater und Gott meines Lebens,
den Blicken der Augen gib mich nicht hin!
5 Und Begierde wende von mir ab!
6 Die Begierde des Bauches, die Lust, mögen mich nicht ergreifen,
und schändlicher Gier gib mich nicht preis!

Daß Ben Sira an dieser Stelle zu einem gewissen Abschluß gekommen war, hatte schon an der wörtlichen Rede in Ich-Form in den V. 22,25f. erkannt werden können. Das Gebet, das nun folgt, ist ein absolutes Novum in der Lite-

---

[295] Übersetzung nach dem wiederhergestellten Text von Ziegler, 1980, z.St.; zu den vielfältigen Textvarianten s.d.
[296] Die letzte Zeile ist nur in L' und der Minuskel 672 erhalten, siehe Ziegler, 1980, z.St.

ratur der Weisheit überhaupt und steht auch bei Ben Sira vereinzelt da. Es könnte in der alttestamentlichen Spruchliteratur nur an Spr 30,7–9 erinnert werden, wo der Weisheitslehrer für sich selbst eine gute Zuwendung Gottes erbittet. Im Buche Ben Sira findet sich die gleiche Stilform noch in 36,1–19.

Es ist dabei hervorzuheben, daß dieses Gebet ein sehr persönliches Gebet ist, das Ben Sira ganz in der Haltung der Psalmenbeter zeigt, die ihre Klagen und Bitten in persönlicher Weise und in singularischer Form vortragen. Dies zeigt noch einmal, daß all die Anweisungen und Lehren, die Ben Sira bisher vorgetragen hat, in dem engeren Bereich der unmittelbaren Lehre in Familie, Haus und Umgebung stattgefunden haben. In Sir 36 geht das Gebet in seinem Inhalt weit über diesen engeren Bereich hinaus und betrifft die Geschichte des Volkes, wie in Sir 25ff. ja auch die Angelegenheiten des Volksganzen und der Volksgeschichte betrachtet werden. Dies zeigt eine gewisse systematisierende Ordnung an, die immer wieder zu beobachten war.

Zudem kann den Worten entnommen werden, wie sehr Ben Sira mit seiner eigenen Person und mit seiner eigenen Erkenntnis an all diesen Lehren im tiefsten Inneren beteiligt gewesen ist. Er lehrt nicht nur, daß es darauf ankomme, in seinem Verhalten Gott gegenüber stets Verantwortung wahrzunehmen, er lebt auch diese Haltung selbst. Seine Lehre ist nicht nur Ausdruck seines Lebens, sondern auch Inhalt.

War in den vorangehenden Ausführungen immer wieder davon gesprochen worden, wie gefährlich es ist, Lehre vorzutragen, und wie stark man dabei in Gefahr ist, zu viel und Falsches zu sagen, so bittet Ben Sira nun darum, vor solchen Fehlentscheidungen bewahrt zu werden. Der Mund ist wie ein Tor oder eine Tür, durch die das hinausgehen kann, was im Hause sich bewegt, die Gedanken und die Worte. Wache und Siegel sind zwei immer wieder anzutreffende Schutzmaßnahmen, einen geregelten Ablauf und ein reguliertes Ein- und Austreten aus einem abgegrenzten Bezirk zu kontrollieren oder unmöglich zu machen. Dabei sorgt die Wache für die äußere politische und militärische Sicherheit, während das Sigel die Korrektheit bei Rechtsgeschäften gewähreistet. 22,27

Nach der eben vorgetragenen Frage, wer diese Wachfunktion übernehmen könnte, redet Ben Sira Gott selbst an. Er ist Herr, Vater und Gebieter. Dabei haben diese drei Anreden je ihre besondere Gewichtigkeit. κύριος = „Herr" ist das in der griechischen Literatur durchwegs gebrauchte Wort für den alttestamentlichen Gottesnamen Jahwe. So ist es auch im NT zu verstehen. In der hebräischen Vorlage steht hier wie in vielen Psalmen am Anfang des Gebets die Anrufung in der Form des Tetragramms. Neu und ungewohnt ist aber die Anrede πάτες (Vok tiv) = „Vater". Daß Gott wie ein Vater für sein Volk und für die Glieder des Volkes sorgt, ist auch dem AT bekannt. Die direkte Anrede hingegen ist selten anzutreffen. Man kann auf Ps 89,27 hinweisen. Bei Ben Sira begegnet diese Anrede noch einmal in V.4. Es scheint, daß diese Anrede im 2. Jh. v.Chr. durchaus üblich geworden ist, jedenfalls begegnet sie an dieser Stelle unvermittelt und wie selbstverständlich. Daß diese Anrede für 23,1 die neutestamentliche Zeit die allgemein gebräuchliche geworden ist, wird aus den Worten Jesu deutlich, vgl. besonders die Anrede im Gebet „Unser Vater" Mt 6,9, aber auch Jak 3,9. δεσπότης = „Gebieter" ist wiederum aus der alttestamentlichen Gebetsliteratur bekannt und dürfte das griechische Wort für hebr. אדוני = „Adonai", „Herr" sein. So ist in diesen drei Vokativen sowohl die gebieterische Vollmacht Gottes wie auch die unmittelbare Nähe angezeigt und vereint[297].

2   Indem sich Ben Sira mit den Worten des Gebets an Gott wendet, hofft er, seine Worte seien nicht ungezügelt und grenzenlos. So wie die Rute ein Instrument in der Erziehung ist, so ist die Zucht im Denken das Mittel, weise zu reden.

3   Wie so häufig wird auch hier nach den Möglichkeiten der Verfehlung durch die Zunge, das heißt durch das Reden, die Verfehlung durch die Tat angefügt. Nach den Worten folgt das Tun, so wie die Taten auf die vorher gehegten Gedanken zurückverweisen. Persönliche Feinde lauern nur darauf, den Frommen bei unrechtem Reden oder bei sündhaftem Tun zu ertappen, um sich über dessen Versagen zu freuen.

4   Dem möchte sich Ben Sira nicht hingeben und bittet deshalb von Neuem um den Beistand durch Gott. Auch das Auge, nicht nur die Gedanken und die Zunge, kann sich von dem rechten Weg abwenden und in den verlockenden Dingen dieses Lebens sich verlieren.

5f.   Darum bittet Ben Sira, daß sich seine Sehnsucht nicht in dem verliert, was das Auge sieht, im Essen und Genießen. Damit hätte er sich ganz von seinem Streben als Lehrer der Weisheit abgewendet.

23,7–15: Warnung vor unbedachtem Reden

Zucht des Mundes[298]

> 7   *Zucht des Mundes hört, ihr Kinder,*
> *und der, der sie beachtet, wird sich nicht verfangen.*
> 8   *Durch seine Lippen*[299] *wird hingerissen werden der Sünder,*
> *und der Schmähsüchtige und der Stolze, sie werden über sie stolpern.*
> 9   *An einen Eid gewöhne nicht deinen Mund*
> *und die Nennung des Namens des Heiligen sei dir keine Gewohnheit.*

---

[297] A. Strotmann, „Mein Vater bist du!" (Sir 51,10). Zur Bedeutung der Vaterschaft Gottes in kanonischen und nichtkanonischen frühjüdischen Schriften, Frankfurt a.M. 1991, Frankfurter Theologische Studien 39.

[298] Auch diese Zwischenüberschrift geht auf die griech. Tradierung des Textes zurück, vgl. die Bemerkung zu Sir 18,30. Speziell zu der hier vorliegenden vgl. P.C. Beentjes, Sirach 22:27–23:6 in zijn context, Bijdr 39 (1978) 144–151, der vom Aufbau der Perikope her schließt, daß es sich um eine spätere Hinzufügung handelt.

[299] Die ersten Worte von V.8 werden in G zum Ende von V.7 gezogen: „... wird sich nicht verfangen durch seine Lippen". Der Aufbau der Verse und der Zusammenhang erfordern aber die Übersetzung im angegebenen Sinne.

10 *Denn wie ein Diener, der in fortgesetzter Strafuntersuchung steht,*
   keinen Mangel an Schlägen haben wird,
   so wird auch der, der fortwährend schwört
      und den Namen (Gottes) ausspricht,
   von Sünden nicht gereinigt werden können.
11 *Ein Mann, der viel schwört, ist voll von Ungerechtigkeit,*
   und von seinem Hause wird nicht loskommen die Rute;
   wenn er sich vergangen hat, so ruht seine Sünde auf ihm,
   und wenn er (den Schwur) übersieht, sündigt er doppelt,
   und wenn er falsch schwört,
      wird er nicht gerechtfertigt werden können,
   denn sein Haus wird von Heimsuchungen angefüllt sein.
12 *Es gibt eine Rede, die dem Tode verglichen werden kann,*
   sie möge im Erbteil Jakobs nicht gefunden werden,
   denn von den Frommen ist dies alles weit entfernt,
   und in Sünden werden sie nicht verwickelt werden können.
13 *An unsaubere Ungezogenheit gewöhne deinen Mund nicht,*
   denn in ihr liegt das Wort der Sünde.
14 *Sei eingedenk deines Vaters und deiner Mutter;*
   wenn du nämlich in der Mitte der Mächtigen sitzest,
      vergiß sie niemals,
   und sei nicht töricht in deinem Verhalten,
   indem bei dir der Wunsch aufkäme, nicht geboren worden zu sein,
   und du den Tag deiner Geburt verfluchen würdest.
15 *Ein Mensch, der gewöhnt ist an schändliche Reden,*
   wird Zeit seines Lebens nicht erzogen werden können.

Ganz in der Thematik der eben geführten Worte des Gebetes gibt Ben Sira seine Einsicht über die Gewalt des Wortes seinen Kindern, seinen Schülern weiter. Die Zucht, die er eben in seinem Gebet erwähnt hatte, macht er nun zum Thema seiner Lehre.

Durch Worte kann man sich in Sünde und Schuld verfangen. Die, die in eigener stolzer Haltung ihre Worte gebrauchen, werden in Schuld geraten. 7f.

Im öffentlichen Leben ist das Wort häufig für einen Eid benutzt worden, den man zur Bekräftigung der Rede unter dem Namen Gottes ablegte. Ben Sira bezieht sich hierbei auf Ex 20,7; Dtn 5,11, also auf die Forderung im Dekalog. Er selbst erwähnt diese Möglichkeit des schnellen Gebrauches des Wortes und damit des Namens Gottes noch einmal in 27,14. In der Zeit, da man noch wenig von schriftlichen Urkunden und vertraglichen Verpflichtungen Gebrauch machte, spielte die unter der Anrufung des Namens Gottes ausgesagte Äußerung eine große Rolle. Auch für die Zeit des NT ist die gleiche Gewohnheit noch nachzuweisen, vgl. Mt 5,33–37 und Jak 5,12. 9

Diese Verhaltensweisen erfordern eine weitere Behandlung durch Ben Sira. Es ist offensichtlich, daß die Gesellschaft der damaligen Zeit dafür besonders 10–13 anfällig gewesen ist. Ben Sira weist im Gegenteil darauf hin, daß solches leichtfertige Reden in Israel (V.12: Erbteil Jakobs) nicht am Platze ist[300]. Aus dem NT kennen wir das Wort von dem „ja, ja; nein, nein" (Mt 5, 37).

14f. Diese Sitte des leichtfertigen Redens und Schwörens kann nicht aus den Gepflogenheiten des Elternhauses abgeleitet werden. Für Ben Sira ist das Elternhaus der Hort der alten Traditionen, die ein solches Verhalten als töricht bezeichnen. Der aber, der dem Elternhaus entwächst und eigene Wege zu gehen sich entschlossen hat, kommt in die Gefahr, in die Sünde des schändlichen Redens zu verfallen und damit die Erziehung seines Elternhauses zu verleugnen. Fremde Art und fremdes Denken waren in die jüdischen Familien eingezogen. Diesen Entwicklungen zu wehren, ist das besondere Anliegen Ben Siras.

23,16–28: Ehebruch und seine Folgen

16 *Zwei Arten (von Menschen) vermehren die Sünden,*
   und die dritte führt Zorn herauf:
   Heiße Gier ist wie brennendes Feuer,
   sie kann nicht befriedigt werden, bis sie sich verzehrt hat,
   ein am Körper seines Fleisches unzüchtiger Mensch
   kann nicht aufhören, bis das Feuer brennt.
17 *Einem unzüchtigen Menschen schmeckt jedes Brot süß,*
   er kann nicht aufhören, bis er stirbt.
18 *Ein Mensch, der sein Lager wechselt*
   und bei sich selbst sagt: „Wer wird mich sehen?
   Finsternis umgibt mich und die Mauern verstecken mich,
   und niemand sieht mich, warum sollte ich Scheu haben?
   Meiner Sünden wird der Höchste nicht gedenken."
19 *Nur die Augen der Menschen machen ihm Furcht,*
   und er hat nicht erkannt,
      daß die Augen des Herrn 10 000 mal heller sind als die Sonne,
   die auf alle Wege der Menschen blicken
   und alles wahrnehmen bis in die innersten Teile.
20 *Bevor das All erschaffen wurde, war es ihm bekannt,*
   so verhält es sich auch mit seinem Ende.
21 *Dieser wird auf den Plätzen der Stadt bestraft werden,*
   und dort, wo er es nicht vermutet, wird er ergriffen werden.
22 *So ergeht es auch einer Frau, die ihren Mann verläßt*
   und einen Erben zur Welt bringt von einem Fremden.
23 *Erstens nämlich war sie ungehorsam dem Gesetz*
      des Höchsten gegenüber,
   und zweitens hat sie sich vergangen gegen ihren Mann,

---

[300] A. Desecar, La necedad en Sirac 23,12–15, Liber Annuus 20 (1970) 264–272.

*und drittens hat sie in Unzucht Ehebruch getrieben
und von einem fremden Manne Kinder zur Welt gebracht.*
24 *Diese wird vor die Versammlung gebracht werden,
und über ihre Kinder wird Heimsuchung kommen.*
25 *Nicht wird man zulassen, daß ihre Kinder sich einwurzeln,
und ihre Zweige werden keine Frucht bringen.*
26 *Es wird zurückbleiben ihr Andenken zum Fluche,
und ihre Schmach wird nicht getilgt werden können.*
27 *Und die, die sie zurückläßt, werden erkennen,
daß es nichts besseres gibt als die Furcht des Herrn
und nichts süßer ist als die Erfüllung der Gebote des Herrn.*
28 *Große Ehrungen bringt die Nachfolge Gottes mit sich.
Langes Leben bedeutet es, wenn du dich hältst an ihn*[301].

An die eben benannten Gefahren, außerhalb der Familie neue Möglichkeiten des Verhaltens im Umgang, auch im Reden, kennenzulernen, knüpft Ben Sira an, wenn er nun von der Familie und vom Verhalten der Geschlechter zueinander innerhalb der Familie spricht. Er tut dies in der Art eines Zahlenspruches, wie dies schon früher in Sir 2 und 3 und später in Kapitel Sir 25,1f.7–11; 26,5–7.25–27 und 50,27f. vorliegt. Zahlensprüche sind, wie früher ausgeführt, in der altorientalischen Spruchliteratur häufig vertreten, so auch in dem biblischen Buch der Sprüche Spr 6,16–19; 30,21–23.29.31 und Hiob 5,19–22.

Oberster Leitgedanke bei den folgenden Mahnungen ist die Betonung der Wichtigkeit einer intakten Familie:

Wenn man die Form des Zahlenspruches an dieser Stelle streng und genau formulieren verstehen möchte, dann wären es drei Sünden, die diese Eigenmächtigkeit im Verhalten der Geschlechter zueinander anzeigen. Alle drei Arten sind geeignet, dem Gebot Gottes zu widersprechen und damit den Zorn der Bestrafung heraufzuführen. Es handelt sich in jedem Falle um die sexuelle Begierde, die wie ein brennendes Feuer, das nicht gelöscht werden kann, beschrieben wird. An erster Stelle steht die Unzucht innerhalb der eigenen Familie, also der Inzest. Daß dieses Verhalten möglich und in der Überlieferung bekannt war und bestraft wurde, zeigen verschiedene Verhaltensweisen aus der alttestamentlichen Geschichte, so z.B. das Tun des Ruben[302] und des Amnon[303]. Gerade am Beispiel des Letzteren wird deutlich, wie dadurch ein Feuer entfacht wird, das brennt und verbrennt, indem auf Generationen hinaus Unfrieden

---

[301] V.28 ist nur in *L'*, in den Minuskeln 672 und 743 und **La** erhalten.
[302] Gen 35,22: er hatte Umgang mit Bilha, der Magd seiner Mutter Lea, die die Nebenfrau seines Vaters Jakob geworden war. Sie war also seine Stiefmutter. Vgl. die diesbezüglichen Rechtsbestimmungen in Dt 21,15–17.
[303] 2 Sam 13: Amnon, der älteste Sohn Davids, wollte aus Liebe seine Halbschwester Tamar für sich gewinnen und meinte, er könne dies nur durch eine List erreichen, zu der ihm sein Vetter Jonadab riet.

	gestiftet wird. Auch das Beispiel des Lot und seiner Töchter kann hier genannt werden (Gen 19,30–38).
17	An zweiter Stelle steht der Umgang mit Dirnen, ein Tun, das in der hellenistischen Zeit in besonderer Weise geübt worden zu sein scheint, das aber auch aus der alttestamentlichen Überlieferung bekannt ist. Das Tun der Thamar führt in Ausweglosigkeit und Schuld (Gen 38) ebenso wie die hinter den Erzählungen bei Ez 16 und Ez 23 geschilderten Umstände und Verfehlungen.
18–20	Als drittes wird der verheimlichte Ehebruch genannt, wobei nicht nur das Verhalten der Frau außerhalb der Ehe, sondern auch das des Mannes angesprochen ist. Ein solches Verhalten kann nicht verheimlicht werden, da Gottes Augen auch in die verborgensten Kammern dringen und alle Wege der Menschen offenbar machen können. Er ist der, der das All erschaffen hat in seiner Vollmacht. So steht er auch wachend über seiner Schöpfung.
21	Daß über diesem Tun das Todesurteil steht, wird aus Lev 20,10 und Dtn 22,22 deutlich. Dabei ist allerdings auf die Folgen dieses Tuns hingewiesen.
22f.	Die Familie, die eine in sich geschlossene, schützende und bergende Gruppe bilden sollte, wird gesprengt durch das Tun der Frau ebenso wie durch das Tun des Mannes. Es wird nämlich ein fremdes Glied in die Gemeinschaft hinein geboren. Es liegt also ein besonderer Nachdruck auf der Betonung, daß dieses Tun rechtliche Folgen hat.
24–26	Darüber befindet auch die Versammlung, die dafür sorgen wird, daß die also zur Welt gebrachten Kinder nicht zu dem Kreis derer gehören, die die engere Familie bilden. Hieran wird noch einmal deutlich, daß das oberste Ziel der Worte Ben Siras dies ist, die Familie in ihrem Eigenwert zu schützen und die Traditionen der Familie zu betonen. Jeder fremde Einfluß würde diese soziale Gruppe stören und gefährden.
27f.	So kann die Beschreibung dieser Zusammenhänge nur noch einmal deutlich machen und die Lehre erteilen, wie wichtig es ist, in der Furcht Gottes zu leben und seine Gebote zu erfüllen. Dies alles bringt Ehrungen mit sich und läßt langes Leben erwarten.

Kapitel 24

Rede der Weisheit über sich selbst

24,1–34 Jerusalem ist Wohnort der Weisheit

Lob der Weisheit[1]

1 *Die Weisheit lobt sich selbst,*
   und mitten in ihrem Volke rühmt sie sich.
2 *In der Gemeinde des Höchsten öffnet sie ihren Mund,*
   und vor seiner Heerschar rühmt sie sich:
3 *„Ich bin hervorgegangen aus dem Munde des Höchsten,*
   und wie ein Nebel verhüllte ich die Erde.
4 *Ich zeltete in den höchsten Höhen,*
   und mein Thron stand auf einer Wolkensäule.
5 *Die Wolken des Himmels umkreiste ich allein,*
   und in der Tiefe der Abgründe wandelte ich.
6 *Über die Wogen des Meeres und über die ganze Erde*
   und über jedes Volk und Nation herrschte ich.
7 *Bei diesen allen suchte ich nach Ruhe*
   und danach, in wessen Erbteil ich mich aufhalten solle.
8 *Da befahl mir der, der dies alles erschaffen hat,*
   und der, der mir zur Ruhe ein Zelt erschaffen hat,
   und er sprach: „In Jakob schlage dein Zelt auf
   und in Israel sei dein Erbteil!"
9 *Von Ewigkeit her ganz am Anfang erschuf er mich,*
   und bis in Ewigkeit vergehe ich nicht.
10 *Im heiligen Zelt vor ihm diente ich,*
    und so wurde ich auf dem Zion fest eingesetzt.
11 *In der Stadt, die er gleicherweise liebt, ließ er mich ruhen,*
    und in Jerusalem liegt mein Machtbereich.
12 *Und so schlug ich Wurzeln in einem gepriesenen Volke,*
    im Anteil des Herrn liegt mein Erbbesitz.
13 *Wie eine Zeder auf dem Libanon wuchs ich in die Höhe*
    und wie eine Zypresse auf dem Hermongebirge.
14 *Wie eine Palme in Engedi wuchs ich auf*
    und wie Rosenstöcke in Jericho,

---

[1] Zur Zwischenüberschrift vgl. die Bemerkung zu Sir 18,30.

*wie ein prächtiger Ölbaum in der Ebene,
so wuchs ich wie eine Platane in die Höhe*[2].

15 *Wie Zimt und wie wohlriechender Aspalath*[3]
*und wie auserlesene Myrrhe gab ich Wohlgeruch von mir,
wie Galbanum und wie Onyx und Stakte
und wie die Wolke des Weihrauchs im (heiligen) Zelt.*

16 *Ich breitete meine Äste wie eine Terebinthe aus,
und meine Zweige waren Zweige voll Pracht und Anmut.*

17 *Wie ein Weinstock brachte ich wohlansehnliche Triebe hervor,
und meine Blüten wurden zu einer Frucht
   voll Pracht und Reichtum.*

18 *Ich bin Mutter der schönen Liebe und der Furcht
und der Erkenntnis und der heiligen Hoffnung,
ich gebe aber allen meinen Kindern
ewiges Werden, denen, die von ihm genannt sind*[4].

19 *Kommt her zu mir, die ihr zu mir Verlangen habt,
und laßt euch sättigen an meinen Früchten!*

20 *Denn die Erinnerung an mich ist mehr als süßer Honig,
und das, was ich als Erbe verteile, mehr als Honigwaben.*

21 *Die, die mich essen, werden (nach mir) noch mehr hungern,
und die, die mich trinken, wird noch mehr dürsten.*

22 *Der, der auf mich hört, wird nicht zuschanden werden,
und die, die ihr Werk in mir verrichten,
   werden nicht sündigen."*

23 *Dies alles gilt vom Buch des Bundes des höchsten Gottes,
das Gesetz, das uns Mose geboten hat,
als ein Erbteil für die Gemeinden*[5] *Jakobs.*

24 *Laßt nicht ab, stark zu sein im Herrn,
hanget ihm an, damit er euch stärke,
der Herr, der Allmächtige, ist allein Gott,
und es gibt außer ihm keinen Retter*[6].

25 *Es (das Buch des Gesetzes)
   füllt an mit Weisheit wie der Pison (mit Wasser)
und wie der Tigris in den Tagen der Erstlinge.*

26 *Es erfüllt mit Einsicht wie der Euphrat
und wie der Jordan in den Tagen der Ernte.*

---

[2] Einige Minuskeln (248.L-743 157'), **La**, Arm und S fügen hinzu: „am Wasser".

[3] O-V, die Minuskel 248 und S fügen hinzu: „strömte ich Duft aus", um dem Parallelismus membrorum zu entsprechen.

[4] Nur in *L* der ganze Vers erhalten. Die Minuskel 672 und **La** haben nur a und b.

[5] Die Minuskeln 542 797, Sa, Äth und S lesen den Singular: „die Gemeinde"; die Umwandlung in den Plural stellt die spätere Situation der jüdischen Diaspora dar.

[6] Der ganze V.24 ist nur in *L* bezeugt. Herkunft aus der jüdischen Tradition vermutet Peters, z.St., aber auch an christliche Traditionen wird erinnert (Rickenbacher, 1973, 171).

27 *Es läßt ausstrahlen Bildung wie der Nil*[7]
    und wie der Gichon in den Tagen der Weinlese.
28 *Der erste konnte nicht durchdringen bis zum Ende, sie kennenzulernen,*
    so wird auch der letzte sie nicht voll erforschen können.
29 *Denn ihr Verstehen ist mehr angefüllt als das Meer*
    und ihr Rat ist größer als die Urflut.
30 *„So auch ich, ich war wie ein Wassergraben,*
        der von einem Fluß abzweigt,
    und wie eine Wasserleitung kam ich heraus in den Garten.
31 *Ich sprach: „Tränken will ich meinen Garten,*
    ich will bewässern mein Beet."
    Und siehe, da wurde mir der Wassergraben zu einem Strom,
    und der Strom wurde mir zu einem Meer.
32 *Weiterhin will ich Bildung wie Morgenröte ausstrahlen*
    und will (sie) offenbaren in den weiten Raum hinein.
33 *Weiterhin will ich Lehre wie eine Prophetie ausgießen*
    und will sie hinterlassen allen folgenden Geschlechtern.
34 *Erkennt, daß ich mich nicht allein für mich abgemüht habe,*
    sondern für alle, die sie suchen."

Mit Recht wird die Sonderstellung dieses Kapitels immer wieder hervorgehoben. Diese Erkenntnis gilt für die verschiedensten Bezüge, in denen dieses Kapitel steht[8].

Zunächst ist an die Stellung dieses Kapitels im Aufbau des ganzen Buches zu erinnern. Wie schon ausgeführt, steht es etwa in der Mitte der gesamten Kapitelreihe, die in dieser Form von Anfang an bekannt gewesen ist. Es gibt keine Textzeugen, die dieser Anordnung widersprechen würden. Nach vorn hat dieses Kapitel eine Beziehung zu Sir 1. Hier war einleitend von der großen Bedeutung der Weisheit gesprochen, die als Grundlage allen Denkens und Lebens gesehen wird. Nach hinten ist die Verbindung mit Sir 51 zu sehen. Hier wird die Weisheitssuche als ein ständiges Ziel der Handlungen des Menschen angesehen. Zwischen diesen beiden großen Bögen weist Ben Sira immer wieder auf das Wesen und die Bedeutung der Weisheit hin, so daß der Leser diese Aussage eben immer neu ins Gedächtnis gesetzt bekommt und damit als

---

[7] G liest: ὡς φῶς = „wie Licht". Dies stellt eine Fehllesart des zugrunde liegenden hebr. Textes dar. Der Fehler läßt sich durch ein Zurückgehen auf den vermuteten hebr. Wortlaut erklären: Die hebr. Konsonanten כיאור können als כי אור = „wie Licht" gelesen werden. Der Zusammenhang erfordert aber die Lesung כ יאור = „wie der Nil". Zum Nebeneinander beider Worte vgl. auch Am 8,8 und 9,5.

[8] M. Gilbert, L'éloge de la sagesse (Siracide 24), RTL 5 (1974) 326–348; P.W. Skehan, Structures in Poems on Wisdom: Proverbs 8 and Sirach 24, CBQ 41 (1979) 365–379; J. Marböck, Gottes Weisheit unter uns, Sir 24 als Beitrag zur biblischen Theologie, in: „Verbum caro factum est", Festschrift für A. Stöger, St. Pölten 1984, 55–65; Ders., Gottes Weisheit unter uns, Freiburg u.a. 1995, HBS 6, 73–87; Ders., Weisheit im Wandel, Neudruck 1999, 34–96.

einen cantus firmus durch alle Ausführungen hindurch verstehen lernt. Dabei ist auch ein gedanklicher Fortschritt festzustellen: Die am Anfang der Welt und der Schöpfung stehende Weisheit lebt an vielen Orten und durchzieht die Welt (Sir 1), findet ihren Ruheplatz im Tempel von Jerusalem (Sir 24) und weist schließlich die, die sie suchen, in die Zukunft (Sir 51).

Auch die beiden Buchteile lassen sich in diesen äußeren Rahmen einfügen. Während im ersten Teil (Sir 2–23) vornehmlich die allgemein menschlichen Verhaltensweisen im engeren Kreis der Familie und der sie umgebenden Nachbarschaft behandelt werden, tritt im zweiten Teil (Sir 25–50) das Leben des Volkes in der weiten Öffentlichkeit und im Rahmen der religiösen Gemeinde mehr in den Vordergrund.

Ferner ist der einzigartige Aufbau des ganzen Kapitels zu erwähnen, der eine wohldurchdachte und streng folgerichtige Gedankenführung beweist. Ausgehend von der direkten Rede, die die Weisheit als Person über sich selbst hält (V.1–7) und in der sie berichtet, in Jerusalem nun wohnen zu sollen (V.8–11), wird von dem Einwurzeln und Wachsen in dieser Stadt berichtet (V.12–18), worauf die Einladung erfolgt, nun auch von den Früchten dieses Wachstums zu genießen (V.19–22). Danach folgt die überraschende Offenlegung des ganzen Zusammenhanges mit dem Hinweis auf das im Tempel ruhende Gesetz, das die Weisheit darstellt (V.23–29). Am Ende steht die wiederum in der Ich-Form gehaltene Aussage, daß nun der Lehrer dieser Weisheit, also Ben Sira selbst, dieses reiche Erbe weitergeben will zum Segen für seine eigene Zeit, aber auch als Lehre wie eine Prophetie für die folgenden Geschlechter (V.30–34).

Damit ist schließlich auch die überragende inhaltliche Stellung dieses Kapitels skizziert. Die Weisheit wird in ihrer umfassenden Bedeutung von der Schöpfung an durch die Geschichte des Volkes hindurch gesehen, auf die Gegenwart bezogen und als maßgeblich für die Zukunft bezeichnet. Es ist damit eine großartige Synthese so verschiedenartiger Vorstellungen, Gedanken und Glaubensäußerungen vollzogen. Die ordnende, aber auch gleichzeitig systematisierende gedankliche Kraft Ben Siras wird in diesen Aussagen deutlich.

1–7 Das Lob der Weisheit wurde im Sinne des Lobes *für* die Weisheit in früheren Texten schon oft ausgesprochen, vgl. Sir 1,1–10; 4,11ff.; 6,18ff.; 14,20ff. und Spr 8; Hiob 28; Bar 3,9–4,4 und Weish 6,12–9,18. Hier aber geschieht es in einer literarischen Sonderform: Die Weisheit lobt sich selbst. Diese Art der Selbstvorstellung unter Erwähnung der bezeichnenden Eigenschaften und Vorzüge der sprechenden Person begegnet in der jüdischen Literatur nur an dieser Stelle. Ben Sira hat hier aus der hellenistischen Literatur seiner Zeit gelernt. H. Conzelmann[9] hat auf die in dieser zeitgenössischen Literatur bekannte Form der Aretalogien hingewiesen. Es werden Tugenden und Vorzüge von göttlichen Wesen geschildert, wie sie vor allen Dingen von den in der hellenis-

---

[9] H. Conzelmann, Die Mutter der Weisheit, in: E. Dinkler (Hg.), Zeit und Geschichte. Dankesgabe an Rudolf Bultmann, Tübingen 1964, 225–234.

tischen Zeit übernommenen ägyptischen Göttern berichtet werden. Besonders bekannt sind Isis-Aretalogien, in denen die Vorzüge dieser Göttin und Mutter geschildert werden. Die Weisheit personifiziert sich hier zu einer selbständigen und zwar weiblichen Gestalt. Sie spricht von sich mit ihren Vorzügen und Erscheinungsweisen. Schon in früheren Texten bei Ben Sira wurde es deutlich, daß die Weisheit zu einer selbständige Größe wird, ja auf eine Personifizierung hindrängt. Diese ist nun hier vollzogen. In einer allumfassenden Weise ist die Weisheit von Anbeginn der Schöpfung vorhanden und nimmt immer konkretere Züge an. Damit wird sie zu einer eigenen Person, zur Hypostase[10]. Im gleichen Atemzuge aber wird diese Hypostasierung auf das Volk, nämlich Israel bezogen (1b), eine Aussage, die im weiteren Verlauf der Darlegung näher erklärt und beschrieben wird. Es wird von Anfang an kein Zweifel daran gelassen, daß die Weisheit für Israel, d.h. die Gemeinde des höchsten Gottes (griech. ὕψιστος), erschaffen wurde. Überall da, wo von dem höchsten Gott gesprochen wird, steht der hebräische Ausdruck und Eigenname עליון = „Eljon" im Hintergrund. Der El Eljon, der höchste Gott, ist in der alttestamentlichen Tradition der Gott, der in Jerusalem seinen Wohnsitz hat, vgl. Gen 14. Von diesem höchsten Gott wird in besonderer Weise ab Sir 44 gesprochen, wo es um die Geschichte des Volkes geht, das in Jerusalem seinen Mittelpunkt hat. Hier (V.2) redet die Weisheit von sich und ihrer Herkunft.

So wie die Schöpfung durch das Wort Gottes ins Dasein gerufen wurde (Gen 1), ist auch die Weisheit aus dem Munde des Höchsten hervorgegangen. In direkter Anlehnung an den Bericht von Gen 1 wird von dem Wort-Charakter dieser Offenbarung und Schöpfung geredet: Aus dem Mund Gottes geht die Weisheit hervor und tritt in Existenz. Aber auch andere Einzelzüge aus dem Schöpfungsbericht spielen in der Darstellung des Wesens und Lebens der Weisheit eine Rolle: Wie ein Nebel (Gen 2,6) hüllt sie die Erde ein (V.3). Wie die Taube (Gen 8) bewegt sie sich in Himmelshöhen und über dem Abgrund (V.5, vgl. Gen 1,2). Sie sitzt auf einem Thron (V.4), der auf der Spitze einer Wolkensäule sich befindet, so wie Gott selbst in der Wolkensäule seinem Volke nahe ist und auf der Wanderung vor ihm herzieht (Num 10). Sie zeltet (V.4) in der Höhe, so wie Gott auf dem Weg durch die Wüste sein Volk im Zelt begleitet (Ex 33,7–10; Num 11,24–31; Dtn 31,14f.). Das ganze Schöpfungswerk wird angesprochen, von der Höhe des Himmels angefangen (V.5) über die Wogen des Meeres, das die Erde umgibt (V.6), bis zu der bewohnbaren Erde, auf der viele Völker und Nationen wohnen (V.6). Die weltweite Verbreitung der Weisheit und ihre Sendung an alle Teile der Schöpfung werden damit zum Ausdruck gebracht. Sie sucht aber nach einem Ort, an dem sie mit ihrem besonderen Auftrag wirksam werden solle (V.7).

Diese Aussagen über das Hervorgehen der Weisheit aus dem Munde Gottes und ihre Sendung auf die Schöpfung hin werden wieder aufgenommen in der Logos-Christologie in Joh 1.

---

[10] R.E. Murphy, The Personification of Wisdom, in: J. Day u.a. (Hg.), Wisdom in Ancient Israel, Essays in Honour of J.A. Emerton, Cambridge u.a. 1995, Paperback 1998, 222–233.

8–11 Durch ein neuerliches Wort des höchsten Gottes wird diesem Suchen ein Ende gesetzt. Er bestimmte als Ruheplatz für die Weisheit Jakob/Israel (V.8), vgl. Dtn 33,4. Damit sind die alten Traditionen von den Geschichten der Erzväter und der Entstehung des Volkes aufgenommen. Hier findet die Bewegung, die bei der Schöpfung begonnen hat, ihr Ziel. An diesem Ort geht aber auch die Geschichte weiter bis in die ferne Zukunft, ja in die Ewigkeit hinein. Dieses Denken von der Herkunft aus der Ewigkeit ohne Zeit in die Ewigkeit ohne Zeit geht auf das griechisch-hellenistische Denken zurück. Hier hat die Weisheit ihre besondere Rolle, die im Dienst des höchsten Gottes gesehen wird (V.10). Das Zelt[11], in dem die Weisheit nun wohnt, findet seinen Ruheplatz auf dem Zion, das heißt als Tempel von Jerusalem. Es ist bemerkenswert, daß hierbei dieser Endpunkt sofort angestrebt und genannt wird. Obwohl die Traditionen der Schöpfung und der Wüstenwanderung bekannt sind, wird kein Augenmerk auf die besondere Offenbarung an Israel am Sinai gelenkt. Hier ist noch die Tatsache verhüllt, daß die Weisheit mit dem Gesetz zu identifizieren sei. Davon spricht Ben Sira erst in V.23.

12–18 Im Bild des Einwurzelns einer Pflanze (V.12) wird der agrarwirtschaftliche Hintergrund des Denkens Ben Siras noch einmal deutlich. Wie in Sir 3,9 wird die Entfaltung der Weisheit in dem naturhaften Prozeß des Wachsens einer Pflanze und der Bäume beschrieben. Inmitten des erwählten Volkes wächst und entfaltet sich die Weisheit zu ihrer vollen Größe. Die Bilder, die Ben Sira hier zum Vergleich der Bedeutung und Schönheit der Weisheit heranzieht, sind für jeden Bewohner des alten vorderorientalischen Raumes von eindrücklicher Kraft. Sie überzeugen ohne viele weitere Worte und lassen die ganze Bedeutung und auch Schönheit der Weisheit sichtbar werden. Bei der folgenden Aufzählung der Gewächse und Bäume werden gewisse Gruppierungen vorgenommen. Hierbei werden Nutz- und Edelhölzer auf der einen Seite erwähnt, zu denen auch Dufthölzer gehören, deren Produkte für den kultischen Gebrauch wichtig sind. Andererseits werden Frucht- und Obstbäume genannt. Es fällt auf, daß manche Bäume, deren Existenz im AT sonst nachzuweisen ist und die auch häufig erwähnt werden, fehlen, z.B. der Feigenbaum (vgl. Ri 9,10). Niedere Gewächse werden ganz übergangen, z.B. der Granatapfelbaum. An erster Stelle steht die Zeder (Cedrus Libani). Die Besonderheit dieses Baumes besteht nicht nur in seiner Schönheit, Größe und Pracht, sondern auch darin, daß er zum Bau des Tempels benutzt worden war, siehe 1 Kön 5,20 u.ö. Die gesamte alttestamentliche Literatur weiß von der Großartigkeit dieses Baumes zu berichten, von dem noch einige Exemplare auf dem Gebirge des heutigen Libanon zu finden sind, vgl. Num 24,6; Ps 92,13 und Hld 5,15, ferner Ps 32, 13. Die Zypresse, die auf dem parallelen Höhenzug des Antilibanon mit seinem südlichen Ausläufer des Hermon (2814 m) wächst und erwähnt wird (13b), liefert ebenso ein festes und harzreiches Holz (Cupressus sempervirens). Die Palme (Phoenix dactylifera) wächst in der warmen Gegend am südlichen Jordan und am Toten Meer, z.B. in Jericho, vielleicht die Palmenstadt von Jos 3,

---

[11] A. Fournier-Bidoz, L'arbre et la demeure: Siracide XXIV 10–17, VT 34 (1984) 1–10.

und in der Oase von En Gedi am Westufer des Toten Meeres. Sie ist besonders ihrer Früchte wegen, der Datteln zu erwähnen. Bei den Rosenstöcken von Jericho handelt es sich vermutlich um die Lilie. Sie wachsen üppig in dieser Oasenstadt, 250 m unter dem Meeresspiegel[12]. Der Ölbaum (Olea Europaea L.) ist der Kulturlandbaum schlechthin, dessen Früchte das unentbehrliche Öl liefern, das zur Ernährung, aber auch für medizinische und kosmetische Zwecke gebraucht wird. Ihm wird in Ri 9,8 die Königswürde unter den Bäumen als erstem angetragen. Dies weist er aber weit von sich. Die Platane (Platanus orientalis) imponiert wegen ihres Wuchses mit ihren weit ausladenden Zweigen, die Schatten spenden. Zimt (Cinnamomum ceylanicum) dient als Gewürz, ebenso wie Aspalath (ein Ingredienz des Räucherwerks)[13]. Kultischem Gebrauch dient auch die Myrrhe (Commiphora abyssinica und Commiphora Schimperi), ebenso Galbanum (aus dem Milchsaft der Ferula galbaniflua gewonnen), Onyx (ein Duftstoff, vermutlich aus Deckeln von Muscheln bereitet, vgl. Ex 30,34) und Stakte (wohlriechendes Harz unbekannter Herkunft). All diese Pflanzen dienten vornehmlich dem kultischen Gebrauch, ein Hinweis, der Ben Sira für sein Denken besonders wichtig war. So wie die Weisheit am Tempel ihren Ruheplatz findet, so sind nun für diesen Tempeldienst diese Bäume und Gewächse besonders wichtig und zu erwähnen. Vom Weihrauch spricht auch in längeren Ausführungen der Bericht von der Ausstattung des heiligen Zeltes in Ex 30,34–38. Die Terebinthe (V.16; Pistacia palaestina oder Pistacia atlantica oder Pistacia lentiscus) wird wegen ihrer Genügsamkeit im Wachsen auch an weniger feuchten Stellen gerühmt. Sie spendet reichlich Schatten und wird deshalb gern aufgesucht. Sie hatte auch ihre Bedeutung in einheimischen Fruchtbarkeits- und Fremdkulten (Ri 6,11). Nun erst spricht Ben Sira vom Weinstock (ampelopsis). Er wurde Israel erst nach der Seßhaftwerdung bekannt. Nomadische Gruppen kennen keinen Wein. Das Gewächs kommt aus den nordöstlichen Randgebieten des alten Vorderen Orients. Seine Früchte und der daraus gewonnene Wein rufen im AT wie auch sonst verschiedenartige Assoziationen hervor. Wie gefährlich das alkoholische Getränk für die sein kann, die es nicht kennen, zeigen Gen 9,20–27 und 19. Andererseits wird aber auch der Weinbau gepriesen und der Weingenuß geschätzt, so in Ri 9,12 und Ps 104,15. Das Erntefest am Ende des bäuerlichen Jahres steht ganz im Zeichen der Weinlese und des Weinkelterns. Schließlich kann Israel als Volk mit einem unter der Pflege Gottes stehenden Weinstock verglichen werden (Jes 5,1–6), der von Gott in das Land Kanaan eingepflanzt worden war (Ps 80,9–14). An dieser Aufzählung kann die enge Verbindung Ben Siras zur Natur und zum Kultort Jerusalem veranschaulicht werden. V.18 verläßt diese Bilder und erweist sich dadurch als eine spätere Zutat, die nicht in allen Überlieferung in gleicher Weises bekannt gewesen ist. Das Bild von der Mutter sprengt den bisher angesprochenen Rahmen und weist in eine Richtung, die erst später in Bezug auf die Weisheit lebendig werden sollte.

---

[12] A.P. Vaccari, Quasi plantatio rosae in Iericho (Eccl. 24,18), VD 3 (1923) 289–294.
[13] N.F. Miller, The Aspalathus Caper, BASOR 297 (1995) 55–60.

19–22 Nach dieser reichen Bildmethaphorik spricht die Weisheit ihre Hörer direkt an und lädt zu sich ein[14]. Diese Einladungsformel begegnet in anderen Zusammenhängen häufig im AT, vgl. Sir 51,31 und in früheren Zusammenhängen Spr 8,32–36; 9,5 und Jes 55,1–3. Jeder, der Verlangen nach Weisheit hat, möge kommen, um von den herrlichen Früchten der eben geschilderten Bäume zu essen und sich zu sättigen. Ähnlich verhält es sich mit den Aufforderungen der neutestamentlichen Verkündigung in Mt 11,28–30; Joh 4,14; 6,35 und 7,37. Ben Sira macht die Einladung der Weisheit verlockend durch den Hinweis auf den angenehmen Genuß, den sie vermittelt: Der Honig ist seit Alters ein begehrtes Nahrungsmittel und wird zum Süßen von Speisen verwendet. Die Biene war daher zu allen Zeiten hoch geachtet und ein Beispiel für Fleiß und Erfolg auch bei äußerer Unscheinbarkeit und Unbedeutendheit in der körperlichen Größe (vgl. Sir 11). Das Sichsättigen an Weisheit macht nur noch mehr Appetit; wer davon trinkt, wird nur noch mehr dürsten. Aber der, der auf sie hört, wird reichen Nutzen aus ihr ziehen und nicht mehr sündigen. Die Verkündigung Jesu spricht dagegen von dem Gesättigt- und Gestilltwerden für alle Zeit.

23–29 Daß der Genuß der Weisheit für Ben Sira einen ganz konkreten und praktischen Zweck hat, machen nun die folgenden Verse deutlich. Das Genießen der Weisheit ist kein Gefühl und keine lebensferne Sättigung. Die Weisheit befähigt zum rechten Tun, vermittelt durch das Gesetz. Damit ist die Synthese vollzogen, und damit ist Ben Sira wieder bei der alttestamentlichen Glaubenswelt angekommen. Das am Sinai geoffenbarte Gesetz vermittelt die Weisheit (V. 23)[15]. Wer nach dem Gesetz lebt, wird gerettet werden (V. 24). Wiederum veranschaulicht Ben Sira dieses Geschehen durch reiche Bildmethaphorik, die er der alttestamentlichen Literatur, und zwar wiederum den Schöpfungsberichten entnimmt. Das Gesetz wirkt wie das Leben spendende Wasser, die Grundlage des Vorderorientalen schlechthin. Es werden die vier Paradiesesströme genannt, die einst (Gen 2,10–14) die Fruchtbarkeit der Erde bewirkten und an deren Quell der Garten Eden liegt. Pison, Tigris und Euphrat (V. 25f.) erinnern an drei der genannten Ströme aus dem Garten Eden. Die Tage der Erstlinge sind die Tage, da die Schneeschmelze auf den Bergen des Libanon die Wasser der Ströme steigen lassen. So führt auch der Jordan in den Tagen der Ernte besonders viel Wasser, das vom Hermon herkommt, vgl. Jos 3,15. Daß Ben Sira statt des vierten Stromes, der aus dem Garten Eden hervorgeht, nämlich Gichon, den Jordan erwähnt, hat darin seinen Grund, weil er als der Jerusalem am nächsten gelegene Fluß am bekanntesten war. Wenn in V. 27 nun der Nil erwähnt wird, so kommt für den Hörer die Erinnerung an den

---

[14] Zur Deutung innerhalb der röm.-kath. Theologie vgl. A.P. Vaccari, Eccli 24,20s de Beata Virgine, VD 3 (1923) 136–140.

[15] J. Marböck, Gesetz und Weisheit. Zum Verständnis des Gesetzes bei Jesus Ben Sira, BZ 20 (1976) 1–21 = Ders., Gottes Weisheit unter uns, Freiburg u.a. 1995, HBS 6, 52–72; G.T. Sheppard, Wisdom and Torah: The Interpretation of Deuteronomy underlying Sirach 24:23, in: Biblical and Near Eastern Studies, Essays in Honour of William Sanford LaSor, Grand Rapids 1978, 166–176.

Aufenthalt in Ägypten zum Tragen. Die in Alexandrien seßhaft gewordenen Juden der Diaspora kannten die reichen Wasser des Nil in einer besonders naheliegenden Weise. So war das Bild von dem Reichtum der Weisheit, die wie der Nil sich ergießt, besonders sprechend. Der an zweiter Stelle erwähnte Gichon bezieht sich wiederum auf die in der Nähe der Stadt Jerusalem vorhandene Quelle[16]. Am Ostrand der alten Stadt entsprang am Fuße des Hügels die durch Jahrtausende hindurch bekannte Quelle diesen Namens, die die Lebensgrundlage der alten Siedlung durch die Jahrhunderte hindurch bildete. In der jüdischen Tradition wird häufig der Gichon mit dem Nil gleichgesetzt, weil beide Ströme für das Leben der jüdischen Gemeinde jener Zeit wichtig waren. Die Fülle der Wasser ist so reichlich, daß sie sich nie erschöpfen kann. So wird auch der, der die Weisheit in der Gestalt des Gesetzes kennenlernen möchte, nie zu einem Ende kommen. Die Fülle des Meeres ist nie ausschöpfbar, die Urflut (Gen 1,2) nie auszuloten.

Von dieser Fülle hat auch der Weisheitslehrer genommen. Ein Wassergraben leitet die fruchtbar machenden Fluten von dem Hauptstrom ab und ermöglicht damit die Bewässerung anderer, weiter abgelegener Teile. Dieses Bild macht sich Ben Sira zu eigen, wenn er nun davon spricht, daß er die ihm gegebenen Erkenntnisse weiterleitet, um neue Fruchtbarkeit hervorzubringen: Garten und Beet. Eine immer größer werdende Wirkung geht von diesem Tun aus. Aus dem einst trockenen Leitungsgraben, in den hinein sich die Fluten des Hauptstromes ergießen, geht ein Strom hervor, und der Strom schwillt an zum Meer (V.31), vgl. Joh 7,38 von den Strömen des lebendigen Wassers. So wie die aufgehende Sonne (V.32) ihre Strahlen in der Morgenröte ankündigt, die dann in wenigen Minuten immer stärker und immer heller werden, so dient auch die erkannte und weitergegebene Lehre zur immer größeren Erhellung der Umgebung des Weisheitslehrers. Das Wort von den hellen Strahlen der Sonne, die den weiten Raum erfüllen, lenkt Ben Sira zu einem Blick in die Zukunft. Seine Lehre erhält prophetische Dimension (V.33). Nicht nur für seine jetzige Kinder- und Schülerschar gibt er in seinem Wort seine Weisung weiter. Diese wird auch allen folgenden Geschlechtern (V.33) hinterlassen. Da die Propheten auch als Verkünder der Zukunft galten, ist mit diesem Anspruch auch eine neue Aufgabe des weisheitlichen Redens angesprochen: die Zukunftswirksamkeit. Gesetz, Prophetie und Weisheit finden damit zu einer großen Einheit zusammen. Der ganze Inhalt der alttestamentlichen Glaubensaussagen ist zusammengefaßt: Der Weisheitslehrer, der mit seinen Worten die Gegenwart anspricht und die in den „Schriften" gesammelt vorliegen, greift auf das Gesetz = „Tora" zurück und weist in die Zukunft, wie es die Propheten = „Nebiim" taten. Damit hat im Kern Ben Sira durch die Ausführungen in Sir 24 das vorweggenommen, was der Enkel in seiner Vorrede schon zum Ausdruck

---

[16] Der eine Name Gichon bezeichnet ursprünglich zwei verschiedene Gewässer. Bei Ben Sira fließen sie in beabsichtigter Interpretation zusammen: 1.) der Paradieses-Strom, Gen 2,13; 2.) die Stadtquelle von Jerusalem, 1 Kön 1,33f. u.a., vgl. H. Ringgren, Art. Gihon, BHH I, 1962, 571; M. Görg, Art. Gihon, AnchDB II, 1992, 1018f.

gebracht hatte: Gesetz, Propheten und die anderen Schriften bilden den Inhalt der alttestamentlich-jüdischen Tradition, die nun für die Zeit Ben Siras und die des Enkels, das ist das 2. Jh. v.Chr., aktualisiert werden soll.

Mit diesen Ausführungen hat Ben Sira die Grundlage gefunden, den weiteren Raum des Lebens des jüdischen Volkes zu beschreiben. Der Weg führt in den weiten Bereich des öffentlichen Lebens hinein und endet wiederum da, wo Ben Sira eben angekommen war: Bei der Weisheit, die am Tempel ihren Ruheplatz gefunden hat, vgl. Sir 50 und 51.

Kapitel 25,1–42,14

Lehren für das Verhalten, vornehmlich als Glied des Volkes und in der Geschichte

KAPITEL 25

25,1f.: Gefallen und Abscheu[1]

1 *An drei Dingen habe ich Wohlgefallen,*
und diese sind angenehm vor dem Herrn und den Menschen:
Eintracht unter Brüdern und Freundschaft unter Nächsten,
und daß Frau und Mann miteinander guten Umgang haben[2].
2 *Drei Arten aber hasse ich*
und bin sehr heftig erbost über ihre Existenz:
über einen hochmütigen Bettler und über einen lügnerischen Reichen,
über einen ehebrecherischen Greis, dem es an Verstand mangelt.

Zu Beginn des zweiten großen Teiles des Buches weist Ben Sira auf die Grundgegebenheiten hin, in denen sich die weisheitliche Lehre im öffentlichen Leben bewahrheiten muß. Dazu bedient er sich zunächst der bereits bekannten Form des Zahlenspruches (siehe zu Sir 2 und 3).

Voran stehen die positiven Aussagen, in denen das Gott wohlgefällige Verhalten angezeigt wird. Es sind dies drei Grundformen des öffentlichen Lebens: 1. Eintracht und Einigkeit im Sozialgefüge, also im sozialen Wollen; 2. Freundschaft, also Hilfsbereitschaft in der näheren Umgebung; 3. Zufriedenheit im Hause zwischen den Ehegatten. Die Abfolge der genannten Beziehungsfelder zeigt, daß die Kreise des Lebens immer enger gezogen werden. Dabei wird zum Ausdruck gebracht, was schon in Sir 23 am Ende stand, daß die Familie und Ehe einen durchaus öffentlich rechtlichen und öffentlich wirksamen Charakter hat. Sie stellt aber den innersten Kreis dar, von dem her die weitere

---

[1] F.V. Reiterer, Gelungene Freundschaft als tragende Säule einer Gesellschaft. Exegetische Untersuchung von Sir 25,1–11, in: Ders. (Hg.), Freundschaft bei Ben Sira, Beiträge des Syposions zu Ben Sira Salzburg 1995, Berlin/New York 1996, BZAW 244, 133–169.

[2] Der verderbte G-Text ist durch Ziegler, 1980, 76–78 wiederhergestellt worden; die Übersetzung folgt dem Vorschlag von Ziegler.

Umgebung beeinflußt und geprägt wird. Versagt eines der Glieder, gerät alles in Unordnung.

2   Nun zeichnet Ben Sira das negative Gegenbild, wiederum in Form eines Zahlenspruches. Bemerkenswert ist, daß hierbei nicht von Gottes Wohlgefallen oder Ablehnung gesprochen wird, sondern nur von der Mißbilligung Ben Siras. Das Gemeinwesen leidet, wenn es soweit kommt, daß 1. die Sozialstruktur durch Aufruhr der sozial Benachteiligten verändert werden muß, 2. die Eintracht durch Lügen der herausragenden Glieder der Gemeinde vergiftet wird, die sich dadurch als Außenseiter und Gottlose zu erkennen geben, und 3. das tragende Fundament der Familie durch Unverstand rechtlich durchbrochen wird.

25,3–6: Reiche Erfahrung hat der Greis

*3 Wenn du in der Jugend nicht gesammelt hast,
   wie kannst du dann in deinem Alter finden?
4 Wie gut steht den Weißhaarigen Urteilskraft an
   und den Ältesten, Rat zu wissen.
5 Wie gut steht den Greisen Weisheit an
   und den geehrten Männern Überlegung und Rat.
6 Die Zierde der Greise ist reiche Erfahrung,
   und ihr Ruhm ist die Furcht des Herrn.*

Ben Sira sprach eben von dem Greis, der durch Unverstand das soziale Leben gefährdet. In Gegenüberstellung dazu führt er nun die Vorzüge vor, die den Greis auszeichnen, der sich ein Leben lang vernünftig verhalten hat und dadurch Erfahrung hatte sammeln können.

3   Der Weg zu einem durch Erfahrung erfüllten Alter beginnt in der Jugend. Hier schon ist verantwortliche Lebensführung gefordert. Nur auf diese Weise kann die lange Zeit der durchlebten Jahre fruchtbar gestaltet und am Ende der Ertrag eingebracht werden.

4–6   Die dadurch erworbene Lebenshaltung zeichnet sich aus durch die Möglichkeit, Rat zu erteilen. Diese Haltung kann aber nur erworben werden, wenn die Weisheit zeitlebens in der Furcht Gottes gesucht wurde. Eine andere Meinung hat Elihu in Hiob 32,6–9.

25,7–12: Lebensmaxime

*7 Neun Erkenntnisse preise ich glücklich im Herzen,
   und die zehnte spreche ich aus mit meiner Zunge:
   ein Mensch, der sich seiner Kinder erfreut,
   wer zu Lebzeiten sieht den Fall der Feinde,*

8 *gepriesen ist der, der mit einer verständigen Frau zusammenlebt*
   und der mit seiner Zunge keine Übertretung verübt
   und der nicht dem dienen muß, der seiner unwürdig ist[3].
9 *Gepriesen ist der, der Einsicht findet,*
   und der, der sie kundtut vor den Ohren seiner Hörer,
10 *wie groß ist der, der Weisheit findet!*
   Aber keiner ist mehr als der, der den Herrn fürchtet.
11 *Die Furcht des Herrn ist über alles erhaben,*
   wem könnte der verglichen werden, der sie ergreift?
12 *Die Furcht des Herrn ist der Anfang seiner Liebe,*
   der Glaube aber ist der Anfang seiner Nachfolge[4].

In einem besonders umfangreichen Zahlenspruch werden viele Taten einer intakten Sozialstruktur aufgeführt und in loser Folge aneinandergereiht. Es können zehn Glieder benannt werden. Alle Ausführungen zeigen die tiefe Kenntnis von dem Miteinanderleben der menschlichen Gesellschaft, die Ben Sira zu eigen ist.

Er weist 1. auf die Bedeutung der heranwachsenden neuen Generation der Kinder hin, die unter der Leitung der Erziehung der Weisen vonstatten geht; ferner spricht er 2. von der Freude, die dadurch zustande kommt, daß er seine eigenen bisher befolgten Lebensregeln bestätigt sieht und damit die Erwartungen der Feinde dieser Grundhaltung enttäuscht werden.

Glücklich zu preisen ist der, der 3. eine die gleichen Ziele verfolgende kluge Frau als Partnerin hat und wer 4. ständig eine Zurückhaltung im Reden übt, ohne zu entgleisen. Ferner ist zu loben, wer 5. eine unabhängige Lebensstellung hat, die es ihm ermöglicht, anderen nicht dienen zu müssen, die man nicht achten kann.

Glücklich gepriesen wird 6. der, der eine Begabung zur klugen Lebensführung in Einsicht geschenkt bekommen hat und der 7. die Möglichkeit erhalten hat, am rechten Ort seine Lehre vortragen zu können, wo auf ihn gehört wird.

Der ist groß zu nennen, der 8. Weisheit gefunden hat und schließlich 9. vor allem Gott fürchtet[5].

Mit dem Stichwort „Furcht des Herrn" hat Ben Sira wiederum zu der Grundaussage seiner Lehren als Höhepunkt gefunden, die von Anfang an in

---

[3] Von diesem Vers sind einige Bruchstücke in H^C erhalten, nämlich: „gepriesen ist der ..., (und der nicht) dienen muß einem, der verachteter ist (als er) ..., ... (gepriesen ist) der Gatte einer Frau, die (einsichtig ist, und der, der nicht) pflügt mit einem Ochsen (und einem Esel gleichzeitig)". Die gebotene Übersetzung ist mit Hilfe von G erfolgt.

[4] Nur in L und La, s. dazu P.C. Beentjes, Recent Publications on the Wisdom of Ben Sira (Ecclesiasticus), Bijdr 43 (1982) 188–198: 195.

[5] Um die Zehnzahl voll zu machen, hat die spätere lat. Tradition als begrüßenswertes Zeichen des Lebens noch hinzugefügt, einen treuen Freund gefunden zu haben. Anders die hebr. Vorlage, die auf das Pflügen mit Ochs und Esel gleichzeitig hinweist (vgl. Dtn 22,10). P.C. Beentjes, Recent Publications on the Wisdom of Jesus Ben Sira (Ecclesiasticus), Bijdr 43 (1982) 188–198, vollendet hypothetisch die 10-er Reihe: 195.

Kap.1 immer wieder als der Ausgangspunkt allen Lebens und Lehrens erkannt worden war.

25,13–26: Leid, verursacht durch eine schlechte Frau

13 Jedes Leid (ist zu ertragen), aber kein Herzeleid,
   jede Bosheit (ist zu ertragen), aber keine von Frauen.
14 *Jedes Widerfahrnis (ist zu ertragen),*
   aber kein Widerfahrnis von Hassern,
   jede Zurechtweisung (ist zu ertragen),
   aber keine Zurechtweisung von Feinden.
15 *Kein Gift geht über Schlangengift*[6]*,*
   und kein Zorn geht über Frauenzorn[7]*.*
16 *Mit einem Löwen oder einem Drachen zusammenzuleben,*
   erschiene mir angenehmer
   als mit einer schlechten Frau zusammenzuleben.
17 Die Bosheit einer Frau läßt finster werden das Gesicht eines Mannes,
   und er entstellt sein Angesicht wie ein Bär.
18 Unter Freunden sitzt ihr Mann,
   und ohne daß er es wahrnimmt, seufzt er.
19 Gering ist eine Bosheit im Vergleich mit der Bosheit einer Frau,
   das Los eines Sünders möge auf sie fallen.
20 Wie ein sandiger Aufstieg unter den Füßen eines alten Mannes,
   so ist eine schwatzhafte Frau für einen ruhigen Mann.
21 Durch die Schönheit einer Frau sollst du nicht zu Fall kommen,
   und ihr Wesen sollst du nicht begehren.
22 Zorn und Schmach und große Schande bringt
   eine Frau, die ihren Mann unterhält[8].
23 *Ein erniedrigtes Herz und ein verfinstertes Angesicht*
   und Herzeleid bringt eine schlechte Frau.
   Müdigkeit der Hände und wankende Knie
   bringt eine Frau, die ihren Mann nicht glücklich machen kann.
24 Von einer Frau kommt der Anfang der Sünde,
   und ihretwegen sterben wir alle.
25 *Erlaube dem Wasser keinen falschen Weg*
   und gib nicht Raum den Ansprüchen einer schlechten Frau!

---

[6] **G** liest in der ersten Halbzeile: „kein Kopf überragt einen Schlangenkopf"; hier liegt offensichtlich eine falsche Übersetzung des diesem Text zugrunde liegenden hebr. Wortes vor: Hebr.: ראש kann zwar „Kopf" bedeuten, aber auch „Gift".

[7] Diese Aussage nur in der Minuskel 795, in **La**, **S**, Arm und bei Kirchenvätern. Die Mehrzahl der griech. Handschriften liest: „Zorn des Feindes", was aus 14b verlesen sein könnte, mit Ziegler, 1980, z.St.

[8] In **H**C nur bruchstückhaft erhalten und mit **G** ergänzt.

26 *Wenn sie sich nicht von deiner Hand leiten läßt,*
so schneide sie ab von deinem Fleische.

Nach langer und kenntnisreicher Darlegung über das Gemeinwohl eines Sozialgefüges kommt Ben Sira neuerlich auf die Wichtigkeit einer harmonischen Ehe und Familie zu sprechen. An dieser Stelle ist die deutlich zu benennende Einseitigkeit in seiner Urteilsbildung festzustellen. Es ist darauf aufmerksam zu machen, daß für die Zeit Ben Siras die Veränderungen im Sozialgefüge mit der Möglichkeit des freieren Umgangs der Geschlechter miteinander so neu waren, daß er mit diesem Stoff noch rang. Die Gegebenheiten des städtischen Lebens brachten eine Veränderung des Sexualverhaltens mit sich. Ben Sira sah darin ausschließlich als Grund die Überbetonung des durch die Frau ausgelösten Umbruchs, die bisher geltenden Grenzen zu durchbrechen. Für ihn geht die Störung dieses Verhältnisses ausschließlich von der Frau aus (V. 24). Er knüpft darin an einseitig verstandene alttestamentliche Aussagen an, so vor allem an Gen 3,6. Diese Wertung wird später von den neutestamentlichen Schriftstellern zum Teil übernommen, so in 2 Kor 11,3 und 1 Tim 2,14. Es ist jedoch darauf hinzuweisen, daß es auch andere Überlegungen zu diesem Wandel im Sozialgefüge gibt. Umfassender sieht diese Entwicklung Paulus in Röm 5,12–15. Hier wird die Schuldzuweisung nicht einseitig der Frau angelastet, sondern im Zusammenhang der gesamten zwischengeschlechtlichen Beziehungen gedeutet. Diese Sicht Ben Siras mag für die veränderte Situation der hellenistischen Stadtkultur eine gewisse Berechtigung gehabt haben.

Die Keimzelle dieser Entwicklung sieht Ben Sira im Verhalten der Ehepartner zueinander. Das Leid, das einer Familie durch häuslichen Unfrieden zuteil werden kann, ist nicht zu ertragen. Dabei ist die Ursache hierfür nicht nur in der im Hause geübten Haltung der eigenen Ehefrau zu sehen, sondern auch im Hinblick auf das Verhalten der Frauen außerhalb des häuslichen Kreises, die durch ihre versucherische Art den Unfrieden in das eigene Haus tragen. 13

Dieser Zustand des Unfriedens wird als Leben unter dem Einfluß von Haß, Feindschaft, Gift und Frauenzorn beschrieben, wobei im Sinne der Gedanken Ben Siras an eine Klimax gedacht werden dürfte. 14f.

Unfrieden im Hause zu haben, ist schlimmer, als unter den Drohungen der Gefahr zu existieren, die durch Löwen oder Drachen verursacht werden können. Der Mann, der darunter leidet, ist zu bedauern. Man sieht sein Leid bereits an den Zügen seines Gesichtes. Zum Bild vgl. Spr 21,9. 16–19

Die Beschwerlichkeit eines Aufstiegs auf einen Berg wird dadurch noch gesteigert, wenn sich unter den Füßen Sand befindet, auf dem man ständig ausrutscht und dadurch nicht vorankommt. Man hat den Eindruck, auf der Stelle zu treten. 20

Daß Ben Sira nicht nur an die eigene Ehefrau denkt, machen die Ausführungen an dieser Stelle deutlich. Ein Mann solle sich nicht durch die Schönheit einer Frau betören lassen, schon gar nicht durch die Frau aushalten lassen. Dieser Hinweis deutet darauf hin, daß der freiere Umgang der Geschlechter 21f.

192　　　　　　　　　　Lehren für das Verhalten

auch zu Verhältnissen geführt hat, die es einer Frau ermöglichten, zu Geld zu gelangen und sich damit den Mann ihrer Wahl hörig zu machen[9].

23　Dies alles läßt die geordneten Bahnen hinfällig werden und bewirkt Verzweiflung und Resignation.

24　So kommt Ben Sira zu der einseitigen Feststellung, es läge an dem Verhalten der Frau, daß die Sünde in die Welt gekommen sei[10]. Daraus resultiert der

25f.　Rat, es sei besser, sich von einer solchen Frau zu trennen als ständig mit ihr zusammenzuleben. Es ist hier in erster Linie an die Möglichkeit der Ehescheidung zu denken, die in Dtn 24,1ff. als erlaubt dargestellt wird. Die Abfolge der verschiedenen Aussagen in diesem Zusammenhang, V.13–26, macht aber darauf aufmerksam, daß es sich auch um die Trennung von einer Frau handelt, die nicht die eigene Ehefrau ist, sondern die, der ein Mann im freieren Umgang der Geschlechter hörig geworden ist. Dieses negative Bild von dem Verhalten der Geschlechter zueinander charakterisiert hier den Lebensraum und die Lebenszeit Ben Siras, dürfte aber für andere Zeiträume ebenso zutreffen. Es wird aber sofort ergänzt durch das, was auf der positiven Seite Ben Sira im folgenden zu sagen weiß.

KAPITEL 26

26,1–27: Freude und Wohlergehen, verursacht durch eine gute Frau

1　Eine gute Frau - glücklich der Mann,
　　die Zahl seiner Tage ist die doppelte.
2　Eine tüchtige Frau schafft Wohlergehen ihrem Manne,
　　und in den Jahren seines Lebens[11] erfreut sie ihn.
3　Eine gute Frau gewährt *gutes Ergehen*,
　　sie wird dem, der den Herrn fürchtet, als Anteil gegeben.

---

⁹ In diesem Sinne entwirft ein Bild der neuen Zeit mit ihren vielfältigen Möglichkeiten R. Egger-Wenzel, „Denn harte Knechtschaft und Schande ist es, wenn eine Frau ihren Mann ernährt"(Sir 25,22), in: R. Egger-Wenzel und I. Krammer (Hg.), Der Einzelne und seine Gemeinschaft bei Ben Sira, Berlin/New York 1998, BZAW 270, 23–49.

¹⁰ Zur Aussage über die Sünde im Allgemeinen bei Ben Sira: R.E. Murphy, Sin, Repentance, and Forgiveness in Sirach, ebd., 261–270; zum Besonderen der Thematik in V.24: T. Gallus, A muliere initium peccati et per illam omnes morimur (Sir 25,24), VD 23 (1943) 272–277; H. Schüngel-Straumann, „Von einer Frau nahm die Sünde ihren Anfang, ihretwegen müssen wir alle sterben" (Sir 25,24). Zur Wirkungs- und Rezeptionsgeschichte der ersten drei Kapitel der Genesis in biblischer Zeit, Bibel und Kirche 53 (1998) 11–20. Sie untersucht die Texte im Umkreis von Ben Sira: Jub; äthHen; Vita Ad et Evae u.a.

¹¹ H^C bietet in der zweiten Vershälfte nur noch: ושנות = „und die Jahre". G liest: „und seine Jahre vollendet er in Frieden", so auch Segal, 1972, 155, und Hartom, 1969, 91: ושנות שלום(ב תמלא/ו). Die Minuskel 248, La und S fügen hinzu: „des Lebens", so auch Vattioni, 1968, z.St.: חייו (ת שמח); S liest statt „Frieden": „Wohlergehen".

4   *Das Herz des Reichen und des Armen ist zufrieden,*
    zu jedem Zeitpunkt hat er ein heiteres Angesicht.
5   *Vor drei Dingen nimmt sich mein Herz in Acht,*
    und vor dem vierten fürchte ich mich:
    Üble Nachrede in der Stadt und Zusammenlaufen der Menge,
    Lüge, all dies ist verhaßt mehr als der Tod.
6   *Schmerzen im Herzen und Leid bewirkt eine Frau,*
        die eifersüchtig ist auf eine andere,
    aber auch eine verletzende Zunge, die allen alles mitteilt.
7   *Ein störrisches Ochsengespann ist eine schlechte Frau,*
    der, der sie erwirbt, ist wie einer, der sich mit einem Skorpion abgibt.
8   *Großen Zorn verursacht eine trunksüchtige Frau,*
    ihre Schmach kann sie nicht verhüllen.
9   *Die Unzucht einer Frau kann an den funkelnden Blicken ihrer Augen*
    und an ihren Augenwimpern erkannt werden.
10 *Für eine leichtlebige Tochter richte eine Wache ein,*
    damit sie nicht den Augenblick wahrnehme,
        zu dem sie ein Nachlassen bemerkt.
11 *Sei auf der Hut vor einem schändlichen Auge,*
    und wundere dich nicht, wenn es dir Übles antut.
12 *Wie ein durstiger Wanderer den Mund öffnet*
    und von einem jeden Wasser seiner Umgebung trinkt,
    so wird sie vor jedem Wegpfahl sitzen
    und vor den Pfeilen den Köcher öffnen.
13 *Die Anmut einer Frau erweist ihrem Manne Gutes,*
    und seine Glieder stärkt ihr verständiges Wesen.
14 *Eine Gabe des Herrn ist eine schweigsame Frau,*
    es gibt keinen Preis für einen wohlerzogenen Menschen.
15 *Anmut über Anmut ist einer schamhaften Frau zu eigen,*
    es gibt keinen Preis für eine, die ihren Mund in Zaum hält.
16 *Eine Sonne, die aufstrahlt an den Höhen oben,*
    so schön ist eine Frau in der erwählten Kammer.
17 *Ein Licht, das auf heiligem Leuchter aufstrahlt,*
    so ist die Pracht des Angesichts auf einer ansehnlichen Gestalt.
18 *Goldene Säulen auf silberner Basis,*
    so sind liebliche Beine auf wohlgestalteten Fersen.
19[12] *Mein Kind, die Blüte deiner Jugend erhalte dir gesund*
    und gib deine Kraft nicht Fremden dahin.
20 *Wenn du dir ausgesucht hast im ganzen Land einen guten Besitz,*
        säe deinen eigenen Samen aus im Vertrauen auf deine gute Herkunft.
21 *So werden deine Nachkommen Bestand haben*
    und werden in dem Bewußtsein der guten Herkunft heranwachsen.

---

[12] V.19–27 nur in *L*-743 und ähnlich in **S**.

22 *Eine Frau, die Bezahlung nimmt, wird wie Speichel geachtet werden,*
eine verheiratete Frau aber ist ein todbringendes Netz[13] *für die,*
die mit ihr Umgang haben.
23 *Eine gottlose Frau wird dem Gesetzlosen als Anteil gegeben werden,*
eine fromme hingegen dem, der den Herrn fürchtet.
24 *Eine schändliche Frau achtet Schmach gering,*
eine schamhafte Tochter hingegen
wird sich auch vor ihrem Manne zurückhalten.
25 *Eine lüsterne Frau wird einem Hund gleichgeachtet werden,*
aber die, die Scham beweist, wird den Herrn fürchten.
26 *Eine Frau, die den eigenen Mann ehrt, wird allen als weise erscheinen,*
verachtet sie ihn aber in ihrer Überheblichkeit,
wird sie von allen als gottlos erkannt werden.
Eine gute Frau - glücklich ist der Mann!
Denn die Zahl seiner Jahre wird verdoppelt werden[14].
27 *Eine laute und schwatzhafte Frau*
wird wie eine Kriegstrompete, die in die Flucht treibt, geachtet werden.
Jeder Mann aber, der ebenso veranlagt ist,
wird sein Leben in einem immerwährenden Kampfe zubringen.

Nach so vielen Aussagen über die möglichen schlechten Verhaltensweisen einer Frau kommt Ben Sira nun zu dem positiven Gegenbild. Er kennt und zeichnet die Ehe, die in Harmonie vollzogen wird.

1–4   Die als gut bezeichnete Frau wirkt in ihrem Haus und in ihrer Familie wie ein wohltuendes Zentrum, von dem her alle anderen Lebensbewegungen ihren Ausgang nehmen. Wenn hier die Familie als harmonisch erlebt wird, hat dies Auswirkungen auf das Leben des Mannes und darüber hinaus auch auf das Leben der Familie in der Gemeinschaft der Umgebung. Das Leben kann intensiver geführt werden, und die Lebenserwartung ist verdoppelt.

5–6   Ben Sira weiß aber, daß dies nicht selbstverständlich ist. Viel häufiger ist die Harmonie nicht nur in der Ehe, sondern auch in der Umgebung gestört. Davon spricht der Zahlenspruch, der zwar von Mißständen in der Öffentlichkeit ausgeht, diese aber bald verläßt und als Endpunkt wiederum von der Harmonie in der Familie und Ehe spricht. Die üble Nachrede in der Stadt (V.5) könnte sich auch auf das Verhalten in einer in Verruf geratenen Familie beziehen. Jedenfalls geht es Ben Sira um schlechte Rede und Gerüchte, die in der Stadt im Umlauf sind und dann auch zu einem „Zusammenlaufen der Menge" (V.5) führen können. Hier sehen wir wiederum die hellenistische Stadtkultur als Hintergrund für diese Aussagen mit ihren unguten Erwartungen. Ob diese Reden zu Recht oder zu Unrecht im Umlauf sind, sie gefährden jedenfalls den

---

[13] G: πύργος θανάτου = „Turm des Todes". Die Übersetzung „todbringendes Netz" folgt dem Vorschlag von P.W. Skehan, CBQ 16 (1954) 154.
[14] S. V.1.

harmonischen Zusammenhang in einer städtischen Kultur. Häufig stellt sich dabei heraus, daß auch Lüge die üble Nachrede und damit den Unfrieden in der Gesellschaft verursacht. Dies alles ist schlimmer als der Tod. So kommt auf diesem Wege Ben Sira noch einmal auf das Zentrum von Familie und Ehe zu sprechen, wenn er den Unfrieden, verursacht durch Eifersucht, als Ausgangspunkt nimmt für die Schmerzen, die dadurch bereitet werden. Ob Ben Sira hierbei noch die alte Sippenordnung vor Augen hat, wonach ein Mann mehrere Ehefrauen in seinem Hause vereinigt, läßt sich nicht mit Gewißheit sagen. Jedenfalls entsteht eine solche Eifersucht gerade da, wo aus dem inneren Kreis der Ehe heraus solcher Unfriede ausgestrahlt wird. Aus der Geschichte des Volkes könnte hierbei an Gen 16,5 (Sara und Hagar) erinnert werden.

Damit ist Ben Sira wiederum bei dem unguten Verhalten einer schlechten Frau angekommen und führt diesen Gedanken weiter aus. Die Bilder, die er hierbei gebraucht, sind für die damalige eben sich bildende städtische Kultur im Kontrast noch unmittelbar verständlich. Sie stammen zu einem guten Teil noch aus der Welt des Bauern und Landwirts. Mit Ochsen zu pflügen (V.7), war schon immer ein schwieriges Unterfangen, da die beiden Tiere sich schlecht gemeinsam in eine Richtung leiten ließen. Sie gelten als unfolgsam und störrisch und bereiten damit dem Pflügenden immer neue überraschende Schwierigkeiten. Im Leben macht man diese Erfahrung, wenn man unversehens und unverhofft auf einen Skorpion trifft, der sich an Stellen versteckt hält, wo man ihn nicht vermutet: in einer dunklen Hausecke oder unter einem Stein, den man aus dem Wege räumt. Daß der Wein auch Frauen zugänglich war (V.8), zeigt die Verhaltensweisen einer städtischen Kultur, wie auch die anderen Hinweise auf die schönen Augen einer Frau und ihrer gefärbten (?) Augenwimpern (V.9) dem Umgang der damaligen Zeit entsprechen dürften. Deshalb weist Ben Sira auf die Vorsicht hin, die man im Umgang mit Frauen walten lassen solle. Sonst könnte es dazu kommen (V.12), daß man in die Fänge einer Dirne gerät, die am Wegrand sitzt und sich den Vorbeigehenden anbietet. 7–12

Ben Sira setzt nun die Aussagen fort, die er in V.1–4 schon begonnen hatte. Er spricht hier von der wohltuenden und Freude verursachenden Frau, die in Haus und Familie und damit auch darüber hinaus Gutes tut und wirkt. Die hier geschilderte Frau ist durchaus nicht nur im Sinne der im Stillen wirkenden und im übrigen unbeachteten Person zu sehen. Sie wird viel mehr auch in ihrer äußeren Erscheinung und in der Öffentlichkeit gepriesen. Die hier gebrauchten Ausdrücke und Bilder entsprechen ganz den Worten der altorientalischen Liebeslyrik. Die altägyptische und die mesopotamische, auch die ugaritische Poesie findet ihre Entsprechung in den Worten des Hohenliedes. Nicht unerwähnt soll aber bleiben, daß diese Worte Ben Siras auch an das Erfreuliche und ästhetisch Angenehme im Tempelkult erinnern. Von der aufgehenden Sonne (V.16) wird auch beim Amtieren des Priesters (Kap.50) gesprochen. Vom Licht, vom Leuchter weiß auch der Tempelkult zu berichten (Ex 25, 31.37; 36,36 und Lev 24,4) (V.17). Ein Schönheitsideal besonderer Art spricht aus den Angaben in V.18, an denen erkannt werden kann, daß die Frauen sich durchaus nicht nur tief verschleiert in der Öffentlichkeit zeigten. Die Beine 13–18 mit goldenen Säulen zu vergleichen, die auf silbernen Füßen ruhen, ist eine überraschend deutliche Aussage. Dies um so mehr, wenn man beachtet, daß nach der semitischen Ausdrucksweise in aufsteigender Linie die Metalle genannt werden, also das Gold über dem Silber steht; ferner gilt es auch zu beachten, daß mit dem Hinweis auf die Beine der gesamte untere Teil des Körpers eines Menschen bezeichnet wird.

19–27 Herkommend von diesen Aussagen denkt Ben Sira nun an seine Aufgabe, der nachfolgenden Generation Lehre zu erteilen. So leitet er diese (vielleicht erst später hinzugefügten) Aussagen mit dem neuerlichen Imperativ ein: „Mein Kind". Für Ben Sira bildet das Verhalten den Frauen gegenüber die notwendige Voraussetzung für die Fortführung der Generationen. So mahnt er seine Kinder und Schüler, in dieser Frage Vorsicht und Bedachtsamkeit walten zu lassen, um einen guten Bestand der Familie auch in den folgenden Generationen zu gewährleisten. Das Bild des Säens des Samens auf das Feld, aus dem dann die folgende Ernte = Generation heranwächst (V.20), ist auch sonst in der Vorstellungswelt aller Kulturen bekannt, vgl. dazu den Rat des Schuruppag in der Version der altbabylonischen Zeit: „Eine zuverlässige Frau [wird] ein Mann als wohlbestelltes *Feld* [anlegen]!"[15] Vielen Gefahren zum Trotz (V.22–25) kommt es darauf an, die richtige Wahl bei der Suche nach der Frau zu treffen. Daß dies als nicht einfach gesehen wird, spricht aus den vielfältigen Gegenüberstellungen, zu denen Ben Sira in seiner Rede greift. Wer aber diese Mahnungen beachtet und zu einem guten Erfolg in seinem Leben führen kann, wird erfahren, daß er Freude und Wohlergehen haben kann. So lenkt dieser Zusatz zurück zu den einleitenden Worten in V.1, in denen gleichsam thematisch der Haupttenor für die folgenden Ausführungen angegeben war. Aber auch hier weiß der Zusatz von der Gefahr zu sprechen, die dem droht, der in die notvolle Situation geraten ist, keine gute Frau gefunden zu haben. In einem überaus sprechenden Bild zeichnet er das Verhalten der Eheleute, die in einer ständigen Kampfsituation sich befinden. Eine Frau mit einer Kriegstrompete zu vergleichen, ist ein starkes Bild und bedarf eines Hinweises. Es soll damit deutlich auf das laute und unüberhörbare Reden und Schreien hingewiesen werden, das in den vorderorientalischen (und nicht nur in diesen) Familien zu beobachten ist. Ferner macht Ben Sira mit diesem Bild auf die Unzufriedenheit aufmerksam, die in einer Familie herrscht, die nicht in Harmonie miteinander leben kann. Schließlich will dies Bild auch sagen, daß es in einer solchen Situation nicht anders geht, als daß sich die streitenden Teile trennen und voneinander weggetrieben werden. Damit spielt Ben Sira auch auf die Aussage an, die er in V.5 gemacht hatte, wo die üble Nachrede zum Zusammenlaufen der Menge führt.

---

[15] Zitiert nach Römer, „Weisheitstexte", 63, Z. 216; s. die dazu gehörende Fußnote.

26,28f.: Zahlenspruch über erlittene Geringschätzung

28 Über zwei Dinge bin ich im Herzen betrübt,
und über das dritte überkommt mich Zorn:
Ein Krieger[16], der an den nötigsten Dingen Mangel leidet,
und verständige Männer, wenn sie geringschätzig behandelt werden.
Der, der sich von der Gerechtigkeit weg zur Sünde hinwendet,
für den wird der Herr das Schwert bereithalten.
29 Es ist kaum möglich, daß sich ein Kaufmann von Schuld freihält,
und kein Händler wird gerecht dastehen können
wegen seiner Verfehlungen.

Der Gedanke der Harmonie oder der Disharmonie im Leben der Menschen miteinander führt Ben Sira zu den Ausführungen über das Leid, das durch erwiesene Geringschätzung einem anderen angetan wird. In der bekannten Form eines Zahlenspruches[17] führt er diese Möglichkeiten auf. Auch hier ist zu beobachten, daß er von dem äußeren und mehr allgemeingültigen Kreis der Erfahrung zu den gewichtigeren und inneren Aussagen kommt. Wenn der Vornehme an den nötigsten Dingen Mangel leidet, dann ist seine Hochschätzung in der Öffentlichkeit gering. Er leidet Mangel an den nötigen Dingen der Versorgung seines Lebens. So ist es auch mit den verständigen Männern, wenn sie nicht geachtet werden. Dies alles ist aber nur ein Hinweis darauf, daß es in der Gemeinschaft Situationen gibt, bei denen das Wohlverhalten verlassen und die Zuflucht zur Abkehr von Gott gesucht wird. Diese „Sünde" besteht darin, den weisheitlichen Rat zu mißachten und eigene Wege zu gehen. Die Ordnung der Öffentlichkeit und das Wohlverhalten in der nachbarschaftlichen Umgebung ist gestört. Dies kann so weit führen, daß Gewalt und Untat hervorgerufen werden, die zur Bestrafung, auch durch das Schwert, führen können. Es geht hier um die Unordnung in der Gesellschaft, wie sie auch in V.5 schon angesprochen worden war. Diese Gedankenführung bringt Ben Sira zu einem weiteren Thema, das die Öffentlichkeit immer wieder beherrscht: der Umgang mit Geld. In der städtischen Kultur der hellenistischen Zeit war diese Form des Handelns immer wichtiger geworden. Hierbei in der Öffentlichkeit von Schuld freizubleiben, ist schwierig. So konzentriert sich Ben Sira nun auf dieses Thema. Denn auch hier wird unmißverständlich deutlich, wie sehr Harmonie zur Disharmonie werden kann, wenn die einfachsten Regeln des Zusammenlebens in der Gesellschaft nicht befolgt werden. Ben Sira ringt noch ganz mit diesem Thema. Die Worte zeigen, daß er mehr von einem theoretischen Standpunkt her diese Gesellschaftsform beurteilt. Dem dienen die folgenden Ausführungen in Sir 27.

---

[16] G: ἀνὴρ πολεμιστής. Die überraschende Bezugnahme auf den „Krieger" läßt nach einer anderen Übersetzungsmöglichkeit fragen. So nimmt Hamp, z.St., auf S Bezug und schlägt an dieser Stelle vor: „ein Vornehmer".
[17] P.C. Beentjes, De getallenspreuk en zijn reikwijdte. Een pleidooi voor de literaire eenheid van Jesus Sirach 26,28–27,10, Bijdr 43 (1982) 383–389.

Kapitel 27

27,1–15: Der Mensch zwischen Weisheit und Torheit

1 *Des Geldes wegen haben viele gesündigt,*
   und der, der es zu vermehren sucht, wird das Auge abwenden müssen.
2 *Mitten zwischen die Steinfugen wird der Pflock eingeschlagen,*
   so wird sich auch mitten zwischen Verkauf und Kauf
     die Sünde einschleichen.
3 *Wenn jemand nicht an der Furcht des Herrn festhält,*
   wird sein Haus sehr rasch in Kürze zerstört werden.
4 *Wenn man das Sieb schüttelt, bleibt der Abfall zurück,*
   so ist es auch mit den schlechten Gedanken eines Menschen
     in seinem Sinn.
5 *Die Gefäße eines Töpfers geraten entsprechend dem Brennen im Ofen,*
   so wird auch ein Mann geachtet nach seinen Gedanken.
6 *So wie man einen Baum pflegt, so bringt er Früchte,*
   so ist es auch mit dem Gedanken
     entsprechend dem Wollen eines Menschen[18].
7 *Bevor du dich nicht beraten hast, lobe keinen Menschen,*
   denn nur so kannst du Menschen prüfen.
8 *Wenn du nach gerechtem Tun strebst, wirst du es erlangen,*
   und du wirst dich damit bekleiden wie mit einem kostbaren Gewand.
9 *Vögel ruhen aus bei ihresgleichen,*
   so kommt auch die Wahrheit zu denen, die sie tun.
10 *Ein Löwe lauert auf Beute,*
   so auch die Sünde auf die, die unrecht tun.
11 *Die Darlegung eines Frommen ist ganz und gar Weisheit,*
   der Unverständige aber ist veränderbar wie der Mond.
12 *Inmitten von Unverständigen habe den rechten Zeitpunkt im Auge,*
   inmitten von denkenden Menschen aber sei immer bereit.
13 *Die Darlegung der Toren ist zu verachten,*
   und ihr Lachen ertönt in sündhafter Schwelgerei.
14 *Das Geschwätz dessen, der viel schwört,*
   läßt die Haare sich aufstellen,
   und ihr Streit läßt die Ohren verstopfen.
15 *Blutvergießen bewirkt der Streit der Übermütigen,*
   und ihre Beschimpfungen sind abscheulich zu hören.

Ben Sira hatte eben davon gesprochen, daß die Geringschätzung des Wertes der Weisheit zu verachten ist und in die Sünde führt. Dabei hatte er als beson-

---

[18] Beentjes, Publications, 1982, 195, weist darauf hin, daß die Verse 5+6 in H^A als Glosse zu 6,22 zu finden sind.

dere Gelegenheit, diese Zusammenhänge zu erkennen, das Tun des Kaufmanns erwähnt. Dieser geht mit Geld um. Damit kommt Ben Sira auf eine Wirtschaftsform zu sprechen, die seit der Mitte des 1. Jtds.v.Chr. immer stärker den Handel bestimmte. Unter der die ganze damals bekannte Welt umfassenden Herrschaft der Perser kam die geprägte Münze als einheitliches Zahlungsmittel im Großreich Persien auf. Die Zeit Alexanders d. Gr. und die der Diadochen ließ den Bargeldumlauf ungeheuer anwachsen[19]. Münzrecht zu erlangen und Münzprägungen durchzuführen, war das Vorrecht besonders privilegierter Zentren[20]. Auch Judäa war in dieses Geschehen eingeschlossen, wie Münzfunde bis in die persische Zeit zurück beweisen[21]. Ben Sira sieht in diesen Entwicklungen eine besonderer Nähe zu dem freieren Lebensgefühl, das sich von den alten Regeln der Beziehung der Menschen untereinander und damit auch der Beziehung der Menschen zu Gott entfernt. Man merkt es seinen Ausführungen an, wie sehr er mit diesen Lebensformen ringt, sie in der rechten Weise in seine Gedankenwelt einzubeziehen.

Der Umgang mit Geld, der hier angesprochen ist, setzt neue Maßstäbe. 1
Hier werden Wertgegenstände wie Gold und Silber nicht mehr nach dem Gewicht berechnet, sondern nach dem Wert der Münze, der durch ihre Prägung bestimmt wird. Daß im Umgang mit dem Geld viele Möglichkeiten bereitstehen, in Unehrlichkeit und Übervorteilung sich selbst zu bereichern, ist zu allen Zeiten anzunehmen. Der, der sein Vermögen vermehren möchte, wird häufig genug nicht genau auf seine Praktiken schauen dürfen und das Auge abwenden müssen, das ihm eigentlich das Unrechtmäßige seines Tuns anzeigen sollte.

Wenn man eine Mauer einreißen möchte, schlägt man einen Pflock, d.h. einen 2f.
Keil, zwischen die Fugen, um die Steine zu lockern. Dadurch kann eine Mauer oder auch ein Haus zum Einsturz und Abbruch gebracht werden. Dieses Bild überträgt Ben Sira aber auf das Haus des Handels, bei dem unlautere Geschäfte auch dazu führen können, das „Haus" zu zerstören; denn die beim Kauf und Verkauf zutage tretenden Unregelmäßigkeiten wirken wie ein Keil, der das Geschäft = „Haus" zusammenfallen lassen kann.

Die folgenden Bilder führen die Thematik weiter aus[22]. Aus alltäglichen 4–6
Erfahrungen benennt Ben Sira den Unterschied zwischen gutem Tun und bösen

---

[19] K. Regling, Art. Geld, PW 13. Hbd. 1910, 970–984; Ders., Art. Münzwesen, PW Neubearb. 31. Hbd. 1933, 457–491: Hellenistische Zeit, 471–477.
[20] Zum ganzen Problemkreis vgl. M. Rostovtzeff, The Social and Economic History of the Hellenistic World, Oxford 1941; dt.: Gesellschafts- und Wirtschaftsgeschichte der hellenistischen Welt, 3 Bde., Darmstadt 1955, Nachdr. 1984; Sonderausgabe: Die hellenistische Welt. Gesellschaft und Wirtschaft, 3 Bde., Stuttgart 1955f.
[21] E. Stern, Material Culture of the Land of the Bible in the Persian Period 538–332 B.C., Warminster und Jerusalem 1973, Nachdr. 1982: 215–228 mit der Angabe von Münzfunden in Sichem und Jerusalem.
[22] Ben Sira bedient sich dabei der literarischen Form des Wechselgesprächs; s. dazu E.W. Pax, Dialog und Selbstgespräch bei Sirach 27,3–10, Liber Annuus 20 (1970) 247–263.

Gedanken. Das Sieb (V.4) benutzte man, um die Getreidekörner vom Spelt zu trennen. Ein böser Mensch ist wie ein Sieb, das die guten Gedanken durchfallen läßt und die bösen zurückhält. Ein gleiches Auswahlverfahren wendet der Töpfer (V.5) an, wenn er nach dem Brennvorgang im Ofen die Gefäße betrachtet und in gute und schlechte einteilt. Auch beim Baum (V.6) erkennt man sehr bald, ob er gute oder schlechte Früchte bringt. Auch dieses Bild zeigt das Tun und Handeln des Menschen an, der von seinen bösen oder guten Gedanken geleitet wird. Im NT wird dieses Bild in Mt 7,16 wiederaufgenommen.

7–9 So ist es geboten, in Ruhe die Gedanken und das Handeln seiner Mitmenschen zu verfolgen. Erst nach längerer Überlegung ist es möglich, das Wollen seiner Mitmenschen erkennen zu können. Dieses Mühen nach der rechten Erkenntnis kann dazu führen, vor Enttäuschungen bewahrt zu werden. Man ist in der Lage, sich mit seinesgleichen zu verbinden. Auch hierfür nimmt Ben Sira das Bild des Vergleichs aus seiner Umwelt. Im Tierreich gesellt sich gleich zu gleich. Die Vögel finden in der gleichen Art zueinander und fliegen und sitzen in Gruppen beieinander. So wird es auch dem ergehen, der seine Umwelt mit Bedacht beobachtet.

10 Denn die Gefahr ist groß, der Sünde anheim zu fallen. Auch hier greift Ben Sira zu einem Vergleich aus dem Tierreich. Wie der Löwe, so lauert die Sünde auf ihre Beute. Eine ähnliche Vorstellung findet Ben Sira in Gen 4,7, wonach die Sünde vor der Tür ruht und Kain beherrschen möchte. Der Vergleich der Sünde mit dem Tier ist auch sonst Ben Sira bekannt, vgl. 21,2. Es ist nicht verwunderlich, daß er auf einen Löwen zu sprechen kommt; denn dieser lebte zu seiner Zeit noch in dem dichten Untergehölz im Jordangraben, war also auch damals noch eine gefürchtete Erscheinung. Auch im NT wird dieses Bild verwendet in 1 Petr 5,8.

11–15 So kann Ben Sira noch einmal auf die Unterschiedlichkeit des Denkens und Redens der Frommen und der Toren zu sprechen kommen. Während der Fromme sich in seiner Weisheit zeigt, ist der Tor[23] wandelbar wie der Mond. Dieser war in einer Kultur, die ihren Kalender nach den Mondphasen richtet, in seinem Kreislauf allgegenwärtig und nah, bestimmte er doch den Ablauf und die Abfolge der Mondmonate und damit auch der Feste das ganze Jahr hindurch. Die Veränderbarkeit des Mondes ist immer wieder Gegenstand der Betrachtung. So sagt Julia in Shakespeares Drama zu ihrem Romeo, der beim Anblick des Mondes Treue schwören möchte: „O schwöre nicht beim Mond, dem wandelbaren, der immerfort in seiner Scheibe wechselt, damit nicht wandelbar dein Lieben sei!"[24] Die Mondphasen fallen um so mehr auf, wenn man die Unwandelbarkeit des Kreislaufes der Sonne in Betracht zieht, die im ägypt. Bereich im Leben und Kult Tage und Zeiten bestimmt. Der Tor ist aber nicht nur wandelbar, sondern auch leichtlebig („lachen", V.13) und geschwätzig (V.14). So kann es aus Leichtsinn auch zu unguten Handlungen bis hin zum Blutvergießen kommen.

---

[23] A. Desecar, „Sapiente" e „stolto" in Ecclesiastico 27,11–13, BibOr 16 (1974) 193–198.
[24] 2. Aufzug, 2. Szene; Übersetzung nach A.W. v. Schlegel.

27,16–21: Torheit zerstört Freundschaft[25]

16 Einen treuen Freund vertreibt Verhöhnung,
   wer aber ein Geheimnis bewahrt, ist ein rechter Freund[26].
17 *Liebe den Freund und vertraue ihm ganz;*
   wenn du aber seine Geheimnisse verrätst,
   wirst du nicht mehr mit ihm zusammen gehen können.
18 *Denn so wie sonst ein Mensch seinen Feind*[27] *vernichtet,*
   so hast du die Freundschaft zu deinem Nächsten vernichtet.
19 *So wie wenn du einen Vogel aus deiner Hand entkommen ließest,*
   so hast du deinen Nächsten entlassen und wirst ihn nicht mehr erjagen.
20 *Laufe ihm nicht nach, denn er hat sich weit entfernt,*
   und er ist entflohen wie die Gazelle dem Netz.
21 *Wahrlich, eine Wunde kann verbunden werden,*
   und üble Nachrede kann versöhnt werden,
   wer aber Geheimnisse kundgetan hat, kann auf nichts hoffen.

So wie die Torheit sich darin beweist, beim Umgang mit Geld falsche Ziele zu verfolgen (V.1ff.), so auch darin, der Sünde Raum zu geben. In einem weiteren Zusammenhang kommt Ben Sira auf die verhängnisvollen Folgen zu sprechen, die die Torheit im Umgang mit dem Freund bewirken kann.

Freundschaft kann nur bestehen, wenn ein gegenseitiges Vertrauensverhältnis existiert. Dazu gehört, daß die Gedanken und Gespräche, die die Freunde verbinden, nicht vor andere Ohren gebracht werden. Vertrauen bedeutet Bindung. Ist diese Bindung gelöst, ist auch das Vertrauen dahingefallen. Freundschaft bricht auseinander, wenn dieses Band des Vertrauens nicht mehr existiert (V.18). Auch für diese Verhaltensweise zieht Ben Sira verschiedene Bilder aus seiner täglichen Erfahrung heran, um die Lehre seinen Schülern so nahe wie möglich zu bringen. Ein Vogel, den man in der Hand hält, ist unwiederbringlich entflogen, wenn man ihn entkommen läßt. So unwiederbringlich ist der Freund aus dem Vertrauensverhältnis ausgeschieden, der des Bruches des Vertrauensverhältnisses gewiß wird. Er ist enteilt, wie die Gazelle dem Fangnetz (V.20). Gestörtes Vertrauensverhältnis ist ärger als eine Wunde. Diese kann verbunden werden und damit heilen. Ein aber einmal gesprochenes böses Wort, eine Nachrede, wirkt und kann nicht zurückgeholt werden. Wer sich solcher Vergehen schuldig gemacht hat, kann nicht auf Heilung hoffen (V.21).

---

[25] O. Kaiser, Was ein Freund nicht tun darf. Eine Auslegung von Sir 27,16–21, in: F.V. Reiterer (Hg.), Freundschaft bei Ben Sira, Beiträge des Symposions zu Ben Sira Salzburg 1995, Berlin/New York 1996, BZAW 244, 107–122.

[26] G bietet einen anderen Inhalt: „Wer Geheimnisse enthüllt, richtet Vertrauen zugrunde und findet keinen Freund mehr, der ihm entspricht."

[27] Eigentlich: „Toten".

27,22–30: Torheit fällt auf den Toren selbst zurück

22 Wer mit dem Auge zwinkert, baut Böses auf,
und der, der ihn sieht, wird von ihm Abstand nehmen.
23 Wenn er dir vor Augen ist, läßt er liebliche Rede vernehmen,
deine Worte wird er bewundern,
danach aber ändert er seine Aussage
und macht, daß deine Worte Anstoß erregen.
24 Vieles hasse ich und nichts stelle ich ihm an die Seite,
auch der Herr wird ihn hassen.
25 Wer einen Stein in die Höhe wirft, der wirft ihn auf sein eigenes Haupt,
und ein heimtückischer Schlag bringt dir selbst Wunden.
26 Wer eine Grube gräbt, wird selbst in sie hineinfallen,
und wer eine Falle stellt, wird in ihr gefangen werden.
27 Wer Unrecht tut, auf den wird es wieder zurückkommen,
und er versteht gar nicht, woher es ihm kommt.
28 Hohn und Spott wird dem Übermütigen zuteil,
und die Strafe lauert wie ein Löwe auf ihn.
29 In einem Netz werden die gefangen werden,
die sich über den Fall der Frommen freuen,
und der Schmerz wird sie verzehren vor ihrem Tod.
30 Groll und Zorn, diese sind ein Greuel,
aber der Sünder wird an ihnen festhalten.

Hatte Ben Sira eben davon gesprochen, daß ein Vertrauensverhältnis zu dem Freund durch törichtes Verhalten unwiederbringlich gestört werden kann, so zeigt er nun, daß die gleiche unaufhaltsame Entwicklung in anderen Bereichen sich ebenso auswirkt. Ben Sira steht hier ganz in der Tradition der weisheitlichen Lehre, die immer wieder davon spricht, daß das Tun eines Menschen eine entsprechende Gegenbewegung hervorruft. In vielen Passagen der Weisheitsliteratur wird von diesem Tun-Ergehenszusammenhang oder auch Tat-Tatfolgezusammenhang gesprochen. Die folgenden Bilder lassen dies in vielfältiger Weise deutlich werden.

22f. Wer keinen klaren Blick hat, vielmehr mit den Augen zwinkernd seine Rede begleitet, um dadurch deutlich zu machen, daß er eigentlich etwas anderes meint als er sagt, stellt damit ein Verhältnis her, in dem kein Vertrauen wachsen kann. Der, der so handelt, wird bald vernehmen, daß sein Reden und Tun keinen Erfolg hat. Seine Umwelt wird sich von ihm trennen und ihn verachten.

24 Diese Verachtung kommt nicht nur von der Seite seiner Umgebung, sondern steht auch unter dem Urteil Gottes. Einen ähnlichen Gedanken äußert Homer, Ilias IX,312: „Denn so verhaßt wie des Hades Pforten ist mir, wer anderes im Herzen birgt, und anderes redet."

25–30 In eindrücklichen Bildern führt Ben Sira dieses Verhalten vor. Der Stein (V.25), der in die Höhe geworfen wird, fällt auf den Verursacher selber zurück.

Hier nimmt Ben Sira auch das Bild von der Grube auf (V.26), die ein Mensch gräbt und selber in sie hineinfällt, vgl. hierzu Ps 7,16; 9,16; Spr 26,27 und Koh 10,8[28]. Aber auch ein heimtückischer Schlag, eine gestellte Falle, ein begangenes Unrecht und Übermut, all diese Verhaltensweisen schädigen letztlich den Verursacher selbst (V.25–29). Noch einmal kommt Ben Sira auf den Löwen zu sprechen, der zur Strafe auf den lauert, der so handelt (V.28). Die Schlußsentenz (V.30) faßt dies in Form eines Merkspruches zusammen: Törichtes Verhalten ist zu verachten, der Sünder aber erkennt dies nicht.

KAPITEL 28

28,1–26 Das differenzierte Verhalten des Weisen

1 *Wer sich selbst rächt, dem wird vom Herrn Strafe zuteil werden,*
   und seiner Sünden wird gewiß gedacht werden.
2 *Vergib das Unrecht deinem Nächsten,*
   dann werden auch dir, wenn du darum bittest,
      deine Sünden vergeben werden.
3 *Wenn ein Mensch einem anderen gegenüber Zorn bewahrt,*
   wird er dann vom Herrn Erlösung erbitten können?
4 *Wenn jemand für einen Menschen, der ihm doch gleich ist,*
      kein Mitleid hat,
   wie kann er dann für seine eigenen Sünden bitten?
5 *Wenn einer, der (nur) Fleisch ist, Groll bewahrt,*
   wer wird dann für seine Sünden Sühne schaffen können?
6 *Gedenke des Endes und laß ab von Feindschaft,*
   gedenke aber des Verderbens und des Todes
      und halte dich an die Gebote.
7 *Sei eingedenk der Gebote und hege keinen Groll*
      gegen deinen Nächsten,
   sei aber eingedenk des Bundes des Höchsten und meide Unwissenheit.
8 *Halte dich fern von Streit, so wirst du die Sünde verringern,*
   denn ein jähzorniger Mensch entfacht Streit.
9 *Ein Sünder verwirrt Freunde,*
   und mitten in friedliebende Menschen wirft er Streit hinein.
10 *Je nach der Beschaffenheit des Brennholzes, so wird es heiß brennen,*
    und je nach der Stärke des Streites, so wird er vermehrt werden,

---

[28] Vgl. I. Krammer, „Wer andern eine Grube gräbt, fällt selbst hinein". Ben Sira als Tradent eines bekannten Sprichworts, in: R. Egger-Wenzel und I. Krammer (Hg.), Der Einzelne und seine Gemeinschaft bei Ben Sira, Berlin/New York 1998, BZAW 270, 239–260.

und je nach der Stärke eines Menschen, so wird auch sein Zorn sein,
und entsprechend dem Reichtum wird er seinen Grimm vergrößern.
11 Hitziger Streit entfacht Feuer,
und schnell aufflammender Zank vergießt Blut.
12 Wenn du in die Glut hineinbläst, lodert sie auf,
aber wenn du in sie hineinspuckst, verlöscht sie.
Aber beides geht aus deinem Munde hervor.
13 Verflucht einen Flüsterer und einen Doppelzüngigen!
Denn viele, die in Frieden lebten, richteten sie zugrunde.
14 Verleumderische Reden erschüttern viele
und treiben sie von Volk zu Volk,
feste Städte vernichten sie,
und Häuser von Großen zerstören sie.
15 Verleumderische Reden vertrieben mannhafte Frauen
und brachten sie um den Erfolg ihrer Mühen.
16 Der, der sich an sie hält, wird keine Ruhe finden,
er wird auch nicht in Ruhe wohnen können.
17 Der Schlag einer Peitsche bewirkt Striemen,
der Schlag einer Zunge aber zerbricht Glieder.
18 Viele fielen durch die Schärfe des Schwertes,
doch nicht so viele, wie sie durch die Zunge zu Fall gekommen sind.
19 Glücklich ist der, der vor ihr bewahrt blieb,
der sich nicht verstrickte in ihren Zorn,
der nicht zieht unter ihrem Joch
und mit ihren Banden nicht gebunden ist.
20 Denn ihr Joch ist ein eisernes Joch,
und ihre Bande sind eherne Bande.
21 Ein schlimmer Tod ist der, den sie bewirkt,
und viel nützlicher ist das Totenreich als sie.
22 Über Fromme wird sie nicht herrschen können,
und sie werden in ihrer Flamme nicht verzehrt.
23 Die, die den Herrn verlassen, verfallen ihr,
und sie brennt in ihnen und kann nicht gelöscht werden.
Wie ein Löwe wird sie gegen sie ausgesandt,
und wie ein Panther zerfleischt sie sie.
24[29] Wohlan, umgib deinen Besitz mit Dornen
25b und an deinen Mund bringe Tür und Schloß an!
24b Dein Silber und Gold binde zusammen
25a und deinen Worten schaffe Waage und Gewicht.
26 Halte dich daran, daß du durch sie nicht ausgleitest,
damit du nicht hinfallest vor dem, der darauf wartet.

---

[29] Zu der Reihenfolge der Halbverse siehe Ziegler, 1980, z.St., und die Kommentare.

Nun wendet sich Ben Sira den positiven und das Gute bewirkenden Handlungen dessen zu, der unter der Leitung der Weisheit die vielfältigen Begegnungen und Erfahrungen seines Lebens aufnimmt und ihnen begegnet. Eine einheitliche Thematik ist nicht festzustellen, dafür aber eine immer deutlicher hervortretende Beschreibung der inneren Einstellung des Weisen, der sein Verhalten unter der Leitung Gottes und in der Verantwortung vor ihm gestaltet.

Das öffentliche Leben kennt viele Gefahren, in denen der Mensch ganz ungewollt zu Fall kommen kann. Die hier sichtbar werdenden Gegebenheiten lassen deutlich werden, wie eigensinnig und eigenmächtig und daher auch unverbindlich das öffentliche Leben in einer städtischen Kultur verlief. An erster Stelle steht die Selbstbehauptung, die von der Durchsetzung der eigenen Ziele und Wünsche, auch unter Anwendung von Macht getragen ist. Erlittenes Unrecht wird durch eigene Reaktionen vergolten. Dieser Haltung entzieht sich der Weise. Er vergilt nicht Böses mit Bösem, sondern versucht, den Nächsten durch Vergebung zu gewinnen. Nicht Zorn, sondern Verständnis erweist der Weise in seinen Handlungen dem, der ihm Unrecht getan hat. Diese Haltung bedeutet nicht, eine weichliche und unentschiedene Einstellung an den Tag zu legen, sondern ergibt sich aus der Verantwortung vor Gott. Wenn ein Mensch seinem Nächsten nicht vergeben kann, wie kann er dann von Gott her Vergebung erwarten und erbitten. Diese Haltung entspricht Hinweisen aus dem alttestamentlichen Gesetz, z.B. in Ex 23,4f. und Spr 25,21. Sie ist im besonderen durch die Worte Jesu in der Bergpredigt aufgenommen und zu einer Zusammenfassung gebracht worden, Mt 6,12.14f. Die Rechtsgeschichte lehrt, daß das Rechtsempfinden des Menschen von vielen Nebenfaktoren abhängt und großen Wandlungen unterworfen ist. Keimzelle ethisch verantwortbaren Handelns ist die Familie, die Sippe, der Stamm. Hier werden Normen gesetzt, die ein Überleben ermöglichen. Nach außen gelten jedoch andere Regeln. Die Berichte aus dem AT, besonders aus der Genesis, zeigen diesen Sachverhalt im positiven wie im negativen Sinne deutlich. Wohltat und Untat werden mit Wohltat und Untat vergolten. Aus dieser Einstellung erwächst die Praxis der Blutrache. Daß daraus eine Kette von Vergeltungsschlägen resultiert, ist bekannt. Kain und Abel (Gen 4,1–16) und Lamech (Gen 4,23f.) sind dafür Beispiele, vgl. auch Dtn 32,35, Spr 20,22 und Röm 12,19. Eine größer werdende Gruppe bedarf anderer Regeln zusätzlich für ein geordnetes Miteinanderleben. Es ist selbstverständlich, daß städtisches Leben nur da gedeihen kann, wo es Gesetze gibt, die diese Lebensform ermöglichen. Das seßhafte Leben im bäuerlichen Umkreis auf dem Lande bedarf wiederum anderer Bestimmungen. Der Alte Vordere Orient bietet aus dem AT ebenso wie aus den Gesetzestexten des mesopotamischen Raumes viele Beispiele: das Bundesbuch (Ex 21,1–23, 19); das Königsgesetz (Dt 17,14–20); die Gesetze des Königs Urnammu von Ur (2111–2094 v.Chr.); die Gesetze des Königs Lipit-Eschtar von Isin (1934–1924 v.Chr.); der Codex Hammurapi (1793–1750 v.Chr.)[30]. Viele weitere

---

[30] TUAT I, 17–23; 23–31; 39–80.

Texte zeigen die unverzichtbare Wichtigkeit juristischen Denkens ebenso wie seine Verschiedenartigkeiten.

4–7 Die von Ben Sira vertretene neue Sicht des Verhaltens resultiert aus der Erkenntnis, daß vor Gott alle Menschen gleich sind. Alle Menschen stehen vor Gott in gleicher Situation: Sie sind den gleichen Gesetzen unterworfen, sind aufeinander angewiesen und sind alle der Geschichte der Vergänglichkeit bis hin zum Tode überantwortet. Die Verantwortung vor Gott führt dazu, seine Gebote zu halten, die auch für die anderen gelten. Denn der andere ist der Nächste, mit dem einen jeden die gleiche Schicksalsgemeinschaft verbindet. In dem Hinweis auf den Groll, den man dem Nächsten gegenüber nicht bewahren solle, klingt das Gebot der Nächstenliebe (Lev 19,18) an[31]; hier allerdings in der negativen Formulierung des Vetitivus (verneinter Imperativ).

8–12 Durch eine solche Haltung kann unnötiger Streit vermieden werden. Was Völker im gegenseitigen Rangstreit durch den Krieg austragen, ist für die Gruppe, die aufeinander angewiesen ist und miteinander leben sollte, der oft unmotivierte Streit, der durch Jähzorn entsteht. Durch einen kleinen Funken wird ein großes Feuer entfacht. Der Weise soll sich dieser Gefahr enthalten. Ben Sira kennt die Möglichkeit, daß ein kleiner Anlaß eine große Wirkung haben kann. Er vergleicht dies mit der täglichen Erfahrung des offenen Feuers, das in jedem Hause zur Bereitung der Speisen und im Winter zum Wärmen brannte. Es gibt verschiedene Arten von Holz, die verschieden starkes Feuer und damit verschieden wirkende Wärme entfalten (V.10). So verhält es sich auch mit den verschiedenen Menschen, die in ihrer Eigenart verschiedene Wirkung des Streites hervorbringen. Wenn man in ein brennendes Feuer hineinbläst, wird die Flamme um so höher. Andererseits verlöscht sie, wenn man auf die Glut spuckt. Diese Zweiseitigkeit des Wirkens der menschlichen Tätigkeit beim Brennen des Feuers ist ein Bild für die Zweiseitigkeit der Wirkung des menschlichen Wortes. So wie aus dem Munde Luft zum Anfachen des Feuers hervorgehen kann, aber auch der Speichel, der das Feuer zum Erlöschen bringen kann, so verhält es sich auch mit dem Wort: Das eine entfacht den Streit um so stärker, das andere kann ihn beruhigen (V.12). Von dieser Zweiseitigkeit ist auch in der neutestamentlichen Tradition bei Jak 3,10 gesprochen worden.

13–16 Damit ist Ben Sira bei dem Thema angekommen, die Wirkung des menschlichen Wortes weiter zu verfolgen, wie es sich in der Gemeinschaft in seiner doppelseitigen Wirkung entfaltet. Leicht ist es, Böses durch das Wort zu bewirken, wenn man Flüsterpropaganda oder gar lügnerische Reden verbreitet. Die hier angesprochene Doppelzüngigkeit (V.13) bezieht sich auf die Reden eines unlauteren Charakters, der in den verschiedenen Situationen des Lebens mit verschiedenen Aussagen und verschiedenen Vorwürfen hervortritt. Dadurch wird der Frieden der Gesellschaft gestört und verunmöglicht (V.14). Mit der Erwähnung der verleumderischen Rede greift Ben Sira über die unmittelbare Erfahrung seiner Umgebung hinaus und bezieht diese Gefahr auch auf das Verhältnis der Völker zueinander, wobei er im Besonderen an die Ge-

---

[31] Beentjes, Publications, 1982, 195, weist auch auf Lev 19,17f. hin.

gebenheiten der Auseinandersetzungen der Diadochenzeit denken dürfte. Unwahre Berichte und lügnerische Anschuldigungen führten zu Unruhen und Umstürzen, von denen ganze Völker betroffen waren. Aber auch andere ehrbare Personen und in Frieden lebende Gemeinschaften werden durch solche Reden in Verruf gebracht (V.15) und erleiden dadurch größte Einbußen in ihrer persönlichen Lebensentfaltung. Hierbei denkt Ben Sira im Besonderen an den Verruf, in den ehrbare Frauen gebracht werden können durch solche unverantwortlichen und verleumderischen Reden. Durch solches Verhalten wird die Ruhe nicht gefördert, sondern gestört (V.16).

In immer neuen Wendungen schließt Ben Sira seine Betrachtung über die 18–26 Macht des Wortes ab. Dabei stellt er die Zunge, die die Worte bildet, in den Mittelpunkt seiner Überlegungen. Die Zunge mit dem Schwert zu vergleichen, ist eine bekanntes Bild. So wie das Schwert Wunden schlägt und Trennung verursacht, so auch die Zunge. So wie die Zunge urteilen und verurteilen kann, so auch das Schwert (V.18). Aber nicht genug damit. Ben Sira stellt nicht nur eine Gleichartigkeit fest, sondern beschreibt einen Schritt vom Kleineren zum Größeren. Wenn das eine, das Schwert, schon Unheil hervorbringen kann, so das andere, die Zunge, noch viel mehr. Dieses literarische Hilfsmittel wendet Ben Sira in den folgenden Versen in unnachahmlicher Weise immer wieder von neuem an. Das Joch (V.19f.), unter dem ein Tier seine Arbeit verrichtet, das aber auch bildlich gesprochen auf einem Menschen ruhen und ihn zwingen kann, ist schon stark, noch stärker aber das Joch der Zunge, mit der Übel verursacht und Zwang ausgeübt werden kann (V.20). Eisen und Erz sind härter als Holz. Wenn es schon Leid verursacht, in das Totenreich eingehen zu müssen (V.21), dann ist es noch viel schlimmer, von der Zunge dem Tod bei lebendigem Leibe überantwortet zu werden; denn der, der durch die Zunge zu Fall gebracht worden ist, leidet noch mehr, da er dieses Verdikt zum Tode noch zu Lebzeiten erlebt. Dieser zwingenden Macht der Zunge kann sich nur der entziehen, der sich als der Fromme auf Gott verläßt (V.22). Nur in dieser kurzen einmaligen Bemerkung weist Ben Sira auf die Möglichkeit hin, dieser Macht der Zunge zu entfliehen. Sofort wendet er sich in den weiteren V.23–26 dem Verderben zu, dem der ausgeliefert ist, der sich auf die Macht seiner Zunge verläßt. Er brennt und kommt damit zu seiner eigenen Vernichtung (V.23). Und wieder greift Ben Sira zu den Bildern aus dem Tierreich, um diese Gewalt der Zunge zu verdeutlichen: Wie ein Löwe oder wie ein Panther fällt die Gewalt der Zunge über den her und zerreißt ihn, der sich ihr ausliefert. So kann Ben Sira nun noch einmal darauf hinweisen, sich dieser Macht und Gewalt zu entziehen, indem man sich vor ihr verschließt (V.24–26). Wiederum greift er in den reichen Schatz der Bilder, um dieses Sichzurückziehen und -verschließen zu verdeutlichen: Die Dornen um den eigenen Besitz (V.24a) verhindern, daß Fremde und wilde Tiere diesen Besitz überrennen und zerstören; Tür und Schloß verhindern, daß Fremde und ungebetene Gäste in das Haus eindringen können (V.25b); Silber und Gold sind sicher zu verwahren, damit sie nicht gestohlen werden können (V.24b); Waage und Gewicht erweisen den wahren Wert einer Ware (V.25a); sicherer Tritt verhindert, daß man auf dem Wege ausrutscht und hinfällt (V.26).

In schonungsloser Weise zeichnet Ben Sira damit das Bild seiner Zeit und das der Menschen seiner Umgebung. Aus diesen Ausführungen ist deutlich ablesbar, daß Ben Sira kein gegenwartsentzogener Theologe gewesen ist. Vielmehr weiß er die Tücken und Gefahren des menschlichen Lebens genau einzuschätzen, hält aber auch seine Überlegungen nicht zurück, wie diesem Leben zu begegnen sei und wie in diesem Leben ein Platz gefunden werden könne, der Bestand hat.

KAPITEL 29

29,1–20: Des Weisen Zuwendung zum Nächsten in finanzieller Not

1 *Der, der Barmherzigkeit übt, leiht dem Nächsten,*
   und der, der seine Hand stützt, bewahrt die Gebote.
2 *Leihe dem Nächsten dar im Zeitpunkt seiner Not*
   und gib Geliehenes dem Nächsten zurück zur rechten Zeit.
3 *Halte dich an dein Wort und erweise dich in ihm als verläßlich,*
   so wirst du zu jedem Zeitpunkt das finden, was du brauchst.
4 *Viele erachten das, was sie geliehen haben, als einen Fund*
   und bereiten damit Mühe denen, die ihnen geholfen haben.
5 *Bis er es empfängt, küßt er seine Hände,*
   und über den Besitz seines Nächsten redet er mit gedämpfter Stimme,
   aber zum festgesetzten Zeitpunkt der Rückgabe
      läßt er die Zeit verstreichen
   und antwortet in kummervollen Worten
   und gibt dem festgesetzten Zeitpunkt die Schuld.
6 *Selbst wenn er zahlungsfähig wäre,*
      würde er kaum die Hälfte erhalten,
   und jener würde es wie einen Fund betrachten,
   wenn er aber nicht zahlungsfähig ist, erleichtert er ihn um sein Gut
   und wandelt ihn ganz unversehens zum Feind,
   Flüche und Lästerungen gibt er ihm zurück,
   und statt mit Ehren vergilt er ihm mit Schmach.
7 *Viele wenden sich nicht ab aus Bösartigkeit,*
   sondern weil sie vermuten, ohne Grund beraubt zu werden.
8 *Andererseits erzeige dich großmütig dem Elenden gegenüber*
   und übe Erbarmen und dränge ihn nicht.
9 *Um des Gebotes willen nimm den Armen an,*
   und entsprechend seiner Not laß ihn nicht leer von dir gehen.
10 *Betrachte dein Geld um des Bruders und Freundes willen als verloren,*
   und laß es nicht unter dem Stein bis zum Verderben rosten.

11 *Setze dein Vermögen nach den Geboten des Höchsten ein,*
   und dies wird dir mehr einbringen als Gold.
12 *Schließe Erbarmen auch mit ein als einen deiner Schätze,*
   so wird dich dies herausreißen aus allem Übel.
13 *Besser als ein mächtiger Schild und besser als eine große Lanze*
   wird es vor dem Feind für dich kämpfen.
14 *Ein guter Mann bürgt für den Nächsten,*
   aber der, der jeglichen Anstand verloren hat, läßt ihn im Stich.
15 *Die Gefälligkeit eines Bürgen vergiß nicht,*
   denn er hat sich selbst für dich eingesetzt.
16 *Die Güter eines Bürgen verwüstet der Sünder,*
   vor dem Bürgen flieht der Sünder[32].
17 *Der im Herzen Undankbare verläßt den, der ihn gerettet hat.*
18 *Eine Bürgschaft hat viele Wohlhabende zugrunde gerichtet*
   und hat sie erschüttert wie eine Welle des Meeres,
   mächtige Männer hat sie entwurzelt,
   so daß sie unter fremden Völkern umherirren mußten.
19 *Ein Sünder fällt auf eine Bürgschaft herein,*
   und wer vielen Geschäften nachjagt, der wird in Prozesse fallen.
20 *Nimm den Nächsten nach deinem Vermögen auf*
   und achte darauf, daß du nicht selbst fällst.

Schon in Sir 27,1–3 hatte Ben Sira zu dem Wirtschaftsfaktor Geld seine Gedanken vorgetragen. Dort ging es im Zuge der Behandlung des Verhaltens des Toren, der sich von der Weisheit abwendet, darum, auf die Gefahren des Umgangs mit Geld hinzuweisen. Wenn man sich nicht vorsichtig verhält, gerät man leicht in Abhängigkeit von Geld und damit in Sünde.

In ganz anderer Weise behandelt er hier dieses Thema. Er hatte eben davon gesprochen, wie sich der Gottesfürchtige und Weise davor schützen kann, in die Gefahr zu geraten, die die Zunge bereiten kann. Mit Vorsicht und Bedachtsamkeit kann dieser Gefahr entgangen werden. Wer in gleicher Weise mit dem Geld umzugehen weiß, kann damit Gutes tun. Geld ist für Ben Sira also nicht von Anfang an mit einem negativen Erwartungshorizont versehen. So wie alles im Leben, verhält es sich auch mit dem Geld: Es kommt alles darauf an, wie der Mensch damit umgeht. So kann der, der Geld besitzt, damit auch Gutes tun, indem er dem Nächsten leiht. Ben Sira weiß, daß es Notsituationen gibt, in denen ein Darlehen zu geben sinnvoll ist (V.1–13). Ein begüterter Mann wird aber auch gerne zu einer Bürgschaft gebeten. Auch dieser solle man sich nicht entziehen (V.14–20).

In Dtn 15,7f. wird das Gebot zur Hilfe für den Nächsten, der in Not geraten 1 ist, ausgesprochen. Witwen und Waise, Arme und Hungernde werden exem-

---

[32] Diese Halbzeile hat nur die Minuskel 248 und ähnlich **La**.

plarisch genannt. Darauf bezieht sich Ben Sira, wenn er von dem Nächsten spricht, dem durch Darlehen Barmherzigkeit erwiesen werden kann.

2–7   Beim Umgang mit Geld kann es leicht zu Enttäuschungen und Schwierigkeiten kommen. Auch hier beweist Ben Sira seine Weltläufigkeit und Erfahrung, wenn er darauf dringt, mit dem geliehenen Gut vorsichtig umzugehen und es baldmöglichst auch wieder zurückzuerstatten. Daß dies aber in der damaligen Zeit offensichtlich selten geschah, lehren die von Ben Sira zitierten Entschuldigungsgründe des Schuldners, der sich seiner Rückzahlungspflicht entziehen möchte: Ausflüchte (V. 4), Unterwürfigkeit (V. 5a), Hinweis auf die schwierige wirtschaftliche Lage (V. 5b), Reduzierung der Rückzahlungssumme auf die Hälfte (V. 6a) und schließlich der vollendete Konkurs (V. 6b). Mit all diesen Angaben und Verhaltensweisen will der Schuldner den Gläubiger hintergehen. All dies kennt Ben Sira und zeichnet damit ein erschreckendes Bild seiner Zeit.

8–13 Dennoch dringt Ben Sira darauf, auch weiterhin dem Armen und Elenden zu helfen. Es ist immer noch besser, großmütig zu sein (vgl. Ps 37,26 und 112,5), als sich des Gebotes zu enthalten, dem Armen zu helfen. Der, der Geld hat, hat eine Verpflichtung dem Armen gegenüber. Diese Verpflichtung wird aus dem Gottesverhältnis abgeleitet; denn auch Gott, der da reich ist, teilt seine Schätze den Menschen aus, ohne gewiß zu sein, für die ausgeteilten Güter einen Dank zu erhalten. Es ist besser, Geld dem Verlust anheim zu geben, als es unter einem Stein zu verstecken, wo es ungenutzt verdirbt und verrostet (V. 10). Dieser Gedanke bereitet die neutestamentlichen Aussagen von Mt 25,18.25 und Jak 5,3 vor. Auf diese Art kann selbst ein verloren erachtetes Vermögen seine Bedeutung haben. Es trägt auch in diesem Falle noch „Zinsen". Denn Gott selbst wird dann in einer Weise belohnen, die besser ist als Gold (V. 11). Wer diese „Zinsen" erhält, hat einen unverlierbaren Schatz gesammelt (siehe Mt 6,20), er wird den Geber vor Übel bewahren (V. 12) und ihn schützen. Auch hier greift Ben Sira zu eindeutigen Bildern, die diese Hoffnung verdeutlichen können. Wenn ein Feind gegen einen Menschen angeht, schützt dieser sich mit Schild und Lanze. Der bei Gott gesammelte Schatz ist besser und größer als dieser Schutz (V. 13).

14–20 Andererseits kann man in die Lage kommen, für seinen Nächsten zu bürgen. Dabei geht es nicht darum, eine gewisse Summe Geldes einem anderen zu geben, der dann damit Handel treibt. Es geht vielmehr darum, daß ein angesehener und begüteter Mann für seinen Nächsten für den Fall bürgt, daß dieser seinen verschiedenen Verpflichtungen, auch den finanziellen, nicht nachkommen kann. Im Extremfall handelt es sich hierbei um die Schuldhaft, in die ein Mensch geraten, durch die Bürgschaft eines anderen aber aus dieser Notsituation befreit werden kann. Auch dafür soll sich nach den Worten Ben Siras der reiche und weise Mann zur Verfügung stellen. In der wirtschaftlichen Situation seiner Zeit ist es offensichtlich gang und gäbe gewesen, diese Verhaltensform zu praktizieren; denn Ben Sira spricht davon, daß es einem jeden begegnen kann, einen Bürgen zu brauchen. Ein in sich verknüpftes Netz der Beziehungen wird hiermit angedeutet, aus dem man nicht aussteigen kann und soll. So ist es nicht von ungefähr, wenn Ben Sira mit eindringenden Worten darauf hinweist, sich dieser Bürgschaftspflicht nicht zu entziehen. Denn einmal kann man selbst in die Lage kommen, eine solche Bürgschaft zu brauchen, ja vielleicht hat man sie auch schon einmal früher in Anspruch nehmen müssen. Aber auch hier gibt es großen Mißbrauch, vor dem Ben Sira warnt. Die gesellschaftlichen und wirtschaftlichen Umgangsformen der damaligen Zeit müssen sehr korrupt gewesen sein, wenn Ben Sira darauf hinweist, daß auch durch die Leistung einer Bürgschaft viele Wohlhabende zu Grunde gegangen sind. Auch hier bleibt Ben Sira nicht bei der einfachen Behandlung stehen, sondern illustriert dies alles auch durch Bilder aus der Zeit und Umwelt, die allen Menschen unmittelbar verständlich sind: So wie die Welle des Meeres das Schiff erschüttert und in Gefahr bringt, so wie mächtige Männer aus ihrer konsolidierten Welt herausfallen und in ein fremdes Land fliehen müssen, so kann es dem ergehen, der Bürgschaft geleistet hat. Aber dennoch solle man sich dieser Gemeinschaftspflicht nicht entziehen (V.20), andererseits aber auch nicht auf jede Möglichkeit des Geldgeschäftes eingehen (V.19).

29,21–28: Was braucht ein Mensch zum Leben?

21 *Die Grundlage des Lebens ist Wasser, Brot und Kleidung,*
   und Wohnung, um das zu verhüllen, was man nicht vorzeigt.
22 *Besser ist das Leben eines Bettlers unter einer Balkendecke*
   als prächtiges Essen in fremden Häusern.
23 *Laß dir an wenigem oder an vielem genug sein,*
   und einen Tadel wegen der Wohnung wirst du nicht hören[33].
24 *Ein schlechtes Leben ist es,*
      wenn einer von Wohnung zu Wohnung ziehen muß,
   und dort, wo du als Fremdling wohnst,
      kannst du den Mund nicht auftun.
25 *Du wirst zu essen und zu trinken Undankbaren geben,*
   und zudem wirst du bittere Worte hören.
26 *„Komm herbei, Fremdling, decke den Tisch,*
   und wenn du etwas besitzt, so sättige mich!
27 *Geh hinaus Fremdling aus unserer ehrenvollen Runde,*
   mein Bruder ist als Gast zu dir gekommen, ich benötige das Haus!"
28 *Dies ist schwer zu ertragen für einen Menschen, der Verstand hat:*
   Eine Zurechtweisung als Fremder und eine Schmähung als Gläubiger.

Diese Ausführungen Ben Siras könnten durch die Beobachtung angeregt sein, daß ein Mann durch eine Bürgschaft besitzlos geworden ist und deshalb Haus und Land verlassen muß (vgl. V.18). Sie könnten aber auch in dem Zusam-

---

[33] Dieser Halbvers ist nur in der Majuskel Sc, in den Minuskeln *L*-672 a 404', 679 und in **La** erhalten.

menhang stehen, daß die Geldgeschäfte Handelsbeziehungen begründen, die in das Ausland führen. Jedenfalls schildern diese Aussagen in treffender Weise das Los dessen, der nicht mehr in seiner gewohnten Umgebung und inmitten der heimatlichen Welt leben kann, sondern in das Ausland verwiesen wird. Hier stellt sich die Frage, was ein Mensch zum Leben braucht.

21 Die notwendigen Dinge dieses Lebens sind Trinken und Essen, dazu die Kleidung, um sich in der Öffentlichkeit bewegen zu können, und schließlich die Wohnung, in die man sich zurückziehen kann, um nicht den öffentlichen Blicken aller Menschen ausgesetzt zu sein. Diese Lebensgrundlage wird da geboten, wo man sich „zu Hause" fühlen kann.

22–24 All diese Dinge zu besitzen in heimatlicher Umgebung ist besser, als in Reichtum und Wohlergehen in fremden Häusern leben zu müssen. In Bescheidenheit, selbst unter ärmlichen Verhältnissen im eigenen Lande leben zu dürfen, ist immer noch besser, als in der Fremde sich aufzuhalten, wo man auf Schritt und Tritt als der Ausländer erkannt und darum als minderwertig behandelt wird. Es klingt hier auch das Leben in der Diaspora an, das für die jüdische Gemeinde in der Zeit Ben Siras schon zu einer gewohnten Lebensform geworden war. Weit über die damals bekannte und bewohnte Welt verstreut waren jüdische Gemeinden vom Euphrat bis zum Nil entstanden. Alle diese Siedlungen waren gebildet worden, weil die Möglichkeiten des Wohnens im eigenen Lande durch kriegerische Ereignisse verursacht mehr und mehr schwierig geworden waren. So ergeht es auch dem, der auf Grund seiner Entscheidung, vielleicht als Handlungsreisender, von Wohnung zu Wohnung ziehen muß (V.24). Das Los, in der Fremde zu leben, ist in jedem Fall ein bitteres Los. Man wird ständig als der Ausländer und nicht zur Gemeinschaft Gehörende erkannt. Sobald man nur den Mund auftut, wird man aus der Mitte derer ausgeschlossen, die den jeweiligen Lebensumkreis bilden.

25–28 Selbst wenn man Versuche unternimmt, sich zu integrieren, wird dies von der neuen Umgebung abgelehnt. Indem man Kontakte bei Essen und Trinken mit den Bewohnern des neuen Lebenskreises sucht, macht man diese bittere Erfahrung von Mal zu Mal. Ben Sira greift hier zu der Möglichkeit, in direkter Rede diese Begegnungen mit den Menschen der fremden Umgebung zu schildern. In den Worten des Menschen, zu dem man Kontakt sucht, wird deutlich, wie sehr der Fremdling in seiner neuen Umgebung solange gelitten (V.26) wird, als er etwas zu bieten hat. Sobald aber die Situation sich ändert, wird er aus der Gemeinschaft ausgestoßen und an den Rand gedrängt (V.27). Die bittere Lebenserfahrung eines so gezeichneten Menschen steht am Ende dieser leidvollen Geschichte. Jeder, der etwas auf sich hält und der noch einen Funken von Selbstachtung in sich hat, leidet bitter unter einer solchen Behandlung in der Fremde.

KAPITEL 30

30,1–13: Ben Siras Ratschläge zur Erziehung

Über Kinder[34]

1 Wer seinen Sohn liebt, läßt die Rute beständig bei ihm,
   damit er sich freuen können über seine Zukunft.
2 Wer seinen Sohn züchtigt, wird Freude an ihm haben,
   und im Kreise von Bekannten wird er ihn rühmen können.
3 Wer seinen Sohn unterrichtet, wird den Feind eifersüchtig machen,
   aber vor Freunden wird er über ihn frohlocken.
4 Wenn auch sein Vater stirbt, so ist es, wie wenn er nicht gestorben wäre,
   denn er hinterläßt nach sich einen, der ihm gleicht.
5 Während seines ganzen Lebens blickt er ihn an und ist erfreut,
   und wenn er stirbt, muß er nicht traurig sein.
6 Gegen Feinde hinterläßt er einen Rächer,
   aber den Freunden jemanden, der Dank erzeigt.
7 Wer den Sohn verwöhnt, verbindet seine Wunden,
   und bei jedem Hilferuf wird sein Erbarmen verwirrt.
8 Ein Pferd, das nicht gezähmt wurde, bricht störrisch aus,
   und ein Sohn, der nicht gezügelt wurde,
      erhebt sich voreilig (gegen den Vater).
9 Wenn du ein Kind verwöhnst, so wird es dich erschrecken,
   wenn du mit ihm spaßest, so wird es dich betrüben.
10 Lache nicht mit ihm, damit du nicht mit ihm trauern müßest
   und am Ende deine Zähne stumpf würden.
11 Laß ihn nicht herrschen in seiner Jugend
   und vergib nicht seine Untaten.
12 Wie eine Schlange auf etwas Lebendes zustößt,
   so zerbrich seine Lenden, solange er noch Knabe ist,
   beuge seinen Kopf in seiner Jugend
   und schlage seine Lenden, solange er noch klein ist,
   damit er nicht halsstarrig werde[35] und widerspenstig gegen dich
   und durch ihn ein Seufzen entstehe[36].
13 Züchtige deinen Sohn und beschwere sein Joch,
   damit er dich in seiner Torheit nicht verspotte[37].

---

[34] Nur in wenigen **La**-Manuskripten; „über die Erziehung von Kindern" mehrfach in **La**-Manuskripten; nur in wenigen griech. Minuskeln: „über Erziehung von Kindern".

[35] **H**B liest: ישקה = „er trinkt"; lies besser mit **H**Bmarg: ישקיח; vgl. Smend, 1906, 267.

[36] Versteil a und b bieten eine spätere ausmalende Doppelüberlieferung, vgl. P.W. Skehan, Sirach 30,12 and related Texts, CBQ 36 (1974) 535–542.

[37] **H**B: יתעלע בך; **H**Bmarg: יתעל בך. Lies mit Gesenius-Buhl, z.St.: יתלעב בך; so auch Segal, 1972, 184, und unter Hinweis auf 2 Chr 36,16; Penar, 1975, 48.

Die zeitgebundene Sicht Ben Siras wird bei seinen Lehräußerungen bei diesem Thema ebenso deutlich wie bei den Gedanken über die Stellung der Frau in seiner Zeit[38]. Daß er aber den Lebensformen seiner Zeit nicht unkritisch gegenüber steht, wird an der seiner Stellung zur Behandlung der Sklaven gezeigt werden können (zu 33,25–32). Es ist zudem nicht zu vergessen, daß die offiziellen Äußerungen und Meinungen in diesen Fragen häufig genug einen ganz anderen Charakter haben als die tatsächlich geübte Praxis. So wird zwar heute in der Theorie und in den Gesetzen eine radikal andere Auffassung bezüglich dieser beiden Themen festgelegt. Aber die in der Praxis sichtbar werdenden Verhaltensformen sind ganz andere.

1   Wie in früheren Ausführungen Ben Siras schon deutlich wurde, ist auch hier der Sinn und der Zweck der Erziehung nicht in sich selbst zu suchen. Erziehung geschieht auf Zukunft hin. Es geht nicht um die Ausübung willkürlicher Gewaltakte. Vielmehr muß darauf hingewirkt werden, die Jugendlichen für ihre spätere Aufgabe vorzubereiten. Dafür ist mit allem Ernst Vorsorge zu treffen.

2   Eine solche Erziehung dient aber nicht nur dem Fortbestand und dem Vorankommen der eigenen Familie, in der die Kinder erzogen werden und in die hinein sie wachsen sollen. Die Öffentlichkeit nimmt teil an den Geschehen in der Familie. Dies ist insofern wichtig, als die Umgebung ein Anrecht hat, in die Aspekte des Fortgangs der Entwicklung miteinbezogen zu werden, weil dadurch der Fortbestand der Sippe und des Volkes gewährleistet werden kann. In der Öffentlichkeit zeigt es sich dann auch, wenn eine Familie oder das Familienoberhaupt mit einer Schar von tüchtigen und wohlerzogenen Söhnen im Stadtbild in Erscheinung tritt. Nicht zuletzt stellt eine solche Familie auch einen Machtfaktor dar, der im Gefüge der Sippe nicht zu übersehen ist, vgl. Ps 127,6.

3   Diese „Hausmacht" erweckt dann eine unterschiedliche Reaktion: bei denen, die mißgünstig gesinnt sind, kommt Neid auf; aber vor Freunden kann sich ein Vater seiner Söhne fröhlich sehen lassen. Nach diesen Beschreibungen der

4f. Erfahrungen des alltäglichen Lebens kommt Ben Sira auf die Zukunft zu sprechen, für die ein Vater seine Söhne ja vornehmlich erzogen hat. Er kann getrost von dieser Welt scheiden, weil er ja weiß, daß er ein gutes Erbe hinterläßt. An seine Stelle tritt sein Sohn „nach seinem Bild". Mit diesen Worten klingt der aus der Urgeschichte bekannte Hinweis an, wonach Adam seinen Sohn Seth „nach seinem Bild" (Gen 5,3) gezeugt habe.

6   Auch in der Weise ist Vorsorge getroffen, daß der Sohn die Dinge weiterführen und zu Ende bringen kann, die dem Vater nicht mehr zu tun möglich sind. Dazu gehören sowohl die Taten der Vergeltung als auch die Erzeigungen von Dank. Beides entspricht der unmittelbaren Lebenssituation eines jeden Menschen, beides ist aber auch aus der Geschichte Ben Sira sicher bekannt ge-

---

[38] Ausführliche Stellungnahme hierzu bei Schrader, 1994, 137–147.

wesen. Man muß nicht annehmen, daß ein Vater durch eine Mordtat umgebracht wurde, um von der Aufgabe des Sohnes zu sprechen, ihn zu rächen. Es kann sich auch um langjährige und verwickelte Ereignisse handeln, in denen eine Rache zu vollziehen noch nicht möglich gewesen ist. Eine solche Situation ist aus dem Leben Davids bekannt, der auf seinem Sterbebett seinem Sohn Salomo diesbezügliche Anweisungen gibt, 1 Kön 2,5–9. Gleiches gilt aber auch von dem Dank, der noch zu erzeigen ist, auch hierfür bietet das Leben Davids an dieser Stelle entsprechende Beispiele.

Die folgenden Worte Ben Siras gelten der Möglichkeit, die Erziehung des Sohnes nicht in der Weise zu vollziehen, wie sie in den V. vorher zum Ausdruck gebracht worden war. Das Gegenteil von erzieherischer Strenge ist die Verwöhnung der Kinder. Daraus, so Ben Sira, kann nichts Gutes für die Zukunft erwachsen. Er gebraucht hierfür wiederum in seiner bilderreichen Sprache Worte, die unmittelbar verständlich sind. Wunden, die schmerzen, werden zur Heilung verbunden (V.7). Dies ist an sich ein nötiges und hilfreiches Tun. Bei der Erziehung eines Kindes aber kann man Härte nicht vermeiden, so Ben Sira. Nicht jeder Hilferuf eines Kindes soll man beantworten. Es muß zur Selbständigkeit erzogen werden. Wenn das Kind beim Gehenlernen fällt, soll es lernen, auch allein wieder aufzustehen. Es wäre ein falsches Erbarmen, dem Kind in allen Situationen seiner Erfahrungswelt zu Hilfe kommen zu wollen (V.7b). Auch ein Pferd muß gezähmt werden (V.8). Wenn dies nicht geschieht, bleibt es störrisch. So verhält es sich auch mit dem Sohn, der sich störrisch seinem Vater gegenüber zeigen wird. Ein Kind, das keine Grenzen in seiner Erziehung kennengelernt hat, wird auch später keine Grenzen respektieren, auch die den Eltern gegenüber nicht. Die Worte über das Verwöhnen und Spaßen mit den Kindern (V.9) sollen gewiß nicht so verstanden werden, daß damit jeder leichtere Lebensumgang in der Familie verboten wäre. Dieses Wort hat nur darin seinen Sinn, wenn es im Gegensatz zu den Maßnahmen der Erziehung gesehen wird. Wer Strenge walten läßt, kann auch mit dem Kind spaßen. Eine Erziehung, die nur im Verwöhnen und im Spaßen besteht, wäre verfehlt. Wenn Ben Sira auf das stumpfe Gefühl auf den Zähnen hinweist (V.10), denkt er an die Worte in Ez 18,2 und Jer 31,29f. Hier wird auf den Generationenkonflikt Bezug genommen, der darin sichtbar wird, daß den Kindern eine Schuld angerechnet wird, die die Väter verursacht haben. Ben Sira dreht dieses Bild um und warnt den Vater davor, daß seine Zähne das stumpfe Gefühl bekommen könnten, weil er in der Erziehung seiner Kinder nachlässig gewesen sei. Dieses Bild stammt aus der Erfahrung der Weingärtner. Noch nicht ausgereifte Weinbeeren sind an sich wegen ihres sauren Geschmacks eine durstlöschende Delikatesse. Sie hinterlassen aber auf den Zähnen ein stumpfes Gefühl, bei dem man meint, Zähne und Zahnfleisch zögen sich zusammen. Dieser stumpfe Nachgeschmack wird als Bild gesehen für die Erfahrungen zwischen den Generationen. So kommt Ben Sira zu den abschließenden Mahnungen (V.11–13): Ziel der Erziehung ist, wie bei Ben Sira nicht anders zu erwarten, die Vermittlung von Weisheit. Ein nicht erzogener Sohn verbleibt in der Torheit (V.13).

Diese Erziehungsprinzipien spiegeln ganz die pädagogischen Maxime der Zeit des alten Vorderen Orients wider. In vielfältiger Weise können Paralleltexte aus dem ägyptischen und mesopotamischen Raum genannt werden. In Ägypten steht die Weitergabe von Lehrtexten im Vordergrund. Sie erfaßt viele Schichten der Bevölkerung und kann dadurch eine verbindende Wirkung erzielen. Es geht darum, den Einzelnen zu einem verantwortlichen und eigenständig begründbaren Handeln zu bewegen[39]. Diese Tatsache ist ein Hinweis auf die Allgemeingültigkeit der Anweisungen. Der konkrete Einzelfall im Rahmen einer bestimmten Zeit oder eines besonderen Umfelds kann ganz andere Überlegungen hervorbringen. Im mesopotamischen Raum steht die Heranbildung von Personen im Vordergrund, die am Tempel oder am königlichen Hofe Dienst tun können. Das Erziehungsideal gilt dem Kult und der Tätigkeit im öffentlichen Interesse. Der Unterricht geschieht im *bit tuppi*, dem „Tafelhaus" und kann auch privat erfolgen. Die Fertigkeit im Tontafelschreiben ist wichtiges Erziehungsziel[40]. Im alttestamentlichen Bereich wird häufig in ähnlichem Sinne in dem Buch der Sprüche argumentiert, vgl. Spr 7, 23; 13,24; 22,3; 23,13f.; 29,15; und zu Spr 3,11f. vgl. Hebr 12,5–11. Darüber hinaus aber sieht Ben Sira sein erzieherisches Reden in dem größeren Zusammenhang der Auseinandersetzung zwischen alttestamentlich-israelitsicher Tradition und hellenistischer Moderne. Von hier aus gesehen erhalten seine Ausführungen noch einmal ein besonderes Gewicht. Es geht ihm nicht nur um die Erziehung um jeden Preis, sondern, wie oben ausgeführt, um die Öffentlichkeitswirkung der Erziehung in einem israelitisch-jüdischen Hause. Hier sollten die alten Traditionen bewahrt werden, die von den Vätern auf die Söhne übergehen, vgl. dazu Spr 15,20 und 29,17. In dem Kontext seiner Zeit erweisen sich diese harten Prinzipien als traditionserhaltend. Sie wehren damit die neueren Bestrebungen, von denen die jüdische Gemeinde Jerusalems überschwemmt wurde, ab. Es geht hier, wie auch anderwärts, Ben Sira immer wieder um die Bewahrung des Erbes, von dem das israelitisch-jüdische Volk Jahrhunderte hindurch gezehrt und sich dadurch in seiner Geschichte, auch der katastrophalsten Art, behauptet hatte.

30,14–25: Gesundheit und Wohlergehen sind der erstrebenswerte Mittelpunkt im Leben

14 Besser ist es, Armut zu leiden, aber in Gesundheit zu leben,
   als reich und mit Krankheit geschlagen an seinem Leibe.
15 Gesundheit des Körpers[41] habe ich lieber als Gold
   und einen gesunden Geist lieber als Korallen.

---

[39] H. Brunner, Art. Erziehung, LÄ 2.Bd. 1977, 22f.
[40] G. Meier, Art. Erziehung, RLA 2.Bd. 1938, 472f.
[41] H^B bietet: שר; lies besser mit H^Bmarg: שאר, was eine zweite Randlesart bestätigt: בשר. Ginzberg, 1906, 623, hatte unter Hinweis auf den bab. Talmud ein hebr. Wort: שו = „Körperbeschaffenheit" vermutet.

*Über Speisen*⁴².

16 Es gibt keinen Reichtum,
    der über den Reichtum der Gesundheit des Körpers⁴³ ginge,
    und es gibt kein Gut, das über die Güte eines Herzens ginge⁴⁴.
17 Besser ist es zu sterben, als ein unnützes Leben zu führen,
    und besser ist ewige Ruhe als beständiges Leid,
    besser ist es zu sterben als ein böses Leben zu führen,
    und in die Unterwelt hinabzusteigen ist besser als ständige Krankheit.
18 Ein Gut, das vor einem verschlossenen Mund ausgeschüttet wird,
    ist wie eine Opferspeise, die vor einen Götzen hingestellt wird.
19 Was n[*ützt*] es den Götzen der Heiden,
    die nicht essen und nicht riechen können?⁴⁵
    So ist der dran, dem Reichtum zu Gebote steht,
    aber keinen Nutzen⁴⁶ von ihm hat.
20 Mit seinem Auge [*sieht er ihn und seufzt*],
    so wie ein Eunuch⁴⁷ ein Mädchen umarmt und seufzt,
    (so ist der, der mit Gewalt Recht tun will⁴⁸;
    so ist ein Eunuch, der bei einer Jungfrau liegt,
    aber der Herr wird von seiner Hand Rechenschaft fordern).
21 Du sollst dich nicht der Trauer hingeben,
    und dein Denken soll dich nicht zu Fall bringen⁴⁹.
22 Frohsinn des Herzens, ja⁵⁰, das bedeutet Leben für einen Menschen,
    und die Fröhlichkeit eines Menschen verlängert sein Leben⁵¹.
23 Überrede dich selbst und beruhige dein Herz,
    aber Ärger laß fern sein von dir,
    denn viele hat der Kummer getötet,
    und kein Nutzen liegt im Ärger.
24 Neid und Zorn verkürzen die Tage,
    und wenn es noch gar nicht Zeit dafür ist, läßt die Sorge alt werden.
25 Der Schlaf eines guten Herzens geht über Leckerbissen,
    und seine Stärkung kommt über ihn.

---

⁴² Nur in G: Majuskeln B und S und mehrere Minuskeln; Majuskel A hat: „Über Gesundheit".

⁴³ H^B wie in V.15: שר; H^Bmarg ebd.: שאר.

⁴⁴ H^Bmarg liest hier noch einmal: שאר: Dittographie.

⁴⁵ Ende des Verses in H^Bmarg.

⁴⁶ H^B: נהנה, unklar; Smend, 1906, 270, weist auf syr., aram. und neuhebr. Wurzeln hin.

⁴⁷ Das seltene סריס = „Eunuch" erklärt G.R. Driver, JBL 53 (1934) 277f.

⁴⁸ Versteil c in G nur in B^marg, O, L' und einigen Minuskeln. Versteile d und e fehlen in G ganz. Das Thema war in 20,4 schon angesprochen worden.

⁴⁹ H^B liest: ואל תכשל בעונך = „und nicht sollst du straucheln in deiner Schuld"; besser mit H^Bmarg: ואל תבשילך עצתך = G.

⁵⁰ H^B bietet: הם; dieses Wort wurde verbessert, zumeist in: היא = „sie", nämlich die Freude; mit Penar, 1975, 49, ist besser an die emphatische Interjektion zu denken.

⁵¹ H^B bietet: אפו = „seine Nase"; hier zweifellos als Körperteil zu verstehen, durch den der Lebensatem geht. G hat: μακροημέρευσις = „Zeitraum vieler Tage".

Ein scheinbar ganz neues Thema behandelt Ben Sira in den vorliegenden Versen. In Wahrheit geht es auch hier darum, die Haltung des Weisen dem Toren gegenüber näher in ihrem Wert zu beschreiben. In heute verständlichen Worten zum Ausdruck gebracht, geht es in diesen Ausführungen um die Einsicht, daß äußeres und inneres Wohlergehen und Verhalten einander entsprechen, oder anders ausgedrückt: die psychische Gesundheit bewirkt physische Gesundheit, wie auch umgedreht physisches Wohlergehen psychische Ausgeglichenheit zur Folge haben kann. Die Phänomene Armut/Reichtum, Gesundheit/Krankheit, Wohlergehen/Leid (Tod), Freude/Trauer und Ärger/Hoffnung stehen hier vor Augen. Ben Sira illustriert seine Haltung durch Hinweis auf viele sprechende Bilder: Gesundheit ist mehr wert als Geld und Schätze (V.15); beständigem Siechtum ist sogar der Tod vorzuziehen (V.17, vgl. die Klage Hiobs in Hiob 3); so wie die Götzen die ihnen geopferte Speise nicht verzehren können, so ist der, der wegen seiner Krankheit die köstlichen Speisen seiner Umwelt nicht genießen kann (V.19, vgl. hierzu Dtn 4,28 und Ps 115,5); ein Eunuch kann keine Freude bei der Umarmung eines Mädchens finden. So kann auch der Kranke keine Freude am Leben haben (V.20, dazu vgl. Sir 20,4a und auch die Szene des sterbenden David in 1 Kön 1,4). Wer aber die Ratschläge des Weisen beachtet, darf einen guten und gesunden Schlaf haben, der Stärkung vermittelt (V.25).

Ben Sira will mit diesen Worten nicht einem falsch verstandenen Hedonismus das Wort reden. Es geht ihm nicht um den Aufweis der Tatsache, daß der Genuß dieses Lebens allen anderen Gütern vorzuziehen ist, weil doch am Ende des Lebens der Tod stehe. Es geht ihm durch die häufig aufgeführten Antithesen um den Nachweis, daß der bedachtsam handelnde und klug urteilende Weise in jedem Falle ein lebenswerteres Leben führt als der, der in Torheit den Gütern dieses Lebens nacheilt.

KAPITEL 31

Vorbemerkung

Gegenüber der seit 1898 bekannten Kapitelfolge des hebräischen Urtextes hat die seit alters bekannte griechische Übersetzung, die die alten Majuskelhandschriften tradiert haben, eine ungemein störende Vertauschung von Kodex-Blätter vorgenommen. Sie fügte nach Sir 30,24 den Textzusammenhang ein, der nach der hebräischen Tradition als Sir 33,13b bis Sir 36,11a gezählt wird. Daran schloß nunmehr in der griechischen Fassung der Text an, der in der hebräischen Überlieferung als Sir 31 gezählt wird. Daraus folgt, daß für die griechische Überlieferung dieses (hebräisch bezeichnete) Sir 31 als Sir 34 aufscheint. Die nun danach folgende Reihung müßte entsprechend weiterhin parallelisiert werden. Erst mit Sir 36,11b ist der Anschluß wieder erreicht. Von diesem Zusammenhang an laufen die beiden Traditionen wieder kongruent nebeneinander her.

Da die hebräischen Traditionen immer genauer bekannt und auch umfangreicher greifbar sind, richten sich die neueren Text- und Kommentarausgaben ausschließlich nach der hebräischen Reihenfolge und Zählung. Dieser Entscheidung wird auch hier gefolgt.

31,1–11: Falscher Eifer und Sorgen schmälern die Freude

1 Der Trug[52] eines Reichen läßt schwinden sein Fleisch,
 Kummer um Lebensunterhalt läßt fliehen den Schlummer.
2 Kummer um den Lebensunterhalt vertreibt[53] den Schlummer,
 mehr als schwere Krankheit läßt er den Schlummer fliehen.
 (Ein getreuer Freund läßt Schmach fliehen,
 und es hält einen Rat geheim ein Freund, der so ist wie du.)[54]
3 Es müht sich[55] ein Reicher, um Schätze zu sammeln,
 und wenn er ausruht, sammelt er Mühsal[56].
4 Ein Armer müht sich ab wegen des Mangels in seinem Hause,
 und wenn er ruht, wird er bedürftig;
 ein Armer müht sich ab, wegen seines Mangels an Kraft,
 und wenn er ruht, hat er keine Ruhe für sich.
5 Wer dem Golde nachjagt, wird nicht ohne Schuld bleiben,
 und wer den Gewinn liebt, wird durch ihn in Sünde geraten.
6 Es gibt viele, die an Gold gebunden[57] sind,
 und andere vertrauen auf Perlen,
 aber sie finden keine Rettung vor dem Übel
 und auch keine Hilfe am Tage des Zorns[58].
7 Wahrlich[59], ein Stellholz ist dies alles für den Toren,
 und jeder Einfältige wird damit gefangen werden.
8 Glücklich der Mann, der als untadelig erfunden wird
 und wegen des Geldes nicht vom rechten Wege abwich.
9 Wer ist der, den wir glücklich preisen können?
 Denn er hat wunderbar gehandelt unter seinem Volke.

---

[52] So H^B: שֶׁקֶר; vielleicht besser mit H^Bmarg: שֶׁקֶד = „Schlaflosigkeit". Dies hat auch G und übersetzt: „Die Schlaflosigkeit des Reichtums läßt abnehmen das Fleisch."
[53] H^B: תפריע und H^Bmarg: תפריג: beide unklar; G: ἀποστήσει = „vertreibt"; Kuhn, 1930, 108, vermutet eine Konsonantenumstellung: פנר = „stören", wie im Neuhebr.
[54] H^B hat hier diese Einfügung, die Sir 27,16 entspricht.
[55] H^B: עמלי = „Mühsale (eines Reichen)"; besser mit H^Bmarg verbal zu fassen: עמל; so auch G.
[56] H^B: תענוג = „Freude"; besser mt H^Bmarg: עמל; so auch G.
[57] H^B: חבולי זהב; H^Bmarg: חללי זהב = „erschlagen von Gold".
[58] H^Bmarg stellt um: „am Tage des Zorns ... am Tage des Übels."
[59] כי als emphatische Partikel zu verstehen; s. Penar, 1975, 52.

10 Wer ist der, der sich daran hielt,
und es wurde ihm Frieden und es wurde ihm Ehre zuteil?
Denn in der Fülle des Friedens ruht sein Leben.
„Ich werde dir zur Ehre gereichen".
Wer wird ihn segnen und wer wird sein Leben erfüllen?
Dies ist es, was dir zur Ehre dient:
Der, der (vom Gesetz) hätte abweichen können und tat es nicht,
und Böses tun können und wollte es nicht.
11 Darum hat Bestand sein Gut,
und sein Lob verkündet die Gemeinde.

Wie schon häufiger zu beobachten war, greift auch hier Ben Sira zu dem literarischen Stilmittel der Kontrastierung. In den vorangegangenen Aussagen war von dem Wohlergehen für Leib und Seele gesprochen worden, wenn der Fromme (der Weise) sich mit dem vorsichtig verhält, was ihm beschieden ist. Nun aber kommt Ben Sira auf Kummer und Sorgen zu sprechen, die durch falschen Eifer entstehen und dadurch das Leben derer nicht mehr lebenswert machen, die nach ihren eigenen Wünschen und Vorstellungen irdischen Gütern nachjagen. Damit entsteht ein negatives Gegenbild zu den Aussagen von Sir 30,14–24.

Der Inhalt all dieser Ausführungen tendiert darauf hin, eine Ethik des Geldes zu entwerfen. Wie nicht anders zu erwarten, ist für Ben Sira die Ethik begründet im Gottesverhältnis. Insofern könnte das Thema dieser Aussagen auch formuliert werden als: „Geld und Geist". In theologischen Zusammenhängen aber wäre darauf hinzuweisen, daß Ben Sira im Grunde das Thema „Gott und der Arme" behandelt. So wie Gott sich dem Armen zugewendet hat, so ist es auch die Aufgabe derer, die nach seinem Gebot, also in der durch ihn vermittelten Weisheit leben, den Armen zu helfen. Ben Sira warnt vor dem Mißbrauch des Geldes, der dann geschieht, wenn man es als Machtmittel einsetzt. Dieses Tun würde Abfall von Gott und Mißachtung des ersten Gebotes bedeuten. Mit diesen Gedanken ist weder das Geld noch die Macht diskreditiert. Ben Sira weist vielmehr an anderen Stellen darauf hin, in welchen Bereichen das Geld und in welchem Umfang und in welchen Relationen die Macht gut angewendet werden könnte. Macht darf man wohl besitzen, so wie man auch Geld besitzen darf. Man darf sich nur nicht dieser Machtposition bewußt sein, vgl. dazu den Hinweis anläßlich der Volkszählung durch David (2 Sam 24,10) und anläßlich des Traumes des Salomo in Gibeon (1 Kön 3,5–15). Diese Haltung ließe sich in die einfachen Worten kleiden: „Haben, als hätten wir nicht."

1–3 Die ständige Unruhe, die ein Reicher hat, um seinen Besitz zu erhalten und zu vermehren, macht ihn krank. Psychische Unrast führt zu physischem Unbehagen. Selbst da, wo er vermeintlich ausruht, ist er noch tätig, um möglichst viel Freude einzuheimsen (V.3).

Dieser Erfahrung stellt Ben Sira den Armen gegenüber, der sich auch ab- 4
müht, aber zu keinem Fortschritt und Aufstieg in seinem Leben gelangt. Wenn
er ruht, wird er nur noch ärmer.

Die Unruhe des Reichen, der dem Besitz nachjagt, läßt ihn auch schuldig 5–7
werden. Wer auf irdischen Besitz und Reichtum sich verläßt, beweist damit,
daß er sich von dem Vertrauen zu Gott gelöst hat. Er hat damit das erste Gebot mißachtet und sich seinen eigenen Gott gebildet. Für den Toren ist dies
eine ständige Versuchung, während der Weise sich dem enthalten kann. Dies
wird in längeren bilderreichen Ausführungen zur Sprache gebracht. Der, der 8–11
vom rechten Wege nicht abweicht, hält sich an das Gebot. Der Gegensatz, der
später im NT (Mt 6,24; Lk 16,13) wieder aufgenommen wird, steht hier
unausgesprochen schon im Hintergrund: Man kann nicht Gott und dem
Mammon gleichzeitig dienen. Wer aber in der Nähe Gottes verbleibt, der ist
glücklich zu preisen (V.9). In rhetorischen Fragen führt Ben Sira diese Aussage in weiteren eindrücklichen Formulierungen vor. Der, der sich an Gottes
Weisung hält und nicht vom Wege abweicht (V.10), hat letztlich Bestand.
Aber nicht nur für ihn persönlich ist dies Zeichen seines Wohlergehens. Auch
die Gemeinde nimmt daran Anteil und preist den, der sich so verhalten hat.
Damit ist deutlich gemacht, daß das Leben des einzelnen nicht in einer Abgeschiedenheit oder Nische verläuft, die von niemandem beachtet wird. Der
einzelne der israelitisch-jüdischen Gemeinde steht auch immer gleichzeitig in
der großen Schar derer, die in gleicher Weise sich an die Gebote und Gesetze
halten.

31,12–31: Beim Gastmahl

Lehre über Brot und Wein gleichzeitig[60]

12 Mein Sohn, wenn du an der Tafel eines großen Mannes sitzest,
   dann reiße deinen Rachen über ihr nicht auf,
   sprich nicht: „Überfluß steht auf ihr".
13 Denke daran, daß ein böses Auge Böses sieht,
   aber die Bosheit eines Auges haßt Gott,
   etwas Böseres als dies hat er nicht erschaffen,
   denn dies ist es, daß vor einer jeden Tat das Auge erzittert,
   und vor ihr fließt die Träne,
   Böseres als es hat Gott nicht zugeteilt[61],
   darum möge ein jeder vor ihm fliehen[62].

---

[60] Die Überschrift bietet H^B, nicht aber G. La hat in freier Weise eine neue Formulierung gefunden und gebildet. Sie tradiert: „De continentia" = „Von der Enthaltsamkeit".
[61] H^B: חלק = „erschaffen", vgl.16,14.
[62] Dieser Vers ist überladen, eine überzeugende literarkritische Lösung aber nicht möglich.

14 Dorthin, wohin einer blickt,
  sollst du nicht deine Hand ausstrecken[63],
 nicht sollst du mit ihm zusammentreffen[64] im Korb.
15 Erkenne, daß dein Nächster ist wie du,
 und all das, was er haßt, bedenke.
16 Verhalte dich wie ein Mann, der für die Einladung ausgewählt wurde,
 stürze nicht drauflos, damit du nicht gescholten wirst[65],
 erkenne, daß dein Nächster ist wie du[66],
 und iß wie ein Mann des Wortes das, was dir vorgelegt wird,
 (und so wirst du nicht ein Schlund sein,
  damit du nicht verachtet werdest.)
17 Beende als erster das Mahl, um deine gute Erziehung zu beweisen,
 schlürfe nicht, damit du nicht verachtet werdest.
18 Ferner, wenn du zwischen vielen Menschen sitzest,
 laß deine Hand nicht vor deinem Nachbarn hin und her wedeln.
19 Hat nicht ein verständiger Mann an wenigem genug?[67]
 Auf seinen Lagern[68] strömt (Speise) nicht über.
20 Schmerz, flüchtiger Schlaf, Qual[69] und Bedrückung[70],
 ein entstelltes Gesicht sind bei einem unverständigen Menschen,
 erquickender Schlaf aber folgt einem unbeschwerten Magen,
 und man steht am anderen Morgen in voller Kraft auf.
 (Erquickender Schlaf liegt über einem verständigen[71] Mann,
 er ruht bis zum Morgen, und seine Lebenskraft ist bei ihm.)[72]
21 Ferner, wenn du beschwert wurdest durch Speisen,
 speie sie kräftig aus und es wird dir Ruhe bringen[73].
22 Bei all deinem Tun sei demütig,
 und kein Ungemach wird dir begegnen.
 Höre, mein Kind, und verachte mich nicht,

---

[63] H^B: תושיט, unklar: Ho. oder Hi.?; besser mit H^Bmarg: תשית.

[64] H^B: דיחד = „ein Zusammentreffen"(?); besser H^Bmarg: תיחד, verbale Aussage.

[65] H^Bmarg hat für V.a und b einen kaum besseren Text: „Iß wie ein verständiger Mann und stürze nicht darauf los, damit du dich nicht offenbarst (תגלו?) und du gescholten werdest."

[66] Dublette zu V.15a.

[67] Zur Übersetzung vgl. G.R. Driver, JBL 53 (1934) 278.

[68] So liest H^B: יצועיו; H^Bmarg dagegen: יצוריו = „seine Glieder"; der Sinn wäre demnach, daß bei einem Gelage nicht soviel gegessen wird, daß es zum Erbrechen kommt.

[69] H^B: צער, unklar; s. G. Margoliouth, JQR 12 (1900) 32; Peters, 1902, 118; ders., 1913, 257; Smend, 1906, 280.

[70] H^B: תשניק, unklar; s. G. Margoliouth, JQR 12 (1900) 33. Peters, 1913, 257, streicht dieses Wort.

[71] H^B: נבון; über ב ist geschrieben כ, also נכון = „aufrecht".

[72] Dublette zu c und d.

[73] H^B hat einen dreizeiligen Text mit sechs Halbversen, von denen aber nur b und e und f lesbar sind. Es liegen auch hier Dubletten vor. Mit G ist der oben übersetzte Wortlaut der verständlichste. G liest: „Und wenn du beschwert wurdest durch Leckerbissen, stehe auf und gehe hinaus, und du wirst zur Ruhe kommen."

denn am Ende wird dich mein Wort erreichen.
Höre, mein Kind, und nimm meine Lehre an
   und spotte nicht über mich,
und am Ende wirst du mein Wort finden.
23 Den, der beim Mahle sich wohlverhält, preist die Kunde,
das Zeugnis von seinem Wohlverhalten ist verläßlich.
24 Aber der, der sich unanständig beim Mahle verhält, wird zittern im Tor,
die Kunde[74] von seiner Unanständigkeit ist ebenso verläßlich.
25 Ferner, zeige dich nicht als Held beim Gelage,
denn viele hat der Rauschtrank straucheln lassen.
26 Der Ofen prüft das Werk des Schmiedes,
so tut es auch der Wein, um die Spötter zu erproben,
der Kundige prüft das Werk[75],
so tut es auch der Rauschtrank beim Streit der Spötter.
27 Welchem Menschen bedeutet der Wein Leben?
Wenn er ihn trinkt mit Maßen.
Was ist ein Leben, das des Weines entbehrt?
Ist er doch von Anfang an zur Freude erschaffen!
Was ist ein Leben, wenn es an Rauschtrank mangelt?
Ist er doch von Anfang an zur Freude zugeteilt.
28 Freude im Herzen und Jubel und Lust
bewirkt der Wein, wenn man ihn zur rechten Zeit und reichlich trinkt.
29 Aber einen schmerzenden Kopf, Bitterkeit und Schmach
bewirkt der Wein, wenn man ihn in hitziger Erregung
   und in Unmut trinkt.
30 Übermaß an Rauschtrank ist für den Toren ein Fallstrick,
er vermindert die Kraft und schlägt Wunden.
31 Bei einem Weingelage *tadle* den Nächsten nicht,
achte ihn nicht gering in seiner guten Laune,
ein Wort der Schmähung *sprich* nicht *zu ihm*
und betrübe ihn nicht[76] vor den Augen der Leute[77].

Ein für die israelitisch-jüdische Tradition vollkommen neuartiges Thema muß Ben Sira im Rahmen seiner Lehre behandeln: Das Benehmen bei Tische im Rahmen einer städtischen Kultur. Für dieses Thema gibt es in der Geschichte des Volkes keine wirklichen Vorbilder und Traditionen. Die Gepflogenheit, zu Tische geladen zu werden, und mit einer größeren Gesellschaft sich des Essens und Trinkens hinzugeben, kommt eindeutig aus der antiken Welt und ist damit Israel durch die griechisch-hellenistische Kultur (Symposion, vgl. Platos Schrift unter diesem Titel) nahegebracht worden. Diese neue Welt mußte

---

[74] H^Bmarg: עדות = „Zeugnis".
[75] H^B schreibt מעשה zweimal, Dittographie.
[76] Der lückenhafte Text von H^B ist durch G ergänzt.
[77] Die letzten Wörter von V.31 mit H^Bmarg.

der jüdischen Bevölkerung Jerusalems in besonderer Weise als fremd und unverfügbar erscheinen. War es schon schwierig genug, die nomadische Kultur in das Leben der seßhaften Bevölkerung und der sich bildenden städtischen Siedlungen zu übertragen und heimisch zu machen, so ist nun noch einmal ein großer Schritt zu tun zu der verfeinerten städtischen Umgangsform, die bei einem Gastmahl zu beweisen ist. Die Tatsache, daß sich Ben Sira auch mit dieser neuen Lebensform abgibt, wird als ein Zeichen für seine große Aufgeschlossenheit dem Hellenismus gegenüber angesehen[78]. Die folgenden Ausführungen lesen sich daher so wie ein antiker Knigge, um die, die als Gäste an der Reichen Tische sitzen dürfen, auf diese ungewohnte Umgebung vorzubereiten. Dabei wird deutlich, daß die vom Lehrer Ben Sira angesprochenen Schüler zu den Gästen gehören und nicht gastgebende Funktionen haben. Er selbst dürfte gute Kenntnis vom Ablauf eines Gastmahles haben und oft geladen gewesen sein[79]. Von der Funktion als Gastgeber spricht er in einem späteren Zusammenhang (32,1–13)[80].

12f. Die weiteren Ausführungen sind derart lebensnah und unmittelbar verständlich, daß man nicht viele Erklärungen braucht. Vielmehr können diese Angaben als eine reichhaltige Zeichnung antiker Tischsitten verstanden werden, die es ermöglichen, sich ein lebendiges Bild von den gesellschaftlichen Gepflogenheiten jener Zeit zu machen. Am Beginn einer solchen Zusammenkunft steht selbstverständlich die Einladung. Ein einflußreicher Mann hat seine Gäste geladen. Diese liegen nun zu Tische und werden mit einer reichhaltigen Speisenfolge bedient. Allein dies ist schon aufsehenerregend und läßt den Eindruck des Überflußes deutlich werden (V.12). Der Geladene soll sich bescheiden und seine Augen nicht aufreißen, sondern zurückhaltend sein.

14–16 In einer großen Schale wird das Essen von einem zum anderen herumgereicht. Hierbei sich zurückzuhalten ist schicklich. Es könnte sonst geschehen, daß man gleichzeitig mit dem, bei dem sich die Schale gerade befindet, in das Essen hineingreift, um sich zu bedienen. Man aß zu jener Zeit mit der (rechten) Hand. Gerade hier beweist sich die Rücksichtnahme auf den Nächsten (V.15, vgl. Lev 19,18). So, wie man den Nächsten lieben solle wie sich selbst, so soll man auch darauf achten, das zu hassen, was er haßt (vgl. dazu Tob 4,15[16]; Mt 7,12; Mt 22,40).

17–24 Nachdem bisher über das Verhalten während des Essens gesprochen wurde, wendet nun Ben Sira viel Aufmerksamkeit auf das Beenden der Mahlzeit, soweit es um die feste Speise geht. Auch hier sich zurückhaltend zu erweisen, ist

---

[78] J.G. Snaith, Ecclesiasticus: A Tract for the Times, in: J. Day a.o. (Hg.), Wisdom in Ancient Israel. Essays in Honour of J.A. Emerton, Cambridge a.o. 1995, Paperback 1998, 170–181. Demgegenüber weist Snaith auf Sir 24 hin, wo die enge Verbindung Ben Siras zum Gesetz zum Ausdruck kommt.
[79] J. Marböck, 1971 und Neudruck 1999, 162–164.
[80] Zum ganzen Thema ausführlich H.-V. Kieweler, Benehmen bei Tisch, in: R. Egger-Wenzel und I. Krammer (Hg.), Der Einzelne und seine Gemeinschaft bei Ben Sira, Berlin/New York 1998, BZAW 270, 191–215.

höchstes Gebot (V.17). Man darf nicht durch häufiges Ausstrecken der Hand, die die Schüssel mit den Speisen zu erreichen sucht, seinen gierigen Hunger beweisen (V.18f.). Es könnte leicht geschehen, daß man sich an der Speise überißt und daraus Schmerzen resultieren. Falls man einmal wirklich zu viel gegessen haben sollte, bleibt der Weg offen, die Speise wieder auszuspeien, wie es auch aus der klassischen Antike bekannt ist. Ben Sira denkt dabei sicher nicht an die Gepflogenheit, durch dieses Tun nun wieder neue Speise zu sich nehmen zu können.

Nachdem man die Speisen genossen hat, folgt das Getränk, der Wein. Es ist 25–30 für die antiken Eßsitten bezeichnend, daß diese Reihenfolge eindeutig eingehalten wird, siehe auch die Überschrift. Von dieser Reihenfolge wird auch beim Passahmahl gesprochen und demzufolge auch beim Abendmahl. Beim Trinken zeigt es sich noch deutlicher, ob man Maß zu halten vermag. Helden im Kriege werden geschätzt, Helden beim Gelage aber verachtet, vgl. dazu Jes 5,22. Der Wein kann geradezu als Prüfstein für den Charakter eines Menschen angesehen werden; er prüft ihn, so wie der Schmelzofen das Werk des Schmiedes prüft und gelingen läßt (V.26). Der Wein ist aber nicht nur eine Gefahrenquelle, der ein charakterloser Mensch unterliegen kann, sondern auch eine Quelle der Freuden (V.27). So ungewohnt der Weingenuß anfänglich für Israel war (vgl. Gen 9 und Gen 19), so wird er doch auch als Mittel zur Lebensfreude geschätzt, vgl. Sir 40,20; Ri 9,13; Ps 104,15; Spr 32,6f.; Koh 10,19. Die zwiespältige Wirkung des Weins bringt noch einmal V.28f. zum Ausdruck: Freude, aber auch Schmerzen ruft er hervor.

Nicht nur zu dem eigenen Wohlbefinden oder zum eigenen Schmerz führt 31 der Weingenuß. Beim Gelage kommt es auch leicht dazu, die, die mit zu Tische liegen, in übermütiger Laune anzusprechen, zu verletzen oder gar zu schmähen. Dies ist um so unangenehmer, weil alle anderen Personen der Tafelrunde dieses Verhalten beobachten können und hören.

Wie wichtig Ben Sira dieses Thema aus der ihm ungewohnten Umgebung war, zeigt die Behandlung im folgenden Kapitel.

KAPITEL 32

32,1–13: Die Teilnehmer am Gastmahl und ihre Rechte und Pflichten

1 *Bist du zum Speisemeister gesetzt, überhebe dich nicht!*
   Sei für sie da wie einer von ihnen!
   Kümmere dich um sie und gehe reihum.
2 *Sorge für ihren Bedarf und dann laß dich nieder,*
   damit du dich erfreuen könnest an ihrem Ehrenerweis
   und aufgrund der Erziehung Einsicht davontragest.

3 Sprich, Greis, denn das steht dir zu!
    Beweise in Demut deine Weisheit und mindere den Gesang nicht!
4 An dem Orte, wo man Wein trinkt,
    sollst du keine Gedanken vortragen,
  sondern Lieder; warum trägst du Gedanken vor,
  es ist ja noch nicht Zeit dafür, warum willst du dich weise erweisen?
5 Wie ein Siegel an einem Beutel voll Gold
    so ist ein herrliches Lied beim Weingelage.
  Ein Stein von Rubin an einem Schmuck von Gold
    ist die Melodie eines Liedes beim Weingelage,
6 wie eine goldene Halskette, an der sich Steine von Granat und
    Saphir befinden, so lieblich sind schöne Worte beim Weingelage.
  Fülle von Feingold und Siegel aus Smaragd
    ist der Klang eines Liedes bei der Lieblichkeit des Rauschtranks.
7 Rede, Jüngling, wenn die Reihe an dir ist,
    wenn man mit Beharrlichkeit zwei oder drei Mal dich auffordert.
8 Straffe die Rede und in wenigen Worten sage viel,
    so wirst du einem Kundigen gleichen,
    der doch gleichzeitig schweigen kann.
9 Inmitten von Ältesten erhebe dich nicht,
    und unter Fürsten sollst du nicht groß reden.
10 Vor dem Hagel strahlt der Blitz auf,
    und vor dem Bescheidenen leuchtet Anmut auf.
   (Vor dem Hagel strahlt der Blitz auf
    und vor dem Schamhaften Anmut).[81]
11 Wenn es Zeit ist heimzukehren, zögere nicht,
    kehre zurück in dein Haus und vergelte die erfahrene Wohltat.
   Während du am Tische liegst, sollst du nicht viele Worte machen,
    auch wenn ein Gedanke in deinem Herzen aufsteigt.
12 [Kehre zurück] in dein [Haus] und vergelte die erfahrene Wohltat
    in der Furcht Gottes und nicht bei allerlei Mangel[82].
13 Und über dies alles preise deinen Schöpfer,
    der dich sättigt aus seinen Gütern.

Nach den Ausführungen über das rechte Benehmen bei Tische folgen nun Einzelanweisungen für die, die für das rechte Gelingen des Gastmahles verantwortlich sind. Ben Sira erweist sich darin als ein guter Kenner der Situation. Er dürfte solche Gelegenheiten des gesellschaftlichen Verkehrs selber häufiger

---

[81] H^B bietet die Aussage in leicht abgewandelter Form zweimal: Dublette. H^Bmarg will offensichtlich die Dublette erklären und schreibt am Rand der oberen Zeile: ברד ינצח ברר und streicht dies wieder durch; am Rand der unteren Zeile schreibt er: ברר נצח ברד = „Strahlen (?) des Glanzes [bietet] Hagel."

[82] V.12 bietet zunächst eine Wiederholung von V.11b und danach die Überleitung zu V.13.

kennengelernt haben. Es steht zu erwarten, daß er auch zu solchen Zusammenkünften eingeladen und Gäste bewirtet hat.

Viel Verantwortung für das Gelingen eines Gastmahles trägt der Speisemeister. Von ihm spricht die nur griechisch überlieferte Eingangsnotiz. Das Hebräische kannte offenbar weder dieses Amt noch das dafür gebräuchliche Wort der Beauftragung. Es handelt sich hierbei um den, der für das Gelingen des Gastmahles hinsichtlich der Darbietung von Speisen und Getränken verantwortlich ist. Der griechische Urtext gebraucht hierfür das Wort „Leiter" (ἡγούμενος). Die griechische Terminologie kennt zudem noch entweder das Amt des „Symposiarchen" (συμποσίαρχος) oder das des „Architriklinos" (ἀρχιτρίκλινος). Welches dieser Ämter an dieser Stelle in V.1 gemeint ist, ist nicht ganz deutlich. Die späteren Texte kommen auf dieses Amt zu sprechen, so z.B. 2 Makk 2,27, und im NT Joh 2,8. Der, der dieses Amt übertragen bekommt, hat nicht nur für das äußere Wohl der Gäste zu sorgen, sondern auch selbst sich in dieser seiner Rolle richtig zu verhalten. Dazu gehört, daß er ständig Umschau halten sollte, wo und wem es an Speisen mangelt, um sie von Neuem anzubieten. Der so beauftragte Speisemeister kommt nicht zur Ruhe, weil er ständig bedienen muß. Man lag in der Antike in einer offenen Rechteckform zu Tische. In der Mitte war ein Zugang, von dem her die Gäste reihum bedient wurden. 1

Erst wenn alle versorgt sind, kommt der Speisemeister zur Ruhe und kann die ihm gebührende Ehre empfangen. Die Gäste können nun, nachdem sie gelabt sind, die Güte des Mahles preisen und damit dem, der dafür verantwortlich war, Ehre erweisen. 2

Nicht nur im Essen und Trinken besteht das Gastmahl. Der Leiter hat auch dafür zu sorgen, daß es zu guten Gesprächen kommt. Hierbei wird dem Greis als erstem das Recht eingeräumt, seine Rede vorzutragen. Aber diese Rede soll dem Charakter des Gastmahles angepaßt sein und nicht zu einer langen Diskussion führen; denn beim Gastmahle ist das fröhliche Gespräch am Platze, das auch dem Gesang und der Musik Raum geben soll. Dieser Vorgang beweist, daß auch hier schon die beiden Teile Musik und Wein aufs Engste zusammen gehören, vgl. dazu 49,1 und aus dem AT Jes 5,12 und Am 6,5f. 3f.

Das Schönste an einem gelungenen Gastmahl ist die fröhliche Laune und die gute Stimmung, die sich darin zeigen, daß alle an den Schönheiten dieser Welt teilhaben können. Die von Ben Sira gebrauchte reiche Bildersprache ist dafür aufschlußreich: Gold und Schmuck aus Rubin, Halskette und Edelsteine sind Kostbarkeiten, an die erinnert wird, wenn man ein fröhliches und gelungenes Beisammensein bei Gesprächen und Gesang erlebt hat. 5f.

Nun ist es auch an der Reihe, daß die jungen Teilnehmer am Gastmahl zu ihrem Recht kommen und zu Reden aufgefordert werden. Nicht bei der ersten Aufforderung sollen sie ihr Wort erheben. Die Bescheidenheit gebietet es, erst nach der zweiten oder gar dritten Aufforderung das Wort zu ergreifen. Und wenn man zur Rede angesetzt hat, ist es angezeigt, in wohldurchdachten und eindeutig geprägten Worten das Wichtige zu sagen und bald zu einem Ende 7–10 zu kommen. Vor so vielen verständigen Menschen zu reden, ist eine Auszeichnung, die ernst zu nehmen ist.

11f. Ben Sira denkt auch an das Ende eines solchen Gastmahles, das nicht hinauszuzögern ist. Wenn der Zeitpunkt gekommen ist, an dem alle Teilnehmer sich vom Gastgeber verabschieden, dann ist auch die Gelegenheit da, dem Gastgeber zu danken. Es zeugt nicht von guter Erziehung, wenn man die Gespräche lang hinauszieht und meint, alle Gedanken, die man hat, äußern zu müssen. Ben Sira weiß, daß der Wein nicht nur die Stimmung hebt, sondern auch die Zunge löst. Dem soll man widerstehen.

13 Daß Ben Sira all diese weltlichen Erscheinungen ganz im Lichte seiner Gottesbeziehung sieht, zeigt die Mahnung, nicht nur den Gastgeber und den Speisemeister zu loben, sondern vielmehr an den Schöpfer zu denken, der durch seine reichen Gaben die Möglichkeit gibt, dies zu erleben.

32,14–23: Der Weise hat Bestand und Ziel, der Tor aber kommt zu Fall

14 Der, der [Go]tt su[cht], wird auf Wohlgefallen ho[ffen][83].
Doch der, der mutwillig handelt, wird sich darin verfangen.
Der, der Gott sucht, wird Lehre empfangen,
und wer sich beständig an ihn wendet, wird Antwort erhalten.
Der, der das Wohlgefallen Gottes sucht, wird Lehre empfangen,
und er wird Antwort erhalten in seinem Gebet[84].

15 Der, der Weisung erbittet, wird sie erhalten,
doch der mutwillig Handelnde wird sich in ihr verstricken.

16 Der, der den Herrn fürchtet, versteht das Recht,
und gute Ratschläge gehen von ihm aus.
Die, die den Herrn fürchten, verstehen sein Recht,
und viele weise Gedanken[85] gehen aus seinem Denken hervor[86].

17 Ein Mann der Gewalt[87] lehnt Zurechtweisung ab,
und nach seinem Plan zögert er die (Befolgung der) Weisung hinaus.

18 Ein weiser Mann verbirgt die Weisheit[88] nicht,
aber ein Spötter achtet nicht auf seine Zunge,
ein weiser Mann nimmt keine Bestechung an[89],
der Übermütige aber und der Spötter, sie achten auf keine Weisung[90].

---

[83] HBmarg: דרש אל חי וקוה רצון = „Suche den lebendigen Gott und hoffe auf Wohlgefallen."

[84] Die hier vorliegende erweiterte Form der Aussage läßt sich in ihrer ursprünglichen Form nicht überzeugend rekonstruieren.

[85] HB liest: וכחמות, unklar; HBmarg und HE lesen: וחכמות, Umstellung von Buchstaben.

[86] Versteil c und d bilden eine Dublette zu a und b.

[87] HB liest: חכם = „weise"; besser mit HBmarg: חמס, so auch HF.

[88] HB: כחמה = Schreibfehler für חכמה; s.V.16; richtig bei HE und HF.

[89] HE und HF lesen: איש חמס לא יקח שכל = „ein gewalttätiger Mann nimmt keine Einsicht an."

[90] HB: תורה = „Weisung"; HE und HF: מצוה = „Gebot".

19 Ohne Überlegung sollst du nichts tun,
    so hast du keinen Ärger nach deiner Tat.
20 Auf einem verschlungenen Weg gehe nicht,
    und strauchle nicht durch das Stolpern deiner Schritte.
21 Vertraue dich nicht dem Wege an, den die Räuber[91] gehen,
    und gib acht[92] auf dein Ziel[93].
    Vertraue dich nicht dem Wege an, den die Bösen gehen.
    und laß dich warnen auf deinen Pfaden.
22 Bei all deinen Taten hüte dich,
    denn ein jeder, der dies tut, beachtet das Gebot[94].
23 Der, der die Weisung bewahrt, achtet auf sich selbst,
    und der, der auf den Herrn vertraut, wird nicht zuschanden werden.

Ben Sira kommt auf allgemein gehaltene lehrhafte Anweisungen zu sprechen. Hierbei bedient er sich des literarischen Stilmittels der Gegenüberstellung. In antithetischer Form beschreibt er das Verhalten dessen, der in Weisheit sein Leben führt, und stellt diesem das Verhalten dessen gegenüber, der diese ihm gebotene Weisheit verachtet und eigene Wege geht. Die Ausführungen wiederholen in abgewandelter Form bereits bekannte Aussagen. Sie sind in sich verständlich und kreisen stets um den Gedanken, daß der, der Gott und seine Weisungen sucht und ihnen nachfolgt, Bestand hat, während der Mann der Gewalt und der Mutwillige zu Grunde gehen. Das Leben in dieser Zeit und Welt gleicht einer Wanderschaft, die von zwei Seiten her beeinflußt wird: Auf der einen Seite steht das Wort des weisen Lehrers, der die Weisungen und Gebote Gottes kundgibt; auf der anderen Seite stehen die Pläne, Erwartungen und Versuchungen derer, die sich von diesen Wegen abwenden wollen (V.14–21). Dieser Weg hat ein Ziel, führt also auf ein Ende zu. Damit ist Ben Sira ganz ein Erbe der alten Glaubensinhalte, die das Leben als einen geschichtlichen Prozeß ansehen. Nichts im Leben eines Menschen geschieht zufällig. Nichts im Leben eines Menschen hat keine Bedeutung. In jedem Falle ist der Mensch aufgerufen, sich zu entscheiden, um das Ziel zu erreichen. Dabei ist niemand allein gelassen, sondern ein jeder hat Regulative, die ihn lehren und auf dem rechten Weg begleiten (V.22). Diese Hilfen bietet das Gebot (V.23), das von Gott ausgeht. So kann Ben Sira diese seine Überlegungen schließen mit dem geprägten Wort: „Der, der die Weisung bewahrt, achtet auf sich selbst, und der, der auf den Herrn vertraut, wird nicht zu Schanden werden" (V.24). Aus den alten Überlieferungen ist dieser Maxime die Seligpreisung von Ps 1 an die Seite zu stellen: Wohl dem Manne, der nicht wandelt im Rat der Gottlosen.

---

[91] H^B: מחתף; H^Bmarg: רשעים = „Sünder".

[92] H^B: השמר; H^Bmarg: הזהר = „laß dich warnen". H^E und H^F ähnlich.

[93] H^B: in Versteil b: ובאחריתך = „und an deinem Ziel"; in Versteil d: ובארחתיך = „und auf deinen Wegen", während H^E und H^F in dem entsprechenden Versteil beide je ובאחריתך = „und an deinem Ziel" lesen.

[94] H^B: מצוה = „Gebot"; H^Bmarg: מצות = pl. „Gebote".

KAPITEL 33

33,1–6: Weise und törichte Handlungen

1 Der, der den Herrn fürchtet, wird auf kein Ungemach stoßen,
 auch wenn er in Versuchung gerät, wird er ihn wiederum retten[95].
2 Der erweist sich nicht als weise, der die Weisung verachtet,
 er schwankt im Sturm wie ein Schiff[96].
3 Ein einsichtiger Mann versteht das Wort des Herrn,
 und seine Weisung ist wie [*das Orakel verläßlich*][97].
4 [*Lege dir*] dein [*Vorhaben*] zurecht und dann handle,
 und (baue) das Haus der Ruhe und dann wohne[98].
5 [*Wie das Rad eines Wagens*] ist das Herz eines Toren,
 und wie eine sich drehende Achse sind seine Gedanken.
6 [*Wie ein geiler Hengst*] ist ein Freund, der da haßt,
 unter einem jeden Reiter wiehert er.

In Fortführung der Rede von Sir 32 spricht Ben Sira noch einmal von den beiden Wegen, die der Mensch gehen kann. An seinen Handlungen kann man erkennen, ob er weisen oder törichten Einsichten folgt.

1 Die Gottesfurcht bewahrt vor Abirren auf dem Wege. Dieses Thema hat Ben Sira häufig behandelt. Diese Tatsache zeigt, wie wichtig es Ben Sira ist, neben den konkreten Anweisungen und Lehren immer wieder auf das Zentrum seiner Gedanken hinzuweisen. Von Versuchungen und den Möglichkeiten, ihnen zu entgehen, weiß Ben Sira von Anfang seiner Rede an, vgl. Sir 2,1ff. Auch in der früheren alttestamentlichen Spruchliteratur ist diese Thematik behandelt worden, vgl. Spr 12,21.
2 Das negative Gegenbild dazu bietet der, der auf die Ratschläge des Weisen nicht eingeht. Sein Weg ist nicht sicher. Ben Sira erinnert an ein Bild, das für seine Zeit bereits unmittelbar verständlich geworden ist, nämlich die Seefahrt auf dem Meer. Daß man hierbei im Sturme schwanken kann und in Gefahr gerät, ist ohne weitere Erklärung verständlich.
3 Wiederum kontrastiert Ben Sira in den folgenden Worten, wenn er auf die Gewißheit und Verläßlichkeit hinweist, die durch das Wort Gottes mitgeteilt

---

[95] HB und HE ergänzen einander; Schrader, 1994, 177f., liest: „Den, der den Herrn fürchtet, trifft kein Übel – es sei denn durch Prüfung; und kehrt er um, wird er gerettet."
[96] HB bietet am Ende nur: ...כמס; zu ergänzen mit HBmarg (כמסער) = „im Sturm") und HE (כמסערה אזנו), wobei das unverständliche אזנו als אוני = „Schiff" zu lesen wäre. G hat: ἐν καταιγίδι πλοῖον. Vgl. G.R. Driver, ET 49 (1937/38) 37.
[97] Ergänzungen hier wie in den folgenden Versen mit G.
[98] HE: תניתה / תניה, unklar; Segal, 1972, 110, u.a. schlagen vor: תנוח = „ruhe, wohne".

wird. Die Nähe zum kultischen Geschehen zeigt die Erwähnung des Orakels[99]. Dieses spielt im alttestamentlichen Kult seit der Errichtung des Tempels eine große Rolle, vgl. Ex 28,30; Num 27,21 und Sir 45,17. Es geht hierbei um die divinatorische Orakelerteilung durch den Priester, der in einem weiten Umhang, Ephod genannt, Losorakel (zwei Stäbe oder Steine) hat. Diese sind beschriftet, vermutlich mit dem ersten und letzten Buchstaben des Alphabets: Aleph (א) und Taw (ת). Von dieser Beschriftung rührt offensichtlich der Name her: אורים = „Urim" und תמים = „Tummim". Durch Bewegen des großen Umhanges wird einer der Stäbe herausgeschleudert und damit dann die Entscheidung durch den Priester getroffen, wie diese Anfrage zu verstehen sei. Dieses Tun des Priesters wird als Weisung verstanden. Das hebräisch Wort dafür ist תורה (Torah). Aus diesem Zusammenhang ist dann die Bezeichnung der Gesetzesoffenbarung als Mitteilung der Tora erwachsen. Da dieses Geschehen unter dem Auftrag und dem Namen Gottes vor sich geht, erhält es höchste Relevanz. In der Spruchliteratur wird weiterhin darauf Bezug genommen, vgl. Spr 16,33 und 18,18.

Bevor man ein größeres Werk in Angriff nimmt, überlegt man genau die Vorgangsweise, besonders beim Hausbau. So soll es auch der Weise tun in seinen Entscheidungen des Lebens. Denn wer zu schnell handelt, der ist wie das Rad eines Wagens, das sich ständig dreht und nicht zur Ruhe kommt. So handelt und denkt der Tor. Das Bild, das Ben Sira hier gebraucht, ist wiederum typisch für die verändert Kulturstufe. Die hellenistische Zeit hatte den vermehrten Gebrauch von Wagen mit sich gebracht, die durch Rosse gezogen werden. Man fuhr auf einem von einem oder mehreren Rossen gezogenen Wagen und erlebte die schnelle Drehung der Radscheibe und ihrer Achse. Dieses Bild ist offensichtlich noch so neu und ungewohnt, daß Ben Sira die Geschwindigkeit der sich drehenden Achse als Beispiel für die Wechselhaftigkeit des törichten Handels nehmen kann.

Aber nicht nur der Wagen gilt als Beispiel für einen töricht handelnden Menschen. Auch das vor den Wagen gespannte Pferd gibt Anlaß, an die Unberechenbarkeit des Handelns eines Menschen zu denken, der nicht in Gemeinschaft mit den anderen lebt. Ein geiler Hengst ist unberechenbar. Auch ein darauf sitzender Reiter kann ihn nicht zähmen. Man merkt es diesen Worten an, daß diese kulturelle Errungenschaft der hellenistischen Zeit für Ben Sira noch ungewohnt war. Es ist bekannt, welch große Rolle Pferd und Wagen und Pferdezucht für die hellenistische Zeit gespielt haben. An vielen Orten werden in dieser Epoche Siedlungen gegründet, die durch die schnellen Wagen, von Pferden gezogen, miteinander verbunden sind. Auch für die Kriegführung gewann das Pferd, seit der Zeit der Hyksos (17. Jh. v.Chr.)im Vorderen Orient bekannt, immer größere Bedeutung.

---

[99] H.H. Schmid, Art. גורל, THAT I, 1971, 412–415; W. Dommershausen, Art. גורל, TWAT I, 1973, 991–998.

33,7–15: Gott hat in der Schöpfung Welt und Menschheit wohl geordnet

7 Was unterscheidet einen Tag vom anderen? Ja sie sind vollkommen!
Das Licht des Jahres kommt von der Sonne!
8 Die Weisheit des Herrn aber hat sie verschieden gemacht,
denn es gibt unter ihnen auch Festtage.
9 (Einige) [*von ihnen segne*]te er, und sie wurden geheiligt,
und andere setzte er zu gewöhnlichen Tagen im Ablauf des Jahres.
10 [*Ein jeder Mensch ist wie ein*] Tongefäß,
und vom Staub ist der Mensch gebildet.
11 [*Die Weisheit*] des Herrn hat sie geordnet,
und er hat sie eingeteilt in Geschlechter auf Erden[100],
und er hat verschieden gemacht ihre Wege.
12 (Einige) [*von ihnen segnete er und erhöhte er*] um ein Stück,
[*und*] (andere) von ihnen heiligte er und ließ [*sie zu sich nahen*].
(Andere wieder) [*von ihnen verfluchte er und*] erniedrigte sie,
und er stieß sie herunter von ihrem Postament.
13 [*Wie Lehm in der Hand des*] Töpfers,
um ihn nach Wohlgefallen zu kneten,
[*so ist der Mensch in der Hand*] seines Schöpfers,
vor ihm zu stehen, hat er ihm bestimmt.
14 [*Gegenüber dem Bösen*] steht das Gute
und gegenüber dem Leben der Tod,
gegenüber einem guten Menschen steht der böse
und gegenüber dem Licht die [*Finsternis*].
15 Blicke auf ein jedes Werk Gottes:
Sie alle sind paarweise,
eines entspricht dem anderen.

Wenn man diese Unterschiedlichkeit der Wege der Menschen ernstlich betrachtet und nach einer Begründung sucht, warum die einen Menschen diesen, andere aber jenen Weg gehen, wird man unweigerlich zu der Frage geführt, wie diese Unterschiedlichkeit zu erklären sei. Ben Sira gibt im folgenden auf diese Frage eine Antwort. Daß diese nicht in objektiver Weise die Welträtsel wird lösen können, liegt auf der Hand, wenn man die Denkweise und -kategorien Ben Siras bisher aufmerksam verfolgt hat. Sein Erklärungsversuch bewegt sich nicht im Rahmen rationalistischen Nachdenkens, auch nicht in soziologischen oder psychologischen Bahnen, sondern ist allein verursacht und geprägt durch sein Gottesverständnis. Das bedeutet, daß die Anwort ganz und gar im theologischen Bereich zu suchen ist. Schon in früheren Aussagen hatte er darauf Bezug genommen, vgl. Sir 15,11–20. Es geht ihm letztlich um die Erklärung, woher das Übel in dieser Welt stamme. Die hier gegebene Antwort bezieht in das Denken den weiten kosmischen Bereich mit ein.

---

[100] Lücken aus G ergänzt.

Ben Sira beginnt mit seiner Argumentation bei der Schöpfung. Von Gen 1 7–9 her ist bekannt, daß der Tag aus der Finsternis heraus erwächst, ferner, daß es Tage mit unterschiedlichem Gewicht und von unterschiedlicher Bedeutung gibt, vgl. Gen 1,14; 2,3 und Ex 20,11, ferner auch Lev 23. So unterschiedlich auch die Tage sein können, sie sind alle vollkommen. Dabei denkt Ben Sira an die Schlußnotiz, die am Ende jedes Schöpfungswerkes (ausgenommen eines einzigen) gleichlautend formuliert: „Und siehe, es war gut". Am Ende des sechsten Schöpfungstages (Mensch) lautet diese Formulierung sogar: „Siehe, es war sehr gut" (Gen 1,31). Diese Unterschiedlichkeit ist auf die Weisheit Gottes zurückzuführen, der seinen Segen auf die einzelnen Tage gelegt hat. Der Festtag ist dabei besonders hervorgehoben. Hierbei ist die Nähe Ben Siras zu dem kultischen Geschehen und auch zu dem kultischen Ablauf des Jahres bemerkenswert. Diese schöpfungsmäßige Unterschiedlichkeit wird nun zum Anlaß genommen, auch auf die unterschiedliche Art der Menschen zu sprechen zu kommen.

Aus Ton ist der Mensch gemacht (Gen 2,7; Hiob 10,9; 33,6). Das bedeutet 10–15 aber nicht, daß alle Menschen gleichgestaltet und gleichgeartet sind. Auch hier gibt es Unterschiede; denn der Schöpfer kann verschiedenartige Geschöpfe hervorbringen, so wie der Töpfer aus dem Lehm auch verschiedenartige Gefäße herstellt. Das Bild von dem Töpfer, der seine Gefäße zu verschiedenem Gebrauch herstellt, aber auch die Macht hat, ein mißratenes Gefäß wieder zu einem Klumpen zusammenzudrücken, um ein neues zu machen, ist in den alttestamentlichen Schriften reichlich belegt, vgl. Jes 29,16; 45,9; 64,7; Jer 18,1–6. Die neutestamentliche Tradition nimmt dieses Bild auf, vgl. Röm 9,20f. Diese Thematik ist aber auch im gesamten vorderorientalischen Bereich bekannt, was nicht wunder nimmt, da die Arbeit des Töpfers von der jüngeren Steinzeit angefangen durch die gesamte Geschichte der Menschheit zu verfolgen ist. Aus dem ägyptischen Bereich ist auf das Spruchbuch des Amenemope hinzuweisen[101]. Zu der Verschiedenartigkeit der Menschen gehört, daß es verschiedene Geschlechter und Völker gibt (V.11). Einige von ihnen stehen in einer größeren Nähe zu dem Schöpfergott als andere (V.12). Ben Sira denkt hierbei an die Erwählung, die dem Volke Israel zuteil geworden war. Der theologische Begriff fehlt allerdings, die Sache aber ist vorhanden, wenn er darauf hinweist, daß es in der von ihm überblickten langen Geschichte viele Beispiele dafür gibt, daß Völker auftauchen und wieder verschwinden. Die besondere Auszeichnung des Menschen ist es, vor Gott zu stehen, d.h. sich vor ihm zu verantworten (V.13). Damit hat Ben Sira den Höhepunkt seiner Beweisführung erreicht. Es geht ihm nicht nur um die feststellbare Verschiedenartigkeit der menschlichen Geschlechter, Völker und Nationen. Es geht ihm vielmehr um die Verschiedenartigkeit in der Verantwortung vor Gott, d.h. es geht um das Tun des Guten oder des Bösen (V.14). An dieser Stelle ist es für Ben Sira eine

---

[101] Kol. XXIV, 25. Kapitel, Z. 13–16: „Der Mensch, das ist Lehm und Stroh; der Gott ist sein Töpfer. Er zerstört, er formt täglich, er macht tausend Geringe nach seinem Belieben", TUAT III 1990–1997, 247, sowie 224, Anm.16.

einfache Feststellung der Tatsachen, daß es diese Zweiseitigkeit gibt: gut/böse; Leben/Tod; Licht/Finsternis. Mit der Erwähnung des Lichtes, das der Finsternis gegenübertritt, kommt Ben Sira in Form der inclusio auf den Anfang seiner Beweisführung zurück. Dort hatte er an die Entstehung des Lichtes (die Sonne, V. 7) erinnert, die die Finsternis überwindet.

15 Diese Betrachtung führt Ben Sira zu einem abschließenden, philosophisch wirkenden Satz: Die paarweise Anordnung der Dinge entspricht der in der Welt tatsächlich vorhandenen Dialektik, ohne die die Verschiedenartigkeit der Erscheinungen dieser Welt nicht zu erklären wäre. Beide Seiten sind aufeinander angewiesen, ergänzen oder widersprechen einander.

Diese wenigen Verse zeigen die abstrahierende Kraft Ben Siras in besonderer Weise. Er nimmt nicht nur die Erscheinungen dieser Welt wahr; er beschäftigt sich nicht nur mit den Lehren, die diese Erscheinungen in der Welt erkennen, deuten und überwinden wollen; er versucht, durch die vordergründigen Wahrnehmungen hindurchzudringen, um den geheimen Urgrund dieser menschlich gesehen unerklärbaren Verhaltensweisen zu erforschen. Daß dies durch den Rückbezug auf die theologischen Aussagen bei Ben Sira geschieht, nimmt im Zusammenhang seines Denkens nicht wunder.

33,16–19: Bekenntnis Ben Siras zu seinem Werk

16 Ferner: auch ich habe fortwährend auf ihn geachtet,
    und ich war wie einer, der Nachlese hält nach den [*Winzern*].
17 Durch den Segen Gottes bin auch ich vorangekommen,
    und wie ein Winzer habe ich gefüllt meine [*Kelter*].
18 Seht, daß ich nicht nur für mich allein mich gemüht habe[102],
    sondern für einen jeden, der die [*Weisheit*] sucht.
19 Hört auf mich, ihr Fürsten eines großen Volkes,
    und ihr Vorsteher einer Gemeinde, merket auf!

Der Inhalt der folgenden Verse hat zu der Annahme geführt, Ben Sira habe mit diesen Worten eine erste Sammlung seiner Lehren abschließen wollen. Sie sind in der Tat wie ein Bekenntnis gehalten und zu verstehen (siehe die Überschrift). Diese Argumentation ist aber rein hypothetisch und kann nicht aufrechterhalten werden, wenn man den im folgenden dargestellten inneren Zusammenhang betrachtet.

Diese Schau der Welt mit ihren so unterschiedlichen Erscheinungen zu erarbeiten, ist Ben Sira nicht leichtgefallen. Er hat diese Erkenntnis durch jahrelange Studien und Beobachtungen gewonnen. Davon spricht er zusammenfassend im folgenden.

---

[102] HE: עלמתי; Umstellung von Buchstaben: עמלתי; G: ἐκοπίασα.

Wenn die Zeit der Nachlese gekommen ist (Lev 19,9f.), ist der Sommer 16
vorüber und das Jahr neigt sich seinem Ende zu. Es steht der Winter vor der
Tür. Diesen Ablauf des landwirtschaftlichen Jahres nimmt Ben Sira zum Anlaß,
über sein eigenes Leben nachzudenken. Hier hat er sich auch fortwährend auf
die Ernte vorbereitet und darum gemüht. Er liest nun die noch übriggebliebenen
Früchte der Ernte ab.

Daß er nicht als armer Mann auf diese Früchte angewiesen ist, um sein Leben 17
zu sichern, macht der Hinweis auf den Segen (vgl. Sir 24,34) Gottes deutlich.
Bei all seinem Tun hat er diese Zuwendung erfahren, die ihn dazu hat kommen lassen, solche Einsichten zu gewinnen. Seine Kelter ist nun gefüllt, d.h.
der Schatz seiner Erkenntnis ist überreich und läßt ihn getrost in die Zukunft,
auch in den Winter blicken. Für die Fortführung des Lebens auch in karger
Zeit ist gesorgt, d.h. für die Lehre, die Ben Sira weiterhin vertritt, hat er seine
Erkenntnis gesammelt.

All dies gibt ihm die Möglichkeit an die Hand, diese seine Erkenntnisarbeit 18f.
nicht allein für sich zu behalten, sondern davon weiterzugeben. Hier spricht
der Weisheitslehrer, der seine Kinder und Schüler um sich sammelt. Sie zehren
nun von den Früchten, die der Lehrer hat gewinnen können. Aber nicht nur
Kinder und Schüler sollen von diesen Erkenntnissen profitieren, sondern
auch die Vornehmen des Volkes und die Vorsteher der Gemeinde. Damit erhebt
Ben Sira einen hohen Anspruch. Er weiß, daß eine gerechte Ordnung im Volk
nur möglich ist, wenn die von Gott geoffenbarten Verhaltensregeln (Gesetz
und Gebot) befolgt werden, vgl. Sir 4,15; 45,26. Diese bekennenden Worte klingen wie ein Vermächtnis. An ihnen ist zweifellos abzulesen, daß sich Ben Sira
in einem fortgeschrittenen Alter befindet. Diese Erkenntnis führt ihn zu der
folgenden Betrachtung:

33,20–24: Die Selbständigkeit des Weisen

20 Sohn oder Frau, Freund oder Nächster,
   du sollst sie nicht herrschen lassen, solange du lebst!
   Gib das, was dir gehört, nicht einem anderen,
      damit du nicht andererseits sein [*Angesicht*]
   gnädig stimmen müssest dereinst.
21 Solange du noch lebst und Atem in dir ist,
   laß niemand über dich herrschen.
22 Denn es ist besser,
      wenn dein Sohn dein Angesicht gnädig stimmen muß,
      als wenn du auf die Hände [*deines Sohnes*] blicken müssest.
23 In all deinen Taten sei du der Bestimmende,
   und gib nicht Anlaß zu einem Tadel in deinem [*Ansehen*].
24 Zu der Zeit, da die Zahl deiner Lebenstage abnehmen wird,
   dann am Tage des Todes verteile dein [*Erbe*].

Wenn Ben Sira auch das kommende Alter an sich verspürt, so ist damit nicht gesagt, daß er sich aus dem aktiven und verantwortlichen Leben zurückziehen solle. Er fühlt sich berufen, seine Sicht der Erkenntnis auch weiterhin im Alter zu vertreten. Er empfiehlt, im Alter nicht abhängig zu werden von anderen Personen. Diese Warnung und Mahnung Ben Siras ist aus den verwandelten Verhältnissen der hell. Zeit und Kultur zu erklären. Die Fortschritte in der Lebenserwartung und die Möglichkeiten der Lebensentfaltung hatten dazu geführt, die älteren Menschen und damit die vorangehende Generation durch die freiere Lebensentfaltung in den Schatten zu stellen. Hier war man auf einen rascheren Wechsel der Lebensumstände und -erfahrungen eingestellt. Die Zeit und die Kultur war schnellebiger geworden. Dem widersetzt sich Ben Sira, da er den althergebrachten Gewohnheiten anhängt, in denen wiederholt davon gesprochen wird, daß die Menschen, besonders die ältesten in der Familie, ihr Leben bewußt bis zu einem Zeitpunkt führen konnten, da sie merkten, daß der Tod nahe. Ben Sira erscheint hier wie einer der Patriarchen aus den Erzählungen des 1. Buches Mose, von denen berichtet wird, daß sie „alt und lebenssatt" (Gen 27,4) starben. In der Situation des Todes ist ihre Familie um sie versammelt und empfängt die letzten Reden und Anweisungen des sterbenden Vaters (V.24). Er erteilt zu diesem Zeitpunkt den Segen seinen Nachkommen und gibt damit die Leitung der Sippe aus der Hand, vgl. Isaak (Gen 25), Jakob (Gen 49) und David (1 Kön 1). Zu dieser Haltung ist zu bemerken, daß die Lebenserwartung der damaligen Zeit im allgemeinen nicht so hoch war wie heute. So stellt sich unter den gewandelten Verhältnissen eher die Frage, wie lange ein Mensch noch verantwortlich handelnd in seiner Gemeinschaft leben kann. Häufig genug ist das Ende eines Lebens überschattet durch die Erfahrung des Versagens der geistigen Kräfte. In der Literaturgeschichte ist dieses Problem häufiger behandelt worden, so z.B. bei Shakespeare. Er läßt Lear sagen: „Nun bin ich alt, und all dies Leid bringt mich hinab". Nach einer kleinen Pause fährt er fort: „O mein Gesicht ist schwach!", worauf Kent ihm zuruft: „Brich Herz, ich bitt' dich, brich!"[103]

33,25–32: Der Dienst des Sklaven

25 Futter und Stock und Last sind einem Esel bestimmt,
   Knechtschaft und Arbeit aber einem Sklaven.
26 Gib deinem Sklaven Arbeit, damit er nicht Ruhe sucht,
   denn wenn er (ohne Arbeit) seinen Kopf erhebt,
      wird er [*gegen dich*] treulos handeln.
27 [*Joch und Band*]e, Stock und Schläge![104]

---

[103] W. Shakespeare, König Lear, 5. Aufzug, 3. Szene; Übersetzung nach L. Tieck (Baudissin).
[104] H^E nur bruchstückhaft erhalten. Das letzte Wort des Verses lautet: תומכו = „sein Haltender"(?); Hartom, 1969, 123, und Segal, 1972, 115, schlagen eine Umstellung der Buchstaben vor: ו מ כ ו ת. Der zu diesem Halbvers gehörende zweite Halbvers könnte in 30a gesehen werden, vgl. G.

28 Gib deinem Knecht Arbeit, damit er sich nicht auflehne.
29 Denn viel Bosheit bewirkt die [*Faulheit*].
30 Einen bösen Sklaven laß [*viele Bande*] spüren,
   aber du sollst nicht übertreiben gegen irgendjemanden,
   und unberechtigt [*sollst du nichts tun*].
31 Wenn du (nur) einen Sklaven hast, achte ihn wie einen Bruder,
   du sollst nicht eifern gegen dein eigenes Blut[105].
32 Denn wenn du ihn demütigst, läuft er davon und ist verloren,
   wie [*willst du ihn wiederfinden*]?

Ganz aus seiner Zeit heraus ist auch dieser Abschnitt zu verstehen. So wie bei der Behandlung der Erziehungsfragen und so wie bei den Aussagen über das Verhältnis zu den Frauen, ist auch hier bei den Aussagen über die Sklaverei der unmittelbare Umkreis der damaligen Zeit in Rechnung zu stellen. Von dem Verhältnis zu den Sklaven war schon in 7,20f. gesprochen worden. Hier nun wird ein sehr strenges Bild von einem jüdischen Haus in der hellenistischen Zeit gezeigt. Dabei ist der Umgang mit Abhängigen, mit Sklaven, Leibeigenen oder wie sie auch sonst genannt werden mögen, seit den ältesten Zeiten[106] bis heute ein ständig sich neu stellendes Problem[107].

Ben Sira spricht zuerst das aus, was zu seiner Zeit vom Dienst des Sklaven 25–27 erwartet wurde. Er ist streng zu halten. So wie ein Arbeitstier zwar Futter erhält, aber diese Gabe durch die Leistung, die auch mit Stock eingetrieben werden kann, zu vergelten hat, so auch der Sklave. Er ist soll keine Gelegenheit haben, über den gewohnten und ihn ganz beanspruchenden Tages- und Lebenslauf hinaus seine Gedanken auf andere Ziele zu richten. Er kann und soll seinen Kopf nicht erheben (V.26). Dieses Bild gibt in erschreckender Weise einmal die Belastung des Sklaven wieder, der in gebeugter Stellung fortwährend seine Arbeit zu verrichten hat. Darüber hinaus ist daraus aber auch abzulesen, daß er den Kopf nicht erheben kann, weil dadurch sein Freiheitsstreben angezeigt sein könnte, vgl. Sir 11,1. Wer den Kopf erhebt, blickt über die Dinge hinweg, die ihn in seinem Dienst beschäftigen sollten.

---

[105] H^E bietet zu V.31 eine bruchstückhaft erhaltene Dublette: „Wenn du (nur) einen Sklaven hast, sei er dir so, wie du dir selbst; denn ..."; das folgende Wort ist unklar: במשף; Hartom, 1969, 124, vermutet:[חסרתו] בנפשך = „denn sein Verlust würde dich selber treffen." Ähnlich G.R. Driver, ET 49 (1937/38) 39, und Segal, 1972, 115, u.a.
[106] W. Helck, Art. Sklaven, LÄ, 5. Band, 1984, 982–987, kann zeigen, welchen Wandlungen diese Sozialform in der langen ägypt. Geschichte unterworfen war. Momente der Versorgung von Arbeitskräften waren im Alten Reich vorherrschend, während im Mittleren Reich auch von Strafgefangenen berichtet wird. Im Neuen Reich sind nicht nur im königlichen Dienst diese Arbeitskräfte tätig, sondern auch in Privathaushalten.
[107] N. Brockmeyer, Antike Sklaverei, Darmstadt 1979, EdF 116, stellt auf S. 134–147 die „Unfreiheit in den hellenistischen Reichen" dar; auf den Alten Orient geht er nicht ein; dies gilt auch für M.I. Finley, Die Sklaverei in der Antike, München 1981.

238   Lehren für das Verhalten

28–30   Darum ist ein Sklave zu einer strengen und fortwährenden Arbeit anzuhalten. Unvermittelt setzt nun im gleichen Vers die Kritik ein, die Ben Sira an diesem Zustand übt: er mahnt, diese Gegebenheiten nicht als unveränderliche Norm hinzunehmen, nicht zu übertreiben. Dem allzu oft anzutreffenden Verhalten setzt er seine Sicht entgegen[108]. Auch der Sklave ist Mensch, ja Bruder.

31f.   Daß ein Sklave dem harten Dienst entflieht, ist die überall anzutreffende Folge seiner Behandlung. Nach dem altorientalischen Recht wird ein entlaufener Sklave wieder eingefangen und verschieden streng bestraft. Wenn aber jemand einen entlaufenen Sklaven bei sich beherbergt und ihn nicht dem Eigentümer zurückgibt, wird der, der den Sklaven versteckt hat, getötet. Im alttestamentlichen Gesetz wird bestimmt, daß ein entlaufener Sklave nicht ausgeliefert werden müsse, siehe Dtn 23,16f. Es wird also das im Alten Orient geltende Recht humanisiert. Der menschliche Wert eines Sklaven ist bekannt und wird auch von Ben Sira respektiert. Es kommt ja darauf an, den Sklaven wieder in die häusliche Gemeinschaft, und sei es als Arbeitskraft, aufzunehmen. Der Haushalt ist auf seine Arbeitskraft angewiesen. Diese Humanisierungstendenz setzt sich im folgenden fort. Aus der neutestamentlichen Zeit ist auf Eph 6,5–9; Kol 3,22–4,1 und vor allen Dingen auf die Behandlung dieses Themas im Philemon-Brief hinzuweisen. Hier empfiehlt der Verfasser des Briefes (Paulus?), den entlaufenen Sklaven wie einen Bruder in Christus wieder aufzunehmen und ihn nicht zu bestrafen.

Kapitel 34

34,1–20: Nicht Träume und Trug, sondern Erfahrung begründet das Leben

1 Eitles suchst [*du, wenn du auf Trügerisches hoffst*],
   und Träume [*beunruhigen törichte Menschen*][109].
2 *Wie der, der nach einem Schatten hascht und einem Wind nachjagt,*
   so ist der, der sich an Träume hält.
3 *Das, was einem anderen (nur) entspricht, so ist das Traumgesicht,*
   vor ihm steht nur das Abbild seiner selbst.
4 *Kann etwas von einem Unreinen gereinigt werden?*
   Was kann sich von einer Lüge her als wahr erweisen?

---

[108] In dieser formalen Argumentationsweise folgt er einem auch sonst geübten Schema: Darstellung des Sachverhalts, danach Widerlegung und Korrektur. Darauf hat D. Michel überzeugend bei der Behandlung der im Buche Qoh anzutreffenden Widersprüche hingewiesen: Qohelet, Darmstadt 1988, EdF 258, 9–45 unter der Überschrift: Das Problem der literarischen Struktur des Buches.

[109] H^E mit G ergänzt.

5 *Orakel und Wahrsagungen und Träume sind leer,*
  und wie bei einer Frau, die Wehen hat,
    ergeht sich das Herz in Phantasien.
6 *Es sei denn, sie werden vom Höchsten in einer Begegnung*
    mit ihm entsandt,
  so richte dein Herz nicht auf sie.
7 *Viele nämlich haben ihre Träume in die Irre geführt,*
  und die, die auf sie hofften, wurden enttäuscht.
8 *Das Gesetz wird sich vollenden ohne Täuschung,*
  und die Weisheit kommt in einem verläßlichen Munde zur Vollendung.
9 *Der, der viel gereist ist, kennt viel,*
  und der, der viel erfahren hat, kann verständnisvoll erklären.
10 *Der, der nicht versucht wurde, weiß wenig.*
11 *Der aber, der umhergetrieben wurde, ist von Wissen erfüllt.*
12 *Vieles sah ich bei meinem Umherirren,*
  und größer als meine Worte dies ausdrücken können,
    ist meine Einsicht.
13 *Oft geriet ich in Gefahr bis an die Grenze des Todes,*
  ich wurde aber errettet um dieser Erfahrung willen.
14 *Der Geist derer, die den Herrn fürchten, wird leben.*
15 *Ihre Hoffnung nämlich richtet sich auf den, der sie errettet.*
16 *Der, der den Herrn fürchtet,*
    kann durch nichts sonst eingenommen werden,
  er muß auch nicht ängstlich sein, denn er selbst ist seine Hoffnung.
17 *Der, der den Herrn fürchtet, ist glücklich zu nennen.*
18 *An wen hält er sich? Und wer ist seine Stärke?*
19 *Die Augen des Herrn ruhen auf denen, die ihn lieben,*
  ein mächtiger Schutz und eine gewaltige Stärke,
  eine Bedeckung vor sengendem Wind
    und ein Schatten in der Mittagshitze,
  ein Schutz vor dem Straucheln und eine Hilfe vor dem Fallen,
20 *ist der, der den Menschen erhöht und die Augen erleuchtet,*
  der Heilung im Leben und Segen gibt.

Nach den vorangehenden grundlegenden Ausführungen Ben Siras über die Zusammenhänge des menschlichen Lebens unter dem Eindruck der Vielfalt der Möglichkeiten stellt er sich die Frage, woher Gewißheit für die Lebensentscheidungen erlangt werden kann. Dabei ist ihm der Gedanke der Offenbarung, die von Gott her kommt, ein erstes Thema.

In allen Religionen, auch in der alttestamentlichen, spielt die Berufung auf 1–5 von Gott kommende Eingebung eine große Rolle. Visionen, Auditionen und Träume sind in der Religionsgeschichte wesentliches Element der Gottesbeziehung. Für Ben Sira ist der Rückgriff auf die im Traum erlebte Offenbarung trügerisch. Träume sind Schatten, sie vergehen wie der Wind. Träume entspringen Phantasien, die beim Aufwachen vergehen. Sie entstehen bei starker physischer Belastung durch Schmerz, wie es stellvertretend deutlich gemacht wird durch den Hinweis auf das Erleben einer Frau anläßlich der Geburtswehen (V.5). Von der Nichtigkeit dieser Erfahrung spricht auch Koh 1,14 und 5,2. Auch die Propheten wissen um die Verführungskraft von nicht von Gott kommenden Träumen und Visionen, vgl. Jer 23,25–32.

6f. Dabei kommt Ben Sira in gefährliche Nähe zu der Anschauung, daß unter rationalen Gesichtspunkten jedes Erleben dieser Art verurteilt wird. Nun weiß allerdings das AT davon zu berichten, daß das Traumgeschehen eminent wichtige Bedeutung für die Geschichte des Volkes Gottes hatte. Im Buch Genesis wird von solchen Träumen berichtet, die wegweisend waren für die folgende Entwicklung der Geschichte der Erzväter und des Volkes. Es kann an Jakob in Bethel (Gen 28,10ff.) ebenso erinnert werden wie an Josef in Kanaan (Gen 37,5–10) und in Ägypten (Gen 40,5–19; 41,1–7). Aber auch in der Zeit der Könige wird von der Wichtigkeit von Träumen berichtet (so die Geschichtsschreibung von Salomo, 1 Kön 3,5). Im besonderen sind hier die Berufungsvisionen der Propheten zu erwähnen, die oft genug die Gestalt von Träumen haben. Dafür kann Jer 1,4–10 und Ez 1–3 herangezogen werden. Visionären Charakter hat die Berufungsgeschichte bei Jesaja (Jes 6). Es ist schwer, sich durch die Phänomene hindurchzufinden, ohne ihre Relevanz zu verlieren. Die Warnung Ben Siras, sich nicht in die Irre führen zu lassen, weil die Hoffnungen dadurch enttäuscht werden können, entspringt der Situation seiner Zeit. In den Erlebnissen der Bedrückung und der Not spielen solche Aussagen visionärer Geister oft genug eine besondere Rolle. Es ist möglich, hierbei an die Erzählungen zu erinnern, die zu einem wenig späteren Zeitpunkt in den Kapiteln Dan 7–12 niedergelegt wurden. Die in die Zukunft gerichtete hochfliegende Hoffnung des unterdrückten Volkes macht sich hier bemerkbar. Der nüchterne, rational denkende und die Gegenwart ernst nehmende Geist Ben Siras kann sich mit solchen Überlegungen nicht anfreunden. Daher rührt seine Warnung, solchen Propheten nicht zu folgen; er erinnert statt dessen an die Aufgaben der Gegenwart. Auch die neutestamentliche Zeit kennt dieses Phänomen der Mitteilung von Offenbarung durch Träume, die sich dann in der Sicht der Gegner und Zweifler als unwahr erweisen sollten, für die Gläubigen aber in die Zukunft weisenden Charakter haben, vgl. Mt 1,20–24 und 2,12f.

8 Für Ben Sira ist die von Gott kommende Offenbarung, die jede Täuschung ausschließt, im Gesetz zu suchen. Auf diese Form der göttlichen Rede kann man sich verlassen. Der Mund, der diese Weisungen vorträgt, spricht Wahres. Damit hat Ben Sira eine Absage einer jeglichen Art von Prophetie erteilt. Für seine Zeit war das im Volk bekannte religiöse Phänomen der prophetischen Rede verschwunden. Er gab dieser Offenbarungsform keine Chance.

9–11 Um diese Sicht zu begründen, weist Ben Sira wiederum auf seine eigene Lebenserfahrung hin. Er behauptet nicht mehr und nicht weniger, daß er in seiner langen Lebenszeit die verschiedensten Möglichkeiten der menschlichen Erfahrung kennengelernt hat. Erfahrung kommt nicht unversehens; sie kann man auch nicht durch Berufung auf außermenschliche Mitteilung begründen; sie kann man auch nicht kaufen. Sie kann nur durch viele Begegnungen, Gefährdungen und Enttäuschungen hindurch erworben werden. In diesen Zusammenhang stellt er seine Reisen, die er vermutlich in und außerhalb von Kanaan selbst durchgeführt hat. Diese Erwähnung der Reisen in fremde und fremdartige Länder und Kulturen ist ein typisches Zeichen für die hellenistisch geprägte Kultur, in der Ben Sira lebt. Mit Recht hat man bei diesen Worten auf die einleitenden Verse der Odyssee von Homer hingewiesen: „Sage mir, Muse, die Taten des vielgewanderten Mannes, welcher so weit geirrt, nach der heiligen Troja Zerstörung, vieler Menschen Städte gesehn, und Sitte gelernt hat."[110] Für Ben Sira ist damit nicht nur eine Erweiterung des kulturellen Horizonts verbunden, sondern ganz eminent eine Vertiefung seiner theologischen Erkenntnis (V. 9). Nur dadurch ist er in den Stand gesetzt worden, diese seine Worte der Lehre verständnisvoll zu erkennen und zu erklären.

Die eindrücklich geschilderten Begegnungen und Erlebnisse, die bis an die Grenze der Existenz führten, wurden ihm Quelle seiner weisheitlichen Erfahrung. Es ist hierbei sicher auch an Reisen in die Gebiete anderer Nationen und Religionen zu denken, wie sie für den hellenistischen Raum jener Periode möglich geworden waren. Von der Küste Ägyptens am mittelländischen Meer (Alexandrien) bis hin zu den Flußläufen von Euphrat (Babylon) und Tigris war die Welt für die Menschen der damaligen Zeit überschaubar und erfahrbar geworden. Schon aus dem 2. Jahrtausend v.Chr. sind Reiseberichte bekannt, die sich mit ihren Schilderungen in diesen Räumen bewegen. Sinuhe im 19. Jh. v.Chr. und Wenamon, um 1100 v.Chr., sind dafür Beispiele[111]. 12f.

Dies alles dient aber nicht einer nach Sensation haschenden Reiselust, sondern der Erfahrung der göttlichen Nähe inmitten all der erlebten Gefahren. Ben Sira wußte sich geleitet von Gott, da er in der Furcht Gottes lebte (V.14). Aus den alttestamentlichen Schriften war ihm hierbei die Erfahrung nahe, die in Ps 23,4 und 112,7f. zum Ausdruck kommt. Gott selbst wird den in Gefahr kommenden und umherirrenden Frommen aus der Not erretten (V.15). So geraten die gemachten Erfahrungen ihm zum Erfolg und bleibendem Besitz (V.17). Hierin weiß er sich gehalten und getragen durch die Stärke Gottes (V.18), die ihn darin gewiß macht, von Gott geliebt zu sein (V.19). Ps 33,18; 34,15 und 121,5f. sprechen aus der alt. Erfahrung kommend die gleiche Sprache, die Ben Sira hier aufnimmt und darin sein Vertrauen zum Ausdruck bringt. Ben Sira bekennt, daß ihm dies alles ein Zeichen der Zuwendung und des Segens Gottes gewesen ist (V.20). 14–20

---

110 Homer, Odyssee, 1. Gesang, Zeile 1–3; Übersetzung nach J.H. Voß.
111 Texte in TUAT III, 1990ff.: E. Blumenthal, Die Erzählung des Sinuhe, 884–911; G. Moers, Die Reiseerzählung des Wenamon, 912–921.

34,21–31: Die Wichtigkeit des kultischen Handelns

21 Der, der von unrechtmäßig erworbenem Gut opfert,
bringt ein beflecktes Opfer dar.
22 Und die Gaben der Gottlosen
werden nicht zum Wohlgefallen dargebracht.
23 Der Höchste findet an den Opfern der Gottlosen keinen Gefallen,
auch vergibt er nicht die Sünden wegen der Fülle der Opfer.
24 Der, der einen Sohn vor seinem Vater opfert,
der bringt ein Opfer dar aus dem Gut der Armen.
25 Das Brot der Bedürftigen ist der Lebensunterhalt der Armen,
der, der ihnen diese Stütze nimmt, ist ein Blutmensch.
26 Der, der die tägliche Nahrung ihm stiehlt, der tötet seinen Nächsten.
27 Und der, der den Lohnarbeiter seines Lohnes beraubt,
der vergießt Blut.
28 Einer baut auf, ein anderer reißt ein,
haben sie mehr Nutzen davon oder nur Mühe?
29 Einer betet, ein anderer flucht,
wessen Stimme wird der Herrscher erhören?
30 Wer einen Toten wiederum berührt, nachdem er sich gewaschen hat,
welchen Nutzen hat er von seinem Waschen?
31 So ist es auch mit einem Menschen, der wegen seiner Sünden fastet
und geht hin und tut wieder das gleiche.
Wer wird sein Gebet erhören,
und welchen Nutzen hat er von seiner Demütigung?

Unvermittelt kommt Ben Sira auf ein ganz neues Thema zu sprechen. Nach den Ausführungen über die mit den prophetischen Traditionen verbundenen Visionen, wendet er sich den oft als Konkurrenz empfundenen kultischen Traditionen zu. Daß dies nicht ohne Kenntnis der prophetischen Kritik am Kult bei Ben Sira geschieht, machen seine Ausführungen deutlich. Jedoch ist ebenso klar zu erkennen, daß der kultische Dienst am Tempel für ihn noch eine große Bedeutung hat. Diese Tatsache war in früheren Abschnitten schon unmittelbar deutlich geworden und wird auch in späteren Zusammenhängen immer wieder zu betonen sein. Besonders ist dieses Phänomen darin aufzuweisen, daß der Höhepunkt der Darstellung der Geschichte Israels durch Ben Sira da gesucht wird, wo der Hohepriester Simon II. in seinem kultischen Handeln beschrieben wird (Sir 50).

Opfer und Opferdienst sind ebenso wie Vision und prophetisches Handeln Allgemeingut der vorderorientalischen Religionsgeschichte. Diese Erfahrung religiösen Handelns verbindet Israel aufs Engste mit seiner vorderorientalischen Umwelt. Wurde doch gerade diese Seite der religiösen Erfahrung, die mit dem Bau des Tempels und mit der Einrichtung der Tempelpriesterschaft verbunden war, Israel durch die Vermittlung seiner kanaanäischen Umwelt bekannt. Mit der Erbauung des Tempels in Jerusalem durch Salomo wird diese enge Verbindung hergestellt, vgl. 1 Kön 6–8. Für Ben Sira, der nun zur Zeit des zweiten Tempels lebt, ist das Darbringen von Opfern ohne Frage eine nicht wegzudenkende Form der religiösen Verehrung.

Anders als noch bei Haggai und Sacharja ist jedoch für Ben Sira das Opfer 21–23 nicht schon deshalb wirksam, weil es dargebracht wird. Er fragt sofort nach den Hintergründen und Anlässen für ein solches religiöses Tun. Hierbei ist ihm das Opfer sofort zu einem Problem geworden, das mit Schuld dessen verbunden ist, der es darbringt. Opfer von Gottlosen haben keine Wirkung. Gott findet keinen Gefallen an solchem Tun. Sie bewirken nicht, was man von ihnen erwartet: Vergebung der Sünden. Darin beweist Ben Sira, daß er in der Tradition der prophetischen Kultkritik steht, vgl. Jes 1,11; Jer 6,20; 7,1ff.; Am 5,22; Mi 6,7 und Mal 1,13.

Wenn er sogar daran erinnert, daß es möglich ist, den Sohn durch den Vater 24 zum Opfer zu bringen, hat er dem Vorgehen nach Mi 6,1ff. im Auge, der Sache nach aber denkt er an 2 Sam 12,1–5, wo von einem Tun aus dem Leben Davids gesprochen wird.

Das Unrechtmäßige des Opfers ist dann besonders deutlich, wenn man sich 25–29 dadurch an den Armen und Bedürftigen schuldig macht. Wer in der Fülle seiner Möglichkeiten Opfer darbringt, ohne dabei der Armen und Notleidenden zu gedenken, macht sich um so mehr schuldig. Er baut nicht auf, sondern reißt ein (V.28). Wenn auch der Reiche bei seinem Opfer betet, dann flucht ihm der, den er dabei übervorteilt (V.29). Der, der hierbei seine Stimme als Übervorteilter zu Gott erhebt, wird erhört werden, nicht aber der, der das Opfer darbringt.

Solches Tun gleicht dem Menschen, der sich nach der Berührung mit einem 30 Toten zwar gewaschen hat und damit kultisch rein wird, aber wiederum mit einem Toten in Berührung kommt, vgl. dazu Num 19,11–20. Das kultische Handeln hat keinen Nutzen, wenn man sich nicht der Reinheit des kultischen Handelns entsprechend verhält und sich an seinem Nächsten versündigt.

Nicht nur das Darbringen von Opfern, sondern auch das Fasten hat keinen 31 Wert und verfehlt die Absicht, wenn man danach gleich wieder die gleiche Sünde begeht. Zum Fasten kennt das AT viele Regeln und Gesetze, vgl. Lev 16, 29f.; 23,27f. und Sach 8[112]. Es wird geübt als Zeichen der Trauer, etwa bei der Totenklage, oder als Ausdruck der Unterwerfung unter Gott in Zeiten der Not, um diesen um Abwendung derselben zu bitten. Für die vorexilische Zeit gibt es wenig Hinweise (Ri 20,26; 1 Sam 31,13; Jer 14). Um so deutlicher tritt das Fasten in der nachexilischen Zeit in Erscheinung (Sach 8; Jona 3,5). Der aber, der sich auf diese Weise demütigt, und dabei den Armen vergißt, hat sich nur noch mehr schuldig gemacht. Die Überlegungen über den Wert und Unwert des Opfers sind damit zu einem ersten Abschluß gebracht. Ben Sira

---

[112] F. Stolz, Art. צום, THAT II, 1976, 536–538; H.-D. Preuß, Art. צום, TWAT VI, 1989, 959–963.

ging es hier darum, auf den Wert des Opfers hinzuweisen, das mit unreinen Gedanken und unreinen Handlungen verbunden ist. Im folgenden wendet er sich der positiven Bedeutung des Opfers zu.

Kapitel 35

35,1–15: Die Opfer und ihr Wert

1 *Der, der das Gesetz bewahrt, vermehrt die Opfer.*
2 *Es bringt Heilsopfer dar der, der sich an die Gebote hält.*
3 *Der, der Liebe erweist, bringt Speisopfer dar.*
4 *Und der, der Erbarmen erweist, opfert ein Dankopfer.*
5 *Das Wohlgefallen des Herrn erlangt man,*
   indem man vom Bösen abläßt,
   und Sühne erlangt man, indem man von der Ungerechtigkeit abläßt.
6 *Erscheine vor dem Angesicht des Herrn nicht mit leeren Händen.*
7 *Denn all dies geschieht aufgrund des Gebotes.*
8 *Das Opfer des Gerechten läßt den Altar überfließen,*
   und sein lieblicher Duft gelangt hin zum Höchsten.
9 *Das Opfer eines in der Gemeinschaft mit Gott stehenden Mannes*
   wird angenommen,
   und sein Gedächtnisopfer wird nicht vergessen werden.
10 *Mit rechtschaffenem Auge ehre den Herrn*
    und verkleinere nicht die Erstlingsgabe deiner Hände.
11 *Bei all diesen deinen Taten laß leuchten das Antlitz,*
    in Freude weihe den Zehnten.
12 *Gib Gott*[113] *entsprechend dem, was er dir gegeben hat,*
    in guter Gesinnung und je nachdem, was dir zu Gebote steht[114].
13 *Denn Gott ist ein Gott, der wiedererstattet,*
    und siebenfach wird er dir vergelten.
14 *Du sollst ihn nicht bestechen, denn er wird es nicht annehmen,*
15 *und vertraue nicht auf ein ungerechtes Opfer,*
    denn Gott ist ein Gott des Rechtes,
    und es gilt bei ihm kein Ansehen der Person.

1 Der, der unter Beachtung des Gesetzes Opfer darbringt, handelt recht. Hier wird ganz deutlich zum Ausdruck gebracht, daß Ben Sira nicht die Opferpraxis

---

[113] HB: לו = „ihm"; HBmarg: לאל.
[114] HBmarg erweitert den Text: „Die Fülle des Herrn gibt er dem Armen; und wer ist der Herr der Vergeltung, wenn nicht er."

an sich kritisiert, sondern die Art und Weise der Darbringung. Auch in der Zeit Ben Siras haben die Opfer ihren Sinn. In ihrer Darbringung sieht Ben Sira ein besonders deutliches Merkmal der Differenzierung der hellenistischen Welt gegenüber. Aus diesen Worten wird einmal mehr deutlich, daß Ben Sira, der Weise und Schriftgelehrte, auch priesterliche Gedanken in seine Grundhaltung integriert. Damit kommen in seiner Person religiöse und geistige Strömungen zusammen, die in früheren Zeiten als unvereinbar angesehen worden waren.

War schon in Sir 24 deutlich geworden, wie sehr Ben Sira das Geschehen 2–5 am Tempel mit dem Gesetz verbindet, so wird dies hier an Einzelereignissen und Opfern noch einmal verdeutlicht. An erster Stelle steht das Heilsopfer (שלמים, 1 Sam 15,22), das der darbringt, der die Gebote hält. Ein Speisopfer (Lev 2) wird dargebracht durch den, der Liebe erweist. Ein Dankopfer (Lev 3; 7,11–21) bringt zum Tempel der, der Erbarmen erweist. Sühnopfer, das für begangene Sünden dargebracht wird (Lev 4f.) kann ersetzt werden durch das Ablassen vom Bösen. Dadurch kann ebenso das Wohlgefallen Gottes erworben werden wie durch die kultische Zeremonie der Opferdarbringung.

Ben Sira zeichnet ein eindrückliches Bild von dem Geschehen am Tempel, 6–10 wenn die Frommen erscheinen und ihre Gaben darbringen. Sie kommen nicht mit leeren Händen, wie es das Gesetz auch fordert, vgl. Ex 23,15; 34,20; Dtn 16,16; 26,1–4. Solche Opfer gefallen Gott, er nimmt sie an wie einst das Opfer Noahs (Gen 8). Der liebliche Duft dieser Opfer dringt bis zum Höchsten in die Höhe und läßt sein Erbarmen wirksam werden. Vom Gedächtnisopfer spricht Lev 2,2.16 und 6,8 (V.9). Die Darbringung der Erstlingsgabe wird mit der Erfahrung der Ernte am Ende des bäuerlichen Jahres in Verbindung gebracht (Dtn 26). Der mit diesen Gaben vor Gott tretende Fromme bekennt, daß er dies alles auf Grund der Gabe des Landes von Gott empfangen habe.

Dies alles in Freude und Zutrauen dargebracht zeigt den freudigen Charakter 11 dieses Geschehens (vgl. dazu 2 Kor 9,7). Aus dankbarem Herzen gibt der Fromme am Tempel den Zehnten (vgl. Lev 27,30–32 und Dtn 14,23–28).

Den eigentlichen Charakter und Sinn des Opfers betont Ben Sira, wenn er 12–15 darauf hinweist, daß dies alles ja nur eine Gegengabe ist. So wie der Mensch von Gott etwas empfängt, so erweist er seine Dankbarkeit und damit die Einsicht in den Geschenkcharakter all dieser Gaben dadurch, daß er Gott mit diesen Opfergaben ehrt. Dieses Tun wird Gott selbst annehmen und wiederum seinerseits erstatten. Ben Sira schließt diese Ausführungen mit dem nochmaligen Hinweis darauf, daß ungerechte Opfer nichts bewirken, vgl. 34,21.

35,16–26: Das Gebet der Armen und Unterdrückten hört Gott

16 Er bevorzugt nicht den einen gegenüber einem Armen,
und das Flehen eines Bedrückten hört er.
17 Er überhört nicht das Schreien der Waise,
auch nicht die Witwe, wenn sie ihre Klage häufig vorträgt.

18 Fällt ihre Träne nicht auf ihre Wange herab?
19 Und ihr Klagen erhebt sie gegen den, der es verursacht hat.
20 Ihre Bitternis kommt rasch zur Ruhe[115],
und das Geschrei eines Armen geht rasch vorüber[116].
21 Das Geschrei eines Armen dringt auch durch Wolken[117],
und bevor es nicht dort angekommen ist, kommt es nicht zur Ruhe,
es wankt nicht, bis daß Gott eingeschritten ist
22 und bis der gerechte Richter Recht gesprochen hat.
Ferner: Gott wird nicht zögern,
und wie ein Held wird er sich nicht zurückhalten,
bis er zerschmettert haben wird die Lenden des Bedrückers
23 und an den Völkern Vergeltung geübt hat,
bis er vertrieben haben wird das Szepter des Gewalttätigen
und den Stab des Übeltäters ganz gewiß abgehauen hat,
24 bis er vergolten haben wird einem Menschen sein Tun
und das Tun eines Mannes entsprechend seiner Heimtücke,
25 bis er geführt haben wird im Gericht die Sache seines Volkes
und sie erfreut hat mit seiner Hilfe.
26 [*Lieblich ist sein Erbarmen zur Zeit*] der Bedrückung,
so wie die Zeit des Regens in der Zeit der Not.

Wie in Sir 34,25–31 kommt Ben Sira auch hier wieder auf die offenbar häufig geübte negative Erscheinung zu sprechen, daß die Opfer unter Nichtberücksichtigung der Armen und Unterdrückten dargebracht werden. Das soziale Denken Ben Siras wird hieran deutlich. Wenn ein Opfer, das an sich vom Gesetz

16–20 her geboten ist und auf das im Tempelgeschehen auch im Hinblick auf die Priester nicht verzichtet werden kann, mit der Vernachlässigung sozialer Pflichten verbunden ist, dann ist dies ein Tun, das Gott nicht gefällt. Es wäre besser, den Armen zu helfen und die Unterdrückten zu ihrem Recht kommen zu lassen, als Opfer darzubringen. Mehr als auf Opfer achtet und hört Gott auf das Rufen der Armen. Auch hier steht Ben Sira ganz in der Tradition der prophetischen Kultkritik, die immer wieder darauf hinwies, daß soziales Handeln mehr wert ist und von Gott mehr gefordert wird als kultisches Tun. Der Hinweis auf Waise und Witwen (Ex 22,21f. und Dtn 10,18) ist ein im alttestamentlichen Gesetz immer wieder begegnender Topos. Aber nicht nur die alttestamentlichen Gesetze kennen die Wichtigkeit, die sozial Schwachen zu unterstützen und ihnen zu helfen. Auch die altorientalischen Religionen kennen diese Rücksichtnahme, der sich in besonderer Weise die Könige verpflichtet wußten. So sagt Hammurapi in der Einleitung zu dem von ihm herausgegebenen Gesetzes-

---

[115] H[B] bietet einen unverständlichen Text: תמרורי רצון הנחה = „die Bitternisse des Wohlgefallens sind Ruhe"; Übersetzung mit Ginzberg, 1906, 624, nach folgendem Text: תמרורה ירצון הנחה.

[116] H[B] liest: וצעקה ענן חשתה = „und das Geschrei eilt zur Wolke"; lies statt ענן besser: עני = „des Armen".

[117] H[B] bietet einen unverständlichen Text; lies mit H[Bmarg]: עבים חלפה.

text: Als die Götter „Babylons erhabenen Namen aussprachen ..., damals gaben mir, Hammurapi ..., um ... den Bösen und Schlimmen zu vernichten, damit der Starke den Schwachen nicht schädige, ... Anu und Enlil meinen Namen"[118]. In berührenden Worten weiß Ben Sira die Berechtigung des Rufens der Armen zu verdeutlichen. Wenn auch der Opfergeruch der Reichen, die ihre Opfer am Tempel darbringen, bis zum Höchsten dringt (V. 8), so dringt der Hilferuf des Armen noch unmittelbarer und ohne Opfer durch die Wolken zu Gott. Die Hilfe kommt zu den Armen auf rasche Art; noch ehe das Gebet ganz zu Gott gedrungen ist, wird der um Hilfe rufende Beter beruhigt sein (V.21). 21
Gott selbst schreitet ohne Zögern ein und wird wie ein Held den vernichten, der sich schuldig gemacht hat (V.22). Ben Sira nimmt an dieser Stelle eine ungemein große Ausweitung seiner Gedanken vor, wenn er nun in die Betrachtung 22–26
seiner Aussagen das Geschick des ganzen Volkes miteinbezieht. Nicht nur die in der Gemeinde Unterdrückten und Armen haben einen Fürsprecher bei Gott. Auch das Volk selbst steht unter dem Schutz seines Gottes (V.25). Er wird an den Völkern und deren gewalttätigen Herrschern Vergeltung üben (vgl. Dtn 32, 41–43), um das Rufen seines der Hilfe bedürftigen Volkes zu beantworten. Sie werden seiner Hilfe sich freuen (V.25), so wie die Armen aus ihrer Bedrückung befreit werden, so wird auch das Volk aus der Gegenwart der Unterdrückung herausgeführt werden (V.26). Es entspricht der Denkart Ben Siras und zugleich der literarischen Gestaltung seiner Rede, wenn er hierbei auch an das Geschehen in der Natur denkt. Diese leidet Not, wenn der Regen fehlt. Die Zuwendung Gottes zeigt sich darin, daß der Regen das Land wieder befeuchtet und damit die Not der Dürre und Verlassenheit beseitigt.

Damit hat Ben Sira einen Gedanken berührt, den er im folgenden in seinem Gebet für das Volk wieder aufnimmt.

KAPITEL 36

36,1–17: Gebet um Errettung des Volkes, der Stadt und des Tempels

  1 Hilf doch, Gott des Alls!
  2 Lege deinen Schrecken auf alle Völker!
  3 Erhebe deine Hand[119] gegen das fremde Volk,
     auf daß sie deine Stärke sehen.
  4 So, wie du dich heilig erwiesen hast vor ihren Augen an uns,
     so erweise dich nun auch vor unseren Augen als herrlich an ihnen[120].

---

[118] Codex Hammurapi, Einleitung, Z. 16–49, AOT, 2. Aufl. 1926, 381.
[119] H^Bmarg ergänzt: יד = „Hand".
[120] H^B: בנו = „an uns"; H^Bmarg bietet richtiger: בם und hat folgenden Zusatz angehängt: „So wie du dich vor ihren Augen als heilig erwiesen hast an ihnen, so verherrliche dich vor ihren Augen an ihnen" (Dublette); vgl. Hartom, 1969, 129.

5 So daß sie erkennen, wie wir erkannt haben,
daß es keinen Gott gibt außer dir.
6 Erneuere das Zeichen und wiederhole das Wunder,
laß herrlich sich erweisen deine Macht
und stärke Arm und Rechte[121].
7 Erwecke den Zorn und gieße Grimm aus,
Beuge den Gegner und stoße den Feind nieder.
8 Führe das Ende schnell herbei und achte auf den rechten Zeitpunkt,
denn wer könnte zu dir sagen: „Was tust du?"
9 *In Zornesfeuer möge verzehrt werden der, der sich gerettet glaubt,
und die, die deinem Volke übeltun, mögen den Untergang finden!*[122]
10 Vernichte das Haupt der Fürsten Moabs[123],
das da sagt: „Es gibt keinen außer mir".
11 Versammle alle Stämme Jakobs,
so daß sie ihren Besitz einnehmen können
wie in den Tagen der Vorzeit.
12 Erbarme dich über das Volk, über das dein Name genannt ist,
über Israel, das du dir als deinen Erstgeborenen hingestellt hast.
13 Erbarme dich über deine heilige Stadt,
über Jerusalem, den Ort, an dem du wohnst.
14 Erfülle Zion mit deiner Pracht
und mit deiner Herrlichkeit deinen Tempel[124].
15 Gib Zeugnis entsprechend deiner Taten der Vorzeit
und bestätige die Weissagung, das Wort,
das in deinem Namen (gesprochen wurde).
16 Gib denen, die auf dich hoffen, ihren Lohn,
so werden sich deine Propheten als verläßlich erzeigen.
17 Du wirst das Gebet deiner Knechte erhören
entsprechend dem Wohlgefallen an deinem Volk,
so daß alle Enden der Erde erkennen,
daß du der Gott des Weltalls[125] bist.

In Anknüpfung an Sir 35,16–26 führt Ben Sira den Gedanken der Zuwendung Gottes zu den Armen fort, indem er die Situation des ganzen Volkes anspricht. Dieses gehört nach Meinung Ben Siras als Ganzes zu den Armen, die der Hilfe Gottes bedürfen. Die Worte Ben Siras sind ein eindrückliches Zeugnis für die Gefühle und Gedanken des geschlagenen und in alle Welt zerstreuten Volkes. Die Form, die er für diese Aussagen findet, entspricht ganz der aus dem

---

[121] HBmarg hat einen kürzeren und schwer verständlichen Text.
[122] Der nur in G erhaltene V. lehnt sich an Aussagen von Num 24,19f.; 1 Kön 19,17; Amos 5,19 und vor allen Dingen Ob 18 an und stellt eine spätere Ergänzung dar; vgl. Hamp, z.St.
[123] Mit HB; HBmarg liest verallgemeinernd; אויב = „Feind"; vgl. Num 24,17.
[124] Vgl. Penar, Bibl 57 (1976) 112f.
[125] Hebr. עוֹלָם = „Weltall"; so z.B. Penar, 1975, 60, und Segal, 1972, 229.

AT bekannten Form der Klagelieder des Volkes, z.B. Ps 44; 74 und 79. Er verwendet damit eine Gattung, die bisher in seinen Ausführungen noch nicht benutzt worden war. Dies zeigt an, daß er nicht nur in der Form der weisheitlichen Rede zu sprechen weiß, sondern auch die anderen aus dem AT bekannten Überlieferungen kennt und benutzt[126]. Ähnliches war schon festzustellen bei der Form des persönlichen Gebetes, in dem er seine eigenen Bitten für sein Reden vorträgt, s. 22,27–23,6. Die Verwendung dieser kultischen Form stellt erneut die Nähe Ben Siras zum Tempel und Kult unter Beweis. Er kannte sehr gut die am Tempel vorgetragenen Bitten, die für die alttestamentliche Zeit in der Sammlung der Psalmen erhalten sind. Das Gebet Ben Siras ist Vorbild geworden für spätere Gebete und Formulierungen der jüdischen Gemeinde, besonders anläßlich des Neujahrsfestes. Das danach so wichtig gewordene 18-Bitten-Gebet (שמונה עשׂרי) geht in seinen Formulierungen auf diese Aussagen Ben Siras zurück.

Mit diesen Worten tritt Ben Sira aus dem Raum der weisheitlichen Lehre heraus. Zum ersten Male bezieht er sich hierbei auf die Geschichte seines Volkes, die in ihrer ganzen Gewichtigkeit und Härte durch die gewählten Formulierungen hindurch sichtbar wird. Hieran wird deutlich, daß Ben Sira ganz mit den Ereignissen und Erscheinungen seiner Zeit verbunden ist und diese in den größeren Zusammenhang des Ablaufs der Geschichte seines Volkes hineinstellt. Ben Sira ist nicht ein Mann, der nur zeitlos gültige Lehren erteilen möchte. Er kennt die Besonderheit seiner Situation im Ablauf der Geschichte des Volkes. Diese wird ihn in späteren Kapiteln (42,15–50,29) noch mehr beschäftigen.

Wie bei den Psalmen beginnt die Bitte mit der Anrufung, dem Imperativ 1 „Hilf doch". Es ist dies der Ruf, der zu allen Zeiten inmitten des Volkes erklungen ist: הושיעה נא = „Hilf doch!" Es ist der Ruf der Beter vor Gott. Es ist aber auch der Ruf der Menschen, die den kommenden Heilbringer erwarten, vgl. Mt 21,1ff. Neu und überraschend ist aber der nun folgende Vokativ „Gott des Alls". Es spricht sich darin sofort das Verständnis aus, daß der Gott Israels der alleinige Gott ist, der über alle anderen Götter und Mächte herrscht. Das hier gebrauchte hebräisch Wort עולם = „langer Zeitraum, Ewigkeit" ist in diesem Sinne zu verstehen. Eine nähere Erklärung könnte es erfahren durch die Übersetzung: „Weltzeit". Diese Formulierung begegnet bei Ben Sira häufiger, so im gleichen Kapitel am Ende dieses Gebetes noch einmal in V.17; ferner in Sir 43,17; 45,23 und 50,22. Gerade diese Bezeichnung ist in die Gebetsliteratur der jüdischen, aber auch der christlichen Gemeinde übergegangen, so z.B. in Röm 9,3.

---

[126] J. Marböck, Das Gebet um die Rettung Zions Sir 36,1–22 (G: 33,1–13a; 36,16b-22) im Zusammenhang der Geschichtsschau Ben Siras, in: J.B. Bauer und J. Marböck (Hg.), Memoria Jerusalem, Freundesgabe Franz Sauer, Graz 1977, 93–115 = Ders., Gottes Weisheit unter uns, Freiburg u.a. 1995, HBS 6, 149–166; R.Hayward, The New Jerusalem in the Wisdom of Jesus Ben Sira, SJOT 6 (1992) 123–138; M. Zappella, L'immagine di Israele in Sir 33 (36),1–19 secondo il MS. Ebraico B e la tradizione Manoscritta greca. Analisi letteraria e lessicale, RivBib 42 (1994) 409–446.

2–5 In diesen Versen gehen die Erinnerung an die Vergangenheit und die Erlebnisse der Gegenwart ineinander über. Daß Gott seine Schrecken auf alle Völker legt, war Israel bereits beim Auszug aus Ägypten deutlich geworden. Die Formulierungen klingen in direkter Weise an die Berichte von Ex 12ff. an. Gottes Hand war erhoben und machte damit die Stärke Gottes anderen Völkern gegenüber deutlich. Dadurch erwies er seine Heiligkeit und Geschichtsmächtigkeit vor den Augen der anderen, die dieses Tun Gottes erkennen mußten. So bittet das Gebet nun um Erfahrungen in gleicher Weise für die Gegenwart. Dadurch wird sich von neuem zeigen, daß es neben Gott keinen anderen gibt, vgl. dazu die Formulierungen im Dekalog Ex 20 und Dtn 5, ferner im שמע = „Höre!" Dtn 6,5, aber auch 4,35; 1 Chr 17,20 und Jes 44,6.

6–10 Wenn die damals erlebten Zeichen und Wunder (V.6) in der Gegenwart wieder lebendig werden, dann wird auch jetzt wieder das Volk aus der Unterdrückung herausgeführt und gerettet werden. Der gegenwärtige Feind wird mit „Fürsten Moabs" (V.10) bezeichnet. Damit spielt Ben Sira auf die Diadochenherrschaft der Seleukiden an, deren gegen Jerusalem gerichtetes Tun immer deutlicher geworden war.

11f. Nun kommt Ben Sira auf das eigentliche Anliegen seines Gebetes zu sprechen: Die in die Welt zerstreuten Stämme Jakobs = Israels mögen heimgeführt werden in das Land. Die Situation der Diaspora war stets als belastend empfunden worden, bis in unsere Zeit. Diese Zeichen der Verstoßung durch Gott mögen nun beendet werden. Wenn sie ihren Besitz wieder einnehmen können (V.11), wird dies ein Zeichen sein, daß sie Gott wieder in das zugelobte Land führt, wie dies einst in der „Vorzeit" gewesen ist. Denn über diesem Volk ist der Name Gottes genannt (V.12). Die Nennung des Namens bedeutet, daß Gott sich dieses Volkes angenommen und „bei seinem Namen gerufen hat" (Jes 43,1). Auch hier fehlt der Bezug auf den Gedanken der Erwählung. Der Sache nach aber ist dieser Gedanke der Zugehörigkeit angesprochen, wenn von dem Eigentumsrecht gesagt wird, daß das Volk unter der Herrschaft Gottes steht, vgl. Mal 1,2; 2 Sam 9,28; Jer 15,16. Das gleiche Zugehörigkeitsverhältnis wird auch ausgesprochen durch den Hinweis darauf, daß sich Israel als der „Erstgeborene" (V.12b) fühlt. Mögen auch andere Völker als von Gott erschaffen und in die Existenz gesetzt in dieser Welt leben (vgl. oben Sir 17,17; 24,6f.; 33,11f. und 39,23), so gilt doch, daß Israel in einer besonderen Nähe eben als der Erstgeborene von Gott angesprochen wird. Auch hier wird in unüberhörbaren Worten auf die besondere Situation der Erwählung des Volkes hingewiesen.

13 In einer eindrücklichen Fortführung dieser Gedanken wird der Kreis des von Gott erwählten Volkes enger gezogen, indem nun auf die heilige Stadt verwiesen wird, in der dieses Volk seinen Mittelpunkt gefunden hat. Seit den Tagen Davids ist diese Stadt das Zentrum der zwölf Stämme geworden, aber nicht nur die zwölf Stämme wohnen hier, sondern auch Gott selbst hat hier Wohnung gefunden, vgl. Sir 24.

14 Noch einmal wird der Gesichtskreis verengt und von Jerusalem als dem Ort des Zion und damit des Tempels gesprochen. Hier kommt Ben Sira zum

Höhepunkt seiner Ausführungen, wenn er von der geschichtsmächtigen Pracht und Herrlichkeit Gottes herkommend den kultisch wichtigen Ort des Tempels erwähnt, in dem alle Fäden der theologischen und der historischen Entwicklung zusammenlaufen. Für Ben Sira ist der Tempel so sehr Mittelpunkt seines gesamten Denkens, daß er diesen Ort schlechthin als Beweis für die Gegenwart und Kraft Gottes ansieht.

In abschließenden und zusammenfassenden Bitten weist Ben Sira auf die 15–17 Wichtigkeit dieses Hoffnungsgutes hin. So wie in der Vorzeit Gott sein Volk in das zugelobte Land zu führen versprochen hat, so soll dies nun wiederum geschehen, um die früheren Weissagungen zu bestätigen (V.15). Damit wird sich auch die von den Propheten gegebene Verheißung als richtig und verläßlich erweisen (V.16). Ben Sira kennt die reichhaltigen Äußerungen, mit denen in der alttestamentlichen Literatur prophetische Worte der Zukunftshoffnung angesagt wurden, vgl. Jes 2; 4 oder Jl 4. Die Gewißheit der Erhörung (V.17) steht am Ende dieses Gebetes, wie dies auch bei den Bittgebeten des Psalters immer wieder zu beobachten ist, vgl. Ps 22 u.a. Diese Hoffnung hat aber nicht nur ihre Bedeutung für das Ergehen des Volkes, das daran das Wohlgefallen Gottes erkennen kann, sondern vielmehr auch über dieses Volk hinaus für die ganze Welt, die Enden der Erde. Daran ist wiederum zu erkennen, daß Gott allein der Mächtige ist und das Weltall regiert.

36,18–20: Kritisches Prüfen bewahrt vor Leid

18 Allerlei Speise geht durch den Schlund,
   aber der eine Brocken ist angenehmer als der andere;
   allerlei Speise verzehrt der lebende Mensch,
   es gibt aber eine Speise,
   die angenehmer ist für den Magen als eine andere.
19 Der Gaumen prüft den Geschmack einer Speise,
   so auch das verständige Herz den Geschmack einer Lüge.
20 Ein hinterlistiges Herz verursacht Leid,
   ein Mann aber, der viel erfahren hat, wird ihm begegnen können.

Unvermittelt kommt Ben Sira auf allgemeine Lehren zurück. Es ist erwogen worden, ob in diesem abrupten Einschnitt nicht ein Hinweis gesehen werden könnte dafür, daß Sir 36,1–17 einen späteren Einschub darstellt[127]. Es war aber deutlich geworden, daß 36,1–17 in einem engen Zusammenhang mit Sir 35 steht. So ist eher anzunehmen, daß diese Worte in V.18–20 gedanklich auf die Aussagen in Sir 34 und am Anfang von Sir 35 zurückgehen.

Es war stets das Anliegen Ben Siras, das gegenwärtige Leben mit Aufmerksamkeit zu verfolgen und die Entscheidungen des Lebens in Überlegung und Kritik zu fällen.

---

[127] Middendorp, 1973, 125.

18 Mit einem einfachen Bild beginnt Ben Sira seine Ausführungen. Ein jeder weiß, daß man bei dem täglichen Essen verschiedenartige Speisen zu sich nimmt. Dabei sind Unterschiede in der Qualität und im Geschmack festzustellen. Diese einfache, beinah banale Aussage nimmt Ben Sira zum Anlaß, den kritischen Verstand und die Vernunft, also das Prüfen der Umgebung auch da anzuwenden, wo es um den Umgang mit den Mitmenschen geht.

19f. Ein jeder, der in dieser Weise die Ereignisse dieses Lebens kritisch begleitet, weiß zu unterscheiden zwischen der Lüge, die Leid verursacht, und der Abwehr dieser Lüge und damit die Vermeidung von Ungemach.

36,21–26: Die Frau - der Mittelpunkt des Lebens

21 [Einen je]den [Mann] ni[mm]t [eine Frau an],
   ja, es gibt eine schöne Frau[128].
22 Die Schönheit einer Frau erheitert das Angesicht,
   sie ist mehr als alles, was das Auge begehrt.
23 Mehr noch, wenn sie lindernde Worte kennt,
   dann ist ihr Mann nicht einer unter vielen.
24 Der, der eine Frau erwirbt, hat das beste, was er besitzt,
   eine Hilfe[129], eine Burg und einen stützenden Stab.
25 Wenn keine Mauer da ist, wird ein Weinberg abgeweidet werden,
   und wenn keine Frau da ist, ist man unstet und flüchtig.
26 Wer wird einem Haufen von Soldaten vertrauen,
   der von Stadt zu Stadt zieht?
   So ist ein Mann, der kein (eigenes) Nest hat[130],
   der sich dort ausruht, wo er sich gerade befindet[131].

Vielleicht hat Ben Sira den Gedanken der kritischen Prüfung der Erscheinungen dieser Welt (V.18–20) zum Anlaß genommen, noch einmal das Thema des Umgangs mit einer Frau zu behandeln. Jedenfalls kommt hier eine ganz neue Sicht dieses Themas zum Tragen. Die Existenz und Bedeutung einer Frau wird im höchsten Maße als erfreulich angesehen.

21f. Ausgehend von dem äußeren Erscheinungsbild wird die ästhetische, ja erotische Wirkung der Frau beschrieben. Darin wird eine freie und offene Weltsicht der Zeit Ben Siras deutlich, die auch in anderen Aussagen des AT, besonders in der Liebeslyrik des Hhl. zum Ausdruck kommt. Auch der Einfluß

---

[128] In H^B nur bruchstückhaft erhalten; H^Bmarg bietet den Text; G liest indessen: „Es ist aber eine Tochter besser als die andere."

[129] Nur in H^B; H^Bmarg, H^C und H^D lesen stattdessen: עיר מבצר = „eine befestigte Stadt".

[130] H^B: אשר לא קן = „der sich nicht ein Nest baut"; so mit Penar, 1975, 61, verbal verstanden. Besser mit H^Bmarg, H^C und H^D: אין לו קן = „der kein Nest besitzt".

[131] Übersetzung mit Penar, 1975, 61f.

des hellenistischen Denkens kann für diese Seite des menschlichen Erlebens erweiternd gewirkt haben.

Dabei darf man aber nicht stehenbleiben. Wenn man weiß, wie wichtig bei Ben Sira die Äußerungen eines Menschen im Wort genommen werden, so ist durch diesen Hinweis auf die helfende und lindernde Art der Frau das Wesentliche des Verkehrs der Menschen untereinander gesagt. Die Frau, die Schönheit und Anmut der äußeren Erscheinung mit dem helfenden Lebensumgang zu verbinden weiß, ist nicht zu ersetzen. 23

Nichts auf dieser Welt kann einer solchen Frau an die Seite gesetzt werden. Die hier gebrauchten Bilder zeigen, daß eine solche Frau den eigentlichen Mittelpunkt, die Stütze und den Halt im Leben bildet. Wenn man mit der Handschrift B lesen darf, dann ist hier an Gen 2,18.20, aber auch an Spr 31, 10–31 erinnert, wenn von der Hilfe gesprochen wird. Die in diesem Vers der Frau zugesagten Eigenschaften kommen an die Erwartungen heran, die in der alttestamentlichen Literatur von Gott selbst gebraucht werden: Burg und stützender Stab, vgl. Ps 46 (Burg) und Ps 23 (Stab). 24

Wie die Stadt eine Mauer braucht, um beschützt zu werden, so auch der Weinberg. Beide Erinnerungen geben im AT den Eindruck der Sicherheit wieder. Wo die Mauer dahinfällt, da ist Verwüstung, vgl. Mi 3,12; wo der Weinberg nicht mehr geschützt wird, gehen die wilden Tiere darüber hin (Jes 5,5). Damit sind die Bewohner unstet und flüchtig, vgl. Gen 4,12.14 aus dem Leben des Kain. 25

Soldaten führen ein unstetes Leben. Sie sind da zu finden, wo sie sich den besten Lohn erhoffen. Sie ziehen von Stadt zu Stadt. Dieses unstete Leben erwartet den, der keine Ruhe bei einer Frau gefunden hat. 26

KAPITEL 37

37,1–6: Freunde in der Not [132]...

1 Ein jeder Freund[133] spricht: „Ich bin dein Freund".
  Es gibt aber einen Freund, der nur dem Namen nach Freund ist[134].
2 Ist es nicht ein Kummer, der bis an den Tod heranreicht,
  wenn ein Freund, der dir ganz nahe steht,
    sich in einen Feind verwandelt?

---

[132] G. Sauer, Freundschaft nach Ben Sira 37,1–6, in: F.V. Reiterer (Hg.), Freundschaft bei Ben Sira, Beiträge des Symposions zu Ben Sira Salzburg 1995, Berlin/New York 1996, BZAW 244, 123–131.

[133] H^B: אומר = „ein Sprechender", paßt nicht zu dem folgenden אמר = „spricht"; besser mit H^Bmarg und H^D: אוהב.

[134] In H^B fehlt dieser Halbvers. Ergänzung mit H^Bmarg und H^D.

> 3 Wehe[135] dem Bösen, der da spricht:
> „Warum bin ich so erschaffen worden,
> um den Erdkreis mit Trug zu erfüllen?"
> 4 Wie schlecht[136] ist ein Freund,
> der zwar mit dir am Tische sitzt,
> in der Zeit der Not aber gegen dich aufsteht!
> 5 Ein guter Freund kämpft mit einem Feind,
> und gegen Widersacher ergreift er den Schild.
> 6 Du sollst den Gefährten im Kampf nicht vergessen,
> und du sollst ihn nicht verlassen, wenn du Beute teilst.

Ben Sira steht bei der Behandlung des Themas, wie man eine rechte Wahl treffen kann. Hierbei berührt er nun noch einmal das Thema der Freundschaft. Dazu vgl. oben Sir 6,5–17 und 12,8f. Der besondere Schwerpunkt bei der Behandlung dieses Themas liegt hier bei der Frage, ob eine Freundschaft in Gefährdung und Not standhält oder nicht. Ben Sira hat die Erfahrung gemacht, daß es allzu häufig dazu kommt, einen Freund zu verlieren, wenn eine Notsituation eintritt.

1   Die Argumentation Ben Siras geht von einer scheinbar intakten Freundschaftsbeziehung aus. Die Lebendigkeit einer solchen Beziehung betont er durch die Verwendung der direkten Rede. Allzu häufig geschieht es, daß Freunde sich einander der Freundschaft versichern. Sie begegnen einander mit dem Ruf: „Ich bin dein Freund!" Was es mit diesem Lippenbekenntnis aber auf sich hat, offenbart oft sehr bald die Realität. Schnell ist das Wort „Freund" gesprochen; sehr schnell aber hält dieses Lippenbekenntnis den Realitäten nicht stand. Auch in der griechischen Antike ist dieses Thema mit der gleichen Erkenntnis behandelt worden: „den Namen, nicht die Tat haben jene Freunde, die im Unglück sich nicht als Freunde erweisen"[137].

2   Wenn diese Erfahrung von der Unverläßlichkeit eines Freundes gemacht werden muß, bereitet dies großen Kummer. Die Enttäuschung geht bis an die Grundtatsachen des menschlichen Lebens heran, ja nähert sich der Erfahrung des Todes. Wenn man einen lieben Menschen durch Tod verliert, so bereitet dies großen Schmerz. Ähnlich verhält es sich mit dem Verlust der Freundschaft. Die Terminologie, die Ben Sira hier gebraucht, zeigt, daß er das Zerbrechen einer Freundschaft als existenzbedrohend ansieht.

3   Wiederum greift Ben Sira zu der literarischen Form der direkten Rede. Der Freund, der eben den anderen noch seiner Freundschaft versichert hatte, möchte sich für den Bruch der Freundschaft entschuldigen, indem er darauf hinweist, daß er nicht anders kann, weil er sich so erschaffen fühlt. Ben Sira meint, daß er offensichtlich darum weiß, wie schlecht sein Tun ist. Der Freund

---

[135] H^B: ה (י) ו; besser mit H^Bmarg und H^D: הוי.
[136] H^B: מרע ist übersetzt mit Ginzberg, 1906, 624: מה רע.
[137] Euripides, Orest, 454, nach Middendorp, 1973, 23.

fühlt, trügerisch gehandelt zu haben. Aber diese Haltung wird von Ben Sira verurteilt: „Wehe dem Bösen, der da spricht".

Freundschaft beweist sich darin, daß sie sich in gemeinsamen Mahlzeiten manifestiert. Die Freunde sitzen gemeinsam am Tische. Dies ist ein Zeichen enger Verbundenheit und Vertrautheit. Wer sich davon entfernt, bricht das Vertrauensverhältnis. Von einer solchen Tischgemeinschaft spricht exemplarisch der Bericht über die Freundschaft zwischen Jonathan und David in 1 Sam 20. Hier erweist es sich immer wieder, ob David an der gemeinsamen Tafel des Hofes Sauls erscheinen darf oder nicht. Der Bruch ist vollzogen, als David die Tischgemeinschaft meidet und damit sich dessen bewußt ist, daß er der Verfolgung bis zum Tode durch Saul ausgeliefert ist, 1 Sam 20,29 und 34. Jonathan aber bleibt David in Freundschaft gewogen, den er wie sich selbst liebt, 1 Sam 20,17. Von dieser gegenseitigen Nähe in der Freundschaft spricht dann auch David in dem Leichen- Klagelied, das er nach dem Tode Jonathans singt, 2 Sam 1,26: „Es ist mir leid um dich, mein Bruder Jonathan, ich habe große Freude und Wonne an dir gehabt; deine Liebe ist mir wundersamer gewesen, als Frauenliebe ist." Freundschaft beweist sich gerade da, wo es um eine gemeinsame Frontstellung gegen einen Feind geht (V.5). Wenn ein Freund in einer solchen Situation nicht abfällt und sich auf die Seite des Feindes schlägt, dann hat er seine Treue bewiesen. Diese soll aber auch vom Freund anerkannt werden (V.6). Der im Kampf erprobte und bewährte Freund soll auch an den Früchten des Erfolges teilhaben (V.6). 4–6

37,7–18: Rat zu rechter Zeit

7 Ein jeder Ratgeber weist mit der Hand (den Weg),
  es gibt aber auch einen Ratgeber, der den Weg zum Hohne weist.
8 Was ist das für ein Ratgeber, vor dem du dich hüten mußt,
  erkenne zuvor, wo er Mangel hat,
  denn auch er denkt an sich selbst,
  wann fällt dies für ihn zum Guten aus?
9 Und er spricht zu dir: „Wahrlich, gut ist dein Weg!"
  Und dann stellt er sich auf, um deinen Mangel zu erleben.
10 Du sollst dich nicht beraten mit deinem Neider[138].
  Und vor dem, der eifersüchtig ist, verbirg deinen Plan:
11 Vor der eigenen Frau in bezug auf ihre Nebenbuhlerin
  und vor einem Gefangenen[139] die Pläne über einen Krieg,
  vor einem Kaufmann bezüglich des Handels,
  vor einem Käufer bezüglich des Verkaufpreises,

---

[138] H^D: חמיך, Bedeutung unklar. Die Übersetzung erfolgt durch Rückschluß aufgrund des Parallelismus membrorum. Andere Übersetzungen: „Schwiegervater", Ginzberg, 1906, 624; Konjektur von חמיך zu חסמיך, aram. „beneiden", Kuhn, 1930, 111; Smend, 1906, 329.
[139] H^B: ומדר, unklar; besser mit H^Bmarg: ומלוכד oder mit H^D: ומלכד.

vor einem bösen Menschen bezüglich deiner guten Taten
und vor einem Grimmigen bezüglich guter Nachricht,
vor einem Nichtsnutz bezüglich seines Werkes
und vor einem Lohnarbeiter[140] bezüglich des Ausstreuens der Saat[141]
und auch vor einem untätigen Diener über viel Arbeit;
halte dich zurück von diesen allen bezüglich eines jeden Rates.
12 Anders ist es, wenn es einen gibt, der beständig (Gott) fürchtet,
von dem du weißt, daß er das Gebot beachtet,
der mit dir gleichen Sinnes ist
und dir dient[142], wenn du strauchelst.
13 Ferner: achte auf den Rat deines Nachdenkens,
wer ist verläßlicher für dich als es?
14 Der Verstand eines Menschen läßt mehr sichtbar werden
über sein Nachdenken
als sieben Wächter auf Wache (erfahren können).
15 Und bei all diesen Dingen bete zu Gott,
daß er in Treue deine Schritte stärke.
16 Der Anfang eines jeden Werkes ist das Wort,
und der Anfang eines jeden Tuns ist die Besinnung.
17 Die Wurzel der Gedanken ist der Verstand,
vier Zweige[143] sprossen daraus hervor:
18 Gutes und Böses und Leben und Tod,
aber sie alle beherrscht die Zunge ganz und gar.

Nachdem Ben Sira über das rechte Unterscheidungsvermögen in den Bereichen gesprochen hat, die den einzelnen Menschen in besonderer Weise berühren und ihm nahegehen (z.B. Ehe und Freundschaft), kommt er nun auf einen weiteren Kreis des Lebens in der Öffentlichkeit zu sprechen: die Ratgeber[144]. Auch hier ist es geboten, mit Bedachtsamkeit und Überlegung vorzugehen und nicht vorschnell zu handeln.

7–9   Wenn man einen Menschen um Rat fragt, kann es geschehen, daß der andere gerade an dem Thema, mit dem man sich an ihn wendet, besonderes Interesse hat. Es könnte sein, daß er gerade bei der Behandlung dieser Sache einen eigenen Vorteil für sich herausfindet. Deshalb ist es wichtig, sich vorher darüber klar-

---

140 H^B: שומר שוא, unklar, vielleicht Dittographie vom vorangegangenen Halbvers. Lies mit H^{Bmarg} und H^D: שכיר שנה.
141 Auch hier ist H^B unverständlich: רע = „böse"(?); H^{Bmarg} und H^D verständlich: זרע.
142 H^B: יניע אליו/ך = „schlägt er ihn/dich"; besser mit H^D: יעבד בך.
143 H^B: שכמים = „Schultern"; lies mit H^{Bmarg} und H^D: שרביתים.
144 G. Sauer, Der Ratgeber (Sir 37,7–15). Textgeschichte als Auslegungsgeschichte und Bedeutungswandel, in: R. Egger-Wenzel und I. Krammer (Hg.), Der Einzelne und seine Gemeinschaft bei Ben Sira, Berlin/New York 1998, BZAW 270, 73–85, zeigt an diesem Abschnitt, welche Wandlungen von dem vermutlich ältesten Text H^D über H^{Bmarg} und H^B zu G und V vor sich gingen durch Erweiterungen und Präzisierungen.

zuwerden, mit wem man in das Gespräch treten möchte. Wer den falschen Ratgeber erwählt, könnte sich in dessen Machtbereich zu dessen eigenen Gunsten begeben. Andererseits, wer viel fragt, wird auch viele Antworten bekommen. Deshalb ist es gut, beizeiten sich darüber klarzuwerden, wo man einen guten Rat erhalten könnte.

Es wäre ganz verfehlt, bei dem Rat einzuholen, der auf irgendeinem Gebiet neidisch auf den Fragenden sein könnte. Es wäre sehr unklug, Eifersucht hervorzurufen bei dem, dessen Rat man begehrt. Diese Gefahr illustriert nun Ben Sira an verschiedenen Beispielen. 10

Es klingt grotesk, soll aber wohl die ganze Unmöglichkeit deutlich vor Augen führen, wenn er bei dem Thema beginnt, von dem er schon viel gesprochen hatte: bei der Wahl der Frau. Es wäre absurd, die eigene Frau zu befragen, wenn man eine zweite Frau ins Haus nehmen möchte. Ben Sira denkt hierbei sicherlich noch an die Möglichkeit, die in so vielen Fällen aus der alttestamentlichen Zeit bekannt ist, mehrere Frauen im Haus zu haben, s. o. zu Sir 7,26 und 26,6. Ähnlich offenkundig wäre es bei den folgenden eklatanten Beispielen, sich bei denen Rat zu holen, die gerade mit der Sache, um die es geht, aufs engste verbunden sind: bei der Kriegführung die feindlichen Gefangenen; beim Geschäft der in Handelsbeziehungen stehende Kaufmann; bei ethischen Entscheidungen bei Menschen mit bösen Gedanken; bei Mißgünstigen bezüglich freudiger Nachrichten und bei angestellten Arbeitern in Bezug auf den rechten Zeitpunkt der zu leistenden harten Arbeit des Ausstreuens der Saat. 11

Andererseits ist es gut, sich dort Rat zu holen, wo man sich wegen der gleichen Gesinnung gut aufgehoben fühlen darf. Der, der nicht zu eigenen Nutzen, sondern aufgrund seines Gemeinschaftssinnes Rat erteilt, ist verläßlich. Die an Gott gebundene Weisheit ist für Ben Sira der richtige Grund, in den Fragen des Lebens Entscheidungen zu treffen. 12–16

Wenn hier Ben Sira vom Verstand spricht, dann meint er damit den aus Gottes Wort (V.16) unterrichteten Verstand, der in den entscheidenden Dingen dieses Lebens etwas zu sagen weiß. Ben Sira sieht auch hier dieses Verhältnis wie bei der Frage der Freundschaft in einem sehr entscheidenden und grundsätzlichen Sinne: es geht um Gut oder Böse und um Leben oder Tod. Die entscheidende Rolle hierbei spielt die Zunge, d.h. also das Wort. Von der Gewalt des Wortes am Beispiel der Zunge hat er oben Sir 20,18–20 und 23,7–15 schon gesprochen. 17f.

37,19–26: Der rechte Weise im Urteil der anderen

19 Es gibt einen Weisen, der vielen als weise erscheint,
aber vor sich selbst erscheint er als verachtet[145].

---

[145] H^BCD: נואל. von נאל II = „verunreinigt, verachtet sein", vgl. Mal 1,7; s. G.R. Driver, JBL 53 (1934) 281; Hartom, 1969, 136; Segal, 1972, 241. H^Bmarg bietet dazu erklärend: נואל = „töricht".

20 Es gibt aber auch einen Weisen,
   der wegen seines Wortes verachtet wird.
   Und von einer jeden angenehmen Speise bleibt er ausgeschlossen.
21 *Denn ihm wurde vom Herrn nicht Huld erwiesen,*
   weil er jeder Weisheit beraubt wurde [146].
22 Auch gibt es einen Weisen, der vor sich selbst als weise erscheint,
   die Frucht seines Wissens kommt ihm zugute.
23 Auch gibt es einen Weisen, der seinem Volke als weise erscheint.
   Die Frucht seines Wissens kommt ihm zugute.
24 Der, der vor sich selbst weise ist, ist satt von Wohlgefallen,
   und alle, die ihn sehen, preisen ihn glücklich.
25 Das Leben eines Menschen währt eine bestimmte Zahl von Tagen,
   doch das Leben Israels [147] währt Tage ohne Zahl.
   (Ihre Leiber bilden eine Zahl von bestimmten Tagen,
   aber ihre zu rühmenden Nachkommen bilden Tage ohne Zahl.) [148]
26 Der, der im Volke weise ist, erwirbt Ansehen,
   und sein Name hat Bestand im ewigen Leben.

Wie schwierig es ist, ein Leben als Weiser zu führen, hat Ben Sira erfahren. Er denkt in diesen Aussagen darüber nach, ob es gut ist, wenn ein Weiser seiner Weisheit sich bewußt ist. Es könnte ja sein, daß er einem Selbstirrtum zum Opfer fällt. Ben Sira zeigt damit eine tiefe Einsicht in sein eigenes Wesen, wenn er davon spricht, wie unvollkommen und unsicher er sich selbst bei all seinen Überlegungen fühlen kann. Das Ehrfurcht gebietende äußere Erscheinungsbild eines Weisen ist für diesen selbst oft genug Anlaß zur Anfechtung. Er hat offenbar oft genug erfahren, daß der Weise in der Öffentlichkeit falsch beurteilt und angesehen wird. Dies geschieht in zweifacher Hinsicht.

19   Es ist möglich, daß der Weise ein Ansehen erhalten hat, das er sich selbst nicht beilegen kann, da er selbst unsicher ist. Mit diesen Worten kann ein Blick getan werden in die innere Verfassung Ben Siras, der hier in Selbsterkenntnis sich sieht und nüchtern schildert. Auch der Weise ist in Gefahr, in Irrtum zu verfallen. Die menschliche Seite Ben Siras kann hierbei unmittelbar ansprechen.

20   Anders verhält es sich da, wo der Weise ein Wort in seine Umgebung spricht, dieses Wort aber, da es unangenehm ist, verachtet wird. Die Ablehnung des Weisen trifft ebenso hart. Er fühlt sich ausgeschlossen und vom Tische des Gastmahles verbannt. Er wird nicht zugelassen zu den gemeinsamen Mahlzeiten, von denen er gesprochen hatte.

21   Dieser Vers will in einer verständlichen Weise diese Verachtung des Weisen begründen. Es dürfte sich um eine spätere Zutat handeln.

---

[146] Nur in G; unterbricht den Gedankengang, als Zusatz auszuscheiden.
[147] So H^B; H^Bmarg und H^D lesen: יְשׁוּרוּן = „Jeschurun".
[148] Ein Zusatz in H^Cmarg.

Wenn aber der Weise vor sich selbst und vor dem Volke als angesehener 22–24
Ratgeber erkannt wird, darf er die Frucht seiner Lehre erkennen und erleben.
Mit diesen Worten kommt die zweiseitige Überlegung nach Erfolg oder Mißerfolg eines Weisen in seinem eigenen Empfinden und im Anerkennen durch
die Gemeinschaft zu einem sentenzartigen Abschluß (Epikur?).

Damit blickt Ben Sira auf die Dauer des Lebens, auch die des weisen Men- 25f.
schen. Gemessen an der unermeßlich langen Dauer des Lebens des Volkes ist
das Leben des einzelnen Menschen unbedeutend und kurz. Dieser Erkenntnis
unterliegt auch das Leben des Weisen, der sich darin bescheiden muß. Aber
wenn er sich auch in seinem Leben dieser Relation bewußt sein muß, daß sein
eigenes Leben kurz ist im Vergleich zum Leben des Volkes, so weiß er sich
doch darin getröstet und erfüllt, daß sein Name weiter wirkt und Bestand hat,
da er ja in seinem Volke und für sein Volk gewirkt hat, das „Tage ohne Zahl"
(V.25) lebt. Dadurch wird auch der ewige Bestand des Namens des Weisen
garantiert. Diese Hoffnung des Weisen Ben Sira eröffnet ganz neue Dimensionen. Wenn hier vom ewigen Leben gesprochen wird, auf das hin der Name
des Weisen Bestand hat, dann überschreitet und übersteigt diese Hoffnung
bereits den Rahmen der gegenwärtigen Zeit und Welt. Ben Sira läßt hiermit
Gedanken anklingen, die wenig später im Buche Dan 12,1f. Gestalt annehmen
werden: Die Lehrer bleiben ewig, haben ewigen Bestand und werden auferstehen zum ewigen Leben. Zu diesem Gedanken vgl. auch Sir 39,9f.; 41,11–13;
44,10–15 und auch Spr 10,7.

37,27–31: Prüfung und Zucht

27 Mein Kind, in deinem Leben[149] prüfe dich selbst,
   und sieh, was schlecht für dich ist und erlaube dies dir nicht.
28 Denn nicht alles tut allen gut,
   und nicht alle können alles für sich erwählen.
29 Gebärde dich nicht übermütig[150] wegen eines jeden Leckerbissens
   und stürze dich nicht auf einen jeden Genuß.
30 Denn durch die Fülle der Genüsse erwirbt man Krankheit,
   und Völlerei führt zu Übelkeit.
31 Ohne Zucht sterben viele[151];
   der, der sich hütet, verlängert das Leben.

---

[149] So mit H[B]: בחייך; der gedankliche Zusammenhang legt es nicht nahe, mit H[Bmarg] und H[D] zu lesen: בחמר = „beim Rauschtrank", was Middendorp, 1973, 23, bevorzugt, um daraus eine weitere Verbindung zu hell. Denken abzuleiten.

[150] H[B]: תזרע = „ausstreuen, säen"; besser H[D]: תזד; unklar sind die weiteren Textvarianten von H[D] und H[Bmarg].

[151] In H[B] folgt ein unverständliches Wort: ועוע; es fehlt in H[D]; Hartom, 1969, 138, und Segal, 1972, 245, nehmen fehlerhafte Doppelschreibung vom vorangegangenen Wort an: יגועו = „sterben".

Zum Abschluß des gesamten Themenkreises über die rechte Wahl und Entscheidung faßt Ben Sira seine Gedanken zusammen und redet abschließend seine Hörer an: „Mein Kind". Das ganze Leben ist eine einzige Prüfung, vor allem eine Prüfung des eigenen Wollens und Strebens. Aus dieser Prüfung erwächst dann die Prüfung innerhalb der Lebensumstände und Lebensentscheidungen. Wie differenziert hierbei Ben Sira vorgeht, zeigt sich daran, daß er keine eindeutigen Regeln für alle Fälle des Lebens bereit hat. Jeder Fall hat eine andere Begleiterscheinung und andere Aspekte (V.28). Es wirkt wie eine Verkürzung der Anweisungen, wenn noch einmal auf das Gebiet des Essens eingegangen wird (V.29f.). In Wahrheit ist aber hier nur ein Teil des gesamten Lebens vorgeführt, und zwar ein Teil, bei dem es besonders schnell offenkundig wird, ob man gut oder schlecht gewählt hat. So eindeutig, wie man die falsche Wahl erkennen kann, wenn man bei der Mahlzeit sich nicht besonnen verhält, ist es im Leben sonst nicht. Die Verlockungen zum Genuß sind bei dem Anblick von Speise und Trank besonders groß und verführen deshalb zu raschen und falschen Entscheidungen. Dieser Hinweis soll aber davor warnen, in den weiterreichenden Lebenslagen nicht ruhig und besonnen die Entscheidung zu treffen, denn „ohne Zucht sterben viele; der, der sich hütet, verlängert das Leben" (V.31).

KAPITEL 38

38,1–15: Der Arzt

1 Sei mit einem Arzt freundschaftlich verbunden,
   bevor du ihn brauchst[152],
   denn auch ihn hat Gott erschaffen[153]!
2 Von Gott her empfängt der Arzt Weisheit,
   und so kann er vom König Geschenke annehmen.
3 Das Wissen des Arztes läßt ihn sein Haupt hochtragen,
   und vor Fürsten tritt er hin.
4 Gott läßt aus der Erde Heilmittel hervorgehen,
   und ein kluger Mann soll sie nicht verachten.
5 Wurde nicht durch ein Stück Holz Wasser süß,
   um einem jeden Menschen seine Macht kundzutun?
6 Er gab dem Menschen Einsicht,
   um sich durch sein Vermögen zu verherrlichen.
7 Durch sie kann ein Arzt Schmerzen lindern.

---

[152] Zur Übersetzung vgl. M.A. Halévy, 1964, 102.
[153] Zu חלק = „erschaffen", vgl. 16,14.

8 Und so bereitet ein Apotheker Arznei,
damit sein Werk nicht zur Ruhe komme
noch die Hilfe unter den Menschen.
9 Mein Kind, bei einer Krankheit zögere nicht,
bete zu Gott, denn er ist es, der heilt.
10 Halte dich von Sünde fern und auch von Parteilichkeit
und von allen Freveltaten reinige das Denken.
11 [*Bringe dar den lieblichen Geruch*] eines Gedächtnisopfers,
laß deine Opfer reichlich sein entsprechend[154] dem, was du vermagst.
12 Und auch dem Ar[zt g]ib Raum,
er ist nicht fern, denn auch er ist nötig.
13 Denn es gibt einen Zeitpunkt,
zu dem in seiner Hand der glückliche Ausgang liegt.
14 Denn auch er betet zu Gott,
daß ihm die Untersuchung gelinge
und die Heilung, damit er am Leben erhalte.
15 Der versündigt sich vor seinem Schöpfer,
der sich vor einem Arzt groß tut.

Krankheit war im Alten Orient ein Phänomen, das ganz und gar in den religiösen Traditionen beheimatet war. Sie wird als Schickung durch Gott oder die Götter begriffen. So ist es folgerichtig, wenn im mesopotamischen Raum der Arzt, der mit Medikamenten umgeht, dem Priesterstande zugerechnet wird[155]. Sein Titel ist *a-zu* oder *ia-zu* = der Wasser- oder Ölkundige. Hingegen wird der „Chirurg" zu den Handwerkern gezählt. Der Codex Hammurapi regelt in den Paragraphen 215–225 die Tätigkeit und die Honorierung des Arztes. Je nach dem Stand des Patienten und nach der Wichtigkeit des behandelten Körperteils werden die Festsetzungen getroffen. Renommierte Ärzte sind namentlich bekannt, wirken am Königshofe und können an andere Königshöfe ausgeliehen werden. Auch Tierärzte sind erwähnt. In Ägypten besteht die Hauptaufgabe der Ärzte, *zwnw* genannt, in der Kenntnis der Einbalsamierung der Toten. Vom Alten Reich bis in die Zeit der Römer liegt hier eine ununterbrochene Folge vor[156].

Aus dem AT sind Ben Sira zwei Verhaltensweisen bekannt. Einmal wird im Zusammenhang mit den bitteren Wassern von Mara, die in der Wüste sich als nicht trinkbar erwiesen, darauf hingewiesen, daß Mose diese Wasser trinkbar macht, indem er ein ihm von Gott gezeigtes Holz in das Wasser wirft. In diesem Zusammenhang wird dann eindeutig erklärt: „Ich bin der Herr, dein

---

[154] H^B liest: בכנפי = „in den Flügeln", unverständlich; lies mit G: ὡς μὴ = כפי = „entsprechend".

[155] E. Ebeling, Art. Arzt, RLA 1.Bd., 1928, 164f. E. Reiner, Astral Magic in Babylonia, TAPhS 85/4, 1995, 47; S. Parpola, SAA X, 1993, XIII.

[156] H.J. de Meulenaere, Art. Arzt, LÄ 1.Bd., 1975, 455–459. Erman-Ranke, Ägypten und ägyptisches Leben, 2. Aufl. 1923, 409ff.

Arzt" (Ex 15,26). Von der durch Gott bewirkten Heilung spricht auch Gen 20,17; Dtn 32,39; Ps 30,3 und Jes 57,18. Andererseits wird im AT von der Krankheit des Königs Asa berichtet, der erkrankte und zur Heilung den Rat von Ärzten suchte. Da er sich aber auf die Ärzte verlassen wollte und „nicht den Herrn suchte", wurde ihm nicht geholfen. Er starb (2 Chr 16,12).

Von diesen Gedanken herkommend, entfaltet Ben Sira eine vollkommen neue Sicht[157]. Seine Stellung dem Arzt gegenüber ist absolut positiv und läßt nichts von diesen alten Vorstellungen erkennen. Das hat darin seinen Grund, daß der Zeit Ben Siras in seiner hellenistischen Umwelt der Beruf des Arztes, der mit medizinischer Kenntnis und dem Einsatz ihm bekannter Heilmittel gegen die Krankheit vorgehen konnte, längst vertraut war. Eine bemerkenswert rationalistische Einstellung verrät Ben Sira dadurch.

1f. Problemlos wird die Existenz des Arztes im Sozialgefüge der damaligen Zeit gekannt und betont. Mit seiner Heilkunst zu rechnen, wird unmittelbar ausgesprochen. Er ist kein Fremdkörper in der städtischen Kultur. Ben Sira betont, daß man sich ihm nicht verschließen solle. Vielmehr solle man seine Bekanntschaft suchen und schon im gesunden Zustand mit der Möglichkeit rechnen, ihn einmal brauchen zu müssen. Damit ist nicht zum Ausdruck gebracht, daß man sich durch Geschenke mit dem Arzt gut stellen solle, bevor der Ernstfall eintritt. Ben Sira will vielmehr den Beruf des Arztes einordnen in die Reihe derer, die aufgrund der von Gott geschenkten Weisheit zum Wohle der Menschen beitragen können. Auch er ist wie der Weise von Gott geschaffen und mit Weisheit ausgestattet. Sein Beruf ist so angesehen, daß er auch von Königen geachtet wird.

3 Der Stand des Arztes ist allerdings ein besonderer und darin vergleichbar mit dem des Weisen. Ben Sira hat immer wieder betont, daß der Weise mit seinem Wissen auch vor Könige und Fürsten hintreten könne, um sie über den Willen Gottes zu belehren. So tut es auch der Arzt. Dabei steht er ganz unter

4 der Leitung Gottes, denn die vom Arzt benutzten Heilmittel läßt Gott aus der Erde wachsen. Da die Erde mit ihren Pflanzen eine Schöpfung Gottes ist, sind auch die Heilmittel von Gott gegeben.

5 Wie Mose in der Wüste die Wasser durch ein Stück Holz, das ja ein Teil der Schöpfung Gottes ist, süß machen konnte, so können auch andere Gewächse zur Gesundheit der Menschen beitragen.

6f. Dabei sind das Wissen und die Kenntnis der Zusammenhänge erforderlich, die durch Erfahrung erworben werden können. Jegliche Bezugnahme auf religiöse oder gar magische Riten ist hier fehl am Platze.

8 In diesem Zusammenhang wird auch die Kenntnis des Apothekers genannt, der die Heilwirkung der Pflanzen erkennen und zur Anwendung bringen kann.

---

[157] A. Stöger, Der Arzt nach Jesus Sirach (38,1–15), in: Arzt und Christ 11 (Salzburg 1965) 3–11; D. Lührmann, Aber auch dem Arzt gib Raum (Sir 38,1–15), in: Wort und Dienst 15 (1979) 55–78 P.C. Beentjes, Jesus Sirach 38,1–15. Problemen rondom een symbool, Bijdr 41 (1980) 260–265; Marböck, Neudruck 1999, 154–160.

Mit einer Anrede: „Mein Kind!" wendet sich nach diesen grundlegenden 9–11
Ausführungen Ben Sira an seine Hörer. Wenn ein Krankheitsfall eintritt, dann
ist das erste Anliegen, sich an Gott zu wenden; denn er ist es, der heilt (s. Ex 15,
26). In diesen Worten (V.10f.) ist noch etwas zu verspüren von den alten Anschauungen, wonach Krankheit und Sünde einen ursächlichen Zusammenhang bilden. Es ist an der Zeit, Opfer zu bringen (vgl. Gen 8). Dies aber soll
nur deutlich machen, daß der Mensch, der von Krankheit geschlagen ist, seine
Heilung von Gott erbittet. Diese Heilung ist aber nicht nur auf das religiöse
Tun beschränkt, sondern ist auch Angelegenheit des Arztes, der ja, wie oben 12–14
ausgeführt, unter der Leitung Gottes steht. Ben Sira weiß sogar, daß es eine
Möglichkeit und einen Zeitpunkt gibt, wo die Heilung allein in der Hand des
Arztes liegt. Auch er weiß, daß die ihm gegebenen Gaben von Gott kommen.
Er ist gewissermaßen nur der Weitergebende dieser Erkenntnis, der die Hei-
lung, die er erwirkt, letztlich Gott selbst verdankt. So kommt Ben Sira zu der
eindeutigen und 2 Chr 16,12 widersprechenden Aussage, wonach der, der die 15
Hilfe des Arztes leichtfertig ablehnt, sich vor seinem Schöpfer versündigt.

38,16–23: Der Tod

16 Mein Kind, über einen Toten vergieße Tränen!
   Trauere und stimme ein Klagelied an!
   Wie es ihm zukommt, hülle ein[158] seinen Leib
   und verbirg dich nicht bei seinem Verscheiden[159].
17 Traure, mein Kind, und verrichte die Totenklage
   und bewahre Trauer um ihn,
      wie es sich bei seinem Heimgang geziemt.
   Ein oder zwei Tage trauere in Tränen,
   und dann laß dich trösten von der Trauer[160].
18 Aus Kummer erwächst Schaden,
   ja, schlecht steht es mit dem Denken, das im Schmerz sich verhält.
19 *Mit dem Leichenzug vergeht auch die Trauer,*
   und das Leben des Armen greift ans Herz[161].
20 Richte dein Sinnen nicht weiterhin auf ihn,
   laß ab von deinem Gedenken und gedenke des eigenen Endes.
21 Du sollst seiner nicht mehr gedenken,
      denn es gibt keine Hoffnung mehr für ihn,
   was nützt es dir? Es schadet dir nur.

---

[158] Übersetzt mit G.R. Driver, JBL 53 (1934) 281f.
[159] HB bietet das Suffix der 3.m.pl.: ם-. Dem Zusammenhang nach muß es sich aber um das Suffix der 3.m.sg. handeln, wie im vorangegangenen Halbvers; s. Segal, 1972, 149. Penar, 1975, 65, nimmt ein enklitisches mem an.
[160] HB liest: עון = „Sündenschuld", unverständlich; besser mit G: λύπης ἕνεκα = hebr. דון.
[161] Glosse in G.

22 Sei bei seinem Geschick eingedenk, daß dies auch dein Geschick ist,
ihm gestern und dir heute.
23 Wie die Ruhe des Toten, so ruht auch das Gedächtnis an ihn[162],
und laß dich trösten über seinen Heimgang.

Wenn nun Ben Sira über den Tod und die Trauer spricht, verrät er auch hier eine nüchterne und aufgeschlossene Haltung. In Israel wurden wie im Alten Orient ausgedehnte Trauerriten vollzogen, die mit viel Aufwand im sozialen Bereich verbunden waren: Selbstkasteiung, Veränderung der Kleidung, lautes Schreien und Klagen und Totengesänge. Auch die griechische Antike kannte ausgedehnte Trauerzeremonien[163]. Ferner kann bei den Aussagen Ben Siras auf ähnliche Äußerungen im ägyptischen Papyrus Insinger hingewiesen werden[164]. Die Anklänge werden aber auch dadurch verständlich, weil es hier um immer wieder gleiche Verhaltensweisen im Ablauf menschlichen Lebens geht.

16f. Diese Erinnerung klingt in den Ausführungen nach. Es ist die Pflicht der Hinterbliebenen, besonders der Kinder, den Älteren und den Eltern eine angemessene Bestattung zuteilwerden zu lassen. Dabei wurde der Leib in ein einfaches Tuch eingehüllt und in der Erde bestattet. Steine und Erde deckten den Leichnam zu und bewahrten ihn auf diese Weise vor Zugriff, auch vor dem von wilden Tieren. Nicht bestattet zu werden, gilt als Strafe. Ben Sira geht hier von einer bemerkenswert kurzen Trauerzeit aus, nämlich ein bis zwei Tage. An anderer Stelle (Sir 22,12) beträgt die Trauerzeit sieben Tage. In späterer Zeit wurden die Fristen des Trauerns in verschiedene Stufen und Grade genau
18–23 eingeteilt. Denn eine zu lange Trauer schadet den Hinterbliebenen, nützt auf der anderen Seite den Verstorbenen jedoch nichts. Das Denken Ben Siras ist wie das seiner Zeit noch ganz in der Vorstellung befangen, daß die Erdenzeit des Menschen die allein bedeutsame und wichtige ist. Nach dem Tode ruht der Mensch. Damit hat sich auch der Lebende abzufinden. Dieses Geschehen ist für die Hinterbliebenen ein ständiges memento mori. Zur schnellen Beendigung der Trauer vgl. 2 Sam 12,23.

38,24–34: Weisheit und Handwerk

24 Die Weisheit eines Gelehrten läßt Weisheit wachsen,
und der, der wenig (andere) Arbeit hat, wird sich zur Weisheit bilden.
25 Wie wird sich der, der den Pflug führt, zur Weisheit bilden können,
und wie der, der sich rühmt mit dem Stecken des Treibers,
der Rinder leitet und Ochsen wendet,

---

[162] H^B: „Die Ruhende (komme) aus der Ruhe seines Gedächtnisses"(?); H^Bmarg ist verständlich: כשבות מת ישבות זכרו.
[163] G. Herzog-Hauser, Art. Trauerkleidung, PW 2.R.,12.Hbd, 1937, 2225–2231.
[164] Z.B. bei Schrader, 1994, 285–301.

und der, der seine Gedanken auf den Umgang
   mit dem [V]ie[h] richtet
26 und wessen Aufmerksamkeit darauf gerichtet ist, die Mast zu vollenden,
   und wer seinen Verstand darauf richtet, [Fu]rc[h]en zu eggen[165].
27 So auch ein jeder Arbeiter[166] und Künstler,
   die in der Nacht wie am Tage arbeiten,
   und die, die die Gravuren der Siegelringe schneiden,
   und der, dessen Kunst es ist, bunt zu weben,
   und der, der seinen Sinn darauf richtet,
   ein Bild nach dem Leben zu malen,
   und der, der seine Mühe darauf verwendet, das Werk zu vollenden.
28 So auch der Schmied, der nahe am Amboß sitzt,
   und genau auf die Werke aus Eisen achten muß,
   die Glut des Feuers läßt sein Fleisch schmelzen,
   und in der Hitze des Ofens muß er tätig sein.
   Das Dröhnen des Hammers macht taub sein Ohr,
   und auf das Modell des Gerätes muß er sein Auge richten.
   Seinen Sinn richtet er auf die Vollendung seiner Werke,
   und es ist sein Bemühen, sie schön zu vollenden.
29 So auch der Töpfer, der bei seiner Arbeit sitzt,
   der mit seinen Füßen die Töpferscheibe dreht,
   der sich fortwährend Gedanken macht über sein Werk,
   und wohlgezählt ist seine gesamte Arbeit.
30 Mit seinen eigenen Armen formt er den Ton,
   und vor seinen Füßen beugt er seine Härte.
   Seinen Sinn richtet er darauf, die Glasur zu beenden,
   und seine Sorge ist es, den Ofen zu reinigen.
31 Diese alle vertrauen auf ihre Hände,
   und ein jeder ist weise in seinem Werk.
32 Ohne sie wird keine Stadt erbaut werden können,
   und sie müssen nicht Fremdlinge sein und nicht umherziehen.
   Aber im Rat des Volkes werden sie nicht befragt werden[167],
33 auch ragen sie nicht heraus aus der Gemeinde,
   auf dem Thron eines Richters sitzen sie nicht,
   und die festen Satzungen des Urteils kennen sie nicht.
   Auch offenbaren sie nicht Lehre und Urteil,
   und in Weisheitssprüchen kennen sie sich nicht aus.
34 Aber den Bestand dieser Welt stärken sie,
   und ihr Gebet besteht in der Ausübung ihrer handwerklichen Kunst.
   Anders der, der sich selbst dahingibt
   und über das Gesetz des Höchsten nachsinnt.

---

[165] So mit **G**, wobei die Reihenfolge der genannten Arbeiten umzudrehen ist.
[166] Hier sind am Anfang noch wenige hebr. Wörter in **H**[B] vorhanden.
[167] Dieser Halbvers nur in S, Sc und *L*-672 erhalten.

In diesem Abschnitt läßt uns Ben Sira einen Blick in die Vielgestaltigkeit des städtischen Lebens der hellenistischen Zeit tun. Dies geschieht aber nicht deshalb, um einen kulturgeschichtlichen Bericht über das vielfältige Leben einer antiken Stadt zu geben. Ben Sira möchte auch diese Phänomene ganz in sein Denken einordnen. So wie der Arzt, eine eigene Erscheinung in der Berufevielfalt der Zeit, in seiner Bedeutung für das Leben des Volkes Gottes gesehen wird, so auch die im folgenden angegebenen Berufe. Bei diesen Ausführungen stehen ägyptische Weisheitslehren deutlich im Hintergrund: die Lehren des

24 Duauf und die des Cheti[168]. Deshalb steht die Bezugnahme auf den Weisen an der Spitze seiner Ausführungen. Er ist Ausgangs- und Zielpunkt der längeren Ausführungen, die nun sämtlich den Zweck und das Ziel haben, die Zueinanderordnung des städtischen Gefüges in der Sicht Ben Siras zu klären. Dem Weisen kommt die wichtigste Aufgabe zu, nämlich Weisheit zu pflegen und zu bilden. Dafür braucht er aber Muße[169]. Diese Muße haben alle nun angeführten Arbeiter nicht. Es sind vier Bereiche, auf die Ben Sira zu sprechen kommt:

25f. Von der agrarischen Situation herkommend, erwähnt er zunächst den Bauern. Seine Arbeit vollzieht sich auf dem Feld und im Rahmen der Viehzucht. Er ist damit voll ausgelastet und hat demzufolge keine Zeit, sich mit Weisheit bilden zu können.

27 Ganz zum städtischen Leben gehört das, was über den Künstler gesagt wird. Seine diffizile Arbeit hält ihn Tag und Nacht gefangen. Er graviert Siegelringe, er webt bunte Gewänder und er malt Bilder. Dabei ist die Arbeit des Steinschneiders für Siegelringe und des Webers für die Kleidung aus alter Zeit der vorderorientalischen Stadtgeschichte bekannt. Aus archäologischen Grabungen wurden Beispiele der Siegelschneidekunst aus der israelitischen Königszeit bekannt[170]. Neu hingegen ist aber für die jüdische Tradition, daß auch Bilder gemalt werden. Es ist bekannt, daß die jüdische Tradition sich nur schwer und hier auch nur in vordergründiger Weise mit der darstellenden Kunst beschäftigen konnte. Hier ist eindeutig griechisch-hellenistischer Einfluß zu bemerken, der dazu geführt hat, daß auch in Synagogen der späteren röm. Zeit Bilder (Dura Europos) und Mosaikkunst anzutreffen sind. Aber, so Ben Sira, diese Künstler finden keine Zeit, sich mit weisheitlichen Fragen zu beschäftigen.

28 Eine noch viel härtere Arbeit verrichtet der Schmied. Die Kunst des Schmelzens von Eisen und die Bearbeitung desselben, seit ca. 1200 v.Chr. im Raum des Alten Vorderen Orients geübt, erfordert viel Kraft und Geschick. Der Schmied ist noch viel mehr auf sein Handwerk ausgerichtet.

---

[168] H. Brunner, Altägyptische Weisheit. Lehren für das Leben. Nachdruck Darmstadt 1988. Vgl. auch Schrader, 1994, 123–130.

[169] J. Marböck, Sir 38,24–39,11: Der schriftgelehrte Weise. Ein Beitrag zu Gestalt und Werk Ben Siras, BEThL 51, 1979, 293–316, Neudruck 1990, 293–316 und 421–423 = Ders., Gottes Weisheit unter uns, Freiburg u.a. 1995, HBS 6, 25–51.

[170] Reiches Material wird vorgeführt von D. Conrad, TUAT II, 1986ff., 565–572.

Schließlich der Töpfer. Dieses Handwerk ist so alt wie die seßhafte Kultur. 29f.
Die Verarbeitung von Ton geht bis in die jüngere Steinzeit zurück. Die Töpferscheibe ist erst seit der Mitte des 2. Jt. v.Chr. bekannt. Hervorragende Werke sind durch die Jahrhunderte hindurch geschaffen worden und bilden einen wesentlichen Bestandteil für die städtische Kultur. Von diesem Tun hatte Ben Sira schon früher berichtet, siehe zu 33,10–13. Auch das Brennen des Tons und das Glasieren mit Bleioxyd war gut bekannt und bezeugt. Archäologische Funde an allen bekannten Orten bestätigen die Richtigkeit dieser Angaben ebenso wie die bezüglich des Schmieds.

Voller Hochachtung spricht Ben Sira von der Wichtigkeit dieser Berufe. 31f.
Bei der Ausübung dieser Arbeit ist auch Weisheit vonnöten. Diese Weisheit zeigt sich je in dem Teilbereich, in dem diese Handwerker und Künstler tätig sind. Ohne sie ist kein städtisches Leben möglich und denkbar. Sie sind die Grundlage einer jeden städtischen Kultur. Sie haben darum Heimatrecht in der Stadt.

Aufgrund ihrer starken beruflichen Belastung haben sie aber keine Mög- 33f.
lichkeit, die Geschicke der Bewohner einer Stadt durch ihren Rat zu lenken. Zur Regierung und Verwaltung des Volksganzen können sie nichts beitragen, da sie die Gepflogenheiten und Traditionen, aber auch die Gesetze und Regeln, nach denen ein soziales Gefüge gelenkt werden kann, damit es lebt, nicht kennen[171]. Aber dennoch, so betont Ben Sira (V.34), hat ohne sie diese Welt keinen Bestand. Wenn sie diese ihre Arbeit als im Auftrag Gottes verstehen und so ihre handwerkliche Kunst in den Dienst der Gemeinschaft und damit Gottes stellen, haben sie die Aufgabe erfüllt, die ihnen zukommt.

Ben Sira läßt hier eine Anschauung deutlich werden, die von dem Gegensatz ausgeht, der zwischen der handwerklichen Tätigkeit und der weisheitlichen Erkenntnis besteht. Man wird aus diesen Worten nicht ablesen können, daß der Weisheitslehrer höher steht als der handwerklich Tätige. Beide stehen ja unter der Leitung der von Gott gegebenen Weisheit. Die Aufgaben sind allerdings verschieden verteilt. In der späteren Zeit ist gerade auf die enge Verbindung beider Tätigkeiten hingewiesen worden, wenn die Schriftgelehrten auch einem handwerklichen Berufe nachgehen. Die spätere jüdische Tradition geht von dieser Tatsache aus. Der Lehrer, besonders der Schriftgelehrte verdient seinen Lebensunterhalt durch seiner eigenen Hände Werk. Davon spricht nicht nur Paulus, sondern die gesamte spätjüdische Tradition.

Wenn Ben Sira in diesem Zusammenhang anders argumentiert, dann wird darin die besondere Situation der hellenistischen Welt deutlich. Die Antike und ihr folgend auch die hellenistische Philosophie war der Meinung, daß der, der sich mit den Fragen der Lehre beschäftigt, dafür besondere Muße braucht. Viele antike Zeugnisse sprechen davon. Nur der, der sich seinen Gedanken hingeben kann und diese Gedanken an Schüler weitergibt, ist in der Lage, sich

---

[171] P.W. Skehan, They Shall not be Found in Parables (Sir 38,33), CBQ 23 (1961) 40.

von den Dingen dieser Welt zu lösen, um seine Gedanken bilden und weitergeben zu können. Auch darin dürfte sich das Leben einer hellenistischen Stadt widerspiegeln, wenn Ben Sira diese Sicht der Ordnung einer städtischen Kultur hier vertritt.

KAPITEL 39

39,1–11: Die Weisheit des Weisen

1 *Die Weisheit aller Vorfahren erforscht er,*
  und um die Prophezeiungen ist er bemüht.
2 *Die Erklärungen berühmter Männer bedenkt er,*
  und in die Gedanken der Sprüche dringt er ein,
3 *die Geheimnisse der Gleichnisse erforscht er,*
  und um die Rätsel der Sinnsprüche müht er sich.
4 *Inmitten der Großen tut er seinen Dienst,*
  und vor Fürsten erscheint er,
  in das Land fremder Völker reist er,
  denn Gutes und Schlechtes erforscht er unter den Menschen.
5 *Seinen Sinn richtet er darauf, zu erklären*
  vor dem Herrn, der ihn erschaffen hat,
  und vor dem Höchsten betet er.
  Er öffnet seinen Mund im Gebet,
  und für seine Sünden bittet er.
6 *Wenn der Herr, der große*[172] *es will,*
  wird er mit dem Geist des Verstehens gefüllt werden.
  Er wird kundtun Aussprüche seiner Weisheit,
  und im Gebet wird er den Herrn preisen.
7 *Er versteht*[173] *Rat und Einsicht,*
  und über seine Geheimnisse denkt er nach.
8 *Er offenbart die Zucht seiner Lehre,*
  und im Gesetz des Bundes des Herrn sieht er seinen Ruhm.
9 *Viele werden seine Einsicht loben,*
  und bis in Ewigkeit wird sie nicht vergessen werden.
  Man wird nicht aufhören, seiner zu gedenken,
  und sein Name wird leben von Geschlecht zu Geschlecht.
10 *Völker*[174] *werden von seiner Weisheit berichten,*
  und die Gemeinde wird sein Lob verkündigen.

---

172 Vielleicht ist hier mit vielen Übersetzern entsprechend 46,5 zu lesen: „der Höchste".
173 G: κατευθυνεῖ = „er richtet gerade"; dies entspräche dem hebr. יכין. Besser ist es, mit S im hebr. vorauszusetzen: יבין.
174 G: ἔθνη; hier und in 44,15 lies besser mit S: „die Versammlung" = Gemeinde.

11 *Während er lebt, wird sein Name mehr*
als tausend sonst gepriesen[175] *werden,*
wenn er zur Ruhe kommt, ist es ihm genug.

Der Stand des Weisen wird weiterhin in seiner Bedeutung erklärt. Dadurch wird noch einmal um so deutlicher, daß die erwähnten Handwerker (Sir 38) gar nicht in der Lage wären, so viel Muße aufzubringen, wie sie der Weise benötigt für seine Studien. Den Worten ist nicht anzumerken, daß Ben Sira eine höhere Meinung von seinem Berufsstand als Weisen gehabt habe. Alle Berufe haben je ihre Berechtigung. Die Arbeit des Weisen ist allerdings geschichtlich und thematisch weiter ausgedehnt als die aller anderen Berufe.

Es war immer wieder deutlich geworden, daß Ben Sira die Traditionen des AT nicht nur aus Erzählungen oder mündlicher Überlieferung kennt, sondern bereits abgeschlossene Bücher vor sich gehabt haben muß. Diese Annahme bestätigt sich auch hier. Der Weise forscht in der Geschichte und sucht dort nach Zeichen der Offenbarung Gottes in Weisheit. Dabei trifft er auch auf Prophezeiungen, d.h. auf die Aussagen, die in den prophetischen Büchern sich finden. Auch in Sir 24 war von den Berührungspunkten zwischen Weisheit und Prophetie gesprochen worden. Die gleiche Thematik ist hier zu erkennen. Weisheit und Prophetie sind keine Gegensätze, vielmehr ist Prophetie ein Teil des weisheitlichen Denkens Ben Siras. Aus ihr nimmt er Aussagen auf, die von der Weisheit vergangener Generationen zeugen.

Selbstverständlich bemüht sich Ben Sira als Weiser noch mehr um die Gedanken und Sprüche vergangener Generationen. Er nennt hier noch keine Namen. Das geschieht später in 47,12ff. Man wird aber an Namen wie Salomo (1 Kön 5,12–14 und 10,1–3), Hiskia (Spr 25,1) und Agur (Spr 30,1ff.) denken dürfen.

An Königshöfen wurde seit alter Zeit das kulturelle Erbe eines Landes und eines Volkes gepflegt. So geschah es in Israel frühestens seit der Zeit Salomos. Hier haben auch die Weisen ihren Platz. Sie erscheinen als literarisch kompetente Personen, die auf der einen Seite die vorhandenen Gedanken und Schriften sammeln, auf der anderen Seite aber auch dazu angehalten sind, selber Literatur zu erfinden und vorzutragen. Es ist bezeugt, daß auch in alter Zeit ein reger Kulturaustausch zwischen den Königshöfen stattfand, bis ins 3.Jt. v.Chr. zurück. So ist es nicht verwunderlich, daß auch für die Zeit Ben Siras im 2. Jh. v.Chr. Reisen durchgeführt werden, um fremde Völker und Fürsten- und Königshöfe kennenzulernen. Diese internationale Kommunikation hat im persischen Reich durch seine Ausdehnung weit nach Westen hin ihren Anfang genommen und kam im griechisch-hellenistischen Herrschaftszeitraum zu einer nie geahnten Ausweitung und Blüte. Hellenistische Städtegründungen überzogen das gesamte Gebiet der Diadochenreiche. Von Alexandrien bis zum Euphratunterlauf und von hier wieder bis nach Kleinasien breitete sich

---

[175] So mit **S**; **G** hat den Inhalt des folgenden Verses schon im Auge: καταλείψει = „hinterlassen".

die hellenistische Stadtkultur aus und errichtete an vielen dieser Orte kleine Herrschaften und Fürstentümer. Die Reisetätigkeit der Menschen war enorm. Dazu gehörte zu seinem Teil auch Ben Sira, vgl. Sir 34,9–13.

5f. Sein ganzes Bemühen gilt seinem Beruf. Davon läßt er sich nicht ablenken. Weil das, was er erforscht, von Gott kommt, richtet er letztlich seine Gedanken zu Gott hin, d.h. er betet zu ihm (V.5). Das Gebet ist ein Gebet der Buße und der Erkenntnis der eigenen Sünden, die ihm durch das Studium der Überlieferungen bewußt gemacht werden. So erscheint der Weise wie der Beter des Ps 1. Ähnlich hatte Ben Sira schon in 24,32f. von dem Studium des von Gott geoffenbarten Gesetzes, das in Jerusalem seine Ruhestellung gefunden hatte, gesprochen.

7f. Dieses sein Studium befähigt ihn, von seinen Erkenntnissen weiterzugeben. Er treibt keine in sich gekehrte mystische Schau, die ihn nicht über den Rand seines Buches hinaus sehen läßt; vielmehr gibt er die ihm geoffenbarte Lehre weiter (V.8), worüber er von vielen gelobt werden wird (V.9).

9 Wichtig hierbei ist, daß seine Einsicht, in der Lehre kundgetan, nicht nur in der Gegenwart ihre Bedeutung hat, sondern darüber hinaus in die Zukunft wirkt, so stark, daß sein Ansehen und sein Name nicht vergessen werden. Daß Lehre nicht für sich behalten wird, sondern mit dem Auftrag verbunden ist, weitergegeben zu werden, hat Ben Sira schon oft zum Ausdruck gebracht, vgl. Sir 1,24; 37,26; des weiteren in 41,11 und 44,13–15. Daß dieses sein Tun bis in die Ewigkeit wirken wird, läßt schon daran denken, daß Ben Sira hier wie anderwärts an eine Fortdauer des Namens des Weisen denkt, vgl. dazu Sir 37,29 und deutlich ausgesprochen in Dan 12,1–3. Auch hier kommt Ben Sira an die Grenze dessen, was sonst in den alttestamentlichen Glaubensvorstellungen als unabänderlich galt: der Tod als Ende der Existenz des Menschen in seiner Verbindung zu Gott.

10f. Nicht nur in zeitlicher Ausdehnung ist die Wirkung seiner Rede unbegrenzt, sondern auch in räumlicher. Im Zentrum steht die eigene Gemeinde, die sein Lob verkündet (V.10).

39,12–35: Ben Siras Bekenntnis zur in Weisheit geordneten Welt

> 12 *Noch einmal will ich nachsinnen und bedenken,*
> *wie der Vollmond bin ich angefüllt.*
> 13 *Höret mir zu, ihr frommen Kinder, und wachset in die Höhe*
> *wie eine Rose, die am feuchten Bache wächst.*
> 14 *Wie Weihrauch laßt Wohlgeruch hervorgehen*
> *und kommt zur Blüte wie eine Lilie.*
> *Erhebet die Stimme*[176] *und lobt gemeinsam*[177]
> *und preist den Herrn in all seinen Werken!*

---

[176] G hat wie in Versteil a noch einmal: ὀσμήν = „Wohlgeruch"; besser mit S zu lesen: φωνήν.

[177] G liest „Lieder"; besser mit S: ἅμα.

15 *Laßt seinem Namen Größe zuteil werden*
   und bekennt gemeinsam sein Lob
   mit Liedern der Harfe und mit allerlei Saitenspiel!
   Und so sollst du sprechen mit Jubel:
16 „[*Die Werke*] des Herrn, sie sind alle gut,
   und alles, wessen man bedarf, gibt er ausreichend zu seiner Zeit"[178].
17 *Niemand möge sprechen: „Was ist dies? Wozu geschieht dies?"*
   Denn alles wird zu seinem rechten Zeitpunkt
      gefunden werden können[179].
   [*Durch sein Wort*] richtete er auf [*wie einen Wall das Wasser*]
   und durch das, was aus seinem Munde hervorgeht,
      seine Wasserschätze.
18 Wenn er sein Wohlgefallen walten läßt, führt er es glücklich hinaus,
   da gibt es kein Hindernis für seine Hilfe.
19 Das Werk aller Menschen liegt offen vor ihm,
   und nichts ist verborgen vor seinen Augen.
20 Von Weltzeit zu Weltzeit geht sein Blick,
   darum gibt es keine Zahl für sein Helfen.
   Nichts ist zu klein oder zu gering[180] bei ihm,
   und nichts ist zu wunderbar oder zu schwer für ihn.
21 Niemand sage: „Was ist dies? Oder warum ist dies?"
   Denn dies alles ist zu seiner rechten Ordnung ausgewählt.
   Niemand sage: „Dies ist schlechter als das!"
   Denn dies alles hat zu seiner Zeit seine große Bedeutung.
22 Sein Segen[181] schäumt über wie der Nil,
   und wie der Euphrat tränkt er den Erdkreis.
23 Ja, sein Zorn vertreibt Völker,
   und Oasen verwandelt er in Salz.
24 Die [*Pfade*] des Frommen sind gerade,
   aber den Fremden werden sie zu verschlungenen Wegen[182].
25 [*Gutes*] hat er von Anfang an [*für den G*]uten geschaffen[183],
   ja, für die Bösen aber Gutes und Böses.
26 [*Das Wichtigste von allem Notwen*]digen
      für das Leben eines Menschen
   ist Wasser, Feuer, Eisen und Salz,

---

[178] So mit H^B; H^Bmarg hat: „für einen jeden Zweck sind sie reichlich vorhanden zur rechten Zeit."

[179] Die Versteile a und b stehen nach G an dieser Stelle, in H^B erst als V.21.

[180] Mit Penar, 1975, 66, ist auch dieser Halbvers wie der folgende komparativisch zu fassen.

[181] G: εὐλογία αὐτοῦ; H^Bmarg: ברכתו stand vermutlich am Rand und wurde ausgelöscht; H^B ohne Suffix.

[182] H^B im ganzen V. schwer deutbar. H^Bmarg und G lassen folgenden Text verständlich erscheinen: „Seine Pfade sind für die Rechtschaffenen gerade, ja, für Gottlose sind sie Anlaß zu straucheln."

[183] Zu חלק = „erschaffen", vgl. 16,14.

[*das Mark des Weizens*], Milch und Honig,
das Blut der Traube, Feinöl und Kleidung.
27 All dies erweist sich als gut für die Guten,
ja, aber für die Bösen wendet es sich zum Bösen.
28 *Es gibt Stürme, die sind für das Gericht erschaffen,
und durch ihr Schnauben versetzen sie Berge,
zum Zeitpunkt der Vernichtung schütten sie ihre Stärke aus,
und den Grimm dessen, der sie erschaffen hat, beruhigen sie*[184].
29 Feuer, Hagel, Hunger[185] und Pest,
ja, diese sind für das Gericht erschaffen[186].
30 Reißende Tiere, Skorpione und Ottern,
das Schwert der Rache, um mit dem Bann zu belegen die Bösen,
alle diese sind für ihren Zweck erschaffen worden,
und sie liegen im Vorrat bereit, und sie warten auf die Zeit,
zu der sie aufgeboten werden.
31 Wenn er ihnen befiehlt, freuen sie sich,
und wenn das Gebot sie trifft,
sind sie nicht widerspenstig gegen sein Wort.
32 Darum habe ich mich von Anfang an fest daran gehalten
und habe es genau bedacht
und nun in meinem Buche niedergelegt.
33 Die Werke[187] Gottes, sie alle sind gut,
für alles, was nötig ist, hat er zu seiner Zeit Vorsorge getroffen.
34 Niemand[188] möge sagen: „Dies ist schlechter als das"[189],
denn das alles hat zu seiner Zeit seine Bedeutung[190].
35 Nun, mit voller Einsicht (und laut) erhebt die Stimme
und preist seinen heiligen Namen![191]

Hatte Ben Sira eben die verschiedenen Aufgaben, Pflichten und Berufe der Menschen in seinen Reden geschildert, wobei er immer wieder auf die Weisheit zu sprechen kam, die die verschiedenen Berufsgruppen der Menschen befähigt, ihre Arbeit durchführen zu können, so liegt ihm nun daran, die hinter dem allen stehende Größe Gottes im Lob zu bekennen. So verschieden auch die Welt sein mag, in einem Punkt treffen alle Phänomene zusammen: „Die Werke des Herrn, sie sind alle gut, und alles, wessen man bedarf, gibt er ausreichend zu seiner Zeit" (V.16).

---

[184] HB und HBmarg sind nur bruchstückhaft erhalten; HM bestätigt die Lesart von G.
[185] HB: רע = „böse"(?); lies mit G: λιμός und S; hebr. רעב.
[186] HB:.[..] נ; HM: [...או]; lies: נבראו Ni.; G: ἔκτισται.
[187] HB: מעשה, Singular; der Zusammenhang erfordert Plural; Smend, 1906, 367: מעשי.
[188] HB: אל = „nicht"; besser mit HBmarg: אין.
[189] HB: מה זה = „Was ist dies?"; besser mit HBmarg: מזה.
[190] HB: יגביר = „läßt er von Bedeutung sein"; besser HBmarg: יגבר, vgl. V.21.
[191] HB hat: שם הק(דוש) = „den Namen des Heiligen"; besser mit HBmarg שם קדשו.

Von dem wandelbaren Mond hatte Ben Sira schon gesprochen. Er ist das 12–15
wichtigste Gestirn am Himmel, da sich durch sein Wachsen und Abnehmen
die Abläufe der Zeit festlegen und bestimmen lassen. Ben Sira greift zu diesem
Bild (V.12), um damit verschiedene Aussagen bildhaft vor Augen stellen zu
können. Einmal geht es um das Wachstum, das man in jedem Monat immer
wieder neu am abendlichen Himmel feststellen kann, wenn aus dem Neumond
der Vollmond wird. Das Abnehmen des Mondes entzieht sich zumeist dem
menschlichen Auge, da dies nur in der zweiten Hälfte der Nacht beobachtet
werden kann. Zum anderen will Ben Sira mit diesem Bild den abgeschlossenen
Zustand des Vollseins wiedergeben. Er fühlt sich durch sein Studium von
Weisheit so erfüllt, daß es schlechterdings nicht anders geht, als nun von dieser
Weisheit weiterzugeben. Schließlich geht es ihm auch um die durch den Vollmond angezeigte Leuchtkraft. Kein Gestirn am Himmelszelt hat einen helleren
Schein in der Nacht als der (durch die Sonne bestrahlte) Mond. Wenn Gottes
Offenbarung mit der Sonne verglichen werden kann, dann zeigt das Bild vom
Mond, daß dieser von der Sonne her seine Leuchtkraft empfängt. Ohne Bild
gesprochen könnte darin die Erkenntnis Ben Siras zum Ausdruck gebracht
werden, daß er die Lehre, die er weitergibt und vertritt, nicht aus sich selbst,
sondern empfangen hat. Durch die von Ben Sira weitergegebene Lehre wachsen
die ihm zuhörenden Kinder und Schüler heran. Auch hier nimmt Ben Sira die
Vergleiche aus der Welt der Natur. Von der Rose und der Lilie hatte er schon
in 24,18 gesprochen. Auf Weihrauch weist er hin in Sir 50. Dieses Wachstum
dient ausschließlich dazu, um die Schönheit dessen anzuzeigen, was nun kommt:
der Lobpreis Gottes. Dieser Lobpreis nimmt kultische Dimensionen an, wenn
von Harfe, Saitenspiel und Jubel gesprochen wird (V.15).

Die Melodien von Harfe und Saitenspiel und der Rhythmus des Jubels arti- 16
kulieren sich nun in dem Bekenntnissatz: „Die Werke des Herrn, sie sind alle
gut, und alles, wessen man bedarf, gibt er ausreichend zu seiner Zeit." Damit
blickt Ben Sira auf die vorangegangenen Ausführungen zurück, in denen er
von der Vielgestaltigkeit der Erscheinungen dieser Welt und im Leben eines
jeden einzelnen gesprochen hatte. Es soll nicht der Anschein erweckt werden,
als gäbe es bessere größere oder schlechtere kleinere Werke Gottes. Ebenso kann
nicht aus den Worten Ben Siras geschlossen werden, es gäbe größere und bessere
oder kleinere und schlechtere Menschen. Alles hat zu seinem Zeitpunkt den
rechten Sinn und die rechte Bedeutung. Daß dieser Satz als ein Satz des Bekenntnisses zu verstehen ist und nicht als ein Satz der Erfahrung, wird sofort
bei den Ausführungen in Sir 40 anschließend deutlich. Vorerst kommt Ben
Sira auf einen Einwand zu sprechen, der nun vorgetragen wird. Ein zweifelndes 17
Fragen hat keinen Grund; denn wenn der Mensch auch den rechten Zeitpunkt
nicht erkennt, bei Gott hat alles seinen rechten Ort und seine rechte Zeit. Ben
Sira weist dies nach durch einen Blick in das Geschehen in Schöpfung und Geschichte. Von der Bändigung des Wassers weiß Gen 1,9 beim Akt der Schöpfung zu berichten; in der Geschichte des Volkes steht das Wasser wie ein Wall
zu beiden Seiten, als dieses durch das Schilfmeer (Ex 14,21f.) und durch den
Jordan (Jos 3,14–16) zog.

18–21	Alles, was in der Welt geschieht, ist das Werk Gottes. Es ist ihm nichts zu groß und nichts zu klein, als daß dies alles auf ihn zurückgeführt werden könnte. Zweifelndes Fragen (V.21) hat keine Berechtigung, vgl. Spr 6,4 und Koh 3,11.
22	An Nil und Euphrat hatte Ben Sira schon in 24,25–27 erinnert. Beide waren Bild für die überreich strömende Weisheit. Beide erinnern damit an die vier Ströme, die aus dem Garten Eden hervorgehen und den Erdkreis tränken.
23	Weitere Ereignisse in der Geschichte werden erwähnt: die Landnahme (Jos 6ff.) und der Untergang von Sodom und Gomorra (Gen 19).
24f.	Diese Wege Gottes mit seinem Volk sind den Frommen einsichtig, während die außerhalb des Volkes Stehenden sie nicht verstehen. Diese Güte Gottes für die Frommen erweist sich auch darin, daß er ihnen das für das Leben Notwendige im allerpersönlichsten Bereich gibt. Nicht nur die Schöpfung oder der weite Kreis der Geschichte zeugen von der Zuwendung und Güte Gottes, sondern auch die Vorsorge in den allerkleinsten Dingen dieses Lebens:
26f.	Zehn Dinge sind es, deren der Mensch in seinem Leben bedarf. Bei der Aufzählung ist zu beachten, daß das Wasser an erster Stelle steht, gleich gefolgt vom Feuer. Beides zusammen ermöglicht Leben, da durch sie die Lebensmittel erzeugt und genießbar gemacht werden können. Die einzelnen Elemente zeigen einen immer höher werdenden kulturellen Stand der seßhaften Lebensweise an. Eine kleine Kulturgeschichte kann an dieser Aufzählung abgelesen werden, vgl. auch Sir 29,21 und Dtn 32,13f.
28–30	Nach diesem Aufweis der positiven Elemente, deren sich ein Mensch zu seinem eigenen Nutzen und Vorteil bedienen kann, folgen die negativen Einflüsse, die sofort von Ben Sira als von Gott geschickte Strafen verstanden werden. Hier handelt es sich um Naturkatastrophen, die auf Erscheinungen des Gewitters oder des Erdbebens zurückgeführt werden (V.28f.). Diese wurden immer wieder als besondere Erscheinungsformen Gottes angesehen, vgl. Ex 9, 22f.; Ps 148,8 u.a., auch Bar 6,62. Auch aus dem Tierreich heraus gibt es überraschende Begegnungen, die Lebensgefährdung mit sich bringen. Auch dies wird als Bestrafung für den Bösen verstanden. Von reißenden Tieren, z.B. Löwen, von Skorpionen und Ottern hatte Ben Sira an anderen Orten schon gesprochen. Sie alle gehören zu der unheimlichen Welt, deren der Mensch sich ausgeliefert sieht, vgl. Lev 26,22–25.
31	Dies alles steht Gott zur Verfügung. Wenn er befiehlt, so gehorchen sie, vgl. Ps 19,6 u.a.
32–35	Ben Sira lenkt in Form der inclusio an den Anfang seiner Rede (V.12) zurück. Er hat seine reiche Lehre präsent und in einem Buche niedergelegt. Der Inhalt dieser Lehre will nur das eine, nämlich die Sinnhaftigkeit der Werke Gottes aufzuzeigen. Ein jedes hat zu seiner Zeit seine Berechtigung. Darum kann wie am Anfang (V.15) nun wiederum die Aufforderung zum Lob stehen: „Erhebt die Stimme und preist seinen heiligen Namen!" (V.35).

KAPITEL 40

40,1–11: Des Menschen Vergänglichkeit

1 Große Mühsal hat Gott erschaffen,
   und ein schweres Joch hat er auf die Menschen gelegt,
   von dem Tag an, an dem er aus seiner Mutter Leib hervorging,
   bis zu dem Tag, da er zur Mutter alles Lebendigen[192] zurückkehrt.
2 *Zu ihren Sorgen und zur Furcht des Herzens,*
   zum Gedenken an das, was
   kommt, das ist der Tag des Endes[193].
3 Von dem angefangen, der auf einem Throne in der Höhe sitzt,
   bis zu dem, der sich kleidet[194] mit Staub und Asche,
4 von dem angefangen, der einen Kopfbund und ein Diadem trägt,
   bis zu dem, der ein Gewand aus Fell trägt:
5 Nur[195] Eifersucht, Sorge und Furcht,
   Angst vor dem Tode, Zank und Streit[196],
   und während seines Ruhens auf seinem Lager
   erregt der nächtliche Schlaf seinen Sinn[197].
6 Ein wenig, ganz eitel, wie für einen Augenblick ruht er,
   und mitten in seinen Schrecknissen[198] wird er aufgejagt,
   ein wenig nur, so irrt er ab von seinem eigenen nächtlichen Gesicht,
   wie einer, *der da entrinnt* vor dem Verfolger.
7 *Zur Zeit seiner Rettung erwacht er,*
   und er verwundert sich, daß die Furcht zunichte geworden ist[199].
8 *Bei der ganzen Schöpfung von den Menschen bis zum Vieh*
   und bei den Sündern siebenfach darüber hinaus:
9 Pest, Blutvergießen, Glut und Dürre,
   Verderben, Hunger, Böses und Tod.
10 Wegen des Übeltäters wurde das Böse erschaffen,
    und um seinetwillen trifft die Vernichtung ein[200].

---

192 HBmarg: ארץ כ׳ ח = „zum Lande alles Lebendigen"; abgekürzte Schreibweise am Rand.
193 Glosse zu V.1 in G. Auch an anderen Stellen geht G über den hebr. Text hinaus, vgl. V.7.
194 HB liest: לשוב = „bis zu dem, der zurückkehrt"; besser mit HBmarg: לבש (Umstellung von Buchstaben). Schrader, 1994, 207, schlägt vor: לישב = „der sitzt", unter Hinweis auf S.
195 Schrader, 1994, 207, liest statt hebr. אך : אף = „Zorn", mit G und S: θυμός, um die Siebenzahl der Plagen voll zu machen; so auch Peters, 336.
196 Fehlt in HB; wird von HBmarg nachgetragen: וריב; G: ἔρις.
197 Fehlt in HB; wird von HBmarg nachgetragen: דעתו; G: γνῶσιν; Nötscher, 1956, 26, möchte statt דעתו lesen: רעתו = „sein Unglück", kaum mit Recht.
198 HB hat nur: ש(...). ומבין בהל(. Hamp, z. St., ergänzt wie oben: בהל(ות נגר)ש; andere בחל(מת נגר)ש = „Träumen"; so auch G: ἐν ὕπνοις.
199 HB bietet nur Bruchstücke, die zu übersetzen wären: „... während du noch ... ein Aufwachen und sein Traumgesicht ... ruht er."
200 Zur Übersetzung vgl. H.P. Rüger, ZAW 82 (1970) 103–109, bes. 107.

11 Alles, was von der Erde kommt,
   wird auch wieder zur Erde zurückkehren,
   aber das, was von der Höhe kommt, wird zur Höhe zurückkehren.

Eine große Ernüchterung tritt ein, wenn man von Sir 39 kommend die Ausführungen Ben Siras über die Vergänglichkeit des menschlichen Lebens liest. Der Schatten des Todes liegt auf der gesamten Menschheit. Ob hoch oder niedrig, ob reich oder arm, alle gehen dem gleichen Geschick des Todes entgegen. Ben Sira, der viel in diesen dialektischen Erkenntnissen denkt, weiß sehr wohl von des Menschen Größe und Armut. Das Verbindende beider Erfahrungen liegt in der Herleitung von Gott. Nichts ist einem unbegreiflichen Fatum überlassen. So wie die Weisheit die Größe des Menschen in allen Lagen seines Lebens und in allen Schichten der Gesellschaft auszeichnet, so ist dieser Mensch auch von Gott her zur Vergänglichkeit bestimmt. Ben Sira kann weder als Optimist noch als Pessimist beschrieben werden. In dem allen erzeigt er sich als nüchterner Realist. Darin gleicht er auch den vielfältigen Äußerungen in der ägyptischen, mesopotamischen und griechischen. Literatur, die die Hinfälligkeit des menschlichen Lebens beklagen[201].

1   In Anlehnung an die Ausführung von Gen 2f. greift Ben Sira auf die Erzählungen von der Erschaffung des Menschen zurück. Des Menschen Tagewerk ist von Anfang an durch Mühsal belastet. Sein Weg geht von der Erschaffung aus Erde (Gen 2,7) hin zu der Rückkehr zur Erde (Gen 3,20). Diese Erfahrung sprechen in ähnlicher Form auch Hiob 1,21 und Ps 139,15 aus. Es entspräche nicht der Denkart Ben Siras, wenn er diese Grundtatsache menschlichen Lebens nicht als gegeben hinnehmen würde. Er trifft darin mit allen alttestamentlichen und neutestamentlichen Zeugen zusammen, ja diese Grunderkenntnis verbindet ihn auch mit den Literaturen des Alten Vorderen Orients und mit der reichhaltigen Literatur der nachbiblischen Zeiten und Räume, vgl. Johann Peter Hebels (1760–1826) Gedicht „Die Vergänglichkeit".

2   Der nur griechisch vorliegende Zusatz artikuliert diese Erfahrung unter Hinweis auf Sorgen und Furcht, die den Menschen bis auf den Tag seines Endes hin erfüllen.

3–9 Diese Aussagen könnten das literarische Gegenbild zu dem mittelalterlichen Thema der Maler vom Totentanz sein. Der Tod kommt zu allen, die auf dieser Erde leben. Vom König bis zum Bettler, alle unterliegen dem gleichen Geschick (V.3). Darüber ist ein jeder Mensch beunruhigt. Er findet keine Ruhe, auch nächtlich im Schlaf nicht. Zu dieser Unruhe kommen Katastrophen (Pest, Dürre und Hunger; V.9) ebenso wie durch Menschen hervorgerufene Gewalttätigkeiten (Blutvergießen und Verderben; V.9).

10 Hier wie anderwärts sieht Ben Sira die Ursache all dieser Erfahrungen in der Abkehr des Menschen von Gott (Gen 3). Von dieser rational unerklärbaren

---

[201] Hinweise bei Schrader, 1994, 205–221, bes. 216f.

Haltung des Menschen hatte Ben Sira schon früher gesprochen (16,1–23). Ben Sira weiß, daß der Mensch ein eigenmächtiges und selbständiges Leben führen möchte. Dadurch wird er zwangsläufig in Gegensatz zu dem göttlichen Willen getrieben. Hochmut und Stolz ist das eigentliche Grundübel des Menschen. Beide Haltungen sollten dem Menschen Selbständigkeit und Freiheit schaffen. Dies tritt aber nicht ein. Statt dessen erntet der Mensch Tod und Vernichtung. So kann Ben Sira in dies alles zusammenfassen in der sentenzartigen Aussage, 11 die in einem durchgeführten parallelismus membrorum diese Grunderfahrung wiedergibt: Erde zu Erde und Höhe zu Höhe. Diese letzte Aussage will die Unvergänglichkeit der göttlichen Gedanken und Pläne dem menschlichen Vergehen gegenüber zum Ausdruck bringen.

40,12–17: Das Böse vergeht, Treue zu Gott besteht

12 *Jede Bestechung und Ungerechtigkeit wird aufgehoben werden,*
   aber Treue wird auf ewig Bestand haben[202].
13 *Das Gut eines Übeltäters*[203] *wird wie ein Sturzbach dahinschwinden*
   und wie ein gewaltiger Strom[204] *beim Gewitterregen.*
14 *Zusammen mit seinem Anschwellen*[205] *wälzen sich*[206] *Felsen dahin,*
   wahrlich, plötzlich nimmt er für immer ein Ende.
15 *Der Sproß eines Gewalttäters wird mich nicht berühren können*[207],
   denn die Wurzel eines Ruchlosen ruht (nur) auf einem Felszahn.
16 *Wie Kresse*[208] *am Rand des Baches,*
   so werden sie von einem jeden Regen weggeschwemmt werden.
17 *Aber die Gnade wird auf ewig nicht wanken,*
   und die Gemeinschaftstreue wird ewig bestehen.

Die eben schon deutlich werdende Dialektik im Denken Ben Siras wird hier 12–16 in Gegenüberstellungen vorgeführt[209]. Der Ungerechtigkeit steht die Treue gegenüber. Ungerechtigkeit wird hier wiederum verstanden als ein Sich-Auflehnen gegen Gott in dem Bestreben, selbständiges Handeln und selbständige

---

[202] H^B vacat; H^M hat nur: כל מש....
[203] H^B: מחול אל חול = „von Sand zu Sand", unverständlich; H^Bmarg verbessert in: חיל מחיל = „die Kraft des Kraft Übenden"; besser: חיל מעול mit H^M. Das Verbum ist mit G ergänzt: ξηρανθήσεται.
[204] H^B: ומאפיק = „und von einem gewaltigen Strom"; besser: וכאפיק mit H^Bmarg.
[205] H^B: עם עם = Dittographie; so schon verbessert von H^Bmarg und vgl. H^M.
[206] H^B und G haben יגילו fälschlich von גיל = „sich freuen" abgeleitet; besser: von גלל = „sich wälzen"; s. G.R. Driver, JBL 53 (1954) 282.
[207] H^B: נוצר מחמס לא ינקה = „wer sich hütet vor Gewalttat, wird nicht schuldlos sein" (?); besser: נצר חמס לא יכה בי so H^Bmarg und H^M; vgl. P.W.Skehan, CBQ 30 (1968) 571.
[208] H^B: בקרדמות = vielleicht „Kresse"; H^M: בקרמית = eine Art Mohn; vgl. I. Löw, Aramäische Pflanzennamen, Leipzig 1881, Neudruck 1970, 201f.; P.W. Skehan, CBQ 30 (1968) 571: „Schilfrohr".
[209] P.W. Skehan, Sir 40,11–17, CBQ 30 (1968) 570–572.

Ziele zu verfolgen. Die angesprochene Gemeinschaftstreue will zum Ausdruck bringen, daß der, der sich dieser göttlichen Setzung entsprechend verhält und sie anerkennt, vor Gott Bestand hat. Die Bilder für die Veranschaulichung nimmt Ben Sira aus dem Erleben des kanaanäischen Umfeldes. Scheinbar trockene Bachbetten (Wadis, vgl. Ps 126,4) können in kürzester Zeit zu reißenden Bächen werden, die alles mit sich führen, was sich ihnen nur in den Weg stellt. So kann es mit dem Übeltäter geschehen. In weisheitlicher Sentenz wird diese Erfahrung zum Ausdruck gebracht, vgl. Ps 37 und 49, auch Hiob 6,15. Ein Samenkorn, das auf einem Felsen ruht, kann keine Wurzeln schlagen und sich entwickeln. Es wird sehr rasch weggeschwemmt werden, vgl. Mt 13,5 und Mk 4,5.

17   So wie eben in V.11b das Bekenntnis zur Dauer, die bei Gott zu finden ist, laut wurde, so schließt Ben Sira auch hier die Aussagen über die Doppelseitigkeit der menschlichen Lebensführung mit dem Hinweis auf die ewig wirkende und nicht wankende Zuwendung (חסד = „Gnade") und Verbundenheit (צדקה = „Gemeinschaftstreue") ab. Die hier gebrauchten hebräischen Wörter sind Zentralbegriffe der alttestamentlichen Theologie. Sie sind auch für Ben Sira der beste Hinweis auf die Möglichkeiten eines Gottesverhältnisses, das Bestand hat [210].

40,18–27: Geistige Werte sind wichtiger als irdische

18 Ein Leben mit Wein und Rauschtrank ist süß [211],
   mehr als beides aber bedeutet es, einen Schatz zu finden.
19 Kinder und mit Leben erfüllte Stadt
      lassen den Namen festen Bestand haben,
   mehr als beides aber bedeutet es, Weisheit zu finden;
   Viehzucht und Ackerbau lassen den Namen wachsen,
   mehr als beides aber eine liebende Frau.
20 Wein und Rauschtrank erfreuen den Sinn,
   mehr als beides aber die Freundesliebe.
21 Flöte und Harfe verschönern ein Lied,
   besser als beide aber ist lautere Rede.
22 *Schönheit und Anmut* erfreuen das Auge,
   mehr als beide aber die Blumen des Feldes.
23 *Freund und Genosse* geben das Geleit,
   mehr als beide aber eine verständige Frau.

---

[210] H.-J. Stoebe, Art. חסד, THAT I, 1971, 600–621, weist mit Recht auf die Gegenseitigkeit hin, z.B. in Hos 2,21; 4,1; 10,12; H.-J. Zobel, Art. חסד, TWAT III, 1982, 48–71, legt Wert auf die häufig gebrauchte Verbindung חסד עשה עם = „Gnade erweisen jemandem". K. Koch, Art. צדק, THAT II, 1976, 507–530; H. Ringgren/B. Johnson, Art. צדק, TWAT VI, 1989, 898–903.

[211] H^B kann belassen werden trotz gewisser Anklänge an V.20. H^M vermeidet das Wort „Wein" und setzt dafür יתר = „Trank". H^Bmarg hat eine längere Glosse.

24 Ein Bruder *und ein Helfer retten in der* Not,
   mehr als beide aber die Gemeinschaftstreue, die da rettet.
25 Gold und Silber geben festen Halt dem Fuß,
   mehr als *beide* aber ein guter Rat.
26 Reichtum und Kraft erfreuen den Sinn,
   mehr als beide aber die Gottesfurcht;
   in der Furcht des Herrn erleidet man keinen Mangel,
   und neben ihr muß man keine Stütze suchen.
27 Die Furcht Gottes ist wie ein Eden des Segens,
   ja, alle Herrlichkeit ist in ihrem Zelt[212].

Wiederum ist das Reden Ben Siras durch die Dialektik bestimmt. In diesen nun folgenden Aussagen ist dies nicht nur die sachlich gerechtfertigte Denkweise, sondern auch die literarisch zutreffende Form. Es werden im folgenden stets zwei Erscheinungen des Lebens genannt, die zumeist der irdischen Umgebung des Menschen angehören und eine wichtige Rolle in seinem Leben spielen. Diesen beiden Erscheinungen wird aber eine dritte Größe hinzugesellt, wobei der irdische Rahmen des menschlichen Lebens überschritten und auf einen geistig religiösen Wert hingewiesen wird. Die hierbei angesprochenen Verhaltensweisen zeigen, daß Ben Sira ganz in der städtischen Kultur verankert ist. Sie zeigen auch, daß die Lebensumstände und -bedingungen für Ben Sira offenkundig aus den gehobeneren sozialen Schichten abzuleiten sind. Der gesellschaftliche Umgang spielt eine große Rolle, wobei das gemeinschaftliche Essen und Trinken anläßlich von Gastmählern (vgl. Sir 30f.) eine große Rolle spielt. Alle Sinne des menschlichen Lebens werden hierbei in einer freien Äußerung der Gedanken und Gefühle angesprochen. Diesen gegenüber hebt sich dafür das von Ben Sira als wichtiger bezeichnete Gut eindeutig und überzeugend ab. Die einzelnen Stadien der Beweisführung müssen nicht aufgeführt und erklärt werden. Die Gegebenheiten der Argumentationsweise sind in sich verständlich. Zu beachten ist allerdings, daß neben der städtischen Kultur auch noch an die bäuerliche Herkunft und Verbindung mit dieser gedacht wird (V.19). Hier spricht sich das Wissen Ben Siras aus, daß der Urgrund alles völkischen Lebens Israels im Lande gesucht wird, das Ackerbau und Viehzucht zuläßt. Hier wurzeln die Stämme. Hier wachsen und gedeihen die Familien. Deshalb gehört dazu auch der Hinweis auf den Mittelpunkt einer Familie, der in der Frau zu sehen ist, die als Garantin für die Fortdauer angesprochen wird. Von dieser zentralen Bedeutung der Frau als Ausgangspunkt für das Leben einer Familie hatte Ben Sira schon früher gesprochen, vgl. Sir 26. Ferner ist darauf hinzuweisen, daß für Ben Sira auch das ästhetische Moment für die Stadtkultur schon eine Rolle spielt. Man hat nicht nur das Nötigste zum Essen und Trinken und zum Anziehen, man kann das Dargebotene auch mit dem Auge genießen. Die Blumen des Feldes erfreuen den Sinn. Man darf annehmen,

---

[212] HM im Text leicht verändert, aber im Sinn gleichlautend: ועל כל = „und über alle He[rrlichkeit] reicht ihr Zelt".

daß auch der Umgang der Menschen miteinander in dieser ästhetisierenden Weise (vgl. Spr 31,30) gesehen wird. Die häufige Erwähnung der Frau, der dabei eine große Rolle zufällt, läßt auch darauf schließen, daß das aus der hellenistischen Zeit bekannte Phänomen der Erotik auch eine gewisse Rolle spielen dürfte. Dies alles wird aber überboten durch den Hinweis auf die Verbindung mit Gott (V.24 und 26f.). Dies ist wichtiger als Reichtum und Kraft. So kann Ben Sira diese Stütze im Leben über alles preisen und sogar mit dem Zustand und Leben im Garten Eden vergleichen. Damit greift er auf den Anfang seiner Ausführungen zurück. So wie im Anfang des Lebens der Menschen die Erfahrung der Gottesferne in der Eigenmächtigkeit und im Hochmut des Menschen gesehen wurde, so wird nun an das Leben im Garten Eden unter dem Segen Gottes erinnert. Dieser besteht in der Anerkennung der Größe Gottes und damit in dem Ausdruck der Furcht vor Gott auf Seiten des Menschen. Ben Sira hat die zentrale Bedeutung der Furcht Gottes in vielen Ausführungen früher schon besprochen, vgl. Sir 1f.

40,28–30: Gegen Bettelei

28 Mein Kind[213], führe nicht das Leben eines Bettlers!
   Besser ist es zu sterben, als zu betteln[214].
29 Ein Mann, der an einem fremden Tisch liegen muß,
   dessen Leben ist nicht als Leben zu betrachten,
   seine Leckerbissen bewirken ein beflecktes Leben,
   einem einsichtigen Manne ist dies eine Zurechtweisung des Leibes[215].
30 Einem unempfindlichen Menschen ist Betteln süß,
   aber in seinem Inneren brennt es wie Feuer.

Daß hier ein neuer Gedanke vorgetragen wird, macht die Anrede „mein Kind" deutlich. Möglicherweise ließ sich Ben Sira durch die eben geäußerten Gedanken über das städtische Leben und dessen Wohlstand anregen, auch die andere Seite des gehobeneren Lebensstiles zu bedenken: die Bettelei. Ben Sira unterscheidet hierbei ganz eindeutig zwischen Armut und Bettelei. Armut hat die Verheißung von Gott, ihr könne und müsse geholfen werden. So wie sich Gott den Armen und Elenden zuneigt, so ist es auch die Aufgabe der in der Gemeinschaft lebenden Menschen, die Armen nicht zu vergessen (vgl. Sir 4,1–10). Bettelei ist aber zu verwerfen. Die Existenz eines Bettlers stellt einen unzumutbaren Lebensstatus dar.

---

[213] H^B und H^M lesen: מני; H^Bmarg verbessert: בני, Verwechselung von מ und ב.
[214] Mit H^B: ממסתולל; H^M hat: מפני חצף = „als unverschämt zu sein".
[215] H^B: לאיש יודע סוד מעים = „einem verständigen Manne Geheimnis des Leibes"(?); besser mit H^M: יסור מעים. H^Bmarg bietet wiederum einen anderen, aber unverständlichen Text.

Betteln ist nicht menschenwürdig. Ähnlich hatte Ben Sira in Bezug auf die unheilbare und drückende Krankheit argumentiert. Beiden Lebenserfahrungen wäre der Tod vorzuziehen. Denn wer krank ist und das Leben nicht mehr in seiner Fülle wahrnehmen kann, gehört nicht mehr zum Bereich der denkenden, handelnden und bewußt lebenden Menschen. So auch der Bettler.

Er muß sich auf andere verlassen. Er kann sich nicht aus eigenen Mitteln versorgen, sondern muß sich mit dem zufriedengeben, was andere, die am Tisch liegen und essen, ihm übrig lassen. Er lebt von den Brosamen, die von der Reichen Tische fallen.

Nur einem Menschen, der für diese Empfindungen unempfänglich ist, könnte eine solche Existenz gefallen. Er lebt in einem ständigen Kampf zwischen Wollen und Müssen. Sein Streben nach einem selbständigen und eigengestalteten Leben widerstreitet der Realität, die ihn auf andere angewiesen sein läßt. Dieser innere Kampf brennt wie Feuer.

KAPITEL 41

41,1–4: Über den Tod

1 Wehe[216], oh Tod[217], wie bitter[218] ist der Gedanke an dich[219],
für einen Menschen, dem es wohlgeht in seinem Besitz,
für einen zufriedenen Menschen und für einen,
 der in allem Erfolg hat,
und der bei sich noch Lebenskraft hat, Freuden zu empfinden.
2 Ach, oh Tod, wahrlich[220], gut[221] sind deine Ordnungen
für einen bedürftigen Menschen und für den,
 dem es an Stärke mangelt,
für einen Menschen, der strauchelt und überall anstößt,
der vergrämt ist und dessen Hoffnung verloren ist[222].

---

[216] H^B liest: חיים = „O Leben"; richtiger mit H^Bmarg und H^M: הוי. Verlesung von ה und ח; Penar, 1975, 68, vermutet, daß das am Ende stehende Mem ein Mem encliticum sei, das den Abschreiber von H^B dazu geführt habe, aus dem weniger bekannten Wort ה ו י-ם das bekanntere חיים zu machen.

[217] Das Lamed ist als vokatives Lamed zu verstehen.

[218] H^B: מה ר(.); zu ergänzen mit G: πικρόν = „bitter" zu hebr. מ(ה) ר.

[219] H^B: יברך; G: σου τὸ μνημόσυνόν ἐστιν; lies: hebr. זברך.

[220] H^M: מה = „wie"(vgl.V.1); besser H^B: כי.

[221] In Gegenüberstellung zu der Aussage in V.1 („bitter") schlägt Penar, 1975, 68, vor, טוב in diesem V. mit „süß" zu übersetzen.

[222] So liest H^B; H^M bietet: „ohne Ansehen und dessen Hoffnung verloren ist"; H^Bmarg wiederholt die Versteile c und d zweimal und bietet dabei den Text von H^M.

3 Fürchte dich nicht vor dem Tod, dem dir bestimmten Gesetz,
  sei dessen eingedenk, daß die Vorfahren
    und die Nachkommen mit dir dieses Geschick teilen.
4 Dies ist das Los allen Lebens von Gott.
  Warum willst du die Weisung des Höchsten verachten?
  Ja, zehn Jahre oder hundert oder tausend[223],
    es gibt keine[224] Beschwerde in der Unterwelt über das Leben.

Über Trauer und Tod hatte Ben Sira schon in Sir 38 im Anschluß an die Behandlung des Themas „Arzt" gesprochen. Dort ging es darum, das Verhalten derer zu beschreiben, in deren Mitte ein Todesfall eintritt. Hier aber greift Ben Sira den Gedanken auf, sich selbst mit dem Tod konfrontiert zu sehen[225]. Wie in allen Kulturen haben auch im AT die Menschen zu verschiedenen Zeiten und auch untereinander verschiedenartig gestaltete Vorstellungen, Erwartungen und Befürchtungen in Bezug auf den Tod. Es gibt Beispiele dafür, daß sich die Menschen in nüchterner Weise auf den Tod vorbereiteten und ihm entgegengingen, weil sie „alt und lebenssatt" waren, vgl. Gen 25,8 und 35,29. An anderen Beispielen wird deutlich, daß die Menschen sich in Krankheit und Todesnot beklagen und Trauergedanken hegen, vgl. Hiob 3,3–26. Wieder andere, offenbar in der Kraft ihrer Jahre stehend, wehren sich gegen den Tod und begehren gegen ihn auf. Sie suchen Mittel, vor dem Todesgeschick bewahrt zu werden, vgl. Jes 38,10 (Hiskia) und 2 Chr 17 (Asa). Diese differenzierte und vielfältige Einstellung zum Tode kennt auch Ben Sira. Darin ist er ganz eingebunden in die reichen Aussagen der diesbezüglichen Literaturen des großen altorientalischen und klassischen Kulturraumes. So sagt Gilgamesch, als er den toten Freund Enkidu sieht: „Mein Freund, den ich so sehr liebte, ward zu Erde, zu Erde ward Enkidu, mein Freund! Und ich – muß ich gleich ihm mich niederlegen, daß ich nie wieder mich erheben kann? O Schenkin, da ich dein Antlitz sah – laß mich nicht schauen den Tod, den ich fürchte"[226]. Im Besonderen wird eine Nähe Ben Siras zum griechischen Denken wahrscheinlich gemacht. Middendorp[227] zieht dafür die Aussagen des Theognis von Megara (6. Jh. v.Chr.) heran. Durch die Untersuchungen von Kieweler[228] zu allen Bezugspunkten, die Middendorp sieht, und von Schrader[229] zu diesem Gedanken im Besonderen ist jedoch deutlich geworden, daß auch in der alttestament-

---

[223] So H^M und G und S; H^B hat die umgekehrte Zahlenreihe: tausend, hundert, zehn, was eine spätere Form zu sein scheint, vgl. Schrader, 1994, 23.
[224] H^B schreibt versehentlich: איש = „ein Mann"; H^Bmarg verbessert: אין.
[225] F.V. Reiterer, Deutung und Wertung des Todes durch Ben Sira, in: J. Zmijewski (Hg.), Die alttestamentliche Botschaft als Wegweisung, Festschrift für Heinz Reinelt, Stuttgart 1990, 203–236.
[226] Das Gilgameschepos, übers. u. hg. v. H. Schmökel, Stuttgart u.a. 5. Aufl. 1980, 88: 10. Tafel.
[227] Middendorp, 1973, 24.
[228] Kieweler, 1992, 129–195.
[229] Schrader, 1994, 233–252.

lichen Literatur genuine Aussagen vorliegen, die Ben Sira bekannt waren und auf die er rekurriert (Gen 37,35; Hi 3 und Pred 6,1–7 z.B.)²³⁰.

In direkter Rede wird der Tod angesprochen. Er erscheint, wie dies in vielen Fällen der vorderorientalischen Religionsgeschichte, aber auch darüber hinaus üblich ist, als eine selbständige Person, die an die Menschen herantritt. Es ist, wie wenn man den Besuch eines schon längst bekannten Menschen erwartet, von dem man aber nicht genau weiß, wann er kommt und wann die Begegnung stattfindet. Für den, der noch im Vollbesitz seiner körperlichen und geistigen Kräfte steht, ist der Gedanke an den Besuch dieses Todes „bitter". Dieser Mensch kann sich noch nicht mit dem Gedanken der Begegnung mit dem Tod beschäftigen. 1

Ganz anders aber der, dessen Leben schon dahinfällt und der keine Hoffnung mehr hat. Für ihn erscheint der Tod als Erlösung. Ähnliche Gedanken hatte Ben Sira in 30,17 geäußert; auch Tob 3,6 drückt diese Empfindung aus. 2

Ben Sira versucht, seinen Schülern die Angst vor dem Tode zu nehmen. Er empfiehlt, in ausgeglichener Weise das allen Menschen „bestimmte Gesetz" anzunehmen. Er meint, damit die Angst vor dem Tode nehmen zu können. Jeder Mensch geht diesem Geschick entgegen und solle sich damit abfinden. Die lange Folge der Generationen, auf die wir zurückblicken, und die Nachkommen, die wir noch erwarten, alle lehren uns, das Vorübergehen unseres Lebens zu begreifen. Dies sei von Gott verordnet. Ob wir nun auf 1000 Jahre oder zehn oder 100 zurückblicken, es gibt keine Instanz, bei der eine Beschwerde für dieses Geschick eingebracht werden könnte. Der, der in der Unterwelt versammelt ist, hat sein Leben beendet und ist nach alttestamentlicher Anschauung getrennt von Gott, vgl. Ps 88. Von einem Leben nach dem Tode weiß Ben Sira nichts²³¹. 3f.

41,5–13: Verworfene und treue Nachkommenschaft

5 Eine verworfene Nachkommenschaft ist das Geschlecht²³² der Bösen, und nichtsnutzige Erben ist die *Sippe der Übel*täter.

---

²³⁰ Auf die ganze Breite dieser Vorstellungen innerhalb des Menschenverständnisses im AT weist hin O. Kaiser, Der Tod als Schicksal und Aufgabe bei Ben Sira, in: G. Ahn und M. Dietrich (Hg.), Engel und Dämonen, Forschungen zur Anthropologie und Religionsgeschichte 29, Münster 1997, 75–89, und ders., Der Mensch als Geschöpf Gottes. Aspekte der Anthropologie Ben Siras, in: R. Egger-Wenzel und I. Krammer (Hg.), Der Einzelne und seine Gemeinschaft bei Ben Sira, Berlin/New York 1998, BZAW 270, 1–22.
²³¹ Vgl. V. Hamp, Zukunft und Jenseits im Buche Sirach, in: Alttestamentliche Studien Friedrich Nötscher zum 60. Geburtstag gewidmet, Bonn 1950, BBB 1, 86–97. J.J. Collins, The Root of Immortality: Death in the Context of Jewish Wisdom, HThR 71 (1978) 177–192.
²³² H^B liest: דבר = „Pest" oder „Wort"(?); besser ת(ל)ד(ו)ת; H^Bmarg ist unverständlich.

6 Von einem nichtsnutzigen Kind kommt schlechte Herrschaft[233],
und *bei seinen Nachkommen* bleibt beständig Schmach[234].
7 Einen bösen Vater verflucht das Kind,
denn um seinetwillen ist es verachtet[235].
8 *Wehe* euch, ihr nichtsnutzigen Männer,
die ihr das Gesetz des Höchsten verlassen habt[236].
9 Wenn ihr euch mehrt[237], dann nur zum Unglück,
und wenn ihr Nachkommen habt, dann nur zum Stöhnen.
Wenn ihr strauchelt, dann dient dies zur ewigen Freude,
und wenn ihr sterbt, dann dient dies zum Fluche.
10 Alles, was aus dem Nichts kommt,
wird wiederum zum Nichts zurückkehren,
so auch der Ruchlose, er kommt aus dem Leeren
und kehrt zum Leeren zurück.
11 Nichtig ist ein Mensch an seinem Leibe[238],
aber der Ruhm seiner Treue[239] wird nicht vergehen.
12 Sei ängstlich auf deinen Namen bedacht, denn er wirkt weiter,
mehr als auf tausend begehrenswerte[240] Schätze.
13 Das Gut des Lebens ist dir eine gewisse Zahl von Tagen geschenkt,
aber das Gut des Ansehens ohne Zahl.

5–10 Der Gedanke an den Tod führt Ben Sira zu der Überlegung, welche Nachkommenschaft ein Mensch hinterlassen kann. Auch hier bevorzugt er die dialektische Ausdrucksweise, indem er zunächst davon spricht, daß die Nachkommen das Andenken an die verstorbenen Vorfahren entehren und sich darin als böse erweisen. Diese erwiesene Unehre ist aber gegenseitig (V.7); wenn nämlich ein böser Vater Kinder hinterläßt, ist nichts anderes zu erwarten, als daß diese ihn verachten. Das Grundübel sieht Ben Sira dabei wiederum in der Verachtung des Gebotes Gottes. Wer das „Gesetz des Höchsten" verläßt, begibt sich auf einen Pfad, der zum Unglück führt (V.8f.). Dies alles kann nur zum Nichts führen.

11f. Der aber, der in der Gemeinschaftstreue steht, wird einen guten Namen hinterlassen, auch wenn sein Leib dahinfällt.

---

[233] So liest H^B; H^Bmarg bietet statt מבן עול : מבין ערל = „aus der Mitte der Unbeschnittenen"; H^B liest: רע ממשלת; H^M statt dessen: תאבד ממש(...)ה = „geht zugrunde eine [schlech]te Herrsch[aft]"; vgl. Penar, Bibl 57 (1976) 112f.

[234] H^B hat Lücke; H^M bietet: ח פ ר ה.

[235] H^B hat nur: (..)ללו(..)בי; H^M ergänzt: ללו היו בז(..).

[236] H^B hat Lücke; mit H^M: עזבי תורת עליון, so auch G.

[237] H^B Vattioni, 1968, z.St., bietet: תב(רו); mit Penar, 1975, 69, kann dies belassen und als „nonphonemic variant" (eine nicht die Bedeutung des Wortes beeinflussende veränderte Lesart) für תפרו (so auch H^Bmarg) verstanden werden, so übersetzt G. H^B Beentjes, 1997, z.St., verzeichnet Lücke und bietet nur die Randlesarten.

[238] Penar, 1975, 70, übersetzt: „als solcher".

[239] H^B und H^M: חסד, auch als „Liebe, Wohltätigkeit" zu übersetzen.

[240] So mit H^Bmarg und H^M (?): חמדה; H^B hat: חכמה = „Weisheit".

Er muß nicht auf die Zahl seiner Tage oder Jahre des Lebens blicken. Diese 13
Zeitspanne ist vergänglich und nimmt ein Ende. Das erworbene gute Ansehen
aber bleibt.

41,14–24: Selbstbeherrschung und Scham bewahren vor Torheit

14 Eine verborgene Weisheit und ein versteckter Schatz,
    welcher Nutzen liegt in ihnen beiden?
    Unterricht über die Scham vernehmt[241], Unterricht über die Scham,
    Unterricht über die Scham vernehmt, ihr Kinder![242]
15 Besser ist es, wenn ein Mensch seine Torheit verbirgt,
    als wenn er seine Weisheit verbirgt.
16 Laßt euch zur rechten Scham führen durch mein Urteil,
    nicht jede Scham ist angenehm, wenn man sie beachtet,
    und nicht ein jedes sich Schämen soll man sich wählen.
17 Schäme dich vor Vater und Mutter wegen Unzucht[243],
    vor einem Fürsten und einem Herrscher[244] wegen einer Lüge,
18 vor einem Herrn oder einer Herrin wegen einer Verschwörung[245],
    vor der Gemeinde oder vor dem Volk wegen einer Untat,
    vor einem Freund und Nächsten wegen Treulosigkeit
19 und davor, an dem Ort, wo du wohnst, Gewalt zu üben[246],
    und davor, Eid und Bund zu brechen[247],
    und davor, den Ellenbogen auszustrecken beim Essen[248],
    und davor, eine Gabe zurückzuhalten vor dem Bittenden[249],
20 und davor, einem, der dich grüßt,
    mit Schweigen zu begegnen,
    und davor, deinen Sinn zu richten auf eine fremde Frau[250].
21 Davor, abzuweisen das Antlitz[251] deines Nächsten,

---

[241] H^B hat nur: שם; mit H^M zu ergänzen: שמעו.
[242] Die Versteile c und d sind als Zwischenüberschrift zu verstehen wie Sir 18,30. Diese Themenangabe leitet die folgenden Ausführungen ab Vers 15 ein; Aussagen über die Scham schon in Sir 4,20–26.
[243] So H^B: זנות; H^Bmarg und H^M lesen: על פחז = „wegen Unbotmäßigkeit".
[244] H^B unverständlich: מנשיא יושב אל כחש = „vor einem Fürsten, der da sitzt zur Lüge"; H^Bmarg und H^M: מנשיא ושר על כחש.
[245] H^B: שקר; H^M: קשר.
[246] H^B liest schwer verständlich: על זר = „wegen eines Fremden"; H^Bmarg und H^M: על יד.
[247] H^B hat Lücke; H^M: מהפר אלה.
[248] Der Inhalt dieser Halbzeile paßt nicht in den Zusammenhang der anderen Aussagen. Daher vermutet Kuhn, 1930, 113, folgenden Text: ממט האציל אל לחם = „(schäme dich), dem Wankenden zu entziehen den Stützpfeiler des Brotes".
[249] Lücke in H^B, die durch H^Bmarg ausgefüllt werden kann: ממנוע מתת שאלה; ähnlich H^M mit Auslassungen.
[250] Die Lücke in H^B füllt H^Bmarg aus: אשה.
[251] H^B liest: אפי = „Nase, Angesicht"; eindeutiger ist H^M: פני.

davor, nachzudenken beim Austeilen von Gaben²⁵²,
und davor, sich zu nähern ...²⁵³,
22 und davor, mit der Magd, die dir gehört, zu scherzen²⁵⁴,
und vor einem Freund wegen schmähender Rede²⁵⁵,
und davor, nach Erhalt einer Gabe zu lästern²⁵⁶,
23 (= 42,1)
und davor, ein Wort weiterzugeben, das du hörtest,
und davor, irgendein Wort der Beratung zu enthüllen,
24 (= 42,1)
so wirst du in Treue schamhaft sein
und wirst Ansehen finden in den Augen aller Lebenden.

14 Wenn Ben Sira hier von der Scham spricht, dann meint er damit das, was man auch als Selbstbeherrschung und Bescheidenheit bezeichnen könnte. In einem ersten Redegang führt er Beispiele auf, bei denen man sich durch die erwartete Bescheidenheit vor Übel schützen kann, dessen man sich später schämen müßte²⁵⁷.

15 Wenn ein Tor Bescheidenheit besäße, würde seine Torheit nicht offenbar werden. Es wäre ihm mehr gedient, wenn er dadurch seine Torheit verbergen könnte. Seine Weisheit verbergen, ist aber nicht am Platze.

16–23 In den folgenden Ausführungen benennt Ben Sira viele Möglichkeiten des täglichen Umganges, bei denen es gut ist, diese Selbstbeherrschung an den Tag zu legen. Die verschiedenen aufgeführten Situationen lassen ein buntes und aussagekräftiges Sittengemälde entstehen. Vom Leben im Hause einer Familie angefangen bis zu dem Verhalten in der Öffentlichkeit und vor Fürsten und Herrschern sind viele Gelegenheiten gegeben, bei denen der Weise seine Bescheidenheit unter Beweis stellen sollte. Viele Situationen sind unmittelbar verständlich. Bei anderen entzieht sich das Verständnis unserer heutigen Kenntnis. Dies gilt z.B. für die Bemerkung, man solle den Ellenbogen nicht beim Essen ausstrecken (V. 19). Die antike Tischsitte gebot es, beim Essen auf Polstern am

---

252 H^B liest: ל(...)מהש (...)מנה = „davor, zur Ruhe zu bringen das Austeilen von Gaben" (?); H^M dagegen: מחשות מחלקת מנה = „davor, auf das Austeilen von Gaben zu blicken"(?); lies mit H^Bmarg: מהשבות מחלקות מנה.
253 H^B bricht ab; H^M liest: על יצעיה = „gegen ihr Lager".
254 Nur in H^M.
255 H^B liest: חרפה anders H^Bmarg und H^M: חסד = „Gemeinschaftstreue".
256 So mit H^B Vattioni, 1968, z.St.: אל תנאץ; H^B Beentjes, 1997, z.St., bietet nur: א(.)ץ; H^Bmarg und H^M unklar.
257 F. Stolz, Art. בוש, THAT I 1971, 269–272, legt Wert auf die Grundbedeutung „zuschanden werden". Diese schwingt mit bei dem Gebrauch durch Ben Sira; H. Seebaß, Art. בוש, TWAT I, 1973, 568–580, geht von 1 Sam 20,30 aus und bestätigt Ben Sira, daß er die Bedeutung mit „sich blamieren, eine Blamage erfahren" für seinen Bereich richtig anwendet. Vgl. ferner I. Krammer, Scham im Zusammenhang mit Freundschaft, in: F.V. Reiterer, Freundschaft bei Ben Sira, Beiträge des Symposions zu Ben Sira Salzburg 1995, Berlin/New York 1996, 171–201, BZAW 244. Sie behandelt neben dieser Stelle noch 5,14a-6,1a; 20,21a–23b; 22,25; 29,14.

Tische zu liegen. Dabei stützte man sich mit dem linken Ellenbogen auf den Boden und aß mit der rechten Hand, die man dadurch zum Empfangen und Weiterreichen von Speisen und Getränken frei hatte. Es wäre denkbar, daß Ben Sira mit dieser Warnung und Mahnung zur Bescheidenheit die Möglichkeit vor sich sah, mit beiden Armen, also auch beiden Ellenbogen, auf den Tisch zu greifen, um sich um so schneller und besser zu bedienen.

Wer diese Mahnungen annimmt, wird in rechter Weise seine Selbstbeherrschung unter Beweis stellen können und dadurch in der Gemeinschaft Ansehen finden. 24

KAPITEL 42

42,1–8: Gelegenheiten, bei denen Zurückhaltung und Scham zu überwinden sind

1 Aber über diese folgenden Dinge sollst du dich nicht schämen,
   dabei sollst du keine Rücksicht nehmen,
      sonst würdest du sündigen:
2 Des Gesetzes des Höchsten und (seiner) Satzung,
   der Rechtsprechung, die den Übeltäter aburteilt,
3 der Abrechung mit einem Freund und mit einem Reisegefährten[258],
   der Verteilung von Erbe und Besitz.
4 Des Abwischens der Waage und der Handwaage
   und des Abkratzens[259] von Epha und Gewichtsstein,
5 des Kaufs, sei es viel, sei es wenig,
   der Zurechtweisung[260] eines Händlers einer Ware
   und eines bösen Knechtes und mit hinkender Seite[261],
6 einer bösen Frau in Bezug auf das Siegel[262]
   und wegen eines Schlüssels an einem Ort,
      an dem viele Hände tätig sind[263],
7 eines Depositums, das dir anvertraut wurde,

---

[258] H^B hat im Haupttext: ואדון = „(und mit einem) Herren"; besser mit H^B (interlinear): וארח, und mit H^M: ודרך = „(und mit einem) Reisegefährten".

[259] H^B liest: תמהות; H^Bmarg: תמורת; beides ist unverständlich; lies mit H^M: תמחי, abzuleiten von der Wurzel מחח = „abkratzen".

[260] H^B liest: ממחיר = „Kaufpreis"(?); besser mit H^Bmarg und H^M: מוסר; vgl. G.W. Nebe, ZAW 82 (1970) 283–286.

[261] Dieser Versteil nur in H^M, unklare Bedeutung.

[262] H^B bietet noch das Wort: חכם = „weise"; es fehlt in H^M (und auch in H^Bmarg); es könnte als Zwischenruf: „Wie weise!" verstanden werden, vgl. Middendorp, 1973, 104.

[263] H^B liest: ומקום ידים רפות תפתח = „und am Ort schlaffer Hände wirst du öffnen"; lies mit H^M: ומקום ידים רבות מפתח.

es mit einer Hand nachzuzählen,
Geben und Nehmen, alles ist im Buche aufgezeichnet[264].

8 Der Zurechtweisung eines Unverständigen und Toren
und eines Greises und Alten und dessen, der in Unzucht Rat erteilt,
so wirst du vorsichtig sein in Treue
und ein demütiger Mann vor allen Lebendigen.

In Fortsetzung der Ausführungen über die Bescheidenheit und Selbstzucht, durch deren Beachtung ein Mensch davor bewahrt wird, in Torheit zu fallen, führt Ben Sira nun die positiven Gegenbeispiele vor. Es gibt auch Gelegenheiten, bei denen man die Bescheidenheit und Zurückhaltung überwinden muß, um seine Weisheit unter Beweis zu stellen. Dadurch kann man in der Öffentlichkeit Böses verhindern und Gutes raten. Dazu bedarf es aber oft eines mutigen Entschlusses. Wenn es um die gute Sache geht, soll man ohne Rücksicht auf die Umgebung und auf die Wirkung der Worte seine Bescheidenheit überwinden und ein Bekenntnis zum Guten ablegen.

1f. Der Hinweis auf die Treue hatte den vorangehenden Abschnitt zum Abschluß gebracht. Diese Haltung der Treue leitet nun auch die positiven Aussagen ein. Wer sich nicht ablenken läßt, den Weg des Gesetzes des Höchsten zu gehen, der wird recht handeln und dazu verhelfen, den Übeltäter in der Rechtsprechung zu verurteilen. Hier zu schweigen oder gar in Zurückhaltung sich aus der Affäre zu ziehen, wäre verfehlt, ja man fiele sonst in Sünde. Gesetzestreue und Bekenntnis sollen eine (falsch verstandene) Bescheidenheit überwinden. Diese Aufforderung war zu den Zeiten Ben Siras von besonderem Gewicht, stand er doch in stetiger Auseinandersetzung mit den Tendenzen seiner Zeit, die Traditionen des jüdischen Volkes zu verlassen. Hier sich zu seinem Volke zu bekennen, wäre ein Zeichen, sich nicht zu „schämen", wie Ben Sira sagt.

3–8a Wiederum gibt es viele Möglichkeiten im täglichen Leben, diese Bescheidenheit abzulegen und zu der Sache des Rechts zu stehen. Ben Sira beginnt bei der Aufzählung bei den einfachen Geldgeschäften, die man anläßlich einer Reise in Gemeinsamkeit mit anderen Personen tätigt (V.3), über das Teilen von Erbe und Besitz (V.3), über das Verhalten im Handel (V.4f.) bis hin zu weitreichenden und wichtigen Geldgeschäften. Es muß dabei auffallen, daß Ben Sira hierbei ausschließlich an das öffentliche Geschäftsgebaren denkt. Es war früher schon deutlich geworden, wie sehr die Frage des Geldes für ihn wichtig geworden war. Man hatte noch nicht gelernt, mit dieser neuen Wirtschaftsform umzugehen. Da man sich unsicher fühlte, konnte es auch zu vielen Unregelmäßigkeiten kommen. Daher ergeht von Ben Sira hier die Mahnung, in diesen Bereichen besonders sorgfältig zu verfahren und sich mit seinem Rechtsempfinden nicht zurückzuhalten. Im einzelnen erwähnt er hierbei die Machenschaften des Händlers, durch Fälschung der Waage oder durch Verkleinerung

---

[264] Schwer verständlicher Text, da viele aus der Handelssprache kommende Ausdrücke gebraucht und offensichtlich nur abgekürzt verwendet werden.

des Hohlmaßes (Epha, ca. 40 Liter) besseren Gewinn zu erzielen. Ein böser Sklave täuscht Krankheit vor. Dies solle man erkennen. Eine böse Frau weist ein Siegel vor, um dadurch vermutlich ihr nicht zustehende Rechte geltend zu machen. Buchführung war schon bekannt (V.7). Darauf kann man sich berufen.

Eine Zusammenfassung geschieht durch den Hinweis auf den Umstand, daß durch diese Haltung des Weisen, der seine Bescheidenheit überwindet, der Tor in seine Schranken gewiesen werden kann. Dazu gehört es wohl auch, einen Greis, der in sittlichen Fragen Auskünfte in falscher Art erteilt, zur Rechenschaft zu ziehen. 8b

In all diesen Ausführungen wird unter Beweis gestellt, daß die Weisheit, die Ben Sira vertritt, keine weltabgewandte Lehre ist. Ben Sira beschäftigt sich mit allen Widerfahrnissen des alltäglichen Lebens. Er versucht, durch die verschiedenartigen Erscheinungen seiner Welt hindurchzublicken, um dies alles in ein integrales Bild seiner religiösen Vorstellungskraft zu bringen.

42,9–14: Die Erziehung einer Tochter

9 Eine Tochter ist für einen Vater ein trügerischer Schatz,
  die Sorge um sie läßt den Schlaf vergehen[265].
  [...]
  und einen bösen Knecht und mit hinkender Seite[266].
  In ihrer Jugend, daß sie nicht (sitzen)bleibt[267],
  und in ihrer Jungfrauschaft, daß sie nicht *gehaßt werde*[268].
10 In ihrer Jungfrauschaft, daß sie nicht verführt werde,
  und im Haus ihres Mannes, daß sie nicht unfruchtbar bleibe[269],
  im Haus ihres Vaters, daß sie nicht schwanger werde[270],
  und im Haus ihres Mannes ...[271].
11 Mein Kind, über deine jungfräuliche Tochter bestelle eine Wache[272],
  damit sie dir nicht schlechten Ruhm bereite,
  ein Stadtgespräch und ein Fluch im Volk,

---

[265] Die Lücke von H^B ergänzt H^M: תפ(ר)יד נומה; anders J.M. Baumgarten, JQR 58 (1967/1968) 326: תניד נומה = „läßt den Schlaf fliehen"; ebenso P.W. Skehan, JBL 85 (1966) 260.

[266] Die Halbverse c und d stehen in H^M an dieser Stelle und entsprechen der Zitierung in V.5; vgl. G.W. Nebe, Sirach 42,5c, ZAW 82 (1970) 283–286.

[267] H^B liest: תנור; H^M sachlich das gleiche: תמאס = „daß sie nicht verachtet wird".

[268] Mit G, aber fraglich, da H^M einen anderen Text liest: ת(..)ה ובימיה פן und s. das Zitat in Talm.Bab.Sanhedrin 100b, bei Vattioni, 1968, 227. Beentjes, 1997, z.St., liest nur: וב(..)יה (...)פן.

[269] H^B hat Lücke; H^Bmarg ergänzt: פן תעקר; anders H^M: (ה)תשט = „sie umherschweife".

[270] H^B hat Lücke; H^Bmarg liest: א' ח פ ז ח = „sie soll nicht leichtfertig sein"(?); besser H^M: פן חזריע.

[271] H^B bricht ab; H^Bmarg und H^M bieten nur Bruchstücke und können nicht befriedigend erklärt werden.

[272] H^B und H^M ergänzen sich.

>   und sie dich vor Gericht bringe in der Versammlung im Tor;
>   der Ort, an dem sie wohnt, soll kein Fenster sein
>   und kein Haus des Ausblicks auf den Zugang ringsum.
> 12 Nicht jedem beliebigen Manne soll sie ihre Schönheit geben,
>   und im Hause der (verheirateten) Frauen soll sie sich nicht aufhalten,
> 13 denn von einem Kleid geht aus eine Motte
>   und von einer Frau die Bösartigkeit einer anderen Frau.
> 14 Besser[273] ist die Bösartigkeit eines Mannes
>   als die Freundlichkeit einer Frau,
>   und eine Tochter bereitet mehr Schrecken als alle Schmach[274].

Über die Erziehung der Kinder, vor allen Dingen die der Söhne, war von Ben Sira schon an vielen Stellen ein Rat erteilt worden. Gewiß galt die Erziehung in erster Linie den Söhnen, man darf aber auch die Töchter, die in einem Hause mit der Schar der Söhne zusammenleben, miteinbeziehen. Über die schwierige Aufgabe, die Töchter recht auf das zukünftige Leben vorzubereiten und in eine Ehe zu führen, hatte Ben Sira in 26,10 gesprochen. Er denkt in diesem Abschnitt daran, daß auch die Erziehung einer Tochter die Weisheit des Vaters erfordert, die dieser nicht zurückhalten darf. Insofern ist diese Teilproblematik eine Fortsetzung des eben behandelten Gedankenkreises.

In nüchterner, zu nüchterner Weise spricht Ben Sira von den Sorgen, die ein Vater um seine Tochter hat. Die Schwierigkeiten, die eine Tochter bereiten kann, begleiten ihn bis in den Schlaf hinein. Ben Sira weiß mit treffenden und gleichzeitig berührenden Worten die Nöte zu schildern, die ein Vater in den verschiedenen Altersstufen der Tochter zu durchleben hat. Im ganzen wird bei diesem Abschnitt auch wieder deutlich, wie sehr er mit der Materie ringt, die ihm in seiner Zeit auch in diesem Bereich noch fremd war. Der freiere Umgang der Geschlechter in einer städtischen Kultur der hellenistischen Zeit brachte neue Schwierigkeiten mit sich, von denen die alte israelitische Familien- und Sippenordnung noch wenig wußte. Die ungewohnte Lage versucht Ben Sira in den Griff zu bekommen. Es bleiben aber nur Aussagen der Klage über das Geschick und der Ratlosigkeit zurück. Eine Lösung der Schwierigkeiten kann Ben Sira nicht anbieten. Er bleibt in seinen Ausführungen merkwürdig unbestimmt.

---

[273] H^B liest מטוב; das מ versehentlich vom folgenden מטיב übernommen; H^{Bmarg} und H^M haben beide richtig: טוב.

[274] H^B ist unverständlich; H^M liest: ובת מפחדת מכול חרפה.

Kapitel 42,15–50,26

Die Werke Gottes in Schöpfung und Geschichte

42,15–43,33: Gottes Größe in der Schöpfung

42,15–25: Preislied auf die Erschaffung des Kosmos

15 Ich will gedenken der Werke Gottes,
und das, was ich gesehen habe, will ich berichten:
Durch das Wort Gottes entstanden seine Werke[1],
und ein Werk seines Wohlgefallens ist seine Lehre.
16 Die aufstrahlende Sonne wird über alles geoffenbart,
und die Herrlichkeit des Herrn über alle seine Werke[2].
17 Die Heiligen Gottes reichen nicht aus,
zu verkünden die Wunder des Herrn[3],
Stärke gibt Gott seinen Heeren,
um sie zu stärken für den Anblick seiner Herrlichkeit.
18 Die Urflut und den Sinn erforscht er,
und in all ihre Blößen[4] hat er Einsicht,
denn Kenntnis von allem besitzt der Höchste,
er blickt auf die kommenden Ereignisse der Weltzeit.
19 Er offenbart Vergangenes und[5] Werdendes,
und er tut kund die Erforschung der verborgenen Dinge.
20 Man vermißt nicht bei ihm irgendeine Erkenntnis,
und kein Ding entgeht ihm.
21 Die Macht seiner Weisheit bleibt bestehen,
einer ist er von Ewigkeit her,

---

[1] H^B liest: רצונו = „sein Wohlgefallen", versehentlich aus Versteil d übernommen; lies mit H^M: מעשיו.

[2] So mit H^B; H^M liest: בוד אדני מלא מעשיו(.) = „[die Herr]lichkeit des Herrn (Adonaj) erfüllt seine Werke".

[3] So mit H^B: נפלאות ייי; H^Bmarg liest: גבורותיו = „seine Großtaten"; H^M hat: כל נפלאתיו = „all seine Wunder"; G: τὰ θαυμάσια αὐτοῦ = „seine Wundertaten"; L.Blau, REJ 35 (1897) 27, vermutet, daß die Lesung von H^B aus falscher Deutung des Nominalsuffixes entstanden sei.

[4] H^B: ובכל מערומיהם; H^M: ובמערמיהם; Kuhn, 1930, 114, nimmt eine Vertauschung von ר und ל an: מעלומיהם = „ihre Dunkelheiten".

[5] Ergänze mit H^Bmarg: ו.

nichts kann man hinzufügen und nichts kann man wegnehmen,
er hat keinerlei Ratgeber nötig.
22 Sind nicht alle seine Werke begehrenswert
bis hin zum Funken und zur Vision im Gesicht?
23 Er lebt und besteht auf ewig[6],
und einer jeden Ordnung gehorcht[7] das All.
24 Sie alle wiederholen sich, der eine wie der andere,
und nichts von diesen hat er nutzlos erschaffen[8].
25 Das eine wechselt mit dem anderen in seinem Wert ab,
und wer[9] könnte sich sättigen beim Anblick ihrer Pracht[10].

Mit der Selbstaufforderung „Ich will gedenken" beginnt ein ganz neuer Abschnitt in den Ausführungen Ben Siras[11]. Dies wird im literarischen Sinne deutlich durch den Neueinsatz, der in der ersten Person des redenden Weisheitslehrers erfolgt. Sonst hatte sich Ben Sira immer an ein Gegenüber gewendet. Diese Redeform verläßt er nun. Ferner wird der Neueinsatz auch darin deutlich, daß Ben Sira nicht mehr von Lehre und Weisheit spricht, die er vermitteln möchte, sondern vielmehr gleich das Thema nennt, das er nun anschlägt: die Werke Gottes. Ben Sira beruft sich auf eine visionäre Schau, die ihm weite Einsichten vermittelt hat. Nicht mehr das, was er durch die Offenbarung mitgeteilt bekam und erkannt hat, sondern das, was er von den Werken Gottes gesehen hat, ist Gegenstand seiner Ausführungen. Damit beginnt er einen weiten Bogen, der, wie sich herausstellen wird, von der Schöpfung bis in die Tage Ben Siras selbst reicht.

15   Nach der Einleitung in der 1. Person greift Ben Sira zurück an den Anfang der Geschichte, das heißt für ihn bis zur Erschaffung der Welt durch das Wort Gottes. Damit nimmt er Bezug auf die Erzählung in Gen 1,3: „Und Gott sprach ...". Mit dieser Schöpfungstat beginnt das Werk Gottes, das für Ben Sira gleichzeitig lehrhaften Charakter hat. Nicht nur durch das Wort lehrt Gott. Wer recht zu verstehen weiß, wird auch durch die Werke Gottes belehrt.

---

[6] So H^B: הוא ח(י ועומ)ד ל(עד); H^M liest: הכל חי ועו(.)ד לעד = „das All lebt und besteht auf ewig."

[7] H^B und H^Bmarg: שמע; H^M dagegen: שמר = „bewahrt".

[8] Zum Text vgl. Yadin, 1965, z.St.

[9] H^B hat: וימי (?); lies mit H^Bmarg und H^M: מי.

[10] H^B und H^Bmarg lesen: תואר = „Gestalt"; H^M: הודם.

[11] J. Marböck, Die „Geschichte Israels" als „Bundesgeschichte" nach dem Sirachbuch, in: E. Zenger (Hg.), Der Neue Bund im Alten. Studien zur Bundestheologie der beiden Testamente, QD 146, Freiburg 1993, 177–197 = Ders., Gottes Weisheit unter uns, Freiburg u.a. 1995, HBS 6, 103–123; Ders., Weisheit im Wandel, Neudruck 1999, 147–151; G. Sauer, Der traditionsgeschichtliche Hintergrund von Ben Sira 42,15–43,33, in: H. Delkurt u.a. (Hg.), Verbindungslinien. Zusammenhänge alttestamentlicher Überlieferung, FS W.H. Schmidt, Neukirchen 2000.

Das besondere Wohlgefallen erregt die Sonne mit ihren Strahlen. Sie ermöglicht das Leben. Ben Sira denkt hierbei in freier Abwandlung an die Ausführungen in Gen 1,3–5, wo von der Erschaffung des Lichts gesprochen wird. Er sieht dabei über die Divergenz hinweg, die darin besteht, daß die Sonne nach Gen 1 erst am vierten Schöpfungstag erschaffen wird, daß also die hier in V.16 geschilderte Offenbarung der Herrlichkeit Gottes durch die Sonne, die ihre Strahlen ergießt, in so direkter Weise in Gen 1 nicht mit dem Licht verknüpft wird. 16

Neu ist auch, daß Ben Sira an dieser Stelle schon von den Heiligen Gottes, d.h. den Engeln, spricht, die die Wunder Gottes verkünden. Diese Vorstellung brachte erst die spätjüdische Literatur mit sich, angeregt durch Visionen der Propheten, z.B. Jes 6,1–3. Die von Ben Sira geschilderte Aufeinanderfolge und das Miteinander der verschiedenen Erscheinungen der Welt bei ihrer Erschaffung, zeigen die freie Verfügungsgewalt, die er anwendet, seinen Lobpreis zu singen, denn nun greift er noch einmal zurück auf die Zeit des Uranfanges. Hier war die Urflut das beherrschende Element, das Gott durch seine Schöpfertat überwinden mußte. Kraft der Macht Gottes kann von dieser Zeit ein sinnvoller Ausgang gefunden werden, der in die Zukunft weist. 17

18

In seiner Vollmacht überblickt Gott Zeiten und Räume und offenbart damit seine Verfügungsgewalt auch für die Zukunft. In diesen Gedanken trifft sich Ben Sira mit Aussagen, wie sie etwa in Jes 41,22f. und 43,9f. schon bekannt sind. In V.21 berührt sich Ben Sira mit Bildern, die er in 18,1–6 bereits vorgetragen hatte. 19–22

So steht am Ende das Bekenntnis von der ewigen Lebendigkeit Gottes, das gleichzeitig als Lobpreis zu verstehen ist. Er hat das All (V.23) geschaffen, das nun in einer fortwährenden Dauer besteht und gleichzeitig in einem fortgesetzten Wechsel sich weiter in seiner Existenz unter Beweis stellt. So merkwürdig auch die verschiedenen Erscheinungen sein mögen, nichts ist ohne Sinn und Nutzen (V.24). Die Vielgestaltigkeit könnte verwirrend sein, ist aber in Wahrheit wohlgeordnet und beweist den gewollten Wechsel im Zusammenhang des ganzen Kosmos. Ben Sira spricht an dieser Stelle noch nicht im Sinne der griechischen Vorstellung von der Wohlgeordnetheit und von dem Schmuck der Welt (Kosmos), wohl aber von der Providenz, wie dies auch in der stoischen Philosophie zum Ausdruck kommt [12]. Wenn er aber davon redet, daß der, der diese Werke betrachtet, dabei sich vom Anblick sättigt und von der Pracht überwältigt wird, dann ist dies ein Hinweis auf die zusammenschauende Kraft der Vorstellung Ben Siras, der in den vielen verschiedenen Erscheinungen dieser Welt, die er durchaus wahrnimmt, doch eine ordnende Hand und Kraft sieht. Dies alles leitet er von dem Gott her, der ihm Einsicht und Kenntnis seiner Werke in visionärer Schau (V.15) gegeben hatte. 23–25

---

[12] Darauf weist O. Kaiser, Die Rezeption der stoischen Providenz bei Ben Sira, JNSL 24 (1998) 41–54, hin.

KAPITEL 43

43,1–33: Gottes wunderbare Größe in der Schöpfung

1 Eine Schönheit in der Höhe ist die Himmelsfeste in ihrer Klarheit,
  die Stärke des Himmels sieht man in seiner herrlichen Gestalt.
2 Die Sonne läßt bei ihrem Aufgang[13] Wärme[14] hervorstrahlen,
  wie furchterregend sind die Werke des Herrn[15]!
3 In ihrer Mittagshitze läßt sie den Erdkreis erglühen,
  wer wird vor ihrer Hitze bestehen können?
4 Ein angefachter Schmelzofen ist das Werk[16] des Schmelzers,
  der, der die Sonne sendet, versengt Berge,
  die Zunge der großen Leuchte verbrennt das bewohnte Land,
  und von ihrem Brennen wird das Auge entzündet.
5 Wahrlich, groß[17] ist der Herr, der sie erschaffen hat,
  und durch seine Worte läßt er aufstrahlen seine Helden.
6 Ferner: auch der Mond läßt ausgehen[18] seine Strahlen zu Zeiten der regelmäßigen Wiederkehr
  als eine endlose Herrschaft und als ein fortdauerndes Zeichen.
7 Durch ihn[19] werden Feste und feste Zeiten geregelt,
  und er hat Gefallen zu seiner Zeit an seinem Wandel.
8 Monat um Monat ist er der, der sich erneuert[20],
  wie großartig ist er bei seiner Wiederkehr[21],
  Gefäße des himmlischen Heeres sind die Schläuche der Höhe[22].
  Er läßt erglühen[23] das Himmelsgewölbe durch seine Strahlen.
9 Eine Schönheit des Himmels und ein prachtvoller Stern (ist er),
  und sein Licht strahlt bis in die Höhen Gottes.

---

[13] H^B liest: מביע בצרתו = „läßt hervorsprudeln (?)"; H^Bmarg korrigiert: מופיע בצאתו, so auch H^M.

[14] H^M bietet eine zu beachtende Variante: נכסה = „das Versteckte".

[15] H^M liest dagegen: כלי נורא מעשי (.)ליון = „Geräte des Furchtbaren (?) sind die Werke des Höchsten".

[16] H^B bietet: מהם = „von ihnen", unklar; lies mit H^M: מעשי.

[17] H^B schreibt irrtümlich: גדיל, unklar; lies mit H^Bmarg und H^M: גדול.

[18] Mit H^M: יאריח; H^B meint vermutlich das gleiche mit der Schreibweise: ירח. Eine Ableitung von der Wurzel ארח hatte schon Kuhn, 1930, 115, versucht; er vermutete eine Qal-Form und übersetzte: „der Mond wandert dahin in wiederkehrenden Zeiten".

[19] Mit H^Bmarg: בו; H^B liest: בם = „durch sie", was vielleicht auf die vorangegangene Erwähnung der wiederkehrenden Zeiten zu beziehen wäre.

[20] H^Bmarg und H^M bilden mit der Wurzelbedeutung ein Wortspiel: כשמו והוא מתחדש = „wie sein Name ist er der, der sich erneuert": חדש = „neu"; חודש = „Monat"; so auch G.

[21] H^B: בהשתנותו; H^Bmarg meint das gleiche mit: בתשובתו.

[22] Nicht deutbar; G übersetzt frei und kann zur Erklärung des hebr. Textes nichts beitragen.

[23] H^B: מרצף; H^Bmarg: מעריץ = „er erschreckt".

10 Durch das Wort Gottes steht fest die Ordnung,
   er wird nicht matt in seinem Wächteramt.
11 Blicke den Regenbogen an und preise den, der ihn geschaffen hat,
   wahrlich, sehr herrlich ist er in seiner Pracht.
12 Den Himmelskreis [24] umfaßt er in seiner Herrlichkeit,
   und die Hand Gottes hat ihn ausgespannt mit Macht [25].
13 Sein Schelten [26] läßt den Blitz als Zeichen entstehen
   und läßt aufstrahlen Pfeile des Gerichts [27].
14 Darum hat er ein Vorratshaus erschaffen,
   er läßt Wolken dahinfliegen wie einen Blitz.
15 Seine Macht läßt starke Wolken entstehen
   und spaltet ab Hagelsteine.
16 Das Rollen seines Donners läßt die Erde erbeben,
   durch seine Kraft wanken die Berge [28].
   Sein Wort [29] läßt austrocknen den Südwind,
   der Wirbelwind des Nordens ist Sturm und Wetter.
17 Wie Funken schüttelt er seinen Schnee aus,
   und wie Heuschrecken, die sich niederlassen,
       ist sein Herabsteigen [30].
18 Die Schönheit der weißen Farbe macht,
       daß die Augen sich wundern,
   und sein Regen macht, daß der Sinn sich verwundert.
19 Und ferner: Reif streut er aus [31] wie Salz,
   und er läßt Eisblumen wie Saphir funkeln [32].
20 Die Kälte des Nordwindes läßt er wehen,
   und er macht, daß seine Quellen
       sich wie eine Erdkruste [33] zusammenziehen,
   über einen jeden See [34] deckt er eine Eisschicht,
   und wie mit einem Panzer bekleidet er den Teich.

---

[24] So liest vermutlich H^M richtig: חוג; schwer verständlich sind die Lesarten von H^B: חוק = „Gesetz" und von H^Bmarg: הוד = „Herrlichkeit".

[25] Das letzte Wort fehlt in H^B; Ergänzung mit H^M: בנב(ורה).

[26] H^B bietet hier das am Ende von V.12 fehlende Wort: גבורתו; besser mit H^Bmarg und H^M: נערתו.

[27] Lücke in H^B; lies mit H^M: משפט.

[28] So mit H^M.

[29] H^M bietet: אמ(רתו); H^Bmarg liest: אימתו = „sein Schrecken".

[30] H^B ist unverständlich: דרתו; lies mit H^Bmarg und H^M: רדתו.

[31] H^B ist unverständlich: ישכון = „wohnt, läßt sich nieder"; lies mit H^Bmarg und H^M: ישפך.

[32] So mit H^B; H^M bietet folgende Variante: ויצמח כסנה ציצים = „und er läßt sprossen wie Dornen Eisblumen".

[33] H^B liest: וכרקב = „wie einen Schlauch"; lies mit H^M: וכרנב, Hörfehler, vgl. Middendorp, 1973, 107.

[34] Hebr. מעמד מים; zur Übersetzung vgl. G.R. Driver, JBL 53 (1934) 284.

21 Den Ertrag der Berge versengt er wie mit Dürre
    und die grünende Au[35] wie mit Feuerflammen.
22 Erquickung für alles läßt die Tauwolke herabträufeln,
    der Tau, der herabfällt, um das dürre Land zu befruchten.
23 Durch sein Planen besiegte[36] er die Urflut,
    und im Urmeer breitete er Inseln aus.
24 Die, die zum Meer hinabsteigen, berichten von seiner Ausdehnung,
    wahrlich, wenn unsere Ohren davon hören, erschrecken wir.
25 Dort gibt es wunderbare Dinge, erstaunlich ist sein Werk,
    Arten aller lebendigen Wesen und mächtige Tiere der Urflut[37].
26 Um seinetwillen führt er das Werk glücklich hinaus,
    und durch seine Worte schafft er nach seinem Wohlgefallen.
27 Noch mehr von dieser Art wollten wir nicht hinzufügen,
    aber das Ende der Rede sei: „Alles ist nur Er".
28 „Laßt uns weiterhin uns freuen[38],
    denn wir können ihn nicht erforschen,
    er ist größer als seine Werke.
29 Zu fürchten gar sehr (ist der Herr),
    wunderbar sind seine Taten.
30 Ihr, die ihr den Herrn preist, erhebt eure Stimme
    nach ganzem Vermögen, denn er ist noch mehr.
    Ihr die ihr eure Stimme erhebt, vermehrt eure Kraft
    und werdet nicht müde, denn ihr könnt (ihn) nicht *ergründen*.
31 *Wer hätte ihn gesehen und könnte davon berichten?*
    Und wer könnte ihn preisen, so wie er ist?
32 Die Menge der *wunderbaren Dinge ist größer als dies alles*,
    wenig (nur) habe ich von seinen Werken gesehen.
33 *Das alles hat der Herr erschaffen,*
    und den Frommen hat er Weisheit gegeben.

Das große Thema, das Ben Sira mit 42,15 begonnen hatte, wird auch hier fortgeführt: Gottes große Schöpfermacht. War in 42,15ff. die freie Verwendung der Ben Sira vorliegenden literarischen Quellen schon häufig festzustellen, so ist diese Beobachtung von neuem zu machen. Trotz dieser Freiheit der Tradition gegenüber ist jedoch auf die große Nähe aufmerksam zu machen, die ihn mit den alttestamentlichen Schöpfungsaussagen verbindet. Diese konzentrieren sich im AT an nur wenigen Stellen: Gen 1–3; Ps 8; 19; 104; Hiob 38 und bei Deuterojesaja (Jes 40–55). Ben Sira hat all diese Stellen offensichtlich gekannt

---

[35] So H^B: ונוה; H^Bmarg: וצור = „und (das) auf dem Fels (Sprossende)"; G.R. Driver, JBL 53 (1934) 284, sieht darin die ursprüngliche Lesart und das Vorbild für das Gleichnis von Mt 13,5; Mk 4,5; Lk 8,6.
[36] H^B bietet nur: נשיק(.) = „anzünden" (?); die Übersetzung ist nach dem Zusammenhang erschlossen; möglich wäre die Lesart von H^M: תעמיק = „wurde erniedrigt".
[37] H^B liest: רבה = „viel"; richtig bei H^M: רהב, Umstellung von Buchstaben.
[38] H^Bmarg: ננלה füllt die Lücke am Anfang von H^B: לה(...).

und in seine Darstellung einbezogen. Dabei folgt er weder dem priesterschriftlichen Schöpfungsbericht in Gen 1,1–2,4a noch dem mehr erzählenden Bericht in Gen 2,4b–3,24. Seine Ausführungen schließen sich eher an den Psalmenstil an, der voller hymnischer Aussagen die Größe Gottes im Bereich der gesamten Natur und Schöpfung preist. Aber die Freiheit Ben Siras dem Stoff gegenüber zeigt sich auch darin, daß er eindeutig thematisch und nicht chronologisch vorgeht. So ist es zu erklären, daß er im folgenden von der Bedeutung der Sonne ausgeht, um danach zu dem Gestirn zu kommen, das von der Sonne seinen Glanz hat: dem Mond. Danach spricht er von den Erscheinungen in der Natur, nämlich dem Regenbogen, dem Gewitter samt Regen, den Erscheinungen des Winters in Schnee und Eis und dem Wind; schließlich kommt er auf das Wasser und auf das Meer zu sprechen.

Anders als in Gen 1 beginnt das Schöpfungswerk Gottes mit der Errichtung der Himmelsfeste. Dort begann die Schöpfung mit der Erschaffung des Lichtes, das die Finsternis überwindet. Hier aber steht am Anfang die Himmelsfeste, die in Gen 1 Inhalt des zweiten Schöpfungstages ist. Sie trennt die Wasser der oberen Sphäre von denen der unteren. Bei Ben Sira dient die Himmelsfeste dazu, auf die schöne Gestalt des weiten Himmelsrundes aufmerksam zu machen, an dem sich die Himmelskörper bewegen. Es ist daran unschwer zu erkennen, daß er mit seiner Detailschilderung eine fortgeschrittenere naturwissenschaftliche Erkenntnis hat als dies noch bei der Priesterschrift der Fall war. Für ihn ist das Licht unzweideutig mit der an der Himmelsfeste aufstrahlenden Sonne verbunden. Mit der Priesterschrift verbindet ihn allerdings die vollkommene Entmythologisierung und Depotenzierung der Himmelskörper. Sie haben keine eigene Macht, sondern sind Geschöpfe Gottes, die ihre je besondere Aufgabe wahrzunehmen haben. Der altorientalische Glaube von dem mythischen Hintergrund der Himmelsgestirne ist weit verlassen. Auch die Vielzahl der Götter der griechisch-hellenistischen Welt, die ebenso eine Verbindung zu den Himmelsgestirnen zeigen, negiert Ben Sira bewußt. Es liegt in diesen Ausführungen ein deutlicher Akzent auf der Besonderheit des alttestamentlichen Glaubens, der sich mit der erschaffenen Welt und dem Schöpfungsakt auseinandersetzt. 1

In Worten, die an Ps 19 anklingen, wird die großartige Kraft der Sonne geschildert. Sie spendet ihre Wärme der Welt. So wichtig die Wärme ist, die das Leben ermöglicht, so ist für den Menschen des kanaanäischen Landes auch die übermäßige Hitze zu erwähnen, unter der die Menschen leiden. Unter dem Bilde der Eisenverhüttung (V.4) wird diese unbändige Kraft der Hitze der Sonne geschildert, die mit ihrem Brennen Berge versengen und das bewohnte Land ausdörren kann. Auch der Mensch leidet darunter, indem sich das Auge entzünden kann. In dieser kräftigen Wirkung erkennt Ben Sira die übergroße Kraft Gottes. Der, der eine solche Kraft hervorzubringen vermag, ist selber groß zu nennen. 2–5

An zweiter Stelle und deutlich abgehoben nennt Ben Sira den Mond. In dieser Wertung unterscheidet er sich auch von den alttestamentlichen Schöp- 6–10 fungsberichten. Dort waren Sonne, Mond und Sterne (Gen 1,14; 8,22; Ps 89, 38 und 104,19) in einem Atemzuge genannt. Vielleicht verrät sich in diesen Ausführungen schon das Wissen um die Abhängigkeit des Lichtes des Mondes von der Sonne. Das hervorstechendste Merkmal des Mondes sind die Mondphasen. In fortdauernder Regelmäßigkeit erscheint er am nächtlichen Himmel. Die ihm zugeschriebene Herrschaft besteht darin, daß durch ihn die Abfolge der Monate und Feste geregelt wird. Mit der Festlegung des Passahfestes, das sich nach dem Frühjahrsvollmond richtet, werden auch die weiteren Feste im Jahresablauf bestimmt (V.6f.). Es erregt das Staunen Ben Siras und nicht nur seines, wenn von der ständigen Wiederkehr und Verläßlichkeit im Kreislauf des Mondes gesprochen wird. Besonders eindrücklich ist immer wieder das Erscheinen der ersten Mondsichel nach den drei mondlosen Nächten. In der gesamten orientalischen Welt, die ihren Kalender nach den Mondphasen richtet, ist der Anblick des neuerscheinenden Mondes von besonderer Wichtigkeit, aber auch Schönheit (V.8f.). Solange durch das Wort Gottes die Ordnung dieser ständigen Abfolge geregelt ist, übt er sein Wächteramt aus (V.10).

11–12   In freier Verwendung der bekannten Aussagen bleibt Ben Sira bei der Beschreibung der Erscheinungen am Himmel stehen. Neben der Schönheit des nächtlichen Mondes steht die Schönheit des Regenbogens am Tage. Für Ben Sira gehört der Regenbogen zu den Schöpfungswerken Gottes, die Welt und Natur erfüllen. In der Genesis ist der Regenbogen ein Zeichen für das Ende der Feindschaft zwischen Gott und Menschheit, vgl. Gen 9,12–17. Er ist für Noah das Zeichen des Bundes, der mit ihm nun nach der Sintflut geschlossen wird. Ben Sira geht mit keinem Wort auf diese Bezugnahme ein. Seine Worte sind voll des Staunens über die Größe und Schönheit der von Gott geschaffenen Naturerscheinungen.

13–22   Auch in den folgenden Worten schildert Ben Sira die Naturerscheinungen, die wegen ihrer Kraft und Wirkung, aber auch wegen ihrer Schönheit besonders erwähnenswert sind: Blitz (V.13); Gewitterwolken und Hagel (V.14f.); Donner (V.16); starke Stürme des Sommers und des Winters (V.17); Schnee und Regen (V.17f.); Reif und Eis (V.19f.); schließlich Dürre und lebensspendendes Wasser (V.21f.). Durch diese Ausführungen kann ein kleiner Blick in die klimatischen Verhältnisse des kanaanäischen Hochlandes getan werden. Von den Unwettern des Frühjahrs über die Hitze des Sommers und die Dürre des Herbstes hindurch bis zu dem Regen, Schnee und Eis des Winters kann der ganze Jahresablauf verfolgt werden. Die Abfolge der Ereignisse wird nicht streng chronologisch durch das klimatische Jahr hindurch verfolgt. Man erkennt leicht hinter den Ausführungen die theologisch geprägte Rede, die sich auch der Naturerscheinungen bedient. So werden bei den Theophanieschilderungen (z.B. Ex 19 und Ps 18) ähnliche Worte gebraucht wie bei der Schilderung der Gewitterstürme des Frühjahrs. Daß der Norden, woher der Wirbelwind (V.17) und die Kälte (V.20) kommen, eine unheilbringende geographische Lage ist, wird in den prophetischen Worten, besonders bei Micha und Jeremia, unüberhörbar zum Ausdruck gebracht. Die Assyrer rücken unheimlich schnell gegen Jerusalem vor (Mi 1,10–16). Daß das Unheil aus dem Norden kommt, sieht Jeremia in seiner Berufungsvision: der siedende Kesseln aus dem Norden zeigt den anrückenden Feind (Jer 1,13; 4,6 u.o.). Am Ende der Ausführungen steht aber nicht die Ratlosigkeit oder Zerstörung. In eindrücklicher Weise beschließt Ben Sira die Reihe der Naturerscheinungen mit der Erwähnung des Taues (V. 22). Zwar wird man nach naturwissenschaftlicher Erkenntnis feststellen müssen, daß der Tau nicht aus einer Wolke von oben herab träufelt, sondern am Morgen durch das Aufeinandertreffen der mit Wasser gesättigten Luft mit dem erkalteten Erdboden entsteht. Aber die wunderbare Erquickung, die damit für Pflanze, Tier und Mensch verknüpft ist, läßt immer wieder Erstaunen hervorbringen, vgl. Sir 18,16 und Ps 110,3. Waren die bisherigen Themen ganz aus dem unmittelbaren Lebensumkreis des Bewohners des kanaanäischen Hochlandes genommen (Sonne, Mond, Regenbogen und Wetter), so überschreitet Ben Sira nun diese engeren Grenzen und kommt an die Küste des Festlandes mit seinen Beobachtungen: Wasser und Meer.

Wie in Gen 1 steht am Anfang die Erfahrung der ungebändigten Wasser: die 23–26 Urflut. Wie in Gen 1 wird diese ungebändigte Macht durch Gott in ihre Grenzen verwiesen. Daß dahinter der babylonische Mythos von der Besiegung der Urflut Tiamat durch den Stadtgott von Babylon Marduk steht, kann auch hier noch in Umrissen erkannt werden. Die aber so gebändigte Flut kennt ihre Grenzen. So können sich aus dieser Flut Inseln, also bewohnbare Flächen heraus erheben (V.23). Auf einer solchen Insel weiß auch Ben Sira sich wohnend. Wenn man vom kanaanäischen Hochland nach Westen „hinabsteigt", kommt man an die Küste des Meeres, das von unermeßlicher Ausdehnung ist, wie die Seefahrer zu berichten wissen. Von diesem Meer werden wunderbare Dinge im AT berichtet, vgl. die Berichte von den Seefahrten der Ophir-Schiffe (1 Kön 9,26–28), die Erwähnung des Ortes Tarsis, Hiob 38 mit seiner Schilderung der großen Tiere des Meeres und das Buch Jona.

Hier bricht Ben Sira ab. Dies alles genügt, um in den Ruf auszubrechen: 27–33 „Alles ist nur Er". Nach soviel Erweis der Größe und Mächtigkeit der von Gott geschaffenen Welt bleibt nur noch eines: Der Lobpreis dieses sich so kräftig und mächtig erweisenden Gottes. In direkter Weise wendet sich Ben Sira nun an seine Hörer, indem er sie auffordert, in den Lobpreis, den er angestimmt hat, miteinzufallen[39]. Man vermeint, den kultischen Lobpreis einer vielstimmigen großen Gemeinde zu hören, wenn Ben Sira in immer neuen Formulierungen zu diesem (kultischen) Gesang auffordert, dabei nicht müde zu werden. Die Worte Ben Siras können dabei nur einen kleinen Abglanz von dem bieten, was erkannt werden sollte. Wenn dieser für Ben Sira nur kurze Aufweis von der Großartigkeit der Schöpfung Gottes schon zu einem solchen Lobpreis führt, um wieviel mehr wäre dieser Gott zu loben, wenn man alles erkennen könnte. Daß das menschliche Erkennen nur Stückwerk ist, wird auch in 1 Kor 13,9.12 zum Ausdruck gebracht. Daß Ben Sira darin nur die äußerlich erkennbaren Zeichen der Größe Gottes sieht, macht der Schlußsatz

---

[39] Im Sinne eines Hymnus an den Schöpfer versteht auch H. Duesberg, Il est le Tout, Bible et vie chrétienne 54 (1963) 29–32, diese Aussage.

deutlich: Nur die den Frommen von Gott gegebene Weisheit vermag dies alles zu erkennen. Die Tatsache, daß diese letzte Aussage nur im griechischen Text erhalten ist, weist darauf hin, daß hier zu einer späteren Zeit eine theologische Nachinterpretation hinzugefügt worden ist. Es scheint, daß Ben Sira bei der Schilderung der Größe Gottes allein hat stehen bleiben wollen. Daß diese Hinzufügung aber im Geiste Ben Siras erfolgt ist, macht die immer wieder feststellbare Bezugnahme Ben Siras auf den eigentlichen Anlaß des göttlichen Wirkens deutlich. Die Weisheit ist es, die als Erklärungsprinzip, oft auch unausgesprochen hinter all dem Denken und Reden Ben Siras steht (vgl. Weish 1,7; 7,22; 8,1 und 12,1; ferner Apg 17,28; Kol 1,17; Hebr 1,3). Ob Ben Sira bei all diesen Überlegungen von der hellenistischen Philosophie, sei es von der Stoa[40], sei es von der pantheistischen Betrachtung der Welt, geleitet ist, kann vermutet, aber nicht bewiesen werden.

44,1–50,26: Gottes Größe in der Geschichte

KAPITEL 44

44,1–15: Israels reicher Schatz an Gnadenerweisen in der Geschichte

Lob der Väter der Vorzeit[41]

  1 Ich will nun preisen begnadete Männer,
    unsere Väter in ihren Geschlechtern.
  2 Groß ist die Herrlichkeit, die der Höchste zugeteilt hat,
    und sie waren groß seit den Tagen der Vorzeit.
  3 Herrscher[42] der Erde in ihrer Königsherrschaft,
    berühmte Männer in ihren Heldentaten,
    Ratgeber mit ihrer Einsicht
    und Seher aller Dinge in ihren Prophezeiungen.

---

[40] Auf die Verbindung zur stoischen Philosophie weist mit Vorsicht O. Kaiser, JNSL 24 (1998) 41–54: 49–51, hin. Hier auch der Aufweis der Schwierigkeit, den Bekenntnissatz von V.27 adäquat zu übersetzen. Die gebotene Übersetzung folgt Kaiser, 50.

[41] Da die Überschrift „Lob der Väter der Vorzeit" zwar in H^B und in anderer und kürzerer Form in den nachfolgenden Übersetzungen erhalten ist, aber in H^M fehlt, könnte vermutet werden, daß die älteste Fassung des hebr. Textes diese Überschrift nicht kannte. Als Unterstützung für diese Annahme könnte angesehen werden, daß das hebr. Wort für „Lob" (שבח) im klassischen Hebräisch nicht und bei Ben Sira nur selten vorkommt. Es ist aber ein in der spätjüd. Literatur häufig gebrauchtes Wort.

[42] H^B liest: דורי = „Geschlechter"; besser mit H^Bmarg: רודי; Vertauschung der Buchstaben; vgl. G.R. Driver, JBL 53 (1934) 285, der versucht, auch aus דור = „Herrscher" zu erschließen.

4 Fürsten von Völkern in ihren Erwägungen
und Herrscher in ihren Entscheidungen[43],
weise Denker in ihren Kenntnissen der Schrift[44]
und Spruchdichter in ihrer Treue zur Überlieferung[45],
5 die da erforschen Lieder nach ihrer Regel,
die da Sprüche vortragen nach schriftlicher Überlieferung,
6 charaktervolle Männer, die sich auf ihre Stärke stützen
und denen ein ruhiges Wohnen in ihren Besitzungen vergönnt ist.
7 Alle diese waren in ihren Geschlechtern geehrt[46]
und in ihren Tagen[47] in ihrer Herrlichkeit.
8 Es gab einige von ihnen, die hatten einen guten Namen,
wahrlich, es wurde von ihnen gesungen in ihren Besitzungen.
9 Es gab aber auch einige unter ihnen, deren man nicht mehr gedachte,
sie kamen zur Ruhe in ihrem Tode,
so wie wenn sie gar nicht gewesen wären,
so waren auch ihre Kinder nach ihnen.
10 Und nun, dies sind die begnadeten Männer,
und das, worauf sie hofften, *kommt* nicht zur *Ruhe*.
11 Bei ihren Nachkommen bewährt sich das von ihnen erworbene Gut,
und ihr Erbe gehört *ihren Kindern*.
12 In ihrem Bund stehen fest ihre Nachkommen
und ihre Kinder um *ihretwillen*[48].
13 Für alle Zeiten steht fest ihr Gedenken,
und ihre Gemeinschaftstreue[49] wird nicht *weggewischt*.
14 Ihre Leiber schieden dahin in Frieden,
aber ihr Ansehen bleibt lebendig von Geschlecht zu Geschlecht[50].
15 Ihre Weisheit gibt die Gemeinde weiter,
und ihr Lob verkündet die Versammlung.

Für Ben Sira steht offenbar unverrückbar fest, daß die Erschaffung der Welt, von der er im vorangehenden Abschnitt mit lobpreisenden Worten gesprochen hatte, die Voraussetzung ist für die Erschaffung des Menschen und damit für die Geschichte, die von dem Tun dieser Menschen berichtet. Dies geschieht aber bei Ben Sira nicht in objektiv darstellbarer Weise, sondern sofort in Bezugnahme auf den Erzähler. Er leitet daher diese seine Worte ein mit der Selbst- 1

---

[43] H^B liest: במחקרותם = „in ihren Erforschungen"; besser mit H^M: במחקק(תם).
[44] S. L. Delekat, VT 14 (1964) 32f.
[45] Nach H^B; Yadin, 1965, 36, korrigiert G und liest danach in H^M: ומשלים במ(שמחותם) = „und Sprecher von Weisheitssprüchen bei ihren Festen".
[46] H^Bmarg und H^M ergänzen H^B mit: נכבדו.
[47] H^B hat: ומימיהם; H^Bmarg: ובימיהם in beiden Fällen kann gleichartig übersetzt werden; vgl. dazu und zu der vorangegangenen Anmerkung Penar, 1975, 74f.
[48] Fehlt in H^B; übersetzt nach H^M und ergänzt durch G; vgl. P.A.H. de Boer, Sirach XLIV 12a, Leiden 1967, 25–29, VTS 16.
[49] So in H^B; H^M bietet: וכבודם = „und ihr Ansehen".
[50] H^B ist nur bruchstückhaft erhalten; H^M dagegen fast vollständig.

aufforderung „ich will preisen". Darin ist eine direkte Parallele zu sehen mit den einleitenden Worten in Sir 42,15. Hier begann Ben Sira mit der lobpreisenden Schilderung der Schöpfung „ich will gedenken". Es kann darin ein direkter literarischer Zusammenhang erkannt werden. Bezeichnend für Ben Sira ist es wiederum, daß die Geschichte der Menschheit nicht eine allgemein gehaltene Darstellung ist, sondern sofort auf das Volk Israel und seine Ursprünge und seine Entwicklung Bezug nimmt. Diese Geschichte ist erfüllt von den Gnadenerweisen Gottes, die von Geschlecht zu Geschlecht erkennbar waren[51].

Geschichte ist für Ben Sira Geschichte von *Einzel*personen. In dieser Darstellungsweise geht er weit über das ihm bekannte Traditionsgut des AT hinaus. Waren dort die Einzelpersonen immer auch gleichzeitig stellvertretend als die mit ihnen genannten Völker und Volksgruppen zu verstehen, so geht nun eine direkte Linie von den von Gott geschaffenen Männern hin zu der Darstellung der Einzelgestalten in Israel (ab V.16). Um diese neue Art der Geschichtsdarstellung zu begreifen, wäre auf die ganz anders geartete Darstellung in Ps 78; 105f. und 135 hinzuweisen. Die späteren Texte, nämlich Neh 9; Weish 10–19; 1 Makk 2,51–61 (schließlich auch Hebr 11) folgen demgegenüber der von Ben Sira begründeten Regel.

2   Diese Gestalten sind aber nicht deshalb bedeutsam zu nennen, weil sie aus eigener Macht Taten hervorgebracht hätten. Sie sind nur deshalb zu erwähnen, weil der Höchste = „Äljon" ihnen diese Taten aufgetragen und dadurch ermöglicht hat. Äljon ist eine von Ben Sira häufig gebrauchte, besonders in diesen Zusammenhängen immer wieder zitierte Bezeichnung für Gott. Zusammenfassend erwähnt diese Aussage in den V.2–15 den langen Zeitraum zwischen der Erschaffung der Welt und den ersten namentlichen genannten Personen, die für die Geschichte Israels von Bedeutung sind (ab V.16).

3–6   In scheinbar wahlloser Folge führt Ben Sira ohne Namensnennung aus dem Volke herausragende Gestalten vor. Es läßt sich nicht mehr feststellen, ob er mit der Abfolge und auch mit der Zahl der erwähnten Gestalten eine besondere Absicht verfolgt hat. Es handelt sich bei den genannten Personen in gleicher Weise um Herrscher der weltlichen Macht, wie auch um herausragende Gestalten in der Volksgemeinde. Dazu gehören auch Personen, die sich in religiösen Traditionen hervorgetan haben. Schließlich ist ihm auch die Erwähnung von Volksgliedern wichtig, die in literarischen Belangen hervorgetreten sind.

7–9   Sie alle haben sich einen Namen gemacht. Es ist anzunehmen, daß Ben Sira hier weitere Namen mit längeren Ausführungen hätte nennen können. Er verzichtet aber darauf, um zu vermeiden, daß diese Personen als Einzelgestalten aufgrund ihrer Verdienste zu rühmen wären. Nicht von sich selber haben sie dieses Ansehen erreicht, sondern durch die Gnade Gottes. So wird ein besonderes Licht auf die Geschichtsschau Ben Siras geworfen, wenn er auch derer gedenkt, derer unter dem Gesichtspunkt des Verdienstes nicht gedacht wird,

---

[51] Immer noch grundlegend ist Th. Maertens, L'Éloge des Pères. Ecclesiastique XLIV – L. Bruges 1956; P.C. Beentjes, The „Praise of the Famous" and ist Prologue. Some Observations on Ben Sira 44:1–15 and the Question on Enoch in 44:16, Bijdr 45 (1984) 374–383.

da sie als Einzelpersonen nicht hervortraten, aber doch eine unverzichtbare Bedeutung im Ablauf der Geschichte hatten (V.9).

Daß diese Männer im Gedächtnis noch lebendig sind, ist das Verdienst der Gemeinde, für die sie gewirkt haben. Das Volk, das von Generation zu Generation die Kunde von ihren Taten weitergibt, ist der Garant dafür, daß die Verdienste dieser Männer, die unter der Leitung Gottes standen, nicht vergessen werden.

10–15

44,16–23: Urzeit und Väterzeit

16 Henoch wurde als fromm [erfun]den[52],
   und er wandelte mit dem Herrn und wurde entrückt
   als ein Zeichen der Erkenntnis von Geschlecht zu Geschlecht[53].
17 Noah, der Gerechte, wurde als fromm erfunden,
   zur Zeit der Vernichtung war er der Überlebende,
   um seinetwillen gab es einen Rest,
   und mit einem Bund mit ihm nahm die Flut ein Ende.
18 Mit einem beständigen Zeichen wurde mit ihm ein Bund geschlossen,
   nicht zu vertilgen alles Fleisch.
19 Abraham ist der Vater einer Menge von Völkern,
   an seiner Ehre gab es keinen Makel,
20 denn er hielt die Gebote des Höchsten
   und trat in einen Bund mit ihm ein,
   an seinem Fleische schnitt er sich ein Zeichen,
   und in der Versuchung wurde er als treu erfunden.
21 Darum richtete er mit ihm durch einen Schwur einen Bund auf,
   durch seine Nachkommen Völker zu segnen,
   ihn zahlreich zu machen wie den Staub der Erde,
   und wie die Sterne seine Nachkommen zu erhöhen[54],
   ihnen Erbbesitz zu geben von Meer zu Meer
   und vom Strom bis an die Enden der Erde.
22 Ferner: auch dem Isaak ließ er einen Nachkommen[55] erstehen
   um Abrahams willen, seines Vaters,
   den Bund eines jeden Vorfahren gab er ihm (weiter).
   Und Segen ruhte auf dem Haupte Israels,

---

52 Ergänzt mit V.17 und von dort als Zusatz hierher übertragen. V.16 ist überladen.
53 V.16 fehlt in H^M.
54 Die Versteile c und d sind vermutlich durch aberratio oculi ausgefallen und mit G ergänzt.
55 So mit H^B: בן; H^Bmarg schlägt vor: כן = „so, auf diese Weise"; Begründung für die ursprüngliche Lesart durch Penar, 1975, 78, unter Hinweis auf 1 Chr 17,13, wo in parallelen Halbversen ebenso das Verhältnis Vater/Sohn berührt wird.

> 23 und er bestätigte ihn als Erstgeborenen[56]
> und gab ihm seinen Erbbesitz,
> und er ließ ihn fortbestehen in Stämmen,
> entsprechend dem Anteil der Zwölf,
> und er ließ von ihm einen Mann herausgehen,
> der Gnade fand in den Augen aller Lebendigen.

Bei der nun folgenden Aufzählung von fünf Einzelgestalten, nämlich Henoch, Noah, Abraham, Isaak und Jakob ist wiederum sowohl die Kenntnis der im AT niedergelegten Geschichte durch Ben Sira festzustellen, als auch sein eigenständiges Auswahlverfahren, an dem die Schwerpunkte festgestellt werden können, auf die Ben Sira im besonderen Wert legt. Es fehlen so gewichtige Gestalten wie Kain und Lamech und so wichtige Ereignisse wie die Geschichte vom Turmbau zu Babel. Aber auch in den Erzählungen von den Erzvätern Abraham, Isaak und Jakob werden viele Ereignisse übergangen. Dafür wird auf einige Daten besonderer Wert gelegt. Diese liegen Ben Sira offensichtlich besonders am Herzen.

16 Die Geschichte beginnt bei Henoch, nicht bei Adam. Dieser steht am Ende der Geschichtsdarstellung Ben Siras (49,16), wo er nach dem langen Gang durch die Geschichte in Form der schon häufiger zu beobachtenden Inclusio auf den Anfang zurücklenkt. Fragt man nach der Besonderheit im Leben des Henoch (Gen 5,22–24), so liegt der Nachdruck der Ausführungen Ben Siras da, wo er auf die fromme Lebenshaltung Henochs hinweist. Diese führte dazu, daß er Tod und Vergehen nicht erleben mußte, sondern aus diesem Leben direkt von Gott „entrückt" wurde. Für die jüdische Tradition ist darum Henoch zu einem Gewährsmann geworden, der viele zukünftige Ereignisse aufgrund seiner Nähe zu Gott kennt und diese auch mitteilt[57].

17f. Für Noah gilt ähnliches. Er entgeht der Vernichtung in der Sintflut, übersteht also mit Gottes Hilfe den Tod und wird für ein neues Leben, das die Fortführung der Geschichte der Menschheit ermöglicht, gerettet. Auch er steht in einem besonderen Näheverhältnis zu Gott (Gen 6,9 und 7,1). Mit ihm wird ein Bund geschlossen (Gen 9,11.15–17).

19–21 Unvergleichlich größer ist das Interesse Ben Siras an der Gestalt des Abraham. Von ihm her nimmt die ganze Geschichte der Menschheit ihren Ausgangspunkt. Er wird daher als der „Vater" aller Menschen bezeichnet. Zuerst hebt Ben Sira die besonderen Taten Abrahams hervor, die alle einen kultischen Bezug zeigen: Er ließ keinen Makel auf sich kommen (V.19b). Mit die-

---

[56] H^B liest: ויכוננהו בברכה = „und er bestätigte ihn im Segen", eine Wiederholung des im vorhergehenden Halbvers Gesagten; besser mit H^{Bmarg}: ויכנהו בבכורה.

[57] F. Luciani, La funzione profetica di Enoch (Sir 44,16b secondo la versione greca), RivBib 30 (1982) 215–224. J. Marböck, Henoch – Adam – der Thronwagen. Zur frühjüdischen pseudepigraphischen Tradition bei Ben Sira, BZ 25 (1981) 103–111 = Ders., Gottes Weisheit unter uns, Freiburg u.a. 1995, HBS 6, 133–143.

sem Wort bezeichnet Ben Sira in 11,33; 33,31 und 47,20 kultische Verfehlungen. An Abrahams Leben wird dies z.B. dadurch deutlich, daß es ihm gegeben war, für die Bewohner von Sodom und Gomorra zu bitten. Die Fürbitte für andere zeichnet das Leben Abrahams aus. Auch daß er die Gebote des Höchsten hielt, zeigt seine Treue Gott gegenüber. Ben Sira nimmt hierbei in Kauf, daß er in einer anachronistischen Vorstellungsweise schon von den Geboten spricht, die Abraham bekannt gewesen sein müßten. Proleptisch hat er sie gekannt und erfüllt. Ben Siras sonstiger Gebrauch dieser Bezugnahme auf die Gebote des Höchsten legt nahe, hierbei nicht nur an den Gehorsam Abrahams in seinem Leben zu denken. Abraham schloß ferner den Bund mit Gott (vgl. Gen 15,1–6). Er befolgte daraufhin das Gebot, die Beschneidung als Zeichen dieses Bundes an sich zu vollziehen (Gen 17,4–9). Schließlich bewies er auch in der Haltung seine Treue, indem er der Versuchung (Gen 22) standhielt (V.20). Dafür empfing er die Antwort Gottes in dem Schwur, seine Nachkommenschaft zu segnen und zahlreich zu machen (Gen 12,1–3). Ben Sira hat bei der Erwähnung dieser Zusage die Berichte des ersten Buches Mose vor Augen. Der Blick in die Zukunft aber, die von den Völkern erfüllt sein wird, die auch an dem Segen Abrahams teilhaben werden, weitet sich ins Unermeßliche aus, wenn Ben Sira von dem Erbbesitz spricht, der von Meer zu Meer und vom Strom bis an die Enden der Erde reichen werde. Diese Worte kommen aus der eschatologisch-messianischen Rede in Ps 72,8 und Sach 9,10. Ben Sira zögert nicht, die Berichte über das Leben des Abraham auszuweiten mit dem Hinweis auf die überragende Bedeutung Abrahams als des Menschen in der Geschichte des Volkes, der das Heil an sich erfährt und für die zukünftigen Generationen und Geschlechter vermittelt.

An dieser Darstellung der Abrahamsgestalt wird noch einmal deutlich, daß Ben Sira ein gewolltes Auswahlverfahren vornimmt. Viele Ereignisse, die aus dem AT über das Leben Abrahams bekannt sind, werden mit Stillschweigen übergangen. Es sind dies vor allem die Seiten des Lebens Abrahams, die ihn in seinen familiären und zwischenmenschlichen Beziehungen zeigen. Sara, Hagar und Lot spielen offensichtlich in dieser Darstellung keine Rolle. Wichtig für Ben Sira ist die religiöse Bezugnahme, die an dem Leben Abrahams erkannt werden kann. Diese Betonung der religiösen Haltung hat eine Tendenz hin zum kultischen Geschehen, das an Abrahams Leben nach der Sicht Ben Siras bereits abgelesen werden kann[58].

An dem Leben Isaaks ist nur wichtig, daß er in der Traditionskette, die 22 durch Abraham begründet wurde, steht. Er gibt das, was er empfangen hat weiter (Gen 17,19; 26,3).

Ähnlich verhält es sich mit Jakob, der ohne nähere Nennung gleich als Israel 23 eingeführt wird. Die wichtigen Begebenheiten aus dem Leben Jakobs = Israels,

---

[58] H.V. Kieweler, Abraham und der Preis der Väter bei Ben Sira, in: S. Kreuzer (Hg.), Schaut Abraham an, euren Vater! Festschrift für G. Sauer, in: Amt und Gemeinde 37 (1986) Heft 7f., 70–72; G. Sauer, Die Abraham-Gestalt im „Lob der Väter". Auswahl und Intention, WJTh 1 (1996) 387–412.

seien es die familiären, seien es die religiösen, werden vollkommen übergangen. Wichtig ist dabei die Weitergabe des Segens, der ihm zukam, obwohl er nicht der Erstgeborene war (Gen 27,27–29; 28,3f.). Die Problematik dieses Geschehens aber interessiert Ben Sira gar nicht. Er stellt nur fest, daß Israel in dieser Sonderstellung als der Erstgeborene „bestätigt" wurde. Auf diese Weise garantiert er den Fortbestand der Sippe, aus der die 12 Stämme hervorgehen. Damit kann Ben Sira zu der weiteren Geschichte übergehen, die mit Mose verbunden ist. Auch er ist ein Traditionsträger in der Linie, die von Abraham ihren Ausgangspunkt genommen hat.

KAPITEL 45

45,1–5: Mose

1 *Geliebt* von Gott und den Menschen,
  Mose, sein Gedächtnis sei zum Guten,
2 und der Herr, Gott ließ ihn hintreten[59],
  und er machte ihn stark durch erschreckende Taten[60].
3 Durch sein Wort[61] kamen schnell *Wunderzeichen* zu Tage,
  und er gab ihm Stärke vor dem König,
  und er befahl ihm, zu *seinem Volke zu gehen*,
  und ließ *ihn seine Herrlichkeit sehen*.
4 Wegen seiner Treue und wegen seiner Demut
  erwählte er ihn vor allem *Fleisch*.
5 Und er ließ ihn hören seine Stimme
  und ließ ihn sich nähern dem Wolkendunkel
  und legte in seine Hand das Gebot,
  die Lehre des Lebens und der Einsicht,
  um Jakob zu lehren seine Gesetze,
  seine Gebote und Rechtssatzungen für Israel.

In einem großen Sprung durch die Geschichte kommt Ben Sira auf das zu sprechen, was ihm am meisten am Herzen liegt: Gesetz und Kult. Er übergeht dabei vollkommen die lange Zeit, die zwischen Jakob und Mose liegt. Keinerlei Erwähnung wird der Gestalt des Josef zu Teil. Noch verwunderlicher ist es, daß das Ereignis des Auszugs aus Ägypten vollkommen übergangen wird. Wiederum ist hierbei die durch Ben Sira bewußt gestaltete Geschichtsschreibung zu betonen. Es liegt ihm gar nicht daran, einen durchgehenden Geschichts-

---

[59] H^B hat nur: לחים(...); H^Bmarg ergänzt: ויב׳ ייי.
[60] H^B liest: במרומים = „in Höhen"; besser mit H^Bmarg: במוראים.
[61] Die Lücke in H^B ist mit H^Bmarg auszufüllen: בדברו.

ablauf verdeutlichen zu wollen. Vielmehr setzt er die für seine Zeit und für seine Intention der Weitergabe der Lehre wichtigen Daten der Geschichte in den Vordergrund. Das Auszugsgeschehen mag für eine jüdische Gemeinde, die in der Diaspora lebt, ein besonderer Erinnerungspunkt gewesen sein, vgl. Deuterojesaja. Für Ben Sira in der ihn umgebenden Situation der Bedrängnis durch die kulturelle Entwicklung waren die Erinnerungen an den geoffenbarten Gotteswillen (Gesetz) und die Praktizierung des Kultes, der Israel von allen anderen Religionen unterschied, besonders wichtig.

Wie schon bei Abraham, so fällt Ben Sira über Mose ein zusammenfassendes Urteil, das erst von seiner Sicht und von seiner Zeit her gerechtfertigt erscheinen kann: „Geliebt von Gott und den Menschen". Die alttestamentlichen Berichte, angefangen von der Erzählung des Aufenthalts Moses am ägyptischen Hof (Ex 2) bis hin zur Errichtung der Ehernen Schlange (Num 21), sprechen eine ganz andere Sprache. Hier wird Mose als der tatkräftige Mann geschildert, der vor Gewalttaten nicht zurückschreckt. Sein Eifer bringt ihn in Gegensatz zu Gott und Menschen. Jedoch geht Ben Sira von dem Zeitpunkt aus, in dem er lebt. Von daher ist das Gedächtnis an Mose vornehmlich bestimmt durch seine Vermittlung des Willens Gottes im Gesetz. Davon spricht auch Ben Sira fast ausschließlich in den folgenden Versen.

1–5

Gott offenbarte sich ihm und gestattete ihm, in seine Nähe zu kommen, vgl. Ex 3. Die von ihm erwähnten erschreckenden Taten und Wunderzeichen (V.2f.) beziehen sich auf die Berichte von den Plagen in Ägypten, vgl. Ex 4,16 und Kap.7–11. Er übernahm die Mittlerrolle zu dem Volk (Ex 6,3 u.a.) und war gewürdigt, die Herrlichkeit Gottes zu sehen (Ex 33,18–23). Von seiner Treue und Demut (V.4) berichten nicht nur die Erzählungen des AT (Num 12, 3.7), sondern auch die spätjüdischen Schriften bis hin zum NT (Hebr 3,2.5). Der Höhepunkt seines Wirkens liegt aber in der Begegnung am Sinai (V.5). Hier empfängt er im Wolkendunkel das Gebot, das nach der Meinung Ben Siras die ganze Lehre zum Leben und zur Einsicht enthält. In dieser Hinsicht fühlt sich Ben Sira ganz in der Nachfolge der Mose gegebenen Offenbarung, vgl. Ex 19; 20,21; 24,12; 33,11 und Dtn 4,36; 33,10.

45,6–22: Aaron

6 Und er erhöhte als heilig[62]
   den Aaron aus dem Stamme Levi.
7 Und er setzte ihn ein als eine ständig gültige Satzung
   und gab ihm große Pracht,
   und er diente ihm in seiner Herrlichkeit

---

[62] Um den Halbvers vollständig zu machen, wäre mit G und S zu ergänzen: כמוהו = „wie jenen".

und gürtete ihn mit höchster Schönheit⁶³
und umkleidete ihn mit Glöckchen⁶⁴.

8 Er umkleidete ihn vollständig mit Zierde
und schmückte ihn mit Herrlichkeit und Kraft,
mit Beinkleidern, Rock und Gewand.

9 Er umgab ihn mit Glöckchen,
mit Granatäpfeln in Menge ringsum,
um zu geben bei seinen Schritten einen lieblichen Klang,
und um ertönen zu lassen im Allerheiligsten seinen Klang
zum Gedächtnis für die Kinder seines Volkes.

10 Mit heiligen Gewändern aus Gold und Purpur
und rotem Purpur in kunstvoller Arbeit,
mit dem Brustschild des Rechtsspruches, Ephod und Gürtel,
karmesinfarben und kunstvoll gewoben,

11 Edelsteine sind auf dem Brustschild,
kunstvolle Gravierungen in großer Zahl,
ein jeder Stein ist kostbar als ein Gedächtnis
mit eingegrabener Schrift
nach der Zahl der Stämme Israels.

12 Eine goldene Krone als Kopfbund und Turban,
ein Diadem *mit* heiliger *Gravierung,*
herrliche Pracht und gewaltiger Ruhm,
begehrens*werter Schmuck sind für die Augen* eine Schönheit.

13 Vor ihm gab es nichts derartiges,
und auf ewig wird sich kein Fremder so bekleiden,
als ein Gesetz für ihn und für seine Söhne ist dies *gegeben,*
und so werden auch seine Söhne in ihren Geschlechtern handeln.

14 Sein Speisopfer wird als Ganzes geräuchert,
und an einem jeden Tag geschieht dies beständig zweimal.

15 Und es füllte Mose seine Hand,
und er salbte ihn mit heiligem Öl,
dies wurde ihm zu einem beständigen Bund
und für seine Nachkommen, solange der Himmel steht,
um im Heiligtum zu dienen als Priester für ihn
und um sein Volk in seinem Namen zu segnen.

16 Er erwählte ihn vor allen Lebendigen,
um darzubringen Ganzopfer und Fettstücke
und um zu räuchern mit dem lieblichen Duft
und darzubringen das Gedächtnisopfer,
um Sühne für die Israeliten zu erwerben.

---

⁶³ H^B: בתועפות ראם = „mit dem Gipfel (Horn?) eines Wildstiers"; die beiden Wörter kommen auch in Num 23,22 und 24,8 vor, wo sie ebenso schwer deutbar sind. Lies mit H^B-marg statt ראם: תואר = „Gestalt, Schönheit".

⁶⁴ Dieser Halbvers bildet eine Vorwegnahme von V.8f.

17 Er gab ihm seine Gebote
und ließ ihn herrschen über Gesetz und Recht,
und er lehrte sein Volk das Gesetz
und das Recht die Israeliten.
18 Und es entbrannten gegen ihn Fremde,
und sie eiferten gegen ihn in der Wüste,
die Männer des Datan und des Abiram
und die Rotte des Korach in der Heftigkeit ihres Zorns.
19 Und das sah der Herr und ergrimmte,
und er vernichtete sie in der Glut seines Zornes,
da ließ er für sie ein Zeichen kommen und
verzehrte sie in der Flamme seines Feuers.
20 Und weiter vermehrte er seine Herrlichkeit für Aaron
und gab auch ihm sein Erbteil,
heilige Erstlinge gab er ihm als Speise.
21 Die Feueropfer des Herrn sollen sie essen,
Schaubrote als seinen Anteil
und als Abgabe für ihn und seine Nachkommen.
22 Nur *in ihrem Lande* wird er nicht erben können,
und in ihrer Mitte wird ihm kein Erbe zugeteilt,
die Opfer des *Herrn sind sein* Anteil
inmitten der Israeliten.

Eine besondere Hervorhebung wird durch Ben Sira dem Priesterstand zuteil. Er dient am Heiligtum, dem Tempel; dadurch gehört er ganz zu dem als heilig zu bezeichnenden Umkreis, in dem der heilige Gott wohnt.

Schon der ersten dieser herausgehobenen Personen, nämlich Aaron, wird dieser Würdetitel „heilig" zugeschrieben. Es ist bekannt, daß die Tempelgeräte die Aufschrift trugen „heilig für Jahwe". Aufschriften dieser Art sind archäologisch nachweisbar. Davon spricht auch im Zusammenhang der Beschreibung der Priesterkleidung V.12. Dies alles kann aber nur gesagt werden, weil der fungierende Priester als zu dieser heiligen Sphäre gehörend erklärt und dadurch der ganze Bereich als heilig bezeichnet wird. Daß Aaron aus dem Stamme Levi kommend ein Bruder des Mose sei, spielt für Ben Sira keine Rolle, vgl. aber dazu Num 6,5.7; Ps 106,16 und Ex 4,14f.; 7,1.

Während über die Gestalt und das Äußere bei der Erwähnung Moses nichts gesagt wird, ist die Beschreibung der Person, des Gewandes und des Amtes des Aaron Gegenstand langer Darstellungen. Diese beruhen auf den Gesetzestexten im 2.Buch Mose, Ex 28 und 39, schließlich auch Lev 8,7–9. Das reiche Priesterornat führte dazu, dem Priester in seinem Amt und Wirken mit Bewunderung und Verehrung zu begegnen. Die verschiedenen Kleidungsstücke hatten je ihre eigene Bedeutung, die das Volk auf Besonderheiten ihres religiösen Empfindens aufmerksam machen sollten: Die reiche Bekleidung (V.8) diente ebenso der Verhüllung wie der Sichtbarmachung der göttlichen

Herrlichkeit. Die Glöckchen in Granatapfelform (V.9) erinnern an die Gabe der Versorgung mit Lebensmitteln und Fruchtbarkeit. Gold und Purpur (V.10) bezeichnen den königlichen Charakter des Tuns des Priesters. Ephod und Gürtel (V.10) dienten der Orakelerteilung. Edelsteine und Gravierungen auf dem Brustschild (V.11) sollten an die Pracht und Vollkommenheit der 12 Stämme Israels erinnern. Die goldene Krone schließlich (V.12) gebührt dem herrschenden und regierenden König, eine Eigenschaft, die dem Priester in Ableitung von der göttlichen Würde zukommt.

14–16   Die Tätigkeit des Priesters besteht in der Darbringung der Opfer. Diese Opfer werden dem Priester gebracht zum Vollzug, aber auch zur eigenen Versorgung. Vom täglichen Speisopfer spricht Lev 6,12–16. Hierbei werden alle Teile des geopferten Tieres, die für den Vollzug vorgesehen sind, verbrannt. Alle anderen Teile werden aufbewahrt und zum Verzehr verteilt, vgl. Lev 6,7–11. Daß mit diesen Opfergaben auch die Versorgung des Priesterstandes verbunden ist, zeigt der Hinweis auf die Übergabe dieser Teile in die Hand des Priesters (V.15, erste Halbzeile). Nach Lev 8 werden die Priester aus den dargebrachten Opfern versorgt. Dies ist ihr Recht seit der Einsetzung, wie sie Ex 28,41; 29,9.29.33.35 berichtet wird. Der Fachausdruck „die Hand füllen" ist die Umschreibung für die Versorgung des Priesterstandes mit den notwendigen Lebensmitteln. In gleicher Weise ist diese Regelung aber auch aus den Urkunden des alten Vorderen Orients bekannt. Die Salbung mit heiligem Öl bedeutet, daß die Priester mit einem besonderen Auftrag und Recht versehen sind. So wie der König damit in ein besonderes Rechtsverhältnis zu Gott tritt, wenn er gesalbt wird (Messias), so auch der Priester. Auch mit ihm ist damit ein Bund begründet, der ewigen Bestand hat. Priester und König stehen damit parallel und gleichberechtigt nebeneinander. Aus diesen Angaben ist später für die Gemeinde von Qumran die Wichtigkeit der beiden Gesalbten, d.h. Messiasse zu erklären, die einen Messias aus dem Hause David (vgl. V.25) und aus dem Hause Aaron erwartet hat. Neben dem Opfer ist eine besondere Aufgabe des Priesterstandes die Erteilung des Segens (V.15, letzte Halbzeile). Hierfür wäre auf Num 6,23–27, eben den aaronitischen Segen hinzuweisen, von dem auch Dtn 10,8 spricht. Ganzopfer (Lev 1), Fettstücke (Lev 3), Räucheropfer zum Gedächtnis (vgl. Sir 38,11) und zur Sühne (Lev 4f.) sind die weiteren in Kürze genannten Aufgaben und Tätigkeiten des Priesterstandes am Tempel.

17   Neben der Opferdarbringung war es auch eine Aufgabe des Priesterstandes, Weisungen zu erteilen, hebr. תורה = torah. Dies geschah durch die Anfrage an den das Orakel verwaltenden Priester. Bei Ausübung dieses Amtes trägt er den Ephod[65], eine Art Schurz, in dem die Orakelstäbe (oder Steine?) Urim und Tummim[66] ruhen. Beim Bewegen des Ephod fällt das eine oder andere Los heraus und kann zur Beantwortung der Frage (Ja oder Nein) führen. Diese

---

[65] R. Smend, Art. Ephod, BHH I, 1962, 420.

[66] Die ersten Buchstaben dieser beiden Wörter geben den ersten und letzten Buchstaben des hebr. Alphabets wieder. Es kann angenommen werden, daß sie auf die Lose aufgeschrieben waren; W. Dommershausen, Art. גורל = Los, TWAT I, 1973, 991–998.

Weisung (Tora) wurde als Festsetzung im Sinne eines göttlichen Gebots verstanden. Daraus entwickelte sich die Bedeutung von Tora als Gesetz, vgl. dazu Sir 33,3; 38,33 und Dtn 33,10.

Ben Sira übergeht die Ereignisse von Ex 32 (das Goldene Kalb). Er erwähnt statt dessen die Gesetzestreue, die Aaron an den Tag legte, als die „Rotte des Korach" sich gegen Mose auflehnte und zu Fremdkulten der Fruchtbarkeitsreligion hinneigte, vgl. Num 16 und Ps 106,16–18. Daraus folgt eine Vermehrung der Herrlichkeit des Priesterstandes unter Aaron, der zwar kein eigenes Erbteil an Landbesitz erhalten sollte. Dafür werden ihm weitere Opfergaben dargebracht, so die Erstlinge der Ernte, vgl. Lev 24; Num 18; Dtn 18,1–5; 26,1–4. Bei der Landverteilung im Buche Josua wird diese Bestimmung in die Tat umgesetzt. 18f. 20–22

45,23f.: Pinchas

23 Ferner: Pinchas, der Sohn des Eleasar,
   in Vollmacht *erhielt er als Dritter Erbe in Herrlichkeit.*
   Wegen seines Eifers für den Gott des Alls
   und weil er sich hinstellte in den Riß seines Volkes,
   denn er folgte bereitwillig seiner Entscheidung,
   und er bewirkte Sühne für die Israeliten.
24 Darum richtete er auch ihm eine Ordnung auf,
   einen Bund des Heils, um das Heiligtum zu versorgen,
   auf daß ihm und seinen Nachkommen gehören solle
   das Amt des Hohenpriesters in alle Zeiten.

Wieder tut Ben Sira einen Sprung. Der Sohn des Aaron und damit der Vater des erwähnten Pinchas, nämlich Eleasar, wird nur namentlich erwähnt. Von ihm berichtet Num 20,25–28 und 27,19–23. Er erscheint bei Ben Sira lediglich als ein Glied in der Traditionskette, die erst mit dem Enkel Aarons, eben Pinchas, zu besonderer Bedeutung gelangt. Wie wichtig die Gestalt des Pinchas gesehen wird, zeigt nicht nur die Erinnerung an die Ereignisse von Num 25,7–13 (später wieder aufgenommen in 1 Makk 2,54), sondern auch die besondere Erwähnung bei Ben Sira in Sir 50,24b. Hier wird der Dienst des Hohenpriesters Simon auf das Amtieren eben dieses Pinchas zurückgeführt. Der von ihm erwähnte Eifer für Gott zeigte sich auch in der Auseinandersetzung während der Wüstenwanderungszeit zwischen Mose einerseits und der erstrebten Verehrung im Sinne des Fruchtbarkeitskultes andererseits. Deshalb, so Ben Sira, wird ihm das Amt des Hohenpriesters für alle Zeiten zugesprochen. Wenn Ben Sira hier auch den Eifer für den „Gott des Alls" erwähnt, klingt die Erinnerung an Sir 43,27 an; der Riß, in den Pinchas tritt, wird auch in Ps 106,23 so bezeichnet.

Diese Betonung der Priestertradition, an deren Spitze Aaron und Pinchas stehen, hat für die Zeit Ben Siras eine besondere Bedeutung. Es war in jenen

Jahren ein harter Kampf entbrannt um die Würde des Hohenpriesters in Jerusalem, der mit viel Macht und Intrigen geführt wurde. Darüber geben die Makkabäerbücher und Josephus (Ant XII,5–8)[67] reichlich Auskunft. Die innerjüdischen Auseinandersetzungen, bei denen die Frage der Hellenisierung stets eine große Rolle spielte, wurden verschärft nach der Schlacht von Paneion (Banjas) 198 v.Chr., in der die Seleukiden die Ptolemäer in der Herrschaft über Jerusalem abgelöst hatten[68]. Es war nun wichtig, den neuen Herrscher für sich zu gewinnen. Später gelang es Menelaos, die rivalisierenden Brüder, die Hohenpriester Onias III. und Jason durch noch höhere Tributzahlungen an Antiochus IV. auszuschalten. Dadurch machte er sich nach allen Seiten hin unbeliebt. Es kam zu gravierenden Unruhen. Er sah keinen anderen Ausweg mehr, sich und sein Leben zu retten, als Antiochus IV. zu empfehlen, das Religionsverbot zu erlassen[69].

45,25f.: David

25 Ferner: es bestand sein Bund mit David,
dem Sohn des Isai aus dem Stamm Juda,
als Erbe eines Mannes vor seiner Herrlichkeit,
das Erbe Aarons für alle seine Nachkommen.
Und nun, preist doch den Herrn, den gütigen,
den, der euch krönt mit Herrlichkeit!
26 So wird er euch Weisheit des Sinnes geben,
zu richten sein Volk in Gerechtigkeit,
damit man das euch anvertraute Gut nicht vergesse,
eure Vollmacht nicht in den Geschlechtern aller Zeiten.

Wie von Ben Sira betont, kommt Aaron und dem Priesterstand besondere Würde durch die Salbung zu. Der dadurch begründete Bund ist ein ewiger Bund. Ben Sira durfte darüber aber nicht den Bund mit dem Königshause vergessen, nämlich mit David. Auf diese Parallelität weist er hier im Zusammenhang der Würde, die durch die Salbung verliehen wird, hin. David selbst wird von Ben Sira später noch erwähnt (vgl. 47,11.22). Zur Zeit Ben Siras gab es kein Königshaus mehr, das sich mit David verbinden konnte. Andererseits

---

[67] Niese III, 237–353.
[68] H. Bengtson, Griechische Geschichte von den Anfängen bis in die römische Kaiserzeit, München 3.Aufl. 1965, HAW III,4; A.H.J. Gunneweg, Geschichte Israels bis Bar Kochba, Stuttgart 1972, Theologische Wissenschaft, Bd.2, 151; H. Donner, 1995, 478–480.
[69] K. Bringmann, Hellenistische Reform und Religionsverfolgung in Judäa. Eine Untersuchung zur jüdisch – hellenistischen Geschichte (175–163 v.Chr.), Abh. Ak. W. Göttingen, Philolog.-hist. Klasse III,132, Göttingen 1983. „So könnte es nicht verwundern, wenn der Hohepriester die 'Flucht nach vorn' angetreten und den radikalen, unter den gegebenen Umständen folgerichtigen Plan gefaßt hätte, den Juden die väterliche Religion zu nehmen und so die Wurzel des jüdischen Widerstandes auszurotten", 130.

war das Wissen um die Bedeutung des aus dem Hause David kommenden Messias so stark, daß Ben Sira diese Tradition nicht einfach übergehen konnte[70]. Er setzt ihr aber als gleichberechtigt die Tradition des Priesterstandes an die Seite. Auch dem Hause des Aaron und seinen Nachkommen kommt diese Würde zu, die für David aus der alttestamentlichen Geschichte allen bekannt war und in großer Verehrung in den eschatologischen Kreisen gehalten wurde.

Nach dieser Beschreibung der beiden grundlegenden Pfeiler des Glaubens Ben Siras (Mose und Gesetz neben Aaron und Priesteramt) kehrt er zu der Form des Lobpreises zurück, die er von Anfang an als bestimmendes Element für seine Darstellung gewählt hatte (V.25, 5. und 6. Halbzeile). Auch hier schließt er diese Betrachtung nicht ab, ohne noch einmal auf die Weisheit hinzuweisen, die den Höhepunkt bildet im Ablauf der geschichtlichen, aber auch der religiösen (= kultischen) Entwicklung. Von der Parallelität zwischen dem Amt des Königs und des Priesters spricht auch Jer 33,17–26. Nach Ps 72,2 kommt dem König das Amt des Richtens zu. Diese Tatsache legt es nahe, den nur in G erhaltenen V.26b als späteren Zusatz anzusehen.

KAPITEL 46

46,1–10: Josua und Kaleb

1 Ein Held, ein Kriegsmann, war Josua, der Sohn des Nun,
 er diente dem Mose in seinem Prophetenamte,
 er war in seinen Tagen dazu erschaffen,
 eine große Hilfe für seine[71] Auserwählten zu sein,
 um Vergeltung zu üben an dem Feind,
 um dadurch Israel Erbbesitz zu geben.
2 Wie herrlich war er, wenn er seine Hand hob,
 wenn er seinen Speer gegen eine Stadt schwang.
3 Wer wäre der gewesen, der vor ihn hätte hintreten können?
 Wahrlich die Kriege des Herrn führte er.
4 War es nicht so, daß durch seine Macht die Sonne stillstand?
 Wurde nicht ein Tag *zu zweien*?
5 Wahrlich, er rief zu Gott, dem Höchsten,
 als ihn *Feinde ringsum* bedrängten,
 da erhörte ihn Gott, der Höchste,
 durch Steine des *Hagels und des Eisens*.

---

[70] J.D. Martin, Ben Sira's Hymn to the Fathers. A Messianic Perspective, Leiden 1986, 107–123, OTS 24.
[71] H^B: לבחיריו; das Suffix ist auf Gott zu beziehen.

6 *Und er schleuderte sie* auf *ein feindliches Volk,*
und am *Berghang vernichtete er Feinde,*
um einem jeden Volke, das dem Bann verfallen war,
zu erkennen zu geben,
daß der Herr auf ihre Kriege herabblickt,
und auch darum, weil er vollkommen Gott nachfolgte
7 und in den Tagen des Mose Gemeinschaftstreue hielt,
er und Kaleb, der Sohn des Jephunne,
indem sie sich hinstellten beim Aufruhr der Gemeinde,
und um abzuwenden den Grimm von der Versammlung,
und um böses Gerede zur Ruhe zu bringen.
8 Darum[72] geschah es auch, daß nur sie zwei gerettet wurden
von 600.000 Kriegern,
sie zu ihrem Erbbesitz zu bringen,
in ein Land, das von Milch und Honig fließt.
9 Er gab dem Kaleb Stärke,
bis ins Alter blieb sie ihm erhalten,
um sie in Besitz nehmen zu lassen die Höhen des Landes,
und auch seine Nachkommen erbten den Besitz.
10 Auf daß alle Nachkommen Jakobs erkennen sollten,
daß es gut sei, dem Herrn vollkommen nachzufolgen.

Die im folgenden genannten Personen und Ereignisse sind sämtlich aus der alttestamentlichen Literatur bestens bekannt. Ben Sira benutzt diese Literatur als Quelle. Es handelt sich hierbei um das Ende der Tora (Num und Dtn) und um das Buch Josua und das 1. Buch Samuel. Aus der dargestellten Geschichte will Ben Sira seiner Zeit gewiß nicht einfach Informationen mitteilen und durch Daten, die er kennt, glänzen. Es kommt ihm auch hier vielmehr auf die Auswahl der berichteten Ereignisse an. Bei diesem Verfahren ist auf die Intention zu achten, die er hierbei verfolgt. Nicht die Fakten sind wichtig, sondern die Interpretation. Wie bei allen vorangehenden Darstellungen geht es Ben Sira auch hier um die Überwindung tödlicher Gefahr und die Rettung aus ihr durch den Eingriff Gottes in den Ablauf der Geschichte. Dieser Hinweis war schon bei der Schilderung des Lebens des Henoch deutlich geworden und tritt bei den danach folgenden Stadien der Geschichtsdarstellung immer wieder in Erscheinung. So auch hier bei der Behandlung der Gestalten des Josua, der Richter und Samuels.

1–6   Bei Josua sticht am meisten hervor, daß er in den vielfältigen Kriegen, die nach dem Tode des Mose zu führen waren, in Erscheinung trat. Er steht dabei ganz in der Nachfolge Moses, auch in dem ihm später zugeschriebenen Prophetenamt, vgl. Dtn 18,15. So stand er in einer engen Beziehung zu Mose, wie

---

[72] H^B bietet zu Beginn: לכמ und ist als begründende Partikel zu verstehen: ל-כ-מ = „wahrlich, darum!": vokatives Lamed, bestätigendes Kaph und enklitisches Mem.

Ex 33,11 berichtet. In den folgenden Angaben bleibt Ben Sira nicht bei der chronologischen Reihenfolge. Er faßt auch hier sachlich zusammengehörende Themen zusammen. Ihm geht es an erster Stelle darum, weiterhin den „Kriegsmann" Josua zu schildern. Bei dem Tun des Josua wird auch auf die Bedeutung seines Namens hingewiesen: „eine große Hilfe". Die verschiedenen Berichte über Auseinandersetzungen mit den Feinden und die erfolgreichen Schlachten werden hier nacheinander aufgeführt. Es fällt aber auf, daß auch hierbei viele wichtige Ereignisse übergangen werden, so z.B. die Eroberung der Stadt Jericho. Denn die Stadt, bei der er durch das Erheben der Hände siegreich war (V.2), ist die Stadt Ai, vgl. Jos 8,18f.26. Auch hierin folgte Josua seinem Lehrer und Vorbild Mose, der ähnliches tat bei der Auseinandersetzung mit den Amalekitern (Ex 17,11f.). Wenn danach die „Kriege des Herrn" (V.3) erwähnt werden, dann steht dabei die Erinnerung an die Erfahrung im Hintergrund, daß Gott selbst mit den Heeren Israels in den Kampf zieht und gegen die Feinde streitet. Die Kriege Jahwes bilden eine eigene Größe in der Geschichte Israels[73], von der in verschiedenen Zusammenhängen berichtet wird. Am deutlichsten kann die ganze Vorstellungswelt dieses Phänomens an den Berichten aus dem Richterbuch, besonders Ri 5 abgelesen werden. Hier geht es Ben Sira um die Schilderung der Ereignisse anläßlich der Schlacht bei Gibeon, vgl. Jos 10,12–14. Das Sonnenwunder ist hierbei besonders zu erwähnen (V.4). Nach den Berichten des AT wurde dem Volke dadurch mehr Gelegenheit gegeben, die gewonnene günstige Kriegssituation auszunutzen und den Feind zu schlagen. Gott hörte auf das Rufen Josuas (V.5f.) und unterstützte seinerseits die siegreichen Heere: durch Hagelschlag. Eine Illustration für dieses Geschehen bietet wiederum der Bericht im Zusammenhang der Schlacht von Meggido, Ri 5, in der auch von dem Eingreifen Gottes durch himmlische Mächte gesprochen wird, vgl. Ri 5,20f.

Nach diesen kriegerischen Ereignissen, die die Größe Josuas zeigen, geht Ben Sira auf dessen treue Haltung Jahwe gegenüber ein. Hierin ist er verbunden mit Kaleb (V.7). Ihnen war die schwere Aufgabe zugefallen, auf die Verläßlichkeit der Verheißungen Gottes anläßlich der Unruhe und Meuterei im Volke hinzuweisen. Nachdem die Kundschafter (Num 13,26ff.) entmutigende Nachrichten aus dem Lande mitgebracht hatten, in das man einzuziehen sich angeschickt hatte, verzagte das Volk vor soviel Schwierigkeiten. Das Land schien in unerreichbare Ferne gerückt zu sein, weil sich dieses Land als äußerst wehrhaft und kampfbereit erzeigte. Darüber gerieten die Israeliten in Verzweiflung. Sie erhoben sich gegen Mose und Josua. Demgegenüber hielten nun Josua und Kaleb an der Verheißung fest und mußten mitansehen, daß nur sie dazu ausersehen waren, das heilige Land zu betreten (Dtn 1,36.38). Allen anderen war die Erfüllung der Verheißung vorenthalten (Num 14,6–38). Dieses Land gilt seit alters als das Land, in dem Milch und Honig fließen (Ex 3,8 u.ö.). Diese

---

[73] G. v. Rad, Der Heilige Krieg im Alten Israel, Zürich 1951, AThANT 20. Diese Studie hat lang anhaltende Diskussionen ausgelöst, die zu vielen Modifizierungen und Präzisierungen zu den Themen „Tag Jahwes" und „Amphiktyonie" führten.

Ausdrucksweise will besagen, daß die dem Nomaden sonst zugängliche Nahrung der Milch von den Tieren und des Honigs, den er sammelt, in überreichem Maße vorhanden sein wird. Es geht nicht um die besonderen Gaben, die das bebaute Land bietet. Hierfür werden später andere Bilder eingesetzt, z.B. das Wohnen im eigenen Haus und unter dem eigenen Dach in der Umgebung der Fülle der landwirtschaftlichen Erzeugnisse, auch des Weins, vgl. Mi 4. Wenn von den 600.000 Kriegern (V.8) gesprochen wird, dann bezieht sich Ben Sira hierbei wie auch schon in Sir 16,10 auf die Zählung des Volkes in Num 1,46. Diese Zahl will den großen Rahmen angeben, in dem der Auszug geschildert wird: Alle Stämme und alle Glieder des Volkes sind daran beteiligt. Die genaue Zahl lautet 603.550 und ist zu beziehen im Sinne der Gematrie auf den Zahlenwert der Buchstaben: כל בני ישראל (= „alle Israeliten"). Ben Sira verfehlt nicht, auf die Erfüllung der dem Josua und dem Kaleb gegebenen Zusage hinzuweisen (V.9f.). Jos 14,6ff. und 15,13–19 wissen zu berichten, daß Kaleb im Alter von 85 Jahren seinen Erbbesitz auf der „Höhe des Landes" (V.9), nämlich in Hebron hat einnehmen dürfen. Dies geschah, um allen nachfolgenden Generationen vor Augen zu führen, daß die Treue zu Gott und seinen Verheißungen anerkannt wird und als bleibendes Zeugnis zu erkennen ist. Gerade diese Schlußnotiz zeigt die wesentliche Intention Ben Siras: Auch in den Verlockungen der Zeit ist es gut, „dem Herrn vollkommen nachzufolgen" (V.10). Dies sollte als Mahnung für seine Schüler nachdrücklich zu hören sein.

46,11f.: Die Richter

11 (Gedenken will ich) der Richter, eines jeden mit seinem Namen,
   eines jeden, der in seinem Sinn nicht stolz wurde,
   und der nicht abwich von der Nachfolge Gottes,
   es gereiche ihr Andenken zum Segen.
12 *Ihre Gebeine mögen aufblühen aus ihrer Begräbnisstätte,*[74]
   und ihr Name möge von neuem hervortreten unter ihren Kindern.

Es ist nicht eindeutig festzustellen, warum Ben Sira die wichtigen Ereignisse der Richterzeit, die mit bedeutenden Namen verbunden ist, so summarisch übergeht, ohne Einzelheiten zu nennen. Sicher kennt er den gesamten Ablauf, wie ihn das Richterbuch darstellt. Die zwölf Namen werden ihm ebenso geläufig gewesen sein wie die der zwölf Propheten, die er ähnlich summarisch behandelt. Es steht fest, daß die einzelnen Rettergestalten je ihre eigene, nicht immer unangefochtene Geschichte hatten. Es ist möglich, daß Ben Sira darauf

---

[74] **G** bietet einen dreizeiligen Text; Ergänzung zu zwei Halbversen nach dem Parallelismus membrorum. Der nur aus **G** bekannte V.12a begegnet in gleicher Weise im Zusammenhang der Darstellung der 12 Propheten, Sir 49,10. **H** kennt diese Notiz nicht. Es wäre möglich, daß die Parallelität der beiden Themen, nämlich zwölf Richter und zwölf Propheten zu dieser Übertragung geführt hat.

nicht im einzelnen eingehen wollte. Was sie verbindet, ist ihr Einsatz für das Volk. Auch sie retteten, so die Berichte des Richterbuches, die zwölf Stämme nacheinander aus tödlicher Gefahr und Bedrohung. Auch sie wurden aus der Reihe ihrer Zeitgenossen herausgegriffen und vollbrachten ihr Werk unter dem Eingriff der Macht Gottes, die sie zu ihren Taten befähigte. So sind auch sie Zeugen dafür, daß die Taten der Menschen nicht für sich selbst zählen, sondern nur deshalb Gewicht haben, weil sie unter Indienstnahme durch Gott (V.11) geschehen. Deshalb möge ihr Andenken nicht vergehen (V.12). Die in den verschiedenen Teilen des Landes bekannten Begräbnisstätten der Richter sollen ein Mahnmal bleiben für die folgenden Generationen. Das Andenken an ihre Taten soll nicht vergehen. Mit diesen Formulierungen denkt Ben Sira sicher nicht an eine Auferstehung oder Wiederkehr dieser Gestalten. Es geht ihm vielmehr um die Kunde von ihrem Tun, die nicht vergehen soll.

46,13–20: Samuel

13 Sein Volk liebend und begnadet durch seinen Schöpfer,
   erbeten von Mutterleibe an,
   ein Geweihter des Herrn im Prophetenamte,
   Samuel, ein Richter und Priester,
   durch *das Wort* Gottes errichtete er das Königtum,
   und er salbte Fürsten über das Volk.
14 Nach *dem Gebot des Herrn richt*ete er die Gemeinde,
   und der Gott Jakobs setzte ihn ein in sein Amt.
15 Wegen *seiner Zuverlässigkeit wurde er* als Seher befragt,
   und ferner war er in seinem Wort verläßlich als Orakelgeber[75].
16 Und ferner: er rief zu Gott,
   als ihn seine Feinde ringsum bedrängten[76],
   als er *ein Milchlamm* opferte.
17 Da donnerte vom Himmel der Herr,
   mit gewaltigem Getöse wurde seine Stimme vernommen.
18 Er demütigte die Vornehmen des Feindes
   und richtete alle Fürsten der Philister zu Grunde.
19 Und zur Zeit seiner Ruhe auf dem Totenbette
   bezeugte er es vor dem Herrn und seinem Gesalbten:
   „Bestechungsgeld oder ein Paar Sandalen,
      von wem hätte ich es erhalten?"
   Und niemand konnte ihm antworten.
20 Ferner: bis zum Zeitpunkt seines Todes
   wurde er als verständig erfunden

---

[75] H^B liest: רועה = „Hirt"; lies besser: רואה, Hörfehler.
[76] Dieser Halbvers scheint von V.5b her wiederholt zu sein, da auch V.16a oben V.5a entspricht.

in den Augen des Herrn und in den Augen aller Lebendigen.
Und ferner: nach seinem Tode wurde er befragt,
und er verkündete dem König sein Geschick
und erhob seine Stimme aus der Erde in seinem Prophetenamte,
um auszulöschen die Sünde des Volkes [77].

13-15 An dem Leben des Samuel ist Ben Sira wichtig, daß er als Prophet, Richter und Priester fungierte. Wie von Mose, so gilt auch von ihm, daß er in liebevollem Andenken in der Gemeinde weiterlebt, vgl. Sir 45,1. Ben Sira kennt und benutzt die Erzählungen von 1 Sam 1 angefangen. Besonders ausführlich ist hier von Samuels Mitwirkung bei der Entstehung des Königtums berichtet worden. Er salbte zweimal einen König, nämlich Saul (1 Sam 9,27; 10,1 und 15,1) und David (1 Sam 16,12f.). Es fällt auf, daß die Namen dieser Gesalbten nicht erwähnt werden (V.13). Wichtig und erwähnenswert ist auch seine Tätigkeit als Seher und Orakelgeber (V.15). Hierbei denkt Ben Sira an die Begegnung Samuels mit Saul (1 Sam 9,6ff.), wobei auch hier die Nennung Sauls vermieden wird.

16-18 Wichtiger noch als die bisher genannten Tätigkeiten Samuels sind für Ben Sira die Taten, die er zur Rettung des Volkes auch in kriegerischen Auseinandersetzungen durchführt. Durch sein Beten und Opfern geschieht es, daß die Feinde, nämlich die Philister, besiegt werden (1 Sam 7,9f.). Die spätere Geschichte hat allerdings erwiesen, daß dieser Sieg kein so entscheidender gewesen ist. Die Philistergefahr blieb bestehen. Mit ihr hatten sich sowohl Saul wie auch David auseinanderzusetzen. Wenn trotzdem die überragende Bedeutung Samuels bei diesem Geschehen berichtet wird, dann nur deshalb, weil Ben Sira in seiner Intention darin bestätigt wird: Die Überwindung der Todesgefahr geschah durch das Eintreten Jahwes für sein Volk.

19 Für Ben Sira ist weiterhin wichtig, die Integrität Samuels unter Beweis zu stellen. Er denkt dabei an die Abschiedsrede Samuels, vgl. 1 Sam 12,2-5, in der er auf die vielen Schwierigkeiten, die das Volk betroffen hatten, zu sprechen kommt. Sowohl in innen- wie auch in außenpolitischer Hinsicht war die Zeit Samuels eine Übergangszeit. Am deutlichsten abzulesen ist diese Situation an den kriegerischen Auseinandersetzungen mit den Philistern, mit denen die Eisenzeit für Kanaan anbrach. Diese Zeit führte zu einer radikalen Umstrukturierung der israelitischen Stämme. Von dem lockeren Stammesverband, wie er durch das Richterbuch gezeichnet wird, wurde das Volk zu einem im Lande seßhaft gewordenen und einheitlich regiertem Staatsverband. Das äußere Zeichen dafür ist die Etablierung des Königtums. In all diesen Bereichen spielte Samuel eine entscheidende Mittlerrolle. Er weiß sich aber von persönlicher Bereicherung frei. Unabhängig und ohne Eigennutz versah er seine verschie-

---

[77] Die letzte Halbzeile nur bei G. Dieser Zusatz ist aus Gründen einer späteren Erklärung und Wertung erfolgt. Es ist schwierig, seinen Inhalt, der in summarischer Weise von den Sünden des Volkes spricht, in den sonstigen klaren Ablauf und in die Diktion Ben Siras einzureihen.

denen Ämter. In direkter Rede wird diese seine Untadeligkeit unter Beweis gestellt. Bestechungsgelder waren bekannt und werden im AT von den Propheten häufig erwähnt. Wenn Samuel auf die Sandalen hinweist, dann geht es nicht um den materiellen Wert, sondern um den mit den Sandalen verbundenen Rechtsanspruch. Da wo die Sandalen eines Menschen hintreten, hat er Besitzrechte, vgl. dazu Rut 4,7 Dtn 25,7–10 und Ps 60,10.

Auch nach seinem Tode noch ist er mit dem Geschick seines Volkes, das zwischen Gedeihen und Untergang schwankt, befaßt. Er muß dem König, nämlich dem (wiederum nicht genannten) Saul seinen Untergang ansagen (1 Sam 28,3–20). Die Totenbeschwörerin von Endor ruft ihn auf Bitten Sauls aus seinem Grab hervor, um dem verzweifelten Saul sein Ende anzusagen.

KAPITEL 47

47,1–11: David

1 Und ferner: Nach ihm trat auf Nathan,
    um vor David hinzutreten.
2 Denn wie da Fett herausgehoben wird aus dem Opfer,
    so auch David aus Israel.
3 Mit jungen Löwen spielte er wie mit einem Böckchen
    und mit Bären wie mit Jungstieren von Basan.
4 In seiner Jugend erschlug er einen Kriegshelden
    und beseitigte dadurch ewige Schmach,
    indem er seine Hand über der Schleuder schwang
    und dadurch den Stolz Goliaths brach.
5 Denn er rief zu Gott, dem Höchsten,
    und er gab seiner rechten Hand Stärke,
    um niederzustrecken den kriegserfahrenen Mann
    und um gleichzeitig zu erhöhen das Horn seines Volkes.
6 Darum sangen über ihn die Töchter,
    und sie feierten ihn: „Über Zehntausend".
    Wenn er den Kopfbund anlegte, kämpfte er
7 und demütigte den Feind ringsum.
    Er baute unter den Philistern Städte,
    und bis heute zerbrach er ihre Macht.
8 Bei all seinen Taten stattete er Dank ab
    Gott, dem Höchsten, *mit Worten der* Verherrlichung.
    Mit ganzem Herzen liebte er den,
    der ihn erschaffen hat,
    und an einem jeden *Tag lobte er ihn.*

> 9 Er ließ Saiteninstrumente zur Begleitung der Lieder
> vor *den Al*tar bringen[78],
> und den Klang der zur Harfe gesungenen Lieder ordnete er an.
> 10 *Er gab den Festen Schönheit*
> *und stattete die Festeszeiten herrlich aus.*
> Wenn er seinen heiligen Namen pries,
> erklang schon vor dem Morgen Melodie[79].
> 11 Ferner: der Herr verzieh ihm seine Freveltat,
> und er erhöhte seine Macht für alle Zeiten,
> und er gab ihm das Recht des Königtums,
> und seinen Königsthron festigte er über Jerusalem.

Den neuen Geschichtsabschnitt, nämlich das Königtum, leitet Ben Sira wiederum durch den Hinweis auf den Namen eines Propheten ein. In den vorhergehenden Geschichtsepochen waren dies die Namen von Mose und Josua. Nun bildet Nathan den Auftakt zu der Geschichte von David, Salomo und deren Nachfolgern. Die von David geschilderten Ereignisse und Taten sind sämtlich den Berichten des AT entnommen, vgl. 1 Sam 16–2 Kön 1.

Neben der Sicherung der Existenz des Volkes (V.4–7) liegt nun Ben Sira sehr viel daran, die Bedeutung der von ihm behandelten Personen hervorzuheben, die sie durch ihren Einsatz für den Tempel, die Priesterschaft und das Kultgeschehen sich erworben haben. Diese zweite Intention in der Darstellung des Ben Sira ist nun im folgenden ständig zu beobachten und bleibt bis zum Höhe- und Zielpunkt erhalten, dort nämlich, wo über das Amtieren des Hohenpriesters Simon gesprochen wird[80].

1 Obwohl 1 Sam 16,12 davon spricht, daß David bereits durch Samuel aus der Volksmenge heraus erwählt wurde, erwähnt Ben Sira im besonderen das Verheißungswort, das von Nathan an David erging, 2 Sam 7,2ff. Seine Erwäh-
2 lung wird verglichen mit einem Geschehen in der Opferpraxis. Hier wird dem Fett, das die inneren Eingeweide umgibt, besondere Aufmerksamkeit geschenkt. Man sah in dem Nierenfett eine besondere Bezugnahme zu der Zeugungskraft des Tieres. Daher wird es „herausgehoben" und Gott in einer besonderen Weises dargebracht, vgl. Lev 3,3. So ist auch David aus der Menge seines Volkes als Gott nahe und ihm zur Verfügung stehend herausgehoben.

3–7 Die Tradition weiß schon in seiner Jugend von vielen Sondertaten zu berichten. Als Hirte seiner Herden kämpfte er mit Löwen und Bären, vgl. 1 Sam 17,34f. Schon in jungen Jahren tat er sich bei kriegerischen Leistungen hervor; es wird sein Kampf mit Goliath (1 Sam 17,45–51) ebenso erwähnt wie die

---

[78] H^{Bmarg} ergänzt das in H^B fehlende Verbum: הכין.

[79] H^B: מִשְׁפָּט; H^{Bmarg} verstand die Bedeutung des Wortes nicht mehr und schrieb daneben: מקדש = „im Heiligtum"; G: τὸ ἁγίασμα. H^{Bmarg} vermerkt noch am Rande: קול מזמור הנעים = „Klang eines lieblichen Liedes".

[80] J. Marböck, Davids Erbe in gewandelter Zeit (Sir 47,1–11), ThPQ 130 (1982) 43–49 = Ders., Gottes Weisheit unter uns, Freiburg u.a. 1995, 124–132, HBS 6.

Auseinandersetzung mit den Philistern (1 Sam 18,7). Dadurch wurde das Volk in seiner Kraft gestärkt; in der antiken Ausdrucksweise ist das Horn Symbol der Stärke eines Tieres bzw. in bildhafter Rede Bild für die Stärke eines Menschen oder eines Volkes, vgl. Ps 132,17; 148,14. Dieser Kampf Davids war so erfolgreich, daß er damit in Gegensatz und Feindschaft zu Saul geriet. Davon berichtet Ben Sira aber nichts, um die Nennung des Namens Saul zu vermeiden. Hingegen wird das über David gesungene Siegeslied der Jungfrauen Israels erwähnt: „Über 10.000" (V.6), das in ausgeführterer Form in 1 Sam 18,6–8 erwähnt wird und auf das auch 1 Sam 29,5 anspielt. Mit Recht wird betont, daß er die Philistergefahr endgültig bannte und in der Lage war, auf dem Gebiete der Philister Städte zu errichten (V.7).

Zu diesen seinen Taten gehört auch, daß er die Stadt Jerusalem für sich eroberte (2 Sam 5,6ff.). Merkwürdigerweise berichtet Ben Sira diese Tat nicht. Er setzt sie aber voraus, wenn er davon spricht, daß David neben diesen seinen kriegerischen Taten auch auf dem Gebiete des Tempelkultes und des Singens der Lieder im Tempel sich hervorgetan habe. In anachronistischer Weise, die bei ihm schon häufiger zu beobachten war, setzt er die Existenz des Tempels bereits voraus, wenn er von Liedern spricht, die vor dem Altar gesungen wurden, und wenn er von den Festen spricht und von den Festeszeiten, die in Jerusalem abgehalten worden sind. Es liegt Ben Sira offensichtlich daran, die Bedeutung Davids für die Entstehung des Tempels und des Tempelkultes herauszuheben, so wie dies auch in 1. und 2. Chronik geschieht. Ben Sira steht in dieser Beziehung ganz in einer Tradition, die die Besonderheiten des Tempelgeschehens pflegte. Zu der Betonung dieses Geschehens in der Chronik vgl. 1 Chr 15,16f., vor allen Dingen 1 Chr 23–26. Auch hier wird der Tempel in eine große Naheverbindung zu David gebracht. 8–10

Aber auch die Freveltat an Uria verschweigt Ben Sira nicht. Bezeichnend 11 für die Darstellung ist, daß er nicht in der Schilderung der Einzelheiten schwelgt oder sich darin verliert. Vielmehr blickt er in seiner Erwähnung auf die Tat und auf die Buße Davids zurück. Ben Sira konstatiert sofort die Tatsache, daß Gott David verziehen habe und daraufhin auch die Sukzession und die Dynastie des David für alle Zeiten trotz dieser Freveltat gewährleistet habe. In diesem Zusammenhang fällt zum ersten Male auch die Nennung des Namens Jerusalem, einer Stadt, die nun mit dem weiteren Geschick des Volkes bis hin zu Ben Siras Zeiten unlösbar verbunden ist.

47,12–21: Salomo

12 Um seinetwillen stand nach ihm auf
ein Sohn, einsichtig, in Sicherheit wohnend,
13 Salomo herrschte in den Tagen der Ruhe,
und Gott hatte ihm Ruhe ringsum verschafft,
daß er einen Tempel für seinen Namen errichtete
und für ewig ein Heiligtum hinstellte.

14 Wie weise warst du in deiner Jugend,
und du flossest über an Bildung wie der Nil.
15 Die Erde umspanntest du mit deiner Einsicht[81].
Und du sammeltest Lieder für die Erbauung.
16 *Bis hin zu fernen Inseln drang dein Ruhm,*
du wurdest geliebt in deinem Frieden.
17 Durch Lied, Spruch, Rätsel und Spottgedicht
hast du Völker in Staunen versetzt.
18 Du wurdest genannt nach dem Namen des Gepriesenen,
dessen Name genannt ist über Israel[82],
und du häuftest Gold auf wie Eisen
und vermehrtest Silber wie Blei.
19 Aber du gabst deine Lenden Frauen dahin,
und du ließest sie über dich herrschen.
20 Dadurch brachtest du einen Makel auf deine Ehre
und entweihtest deine Herkunft,
zu bringen Zorn über deine Nachkommen
und ein Seufzen auf dein Lager,
21 so daß *das Volk aufgeteilt wurde* in zwei Stämme
und aus Ephraim ein Königreich der Gewalttat wurde.

Auch bei der Behandlung der Geschichte Salomos können die beiden Beobachtungen von neuem bestätigt werden: Auf der einen Seite steht Ben Sira in seinen Gedanken ganz und gar in der Mitte des Denkens seines Volkes (1 Kön 1–12). Andererseits ist aber zu beachten, daß er mit dem ihm zu Gebote stehenden Stoff vollkommen frei verfährt, um die ihm wichtig erscheinenden Punkte besonders herauszugreifen. Gerade darum schreibt Ben Sira Geschichte, um seinen eigenen Standpunkt seiner Zeit nahezubringen. Geschichte als enzyklopädische Wissenschaft lag ihm fern. Dafür kannte das Volk die überkommenen Literaturwerke selber zur Genüge[83].

12f. Salomo steht ganz auf den Schultern seines Vaters. Er kann sich der Ruhe erfreuen, die David für ihn und sein Volk erworben hatte, vgl. 1 Kön 5,15– 8,66 und 2 Chr 1,18–7,22. Diese Lage setzte Salomo in den Stand, nun den Tempel für Gott zu errichten. Davon wird aber nur in zwei Halbzeilen gesprochen, während die biblische Tradition in ausgedehnter Weise über den Bau des Tempels berichtet (1 Kön 6–8). Da aber nach Ben Sira für David schon auf den Tempelbau hingewiesen worden war, muß sich er sich an dieser Stelle kurz fassen.

---

[81] Ergänzung mit S; G: ἡ ψυχή σου = hebr.: בנפשך (?).
[82] 2 Sam 12,25: „Jedidja" = „Geliebter des Hern".
[83] P.C. Beentjes, „The Countries Marvelled at You". King Solomon in Ben Sira 47:12–22, Bijdr 45 (1984) 6–14; V. Peterca, Das Porträt Salomos bei Ben Sirach (47,12–22) – Ein Beitrag zur Midraschexegese, in: M. Augustin und K.-D. Schunck (Hg.), „Wünschet Jerusalem Frieden", Frankfurt/M. u.a. 1988, 457–463, BEATAJ 13.

Wichtig ist nun vor allen Dingen, daß Salomo in seinen literarischen und 14–17
damit auch weisheitlichen Aktivitäten gewürdigt wird. Hierin sieht Ben Sira
den Beginn der Tätigkeit, die er selbst auch mit soviel Begeisterung verrichtet.
Es geht um den Erwerb, die Pflege und Weitergabe der Erkenntnis. Von dieser
Seite der Tätigkeit Salomos berichtet das AT in überreicher Weise, vgl. 1 Kön
3,7–9; 5,9–14; 10,1–9. Schließlich führt die alttestamentliche religiöse Überlieferung drei biblische Bücher auf die Tätigkeit Salomos als Verfasser und
Sammler zurück, nämlich das Buch der Sprüche, das Buch des Predigers und
das Hohelied. Auf diese Nachrichten baut Ben Sira die Aussagen auf, die er
über Salomo macht. Daß die Weisheit strömt wie ein Fluß, war auch schon in
Sir 24,26f. und 39,22 erwähnt worden. Gerade für die Diaspora in Ägypten ist
dieses Bild ein Bild des Reichtums und des Segens gewesen. Salomos Begabung
war weit über die Grenzen seines Landes hinaus bekannt. Die Königin von
Saba kommt und mißt sich mit ihm in einem literarischen Wettstreit (1 Kön
10,1–9). So scheint der Größe und dem Ansehen Salomos nichts hinzuzufügen zu sein.

Aber ebenso wie bei David wird die zu verurteilende Seite an dem Leben 18f.
Salomos nicht verschwiegen. Es zeugt von klarer Kenntnis der menschlichen
Natur, wenn Ben Sira diese unerklärliche Zweiseitigkeit des menschlichen
Handelns ohne Beschönigung, aber auch ohne Erklärung darstellt. Er ist der
Gepriesene, wie er 2 Sam 12,25 Jedidja = „Geliebter des Herrn" genannt wird.
Er ist reich an allen edlen Dingen der damaligen Zeit. Er ist aber auch gleichzeitig arm da, wo er über sich Frauen herrschen läßt. Das AT berichtet darüber in 1 Kön 11,1–13 und Spr 31,3.

Dieser Makel führte den Zorn Gottes herauf, der sich über die Nachkom- 20f.
men Davids ergoß. Dieser Zorn bewirkte, daß das so glücklich erscheinende
Reich nach der glückhaften Regierung Salomos geteilt wurde (V.21). Das sich
abspaltende Reich des Nordens, das hier von Ben Sira erstmalig als Ephraim,
nach einem Teilstamm der nördlichen Stämme benannt, erwähnt wird, steht
von Anfang an unter dem Verdikt, ein Reich der Gewalttat zu sein, vgl. 1 Kön
11,26–39. Die Sicht der in Jerusalem Wohnenden, damit auch die Ben Siras
war stets durch die Verachtung geprägt, die diesem nördlichen Bruder zuteil
wurde.

47,22–25: Die geteilten Reiche

22 Aber dennoch ließ Gott nicht ab von seiner Treue,
nicht ließ er hinfällig werden seine Worte,
er hieb nicht *ab von seinem Auserwählten* Trieb und Sproß,
und die Nachkommen seines Geliebten
    vertilgte er nicht,
und gab *Jakob einen Rest*
und dem *Hause Davids eine Wurzel aus ihm.*

23 Da entschlief Salomo entwurzelt[84],
und er hinterließ n[...][85],
weit von Torheit und leer an Einsicht,
den Rehabeam, der das Volk durch seinen Entschluß
zum Aufruhr brachte,
bis daß sich erhob – seiner möge nicht gedacht werden –
Jerobeam, der Sohn des Nebat,
der da sündigte
und der Israel sündigen ließ,
und er gab Ephraim Anlaß zum Straucheln.
24 So daß sie aus ihrem Land vertrieben wurden,
und ihre Sünde sehr groß wurde.
25 Allem Bösen verkaufte er sich,
bis die Strafe über sie kam.

22 Es ist der Treue Gottes zuzuschreiben, daß diese Anzeichen eines beginnenden Niederganges nur als Gefahren am Horizont sichtbar, aber nicht wirksam werden. Die Zusage Gottes bleibt erhalten, weil es ein Wort der Gültigkeit ist, die nicht von menschlichem Tun abhängt. So bleibt für David und sein Haus ein Rest bestehen, eine Wurzel. Ben Sira verlebendigt mit diesen Worten die Aussagen aus den prophetischen Traditionen, so z.B. 1 Sam 3,19 und Jes 11,1. Diese prophetischen Aussagen waren in den Geschichtsdarstellungen, die vor Ben Sira geschrieben worden waren, Zeichen des weiterhin sich ereignenden Eingriffs Gottes in den Ablauf der Geschichte. Davon berichtet auch
23 Ben Sira. Allerdings hat es nach dem Tode Salomos den Anschein, daß die Geschichte in Dunkelheit und Vergänglichkeit endet. Sowohl in Jerusalem wie auch in Ephraim kommen zwei Männer zur Herrschaft, die in keiner Weise die positive Entwicklung der Geschichte des Volkes gewährleisten können. Mit dem Namen Rehabeam betreibt Ben Sira ein Wortspiel. Die ursprüngliche Bedeutung ist: „weit an Volk". Ben Sira verändert diesen Namen zum Schlechten hin, indem er von „weit von Torheit" spricht. Der König von Ephraim, Jerobeam, wird in anderer Weise verurteilt. Er sündigte selbst und ließ Israel sündigen, indem er, was Ben Sira nicht berichtet, für das Nordreich, das sich gebildet hatte, zwei neue Heiligtümer schuf. In Bethel und Dan sollte nach dem Willen Jerobeams künftig der Kult verrichtet werden. Dies geschah natürlich in eindeutiger Abkehr von dem Kultzentrum Jerusalem, das damit für das Nordreich vollkommen in den Schatten geriet. Diese Zurücksetzung hat Jerusalem nie überwunden. Das AT (2 Kön 17,6–23) sieht diese Schuld als den Grund an, daß dieses Land erobert und die Bewohner des Landes vertrieben wurden.

---

[84] H^B: מיואש (?); lies: מ(שרי)ש.
[85] H^B hat eine Lücke; G liest: „einen Sohn aus seinem Geschlecht"; dieser Zusammenhang würde aber nicht zu den wenigen vorhandenen Konsonanten des hebr. Textes passen.

Die assyrische Expansion hatte im 8. Jh. dazu geführt, immer größere Ge- 24f.
biete des kanaanäischen Landes zu erobern. Von Norden her kamen die
feindlichen Heere Israel und Juda immer näher. 732 v.Chr. wurde Damaskus
erobert, ein Ereignis, bei dessen Vorbereitung und Vollzug es zu einer ernst-
haften Krise für Israel und Juda und für das Verhältnis beider zueinander kam
(„syr.-ephraimitischer Bruderkrieg"). Im Zuge dieser Expansionbestrebungen
wurde im Jahre 722 v.Chr. Samarien erobert und das Land verwüstet. Sowohl
die Geschichtsschreibung Israels (2 Kön 17) wie auch die späteren Stellung-
nahmen zu diesem Geschehen sahen darin eine Bestrafung für die Schuld des
Versagens in religiöser und ethischer Hinsicht. Mit diesem negativen Exempel
schließt Ben Sira die Geschichte der Zeit der Könige für das Nordreich ab.
Diese dunkle Folie bleibt erhalten und wird in späteren Ausführungen durch
Ben Sira wieder aufgenommen. Vorerst aber kommt er auf die Gestalten der
Prophetie zu sprechen, die in seinem Geschichtsbild immer wieder als Zei-
chen für die Verbindung Gottes mit seinem Volk genannt worden waren.

KAPITEL 48

48,1–11: Elia

1 Bis daß aufstand ein Prophet wie Feuer,
  und seine Worte waren wie ein brennender Ofen.
2 Und er zerbrach ihnen den Stab des Brotes,
  und durch seinen Eifer minderte er ihre Zahl.
3 Durch das Wort Gottes verschloß er die Himmel,
  auch ließ er herabregnen drei Feuer.
4 Wie furchtbar warst du, Elia!
  Der, der so ist, wie du warst, möge sich rühmen!
5 Der du auferwecktest einen Verstorbenen aus dem Tode,
  aus dem Totenreich nach dem Wohlgefallen des Herrn.
6 Der du Könige in die Grube fahren ließest
  und Hochgeehrte weg von ihren Lagern.
7 Es wurden dir mitgeteilt am Sinai Weisungen
  und Urteilssprüche zur Vergeltung am Horeb.
8 Der du einen König salbtest, voll[86] von Vergeltungstaten,
  und einen Propheten, den du nach dir nachfolgen ließest.
9 Der du weggenommen wurdest im Sturm nach oben
  und in Feuerscharen in die Höhe.

---

[86] H^B: מלא; als lectio difficilior zu belassen; vgl. G.R. Driver, JBL 53 (1934) 287. G liest: βασιλεῖς = hebr. מלכי = „Könige".

10 Der du aufgezeichnet bist, bereit zu sein für die Zeit,
um zu besänftigen den Zorn, bevor *er entbrennt*,
damit das Herz der Väter zu den Söhnen sich wende
und damit wiedererstünden die *Stämme Isra*els.
11 Selig ist der, der dich sieht und *stirbt*,
wahrlich, er wird ganz gewiß leben[87].

Ben Sira möchte mit der Erwähnung der beiden Gestalten Elia und Elisa deutlich machen, daß auch Ephraim, wie er das Nordreich nach 923 v.Chr. nennt, nicht ohne Begleitung durch Gott blieb. Seine Gemeinschaftstreue (Sir 47,22) ließ nicht ab. Auch wenn Ben Sira berichten mußte (47,24f.), daß Ephraim bereits ein Ende genommen habe, so legt er doch großen Wert darauf, daß dieses Volk auch auf diesem Wege von Gott begleitet und gewarnt wurde.

1–4   Wieder setzt durch die Erwähnung eines Propheten der Neuanfang ein. Dieser wirkt durch das Wort, so wie Ben Sira auch durch seine Worte wirkte. Ben Sira weiß gut, welche Kraft das Wort haben kann. Er vergleicht es hier mit einem brennenden Ofen. Diese wärmende, ja verzehrende Kraft des Wortes hat er in seinen früheren Ausführungen auch für sich und für die Rede der Weisheitslehre in Anspruch genommen. Elia spricht aber das Wort des Gerichtes, nicht das Wort der Lehre. Die hier angesprochenen Ereignisse finden sich in 1 Kön 17,1–2 Kön 2,12. Wenn Ben Sira von einem dreimaligen Feuer spricht (V.3), dann meint er das Feuer auf die Opfertiere auf dem Karmel (1 Kön 18,38) und das Feuer, das auf die zweimalige Botenschar fällt, die zu Elia geschickt wird (2 Kön 1,10 und 12). Das Bild vom Stab des Brotes ist sowohl in seiner übertragenen wie auch in der realen Bedeutung zu würdigen (V.2). Es ist hinzuweisen auf Lev 26,26; Jes 3,1; Ez 4,16 und Ps 105,16. Daß die Zahl der Israeliten vermindert wurde, hat seinen Hintergrund in 1 Kön 18,40. Die verschlossenen Himmel zeigen die große Trockenheit an, die Elia hervorgerufen hatte (1 Kön 17,1 und 18,1).

5f.   Elia war aber auch über Leben und Tod mächtig. Sein Wort wirkte nicht nur in den Erscheinungen der Natur, sondern auch im Leben der Menschen. Die Totenauferweckung (V.5) wird berichtet in 1 Kön 17,17–24, während die Erwähnung der Könige, die durch sein Wirken in die Grube fuhren, an 1 Kön 21,20–24 und 2 Kön 1,4–8 denken lassen. Von vielen weiteren Einzelzügen weiß Ben Sira aus der Gechichte Israels zu berichten.

7–9   Die Wallfahrt des aus dem Ostjordanland stammenden Elia zum Horeb (1 Kön 19,1ff.) wird als Wendepunkt in der Lebensgeschichte Elias begriffen (V.7). In richtiger Gleichsetzung nennt Ben Sira den Horeb in der ersten Halbzeile Sinai. Von einer Salbung eines Königs (V.8) durch Elia ist aus den Berichten des AT nichts bekannt. Sie wird dem später wirkenden Elisa (2 Kön 9,1–10) zugeschrieben. Dieser wird durch Elia berufen (1 Kön19,19–21), aber

---

[87] H^B hat eine Lücke; G: „und auch wir werden am Leben bleiben"; lies: hebr. כי אף
הוא חיה יחיה.

nicht gesalbt. Elia wirft seinen Mantel als Zeichen der Besitznahme über Elisa. Wie von Henoch wird auch von Elia berichtet, daß er nicht eines natürlichen Todes starb, sondern in einem Sturm in den Himmel aufgehoben wurde (V.9). Den überaus anschaulichen Bericht in 2 Kön 2,1–12 hat hier Ben Sira vor Augen. Diese Art des Endes des Elia bewirkt für die jüdische Tradition ebenso wie für Henoch, daß man von dem auf diese Weise in den Himmel aufgenommenen Menschen besondere Fähigkeiten visionärer Art erwartet. Schon das AT selbst nahm sich dieser Aussage an: in Mal 3,23f. wird von der Hoffnung gesprochen, daß Elia wiederkommen werde, um das Herz der Väter zu den Söhnen zu bekehren.

Diese Erwartung spricht V.10 aus. Es ist zu vermuten, daß der Gedanke auf Mal 3 zurückgeht. 10

Mit einer (nur schwach bezeugten) Seligpreisung endet der Abschnitt über Elia. Wer den wiederkommenden Elia sieht und stirbt, wird doch wieder leben. Diese Aussage im Zusammenhang der sonstigen Erwartungen Ben Siras ist sehr problematisch und scheint eine spätere Ergänzung zu sein. Die besondere Bedeutung des Elia und auch die Hoffnung auf seine Wiederkehr kennt auch das NT: Mk 9,4; Mt 17,10–12 und Lk 1,17[88]. 11

48,12–15: Elisa

12 [*E*]l[*ia war es, der in einem Sturm verborgen wurde,*
   und E]l[*isa wurde erfüllt mit seinem Geiste*].
   Zweifach vermehrte er die Zeichen,
   und alles, was aus seinem Munde herausging,
   wurde zu Wunderzeichen,
   solang er lebte, zitterte er vor niemandem,
   und keiner der Sterblichen herrschte über seinen Geist.
13 Nichts war zu wunderbar für ihn,
   und noch nach seinem Tode wurde Leben erschaffen
      durch sein Fleisch.
14 In seinem Leben vollbrachte er Wunder
   und noch in seinem Tode staunenswerte Werke.
15 Bei alledem bekehrte sich das Volk nicht,
   und sie ließen nicht ab von ihren Sünden,
   bis daß sie aus ihrem Lande herausgerissen
   und über die ganze Erde verstreut wurden.
   Jedoch blieb für Juda ein kleiner Rest übrig,
   weiterhin für das Haus Davids ein Fürst.

---

[88] P.C. Beentjes, „De stammen von Israel herstellen". Het portret van Elia bij Jesus Sirach, in: ACEBT 5 (1984) 147–155; M. Öhler, Elia im Neuen Testament. Untersuchungen zur Bedeutung des alttestamentlichen Propheten im frühen Christentum, Berlin 1997, BZNW 88.

Im Gegensatz zur biblischen Tradition, die für Elisa sehr viel Material überliefert, faßt sich Ben Sira sehr kurz. Elisa steht ganz im Schatten seines Meisters Elia. Er wurde mit dem Geiste des Elia erfüllt (2 Kön 2,5.15) (V.12). Die Zeichen und Wunder, die Elia tat, wiederholt Elisa und vermehrt sie noch. Von dieser Erweiterung berichtet allerdings Ben Sira nichts Näheres. So wie Elia Macht über Leben und Tod hatte, so steht es auch Elisa zu (V.13). Ja sogar aus seinen bereits im Grabe ruhenden Gebeinen geht neues Leben hervor (2 Kön 13, 20f.). Aber all diese staunenswerten Werke führten nicht dazu, daß sich das Volk bekehrt hätte (V.15). Von Elia war gesagt worden, daß er wiederkäme, um das Herz der Väter zu den Söhnen und das der Söhne zu den Vätern zu bekehren. An Elisa wird keine Hoffnung dieser Art geknüpft. Statt dessen ergeht von neuem ein Blick auf das Ende und den Untergang des Volkes und des Landes. Nur für Juda blieb ein Teil übrig. Damit ist Ben Sira wiederum an der Stelle angekommen, wo von dem Untergang des sündigen Nordreiches = Ephraim gesprochen wird (vgl. 47,24f.). Nun kann sich Ben Sira den Ereignissen im Südreich zuwenden:

48,16–25: Hiskia und Jesaja

16 Es gab unter ihnen einige, die taten das Rechte,
andere aber unter ihnen erstaunliche Übeltaten.
17 Hiskia befestigte seine Stadt,
indem er Wasser in ihre Mitte hineinleitete,
und er höhlte mit Erz Felsen aus
und dämmte dadurch im Hügel den Teich ein.
18 In seinen Tagen zog Sanherib herauf,
der sandte den Rabschake,
er streckte seine Hand gegen den Zion aus
und lästerte Gott in seinem Hochmut.
19 *Da* wurden sie erschüttert im Hochmut ihres Sinnes,
und sie zitterten wie eine Gebärende.
20 Da riefen sie zu Gott, dem Höchsten,
und sie breiteten (im Gebet) zu ihm die Hände aus,
da hörte er auf die Stimme ihres Flehens
und errettete sie durch die Hand Jesajas.
21 *Er schlug das* Lager der Assyrer
und verwirrte sie durch eine Seuche.
22 *Denn Hiskia tat* das, was gut war,
und hielt fest an den Wegen Davids,
*die Jesaja, der Prophet, ihm geboten hatte,
der große und in seinen Gesichten vertrauenswürdige.*
23 *In seinen Tagen hielt die Sonne still
und fügte dadurch Lebenszeit dem König hinzu.*

24 Im Geiste der Kraft schaute er die Endzeit
und tröstete die Trauernden Zions.
25 Bis in ferne Zeiten tat er kund, was da kommen solle,
und die verborgenen Ereignisse, ehe sie kommen.

Wichtig für Ben Sira ist, daß für Juda ein kleiner Rest verblieb. Davon hatte er schon früher gesprochen. Ebenso wichtig ist aber auch, daß die Verheißung Gottes, die in 2 Sam 7 gegeben worden war, noch weiterhin Bestand hat. Dadurch ist in Jerusalem eine kontinuierliche Linie vorhanden, die die Zeiten überdauert. Aus der Reihe dieser Herrscher aus dem Hause Davids werden nun einige wenige von Ben Sira besonders hervorgehoben. Dabei macht sich wiederum sowohl die Nähe zum tradierten Gut als auch die Freiheit Ben Siras bemerkbar, mit der er mit den Daten umgeht. Die von ihm befolgte Intention wird auch bei der Darstellung des Königs Hiskia deutlich. Es geht auch bei ihm um ein zweifaches: einmal um die Rettung des Volkes und der Stadt aus tödlicher Bedrohung, zum anderen um die Fürsorge für den Tempel. Die tödliche Bedrohung für Jerusalem wird in 2 Kön 18,1–20,21 berichtet. Dagegen ergreift Hiskia vielerlei Maßnahmen. Getreu seinem Namen: „Jahwe macht stark", wird von ihm als erstes berichtet, daß er die Stadt „befestigte" (V.17). 17
Die verschiedenen Maßnahmen, die Hiskia (725–697 v.Chr.) trifft, sind aus dem AT gut bezeugt: Der von ihm gebaute Siloakanal wird in 2 Kön 20,20 erwähnt; er ist noch heute zu besichtigen und hat zudem durch die Anbringung einer Tafel, die über diesen Vorgang aus dem 8. Jh. v.Chr. berichtet, besondere Bedeutung erlangt[89]. Die außenpolitische Gefahr, die durch die Assyrer für das Nordreich Israel = Ephraim zur tödlichen Bedrohung geworden war, hatte sich auch Jerusalem genähert. Im Jahre 701 zog der assyrische König Sanherib (V.18) durch seinen Feldherrn Rabschake vor Jerusalem. Angst ergriff die Stadt (2 Kön 19,3; Jes 13,8 und 37,3). In dieser Not nahm Hiskia Zuflucht zu Jahwe, der am Zion (V.18) wohnte und der ihm durch Jesaja (V.22) Trost zusprach. Auf wunderbare Art und Weise wurde die Stadt gerettet; davon berichtet 2 Kön 19,14–34; 2 Chr 32,20 und Jes 37,14–20[90]. Bei Ben Sira wird diese Nachricht durch den Hinweis auf die Seuche (V.21) aufgenommen. 18–22

---

[89] 1880 ca. 6m vom Südausgang entfernt entdeckt; heute im Antikenmuseum von Istanbul, Saal XXXI, Nr. 195. Die in hebr. Sprache und althebr. Schrift verfaßte Inschrift schildert den Verlauf der Arbeiten, die von beiden Seiten her in Angriff genommen worden waren; D. Conrad, TUAT II 1986ff., 555f. J. Renz, Die althebräischen Inschriften, Teil I, Darmstadt 1995, 178–189, Handbuch der althebräischen Epigraphik I. Anders H. Donner, 1995, 360, der von der Anbringung der Tafel in der Mitte des Tunnels berichtet, wo die beiden Bautrupps sich getroffen hätten.

[90] Daß dieses Bild mehr der frommen Legende verpflichtet ist als dem tatsächlichen Ablauf der Geschichte, liegt auf der Hand und läßt sich unschwer durch einen Vergleich der genannten biblischen Berichte feststellen. In Wahrheit waren es die außen- und innenpolitischen Konflikte, die Sanherib zum Handeln zwangen; diese hatten dann letztlich positive Auswirkungen für das Ergehen der Stadt Jerusalem, vgl. H. Donner, 1995, 354–358. Dazu auch P.C. Beentjes, Hezekiah and Isaiah. A study on Ben Sira XLVIII:15–25, Leiden 1989, 77–88, OTS 25.

Für die Person des Königs Hiskia ist wichtig, daß er anläßlich einer Krankheit (2 Kön 20,8–11 und Jes 38,1–8) Gott um ein Zeichen bat, das ihm auch zuteil wurde (V.23). Hierin gleicht er dem früher erwähnten Josua (Jos 10,12–14). Durch die Begegnung der beiden Männer Hiskia und Jesaja ist nun Ben Sira zu dem weiteren Lebensweg des Jesaja übergegangen. Von ihm weiß er zu berichten, daß er auch in die Zukunft und Endzeit schaute und damit die Trauernden Zions tröstete (V.24). Es könnte damit auf Worte wie Jes 4,2–6; 9,1–6 und 11,1–9 angespielt sein. Die Formulierung „die Trauernden Zions", die getröstet werden, läßt aber eher an Jes 40,1ff. oder 61,2f. denken. Auch der Hinweis auf die Ansagen bis in die ferne Zukunft hinein (V.25) läßt Formulierungen aufscheinen, die in Jes 42,9 u.ö. wiedergegeben werden. Beide Beobachtungen führen dahin, daß Ben Sira ganz offensichtlich das vollständige Jesajabuch vor sich hatte, das 66 Kapitel umfaßt. Er denkt dabei nicht nur an den Jesaja, der nach der Tradition im 8. Jh. v.Chr. gelebt hat, sondern auch an die Worte der deuterojesajanischen Sammlung in den Kapiteln 40–55, die den nach Babel weggeführten Jerusalemern galten. In literaturgeschichtlicher Hinsicht ist diese Beobachtung wichtig. Zeigt sie doch, daß im 2. Jh. v.Chr. das Jesajabuch bereits den Umfang und die Reihenfolge hatte, die wir auch heute noch kennen und die aus den Funden von Qumran seit 1947 auch bestätigt worden ist. Die Gemeinde von Qumran bildete sich nur wenig mehr als 100 Jahre nach dem Leben des Ben Sira. Von daher ist es nicht verwunderlich, daß der Umfang des Buches Jesaja in gleicher Weise beiden bekannt gewesen ist.

Viele Einzelheiten aus der Geschichte Judas und Jerusalems während des 8. Jh. übergeht Ben Sira. Ebenso hören wir nichts über das vielfältige Wirken und Reden des Jesaja. Es hat den Anschein, daß für Ben Sira die Gestalt des Elia wesentlich wichtiger war als die des Jesaja. Das ist verwunderlich. Lebte doch Elia in einem Gebiet, das dem Denken Ben Siras fernlag, nämlich dem Nordreich = Ephraim. Jesaja hingegen war der Prophet der Stadt Jerusalem, der die Geschicke der Stadt durch seine Worte wesentlich lenkte und deutete. Auch ist zu beobachten, daß die Reden und Sprüche des Jesaja häufig gelehrten, ja weisheitlichen Charakter tragen, vgl. Jes 28. Es wird sich indes so verhalten, daß für die oben erwähnte Intention das Leben des Jesaja und die Worte des Jesaja weniger ergiebig erschienen (Gerichtsbotschaft) als der Hinweis auf den in der davidischen Tradition stehenden König Hiskia.

KAPITEL 49

49,1–3: Josia

1 Der Name Josias ist wie duftender Weihrauch,
   der wohlgewürzt ist, ein Werk des Salbenmischers,
   sein Andenken ist auf dem Gaumen süß wie Honig
   und wie ein Lied beim Weingelage.
2 Denn er leitete uns bei unserem Abfall
   und beseitigte die Greuel der Götzen.
3 Sein Herz war vollständig bei Gott,
   und in den Tagen der Gewalttat übte er Treue.

Ben Sira überspringt die folgenden 80 Jahre zwischen Hiskia und Josia (640–609 v.Chr.). Auch die alttestamentliche Geschichtsschreibung weiß darüber nur wenig zu sagen. Diese spärlichen Nachrichten beziehen sich ausschließlich darauf, den Abfall des Königs und des Volkes weg von Jahwe hin zu den assyrischen Göttern zu betonen. Die assyrische Macht war weiterhin im Vordringen und hatte ihre Auswirkungen besonders im kultischen Bereich auf Juda und Jerusalem. Im Schatten dieses Geschehens verlief die Geschichte Judas bis hin zu dem Zeitpunkt, da die assyrische Macht durch die vereinigten Kriegsheere der Meder und Neubabylonier im Jahre 612 v.Chr. durch die Eroberung von Ninive zu Fall gebracht wurde. Diese Entwicklung konnte Josia nutzen, selber aktiv zu werden und zu einer eigenen Politik zu schreiten. Er löste sich von den Verpflichtungen, die Jerusalem gegenüber der assyrischen Macht eingegangen war, und konnte es wagen, den israelitischen Tempelkult von fremden, besonders assyrischen Einflüssen zu reinigen. Davon berichtet 2 Kön 22,1–23,30 bzw. 2 Chr 34,1–35,27.

Diese seine Tat läßt Josia als besonders herausragend in der Reihe der davidischen Könige in Jerusalem erscheinen. Seine Fürsorge für den Tempel und damit für den Kultablauf wird besonders hervorgehoben. Darauf beziehen sich sofort die Angaben bezüglich des Weihrauchs und der Lieder. In überschwenglicher Weise wird Josias Erscheinung als ungemein lieblich und angenehm geschildert. Duftende Salben wurden aus Olivenöl unter Beigabe von angenehm riechenden Ingredienzen hergestellt und zur Schönheitspflege verwendet. Honig (vgl. Ri 14,9.18) ist seit alters ein begehrtes Mittel, um Speisen zu süßen, s.o. Sir 11,3 und 24,20. Ein Ben Sira durch die hellenistische Kultur bekannt gewordenes Gelage, bei dem auch reichlich Wein getrunken wurde, galt als angenehme Unterbrechung und Freude im Ablauf der Tage. Ben Sira spricht selber darüber in 32,9 und an anderen Orten.

Diese Angaben beziehen sich auf die sogenannte Tempelreinigung oder Tempelreform des Josia. Hierbei wird dem alttestamentlichen Bericht nach eine Gesetzesurkunde gefunden, die den Anstoß für diese Unternehmungen bildet. Es handelt sich hierbei um die deuteronomischen Gesetze, die im 5. Buch Mose aufgezeichnet sind und in einem gewissen Umfange dieser religiösen Aktion des Josia zugrundegelegt wurden. Daß eine Parallelität zwischen den im 5. Buch Mose aufgezeichneten Gesetzen und den kultischen Reformen des Josia im Jahre 622 v.Chr. besteht, ist deutlich. Allerdings ist es unklar, in welcher Form das deuteronomische Gesetz tradiert und schließlich Josia bekannt geworden war.

Die große Betonung der Wichtigkeit Josias für den kultischen Bereich läßt Ben Sira seine Verdienste um die politische Entwicklung des Staates vergessen. Josia hatte immerhin versucht, eine staatliche Unabhängigkeit nach der assyrischen Vorherrschaft zu erreichen. Allerdings ist dieser Versuch nicht von Erfolg gekrönt gewesen. Josia geriet bei dem Versuch, sich im Jahre 609 v.Chr. bei Megiddo dem anrückenden Pharao Necho in den Weg zu stellen, in dessen Hände und wurde vermutlich getötet (2 Kön 23,29); die spätere Darstellung in der Chronik (2 Chr 35,20–24) läßt ihn an den Folgen einer Verwundung im Kampf nach seiner Heimkehr nach Jerusalem sterben[91]. Damit war der letzte Versuch, eine gewisse Selbständigkeit des Staates zu erreichen, gescheitert. Die folgende Geschichte läßt dann immer deutlicher werden, daß Juda mit der Hauptstadt Jerusalem weiterhin unter fremder, nämlich neubabylonischer Vorherrschaft steht und darin auch das Eigenstaatswesen verliert.

49,4–6: Die Strafe durch die Zerstörung der Stadt Jerusalem

4 Außer David, Hiskia
und Josia handelten sie alle verderbt,
und es verließen das Gesetz des Höchsten
die Könige Judas bis zu ihrem Ende.
5 Darum gab er ihre Kraft einem anderen[92]
und ihre Ehre einem törichten fremden Volk.
6 Diese zündeten die heilige Stadt an
und verwüsteten ihre Straßen.

Man merkt es den Worten Ben Siras an, daß er mit seiner dargestellten Geschichte zu einem Ende kommt. Er beurteilt die Vergangenheit durch einige kurze Angaben. Ein solches Urteil fällte er schon in 48,16. Hier nun kommt er zu einem summarischen Verdammungsurteil, in dem alle Könige, außer David, Hiskia und Josia als verderbt handelnd bezeichnet werden. Die Strafe, die dafür einsetzt, ist die gleiche, wie sie schon für das Ende des Nordreiches angesagt worden war, s.o. Sir 47,23–25 und 48,15. Ein anderes Volk, nämlich

---

[91] H. Donner, 1995, 389.
[92] H^B bietet: לאחור = „nach rückwärts"; besser: לאחר; vgl. Segal,1972, 338,u.a.

die Neubabylonier gewannen die Herrschaft über den ganzen Raum Kanaans. Sie kamen bei diesen Expansionsbestrebungen auch vor die Tore der heiligen Stadt Jerusalem. Ben Sira kennt sicherlich sehr gut die in 2 Kön 25 wiedergegebenen genauen Nachrichten. In aller Kürze spricht er nur von dem Brand (V.6), den die Neubabylonier an die Stadt legen und sie damit verwüsten. Ben Sira übergeht alle schmerzlichen Nachrichten, die über das Ende der Stadt bekannt sind. Er kommt gewiß aus Empfindsamkeit nicht auf diese demütigenden Ereignisse zu sprechen.

49,7–13: Die Propheten und die Männer der nachexilischen Zeit

7 Wegen Jeremia[93] (geschah dies), denn sie hatten ihn gedemütigt,
   während er doch von Mutterleib an zum Propheten bestimmt war,
   auszureißen und niederzureißen, zu verderben, zu zerstören,
   und so zu bauen, zu pflanzen und wiederherzustellen.
8 Ezechiel schaute ein Gesicht,
   er beschrieb die Gestalten des Wagens.
9 Ferner: er ließ Erinnerungen erwachsen an Hiob[94], den Propheten,
   der alles in Gerechtigkeit ausrichtete[95].
10 Ferner: die zwölf Propheten.
    Es mögen ihre Gebeine auf*sprießen aus ihrem Grab*,
    daß sie Jakob Heilung zuteil werden ließen[96]
    und um ihm zu helfen durch *hoffnungsvollen Glauben*.
11 *Wie könnten wir genug rüh*men den Serubbabel,
    er war wie ein Siegelring an *der rechten Hand*.
12 *Ferner: Josua, der Sohn der Josadak*,
    sie haben in ihren Tagen den Tempel errichtet.
    Sie haben aufgerichtet das hehre Heiligtum,
    das bereitet ist zur Ehre für alle Zeiten.
13 Nehemia, sein Gedächtnis werde verherrlicht!
    Er baute unsere Ruinen wieder auf,
    und er heilte unsere Trümmerstätten
    und setzte Tore und Riegel ein.

Wie früher schon Ben Sira Interesse an dem Auftreten von Propheten hatte, die jeweilig an den Anfang einer neuen Entwicklung gestellt wurden (vgl.

---

[93] Zur Übersetzung s. I. Lévi, I, 1898, 146f. und Penar, 1975, 84.
[94] Der Vorschlag von O. Sauermann, Auch des Hiob gedachte er! Bemerkungen zu Sir 49,9, in: Festschrift für Franz Kardinal König, Wien 1965, Wiener Beiträge zur Theologie 10, 119–126, an Stelle von Hiob Daniel genannt zu sehen, ist reine Hypothese.
[95] H^B bietet: ד(...)ק; die Lücke ist unter Hinweis auf Ps 112,5 mit Segal, 1972, 339, wie folgt auszufüllen: המכלכל כל ד(בר בצ)דק. G hingegen: τοὺς εὐθύνοντας ὁδούς = hebr. ד(רכי צ)דק = „(alle) Wege der Gerechtigkeit".
[96] Segal, 1972, z.St.: hebr. חלם = „stärken" und „heilen".

Mose, Josia und Nathan), so erwähnt er nun auch hier die mit diesen Entwicklungen zusammenhängenden Propheten.

7 Aufs engste mit dem Untergang der Stadt verknüpft war Jeremia. Er ist namentlich in den Berichten im 2. Buch der Könige nicht erwähnt. Das ist verwunderlich und nicht eindeutig zu erklären. Hingegen wissen wir aus den Berichten des Buches Jeremia selber, wie eng sein Geschick mit der Entwicklung verknüpft war, die eben auch mit dem Namen Josia und der Folgegeschichte verbunden war. Er wurde vom Mutterleib an zum Propheten berufen (Jer 1,4–10), um die unheilvolle Geschichte des zuendegehenden Reiches Juda und seiner Hauptstadt Jerusalem zu begleiten. Seine Prophetie hatte in der Tat den Charakter, dieses Ende unmißverständlich anzukündigen. Aber auch der Wiederaufbau lag Jeremia nach den uns vorliegenden Sammlungen der Worte des Propheten am Herzen (vgl. Jer 18,7; 31,28). So wird von ihm auch berichtet, daß er wegen dieser seiner Prophetie in der Stadt mißhandelt wurde (Jer 20,1f.; 37,15) und schließlich den Untergang der Stadt auch selbst erlebte (Jer 21,10; 38,28).

8f. Als weiterer Prophet dieser Zeit des Untergangs ist Ben Sira Ezechiel bekannt. Hatte er über Jeremia viel bezüglich des Unterganges der Stadt Jerusalem und ihres Tempels sagen müssen, so hebt er bei der Gestalt des Ezechiel vor allen Dingen dessen visionäres Erleben von der Herrlichkeit der Offenbarung Gottes heraus (vgl. Ez 1 und 10). Daß Ezechiel Hiob erwähnt (Ez 14,14.20), zitiert Ben Sira überraschenderweise. Es wäre denkbar, daß er damit an die notvolle Situation des Leides erinnern wollte, in der Ezechiel auch stand. Durch den Hinweis auf Hiob, der als der gerechte Leidende im alttestamentlichen Bereich bekannt ist, will Ben Sira darauf hinweisen, daß das Leid, das Gott verhängt, überwunden werden kann.

10 Es war schon mehrfach deutlich geworden, daß Ben Sira einen festen Bestand der alttestamentlichen Schriften kannte. Dazu gehörten die fünf Bücher Mose und die eben genannten drei Propheten Jesaja, Jeremia und Ezechiel. In der Ordnung der Bücher des alttestamentlichen Kanons folgt nach Ezechiel das Buch der zwölf Propheten. Aus diesem Grunde kommt nun Ben Sira auch auf diese zu sprechen. Es scheint, daß er die Sammlung der alttestamentlichen Schriften vor sich gehabt habe und nun auch noch dieses Buch erwähnen muß: Er führt sie nicht einzeln auf, da auch für die jüdische Tradition die Zwölf eine Einheit bilden. Die Wichtigkeit dieser zwölf Propheten betont Ben Sira durch den einfachen Hinweis darauf, daß ihr Gedächtnis nicht erlöschen möge. Eine gleiche Bezugnahme hatte er bei der Aufführung der zwölf Richter angestrebt, vgl. 46,14. Ben Sira ist damit aus der chronologischen Reihenfolge, die er bisher in großen Zügen beibehalten hatte, herausgefallen. Die zwölf Propheten verteilen sich über mehrere Jahrhunderte. Da sie aber in der Sammlung bereits festliegen und am Ende der Reihe der prophetischen Schriften stehen, hat er sie hier angeschlossen.

11f. Ben Sira bezieht sich nun in aller Kürze auf die nachexilische Situation. An erster Stelle steht der für die weltlichen Belange verantwortliche Serubbabel, der in großer Erwartung gepriesen wurde als der kommende Messias (Hag 2, 23). Er war vermutlich der Enkel Jojachins, des letzten rechtmäßigen Königs aus dem Hause der Davididen in Jerusalem. Insofern kamen ihm besondere Ehren zu. Der Siegelring (V.11) ist dafür ein Zeichen. Das Siegel vertritt den, der dieses Siegel trägt. Neben ihm steht, ganz entsprechend der Intention des Ben Sira, der für den Tempel und den Tempelkult verantwortliche Josua. Er wird in Sach 3,1 Hoherpriester genannt. Ben Sira weiß um die Wiedererrichtung des Tempels, wovon vor allen Dingen im Buche Esra berichtet wird, vgl. 6,15–22. Damit ist die von Ben Sira immer wieder als wichtig genannte Verbindung zwischen weltlicher Macht, die feindliche Kräfte zerstören und damit die Existenz des Volkes sichern kann, und der geistlichen Macht, nämlich dem Tempel, wiederhergestellt.

Wichtig für das Leben der Stadt war die Wiederherstellung der Mauer, die 13 die Bewohner vor fremden Eingriffen schützen konnte. Dieses Verdienst ist Nehemia zuzuschreiben, wovon vor allen Dingen in Neh 1–7 berichtet wird. Damit hat Ben Sira einen Endpunkt in der Darstellung der Geschichte erreicht. Er blickt nun noch einmal zurück.

49,14–16: Die Inclusio: Rückblick auf den Anfang

14 Kaum jemand wurde erschaffen auf der Erde wie Henoch[97],
und ferner: er wurde lebendig[98] entrückt.
15 Wie Josef wurde wahrlich kein Mann geboren[99]
und ferner: auch sein Leichnam wurde bestattet.
16 Sowohl Sem als auch Seth als auch Enosch, sie wurden bestattet,
aber über alle Lebenden reicht hinaus der Ruhm Adams.

Die darstellerische Kraft Ben Siras zeigt sich darin, daß er das Ganze der von 14 ihm erwähnten Geschichte überblickt. Er lenkt auf den ersten von ihm genannten Namen zurück: Henoch, vgl. 44,16. Die Tatsache, daß er den Tod nicht erlebte, sondern, ohne den Tod zu schmecken, entrückt wurde, ist das Besondere an dem Leben dieses Mannes.

Auch im folgenden beschäftigt sich Ben Sira mit dem Problem des Todes. 15 Er hatte bisher Josef nicht erwähnt. Die große Wichtigkeit dieses Mannes scheint er gar nicht zu kennen. Mehr interessiert ihn, auf welche Art der Leichnam Josefs bestattet wurde, vgl. dazu Gen 42,6; 50,20.25f.; Ex 13,19. Die Gebeine Josefs wurden bei der Wüstenwanderung mitgeführt und schließlich in Kanaan beigesetzt (Jos 24,32).

---

[97] H^B liest irrtümlich: כהניך, richtig: כחנוך.
[98] H^B: פנים; andere Übersetzungen ähnlich; Hartom, 1969, 185, interpretiert: לפני אלהים = „vor Gott".
[99] G bietet hier noch folgenden Halbvers: „der Große unter seinen Brüdern und die Zierde seines Volkes." Nach H^B gehört er zu 51,1.

16   Es ist, als ob Ben Sira noch einmal etwas nachholen wolle, was er noch nicht hat sagen können. Aus der Kenntnis der ersten Kapitel des 1. Buches Mose trägt er noch drei Namen nach: Sem, den Sohn des Noah (Gen 6,10; 9,26), den dritten Sohn des Adam Seth (Gen 4,25f.; 5,3), und schließlich Enosch. Alle diese erlitten einen natürlichen Tod im Unterschied zu Henoch und wurden wie Josef in der Erde bestattet. Den Höhepunkt all dieser Ausführungen aber bildet Adam. Wenn am Anfang der Darstellung dieser Name vermißt wurde, so wird er nun in einer besonders betonten Weise nachgeholt. Er steht als der strahlende Anfang über dem ganzen Ablauf der Geschichte. Dieser gekonnte Aufbau kann nicht genug betont werden.

KAPITEL 50

50,1–24: Gottes Wirken in der Geschichte des Volkes, Schluß: Simon, der Hohepriester

1 Groß unter seinen Brüdern und die Zierde seines Volkes: [100]
Simon, der Sohn des Jochanan, der Priester war es,
zu dessen Zeit der Tempel untersucht
und in dessen Tagen das Heiligtum befestigt wurde.

2 In dessen Tagen wurde die Mauer gebaut
und die Ecken der Wohnung am Heiligtum des Königs.

3 Zu dessen Lebzeit wurde ein Teich aus dem Fels gehauen,
eine Zisterne, wie das Meer in seiner Ausdehnung [101].

4 Der da Vorsorge traf für sein Volk vor Raub,
der da befestigte seine Stadt vor dem Feind.

5 Wie herrlich war er, wenn er aus dem Zelt hervorschaute,
wenn er hervortrat aus dem Hause vor den Vorhang.

6 Wie ein Stern leuchtete er zwischen den Wolken
und wie der Vollmond [102] an den Tagen des Festes.

7 Und wie die Sonne, die da strahlt auf das Heiligtum des Königs,
und wie der Bogen, der in den Wolken erscheint.

---

[100] Dieser Halbvers aus Sir 49,15 ist nach H^B im Zusammenhang mit Simon zu sehen.

[101] H^B liest: אשיח בם בהמונו = „eine Zisterne (?) in ihnen in seiner Ausdehnung", unklarer Text; G übersetzt ganz frei; lies mit Schechter statt בם : כים = „eine Zisterne (?) wie das Meer in seiner Ausdehnung".

[102] H^B liest an dieser Stelle noch einmal מבין = „zwischen" wie in Versteil a; als unnötige Wiederholung zu streichen.

8 Wie eine Blüte an den Zweigen [103] in den Tagen des Festes
   und wie eine Lilie an den Wasserbächen,
   wie die sprossenden Pflanzen des Libanon in den Tagen des Sommers.
   Wie das Feuer des Weihrauchs auf dem Opfer,
9 wie ein goldenes Gefäß im Hause eines Vornehmen [104],
   das besetzt ist mit Edelsteinen,
10 wie ein grünender Ölbaum voller Früchte
   und wie ein Ölbaum mit fetten Zweigen,
11 wenn er die herrlichen Gewänder anlegte
   und wenn er sich umkleidete mit den prächtigen Gewändern,
   wenn er hinaufschritt auf den herrlichen Altar
   und die Umfriedung des Heiligtums mit Herrlichkeit erfüllte,
12 wenn er aus der Hand seiner Brüder die Opferstücke entgegennahm,
   und er nun hinzutrat zu den aufgeschichteten Holzstücken,
   rings um ihn herum der Kranz der Söhne
   wie Zedernsetzlinge im Libanon,
   und sie ihn umgaben wie die Weiden am Bach,
   alle Söhne Aarons in ihrer Herrlichkeit,
13 Feueropfer des Herrn in ihrer Hand,
   im Angesicht der ganzen Gemeinde Israels,
14 bis er den Dienst am Altar vollendet hatte,
   nach der Ordnung der aufgeschichteten Holzstücke des Höchsten.
15 *Da streckte er nach der Schale seine Hand aus*
   und spendete vom Blut der Trauben,
   er goß es an den Fundamenten des Altares aus
   als einen lieblichen Geruch für den Höchsten, den König des Alls.
16 Da ließen die Söhne Aarons, die Priester, den Jubel erschallen
   durch die kunstvoll gestalteten Trompeten,
   sie ließen den Jubel erschallen
      und ließen laut hören einen gewaltigen Ton
   zur Erinnerung vor dem Höchsten.
17 Alle Menschen zusammen eilten herbei
   und fielen auf ihr Angesicht zur Erde,
   um anzubeten vor dem Höchsten,
   vor dem Heiligen Israels.
18 Und es erklang das Lied mit seiner Melodie,
   und über der Menge richteten sie seinen Glanz zu.
19 Da jubelte das ganze Volk des Landes
   im Gebet vor dem Erbarmer,

---

[103] HB bietet: בענפי; da die syntaktische Gliederung des Satzes keinen stat.constr. erfordert, muß das auslautende י anders erklärt werden; Penar, 1975, 85, deutet es als Suffix; besser als pl.stat.abs.= בענפים, mit Hartom, 1969, 187, und Segal, 1972, 344.

[104] HB bietet einen lückenhaften Text: ל(.)א ת(.)בנ(.); Hartom, 1969, 187, schlägt vor: (בבית)א(צ)יל.

>   bis er den Dienst am Altare beendet hatte
>   und seine vorgeschriebenen Opfer ihm dargebracht hatte.
> 20 Dann stieg er herab und erhob seine Hände
>   über die ganze Gemeinde Israels,
>   und der Segen des Herrn war auf seinen Lippen,
>   und im Namen des Herrn erwies er sich als herrlich.
> 21 Und wiederum fielen sie nieder, ein zweites mal,
>   *um den Segen zu empfangen* von seinem Angesicht.
> 22 Nun preist doch den Herrn, den Gott Israels,
>   der wunderbare Dinge tut auf Erden,
>   der heranwachsen läßt die Menschen von Mutterleib an,
>   und der an ihnen handelt nach seinen Wohlgefallen.
> 23 Er gebe euch Weisheit des Sinnes,
>   und er sei in Frieden unter euch,
> 24 es möge beständig bei Simon seine Treue bleiben,
>   und möge ihm erhalten den Bund des Pinchas,
>   daß er ihm und seinen Nachkommen nicht gebrochen werde,
>   solange der Himmel steht.

Nach dem Rundgang durch den weiten Kreis der Geschichte kommt Ben Sira auf seine eigene Zeit zu sprechen. Alle wichtigen Themen, die er bei der Darstellung der vergangenen Geschichte berührt hatte, klingen nun in den Aussagen an, die er über den Hohenpriester Simon vorträgt. Ben Sira mußte großes Interesse daran haben, auch für seine Zeit die äußere Sicherheit der Stadt und des Tempels gewährleistet zu sehen. Es ging ihm um den Fortbestand des Volkes. Ferner war ihm daran gelegen, die Gegenwart und die Hilfe Gottes in seiner Zeit zu erleben und darzustellen. Dies ereignete sich für ihn in dem Erleben des Kultes am Tempel. Aus den vorangegangenen Ausführungen war deutlich geworden, wie diese beiden Teile stets miteinander verbunden werden und voneinander abhängen. Neben Mose stand Aaron, neben David Salomo. In der Zeit Ben Siras sind diese verschiedenen Aufgaben in der Person Simons vereinigt. Die politische Macht war mit der priesterlichen zusammengewachsen. Er ist der Garant für die äußere Sicherheit der Stadt und ihrer Bewohner, soweit er dazu in der Lage ist (V.2). Er ist im besonderen der Garant für die Gegenwart Gottes inmitten des Volkes, indem er die feierlichen Zeremonien im Kult vollzieht und den Kultteilnehmern den Segen Gottes spendet.

Es handelt sich um den Hohenpriester Simon II., der von ca. 218–192 v.Chr. dieses Amt versah. Er war der Sohn des Jochanan (V.1), der auch in der gräzisierten Form Onias bekannt ist. In jener Zeit war ein großer politischer Umschwung erfolgt. Die Vorherrschaft der Ptolemäer über Kanaan und damit Jerusalem war im Jahre 198 v.Chr. durch die Schlacht bei Panaion (Banjas) an den Jordanquellen gebrochen worden. Neue Oberherren waren die Seleukiden, deren regierender Herrscher Antiochus III. eine freundliche Haltung dem Jerusalemer Kult gegenüber einnahm. In dieser Zeit war eine eigenständige nationale und religiöse Entfaltung möglich. Die Notiz von den Aktivitäten des Simon bezüglich der Befestigung der Stadt hat in dieser politischen Entwicklung ihre Berechtigung. Das politische Klima sollte sich bald ändern. Davon ist aber in den Schriften Ben Siras noch nichts zu hören[105]. Diese Entwicklung endete schließlich in dem Aufstand der Makkabäer. Es hängt möglicherweise mit dieser Entwicklung zusammen, daß der Enkel Ben Siras unter dem Eindruck dieser Gewalttaten seine Heimatstadt Jerusalem verließ unter Mitnahme der Schrift seines Großvaters. Er wurde in Alexandrien ansässig und verbreitete dort dieses Werk in der griechisch sprechenden Welt.

An der Spitze der erwähnenswerten Taten des Hohenpriesters Simon steht für Ben Sira dessen Einsatz für die Sicherung der Stadt. Auch Josephus weiß davon zu berichten (Antiquitates XII,3,3). Simon ragt damit über seine Zeitgenossen und „Brüder" (V.1) heraus und genießt herrschaftliches, ja beinahe königliches Ansehen: „Zierde". Er ist Glied des seit Zadok regierenden Priestergeschlechtes und richtet seine Aufmerksamkeit zuerst auf die Sicherung der Tempelmauern (V.1f.). Der Tempel wird „Heiligtum des Königs" genannt, womit der himmlische König gemeint ist, eine Bezeichnung, die in der liturgischen Sprache des Tempels seit Jesaja (Jes 6,5) heimisch geworden war. Aber nicht nur für das Heiligtum sorgt Simon, sondern auch für die Sicherheit der Stadt (V.3f.). Wie ein König denkt er an die Verteidigungsbereitschaft Jerusalems: Er sorgt für die Wasservorräte. Darin gleicht er Hiskia, der in gleicher Weise in seiner Zeit dafür Vorsorge traf. In Simon fallen also, wie an diesen Ausführungen deutlich wird, priesterliche und königliche Würde zusammen. 1–4

Zur Vorbereitung der Kultfeier gehört es, daß der Priester sich mit seinem Ornat bekleidet. Diese großartige Zeremonie wird im folgenden mit vielen bilderreichen Vergleichen dargestellt. Pracht und Herrlichkeit müssen überaus groß gewesen sein. Kenntnisreich wird die Kleidung des Hohenpriesters beschrieben. Er erscheint in vollem Schmuck, wenn er aus dem „Zelt" = Tempel hervortrat (V.5). Über das Ankleiden des Hohenpriesters berichtet Lev 16,24; die Kleider selbst beschrieb Ben Sira in 45,8–16 in Anlehnung an Ex 28 und 39. Die Vergleiche (V.6f.) lehnen sich in direkter Weise an die Beschreibung der Schöpfung an, die Ben Sira in 43,1ff. gegeben hatte: Stern = Sonne, Vollmond und Regenbogen treten in Erscheinung, wenn der Hohepriester sich sehen läßt. Ben Sira beschreibt damit ein kühnes Bild des Vergleiches zwischen der von Gott geschaffenen kosmischen Welt mit der in der Person des Priesters erscheinenden Gegenwart. Die ganze Schöpfung ist gegenwärtig, wenn der Hohepriester erscheint. Aber nicht nur die himmlische Welt tritt in Erscheinung, sondern auch die geschaffene Welt der Natur (V.8). Blüten wie Lilien und Gewächse wie Zedern werden als Bilder benutzt beim Vergleich für das prächtige Erscheinen des Hohenpriesters. Mit diesen Bildern läßt Ben Sira die Erinnerung deutlich werden an das Preislied auf den Reichtum der Weisheit in Sir 24,17ff. Nach dem Kosmos und nach der Erwähnung der blühenden Natur kommt er auf den engsten Bereich des Kultgeschehens zu sprechen 5–11

---

[105] Näheres dazu oben zu 45,23f.

(V.9). Weihrauch, goldene Gefäße und Edelsteine sind das besondere Attribut des priesterlichen und kultischen Handelns. Darauf geht auch Ex 28 und 39 im besonderen ein, um die reiche Schönheit des Priestergewandes zu schildern. So geschmückt und bekleidet tritt nun der Hohepriester in das Heiligtum und vor den Altar (V.10f.). Für die Welt des Vorderen Orients gibt es keinen schöneren und mehr Ehrfurcht gebietenden Baum als den Ölbaum voller Früchte. Er stellt Reichtum, Fülle und Fruchtbarkeit im besonderen dar. Mit einem solchen Ölbaum wird der des Amtes waltende Hohepriester verglichen (siehe dazu Sach 3f.). Nun beginnt das Opfer.

12–14　Das Opfertier wird dargebracht. Die levitischen Gesetze berichten in reicher Zahl über diese Handlungen der Priester, vgl. Lev 1ff. Die mit dem Priester zusammen amtierenden Priester („Brüder") reichen ihm die für die Verbrennung vorgesehenen Teile des geopferten Tieres zu. Der Kreis der damit einbezogenen Priester erregte besondere Bewunderung. Das Kultpersonal macht den Eindruck einer frischen Lebendigkeit wie die Weiden am Bach (vgl. dazu Jes 44,4). Es wird das Feueropfer dargebracht (V.13) und damit dieser Teil der Darbringung beendet.

15　Nach der Darbringung des Feueropfers erfolgt die Handlung des Trankopfers. Das Blut der Trauben (zu diesem Bild vgl. Sir 39,26), das ist der Wein, wird als Libation im Anschluß an die feste Speise vor dem Altar ausgegossen, vgl. dazu Ex 29,12.40 und Num 15,7.10; 28,7–10.14. Bei all diesen Zeremonien handelt es sich um das von Ben Sira früher (Sir 45,14 und Lev 6,12–16) erwähnte täglich zweimal darzubringende Opfer. Die Angaben sind nicht so gehalten, daß man aus ihnen eine besondere Festesfeier, etwa zur Passahzeit oder zur Zeit des herbstlichen Laubhütten- und Versöhnungsfestes annehmen könnte [106].

16–19　Nach diesen von den Priestern zu vollziehenden Teilen der Kultfeier tritt nun die Gemeinde in Erscheinung. Sie wird aufgefordert durch den lauten Jubelschall der Trompeten. Es handelt sich hierbei nicht um die früher immer wieder genannten und gebrauchten Widderhörner, sondern um aus Metall, z.B. Erz oder Silber, gegossene Blechblasinstrumente (Num 10,10). Der Ton, der aus diesen Instrumenten zu den Ohren der Kultteilnehmer kommt, ist das Zeichen zum Niederfallen (V.17), so wie man vor dem König die Proskynese vollzieht. Es war Sitte im Alten Vorderen Orient, dieses Zeichen der Unterwürfigkeit zu geben. Im Heiligtum wirft man sich nieder, um den „Höchsten anzubeten" (V.17). Zu dieser Zeremonie wird auch religiöser kultischer Gesang angestimmt, der in den allgemeinen Jubel des Volkes übergeht.

20f.　Das Ende der Kulthandlung besteht in der Segnung der Gemeinde Israels. Dazu tritt der Hohepriester von der Erhöhung des Altares herab, erhebt seine Hände und spricht den „Aaronitischen Segen" (Num 6,24–26). Als Antwort

---

[106] Die genaue Bestimmung der von Ben Sira geschilderten Kultfeier ist nicht möglich. Nach C. Roth, JBL 71 (1952) 171–178, handelt es sich um den Großen Versöhnungstag; F. ÓFearghail, Bibl 59 (1978) 301–316, sieht in der Beschreibung die Handlung des täglichen Ganzopfers, vgl. Ex 29, 38–42 und Num 28, 1–10.

betet die Gemeinde noch einmal durch Niederfallen auf den Boden die Herrlichkeit Gottes an und wird so zum Lobpreis geführt.

Gott wird wegen der wunderbaren Dinge gelobt und gepriesen, die er den Menschen von Beginn ihres Lebens an erweist. Das Volk gedenkt auch des Priesters, der diesen Segen vermittelt (V.24). Wenn dies dem Volke erhalten bleibt in alle Zukunft, wird es um seinen Fortbestand nicht bangen müssen. 22–24

Die Verse dieses Liedes des Volkes, das im Anschluß an die Kultfeier angestimmt wird (V.22f.), haben Anlaß gegeben zu dem von Martin Rinckart gedichteten Lied: „Nun danket alle Gott". Er hat darin den Grundtenor dieses Jubelrufes des Volkes richtig erfaßt.

50,25f.: Gottes Wirken in der Geschichte der Welt, Schluß: Die feindlichen Völker

25 Gegen zwei Völker aber habe ich Abscheu,
und das dritte ist kein Volk:
26 die Bewohner von Seir und Philistäa
und ein törichtes Volk, das in Sichem wohnt.

Mit V.24 hatte Ben Sira die Aufzählung der von Gott begnadeten Männer (vgl. 44,1) abgeschlossen. Als letzter war Simon genannt worden.

So wie Ben Sira vor der Darstellung der begnadeten Männer einen Blick getan hatte auf die Welt, von der sich diese eigene Geschichte Israels abhebt, so stehen nun am Ende auch einige Angaben über die Juda und Jerusalem umgebende Welt. Hier ist es eine Welt der Gefahren. Es entspricht ganz der Situation, aus der heraus Ben Sira seine Eindrücke wiedergibt. Von drei Seiten her sind Juda und Jerusalem von Feinden umgeben. Gegen sie empfindet Ben Sira Abscheu. Im Süden sind es die Edomiter. Sie wohnen im Gebirgsland Seir und werden als von Esau abstammend gesehen (Gen 36,8f.). In welch großer Feindschaft dieses südlich wohnende Brudervolk sich zu Juda befindet, macht Obadja deutlich. Durch die ganze Geschichte hindurch ziehen sich diese Auseinandersetzungen und werden noch einmal neu aktuell in der Zeit, in der unter der Herrschaft der Römer die Idumäer und damit das Haus des Herodes über Jerusalem herrschen. Als zweites Volk, das als feindlich gesinnt dargestellt wird, werden die Bewohner des philistäischen Landes im Westen erwähnt. Hier hatten sich im Nachgang zu den Stadtstaaten der Philister (vgl. Sir 46,21 und 47,8), die ständig in Auseinandersetzung mit Israel standen, weitere Siedlungen niedergelassen, die aufgrund ihrer ganz anderen Kultur und Religion einen ständigen Gefahrenherd bildeten. Sie waren im besonderen auch der Hellenisierung aufgeschlossen gewesen. Als drittes, das törichte Volk, werden die im Norden wohnenden Samaritaner genannt. Deren Ursprung geht auf die Deportationspolitik der Assyrer zurück (vgl. 2 Kön 17,24–41). Ben Sira hatte von ihnen schon gesprochen in Sir 47,30f. Im NT werden sie als die Feinde

Jerusalems erwähnt und gelten als besonders verachtenswert, vgl. Lk 15 und Joh 4,9. Mit diesem Blick auf die feindlich gesinnte Umwelt, vor der man sich zu hüten habe, schließt Ben Sira auch diesen Teil seiner großen Geschichtsschau ab.

Kapitel 50,27–51,30

Unterschrift und Rede des Weisheitslehrers über sich selbst

50,27–29: Die Weisheitslehre Ben Siras, Schluß

27 Erziehung, Einsicht und Spruchdichtung
   der (verschiedenen) Lebenslagen
   von Simon, dem Sohn des Jeschua, dem Sohn des Eleasar,
   dem Sohn des Sira,
   die hervorsprudelten aus der Erforschung seines Sinnes,
   und die er hersprudeln ließ aus einer Einsicht.
28 Wohl dem Manne, der über sie nachsinnt,
   und der, der sie im Sinn behält, wird weise werden.
29 Denn die Furcht des Herrn bedeutet Leben[1].

Daß Ben Sira hier am Ende in einer Unterschrift seinen Namen bekannt gibt und sich zu dem bekennt, was er vorgetragen hat, entspricht der klassischen antiken Sitte. Neben der Nennung seines Namens schließt er den Wunsch an, daß seine Worte Nachahmer finden mögen, vgl. Ps 1,2. Mit V.29 lenkt Ben Sira an den Anfang seines Buches zurück, vgl. Sir 1.

---

[1] G bietet folgenden Text: „Denn wer danach handelt, wird in allen Dingen stark sein; denn das Licht (ganz schwach bezeugt auch: „Furcht") des Herrn ist seine Spur." Die zweite Halbzeile dieses Zusatzes ist offensichtlich verderbt übernommen aus H^B, V.29. Einige Handschriften (L-315' Syh) fügen noch hinzu: „Und den Frommen gab er Weisheit. Gepriesen sei der Herr in Ewigkeit; so sei es, so sei es!" Zwei Minuskeln haben noch eine Schlußnotiz: 339: „Ende des Jesus, des Sohnes des Sirach"; 296-702: „Die Weisheit des Jesus, des Sohnes des Sirach." Vgl. Ziegler, 1980, z.St.

KAPITEL 51

51,1–12: Ein Dankgebet

Gebet des Jesus des Sohnes des Sirach[2]

1 Ich will dich preisen, mein Gott, mein Heil,
ich will dich loben, mein Gott, mein Vater,
ich will kundtun deinen Namen, du Kraft meines Lebens!
Denn du hast mich vom Tode erlöst,
2 du hast meinen Leib aus der Grube gezogen,
und aus der Gewalt der Unterwelt hast du meinen Fuß errettet,
du hast mich bewahrt vor dem Geschwätz des Volkes,
vor dem Netz der verleumderischen Zunge
und vor Lippe derer, die mit Lüge umgehen,
3 angesichts meiner Feinde bist du mit mir gewesen,
du hast mir geholfen nach dem Reichtum deiner Treue.
Vor dem Fallstrick derer,
die meinen Zufluchtsort belauern[3],
und vor der Hand derer, die nach meinem Leben trachten,
4 aus einer Vielzahl von Nöten hast du mich errettet:
Aus den Bedrängnissen der Flamme *ringsum*,
5 aus dem Lodern des Feuers, das ohne Kohle brennt,
aus dem Schoße der *U*rflut, in der kein *W*asser ist[4],
vor trügerischen Lippen und vor lügnerischer Verleumdung,
und vor den Pfeilen der trügerischen Zunge.
6 Mein Leben war an den Rand des Todes gekommen,
und ich lebte in der Nähe der Tiefen der Unterwelt.
7 Da blickte ich umher, aber da war niemand, der mir half,
ich hielt Ausschau nach einem,
der mich schützen könnte, da war aber keiner.
8 Da gedachte ich des Erbarmens des Herrn
und an seine Treue, die allezeit währt,

---

[2] Die nur in **G**, mit Ausnahme einer Minuskel und weniger altlat. und der äthiop. Übersetzung, bezeugte Überschrift, s. Ziegler, 1980, z.St., läßt die Frage nach dem Alter der V.1–12 wach werden. Mit Sir 50,29 war der Inhalt des Buches Ben Sira zu einem eindeutigen Abschluß gekommen. Die Frage, ob der Inhalt von Sir 51 ganz oder in Teilen von Ben Sira selbst stammen könnte oder eine spätere Zutat darstellt, ist je verschieden beantwortet worden. Der Text der V.1–12 ist im Stile eines atl. Dankpsalms gehalten, z.B. Ps 18 und ferner Mt 11,25; Lk 10,21. Das wird die folgende Auslegung im einzelnen zeigen können, siehe German, Dankgebet, 81–87. Zum Ganzen vgl. A.P. Vaccari, Oratio Jesu, filii Sirach (Eccl. 51,1–17), VD 2 (1922) 71f.; G. Morawe, 1963/64, 340–346 und 355; A.A. DiLella, Sirach 51,1–12: Poetic Structure and Analysis of Ben Sira's Psalm, CBQ 48 (1986) 395–407.

[3] Zur Übersetzung vgl. Penar, 1975, 89f., unter Hinweis auf Ri 15,13.

[4] H^B bietet nur: (.)לאמ; Ergänzung mit Hamp, z.St.: (לא מ)ים.

> der die, die auf ihn trauen, rettet
> und sie erlöst von allem Übel.
> 9 Da erhob ich von der Erde meine Stimme
> und von den Toren der Unterwelt mein Schreien.
> 10 Da erhob ich meine Stimme: „Herr, mein Vater bist du,
> denn du bist der Held meiner Hilfe,
> laß nicht ab von mir am Tage der Not,
> am Tage des Verderbens und des Entsetzens!
> 11 Ich will deinen Namen beständig loben
> und will deiner gedenken im Gebet."
> Da hörte der Herr meine Stimme,
> und er hatte acht auf mein Flehen.
> 12 Da erlöste er mich von allem Übel,
> und er errettete mich am Tage der Not,
> darum danke ich ihm und lobe ihn,
> und ich preise den Namen des Herrn.

Mit der Selbstaufforderung: „Ich will preisen" beginnt der Dankpsalm. Damit **1** ist von Anfang an der Grundcharakter der Aussage deutlich gemacht: Es geht um den Lobpreis nach erfahrener Hilfe (vgl. Ps 9,1; Jes 12,1). Dankpsalmen sind auch an anderer Stelle in den Zusammenhang der alttestamentlichen Literatur eingeordnet worden. Sie finden sich nicht nur im Buch der Psalmen, vgl. Ps 118, sondern z.B. auch in 1 Sam 2,1–10; 2 Sam 22 (= Ps 18); Jes 38,10–20 und Jona 2,3–10. Die hier gebrauchten Anreden sind auch in anderen Psalmeneinleitungen bekannt. Neu hingegen ist der Vokativ „mein Vater". Damit ist eine neue Form des Vertrauensverhältnisses gefunden, die im Bereich des alttestamentlichen Israel noch gemieden, bei Ben Sira aber schon einmal in seinem feierlichen Gebet gebraucht worden war (23,1.4; vgl. 4,10; 34,4). Das naturhafte Verständnis der umgebenden kanaanäischen Fruchtbarkeitsreligionen lag zu nahe und sollte bewußt vermieden werden. Ansätze zu einer solchen Beziehung Vater – Sohn finden sich da, wo die Zuwendung Gottes zu seinem in der Verbannung lebenden und darniederliegenden Volk in den Bildern der väterlichen Liebe beschrieben wird (Dtn 32,6; Jer 3,4; 31,9; Jes 45,9–11; 63,16; 64,7). Die nachexilische Zeit konnte dann diese Anrede unvoreingenommener gebrauchen (Tob 13,4; Jub 1,24f.28; 19,29; 1QH 9,35f.), wie die reiche Gebetsliteratur neben Ben Sira beweist (z.B. das 18-Bitten-Gebet)[5]. Für das NT ist diese Anrede zum Mittelpunkt des Gottesverständnisses geworden.

Ein wesentlicher Bestandteil dieser Einleitung, die eine Aufforderung zum Lob darstellt, ist immer wieder der Hinweis darauf, daß der Beter nun nach erfahrener Rettung diese Tatsache weitergibt in der Gemeinde, vgl. Ps 118.

---

[5] Vgl. Sir 23,1 und Staudinger, Art.: Vater, 546–549, der die Meinung ausspricht, daß auch die Übersetzung „Gott meines Vaters" zu erwägen wäre. Grundlegend zu diesem Problem: Strotmann, Vater, 59–97.

2–6 Nach dieser Selbstaufforderung folgt ein Rückblick auf die Not, in der sich der Beter befand. Auch diese Ausführungen verbinden den Psalm mit den aus dem Psalter bekannten Dankliedern. In großer Gottesferne weiß sich der Beter. In dieser Gottesferne leidet er Not an Leib und Leben. Er fühlt sich dem Tode nahe, vgl. dazu Ps 88,5–7. In bekannten Bildern beschreibt der Beter diese ihn bedrückende Not. Sie besteht in der Verleumdung und Verachtung, die ihm aus seiner Umgebung zukommt. Sie besteht aber auch in physischer Not, hervorgerufen durch Krankheit, die ihn an den Rand des Todes zu bringen scheint (V.6).

7f. In dieser Not wendet sich der Beter an Gott, da ihm sonst niemand helfen kann (Jes 63,5). Er kann sich auf das Erbarmen und die Treue Gottes verlassen, der erlösen kann (Ps 25,6).

9–10 Er erhebt aus der Tiefe, die er als den Eingang zur Scheol, zur Unterwelt empfindet (vgl. Jes 38,10), seine Stimme und ruft Gott um Hilfe an. In einem Eigenzitat in seiner Rede führt er diesen Hilfeschrei vor. Auch hier gebraucht er wieder die Anrede „Vater", die für Ben Sira an vielen Stellen (4,10; 23,1.4; 34,4) von großer Bedeutung gewesen ist. In dieser Rede, die er als Hilferuf an Gott richtet, weist er auch schon auf die Zeit hin, die er nach der erfahrenen Hilfe erwartet und voraussieht. Er verspricht beständigen Lobpreis und beständiges Gedenken im Gebet (V.11).

11f. Da der Beter auf die erfahrene Hilfe zurückblickt, kann er nun auch diese Hilfe in Worte fassen. Gott selbst hat ihn errettet, darum dankt er ihm.

Es ist nicht leicht, diese Gedanken in den Ablauf der von Ben Sira vorgetragenen Rede einzuordnen. Diktion und Inhalt entsprechen ganz den aus der alttestamentlichen Literatur bekannten Texten (Ps 118,1–4 und 136). Nicht ersichtlich ist es, zu welchem Zeitpunkt Ben Sira dieses so ganz anders geartete Gebet gesprochen haben könnte. Die Inhalte, die Ben Sira sonst in Gebeten vorträgt, sind andere, vgl. 22,27–23,6 und 36. Man darf annehmen, daß dieses Gebet eine spätere Zutat und ein Anhang an die Reden Ben Siras darstellt.

51,12 (Zusätze): Liturgisches Gebet[6]

a Danket dem Herrn, denn er ist gut!
   Wahrlich, ewig währt seine Treue.
b Danket dem Gott der Lobgesänge!
   Wahrlich, ewig währt seine Treue.
c Danket dem Hüter Israels!
   Wahrlich, ewig währt seine Treue.
d Danket dem, der das All gebildet hat!
   wahrlich, ewig währt seine Treue.

---

[6] Der Text ist nur in H^B erhalten und ist weder aus einer griech. noch syr. noch lat. Tradition bekannt. Vgl. Schrader, 1994, 74f., er vermutet eine Herkunft aus der Gemeinde von Qumran und spätere Übernahme in das hebr. Manuskript. Vor ihm ähnlich andere, s.d.

e Danket dem, der Israel erlöste!
  Wahrlich, ewig währt seine Treue.
f Danket dem, der die Versprengten Israels sammelt!
  Wahrlich, ewig währt seine Treue.
g Danket dem, der seine Stadt und seinen Tempel baut!
  Wahrlich, ewig währt seine Treue.
h Danket dem, der sprossen läßt
  die Kraft des Hauses Davids!
  Wahrlich, ewig währt seine Treue.
i Danket dem, der sich aus den Söhnen Zadoks
  je einen zum Priester erwählt!
  Wahrlich, ewig währt seine Treue.
j Danket dem Schild Abrahams!
  Wahrlich, ewig währt seine Treue.
k Danket dem Fels Isaaks!
  Wahrlich, ewig währt seine Treue.
l Danket dem Starken Jakobs!
  Wahrlich, ewig währt seine Treue.
m Danket dem, der den Zion erwählte!
  Wahrlich, ewig währt seine Treue.
n Danket dem König der Könige der Könige!
  Wahrlich, ewig währt seine Treue.
o Daß er aufwachsen lasse Kraft für sein Volk,
  ein Loblied für all seine Frommen,
  für die Israeliten, das Volk, das ihm nahe ist,
  .lobet den Herrn!

Der 14 mal wiederkehrende Kehrvers „Wahrlich, ewig währt seine Treue!" gliedert die einzelnen Aussagen des Psalmes. Der inhaltliche Fortschritt der Aussagen ist deutlich zu erkennen. Insofern gibt dieser Psalm eine wohldurchdachte Rede wieder. Die Aussagen beginnen bei dem Lobpreis Gottes, der als gut und treu beschrieben wird. Er wendet sich Israel zu, dem Volk, das sich als Teil der von Gott geschaffenen Welt sieht und als in besonderer Nähe zu Gott stehend gesehen wird. Gott erlöst dieses Volk aus der Diaspora, er sammelt die Versprengten und baut Stadt und Tempel wieder auf. Neben dem Wiedererstehen des Hauses des David ist besonders wichtig, daß auch die Priesterschaft in der Nachfolge Zadoks zu Ehren kommt. Darüber wird die lange Tradition, in der die Hilfe Gottes deutlich geworden ist, gepriesen, von Abraham, Isaak und Jakob angefangen bis hin zu der Treue zum Zion, wo der König der Könige, also Jahwes selbst, wohnt. Für all diese Aussagen lassen sich reichlich über die alttestamentliche Literatur hin verstreute Zitate als Hintergrund heranziehen.

Deshalb stellt sich auch hier die Frage, in welchem Zusammenhang dieses liturgische Stück mit der Lehre des Ben Sira stehen könnte. Die Hand eines Späteren wird auch dieses Stück hinzugefügt haben.

51,13–30ab: Ständige Suche nach Weisheit als Bekenntnis zu ihr[7]

13 " ' „ Ein Knabe war ich früher, da irrte ich umher[8],
da hatte ich Gefallen an ihr[9] und suchte sie.
14 "b" Sie kam zu mir in Schönheit,
und bis zu ihrem Ende will ich sie suchen[10].
15 "g" Auch die Blüte welkt beim Reifen der Traube,
diese erfreuen den Sinn[11],
„d" in Rechtschaffenheit schritt mein Fuß dahin[12],
denn von Jugend auf kannte ich sie[13].
16   [Ich sprach Gebete in meiner Jugend][14],
„h" ich neigte nur ein wenig meine Ohren[15],
und reichlich habe ich Belehrungen empfangen[16].
17 "w" Eine Amme war sie mir[17],
meinem Lehrer erstatte ich meinen Dank[18].

---

[7] Daß es sich bei diesem Abschnitt um ein Akrostichon handelt, erkannte schon vor Auffindung der Manuskripte von Kairo durch Rückschlüsse aus der griech. und syr. Übersetzung G. Bickell, Ein alphabetisches Lied Jesus Sirach's, ZKTh 6 (1882) 319–333. Diese Vermutung wurde glänzend bestätigt. Es ist allerdings schwer, die alphabetische Reihenfolge zu verifizieren, da die Beschaffenheit des hebr. Textes sehr schlecht ist. Viele textkritische Operationen und Überlegungen müssen dafür angestellt werden. Einen wesentlichen Fortschritt in dieser Frage bildete die Auffindung des Manuskripts zu dem hebräischen Text in den Schätzen der Gemeinde von Qumran. Dieses ermöglicht die Erschließung weiterer Teile dieses besonderen Lehrgedichts, die sich bisher einer klaren Aussage widersetzten. Die Verarbeitung dieser Materialien steht hinter der hier gebotenen Übersetzung. Daß in HQ die ältere erreichbare Textvorlage gegenüber allen anderen Überlieferungen vorliegt, weist Schrader, 1994, 75–82, nach. – Die literarische Form des Akrostichons diente zweifellos dazu, den Aussagen eine besonders kunstvolle Form zu geben. Sie wurde in der atl. Literatur an herausragenden Stellen verwendet, so z.B. bei dem langen Ps 119, bei dem je 8 Verse mit einem der aufeinanderfolgenden 22 Buchstaben des hebräischen Alphabets beginnen. Zum anderen diente diese Form aber sicher auch dazu, eine Memorierhilfe zu bieten. Lit.: M. Delcor, Le texte hébreu du Cantique de Siracide LI,13 et ss et les anciennes versions, Textus 6 (1968) 27–47; P.W. Skehan, The Acrostic Poem in Sirach 51:13–30, HThR 64 (1971) 387–400; T. Muraoka, Sir. 51,13–30. An Erotic Hymn to Wisdom?, JStJ 10 (1979) 166–178.
[8] HB bietet nur: אני נער הייתי = „ein Knabe bin ich gewesen"; Übersetzung mit HQ: אני נער בטרם תעיתי.
[9] So mit HB; HQ hat nur: ובקשתיה = „und ich suchte sie".
[10] Nur in HQ.
[11] Nur in HQ.
[12] HB liest: באמתה = „in seiner Beständigkeit schritt mein Fuß"; besser mit HQ.
[13] HB liest: „Herr, von Jugend auf lernte ich Weisheit"; besser mit HQ.
[14] So HB, gehört dem Inhalt nach zu V.14 und unterbricht das Alphabet.
[15] Fehlt in HB; Ergänzung mit HQ und G.
[16] HB hat: דעה = „Wissen"; besser mit HQ: לקח.
[17] HB liest: „Ihr Joch(?) gereichte mir zur Herrlichkeit"; besser mit HQ; vgl. I. Rabinowitz, HUCA 42 (1971) 175 und 177.
[18] HB: הודאה = „Dank"; mit HQ: הודי oder הודו, so J.A. Sanders, 1971, 431, u.a.; vgl. M. Delcor, Textus 6 (1968) 34.

18   Ich trachtete danach, gut zu handeln[19],
         und ich werde mich nicht davon abkehren;
             denn ich werde finden[20].
19   Ich brenne nach ihr,
         und mein Angesicht wende ich nicht ab[21].
20   Ich habe mich ihr ganz zu eigen gegeben[22],
         und auf ihren Höhen komme ich nicht zur Ruhe[23].
         Meine Hand öffnet ...[24]
         ihre Geheimnisse verstehe ich[25]
         entsprechend der Reinheit (?)zu ...[26]
     „l" und ein verständiges Herz erwerbe ich durch sie von Anfang an.
         Weil dies so ist, *werde ich sie nicht verlassen.*
21 "m" Mein Inneres ist erregt wie ein Ofen, sie zu schauen,
         weil dies so ist, erwerbe ich sie als einen guten Besitz.
22 "n" Es hat mir der Herr als Lohn meine Lippen gegeben,
         und mit meiner Zunge will ich ihn preisen.
23   Wendet euch[27] mir zu, ihr Ungebildeten,
         und ruht im Hause meiner Lehre!
24 " ' „ Wie lange noch wollt ihr Mangel leiden an diesem und jenem
         und wollt durstig gar sehr bleiben?
25 "p" Meinen Mund tat ich auf und redete von ihr,
         kauft euch Weisheit ohne Geld!
26 "s" Euren Nacken beugt unter ihr Joch
         und tragt selbst ihre Last!
     „q" Nahe ist sie denen, die sie suchen,
         und der, der sich selbst ihr hingibt, wird sie finden.
27 "r" Sehet mit euren Augen, daß ich einst klein gewesen bin,
         aber fest bei ihr stand und sie dadurch gefunden habe.
28 "s" Viele waren es, die haben gehört meine Lehre in meiner Jugend,
         Silber und Gold werdet ihr durch mich erwerben.
29 "t" Ich habe Freude an meinem Lehrhaus,
         und auch ihr werdet euch über mein Lied nicht schämen.

---

[19] HB; HQ hat einen längeren überladenen Halbvers: זמותי ואשחקה קנאתי בטוב = „ich sann und trachtete nach ihr und eiferte um das Gute". Es müßte sich hier um den ṭ-Vers handeln, s.J.A. Sanders, 1971, 431f.

[20] HB; HQ hat nur: ולא אשוב = „ich werde nicht umkehren".

[21] HQ; HB fügt hinzu: ממנה = „von ihr".

[22] HQ; HB inhaltlich gleich.

[23] HQ; HB hat statt dessen: „und für immer und immer komme ich nicht zur Ruhe".

[24] HQ; HB ergänzt: „ihre Tore".

[25] HQ; HB hat statt dessen: „und zu ihr trete ich ein und blicke sie an".

[26] HQ; HB liest: „und in Reinheit habe ich gefunden".

[27] HB liest: פנו; um den ס-Vers zu erhalten, schlägt Sanders, ebd. vor, סורו, mit gleicher Bedeutung zu lesen. Segal, 1972, 364, stellt aus dem gleichen Grund die Wörter des Halbverses um: סכלים פנו אלי.

30 ab Eure Werke tut in Gerechtigkeit,
so wird er euch euren Lohn zu seiner Zeit geben.
Gepriesen sei der Herr für alle Zeiten,
und gelobt sei sein Name von Geschlecht zu Geschlecht!

Der Fortgang der Gedanken schildert die Suche des Jünglings nach Weisheit. Darin könnte ein Selbstbekenntnis Ben Siras gesehen werden[28]. Sicher aber will er damit seinen Hörern und Schülern einen Anreiz geben, diesen Weg der Suche nach Weisheit zu gehen. In metaphorischer Form wird die Weisheit als Mädchen, Braut, Frau und Mutter angesprochen, nach der sich der junge Mann sehnt, um sie zu besitzen. Die dabei gebrauchten Bilder sind häufig rein biographischer, mitunter auch erotischer Natur. Gedanken, Gefühle und Erfahrungen vermischen sich mit der Tatsächlichkeit der vorgetragenen Lehre, die man im Hause des Lehrers hört, aufnimmt und zu verarbeiten sucht. Wer bei diesem Fortschreiten in der Erkenntnis zu einem Ziele kommt, hat Einsicht und Einblick in das Wesen der Weisheit gewonnen, die zu immer neuem Suchen anspornt. Keiner, der sich auf diesen Weg begibt, bleibt ohne Belohnung. Keiner wird aber auch je bei diesem Suchen und Fragen zu vollkommener Ruhe gelangen.

13   Aus dem Zustand der Unerfahrenheit blickt der Schüler auf das erstrebenswerte Gut. Er findet Gefallen an der Weisheit und sucht sie.
14f.   Sie erscheint begehrenswert wie die Schönheit einer Blume und läßt daher um somehr die Begierde wachsen, sie kennenzulernen.
16–18   In seinen Gedanken, Worten und Gebeten wendet er sich der Weisheit zu, die ihm Belehrung wie Nahrung gibt. Sie ist nicht nur die begehrenswerte Frau, sondern auch die Mutter, die die Kinder nährt (V.17).
19f.   Deshalb kann sich der Schüler, der die Weisheit sucht, nicht von ihr trennen. Sie öffnet die Tore ihres Hauses, worin der Schüler auch den Empfang durch die geliebte Frau sieht. Er gibt sich ihr ganz zu eigen und findet sie in Vollkommenheit und Schönheit.
21   Dadurch ist er nur noch mehr erregt und freut sich ihres Besitzes.
22–30   Darüber bricht der Adept in Jubel aus. Seine Lippen öffnen sich zum Lob dafür, was er gefunden hat. Damit fordert er auch andere auf, seinem Vorbild zu folgen und sich von der Weisheit bilden zu lassen. Jeder Mangel schwindet dahin (V.24), wenn man der Weisheit angehört. Dies führt aber gleichzeitig dazu, ständig von diesem Besitz und von dieser Erfahrung zu sprechen und davon andere zu überzeugen; denn sie ist all denen nahe, die sie suchen (V.26). Ihr Joch ist leicht (vgl. Mt 11,25–30)[29]. Wer sie ernsthaft sucht, wird sie finden. Dafür ist der, der die Weisheit als Knabe (V.13) gesucht hat, ein Beweis. Er ist sich dessen bewußt, daß er einst klein gewesen ist (V.27), aber

---

[28] Marböck, Neudruck 1999, 121–125.
[29] G. Rinaldi, Onus meum leve. Osservazioni su Ecclesiastico 51,26 (Vg 34) e Matteo 11,25–30, Bibbia e Oriente 9 (1967) 13–23.

durch sein festes Vornehmen zu einem Ziel gelangt ist, nämlich dem Besitz der Weisheit. Aus diesem reichen Schatz kann er nun auch anderen weitergeben, so daß auch diese sich nicht der Lehre, die sie empfangen, zu schämen brauchen. Dies alles führt zum Tun der Gerechtigkeit und damit zu dem erhofften Lohn, der darin besteht, Gott für diese Gabe der Weisheit zu danken (V.30).

51,30c–e: Kolophon

Bis hierher reichen die Worte Simons, des Sohnes des Jeschua,
der genannt ist Ben Sira.
Die Weisheit Simons, des Sohnes des Jeschua,
des Sohnes des Eleasar, des Sohnes des Sira.
Es sei der Name des Herrn gepriesen
von jetzt an bis in alle Zeiten.

Diese neuerliche Unterschrift wiederholt noch einmal die Angaben von Kap. 50 am Ende. Durch die hier wiedergegebenen Informationen entsteht die Verwirrung bezüglich des Namens des Verfassers, der im Vorangehenden stets mit Ben Sira bezeichnet worden ist. Die Problematik dieser Angabe war in der Einleitung behandelt worden.

Nach diesen Informationen schließt das Buch mit einem neuerlichen Lobpreis Gottes ab. Dies zeigt die von Ben Sira erhoffte ständige Beziehung auf das Gottesverhältnis. Er redet nicht von sich aus und zu eigenem Lob, sondern darum, Gottes Größe anzuerkennen. Er ist es, der dies alles ermöglicht und hervorbringt, so wie dies Ben Sira im Laufe seiner Lehre immer wieder zum Ausdruck gebracht hatte.

Das Alte Testament Deutsch
Apokryphen

Neues Göttinger Bibelwerk.
In Verbindung mit Hans Hübner, Ingo Kottsieper, Hermann Lichtenberger, Karl Löning, Manfred Oeming, Georg Sauer, Odil Hannes Steck und Erich Zenger herausgegeben von Reinhard Gregor Kratz und Hermann Spieckermann.

Band 4: Hans Hübner
Die Weisheit Salomons
Liber Sapientiae Salomonis
1999. 227 Seiten, kart.
ISBN 3-525-51404-2

Das Buch der Weisheit ist deshalb von besonderer Bedeutung, weil es als jüngstes Buch des Alten Testaments in seiner theologischen Denkweise den Übergang zum Neuen Testament markiert (Paulus hat sichtlich aus ihm profitiert), zugleich aber auch die Begegnung von alttestamentlichem und griechisch-abendländischem Denken dokumentiert.

Dieser Kommentar will als theologisch-hermeneutische Auslegung das damals Gedachte im heutigen Horizont verstehbar machen. Dabei kommen dem Verfasser seine Beherrschung der kritischen Auslegungsmethoden, seine profunde Kenntnis antiker Religion, Theologie und Philosophie und seine Gabe allgemeinverständlicher Darstellung zugute.

Band 5: Odil Hannes Steck / Reinhard G. Kratz / Ingo Kottsieper
Das Buch Baruch
Der Brief des Jeremia
Zusätze zu Ester und Daniel
1998. 328 Seiten, kartoniert
ISBN 3-525-51405-0

Der Band enthält die Auslegung des Buches Baruch und des Jeremiabriefes sowie der Zusätze der griechischen Bibel zu den Büchern Ester und Daniel. Die Kommentierung legt die Texte unter besonderer Berücksichtigung ihres Verhältnisses zu den kanonischen Büchern des Alten Testaments gründlich und methodisch umfassend aus.

In Vorbereitung:
Band 2: Hermann Lichtenberger
Die Makkabäerbücher

Band 3: Erich Zenger / Karl Löning / Manfred Oeming
Judit und Tobit

Das Gesamtwerk umfaßt 5 Bände.
Bei Subskription der Reihe 10 % Ermäßigung.

V&R
Vandenhoeck & Ruprecht